中国
音乐年鉴

2003

中国艺术研究院音乐研究所 编

主　编　李　岩
副主编　金经言　林　晨

山东文艺出版社
2006年·济南

编　　辑（按姓氏笔画为序）
孙晨荟
李　岩
陈燕婷
林　晨
金经言
编　　务　张春香　李洪峰　吴　凡
英文翻译　林敬和（Enrico Rossetto）

目 录

综 述

学术研究

专题综述

音乐教育

音乐表演艺术

专访

当事人的回忆

特别报道

资料汇编

音乐出版档案

乐器厂介绍

●● 综述

2002 年乐律学研究

陈其射

据不完全统计，2002 年度在音乐刊物上发表的乐律学论文近四十篇。这些论文的研究范围和对象与往年相比，虽无明显变化，但从内容看，有不同程度的进展，并具一定深度。学者们在律学方面普遍关注理论律学、钟律、应用律学、律学史、琴律、律学实验的研究，在乐学方面普遍关注燕乐二十八调、变闰之辨、同均三宫、乐学理论、应用乐学、民器乐学的研究。某些专题的学术讨论，体现了学者们在乐律学研究中的求真精神。

一、律学研究

本年度理论律学研究方面主要有两篇文章。

崔宪《论律制的结构本质与文化属性》(2002:29~39)认为,律学研究是以精确的数字计算为手段,分析乐音的精确音高与发音体的长度比例之间、与发音体振动频率比例之间或与声波波长之间的相互关系,从而认识乐音及乐音体系的本质。从表面上看,数字与音乐没有直接的关系,因为无论创作者还是表演者,主观上并不以音高的精确数据为创作或表演的前提。对音乐作测音分析,实测数据与律学的理论数据往往还会存在一定的差异。但从本质上看,律学理论——特别是律制结构中的理论数据,揭示的是乐音背后的数理逻辑关系,是某种乐音体系的逻辑内涵,也揭示了包含在乐音系统中的特殊文化。韩宝强《关于"音"的性质的讨论》(2002a:27~36),则针对我国乐理教科书中在"乐音"方面的错误和语焉不详,提出了修正意见。他认为"声音是人类听觉系统对一定频率范围内振波的感受"(同上:29),"能够给听觉以明确高度的音,叫做乐音;没有明确音高但有音区归属感的音,叫做'乐音性噪音';既没有明确音高也没有音区归属感的音,叫做'噪音'"(同上:31)。乐音四要素(音高、音色、音强、音长)是心理属性,与物理属性之间存在着对应关系,但不是单纯的线性关系(同上:34),"谐音列是各种泛音列中的一种特殊形式,其特征就是各个泛音之间在频率上呈整数比关系"(同上)。

本年度钟律研究方面主要有四篇文章。李成渝《钟律的理论与实践——学习黄翔鹏先生相关论述的心得之四》(2002:76~79)认为,《汉书·律历志》中有《管子·地员篇》、《吕氏春秋·音律篇》和京房阐明的三分损益律,这说明还有一种只存其名、不同于三分损益律的钟律存在。黄翔鹏先生经过研究发现了先秦钟律,它并未失传,而是广泛流传于当今传统音乐实践之中。谷杰《曾侯乙钟"颟下角"与"三度定律法"探析》(2002:83~90)认为,曾侯乙钟铭文中"颟下角"、"下角"术语具有生律法属性。"颟下角"除阶名含义外,还代表了编钟三度定律法相关的"双角递进结构”的定律方式。编钟铭文“曾”既有律学本义，又与“颟下角”相互通融。建立在五度相生的徵、羽、宫、商“四基”上的三度定律法包含两组基本定律结构，即阶名上的“两角（曾、角）对称结构”和铭文隐含的“双角递进结构”。三度定律法的调律思维，具有较强的可操作性，说明曾侯乙钟的调律实际采用的方法，很可能是实践性极强的经验方法。王洪军《信阳编钟研究成果的疑惑》（2002：35～37）认为，信阳编钟在编钟的件数上存在着十二件和十三件两种说法；在年代上存在着春秋钟、春秋战国钟、战国中期钟三种说法；在律制上存在着平均律、三分损益律和纯律三种说法；在黄钟律高方面存在着$^{\#}$f黄钟均和$^{\#}$f无射均两种说法，令人疑惑不解。文章看到了乐律学在“器”的研究上存在的问题，迈出了问题解决的第一步。冯光生《周代编钟的双音技术及应用》（2002：40～45）通过双音钟分析，论证了曾侯乙编钟律制的复合特征，发现其三度形成的不完全是纯律，也使用了五度相生律。

本年度在律学史研究方面主要有四篇文章。李幼平《北宋大晟律初探》（2002：65～70）认为，大晟律有着重要的学术地位和实践价值，但其理论依据甚为荒唐。大晟律以魏汉津的指尺理论为名，实际上具体定律、制器的人是当时深谙民间音乐的宫廷乐工。音乐文化史上的大晟律，存在名实之变、历史之变，这些变化才是大晟律在音乐实践中经得住考验、合于长期应用的真正原因。张柏铭《论汉代黄钟标准》（2002：33～35），通过对现代考古发现的新莽无射律管以及汉代大量度量衡器具的研究，推算出汉代黄钟的长度和管径，为全面掌握汉代的异径管律理论，进行了有益探索。牛陇菲《“叁伍以变，错综其数”——再论“四宫纪之以三的十二吕律”》（上）（2002a：66～71）、（下）（2002b：13～18）认为，中国上古“四宫纪之以三的十二吕律”制度与中国古典“宇宙算术学”的数理框架有极为密切的关系，是一个“叁伍以变，错综其数”且“和之以心耳”的动态平衡乐制。在此动态平衡系统中，纪之以三的纯律大三度生律法和下四上五度的三分损益法的“错综”之差异并未消除，而只是在不同的“上下文”中，选取和微调不同的律值。唐继凯《“候气法”是京房的发明吗?》（2002：17～19）认为，中国律吕之学的“候气法”并非出自京房，而应在《吕氏春秋》成书之前。

本年度琴律方面的研究主要有谢俊仁的《明朝琴谱所记徽位是否为“简略”记谱?》（2002：56～59）。谢文认为《大还阁琴谱》之前的古琴记谱法未用徽分，徽位间按音是用“简略”的记谱法。弹奏时不论用三分损益律或纯律调弦，均会出现效果不好的混合律，音位可因应音律而按在徽位微上或微下。明朝调弦法用单一徽位按音，不可作为论证琴曲是否用纯律的证据。此时弹奏变音，是用按音之间音高弹性的处理方法。

本年度在律学实验方面主要有两篇文章。陈通、戴念祖《贾湖骨笛的乐音估算》（2002：21～31），对五支贾湖骨笛的可能音高作出声学计算，这些计算值是其后贾湖骨笛测音分析、音阶判断、乐律计算、演奏方式构成的重要参考。在测音时，可依据吹奏偏离计算值太大判断演奏的非常态。刘晓燕、范丽、刘存侠《律学悬案的理论探讨》（2002：66～71）以现代声学理论为依据，对朱载堉异径管律的数据和杨荫浏的修正数据，从不同角度进行分析和计算。所得结论表明，若以标准管径值为起点，杨荫浏的管律是不折不扣的十二平均律，从而对长达半个多世纪的律学悬案的最后解决奠定了理论基础。

本年度在应用律学研究方面主要有四篇文章。施咏《声无定高》（2002：34～38）认为，在音乐实践中的“声无定高”，受到心理听觉、律制、和声、调式、文化背景等诸多因素的影响，使听觉中存在“音差”、律制音准中存在变通、民族音乐中存在“音腔”，成为无固定值的“因乐制宜”、“随乐而变”的变量体。韩宝强《警惕纯律的和谐陷阱》（2002b：34～38）认为，纯律的构成基础是纯五度、纯律大小三度和大小六度等几个简单的频率比音程，由此使人们以为只要在音乐演奏中始终以纯律为标尺，其音响效果必然和谐悦耳。反之，只要听起来和谐的音乐，必定采用了纯律或至少以纯律为主导。其实纯律不等于和谐，纯粹的纯律反而缺乏融合感，过分强调纯律在音乐中的作用会将人们引入一种想象的和谐陷阱。韩宝强《我国近代音乐声学研究概览》（2002c：70～73），从多方面概述了我国音乐声学的研究状况，指出该领域目前存在的问题。陈家鑫、阎萍《分律法比较与比较分律法》（2002：71～75），通过评析钢琴基准音组的各种分律法，阐明了同属于比较分律法的各种分律模式在律制拍频、纯点把握、验证方法和调律理念上的一致性。同时，论证比较分律法的实际应用，表明比较原则的运用是提高钢琴基准音组分律准确性的有效手段。

二、乐学研究

本年度在“燕乐二十八调”研究方面主要有五篇文章。龚蓓《隋唐宫廷燕乐的印度乐》（2002：93～97）认为，燕乐二十八调是中国笛调，是以笛定律的七宫调体系。它曾受五弦八十四调的影响，其理论多在琵琶和五弦乐器的演奏中实践并获得巩固。燕乐二十八调虽非源于印度乐调，但很可能受到印度苏氏七调乐调理论及郑译八十四调的影响，部分调名直接引用印度调名，最终也是在四弦琵琶和印度五弦琵琶上实践而成。庄永平《［日］传燕乐六调五式琵琶定弦法研究——兼与孙新财先生探讨》（2002：61～65），通过对［日］传燕乐六调五式琵琶定弦的八度关系、越调与双调相差大二度的两种定弦法、黄钟调定弦法以及娑陀调音位的研究，提出燕乐理论与译谱上的一些问题。孙新财《〈辽史·乐志〉中的“四旦”不是四宫吗?》（2002：75～77）认为，《辽史》中的“旦”与苏祇婆理论中的“旦”是同一个概念，其四旦就是何昌林的四纵均（七律调是七纵均），都有“旦作七调”的原始定义，四声调是同均下的四宫（音阶）。但《辽史》并未明载此四旦（四声调）之本质，并不能由此推究出二十八调七宫四调或七调四宫的真相。因为七律调×四声调并非只有这两种可能，也不能因为《辽史》之“旦”由律调转为声调就认定有宫调对调的事实。陈应时《燕乐“四宫”说的来龙去脉》（2002a：80~85）认为，燕乐“四宫说”是由杨荫浏对燕乐“七宫二十八调”的怀疑而产生，后被黄翔鹏再次提出并肯定的。陈文认为凌廷堪所说“四均七调”是只有调高没有调式的二十八调，不能成为燕乐“四宫”的证据，故黄先生再次提出的燕乐“四宫说”未得确证，《辽史·乐志》中的“四旦”为四宫是不妥的。杨善武《〈辽史·乐志〉中的“四旦”不是四宫》（2002a：86~89）认为，《辽史》中的“旦”与《隋书·音乐志》中的“旦”不是同一概念，《辽史》虽未直接道出“四旦”是什么，但却有着分明的表述。依史料判断可以肯定，即使“四旦”与调式无关，那也绝不是四宫，更不是以宫为首的不同音阶的“四宫”。

本年度在“同均三宫”研究方面主要是杨善武《传统实践与“同均三宫”——“同均三宫”研究综论之一》（2002b：3~17）。该文认为，与古代音乐有着血缘联系的现存传统音乐的活性实践是论证“同均三宫”至为关键的现实依据，已往运用“同均三宫”解释南音的做法是失败的，王耀华对南音“多重宫角并置”旋法的研究、吴世忠对南音音调色彩的探索，是一条打开南音宫调之谜的正确路径。西安鼓乐的四调就是新音阶的四个调高。二人台音乐《出鼓子》系新音阶的三个调高转换，改动两个关键的偏音后才能符合“同均三宫”理论。“同均三宫”不符合晋北道乐的实际，五声、六声、七声音阶均有不符之处。用“同均三宫”理论规范的山东道乐失去了原本的音调风格，《醉太平》含$^{b}7$的片断，音调怪异。

“变”和“闰”的问题是十几年前就开始争论的乐学问题，本年度在“变、闰”争议方面主要有四篇文章。陈应时《“变”位于变徵“闰”位于变宫》（2002b：90～94）认为，传统七声声名中“变”为fa、“闰”为^{b}si的观念，有悖于古代文献中有关“变”和“闰”的记载。若按此解释就无法读通沈括《梦溪笔谈·补笔谈》中用工尺谱字记录的燕乐二十八调，尤其难以解释在七声中又加了一声专作新调音阶变徵用的七个角调。陈应时《评〈中国音乐辞典〉“闰”目释文》（2002c：15～16），引用《中国音乐辞典》对“闰”目的三种解释：清商音阶的第七级音（^{b}si）、变宫低一律音（^{b}si）、变宫的异名，认为“闰”字释义的第一义理解有误，应将具有多种文献作依据的“闰”字释义的第三义放在第一义。陈应时在《一篇有助于解决“变”、“闰”争议的重要论文——读钱仁康〈宫调辨歧〉》（2002d：19～23），赞同钱仁康纠正王光祈“变”为仲吕、“闰”为无射的俗乐音阶（杨荫浏其后沿用过）的错误解释，认为“变”应为变徵，“闰”应为变宫，它涉及基本乐理中“变”为fa，“闰”为^{b}si的燕乐、清乐音阶，以及“同均三宫”等音乐基本理论术语能否成立的问题。施维《调查、汇集与思考：声名“闰”的音高问题》（2002：17～19）认为，声名“闰”的音高不是^{b}si，因为^{b}si的声名应是清羽，因此“闰”是变宫，二者是同音（si）的异名而已。

本年度在乐学理论研究方面主要有五篇文章。陈应时《一种体系，两个系统——论中国传统音乐理论中的“宫调”》（2002：109～116）认为，中国传统音乐理论中自成体系的“宫调”，是在长期的音乐音乐实践中形成和逐步完善的。它拥有以宫音和调声为代表的两个系统，而“旋宫”和“犯调”、“顺旋”和“逆旋”、“之调”和“为调”等，则是两个系统在宫调体系中存在的具体体现。认识宫调系统中存在的两个系统，对研究我国古代的宫调理论以及古谱解译等，都有积极的意义。郭莹《对“引商刻羽，杂以流徵”史料研究中几个问题的思考》（2002：38～42）认为，“引商刻羽，杂以流徵”成为长期的乐律疑难问题的原因，在于史料《新序》叙述含混、其义难解、无完整注释之故。陈克秀《唐俗乐调与随月用律》（2002：48～55）认为，唐太乐署十四调名以月律排序，不是以黄钟宫为首，而是以太簇宫开头。唐律无雅俗之分，“随月用律”实为“旋宫转调”。日本的“唐乐”实指中国古代音乐，并非单指唐代之乐。姜夔《关于半音的定义问题》（2002：33），针对乐理中半音定义混乱和不准确的现象，提出“半音是在十二律位条件下分别处于两个相邻律位里的音的音高距离”的新定义（2002：33）。吴国伟《〈仁智要录〉与〈三五要录〉所阐述的中国乐调理论》（2002：76～82），以藤原师长编纂的《仁智要录》、《三五要录》两部乐谱集为蓝本，论述了唐代乐调传入日本后，在日本平安后期的应用状况和中国七声音阶理论在此时期的变化情况。

本年度在应用乐学研究方面主要有三篇文章。蒲亨建《音级概念与音结构逻辑的内在联系》（2002：66～71）指出，“宫角大三度”单一标准在音级与调式判断上有局限性，对无大三度音程的三声音列、四声音列的音级与调式属性判断提出了新的分析方法，对具有三个大三度的七声音列的音阶判断、音阶音级数为何普遍以“七声”为限及中国音乐的偏音特性作出理论逻辑上的解释。黄允箴《变宫轨迹——民族传承“旋律基因探幽”》（2002：22～26）认为，变宫音在北方不同地区汉族民歌中呈现出不同的运行轨迹，孕育出不同形态的“旋律基因”，是北方汉族民歌地方色彩的构成、传承、区划的要素，以及体裁和标志。刘永福《“旋宫转调”辨析》（2002：115～120）认为，“旋宫”和“转调”是两个概念，“转调”不应该涉及“旋宫”。“旋宫”当指“调高”的改变，“转调”当指“调头”的改变。

本年度在民器乐学研究方面有丁承运的《古瑟调与旋宫法钩

沉》（2002：48～52），论述已失传的瑟的调弦和演奏方法，认为李纯一马王堆瑟全部调弦应为五声徵调的结论是正确的，汉瑟外九弦低于内九弦一律。汉瑟演奏双手交替弹弦，右手弹内十六弦，左手弹外九弦之二变及旋宫用的清宫、清商及清徵。上古瑟的定弦是相差半音的两组五声音阶，是十个依次相生的连续半音，十二律中缺无射和仲吕最后两律。就常用调来说，一瑟四宫，声最谐韵，另外两宫亦可假用，不涉及仲吕不能还生黄钟问题。

参考文献

陈家鑫、阎　萍

2002：《分律法比较与比较分律法》，《黄钟》第2期。

陈克秀

2002：《唐俗乐调与随月用律》，《中国音乐学》第3期。

陈　通、戴念祖

2002：《贾湖骨笛的乐音估算》，《中国音乐学》第4期。

陈应时

2002a：《燕乐“四宫”说的来龙去脉》，《中央音乐学院学报》第4期。

2002b：《“变”位于变徵“闰”位于变宫》，《音乐研究》第1期。

2002c：《评“中国音乐辞典”“闰”目释文》，《中国音乐》第3期。

2002d：《一篇有助于解决“变”、“闰”争议的重要论文——读钱仁康“宫调辨歧”》，《音乐研究》第3期。

2002e：《一种体系　两个系统——论中国传统乐理中的“宫调”》，《中国音乐学》第4期。

崔　宪

2002：《论律制的结构本质与文化属性》，《中国音乐学》第1期。

丁承运

2002：《古瑟调与旋宫法钩沉》，《音乐研究》第4期。

冯光生

2002：《周代编钟的双音技术及应用》，《中国音乐学》第1期。

龚 蓓

2002:《隋唐宫廷燕乐的印度乐》,《音乐艺术》第2期。

谷 杰

2002:《曾侯乙钟“颟下角”与“三度定律法”探析》,《黄钟》第3期。

郭 莹

2002:《对“引商刻羽,杂以流徵”史料研究中几个问题的思考》,《音乐研究》第2期。

韩宝强

2002a:《关于“音”的性质的讨论》,《中国音乐学》第3期。

2002b:《警惕纯律的和谐陷阱》,《中央音乐学院学报》第3期。

2002c:《我国近代音乐声学研究概览》,《黄钟》第1期。

黄允箴

2002:《变宫轨迹——民族传承“旋律基因探幽”》,《中国音乐学》第4期。

姜 夔

2002:《关于半音的定义问题》,《中央音乐学院学报》第3期。

李成渝

2002:《钟律的理论与实践——学习黄翔鹏先生相关论述的心得之四》,《黄钟》第2期。

李幼平

2002:《北宋大晟律初探》,《黄钟》第2期。

刘晓燕、范 丽、刘存侠

2002:《律学悬案的理论探讨》,《西安联合大学学报》第4期

刘永福

2002:《“旋宫转调”辨析》,《中国音乐学》第2期。

牛陇菲

2002a:《“叁伍以变,错综其数”——再论“四宫纪之以三的十二吕律”》(上),《音乐艺术》第2期。

2002b:《“叁伍以变,错综其数”——再论“四宫纪之以三的十二吕律”》(下),《音乐艺术》第3期。

蒲亨建

2002:《音级概念与音结构逻辑的内在联系》,《黄钟》第4期。

施 维

2002:《调查、汇集与思考:声名“闰”的音高问题》,《中国音乐》第3期。

施　咏

2002：《声无定高》，《音乐探索》第3期。

孙新财

2002：《〈辽史·乐志〉中的“四旦”不是四宫吗?》，《中央音乐学院学报》第1期。

唐继凯

2002：《“候气法”是京房的发明吗?》，《交响》第1期。

王洪军

2002：《信阳编钟研究成果的疑惑》，《音乐艺术》第1期。

吴国伟

2002：《〈仁智要录〉与〈三五要录〉所阐述的中国乐调理论》，《黄钟》第3期。

谢俊仁

2002：《明朝琴谱所记徽位是否为“简略”记谱？》，《中国音乐学》第3期。

杨善武

2002a：《〈辽史·乐志〉中的“四旦”不是四宫》，《中央音乐学院学报》第4期。

2002b：《传统实践与“同均三宫”——“同均三宫”研究综论之一》，《音乐研究》第3期。

张柏铭

2002：《论汉代黄钟标准》，《交响》第3期。

庄永平

2002：《［日］传燕乐六调五式琵琶定弦法研究——兼与孙新财先生探讨》，《黄钟》第4期。

2002 年中国古代音乐史研究综述

张国强

2002 年，中国古代音乐史的研究领域进一步拓展和深化，学者们运用不同研究方法分别在音乐文献学、音乐形态学、乐律学、中外音乐文化交流和比较研究、古谱学、乐器与乐队等领域进行了深入探讨。

音乐文献学

关于正史中“乐志”本体的研究，历来都是一个较为薄弱的环节。值得一提的是，有学者运用史料学的方法进行了较为深入的研究。孙晓晖《〈旧唐书·音乐志〉的史料来源——兼论唐代乐令》（2002：24～33）采用文献学与考据学相结合的研究方法，指出《旧唐书·音乐志》

与《唐六典》、《通典》、《唐会要》等政书有着共同的史料来源，“这就是唐国史音乐志，其主体部分是韦述国史志”（同上：33）。王福利《从辽金元三史的编纂看其乐志的史料来源》（2002：26～33）则从史料学的角度论述辽金元三史的编纂，并着重探讨了辽金元三史乐志史料的来源。

元代燕南芝庵的《唱论》是古典戏曲文学与音乐的重要理论论著，张哲俊《中国古典戏曲文学与音乐的情感关系》（2002：35～42）指出中国古典戏曲是音乐与文学的结合；《唱论》提出的“宫调声情说”对戏曲理论及其创作产生了广泛的影响。

清代徐大椿的《乐府传声》是一部重要的戏曲声乐论著，在总结历代唱曲经验和发展演唱理论方面有不可磨灭的贡献。余晓芸、李新庭《论〈乐府传声〉的美学追求》（2002：44～47）从“人声为本”、“字正腔圆”、“取舍有别”、“声情兼备”、“顿挫得款”五个方面论述了这部著作所反映的美学追求。

音乐形态学

孙尚勇《黄门鼓吹考》（2002：12～21）对黄门鼓吹及其密切相关的东汉四品乐问题进行了深入探讨。

尚丽新《汉代食举乐考》（2002：22～25）介绍了汉代食举乐的分类、性质、内容，探讨其与短箫铙歌有共同乐曲的形成原因。同时依照“汉乐四品”说，对其在汉代音乐制度中的地位作了评价。

冯建志《从汉画像看鼓吹乐的形态特征及功用》（2002：36～39），对保留在汉代画像砖中的鼓吹乐乐器、乐队图像进行分析，按用途将汉代鼓吹乐分为礼仪音乐、宴乐、军乐、纯器乐和歌舞伴奏、大型广场演出等类型，并对鼓吹乐的特点进行归纳总结。

李娜《“声曲折”研究综述》（2002：95～98），将近年来有关

"声曲折"的研究成果概括为"乐谱说"、"曲线说"、"曲谱说"、"旋律谱本说"、"乐符说"、"音韵说"六种观点，指出这一课题的研究经历了"一个由浅入深，由孤立分析到联系其他，由单方面到多角度，以至跨出音乐范畴的演变过程"（同上：95）。作者认为，由于没有实物参照，且对文献研究中的材料理解不一，对"声曲折"的研究"难有定论"。

项阳、张欢《大曲的原生态遗存论纲》（2002：30～36），通过对中原与西域大曲的分析，从乐籍制度层面对大曲的历史演进进行探讨，理清了大曲的三种原生态特征以及遗存区域范围。这三种大曲形态的遗存即存有唐大曲部分特征的大曲形态、曲牌联曲体的大曲形态、板式变化体的大曲形态。

郑祖襄《也谈唐代的急、慢曲子》（2002：36～40）认为，以"急"、"慢"冠名的曲子，"除说明该曲子在速度、节拍、节奏上的急和慢，也说明它们已分别具有一定音乐内涵和演奏技法的乐曲体裁"（同上：37）；唐宋以后它们一直传承下来，并和传统琵琶的文武曲有一定的历史渊源关系。

李石根《法曲辨》（2002：24～29）指出，现在多以大曲代法曲，抹杀了法曲的特性；视法曲为大曲，"与宋代的陈旸、王灼以及清末王国维把法曲当作大曲不无关系"（同上：29）；如今法曲仍存活于西安鼓乐的坐乐演奏形式之中。

赵春婷《唐时〈阳关〉叠法探微》（2002：83～89），在前人研究成果基础上，从"叠"与"和声"关系的角度进行辨析，认为应以苏轼《东坡题跋》中有关唐时《阳关》叠法的记载为准；苏轼所谓的"古本三叠"不仅有"三"叠之实义，亦有"多"叠之义。

吕洪静《"拍弹"的结构样式及张力》（2002a：11～16）认为，"拍弹"作为一种唐代的演唱艺术与当时"拍"的概念密不可分，并以唐代节拍的程式性变化而独树于时代，对我国"拍式"

（而不是节拍）的发展起到了不可估量的作用。

吕洪静《论“换头”》（2002b：34～43）通过对“换头”音乐的流变分析，结合西安鼓乐和中日古谱的比较，指出西安鼓乐中的“换头”音乐仍完整地保存着唐代“换头”音乐的真实面貌，“体现着西安鼓吹乐的历史价值和音乐文化价值”（同上：43）。

杨善武《西北苦音与音乐文化交流》（2002a：105～123）从苦音形成的外来说、融合说展开论述，指出苦音特殊性与古代音乐文化交流关系研究的全局性和重大性，并对隋唐燕乐和西凉乐、龟兹乐的性质进行深入辨析。

唐应龙《楚国音乐的机制及特点》（2002：80～83）认为，楚乐与古老的巫觋风俗有关，并以三位一体的表现形式呈现；分布在河南、湖北、湖南三省的楚乐，在时间比例、发展历程以及乐器使用等方面都有一定的差异；作为楚文化的一个组成部分，楚乐既符合楚文化的整体要求，又有其独特的发展过程。

李荣有《论汉代音乐文化的发展体系》（2002：55～62）通过文献史料、出土汉画像音乐文物的综合分析论证，认为雅俗并存是汉代音乐文化发展的基本体系，雅俗对立统一是汉代音乐文化发展的动力，雅乐与俗乐的交融互补是汉代音乐文化发展的主流。

赵为民《宋代市井音乐活动概观》（2002：53～59）“集中地反映了宋代民间音乐活动的基本面貌”，通过对“瓦子中的音乐活动”、“酒肆与茶坊中的音乐活动”、“节庆音乐活动”、“流动演出活动”的论述，展示了宋代“平民阶层的音乐生活”。

金代董解元的《西厢记诸宫调》标志着宋元时期说唱音乐的高度成熟，是目前保存最完整的诸宫调作品。有关该课题的研究论文主要有朱鸿《〈西厢记诸宫调〉的音乐结构》（2002：50～54）、张国强《〈西厢记诸宫调〉初探》（2002：121～130）。

乐律学研究

乐律学一直是研究者关注的焦点，本年度乐律学领域发表的文章数量也相当多。周武彦的《“以是生黄钟小素之首”辨讹》（2002：60～61）对《管子·地员篇》所载三分损益法“以是生黄钟小素之首”进行辨正，认为小素系小索之讹；小索即律准上的弦索。

“引商刻羽，杂以流徵”是先秦乐律学研究中的一个疑难问题。郭莹的《对“引商刻羽，杂以流徵”史料研究中几个问题的思考》（2002：38～42）对相关研究成果予以总结归纳，认为由于“引商刻羽，杂以流徵”在表述上的模糊以及材料上的限制，使人们很难对它有一个明确的认识。

牛陇菲《“叁伍以变，错综其数”（上、下）》（2002：66～71；13～18）认为中国上古“四宫纪之以三的十二吕律”制度是一个“叁伍以变，错综其数”且“和之以心耳”的动态平衡乐制，与中国古典“宇宙算术学”的数理文明框架有着极为密切的关系。

陈应时《曾侯乙钟磬铭文疑难释义述评》（2002a：6～12），提出曾侯乙钟磬铭文的文字学研究中尚有分歧意见的若干疑难字问题，并加以评述。

谷杰《曾侯乙钟“颠下角”与“三度定律法”探析》（2002：83～90），以曾侯乙编钟铭文和实际测音数据为依据，探索“颠下角”、“下角”等术语的生律法属性，并对曾侯乙编钟的“三度定律法”进行论证。

李成渝《钟律的理论与实践》（2002：76～79），介绍了黄翔鹏先生研究发现钟律的过程，认为钟律在当今传统音乐的实践中仍然广泛流传，“钟律为宫调判断提供了又一标尺”，并提议为纪念黄先生而将钟律134音分的半音命名为“黄氏半音”。

中国传统“律吕之学”中的“候气”之说颇具神秘色彩。“候气法”出自京房，是史学界中最为流行的说法。唐继凯的《“候气法”是京房的发明吗?》（2002：17～19）则提出不同意见，认为“候气法”“应在《吕氏春秋》成书之前是毫无问题的”。

张柏鸣《论汉代黄钟标准》（2002：33～35）通过现代考古发现的新莽无射律管以及汉代度量衡器具的研究，推算出汉代黄钟的长度和管径，指出“汉代是以容受为律本，非长短为律本”，“以黄钟律管为度量衡基元，就是西汉末人们的律度观”（同上：35）。

李幼平《北宋大晟律初探》（2002：65～70）通过相关文献的考察及对遗存的大晟钟的乐律学研究，指出大晟律以魏汉津的指尺理论为名，但实际上具体定律、制器的人是当时深谙民间音乐的乐工；大晟律存在名实之变、历史之变，这些变化才是大晟律在音乐实践中能经受考验，合于长期应用的真正原因。

汪申申《清代音乐理论管窥》（2002：64～69）总结了清代音乐文化的特点，从音乐美学、乐律学两方面介绍了清代音乐理论发展所取得的成就。

宫、调、均、旋宫转调是中国音乐史和中国传统音乐中的基本概念，在这些重要而又基本的概念上，方家们存在着不同的理解。刘永福《“旋宫转调”辨析》（2002：115～120）针对黄翔鹏、杜亚雄、陈应时等人对“旋宫”、“转调”两个概念的不同认识和理解，提出自己的看法：所谓旋宫，就是宫音的不同，只要是在“宫音易位”这个大前提或范围内的宫调变换，都应属于旋宫；所谓转调，即是调高（即宫音或音主）不变的情况下，“调头”（或称调式）的转换。陈应时《一种体系　两个系统——论中国传统音乐理论中的“宫调”》（2002b：109～116）指出中国传统音乐理论中自成体系的“宫调”，是在长期的音乐实践中形成和逐步完善的。它拥有以宫音和调声为代表的两个系统，而“旋宫”和“犯调”、“顺旋”和“逆旋”、“之调”和“为调”等，则是这两个系统在宫调体系中存在的具体体现；并强调认识宫调体系中存在的两个系统，对研究我国古代的宫调理论以及古谱解译等有积极的意义。

杨善武《传统实践与“同均三宫”——“同均三宫”研究综论之一》（2002b：3～18）对有关同均三宫的研究成果进行述评，认为“不应轻率地以古证今，更不应轻易地改动现有乐调以求符合我们心目中的古代乐调”（同上：17）。

丁承运《古瑟调弦与旋宫法钩沉》（2002：48～52）指出，上古瑟的定弦是相差半音的两组五声音阶，是十个依次相生的连续半音。在旋宫功能上，“不需移柱即可奏出黄钟、林钟、太簇、南吕四均标准的正声音阶，外九弦组的应钟均能奏出清商音阶”（同上：51）。演奏时“右手弹奏内十六弦，左手弹奏外九弦之二变及旋宫时需使用的清宫、清商及清徵三声”（同上：51）。

关于燕乐二十八调究竟是七宫四调还是四宫七调的争论是该研究领域的热点话题。孙新财《〈辽史·乐志〉中的“四旦”不是四宫吗?》（2002：75～77）针对刘勇《〈辽史·乐志〉中的“四旦”是四宫吗?》（2001：41～42）的观点进行反驳，认为《辽史·乐志》中的“旦”与苏祇婆理论中的“旦”是同一个概念，“四旦”即是四宫。杨善武《〈辽史·乐志〉中的“四旦”不是四宫》（2002c：86～89）则认为孙文中“存在诸多的问题”，并提出针锋相对的观点：《辽史·乐志》中的“旦”与《隋书·音乐志》中的“旦”不是同一个概念。依据史料作判断，即使“四旦”与调式无关，也绝不是四宫，更不是以宫为首的不同音阶的“四宫”。陈应时《燕乐“四宫”说的来龙去脉》（2002c：80～86）分析有关燕乐“四宫”说形成的背景材料，否定了《辽史·乐志》“四旦”是“四宫”的观点。

《唐会要》所载天宝十三年（公元740年）“太乐署供奉曲”的改名与刻石，为我们研究唐代的宫调理论提供了宝贵的资料，其中记录的十四调不以黄钟宫为首而是以太簇宫为首。岸边成雄及国内的一些学者认为是唐代“古律”和“新律”、“雅乐律”和“俗乐律”相差二律所致。陈克秀的《唐俗乐调与随月用律》（2002：48～55）则认为，以太簇宫为首是唐俗乐调以月律排序的结果，“随月用律”的实际意义就是旋宫转调。

陈应时《“变”位于变徵，“闰”位于变宫》（2002d：90～94）对沈括《梦溪笔谈·补笔谈》中用工尺谱字记录的燕乐二十八调用字、张炎《词源·十二律吕》、陈元靓《事林广记·乐星图谱》等有关材料进行分析考证，进一步阐述作者“变”位于变徵、“闰”位于变宫的理论思想。

敦煌乐谱研究

敦煌乐谱的研究，涉及谱式、断代、定弦法、节奏、各种演奏符号等诸多方面。其中，定弦法与节奏的考证研究，是最有争议的问题。赵玉卿、郑莲《关于敦煌乐谱的定弦法研究》（2002：16～19）总结了近年关于敦煌乐谱定弦法的研究成果，认为敦煌乐谱研究虽然取得很大的进展，但与其原貌仍有差距。

庄永平《【日】传燕乐六调五式琵琶定弦法研究》（2002：61～65）通过对日传燕乐六调五式琵琶定弦法的研究和译解古谱的分析，提出要结合译谱来研究燕乐理论。

中日音乐文化的交流和比较研究

2001年11月，“第四届中日音乐比较研究国际学术会议”在日本冲绳举行，音乐学家就中日音乐比较研究的许多方面发表了各自的研究成果。《音乐艺术》2002年第1期刊登了这次会议有关古谱译解的三篇论文，陈应时《中日琵琶古谱中的“、”号》

(2002e：11～15)、修海林《对古谱译解与音响再现学理层面上的认识》(2002a：16～18)、应有勤《中日对古谱涵义和解译的比较研究》(2002：19～23)。陈文的研究对象是《天平琵琶谱》、《五弦琵琶谱》、《敦煌琵琶谱》，它们在节奏译解上有分歧的原因可能是各家在对古谱中的“、”号解释时“所持的论据尚嫌不足”，并认为早期琵琶谱中的“、”应解释为沈括所说的“一擎减一字”，是一种节拍法符号。修文针对古谱译解与音响再现这类古谱学研究中产生的问题，从学理层面提出音乐经验法与文献研究法、乐谱的符号系统与解释系统、音乐风格的量化判断与质性判断这三对概念与范畴，为古谱学研究提供了新的学术评价的理论依据。应文则对林谦三、叶栋、陈应时、席臻贯等人对敦煌乐谱的研究理论和实际译谱进行比较，认为陈应时“掣拍说”的译谱“基本反映了敦煌乐谱的原貌”。

吴国伟《〈仁智要录〉与〈三五要录〉所阐述的中国乐调理论》(2002：76～82)以藤原师长（公元1138－1192）编纂的两部乐谱集《仁智要录》与《三五要录》为参考蓝本，探讨中国唐代的乐调在传入日本后，于日本平安时期（公元794－1192）后期的应用状况。

徐元勇《明清俗曲与日本“明清乐”的比较研究》(2002：87～92）通过明清俗曲与日本“明清乐”作品的流传与变异的比较研究，辨明二者之间的渊源关系和来龙去脉。

杨桂香《检视冲绳与长琦中国音乐之流变》(2002：13～15)通过对三首明清俗曲《打花鼓》、《茉莉花》、《凤阳歌》的研究，辨明其渊源关系，认为它们传入日本是中国明清俗曲在异国他乡的“变容”与“创造”(同上：13)。

乐器与乐队

冯光生《周代编钟的双音技术及应用》（2002：40～54），使用原生双音、铸生双音、铸调双音三个概念，从双音技术的角度，就双音钟的界定、双音技术的形成和应用范围展开讨论，并通过音程分析，进一步论证曾侯乙编钟律制的复合特征。

陈双新《青铜钟镈起源研究》（2002：23～29）综合评述了近几十年来不同学科的专家学者从文字学、器物学和乐器铭文本身等不同角度得出的不同结论，对青铜钟镈的起源进行探讨，指出成熟钟镈的形制是南北文化交互作用的结果。

李葆嘉、岳峰《奚琴、嵇琴、胡琴名实考论》（2002：56～62）以自隋唐以降的历史文化为背景，采用历史语言学和文化学的方法，利用新发现的材料，论述了奚琴、嵇琴、胡琴三者之间的名实关系。

竖箜篌是古代自西域传入中原的乐器之一，在中国音乐史上历经了千年的兴衰演变。班丽霞《竖箜篌考略》（2002：55～58）以相关的文献、考古资料及现有研究成果，对竖箜篌的来源、形制、流传及消亡原因等问题进行梳理和分析。

张丽《宋代教坊乐队的沿革及其历史文化特征》（2002：65～71）根据教坊乐部组织方式及机构的变迁，把宋代教坊乐队的发展历程分为四个阶段，对各个阶段的乐队编制及其文化特征进行了较为全面的论述。

学科建设

于润洋《关于我国音乐学学科建设的几点想法》（2002：12～16）认为，一个国家、民族的建设和发展，离不开自然科学和人文社会科学两个方面。音乐学作为人文学科的组成部分，任务就是在理论和历史各个层面对音乐这门艺术进行多方位、多侧面的思考和探究。中国音乐学是一门年轻的学科，从长远的建设上看应注意以下三个方面：一是扩大学科的学术视野；二是加强理论与历史的相互融合和渗透；三是注重对音乐本体的研究。

修海林《中国音乐史学科发展前瞻十要点——“哲学、美学、音乐学学术前沿成果报告会”演讲提纲》（2002b：18～21）立足于当代中国音乐史学的前沿成果以及学科发展的总体趋势，从历时与共时、专题史研究、传播与交流史的研究、文献研究、文物研究、学术成果的再研究、古谱学研究、当代音乐研究、研究领域的开拓和理论思维能力的训练等十个方面予以概述。其中包括对研究方法、角度、对象、领域以及理论素养和思维能力等方面的认识，同时也表明作者在一些相关问题上的学术观点、评价。

参　考　文　献

班丽霞

2002：《竖箜篌考略》，《天籁》第3期。

陈克秀

2002：《唐俗乐调与随月用律》，《中国音乐学》第3期。

陈双新

2002：《青铜钟镈起源研究》，《中国音乐学》第2期。

陈应时

2002a：《曾侯乙钟磬铭文疑难释义述评》，《音乐艺术》第3期。

2002b：《一种体系　两个系统——论中国传统音乐理论中的“宫调”》，《中国音乐学》第4期。

2002c：《燕乐“四宫”说的来龙去脉》，《中央音乐学院学报》第4期。

2002d：《“变”位于变徵，“闰”位于变宫》，《音乐研究》第1期。

2002e：《中日琵琶古谱中的“、”号》，《音乐艺术》第1期。

丁承运

2002:《古瑟调弦法与旋宫钩沉》,《音乐研究》第4期。

冯光生

2002:《周代编钟的双音技术及应用》,《中国音乐学》第1期。

冯建志

2002:《从汉画像看鼓吹乐的形态特征及功用》,《交响》第3期。

谷　杰

2002:《曾侯乙钟“颧下角”与“三度定律法”探析》,《黄钟》第3期。

郭　莹

2002:《对“引商刻羽,杂以流徵”史料研究中几个问题的思考》,《音乐研究》第2期。

李葆嘉、岳　峰

2002:《奚琴、嵇琴、胡琴名实考论》,《中央音乐学院学报》第1期。

李成渝

2002:《钟律的理论与实践》,《黄钟》第2期。

李　娜

2002:《“声曲折”研究综述》,《音乐研究》第1期。

李荣有

2002:《论汉代音乐文化的发展体系》,《中国音乐学》第1期。

李石根

2002:《法曲辨》,《交响》第2期。

李幼平

2002:《北宋大晟律初探》,《黄钟》第2期。

刘　勇

2001:《〈辽史·乐志〉中的“四旦”是四宫吗?》,《中央音乐学院学报》第3期。

刘永福

2002:《“旋宫转调”辨析》,《中国音乐学》第2期。

吕洪静

2002a:《“拍弹”的结构样式及张力》,《交响》第1期。

2002b:《论“换头”》,《音乐研究》第3期。

牛陇菲

2002:《“叁伍以变,错综其数”》(上、下),《音乐艺术》第2、3期。

尚丽新

2002:《汉代食举乐考》,《黄钟》第4期。

孙尚勇

2002:《黄门鼓吹考》,《黄钟》第4期。

孙晓晖

2002:《〈旧唐书·音乐志〉的史料来源——兼论唐代乐令》,《音乐研究》第3期。

孙新财

2002:《〈辽史·乐志〉中的“四旦”不是四宫吗?》,《中央音乐学院学报》第1期。

唐继凯

2002:《“候气法”是京房的发明吗?》,《交响》第1期。

唐应龙

2002:《楚国音乐的机制及特点》,《交响》第1期。

王福利

2002:《从辽金元三史的编纂看其乐志的史料来源》,《黄钟》第4期。

汪申申

2002:《清代音乐理论管窥》,《黄钟》第1期。

吴国伟

2002:《〈仁智要录〉与〈三五要录〉所阐述的中国乐调理论》,《黄钟》第3期。

项　阳、张　欢

2002:《大曲的原生态遗存论纲》,《黄钟》第2期。

修海林

2002a:《对古谱译解与音响再现学理层面上的认识》,《音乐艺术》第1期。

2002b:《中国音乐史学科发展前瞻十要点——“哲学、美学、音乐学学术前沿成果报告会”演讲提纲》,《星海音乐学院学报》第4期。

徐元勇

2002:《明清俗曲与日本“明清乐”的比较研究》,《音乐艺术》第2期。

杨桂香

2002:《检视冲绳与长琦中国音乐之流变》,《交响》第2期。

杨善武

2002a:《西北苦音与音乐文化交流》,《中国音乐学》第3期。

2002b:《传统实践与“同均三宫”——“同均三宫”研究综论之一》,《音乐研究》第3期。

2002c:《〈辽史·乐志〉中的“四旦”不是四宫》,《中央音乐学院学报》第4期。

应有勤

2002:《中日对古谱涵义和解译的比较研究》,《音乐艺术》第1期。

于润洋

2002:《关于我国音乐学学科建设的几点想法》,《人民音乐》第11期。

余晓芸、李新庭

2002:《论“乐府传声”的美学追求》,《中国音乐学》第3期。

张柏鸣

2002:《论汉代黄钟标准》,《交响》第3期。

张国强

2002:《“西厢记诸宫调”初探》,《中国音乐学》第2期。

张　丽

2002:《宋代教坊乐队的沿革及其历史文化特征》,《音乐研究》第1期。

张哲俊

2002:《中国古典戏曲文学与音乐的情感关系》,《音乐研究》第4期。

赵春婷

2002:《唐时“阳关”叠法探微》,《中央音乐学院学报》第2期。

赵为民

2002:《宋代市井音乐活动概观》,《音乐研究》第4期。

赵玉卿、郑　莲

2002:《关于敦煌乐谱的定弦法研究》,《交响》第2期。

郑祖襄

2002:《也谈唐代的急、慢曲子》,《音乐艺术》第3期。

周武彦

2002:《“以是生黄钟小素之首”辨讹》,《音乐探索》第4期。

朱　鸿

2002:《“西厢记诸宫调”的音乐结构》,《福州大学学报·哲学社会科学版》第4期。

庄永平

2002:《【日】传燕乐六调五式琵琶定弦法研究》,《黄钟》第4期。

2002 年度中国音乐考古资料与研究成果综述

邵晓洁

笔者较为全面地查阅了 2002 年音乐类、文物考古类、艺术类等近四十余种相关学术期刊和报纸，收集了所发表的音乐考古资料、音乐考古学研究成果以及相关学术动态、信息等方面的内容，并在此基础上对 2002 年度中国音乐考古的相关资料与研究成果作了以下梳理。

音乐文物资料

本年度正式发表的音乐文物资料包括乐器实物、乐舞图像两大类。

一、乐器实物类

本年度所刊布的乐器实物有钟、镈、铙、磬、骨笛等十余种。

在出土青铜乐器中以编钟的数量最多，达43件，其中属西周时期的出土于西安丰镐遗址（编钟2件）（王长启2002：14）；属春秋时期的分别出土于江苏邳州（钮钟9件、甬钟4件）（孔令远等2002：23）、山西运城（钮钟9件）（韩世荣等2002：第1版）；属战国时期的分别出土于河南的洛阳（钮钟18件）（洛阳市文物工作队2002：367）和新蔡（钮钟1件）（河南省文物考古研究所等2002：10）。其次为铃，分别出土于四川巴东（铃1件）（广西壮族自治区文物工作队2002：26）、山东临朐（铜铃1件）（山东省文物考古所等2002：7）、甘肃礼县（铜铃8件）（甘肃省文物考古研究所等2002：14）、三峡地区（铜铃，数量不明）（栾丰实2002：第1版）、陕西西安（铜铃1件）（中国社会科学院考古研究所西安唐城工作队2002：39）、宁夏彭阳（铜铃1件）（宁夏回族自治区文物考古研究所彭阳县文物站2002：19）以及重庆云阳（铜铃1件）（四川大学历史文化学院考古学系2002：85）等地。镈出土于江苏邳州（镈6件）（孔令远2002：23）和河南洛阳（镈4件）（洛阳市文物工作队2002：367）。江西永修发现了两件铜铙（徐长青2002：1），发掘者认为这两件铙与新赣商代大墓所出同类器特征基本一致，同属于商代晚期物，并与新赣青铜器有着极深刻的渊源。在河南桐柏还发掘出土了若干件春秋时期的铜铎（樊温泉2002：第1版），其上均刻有铭文，据其铭文判断该墓葬为养国国君受之墓。

本年度所发布的磬也多达38件，分别出土于河南洛阳（洛阳市文物工作队2002：367）、江苏邳州（孔令远等2002：23）、青海喇家遗址（钱荣2002：第2版）和陕西扶风（周原考古队2002：22）。

《华夏考古》2002年第2期上发表了河南舞阳贾湖2001年的发掘报告。此遗址曾经出土了对中国音乐考古学、中国音乐史乃至中国文化史有着重大意义的新石器时代的骨笛，此次发掘又出土了

8件骨笛（中国科技大学科技史与科技考古系2001：28），其中二孔笛的发现尚属首次，该器通体契刻有精美图案，堪称稀世珍品。

鼓的资料也十分多样，有陶、木（成都市文物考古研究所2002：22）两种质地，其中陶鼓又有皮面和陶面两种。陕西出土了目前所知国内最大的一件新石器时代的陶鼓（呼延思正2002：第2版），而青海发现的距今约4000至4500年的“陶面鼓”更是全国首例（刘再生2002：38）。

此外，四川成都出土了两件战国时期的竽，均为葫芦所制（成都市文物考古研究所2002：22）。

山东洛庄汉墓继2000－2001年间发掘出罕见的大型专门乐器坑后，此次又发现了三座陪葬坑，其中出土了若干木刻小编钟及泥质架座（房道国等2002：第1版）。陕西西安地区也出土了一系列陶质乐器（陶编钟13件、陶编磬17件、陶瑟2件）（高曼2002：32）。

二、乐舞图像类

2002年度所发表的乐舞图像资料有平面和立体两种。

平面乐舞图像以壁画和画像石为主。涉及乐舞内容的壁画分别见于山东临朐（山东省文物考古所2002：18）、山西太原（程书林2002：第1版）、陕西西安西郊（陕西省考古研究所2002a：35）；有乐舞内容的画像石分别见于山东滕州（潘卫东等2002：88）和陕西绥德（榆林地区文管会等2002：19）。此外，河南洛阳道北的金代雕砖墓墓壁还发现了大量乐舞图像（洛阳市第二文物工作队2002：24），其中的奏乐及戴面具舞蹈等内容均为该地区首次发现。

立体形象以陶俑为主，有乐舞俑〔分别出土于重庆（崔波2002：第1版）、山东洛庄汉墓（房道国等2002：第1版；崔大庸2002：8）〕、骑马击鼓俑（陕西省考古研究所2002b：10）、骑马吹奏俑（郭洪涛2002：14）、风帽男骑俑（西安市文物保护考古所2002a：77）、鼓吹仪仗俑（同上2002b：38）。

音乐考古研究

随着中国音乐考古学的不断发展，与之相关的研究成果也日益丰硕。本年度所发表的音乐考古研究成果十分可观，其中以乐器为主的研究有三十三篇，以音乐图像为主的研究有十六篇，此外，还有其他的综合研究等十八篇。

中国古代青铜钟一直都是音乐考古学研究的重点和热点之一，本年度也不例外。

曾侯乙编钟出土的二十余年来，学术界一直在对其作多角度、多学科地综合研究，取得了十分喜人的成果，但其中仍然存在一些不解之疑。陈应时将所见曾侯乙钟磬铭文文字学研究中尚存歧义的若干疑难字提出来作了分析评述，目的是为了得到文字学研究的正确释义后，以求在乐律学研究中获得正确的结论（2002：6～12）。赵世纲撰文将曾侯乙钟磬与中原钟磬进行了比较（2002：65～71）。

关于青铜钟镈的起源问题，近几十年来不同学科的专家学者，从不同角度研究得出了不同的结论。陈双新在综合评述前人成果的基础上研究得出，甬钟和镈分别起源于原始的竹、木筒与搏拊，成熟钟镈的形制是南北文化交互作用的结果（2002：23～29）。冯光生对周代编钟双音技术的相关问题展开讨论，提出了“原生双音”、“铸生双音”和“铸调双音”三个概念（2002：40～54）。韩宝强从音乐声学的角度对双音钟检测的方法、工具等进行了研究，并介绍了由他们研制的《通用编钟测音系统》的构成及使用（2002：18～21）。

李幼平《北宋大晟律初探》（2002：18～21）将相关文献与遗

存今天的大晟钟实物相结合对北宋大晟律的相关问题进行了研究。李成渝则对先秦钟律作了探讨（2002：63～70）。

此外，本年度还刊发了《信阳编钟研究成果的疑惑》（王洪军2002：35～37）、《古钟上的文化》（李立祥2002：第4版）、《人面纹羊角钮铜钟》（李文2002：第5版）等研究或介绍钟的文章。《试论涪陵小田溪墓地的分期与时代》（蒋晓春2002：69～75）和《任家村藏宝揭秘》（罗西章2002：第2版）两文中也涉及到编钟。

本年度研究铙的文章有：井中伟运用考古类型学的方法，从形制和纹饰两个角度对我国南方出土的商周铜铙进行了研究（2002：18～25）；《乐器》上连载了王子初论述编铙的文章（2002a：84～85；2002b：94～95）。

此外，《再谈鄬巢编镈及其相关问题》（魏宜辉2002：41～44）论述编镈；《滇在青铜时代》（杨帆等2002：12）也论及相关铜质乐器。

弦乐器的相关问题也成为了本年度音乐考古研究的热点之一。关于古瑟的调弦与旋宫，前人的研究并不多，丁承运撰文对这一问题发表了见解（2002：48～52）。此外，《乐器》发表了介绍云南古瑟的文章（马儿等2002：45）；班丽霞对竖箜篌进行了研究（2002：55～58）；廖宇宁则对古代阮指弹和拨弹两种演奏法的问题作了初步探讨（2002：36～38）。

本年度还有关于古琴鉴定（张志和2002：第7版）和明琴介绍（刘安等2002：第6版）的文章发表。王子初（2002c：73）、李葆嘉等（2002：56～62），分别撰文对奚琴等进行了探讨。

河南舞阳贾湖骨笛的出土对中国音乐考古学、中国古代音乐文化研究有着十分重要的意义与价值。本年度刊布了自然科学界的著名专家陈通和戴念祖合撰的《贾湖骨笛的乐音估算》（2002：27～31），该文依据相关数据对5支贾湖骨笛的可能音高作出声学计算，得出了一系列计算数值，这些数值可作为骨笛吹奏（测音、演奏方式、音阶与音律等）的参考，以判断其演奏非常态。该研究从数理角度为骨笛测音的相关工作提供了科学的方法和依据。2001年在贾湖的第七次发掘中又出土了8支骨笛，至此，迄今所知出土的骨笛已近30支，章俊亲历了这批新近出土骨笛（文中称“骨龠”）的测音工作并撰写了文章。(2002：30～32)

王子初撰文介绍了洛庄汉墓出土乐器的情况，阐述了它们在考古学上的意义与价值，同时还充分肯定了这一考古发现在汉代音乐考古发掘史、汉代音乐研究和中国音乐考古学史上的重要意义(2002d：4～15)。

此外，本年度还发表了研究石磬（王子初2002e：80～81；2002f：62～63）、铜鼓（王永胜2002：第5版）、陶鼓（王芸2002a：88～89/2002b：82～83）、羌笛（陈正生2002：41～43）、腰鼓（徐巍2002：第5版）、号角（王子初2002g：64～65）等的文章。

本年度乐舞图像研究的主要对象包括绘画作品、壁画、画像石和俑像，内容涉及乐器、戏曲、百戏等。

台湾学者吕钰秀对台湾故宫的绘画作了音乐图像方面的研究(2002：9～13)。他从音乐图像学研究的普遍概念出发，对故宫名画研究的内容、范畴、步骤以及困难性进行阐述，并在此基础上对名画中的声响内容与文化意义作了有益探讨。钱传兵（2002：56)、漠及（2002：64～67)、李露露（2002：6）关于唐代和清代绘画作品的研究中均论及乐舞内容。

庄壮对敦煌壁画上的打击乐器作了系统梳理（2002：15～22)。他根据敦煌壁画所描绘的打击乐器图像，按制作材料将它们分为皮木类、木片类、铜制类和铁制类，同时还对敦煌壁画打击乐器的特点进行了分析和归纳。黎蔷通过场面博大的敦煌莫高窟五台山图与藏经洞数量可观的汉藏佛教写本，以及晋北与晋东南近年陆续发掘的赛戏、队戏等古剧，初步梳理出五台山佛教戏曲原始形态与内容（2002：87～94）。马金花（2002：10）、马海舰（2002：24～25）、高春鸿（2002：40～42）在对金代壁画墓、唐墓壁画的研究中均涉及了相关乐舞图像。

冯建志通过对汉画像砖上大量鼓吹乐图像的考察，对汉代鼓吹乐的构成、演出场合等提出了自己的看法（2002：36～39）。李锦山对山东安丘汉墓中三根石柱上异乎寻常的图像进行了研究，认为该图像蕴含着秘戏（百戏的一种）成分（2002：57～61）。廖静好（2002a：第8版/2002b：第8版）、赫玉建（2002：64～68）分别对汉画像石中的乐舞及社祭等礼俗作了研究。

《秦始皇百戏俑的彩绘纹饰》（张卫星2002：65）、《徐州地区西汉陶俑的发现及初步研究》（张玉等2002：44）、《宁夏固原北朝墓葬初探》（姚蔚玲2002：91～96）、《忠县涂井M5与蜀地早期佛教传播》（吴桂兵2002：65～71）等文，均涉及了与乐舞内容有关的俑像。

除上述几方面的研究外，还有一些其他相关学术成果。

戴念祖对甘肃天水放马滩秦墓出土《律书》简中六枚的乐律计算和占卜形式作了分析与研究（2002：79～83），认为《律书》对于探讨《吕氏春秋》、《淮南子》、《史记·律书》以及与乐律占卜相关的历史文献的渊源是极为重要的文献，尤其对于校正《史记·律书》中不正确的相关记述更是难得的资料，同时还认为秦简《律书》在乐律学史的早期阶段，起到了承上启下的重要作用。《中国文物报》上刊登了陈燮君为《上海博物馆藏战国楚竹书》一书所作的序（2002：第8版），他指出这批楚竹书具有多学科、多领域的重大价值，全面反映了多重的文化学术意义，文中还谈到了这些战国楚竹书在研究中国先秦音乐等方面的重要意义。

方建军《从因特网资讯看西方学者的音乐考古研究》（2002：91～101），依据因特网资讯，对西方学者的音乐考古学研究加以介绍，并对中西方音乐考古研究进行了初步比较。

《文物春秋》、《南方文物》分别刊登了河北省（吴东风等 2002：7～13）和赣鄱地区（彭适凡 2002：20～25）的音乐文物综述。

在为中国音乐考古学、中国传统音乐研究作出巨大贡献的著名音乐学家黄翔鹏仙逝五周年之际，黄夫人周沉（2002：34）和乔建中（2002：29～32）分别撰文纪念。

修海林对《古埙艺术》一书作了书评。(2002：70)

此外，本年度还发表了中国史前音乐文化（黄厚明等 2002：18～27）、楚国音乐（唐应龙 2002：80～83）、汉代黄钟（张柏铭 2002：33～35，按：涉及考古发现的新莽无射律管）、古乐陈列（李宏等 2002：第6版）、乐器学（刘莎 2002：59～64，按：论及音乐考古学）、祭孔礼仪与乐舞（陈彤 2002a：50～54/2002b：48～55，按：为"中国孔庙研究专辑"）等方面的研究成果。

音乐考古学术活动

近年来，随着大量的音乐文物不断被发掘出土，音乐考古学日益受到学术界尤其是考古学界的关注。2002年8月19至21日，湖北省文物考古研究所举行了"二零零二年第一期学术报告会"（谢辉 2002：第7版），武汉音乐学院李幼平应邀在会上作了《音乐考古研究的新进展》的报告，引起了与会者极大的兴趣。

2002年7月27至30日，"中国音乐史学会第七届年会暨中国音乐史教学研讨会"在福建师范大学召开（王清雷 2002：107～108），音乐考古学研究依然是该次会议讨论的热点之一。音乐考古学者带去的学术成果，既反映了音乐考古学领域取得的阶段性成果，又体现出诸位专家学者日益重视音乐考古研究在音乐史学研究中独特的意义与价值。同时，与会者一致认为20世纪大量的音乐考古学研究成果，将对中国乐律学史、中国乐器史、中国音乐断代史和通史以及中外音乐交流史的研究和发展产生重要而深远的影响。

在本年度的各种文物展览中有很多也展出有乐器，其中最为重要的是2002年4月30日在上海博物馆举行的“晋国奇珍——晋侯墓群出土文物精品展”（李朝远等2002：31；文炫2002：3～8）。该展览不但展出了晋侯墓群中出土的8件一套的楚公逆钟，同时还将14件被抢救回归的晋侯苏钟与两件被考古人员清理出的晋侯苏钟首次汇合，16件晋侯苏钟的合璧具有十分重要的学术意义。

本年度由海峡两岸十家博物馆通力合作的“屈原的故乡——楚文化特展”先后在台北历史博物馆（赵丹平等2002：第2版）和台中县（胡创伟等2002：第2版）举行，其中展出了楚乐器。

香港艺术馆推出的“中国古代青铜器展”（杨帆2002：第2版）共展出年代由商到唐的近百件中国古代青铜器，其中包括有乐器。9月23日，中国驻叙利亚大使馆举办的“中国青铜器复制品展”（洪振喜2002：第1版）在大马士革叙利亚国家博物馆开幕，展出的45件展品也包括乐器。

为庆祝河南省博物院建院五十周年，《中国文物报》设置了《五十年开拓进取　新世纪再创辉煌》（张志清等2002：7月24日）专栏，其中涉及到河南发现的青铜礼乐器坑以及出土乐器，并附有相关图片。

屈家营音乐会始创于明朝中叶，距今已有500年历史，现存有40套小曲和1套打击乐。据考，该音乐会所奏音乐是目前我国历史最悠久、保存最完整的稀有古乐，与西安仿唐乐舞、湖北编钟乐、北京智化寺古乐并称“中国四大古乐”，被誉为“音乐活化石”。2002年河北省固安县屈家营音乐馆进行了古围墙建设和主建筑封顶等工程（杨帆2002：第2版）。

此外，云南省博物馆又收入藏品，其中包含51件民族乐器

（民博 2002：第 2 版）。

综上所述，2002 年所刊布的音乐文物资料丰富，种类繁多，为今后的研究提供了很好的实物及图像资料；音乐考古研究成果丰硕，涉猎面广，角度新；相关学术活动较为活跃，学术信息也较多。我们相信，在学术界的关注和音乐考古学者的不懈努力下，中国音乐考古学定会得到长足的发展。

参考文献

班丽霞

2002：《竖箜篌考略》，《天津音乐学院学报》第 3 期。

陈双新

2002：《青铜钟镈起源研究》，《中国音乐学》第 2 期。

陈　通、戴念祖

2002：《贾湖骨笛的乐音估算》，《中国音乐学》第 4 期。

陈　彤

2002a：《天津文庙祭孔乐舞刍议》，《天津音乐学院学报》第 1 期。

2002b：《六、国家行为的祭孔礼制》，《南方文物》第 4 期。

陈燮君

2002：1 月 11 日《先秦古籍的又一次重大发现》，《中国文物报》总第 0978 期。

陈应时

2002：《曾侯乙钟磬铭文疑难字释义述评》，《音乐艺术》第 3 期。

陈正生

2002：《羌笛研究》，《乐器》第 5 期。

成都市文物考古研究所

2002：《成都市商业街船棺、独木棺墓葬发掘报告》，《文物》第 11 期。

程书林、陈零初

2002：11 月 29 日《山西太原王家峰壁画墓惊现保存完好的北齐壁画》，《中国文物报》总第 1068 期。

崔大庸、房道国

2002:《吕大官丞的家畜和乐工——洛庄汉墓新发现三座祭祀坑》,《文物天地》第3期。

崔　波

2002:7月5日《重庆丰都槽房沟发现有明确纪年的东汉墓葬》,《中国文物报》总第1027期。

戴念祖

2002:《秦简“律书”的乐律与占卜》,《文物》第1期总第548期。

丁承运

2002:《古瑟调弦与旋宫法钩沉》,《音乐研究》第4期。

樊温泉

2002:9月13日《桐柏发掘出一批春秋青铜器》,《中国文物报》总第1047期。

房道国、高继习、郭俊峰、刘　剑

2002:4月5日《洛庄汉墓又发现3座陪葬坑》,《中国文物报》总第1001期。

方建军

2002:《从因特网资讯看西方学者的音乐考古研究》,《中国音乐学》第2期。

冯光生

2002:《周代编钟的双音技术及应用》,《中国音乐学》第1期。

冯建志

2002:《从汉画像砖看鼓吹乐的形态特征及功用》,《交响》第3期。

甘肃省文物考古研究所、礼县博物馆

2002:《礼县圆顶山春秋秦墓》,《文物》第2期。

高春鸿

2002:《昭陵唐墓壁画》,《文物世界》第1期。

高　曼

2002:《西安地区出土汉代陶器选介》,《文物》第12期。

广西壮族自治区文物工作队

2002:《巴东县西瀼口古墓葬2000年发掘简报》,《江汉考古》第1期。

郭洪涛

2002:《唐恭陵哀皇后墓部分出土文物》,《考古与文物》第4期。

韩宝强

2002:《双音钟音乐性能之检测》,《乐器》第7期。

韩世荣、马志刚

2002：9月18日《散虺纹编钟与里克》，《中国文物报》总第1048期。

赫玉建

2002：《汉代旱涝疫灾害在汉画中的反映》，《中原文物》第1期。

河南省文物考古研究所、河南省驻马店市文化局、新蔡县文物保护管理所

2002：《河南新蔡平夜君成墓的发掘》，《文物》第8期。

洪振喜

2002：10月9日《中国青铜器复制品展》，《中国文物报》总第1053期。

胡创伟、朱华颖

2002：5月1日《屈原的故乡——楚文化特展》，《中国文物报》总第1008期。

呼延思正、张　娜

2002：8月14日《陕西发掘出土国内最大陶鼓》，《中国文物报》总第1038期。

黄厚明、陈云海

2002：《中国史前音乐文化状况初探》，《中原文物》第3期。

蒋晓春

2002：《试论涪陵小田溪墓地的分期与时代》，《江汉考古》第3期。

井中伟

2002：《我国南方出土商周铜铙的类型学研究》，《文物春秋》第1期。

孔令远、陈永清

2002：《江苏邳州市九女墩三号墩的发掘》，《考古》第5期。

李葆嘉、岳　峰

2002：《奚琴、嵇琴、胡琴名实考论》，《中央音乐学院学报》第1期。

李朝远、周　亚

2002：《晋侯墓群出土青铜重器首次合璧上海》，《文物天地》第5期。

李成渝

2002：《钟律的理论与实践——学习黄翔鹏先生相关论述的心得之四》，《黄钟》第2期。

李　宏、王　雪、王歌扬

2002：1月18日《音乐考古与华夏古乐的复原——河南博物院的古乐陈列》，《中国文物报》总第0980期。

李锦山

2002：《山东安丘汉墓“裸戏”画像考》，《文博》第4期。

李立祥

2002：2月8日《古钟上的文化》，《中国文物报》总第0986期。

李露露

2002：《清代“天后宫过会图”释析》，《东南文化》第2期。

李　文

2002：11月20日《人面纹羊角钮铜钟》，《中国文物报》总第1065期。

李幼平

2002：《北宋大晟律初探》，《黄钟》第2期。

黎　蔷

2002：《五台山佛教乐舞戏曲文化钩沉》，《敦煌研究》第2期。

廖静妤

2002a：3月13日《山东汉画像石》，《中国文物报》总第0994期。

2002b：5月29日《乐舞图》，《中国文物报》总第1016期。

廖宇宁

2002：《古代阮的指弹与拨弹两法刍论》，《星海音乐学院学报》第2期。

刘　安、陈　敏

2002：10月23日《雷氏七弦琴》，《中国文物报》总第1057期。

刘　莎

2002：《乐器学研究的相关学科》，《天籁——天津音乐学院学报》第3期。

刘再生

2002：《原始社会鼓类家族新成员出土——我国首例“陶面鼓”在青海发现》，《人民音乐》第5期。

洛阳市文物工作队

2002：《洛阳解放路战国陪葬坑发掘报告》，《考古学报》第3期。

栾丰实

2002：4月12日《三峡地区又发现一大规模巴人墓地》，《中国文物报》总第1003期。

罗西章

2002：6月19日《任家村藏宝揭秘》，《中国文物报》总第1022期。

洛阳市第二文物工作队

2002：《洛阳道北金代雕砖墓》，《文物》第9期总第557期。

吕钰秀

2002：《台湾故宫博物馆绘画中的音乐图像研究》，《音乐探索》第2期。

马 儿、唐 鑫

2002:《云南巍山古瑟》,《乐器》第4期。

马海舰

2002:《从唐燕妃墓壁画透视唐代文明》,《文物世界》第2期。

马金花

2002:《山西金代壁画墓初步研究》,《文物春秋》第5期。

民 博

2002:11月29日《云南博物馆喜入藏品》,《中国文物报》总第1069期。

漠 及

2002:《宫乐图——关于中国传统绘画中空间表现的思考》,《东南文化》第10期。

宁夏回族自治区文物考古研究所彭阳县文物站

2002:《宁夏彭阳县张街村春秋战国墓地》,《考古》第8期。

潘卫东、王元平、陈庆峰

2002:《山东滕州市三国时期的画像石墓》,《考古》第10期。

彭适凡

2002:《赣鄱地区音乐文物概述》,《南方文物》第2期。

钱传兵

2002:《唐代仕女画之美》,《东南文化》第12期。

钱 荣、梁 娟

2002:2月27日《喇家遗址发掘出中国最大的磬》,《中国文物报》总第0990期。

乔建中

2002:《一寸千思——纪念黄翔鹏先生逝世五周年》,《人民音乐》第10期。

山东省文物考古所、临朐县博物馆

2002:《山东临朐北齐崔芬壁画墓》,《文物》第4期。

陕西省考古研究所

2002a:《西安西郊陕棉十厂唐壁画墓清理简报》,《考古与文物》第1期。

2002b:《西安安陵调查报告》,《考古与文物》第4期。

四川大学历史文化学院考古学系、重庆市文化局、云阳县文物管理所

2002:《重庆云阳李家坝东周墓地1997年发掘报告》,《考古学报》第1期。

唐应龙

2002:《楚国音乐的机制及特点》,《交响》第1期。

王长启

2002:《西安丰镐遗址发现的车马坑及青铜器》,《文物》第12期。

王洪军

2002：《信阳编钟研究成果的疑惑》，《音乐艺术》第1期。

王清雷

2002：《中国音乐史学会第七届年会暨中国音乐史教学研讨会在福州举行》，《中国音乐学》第4期。

王永胜

2002：10月30日《世界上最早的铜鼓》，《中国文物报》总第1059期。

王　芸

2002a：《陶鼓》（上），《乐器》第9期。

2002b：《陶鼓》（下），《乐器》第10期。

王子初

2002a：《编铙》（上），《乐器》第11期。

2002b：《编铙》（中），《乐器》第12期。

2002c：《奚琴的历史》，《乐器》第12期。

2002d：《洛庄汉墓出土乐器述略》，《中国历史文物》第4期。

2002e：《石磬》，《乐器》第3期。

2002f：《石磬续编》，《乐器》第4期。

2002g：《号角》，《乐器》第2期。

魏宜辉

2002：《再谈䣄巢编镈及其相关问题》，《南方文物》第3期。

文　炫

2002：《晋国奇珍　光耀浦江——山西晋侯墓群出土文物精品在沪展出》，《文物世界》第3期。

吴东风、仇凤琴

2002：《河北省音乐文物综述》，《文物春秋》第3期。

吴桂兵

2002：《忠县涂井M5与蜀地早期佛教传播》，《四川文物》第5期。

西安市文物保护考古所

2002a：《唐姚无陂墓发掘简报》，《文物》第12期。

2002b：《西安东郊唐温绰、温思暕墓发掘简报》，《文物》第12期。

谢　辉

2002：9月27日《湖北省所举办“二零零二年学术报告会”》，《中国文物报》总第1051期。

修海林

2002：《埙：脑与手的创造——评陈秉义的〈古埙艺术〉》，《乐府新声》第2期。

徐　巍

2002：5月1日《唐黑釉蓝斑腰鼓》，《中国文物报》总第1008期。

徐长青

2002：《江西永修发现商代青铜铙》，《南方文物》第2期。

杨　帆、梅丽琼

2002：《滇在青铜时代》，《文物天地》第8期。

杨帆（责任编辑）

2002：1月30日《中国古代青铜器展》，《中国文物报》总第0983期。

杨帆（责任编辑）

2002：1月30日“河北省固安县屈家营音乐馆古围墙建设和主建筑封顶等工程”，《中国文物报》总第0983期。

姚蔚玲

2002：《宁夏固原北朝墓葬初探》，《华夏考古》第4期。

榆林地区文管会、绥德县博物馆

2002：《陕西绥德县四十里铺画像石墓调查报告》，《考古与文物》第3期。

章　俊

2002：《亲历新出土的贾湖骨龠的测音》，《人民音乐》第11期。

张柏铭

2002：《论汉代黄钟标准》，《交响》第3期。

张卫星

2002：《秦始皇百戏俑的彩绘纹饰》，《文物》第3期总第550期。

张　玉、刘建照

2002：《徐州地区西汉陶俑的发现及初步研究》，《东南文化》第11期。

张志和

2002：8月21日《谈古琴鉴定》，《中国文物报》总第1040期。

张志清、方燕明（策划）

2002：7月24日《五十年开拓进取　新世纪再创辉煌》，《中国文物报》总第1032期。

赵丹平、赵　卫（消息提供）

2002：1月4日《屈原的故乡——楚文化特展》，《中国文物报》总第0976期。

赵世纲

2002:《曾侯乙钟磬与中原钟磬之比较》,《华夏考古》第4期。

中国社会科学院考古研究所西安唐城工作队

2002:《西安北郊龙首村西汉墓发掘报告》,《考古》第5期。

中国科技大学科技史与科技考古系、河南省文物考古研究所、舞阳县博物馆

2001:《河南舞阳贾湖遗址2001年春发掘简报》,《华夏考古》第2期。

庄　壮

2002:《敦煌壁画上的打击乐器》,《交响》第4期。

周　沉

2002:《翔鹏辞世五周年祭》,《人民音乐》第10期。

周原考古队

2002:《陕西扶风县云塘、齐镇西周建筑基址1999—2000年度发掘简报》,《考古》第9期。

中国音乐年鉴·2003·
·学术研究·

2002年中国近现代音乐史研究综述

冯长春

本年度中国近现代音乐史研究成果主要体现在史料建设、作家作品研究、热点讨论等几个方面。其中，对音乐家的多视角研究以及“重写音乐史”热点话题的升温，是最为引人注目的两个方面。

史料建设

中国近现代音乐史研究的深入与学科建设的发展，首要问题之一是要对史料挖掘及其研究加以重视，本年度在新史料的挖掘与阐释方面有些许进展。曹安和撰写于1982年、后经文彦整理的《中国音乐教育的摇篮——从女高师到女子文理学院》中，曹以一个历史亲历者的身份，回忆了我国现代专业音乐教育的发端——国立北京女子高等师范学校音乐体育专修科于1920年成立、1929年改为女子文理学院音乐系以及“七七事变”后音乐系停办十余年间的风雨历程，从一个侧面叙述了一段中国现代史中音乐与体育合办的独特历史（2002：25～28），是我们研究此时段中国音乐教育的有益史料。

陈聆群《也谈〈总理纪念歌〉的词作者》（2002：44～45）通过第一手史料的查证以及其他相关史料的旁证，认为可以确认《总理纪念歌》从词到曲完全是黎锦晖先生的创作，而非有关史书上所说系戴传贤作词。

外籍音乐家在华音乐活动及中西音乐交流史的考察是中国近现代音乐史研究的薄弱环节。李岩《海费兹1931年冬季在中国》（2002a：92～97）通过翔实的史料钩沉，对世界著名俄裔美籍小提琴大师海费兹（Jascha Heifetz，1901－1987）于1931年11月至12月间在中国天津、北平、上海的演出活动、演奏曲目及其影响等问题，作了细致的考证与研究。作者由海费兹来华演出并结合这一时期众多西方小提琴家来华或驻华的音乐活动发现，除丰厚的演出酬金外，国内一些大城市的文化需求特别是当时一批中国“小提琴人”队伍及其“小提琴情结”的形成，是促使国外小提琴音乐驻足中国的重要原因。另一方面，一些西方小提琴家不远万里来到中国并对中国音乐与文化表现出浓厚的兴趣说明，“当时一些世界顶尖的小提琴家与中国结缘，绝不是偶然而是一种双向互动的文化现象”。刘欣欣《二十世纪上半叶的哈尔滨音乐学校》（2002：25～27）对20世纪20年代由驻华俄侨创办的三所音乐学校作了史料调查与介绍，对于了解当时哈尔滨的音乐教育、音乐生活以及近现代中外音乐交流史的研究具有参考意义。

继《我的父亲许如辉与重庆大同乐会》（2001：74～81）之后，许文霞又发表《我的父亲许如辉与中国早期流行歌曲》（2002：63～77），对许如辉上世纪20年代末至30年代在流行歌曲创作及其音乐活动作了较为详尽的叙述与介绍。她认为，“勿论其他，至少在中国流行音乐发展史这个层面”，许如辉是“一个很难回避，恰被史家们遗弃得一干二净的重要人物”（同上：77）。此文对于我们重新审视 20 世纪上半叶中国流行歌曲的发展历史以及中国近现代音乐史的研究与书写，具有史料建设与视域拓展的双重意义。

戴嘉枋《乌托邦里的哀歌——“文革”期间知青歌曲的研究》（2002a：5 ~ 26）从音乐史学与社会学的双重视角，对中国现当代音乐史中一个未曾引起关注的音乐存在——“知青歌曲”，从其产生与传播、内涵与音乐特点以及对它的钳禁等方面，进行了多方位的历史考察。作者认为，“知青歌以其特有的哀歌悲吟，形成了对当时乌托邦式的‘到处莺歌燕舞’的主流音乐的反叛。它的出现和存在，既是对于文革文化专制主义肆虐中音乐虚假反映现实的自觉或不自觉的反抗，也是知识青年以自身的情感体验，对于生活现实的自觉或不自觉的批判”（同上：26），“由此，也为文革以后中国音乐脱离不惜以‘高’、‘硬’、‘快’、‘响’粉饰现实，虚假、畸形、极端地为政治服务的发展路径，在社会音乐接受主体的层面上悄悄地作了心理准备”（同上：26）。

乐人研究

本年度音乐人物研究的主要对象是李叔同、刘天华、黎锦晖、王光祈和青主等。戴嘉枋《李叔同——弘一法师的音乐观及其学堂乐歌创作》（2002b：1 ~ 4）是近年李叔同研究中有新意的文章。作者认为，李叔同的音乐观曾有过一个与当时音乐文化思潮异同不定的演变过程，其最初的音乐观及实践是“提倡国学”、在音乐曲调上兼取中外，中期则是强调“音乐对接受主体的情感审美作用”，离俗出家后则“转向了对于音乐社会功能的重视”。正是因为他“不步步趋同于当时音乐文化思潮的独特音乐观，才使他的音乐创作充满自身特有的魅力”，其“中期的乐歌作品可以说是他音乐艺术成就最高的体现”，“在音乐观上对于音乐审美功能的追求，使他的许多歌曲在艺术水平上超过了他的同时代人”（同上：4）。李叔同研究的另一收获是金梅著《弘一法师——李叔同》（2002）的出版。全书分为十八章，对我国近代诸多艺术领域均起过开拓作用的一代才人李叔同进行了评传式研究。作者撰写此书过程中曾查阅大量史料并作有关走访，力求避免不重史实的传记小说式叙事，对于李叔同研究具有一定的参考价值。

石蔚《试论刘天华的中西融合音乐观》（2002：20~24）对刘天华中西融合音乐观的形成、价值及其历史影响作出考察与分析，认为刘天华的中西融合音乐观“是一种集民族性与时代性，不断创新、发展的思想”，其“创立新型民族音乐的思想与实践”至今仍有重要意义（同上：24）。孙焕英《华彦钧与刘天华比较》（2002：22~26）则从新的视角对刘天华与华彦钧进行比较研究。作者认为，华彦钧与刘天华音乐之路的不同在于，前者是“道教音乐走向民间”，后者是“佛教音乐走向学府”；华彦钧的思想及其创作深受道教影响而刘天华则深受佛教的影响，二者在二胡演奏技术上属于两个流派，在民乐创作技术上属于两种体系；前者是“道地的民族的、传统的”，后者是“以学习来的西洋的为主”（同上：26）。

孙继南《对黎锦晖历史评价的再认识》（2002：39~41）是作者继《黎锦晖评传》之后关于黎锦晖研究的补充，对黎锦晖在中国流行歌曲历史的地位给予了进一步的充分肯定，同时认为对于这样一位至今“盖棺犹难定论”的音乐家，“还应再回首”，对黎锦晖进行全面的历史研究与公正的历史评价。李岩《冬来了，春还会远吗？——纪念黎锦晖诞辰一百一十周年学术研讨会要点实录》（2002b：141~144）对2001年11月20至21日在京举行的“纪念黎锦晖诞辰110周年学术研讨会”有关情况进行综述，同时也记录下了黎锦晖研究中一个新的历史转折。

宫宏宇《王光祈初到德国》（2002：13～21转39）就王光祈旅德期间，特别是“他初抵德国时的中国留学生界、他所经历的‘德国人之研究东方热’、‘辜鸿铭热’及他所作出的反应”进行追溯，“通过研究文本（王光祈本人的著述）与语境（王氏在德时的生活环境、时代背景）的互动”，进一步探讨王光祈思想的发展演变过程。作者认为，“王光祈后来之所以倡导礼乐复兴，并以音乐为实现其少年中国理想之手段而终身不辍，是与他对儒家学说的内在认同及其他在德国的外在经历密不可分的”（同上：13）。王洪生《王光祈〈声音心理学〉解析》（2002：25～29）则是对王光祈发表于1927年的《声音心理学》一文的解读与分析。作者认为，20世纪20至30年代声音心理学和音乐心理学的研究中，王光祈《声音心理学》一文“较为科学与系统”，对该文进行解释与分析，“有利于我们全面地认识王光祈先生的音乐学理论”（同上：25）。

本年度明言发表系列文章，《作为新音乐批评家的赵元任——为纪念赵元任先生诞辰一百一十周年、逝世二十周年而作》（2002a：2～4）、《作为新音乐批评家的刘天华——为纪念刘天华先生逝世七十周年而作》（2002b：24～27）、《作为新音乐批评家的王光祈——纪念王光祈先生诞辰一百一十周年》（2002c：9～16）、《作为新音乐批评家的青主》（2002d：124～133），均从音乐批评文献的阐释角度对所涉音乐家的文论进行新的解读，所论及的音乐家也因而有了新的历史定位。

本年度是我国现当代具有影响的作曲家、音乐教育家江定仙和马思聪九十周年诞辰。为纪念江定仙九十诞辰，中央音乐学院、萧友梅音乐促进会编辑出版了《江定仙音乐研究文论选》（2002）。《文选》分“著述篇”、“研究篇”和“纪念篇”三部分，收录了江定仙本人著述文字三十三篇以及江定仙生前同事、友好、学生的研究、纪念文章近四十篇。“著述篇”中既有江定仙自传及其学习音乐经过的介绍，也有关于作曲技术理论问题的研究；“研究篇”和“纪念篇”主要包括对江定仙音乐作品与音乐教育的研究与感念，对于江定仙研究具有重要的史料与学术价值。纪念、研究马思聪的文章主要有：叶林《我心目中的马思聪》（2002：15～17），费邓洪《爱国主义音乐家马思聪》（2002：18～19），陈自明《马思聪的人格魅力——纪念马思聪诞辰九十周年》（2002：4～7），马之庸《琴艺与作曲并茂的音乐家——寻找马思聪在广东的足迹》（2002：8～11），常敬仪、关伯基《解读交响组曲〈山林之歌〉的主题》（2002：12～16），张积良《马思聪小提琴独奏曲曲式结构的边缘性》（2002：17～21），向泽沛《马思聪的小提琴教学》（2002：3～8）和苏夏《马思聪论艺术和专业音乐活动》（2002：9～14）等，分别就马思聪的人格魅力、音乐创作及小提琴演奏等不同方面进行了或略或详的叙述与研究。

此外，钱仁平《谭小麟及其对中国新音乐发展的贡献》（2002：28～32）通过史料钩沉，对作为“中西音乐交流重要使者”、“中国新音乐创作先驱”和“将现代作曲观念与技法引入中国专业作曲教学第一人”（同上：30）的我国近现代音乐史上较有影响的作曲家谭小麟进行了多方位的勾勒与介绍。姚思源《老志诚先生和他的音乐创作》（2002：26～29）借老志诚先生《音乐作品选集——拾遗》出版之机，对这位世纪音乐老人的音乐活动与创作进行了简要的介绍，作者希望“文章能够引起人们继续研究老志诚音乐作品的兴趣”（同上：29）。汪毓和《从聂耳诞辰九十周年所想起》（2002：3～6）认为，“创造一种能替大众呐喊的新兴音乐”（同上：6）的创作理想及其作品本身高度的艺术成就，是聂耳音乐创作成功与产生巨大社会影响的根本原因。

本年度吕骥、廖辅叔、秦鹏章、瞿维、沈亚威、陈洪、李业道等音乐老人相继辞世，《人民音乐》第2、3、4、6、8、9、10、11

期以及《音乐研究》第1期等刊发表了对上述音乐家的纪念文章，这些纪念文章都将成为对上述音乐家进行历史研究的参考资料，此不一一赘述。

作品读解

有关近现代音乐作品的研究，主要集中在以下几个方面。陈燕婷《学堂乐歌：新音乐"共性语言"的源头》（2002：263～296）从美学角度对学堂乐歌进行新的阐释。她认为，学堂乐歌作为中国新音乐的源头，"最突出的特点就在于：它是一种共性语言，是音乐的'普通话'"，其表现即面向全体国民的"全民性"以及遵循西洋大小调体系的共性写作手法。学堂乐歌形成的"共性音乐风格反过来塑造了一种新的审美趣味，并一直影响着中国近现代音乐的发展，为新音乐的发展铺平了道路"（同上：268）。文章对学堂乐歌的审美特征及其产生的文化背景进行了概括、分析与评价，同时对学堂乐歌所产生的负面影响也进行了反思与总结。

林俊卿《刘天华二胡练习曲初论》（2002：47～50）对刘天华四十七首二胡练习曲进行概括性研究，认为刘天华二胡练习曲具有"提纲挈领、民族风格鲜明"以及"中西合璧"的特点（同上：49）。张清华《黎锦晖儿童歌舞艺术的"人本主义"内涵》（2002：75～77转46）认为，黎锦晖儿童歌舞剧创作中所表现出的"道德魅力"、"智慧的启迪"、"体能的培养"和"审美品质"的追求，都鲜明体现了"人本主义"的思想烙印。高虹《清唱剧〈长恨歌〉的旋律艺术》（2002：3～7）从史学与旋律学角度对黄自清唱剧《长恨歌》的旋律写作及其音乐风格特点进行了较为深入的考察与分析。邓四春《青主的音乐创作观及其音乐创作》（2002：18～21）结合青主文论，对青主主要声乐创作进行分析，认为"青主无论在音乐创作思想与创作原则上，还是在音乐创作实践中都从音乐自身规律”和“内在灵魂不能自已的需求”出发，“创作出具有鲜明个性的歌曲，使他避免了狭隘的民族主义创作原则，既写出了用西方传统作曲技法表达中国文化精神的作品（《大江东去》），又写出了具有浓郁民族音乐风格的作品（《我住长江头》）”（同上：21）。

京剧“样板戏”是特定历史时期的特定产物，其历史影响至今犹在。戴嘉枋《论京剧“样板戏”的音乐改革》（2002c：48～60转47，76～85）通过对“文革”期间京剧“样板戏”音乐与传统京剧音乐的比较分析，认为“样板戏”音乐具有以下几个特点：一是以新创的板式丰富京剧板式体系；二是声腔体系中变化句式及其结构的多样化运用；三是赋予京剧音乐鲜明的人物个性和时代特征；四是采用中西混合乐队拓展京剧乐队的表现功能。上述音乐特点是“50至60年代以来中国戏曲音乐改革经验的结果”，“它虽然受到‘文革’期间极左思潮的影响，存在着人物音乐形象塑造上的‘高、大、全’的问题，但它在丰富京剧音乐的表现力和如何体现京剧音乐的戏剧性、时代性方面，还是作出了有益的历史探索”（同上：48）。冯光钰《音乐——戏曲现代戏之魂——兼及对京剧“样板戏”音乐的评价》（2002：5～8）同样以京剧“样板戏”为研究对象。他认为，应以实事求是的态度对“样板戏”及其音乐作出客观的认识与评价，“一是应当把‘四人帮’的政治阴谋与广大文艺家的艺术创造区别开”，“二是应把‘四人帮’的‘样板’理论与京剧现代戏艺术实践的经验区分开”。现代戏的创作应发挥音乐在其中的“灵魂作用”（同上：7～8）。

此外，王大燕《雅俗共赏：新时期中国艺术歌曲创作主潮一瞥》（2002：61～73）以“雅俗共赏”为审美价值尺度与研究对象的取舍标准，对新时期以来艺术歌曲创作的几种主要不同类型进行了较为全面的梳理，并从其中富有代表性的作品与作家以及传播与接受几个角度分析论述，肯定了新时期艺术歌曲“雅俗共赏”的价值追求，认为这一追求与特点构成新时期中国艺术歌曲创作的主潮。

乐史重写

近年来，有关“重写音乐史”问题的讨论备受学界关注，本年度一些与此相关文章的发表更使其成为热点话题。梁茂春《重写音乐史——一个永恒的话题》（2002：3～4）、汪毓和《关于“重写音乐史”问题的几点感想》（2002b：5～7）和陈聆群《我们的“抽屉”里有些什么？——谈中国近现代音乐史研究的史料工作》（2002b：8～12），分别从不同角度涉及重写音乐史的问题。梁文认为，“重写音乐史”是一个“永恒的话题”，因为历史的不断发展中将会有“新的史料被发掘，不断有新的音乐观念的萌生，新的研究者及作品的涌现，在当今多元化的时代应该永远记住‘重写音乐史’”，音乐史的重写“大体上可以包括个别重写、局部重写和彻底重写这三个层次”（2002：3）。汪文对近年来对其《中国近现代音乐史》一书的批评观点进行了简要的反驳与答辩，针对重写音乐史的不同观点，作者也提出了自己的看法，同时表示，音乐史学研究的“不断的‘重写’、‘修订’”，正“一步步将我们的史学工作推向前进”（2002：7）。陈文主要是就中国近现代音乐史研究中史料建设问题提出了自己的看法，认为“史料工作应该是音乐史学研究的重要问题”，“文、谱、音、象、图、物齐全，方能构成中国近现代音乐史的完备史料”，因而“着眼于未来，从基础工作做起”，多方面地加大资料收集与学科基础建设仍是当务之急，重写音乐史也“必须面向未来，从学科建设的基础工作做起”（2002：11）。

此外，冯灿文《解放思想　实事求是　继续深入地研究中国近现代音乐史》（2002：55～57）认为，解放思想即“把我们思想文化界在几十年中形成的不合时宜的思想定势打破，代之以符合实际的指导思想”，这是“写出大家比较满意的中国近现代音乐史”（2002：55）之关键所在。冯文慈《中国近现代音乐史教学：两个传统并存与古今衔接问题》（2002：9～11）则就中国近现代音乐史的教学和论著中存在的主要问题提出如下观点：一是“中国的古老传统音乐文化和学堂乐歌以来的新音乐文化，在中国近现代音乐史的内容中应该并存并重，努力争取做到符合客观史实的平衡，并且近现代音乐史应该和古代音乐史恰当地衔接”；二是相对于对音乐创作表演的重视，中国近现代音乐史“对理论方面历史性成就的反映则相对薄弱”；三是“如果着眼点是在20世纪中国音乐文化的历史，无论叙述传统音乐或新音乐，也需要考虑到两个传统在逐步互相靠近、互相渗透的客观事实”（同上：11）。对此，陈聆群在《为“重写音乐史”择定正确的突破口——读冯文慈先生提交中国音乐史学会福州年会文章有感》（2002c：59～63）对冯文慈提出的“两个传统并存与古今衔接”问题表示赞同，并对1958年中国现代音乐史的修史工作进行了回顾与反思。

戴鹏海《还历史以本来面目——20世纪中国音乐史上的“个案”系列之一：陈洪和他的〈战时音乐〉》（2002：79～88）是作者继《“重写音乐史”：一个敏感而又不得不说的话题——从第一本国人编、海外版的抗战歌曲集及其编者说起》（2001：61～70）一文后，又一篇以个案研究为突破口“重新”书写历史的文章。作者针对陈洪1937年发表的《战时音乐》一文在当时以及建国后现当代音乐史书中所遭遇的评价问题，进行了历史性的梳理与分析，强调应尊重史实，从根本上改变对该文及其作者的不公正历史评价，“还历史以本来面目”。针对戴鹏海文章中重点提及的《中国近现代音乐史》对陈洪的历史评价问题，汪毓和以《戴鹏海文章〈还历史本来面目〉读后感》（2002c：64～67）作为回应，就某些具体问题进行了答辩与反批评。

百年回顾

与往年相比，本年度关于20世纪中国音乐历程的回顾与反思性研究呈现降温趋势，发表文章主要以对百年来音乐创作的概览式梳理为主。此类文章主要有梁茂春《百年风云百年歌——20世纪中国歌曲创作发展脉络》[1]、蔡梦《20世纪中国音乐创作概览》[2]、杨瑞庆《中国儿童歌曲创作百年回顾》（2002：30～32）等。

此外，不多的几篇有关20世纪中国音乐发展道路问题的宏观性思考文章，仍以“中西音乐关系”为主要切入点。周为民《从文化的视角谈当代“中国音乐之路”论辩中的“中西关系”问题》（2002：31～34）就上世纪末学界关于中国音乐出路问题的不同论点进行辨析，认为“所谓‘复兴论’与‘西化论’表面上的分歧势同水火，但是在这种分歧的背后却隐藏着基本一致的思维理念，它们在本质上都属于‘一元化’的文化观念，二者的相同之处都是以各自的文化思维方式，以及所偏爱的文化观念来选择中国的音乐之路”。中国音乐文化应走向世界，“它应以中国传统的音乐文化为母语文化，以西方近现代的音乐文化为激发母语文化现代化活力的异体文化，借鉴中西方音乐文化之精华，创造出有中华民族文化特色的新型音乐文化”。凌瑞兰《西方音乐与20世纪中国音乐创作——兼论中西音乐融合的理论和实践》（2002：26～29），通过对20世纪上半叶有关中西音乐观及其音乐创作实践的回顾，将西方音乐在20世纪中国音乐创作中的融入分为两个主要层面：一是“在西方音乐基因排列中植入中国音乐基因”，二是“中国音乐的基因肌体和西方音乐的骨架相结合”，并认为“这两类音乐形态作品中的第二类更具生命力，但它却没有实现世纪初人们期望产生能立于世界之林的音乐家和音乐作品的理想”。

韩钟恩《何以驱动，并之所以断代——通过20世纪中国音乐发展逻辑》（2002：17~30）将20世纪中国音乐发展分为"'西乐'入关与'学堂乐歌'捅开裂隙"、"'制度文化'定型并'国家意识形态'在位"、"'西乐'再度入关之后"等几个大的历史时期，对20世纪中国新音乐的"发生"、"驱动"、"断裂"、"换代"等历史逻辑作了深层解读与阐释，其历史言路的断代依据在于"社会依据和艺术原因"以及人的音乐"感性知觉经验"。

除上述几个主要方面的研究成果之外，值得一提的还有关于民族管弦乐与音乐表演的历史研究文章。明言《新时代、新探索、新成就、新问题——新时期以来民族管弦乐艺术的创作问题概观》（2002e：26~30）对上世纪80年代至90年代初民族器乐创作进行了概要的勾勒，对创作中存在的一些理论问题作了探讨式梳理与分析。傅利民、郑毅生《中国民族管弦乐队的历史与展望》（2002：3~5）则对20世纪中国民族管弦乐队进行了简要回顾，并对民族管弦乐队的改革问题提出个人看法。郭建民《20世纪20－60年代的中国歌剧表演艺术》（2002：77~84）对中国歌剧从20世纪20年代早期的探索至"文革"前十年间"中国歌剧的第二次高潮"，做了较为全面与深入的回顾与研究，同时对这四十余年间中国歌剧艺术创作中出现的"创作题材过于单一"、角色塑造中的"脸谱化、模式化现象"等不足与遗憾也进行了简要的总结。

注释：

［1］《音乐周报》2001年12月14日至2002年2月22日共10期连载该文。

［2］《中国音乐教育》2001年第8期至2002年第5期分十章连载该文。

参 考 文 献

曹安和

2002：《中国音乐教育的摇篮——从女高师到女子文理学院》，《中国音乐学》第1期。

常敬仪、关伯基

2002：《解读交响组曲“山林之歌”的主题》，《星海音乐学院学报》第3期。

陈聆群

2002a：《也谈〈总理纪念歌〉的词作者》，《人民音乐》第2期。

2002b：《我们的“抽屉”里有些什么？——谈中国近现代音乐史研究的史料工作》，《黄钟》第3期。

2002c：《为“重写音乐史”择定正确的突破口——读冯文慈先生提交中国音乐史学会福州年会文章有感》，《音乐艺术》第4期。

陈燕婷

2002：《学堂乐歌：新音乐“共性语言”的源头》，《音乐文化》2001卷，文化艺术出版社。

陈自明

2002：《马思聪的人格魅力——纪念马思聪诞辰90周年》，《星海音乐学院学报》第3期。

戴嘉枋

2002a：《乌托邦里的哀歌——“文革”期间知青歌曲的研究》，《中国音乐学》第3期。

2002b：《李叔同——弘一法师的音乐观及其学堂乐歌创作》，《中国音乐》第1期。

2002c：《论京剧“样板戏”的音乐改革》，《黄钟》第3、4期。

戴鹏海

2001：《“重写音乐史”：一个敏感而又不得不说的话题——从第一本国人编、海外版的抗战歌曲集及其编者说起》，《音乐艺术》第1期。

2002：《还历史以本来面目——20世纪中国音乐史上的“个案”系列之一：陈洪和他的“战时音乐”》，《音乐艺术》第3期。

邓四春

2002：《青主的音乐创作观及其音乐创作》，《音乐与表演》第2期。

费邓洪

2002：《爱国主义音乐家马思聪》，《人民音乐》第9期。

冯灿文

2002：《解放思想　实事求是　继续深入地研究中国近现代音乐史》，《音乐艺术》第2期。

冯光钰

2002：《音乐——戏曲现代戏之魂——兼及对京剧“样板戏”音乐的评价》，《交响》第4期。

冯文慈

2002：《中国近现代音乐史教学：两个传统并存与古今衔接问题》，《天籁》2002年第1期。

傅利民、郑毅生

2002：《中国民族管弦乐队的历史与展望》，《音乐探索》第3期。

高　虹

2002：《清唱剧〈长恨歌〉的旋律艺术》，《乐府新声》第4期。

宫宏宇

2002：《王光祈初到德国》，《黄钟》第3期。

郭建民

2002：《20世纪20－60年代的中国歌剧表演艺术》，《音乐研究》第1期。

韩钟恩

2002：《何以驱动，并之所以断代——通过20世纪中国音乐发展逻辑》，《音乐探索》第1期。

金　梅

2002：《弘一法师——李叔同》，人民音乐出版社。

李　岩

2002a：《海费兹1931年冬季在中国》，《环球音乐》（第1辑），华乐出版社。

2002b：《冬来了，春还会远吗？——纪念黎锦晖诞辰110周年学术研讨会要点实录》，《中国音乐学》第1期。

梁茂春

2002：《重写音乐史——一个永恒的话题》，《黄钟》第3期。

林俊卿

2002：《刘天华二胡练习曲初论》，《音乐与表演》第1期。

凌瑞兰

2002：《西方音乐与20世纪中国音乐创作——兼论中西音乐融合的理论和实践》，《天籁》第1期。

刘欣欣

2002：《二十世纪上半叶的哈尔滨音乐学校》，《人民音乐》第7期。

马之庸

2002：《琴艺与作曲并茂的音乐家——寻找马思聪在广东的足迹》，《星海音乐学院学报》第3期。

明 言

2002a:《作为新音乐批评家的赵元任——为纪念赵元任先生诞辰110周年、逝世20周年而作》,《人民音乐》第12期。

2002b:《作为新音乐批评家的刘天华——为纪念刘天华先生逝世70周年而作》,《交响》第1期。

2002c:《作为新音乐批评家的王光祈——纪念王光祈先生诞辰110周年》,《音乐探索》第1期。

2002d:《作为新音乐批评家的青主》,《中国音乐学》第3期。

2002e:《新时代、新探索、新成就、新问题——新时期以来民族管弦乐艺术的创作问题概观》,《星海音乐学院学报》第2期。

钱仁平

2002:《谭小麟及其对中国新音乐发展的贡献》,《音乐爱好者》第11期。

石 蔚

2002:《试论刘天华的中西融合音乐观》,《乐府新声》第1期。

苏 夏

2002:《马思聪论艺术和专业音乐活动》,《中央音乐学院学报》第2期。

孙焕英

2002:《华彦钧与刘天华比较》,《星海音乐学院学报》第4期。

孙继南

2002:《对黎锦晖历史评价的再认识》,《人民音乐》第4期。

汪毓和

2002a:《从聂耳诞辰九十周年所想起》,《音乐研究》第2期。

2002b:《关于“重写音乐史”问题的几点感想》,《黄钟》第3期。

2002c:《戴鹏海文章“还历史本来面目”读后感》,《音乐艺术》第4期。

王大燕

2002:《雅俗共赏:新时期中国艺术歌曲创作主潮一瞥》,《中国音乐学》第4期。

王洪生

2002:《王光祈“声音心理学”解析》,《乐府新声》第1期。

向泽沛

2002:《马思聪的小提琴教学》,《中央音乐学院学报》第2期。

许文霞

2001:《我的父亲许如辉与重庆大同乐会》,《音乐探索》第4期。

2002:《我的父亲许如辉与中国早期流行歌曲》,《中国音乐学》第1期。

杨瑞庆

2002:《中国儿童歌曲创作百年回顾》,《交响》第3期。

姚思源

2002:《老志诚先生和他的音乐创作》,《人民音乐》第2期。

叶　林

2002:《我心目中的马思聪》,《人民音乐》第9期。

张积良

2002:《马思聪小提琴独奏曲曲式结构的边缘性》,《星海音乐学院学报》第3期。

张清华

2002:《黎锦晖儿童歌舞艺术的"人本主义"内涵》,《天籁》第3期。

中央音乐学院、萧友梅音乐促进会

2002:《江定仙音乐研究文论选》,人民音乐出版社。

周为民

2002:《从文化的视角谈当代"中国音乐之路"论辩中的"中西关系"问题》,《天籁》第2期。

2002年仪式音乐研究综述

孟凡玉

仪式是人类历史上最古老、最普遍的一种社会文化现象，研究仪式是认识人类文化最重要的途径之一。仪式音乐是仪式的重要组成部分，研究仪式音乐同样对认识音乐文化具有十分重要的意义。近年来，随着对音乐文化研究的不断深入，仪式音乐以其无比丰富的文化内涵和多姿多彩的形态特征吸引了研究者的目光，成为音乐学研究的热点之一。从仪式角度认识音乐的本质规律，成为一个十分理想的、有着巨大潜力的传统音乐研究视角。本综述把仪式音乐研究分为“民间仪式音乐研究”和“宗教仪式音乐研究”两大类，后者无需说明，前者系指对民间与信仰密切结合的、不能用“宗教”指称的仪式音乐研究，涉及民间礼仪、祭祀、岁时节庆等风俗活动中的音乐研究成果。“仪式音乐研究”、“宗教音乐研究”、“传统音乐研究”在研究对象上常常是互相交叉重叠的，本综述则主要涉及以“仪式”作为主要视角的音乐研究成果。

一、民间仪式音乐研究

1. 杂志论文

本年度各杂志发表的民间仪式音乐研究论文主要有以下几篇：

张振涛《国家礼乐制度与民间仪式音乐》（2002a：82～92）通过对京畿地区民间音乐会的研究，认为该地区民间音乐会的广泛传播是我国古代里社制度和国家颁定的祭祀仪式发挥重要影响的结果。国家礼仪为乡民参与仪式和接触音乐起了指导和参照作用，乡村仪式中的艺术行为绝非纯粹意义上的艺术活动，而是有着特殊功能的音乐。民间信仰中仪式音乐的终极关怀目标是社会秩序，而不是个人愉悦，信仰的内核赋予民间信仰中仪式音乐以厚重的精神含量。

张振涛《尊祖敬宗、敦乡睦里——葬丧仪式中的音乐功能（一）》（2002b：12～17），继续阐发类似的观点。该文以京畿地区的葬丧仪式音乐为研究对象，把葬丧仪式中的音乐分为性质不同的两类，一是与死者相关，二是与活人相关。葬礼不仅体现着晚辈对祖先的怀念追穆，更重要的是在以血缘关系为纽带的宗法制社区中，发挥着确立祖先地位、平衡乡族关系、稳定邻里秩序等功能的重要仪式。“尊祖敬宗，敦乡睦里”是葬丧仪式音乐的精神主旨。

杨民康《德宏傣族泼水节仪式乐舞活动考述》（2002a：85～95）较为详尽地记述了作者1997年4月赴云南德宏实地考察泼水节仪式乐舞活动的基本过程，所涉及的节日仪式主要有芒市镇的民间对歌表演、芒市镇菩提寺的泼水节民俗歌舞活动、风平乡的泼水节民俗歌舞等，并对泼水节音乐舞蹈的艺术特点及其文化功能、社会内涵进行了分析和讨论。

杨曦帆《区域文化视野中的丽江洞经音乐》（2002）认为，洞经音乐大约是在明清之际传入云南的，传入的路线源头可归结为四川、江苏、北京、江西等地。早期的洞经音乐在功能上完全是属于道教科仪仪式，是典型的道教音乐，在其演变中又大量地吸收了儒家礼乐教化的思想，逐步转变成为一种含有多元宗教、多元文化因素在内的音乐文化现象，对各种宗教实际上采取的是“兼收并蓄，信而不笃”的态度。从洞经音乐谈演主要场合“四大会”以及求子、消灾、丧事等民俗事项来看，在音乐的功能上，洞经音乐已“从道观转为民间，从道教科仪转为富有道教色彩的文化艺术，而在今天，则是从最初的娱神为主转为娱人乃至于以完全的商业化为主”。

2. 学位论文

本年度产生了几篇关于民间仪式音乐研究的博士学位论文，使民间仪式音乐研究平添几分厚重。主要成果有：

薛艺兵《音乐的祭礼——中国民间祭祀音乐的跨地区比较研究》[1]，全文分为上、下两篇。上篇（1–3章）系统地构建了关于仪式音乐研究的理论和方法，对仪式行为、仪式情景、仪式意义、仪式功能作了理论探讨，提出关于“凡俗阈”和“超凡阈”的“两阈结构——祭祀仪式的主体结构模式”理论。上篇的研究为下篇提供了一个理论基础和方法框架，但它本身已自成体系，可以看作是一项独立的研究成果。下篇（4–9章）运用上篇提出的理论和方法，对中国五个不同地区中五种不同类型的民间祭礼及其音乐作了比较研究，把中国民间祭祀乐舞划分为部落型、宗族型、乐社型、雇用型、庙会型五种类别，并分别以青海同仁六月会仪式、广东潮州拜老爷仪式、河北冀中坐坛仪式、香港新界太平清醮仪式、福建泉州天后庙会和河北易县后土庙会为例作了综合比较，深入探析了中国民间音乐祭礼的本质特征。作者认为中国的神灵祭祀活动自远古时期就和乐舞相结合，形成了以音乐、舞蹈为重要祭祀手段的礼俗传统，这一传统至今仍在广大农村中盛行，并仍然深刻影响着人们的社会生活。该文在同类成果中独树一帜，无论是理论深度，还是论域广度，均有新的突破。

田耀农《陕北礼俗音乐的调查与研究》[2]，在对陕北礼俗活动中的音乐班社作了较系统的田野调查基础上，运用民族音乐学的理论和方法对当代陕北礼俗活动中的音乐作了深入研究。全书由"导论"、"结论"、"附录" 和 "陕北礼俗的历史与现状"、"陕北礼俗与礼俗音乐的种类"、"陕北礼俗音乐班社"、"陕北礼俗音乐的本体构成分析"、"陕北礼俗音乐的社会功能与学科意义" 五章几部分构成。作者认为陕北礼俗音乐是中国民间礼俗音乐的一个典型，它既相对完整地保存着数千年传承下来的礼俗传统，又随着社会的变迁部分地改变着它的具体形态，提出礼俗音乐是上古巫术祭祀音乐在中国民间的延续，以儒家为代表的礼乐思想所依据的音乐实践是巫术祭祀音乐。作者认为文中的"礼俗音乐" 概念，与"民俗音乐"、"仪式音乐"、"宗教仪式音乐" 不同，"是民俗音乐中有仪式活动的那部分音乐"，"是仪式音乐中民间礼俗仪式中的那部分音乐"，把宗教仪式音乐和典礼仪式音乐排除在研究范围之外，将目光聚焦在民间信仰仪式中的音乐研究之上。

巴奈·母路《灵路上的音乐——阿美族里漏社祭师岁时祭仪音乐》[3]，探讨了台湾省花莲县北部阿美族里漏社祭祀团体岁时祭仪音乐。阿美族是台湾少数民族中人口最多的，约十三万，分布台湾东半部。该论文以祭祀团体的祭仪音乐文化为研究对象，从音乐旋律特质、音乐表现形式、建构祭仪文化中所具有的指向性等方面探讨了音乐在本质上所呈现的文化意蕴，论文分为"本文"与"附录" 两个部分，"本文" 部分介绍了北部阿美族祭祀团体制度、形成祭仪的七种元素及由七种元素组合而成的仪式种类，意在

“突显音乐在无文字民族中所承载的文化意蕴”。“附录”部分收录乐谱等一些相关材料。

3. **著作**

本年度出版的民间仪式音乐研究著作主要有：

张振涛《冀中乡村礼俗中的鼓吹乐社——音乐会》（2002c），以冀中乡村礼俗中的鼓吹乐社——音乐会为主要研究对象，涉及与之相关的文化背景的诸多方面。全书由序言、“冀中平原上的鼓吹乐社”、“从国家礼乐制度到民间仪式音乐”、“乐社组织与生存背景”、“民间乐社与经济供养”、“尊祖敬宗、敦乡睦里——葬丧仪式中的音乐功能”、“民间信仰与音乐奉献”、“岁时节日与祈雨驱雹”和结论等九章组成。正如作者所言，“揭示乐社组织的内部结构以及支撑乐社的经济梁柱，从仪式入手剖析乐社在其生存空间中生发的社会功能”，是该书展示的“乐社与仪式‘双重变奏’的两个主题”（2002c：13）。“仪式”和“经济”，是作者观察和分析音乐会文化的两个最重要的视角。他认为“作为执行礼俗仪式、为社区服务的组织——音乐会……在维护社区秩序的功能方面，实际上已经接替了宗族组织”（同上：51）。本书是在作者2001年完成的香港中文大学哲学博士学位论文基础上出版的一部研究冀中乡村礼俗中的鼓吹乐社的专著，写作是在充分占有第一手资料的基础上完成的，也是建立在20世纪80年代中后期以来关于该专题研究的一系列成果基础上的集大成的重要成果。

【日】诹访春雄《日本的祭祀与艺能——取自亚洲的角度》（2002），采用比较民俗学的方法，把日本的祭祀与艺能置于亚洲整体文化中进行考察，由始至终贯穿了从亚洲的角度认识日本祭祀与艺能的研究思路。全书共分为“折扣信夫的功与罪”、“日本传统祭祀的类型”、“法术与宗教”、“艺能与文学的产生”、“俳优的诞生”“大陆艺能的传入——散乐”、“木偶艺术的发展”、“面具的本质”、“中世纪的假面戏剧——‘能’与‘狂言’”、“中世的民间神乐”十章，涉及中国、日本、朝鲜、韩国等国的神乐、散乐、傩仪、艺能、目莲戏、翁猿乐、傀儡子等祭祀乐舞艺术，把日本的祭祀艺能与亚洲汉文化圈的类似艺术作了广泛的比较。

孙航《原始祭天中的天籁之音——壮族（布偏）“天乐”研究》(2002)，是在半年中数次田野工作的基础上写成的著作。作者调查了壮族原始宗教祭祀“做天”仪式的生存背景、活动类型、仪式程序、内容含义、工作方式以及音乐舞蹈在其中的角色与功能。“天乐”是流行于广西壮族自治区防城港市防城区一些乡镇的原始宗教音乐，当地盛行的“做天”仪式的整个过程均以音乐为载体，包括“天歌”、“天曲”、“天舞”等。作者从“生存背景”、“天乐概况”、“艺术形态”、“文化内涵”几个方面对“天乐”进行了研究，并附天琴乐曲谱例十六首，天歌歌词三首。乐谱部分约占全书篇幅的一小半，文化解释稍显单薄。

4. **书评**

意大利人林敬和对本年度出版的民间仪式音乐研究著作写有一篇评论文章（2002：88~92），该文对《和谐与对位——中国文化中的仪式音乐》(*Harmony and Counterpoint*: *Ritual Music in Chinese Context*)[4]一书作了概括性的介绍，认为该书“使西方读者对中国仪式音乐与其在不同时代、不同民族和不同地区的演变，会有一个相当直观的认识，中国读者也会借此了解西方学术界对中国文化的一些看法”，并指出该书“看似自相矛盾的是，即使书名将讨论仪式音乐作为主要目标，本书的绝大部分篇幅还是对仪式课题加以论述，似乎音乐对仪式并没有什么影响力。而相反的，仪式确定了音乐的灵验性”，“在阐述中国礼仪的复杂性时，西方学术界还缺乏一致的、适当的、全面的词汇。这问题与中西两种文化的差别是密切相关的，比如中文中‘礼’字兼备神圣和世俗的意义，两个内容之间并无清楚的分别，而西方却没有‘礼’这种观念”（2002：92）。

二、宗教仪式音乐研究

1. 杂志论文

本年度杂志发表的宗教仪式音乐研究论文在仪式音乐研究论文中占了很大的比重，主要篇目及内容简述如下：

杨民康《傣族佛教安居节仪式音乐的系统结构特征》（2002b：129～142），在两次赴西双版纳进行实地考察的基础上，对傣族佛教节庆仪式音乐作了宏观分析和微观解剖，提出“安居节”和“泼水节”分别处于傣族节庆仪式的整体性结构系统的两端，即宗教性和世俗性二元对立关系的两极。其中安居节代表着本土宗教文化，泼水节代表着民族节庆文化。通过对若干实事的分析，作者指出：凡与仪式及仪式音乐中的固定因素有关的内容，一般均在其文化意义或结构方位上较接近于佛教仪式音乐文化丛的核心层次或中介层次；凡与可变因素有关的仪式内容，一般较少属于该仪式音乐文化丛的内部圈层，由此得出“在南传佛教文化丛核心层周围凝聚的，作为固定因素存在的一批仪式和仪式音乐内容，不仅在当代傣族佛教节庆活动中起到某种稳定、持久的核心功能作用，而且其后有着较强的传统性、长期稳定性和历史延续性因素作为支撑力量”的结论。

杨民康《云南与东南亚掸傣系族群佛教节庆仪式声乐的比较研究》（2002c：20～29），对云南和东南亚禅傣系族群的南传佛教节庆仪式音乐中的声乐部分展开比较研究，从“核心层次”（巴利语经腔）、“中介层次”（民族语经腔）、“外围层次”（宗教、世俗声乐形式的结合）三个层次分析比较，发现泰国老族、缅甸掸族和越南泰族的宗教音乐及传统音乐文化接近中国的傣族，认为地理毗邻和族源接近是长期以来这些民族文化上彼此认同的深层原因。

周耘《黄檗宗声明之转调考略》（2002：61～67），是对日本佛教黄檗宗的仪式音乐声明旋律转调现象的专题研究。作者认为众多的日本佛教宗派中，黄檗宗保存着鲜明浓郁的中国内地佛教特色，是由明清交替之际中国高僧隐元禅师东传日本的；转调引起黄檗宗声明音阶的日本化，音阶的日本化是黄檗宗声明民族属性转换的发端，形成了黄檗宗声明日本化的鲜明特色，转调技巧对黄檗宗声明音乐民族属性的转换起到了重要作用。

包·达尔汗《蒙古地区藏传佛教器乐"经箱乐"初释》(2002：137～140）一文的研究对象，是蒙古地区藏传佛教的"经箱乐"。"经箱乐"是由喇嘛乐师班在民间丧事上演奏的器乐曲，使用的乐器有笙、管、笛、唢呐、鼓、镲、钹等，有一套固定的演奏曲牌，主要流传于蒙古东部地区的蒙古贞旗、科尔沁一带。"经箱乐"形成于清末年间，与汉传佛教音乐文化有一定的关系，其音乐以单一曲牌的多次反复为主，源于民间，基本保留了民间原型，形态简易，蒙汉音乐风格并存。

蒲亨强《〈玉音法事〉名实辩》(2002a：71～75)，考辨道乐文献《玉音法事》的名实，指出"玉音"与道典道歌中常见的"玉章"、"玄音"等概念一样，是泛称天上神真传授的仙乐；"法事"是从实践角度泛称斋乐的一个专词。"玉音"与"法事"是等价概念，均指"仙道音乐"。作者认为《玉音法事》的印行标志着斋仪文献体例的历史性转折，开了斋醮音乐编撰的先河，对道乐在全国的统一保存、传习流播有着深远的影响。

蒲亨强《灵宝派：道教科仪音乐传统的主载体》(2002b：11～15）认为，道教历史上形成的繁多道派在教理教义和弘道行法上各有差异，但在科仪音乐上却始终奉行一个相对统一的主流传统，体现出纷繁时空变迁中内核的稳定性。此传统形成过程中起决定作用的道派是灵宝派，关键原因是它正式形成时已达到高度的完善性、规范性和自足性。

刘仲宇《简论道教法术科仪的表演特征》（2002：111～119)

认为，道教科仪几乎自始至终都是在音乐的伴奏下进行的，音乐是科仪不可或缺的组成部分。音乐在道法科仪中，具有重要的情绪调控功能和情景演示功能。道教法术源于古代的巫术，歌舞事神是其基本职能。道教音乐沿袭了古代巫术的歌舞事神的传统，在表现情绪变动、情感宣泄上，道教音乐与古代巫术的歌舞事神的功能是一致的。

2. 学位论文

傅利民的博士论文《斋醮科仪　天师神韵——龙虎山天师道科仪音乐研究》是本年度宗教仪式音乐研究的重要成果[5]。该文在绪论中追溯了天师道科仪音乐的形成、发展和演变的过程，并对各个历史时期的主要人物、经典、相关的文化背景、科仪的程序、结构和音乐进行了梳理。上篇在实地考察的基础上，对龙虎山天师道几项主要科仪的历史与社会文化背景进行了分析与阐述，并实录了《启请告歇科仪》等仪式过程。下篇探讨了天师道科仪音乐的宗教性功能，认为天师道科仪音乐除具有民俗音乐所共有的一般性音乐功能外，还有其独特的祈禳、济度、通神、感神等宗教性功能。下篇还对目前龙虎山天师道科仪音乐的曲目、乐队组合、演奏技巧与配器特点、曲式结构类型、音乐的构成等方面进行了具体的分析与研究。该文认为龙虎山斋醮科仪音乐具有完备的形态和深刻的内涵，对民间乐曲和地域性文化影响极大，也直接受到了民间音乐和宫廷音乐的多重影响，其音乐连绵不断发展至今，是我国传统音乐文化中的宝贵遗产。

3. 著作

本年度出版的关于宗教仪式音乐研究的主要成果有胡军的博士学位论文《茅山道乐研究》（2002）。全书由“茅山道教及科仪音乐”、“‘三茅忏’科仪音乐”、“‘三茅忏’科仪音乐形态”、“‘三茅表’科仪音乐”、“‘三茅表、忏’科仪音乐的功能”、“‘三茅表、忏’科仪音乐的文化特征”、“茅山道乐与民间音乐”七章组成，书后附《香赞》、《提纲》等曲谱 17 首。江苏省南京市东南部的茅山是我国著名的道教圣地之一。作者通过研究认为，茅山道教音乐包含了道教不同派别的音乐类型和各种不同的音乐品类，正一、全真两派的科仪音乐互相交融，互为吸收，使茅山道教音乐具有混融的特点。

简短结语

总体来看，2002 年度仪式音乐研究的焦点主要有：民间仪式音乐研究、道教科仪音乐研究和佛教仪式音乐研究。其中以民间仪式音乐研究成果尤为厚重、突出。本年度仪式音乐研究是前几年仪式音乐研究的继续与深化，取得了一系列令人瞩目的新成果，也取得了许多新的突破。但是，由于仪式音乐本身所具备的丰富文化内涵，使之在研究人类思维方式、信仰、仪式、音乐的社会功能等深层文化结构方面独具优势。仪式音乐形态多姿多彩，内容兼容并包，堪称博大精深，因此仪式音乐研究仍需较大的投入，是很有潜力、极具魅力的研究领域。

注释：

[1] 香港中文大学哲学博士学位论文，完成时间 2002 年 7 月。

[2] 中国艺术研究院文学博士学位论文，完成时间 2002 年 3 月。

[3] 福建师范大学文学博士学位论文，完成时间 2002 年 5 月。

[4] 该书由荣鸿曾（Bell Yung）、伊夫琳·罗斯基（Evelyn S. Rawski）、鲁比·沃森（Rubie S. Watson）主编，斯坦福大学出版社 1996 年出版。

[5] 中央音乐学院文学博士学位论文，完成时间 2002 年 4 月。

参 考 文 献

包·达尔汗

2002：《蒙古地区藏传佛教器乐“经箱乐”初释》，《中央民族大学学报》第 2 期。

胡 军

2002：《茅山道乐研究》，宗教文化出版社。

【意】林敬和

2002：《和谐与对位——中国文化中的仪式音乐》，《中央音乐学院学报》第 1 期。

刘仲宇

2002：《简论道教法术科仪的表演特征》，《世界宗教研究》第 2 期。

蒲亨强

2002a：《〈玉音法事〉名实辩》，《黄钟》第 3 期。

2002b：《灵宝派：道教科仪音乐传统的主载体》，《中国音乐》第 4 期。

孙 航

2002：《原始祭天中的天籁之音——壮族（布偏）“天乐”研究》，中国文联出版社。

杨民康

2002a：《德宏傣族泼水节仪式乐舞活动考述》，《云南艺术学院学报》第 3 期。

2002b：《傣族佛教安居节仪式音乐的系统结构特征》，《民族艺术》第 4 期。

2002c：《云南与东南亚掸傣系族群佛教节庆仪式声乐的比较研究》，《中央音乐学院学报》第 2 期。

杨曦帆

2002：《区域文化视野中的丽江洞经音乐》，《宗教学研究》第 2 期。

张振涛

2002a：《国家礼乐制度与民间仪式音乐》，《中国音乐学》第 3 期。

2002b：《尊祖敬宗、敦乡睦里——葬丧仪式中的音乐功能（一）》，《星海音乐学院学报》第 4 期。

2002c：《冀中乡村礼俗中的鼓吹乐社——音乐会》，山东文艺出版社。

周 耘

2002：《黄檗宗声明之转调考略》，《黄钟》第 3 期。

【日】诹访春雄

2002：凌云风译《日本的祭祀与艺能——取自亚洲的角度》，湖南美术出版社。

2002 年汉族传统音乐研究

景蔚岗

2002 年正式出版的相关学术专著之多，是近年来少有的，它们是张振涛《冀中乡村礼俗中的鼓吹乐社——音乐会》（2002a）及《笙管音位的乐律学研究》（2002b）、乔健等人《乐户：田野调查与历史追踪》（2002）、刘晓静《三百年遗响：蒲松龄俚曲音乐研究》（2002）等。《中国音乐学研究文库》得到杨荫浏传统音乐研究基金资助，由山东文艺出版社出版。纵览本领域在本年度主要音乐学术刊物上发表的论文，篇目总数较去年约减少两成。学者们对乐律学、乐种、民歌、乐器与器乐仍然给予较多关注。曲艺音乐方面的论文比去年有所增加，地域性音乐文化研究则无新篇。钱仁康、刘正维、陈应时、袁静芳、王耀华、刘德海、冯光钰、黄允箴、丁承运、吕洪静、张振涛、崔宪、蒲亨强、项阳等诸位前辈同仁都有佳篇发表，刘晓静等一批中青年学者后来居上，给学科带来活力。

一、宏观综合性研究

袁静芳《中国传统音乐文化研究新视角下的新收获》（2002：46转32），对项阳博士学位论文《山西乐户研究》，定位在“以制度与乐人与音乐本体相结合的角度进行研讨”，给予充分肯定，寄予后学殷殷厚望。项阳《乐户与宗教音乐的关系》（2002：72～82），从多层面探讨了佛教、道教音乐与乐籍制度的关系。乔健、刘贯文、李天生专著《乐户：田野调查与历史追踪》（2002），以十数人参加的在山西上党地区长达两年的田野调查工作为基础，由三人分章执笔完成。全书分十章，分别为中国历史上的乐户，上党地区乐户分布与迁徙，乐户的婚姻与家庭，乐户的世系及姻亲、经济与社会关系，乐户的存在形态及其执业活动，乐户的神灵信仰及相关活动，民间迎神赛社活动，乐户与中国音乐与戏剧，上党乐户的变迁，乐户的地位与角色。项阳、张欢《大曲的原生态遗存论纲》（2002：30～36），以历史的眼光审视目前中国现存的三种大曲类型，注重不同时期的行政区划归属和音乐形态的变异情况，力求更清楚地梳理中国音乐文化的发展脉络。邓钧《中国传统音乐中的多声形态及其文化心理特征探微》（2002：41～52），立足于民间音乐传统，结合文献材料，对彭兆荣《族性的认同与音乐的发生》（1999：47～55）提出不同的看法，反对“躺在现代人的所谓语言学陷阱中，用今人的想法去估量前人的思维”。张振涛《国家礼乐制度与民间仪式音乐》（2002c：82～92），把民间仪式音乐与历史上的国家礼乐制度联系起来追根寻源，对京畿地区民间音乐会的学术研究又推进了一步。作者指出，“在某种制度上中国音乐学界始终没有找到一个建立在本土文化基础之上的突破口和一条可以廓清疑问的途径”，主张“用自己的概念解释自己的事务，并给予这些概念以合于现代学术规范的界定”。这对于当前出现的生搬硬套西方概念解读中国文化现象的倾向，是一声及时的喝醒。蒲亨强《剽学——值得注意的民间音乐传承方式》（2002：23～24），将民间音乐传承活动中的“观听——记忆——模仿”学习法称为“剽学”，它与“口传心授”教学法并行不悖，互补互融。此类文章还有徐励的《关于发展民族音乐的思考》（2002：56～59）。

二、乐律学研究

崔宪《论律制的结构本质与文化属性》（2002：29～39），从律制的结构点、结构要素、结构逻辑、结构本质、文化属性，探讨律制的结构本质与文化属性问题。刘永福《“旋宫转调”辨析》（2002：115～120），就“旋宫转调”已有的种种解释提出了质疑，阐述了自己的见解。正文前加编者按，旨在引起学者对这些问题的进一步关注。陈应时《一种体系 两个系统——论中国传统音乐中的“宫调”》（2002c：109～116），就“宫系”和“调系”、“旋宫”和“犯调”、“顺旋”和“逆旋”、“之调”和“为调”进行了梳理。他的《“变”位于“变徵”“闰”位于“变宫”》（2002a：90～94）及《评〈中国音乐词典〉“闰”目释文》（2002b：15～16）与施维《调查、汇集与思索：声名“闰”的音高问题》（2002：17～19）三文，都认为“闰”应为变宫。为了乐学术语的规范和统一，这种讨论是很有必要的。刘正维《我国民间音乐的调式体系与调式分布》（2002a：5～10），描述了既相对稳定又不断运动发展的民间音乐的调式分布。赵春婷《唐时〈阳光〉叠法探微》（2002：83～89），提出“三叠”之“三”既是实数，也是泛指“多叠”的虚数，加以和声的叠唱与齐言歌辞的叠唱是有区别的。多种多样的叠唱形式是“阳光”艺术魅力之所在。杨善武《传统实践与“同均三宫”——“同均三宫”研究综论之一》（2002a：3~18），评析了学者们联系福建南音、西安鼓乐、二人台音乐、晋北道乐、山东道乐所进行的相关理论研究。杨善武《从音乐文化交流的规律性看苦音形成问题》（2002b：5~15）系作者《西北苦音与音乐文化交流》的续篇。乐学研究方面的文章还有邹承瑞《五声音阶旋律调式的判断》（2002：31~36）及徐元勇《中国传统音乐的基本乐理》（2002a：46~47）。

三、乐种研究

张振涛《冀中乡村礼俗中的鼓吹乐社——音乐会》（2002a），在大量田野调查的基础上，从乐社组织与生存背景、民间乐师、民间乐社与经济供养、官房子与乐社的固定财产、音乐会与吹打班的比较研究、丧葬仪式中的音乐功能、民间信仰与音乐奉献、岁时节日与祈雨驱雹、谱本统计及相关问题，从国家礼乐制度到民间仪式音乐等几方面，对京畿“音乐会”进行了理论研究。张振涛《笙管音位的乐律学研究》（2002b），田野调查与文献考证相结合，实例分析和理论研究相印证，全书分五章，分别为笙制与管苗音位设置原则、17管笙常规音位与变化方式、笙管音位的乐律学研究、对簧管类乐器发展史的若干思考、古代文献校注，分章进行了详尽论证。这两本专著分别代表了目前乐种社会学研究和应律乐器研究的最高水准。此外，《京畿“音乐会”的乐社性质与组织结构》（张振涛2002d：49~55），把“音乐会”前冠以“京畿”这一地域、乐种源流概念，把“音乐会”的乐社性质定义为“依附在宗族、宗教名义下的，以音乐艺术为手段，服务于社区仪式的民间组织，它由生活在同一社区环境中、因而有着共同身份和对社区有着共同义务，特别是共同爱好的成员组成”。而《尊祖敬宗 敦乡睦里

——葬丧仪式中的音乐功能》（张振涛 2002e：12～17），考察了民间丧葬仪式中的特定场面以及音乐在这种场合中的功能。以上两文是张专著（2002a）的节选。吴学源《云南洞经音乐述略》（2002：47～48），简述了洞经音乐的历史形成、地区流布、仪式活动、经籍曲调、乐队组合等方面。肖学俊《大洞仙章 金碧交响——记云南洞经音乐及昆明洞经礼乐团》（2002：30～31）认为，云南洞经音乐是在中原音乐文化影响下逐渐形成的一个云南地方乐种，以民俗祭祀为主要内容，传统仪式有"开坛"、"礼请"、"礼诵"、"礼供"、"礼赞"、"礼送"。王耀华《泉州南音"潮类"唱腔的旋法特征及其源流初探》（2002：44～49），通过对泉州南音"指"、"曲"中《长潮》、《中潮》、《短潮》、《潮叠》唱腔的分析，总结旋法特征，探寻源流，往上追溯到广东省海丰县民歌《灯笼歌》。王丹丹《福建南曲旋法特征探析》（2002：21～23），从大小三度并置、多重三音小组及其框架、"指骨腔格"三方面进行了分析和概括。黄钟钊《福建南音二弦的形制及其演奏特色》（2002：30～40），考察了二弦的形制构造、定弦法、把位指法、演奏姿势、演奏技法及在南音中的地位和作用等方面。福建南音中的二弦采用一些特殊的定弦法：g^1—c^2 纯四度，f^1—c^2 纯五度，$^{\#}f^1$—d^2 小六度。研究福建南音的文章还有蓝雪菲《筐格在曲 色泽在唱——马香缎〈山险峻〉的南音润腔艺术试探》（2002：14）。吕洪静《记"换头"》（2002：34～43），对西安鼓乐乐曲结构中的"换头"进行梳理，认为其仍完整地保存着唐代"换头"音乐的真实面貌。程天健《长安古乐的物质构成与形态特征》（2002：30～34），介绍长安古乐的应用乐器、乐谱、组合配器以及失传乐器。陈彤《天津文庙祭孔乐舞刍议》（2002：50～54），根据天津文庙馆藏的乐舞器具，就天津文庙祭孔乐舞的始年、影响、历史价值等问题进行了探讨。马达《苏州十番"丝竹锣鼓"的结构形式》（2002：119～124），对"丝竹锣鼓"的曲式结构、调式、节拍板式、速度、配器手法、旋法等方面进行了分析，认为“丝竹锣鼓”的曲调主要来源于曲牌、小调、哱牌（唢呐曲）。刘德海《〈“1”行动计划〉备忘录》（2002a：18～19），中国音乐学院器乐系提出一年学习一个地方乐种的行动计划，要把中国音乐学院办成一个“学习发展地方民间乐种的理想场所”；用“看三走二居一”把握传承与发展的关系，并作为“真正定位的操作起点”；提出地方民间乐种应该有一个“从小圈走向大圈”的历史性思考，抢救传统宫调七声“4”、“7”两个音的到位，用传统音律的“↑4”、“↓7”来代替十二平均律的“#4”、“7”。刘德海《“乐府采风”开悟篇》（2002b：20），提出由“文人圈”派生出来的“学院派圈”，一旦失去民间滋养，将成为一堆没血没肉的高精尖“技术音乐”，这一趋势令人担忧。刘飞云《达州民间吹打乐浅析》（2002：30～31），简要介绍了四川达县大坝山麓民间以唢呐主奏的吹打乐。

四、民歌研究

袁东艳《鄂西高腔山歌唱法研究》（2002：101～110），深入民间向民歌手学习，并从中总结出演唱方法和经验。冯光钰《再谈辨认“同宗民歌”的标准》（2002a：45～48），针对“音乐曲调才是辨识同宗民歌的根本标准”之说，进一步提出同宗民歌具有“混生性”和“综合性”特点，应包括曲调、歌词、衬词、衬腔及框架结构诸方面的多元因素。李向京《论福建传统民歌的继承与创新》（2002：145～149），认为传统民歌要继承发展只有走创新之路。明清俗曲研究又添新篇，有徐元勇《冯梦龙及其明代俗曲》（2002b：8～12）、杨桂香《检视冲绳与长崎中国音乐之流变——以明清俗曲〈打花鼓〉为例》（2002：13～15）。蒲松龄俚曲研究有新的进展，刘秀荣《俚曲源流探微》（2002：24～26）从说唱文学、俗曲演唱方面对蒲松龄晚年完成的《聊斋俚曲》进行分析，探讨俚曲创作的脉络及其与文化环境的关系。刘晓静学术专著《三百年遗响：蒲松龄俚曲音乐研究》（2002a），通过对蒲松龄俚曲音乐的产生、艺术特点、音乐形态特征以及代表性曲牌等方面的分析研究，就蒲松龄俚曲对清初以后戏曲、曲艺音乐艺术的影响及其在传统音乐文化发展中承前启后的地位和作用进行了开拓性研究。她的《蒲松龄俚曲中承前启后的〈玉娥郎〉》（2002b：15～30）和《蒲松龄俚曲中的〈银纽丝〉》（2002c：23～25）两篇文章，是她的专著《三百年遗响：蒲松龄俚曲音乐研究》（2002a）下篇第三、四章的节选。李强《湖南怀化罗子山高腔号子浅析》（2002：38～40），分析了高腔号子的传承、声腔特征、语言特色。王新惠《陕西民歌演唱技巧探究》（2002：54～59），介绍了陕西民歌常用的平腔、直音、滑音、颤音、断腔、↓xi 与↑fa、衬词衬腔等演唱方法。张君仁《"山花儿"及其若干问题》（2002：21～23），初步考察了宁夏六盘山地区流行的山歌"山花儿"。李锦生《让"花儿"开得更鲜艳——"花儿"的近况及前景刍议》（2002：59～61），归纳了"花儿"演唱的八种类型，分析了"花儿"的衍生、现状及其发展前景。郭德慧《浅论宴席曲与"花儿"的艺术特色》（2002：40～42），认为宴席曲有独特的演唱形式、曲调、拍子、结构和表现手法，有人将宴席曲与"花儿"混为一谈，甚至把宴席曲归纳在"花儿"中是欠妥的。董学民《五句子歌的地理属性》（2002：40～42），从音乐分析揭示，五句子歌只可能在以湖北为中心的长江流域地区形成。冯光钰《漫瀚调：蒙汉音乐交融、磨合的结晶——从准格尔旗荣获"中国漫瀚调之乡"命名谈起》（2002b：56～59），指出移民的音乐传播是导致漫瀚调产生的主要原因，蒙汉两族音乐文化的影响是双向的。李敬民《从淮西民歌的旋律音调中看文化过渡区的音乐风格》（2002：31～38），指出文化过渡区内的民歌具有多元的文化属性和价值取向，呈现出独特的风格和过渡性特征。刘清《近年来民歌形态学的研究》（2002：86～90），把20世纪80年代以来民歌形态学研究方法归纳为表格比较法、乐谱比较法、测音比较法、特征叙述法、图示比较法五类。秦德祥《"尾腔"——吟诵音调的标记性特征》（2002：36～42），对近体诗的吟诵音调模式和尾腔进行了研究。钱仁康、洛地《〈燕双飞〉与〈西宫调〉》（2002：13～14），探讨了这两首歌的词曲。黄允箴《变宫的轨迹——民族传承的"旋律基因"探幽》（2002：22～26），对变宫音在陕北、豫西、晋中、山东、东北地区汉族民歌旋律中的不同运行轨迹，进行纯形态的剖析，提出"旋律基因"的概念。其他民歌研究的文章还有许国红《凤阳歌的历史渊源初探》（2002：24）、唐朴林《乐海拾贝——中国民歌中独特的终结音》（2002：38～42）、施王伟《浙东（丘陵区）山歌形态浅析》（2002：65～66）、黄涛《四川民歌〈太阳出来喜洋洋〉曲词探源及旋律形态研究》（2002：17～22）。

五、乐器和器乐研究

傅利民、郑毅生《中国民族管弦乐队的历史与展望》（2002：3～5），回顾了中国民族乐队的历史，指出了改革中存在的问题，就合理建立民族管弦乐队提出了新构想。冯光钰《同根异枝 一脉相承——中国同宗民间乐曲散论（一）》（2002c：4～11），根据同宗乐曲的旋律、特性音调、主题、结构、调式等同中有异、异中有同的特点，按其纵横传播的文化环境及交流途径，分为六种类型，对传播方式、变体产生过程中的文化融合以及研究方法作了探讨。赵艳芳《中国扬琴演奏技术发展的内在因素》（2002a：43～44），对扬琴轮音和衬音技法进行探讨，认为无论技术技巧的发展，还是音乐手法的探求，都应从自我文化的根里寻找途径。赵艳芳《浅析扬琴曲〈林冲夜奔〉的演奏要求》（2002b：39～40），从音乐表现及技术要求两方面，对该曲的演奏处理进行了分析。丘怀生、韩晓莉《"二人台"音乐中的扬琴》（2002：41～43），回顾了"二人台"音乐的形成与发展，探讨扬琴演奏技法在"二人台"乐队中的作用。蒙美嫩《中国扬琴的发展和改革》（2002：18～20），分析了扬琴改革的历史和现状，就扬琴的音质音色、功能性、琴体结构、标准化、系列化问题提出了意见。专论扬琴演奏技术问题的文章有吴顺章《论扬琴演奏中力的运筹、释放与流动》（2002：71～73）。张振涛《常规笙的音位与改造形式》（2002f：60～66），对西安鼓乐所用的官调笙、梅管笙、二调笙与洛阳十番乐所用17管笙、鲁西南鼓吹乐所用17管笙、《魏氏乐器图》记载的中国传17管笙、日本正仓院收藏的中国17管笙的音位，进行了比较和梳理，推论了笙律所蕴含的调关系。岳华恩《阎派笙演奏艺术初探》（2002：65～67），阐述阎海登扎根于民间音乐的艺术实践及其刚柔相济、委婉含蓄、激越奔放的演奏风格。倪志培《谈〈熏风曲〉及其演奏》（2002：16～22），介绍了《熏风曲》的渊源、流传、衍变及其影响，探讨了用二胡演奏该曲时左右手技巧的运用问题。严洁敏《二胡技术训练的方法与目的》（2002：28～31），深入浅出阐述了二胡演奏中的音准、揉弦、滑音、运弓、左右手配合等技术训练问题。二胡研究的文章还有王建宝《教育发展观在二胡教学中的运用》（2002：70转78）、张寒秋《二胡千斤改革的回顾与展望》（2002：55转57）。谢晓滨、姚品文《古代筝乐的文化属性》（2002：37～39），探讨了古筝音乐的大众性和雅俗共赏问题，将古筝与古琴作了历史的比较。子寅《闽筝传人陈茂锦及闽筝的传承》（2002：73～75），记述了闽筝传人陈茂锦的师承、艺术成就，为闽筝流派后继乏人而担忧，指出"传统死了，精神更难把握，或无从把握"。徐小明《半个世纪唢呐艺术的发展》（2002：29～31），就唢呐的演奏形式、表演技巧、创作曲目、传统曲目整理、学术论著、教学、创新等方面，分文革前十七年、文革十年和文革后三个阶段，进行了回顾和总结。张志可《由〈百鸟朝凤〉

看民间唢呐曲的"即兴"创作》(2002：48～51)，总结"即兴"演奏是民间唢呐曲旋律发展的主要手法，从创作环境和创作基础两方面阐述了其重要性。章红艳《〈塞上曲〉源流》(2002：67～72)，对传统琵琶曲《塞上曲》的传谱和各流派在乐谱应用、曲调润色、弹奏指法、实际演奏的风格差异等方面进行了探讨和总结，指出当代琵琶演奏家要打破门户之见和门户之限，学习所有前辈艺术家的历史成就，才能有所作为。耿涛《谈中国竹笛多音孔形制的改革》(2002：70～71)，分析了多音孔形制竹笛改革过程中的诸多问题，总结了实践经验，提出了推广建议。丁承运《古瑟调弦与旋宫法钩沉》(2002：48～52)，获悟于李纯一《汉瑟和楚瑟调弦的探索》(1974：59)一文，对上古瑟的调弦、二变与旋宫法以及后世瑟的定弦法之变迁提出自己的看法。作者认为通过瑟及瑟与琴、磬、笙等乐器的互证所获得的新认识，有助于研究古代的音乐生活和音乐形态。徐元勇、杨桂香《中日尺八兴衰刍议》(2002：14～16)认为，乐器的失传与许多音乐形式的湮灭有直接关系，更重要的是人们审美意识发生变化的结果。

六、戏曲音乐研究

刘正维《戏曲音乐三绝》(2002b：30～38)，通过典型实例深入剖析了戏曲的拖腔、腔式和板式的各种形态与功能。孙允文《音乐在歌剧与戏曲中的功能与表现特征之比较研究》(2002：16～19)，就中国戏曲与欧洲歌剧在艺术构成和歌唱两方面进行了比较研究。何平《论粤剧曲牌音乐的结构及其在唱腔中的运用》(2002：43～49)，从粤剧曲牌音乐的曲体的基础结构形态、变化结构形态以及在唱腔中的具体运用三个方面，论述了粤剧曲牌音乐的曲体基本特征及其运用。杨永贤《绍兴地方戏曲与绍兴精神》(2002：58～59)，分析了绍剧、越剧的概况，以及这两个剧种当中所体现出的绍兴精神的不同侧面。冯光钰《采茶戏音乐的生发、传播与变异》(2002d：5~14)，探讨采茶戏音乐的生成发展、传播交流及在本土音乐基础上与异质音乐碰撞、融合而产生的变异现象。彭涓《戏曲音乐中的“彩腔”》(2002：28~29)，将彩腔依倒板类、花腔类、长拖腔类、快板类、紧拉慢唱类进行了实例分析。

七、曲艺音乐研究

冯志莲《“丑末寅初”腔词解析》(2002：72~75)，对“骆派京韵”代表作《丑末寅初》的唱词、曲结构、演唱特色进行了分析。代茹《四川扬琴演奏形式之流变考》(2002：45~49)，探究了扬琴从康熙年间传入四川至今三百多年的历史，感叹当前低迷的四川扬琴前途未卜。吴红非《漫谈苏州弹词开篇的核心音调》(2002：34~36)，通过对俞调、蒋调、张调、杨调、丽调的代表性开篇作品唱腔的分析研究，探索弹词音乐核心音调的结构形态，认为弹词艺术之所以能够产生如此多的流派，正是艺术家运用核心音调发挥各自的艺术表现特长而形成。康健民《“兰州鼓子”源流及其现状浅析》(2002：43~44)，记叙了“兰州鼓子”的历代演变、兴衰和现状，提出了传统曲艺在当代传承中的式微问题。赵海英《山西霍州书田野调查》(2002：88~92)，调查内容有霍州书的概况、音乐形态特征、人文特征。于淑梅《精炼 通俗 朴实 确切——有关二人转艺诀的诠释与研究》(2002：52~55)，通过诠释与研究，揭示了二人转艺诀的技艺价值和美学价值。陈咏韵《论说唱音乐中板腔体的形态特征》(2002：23~28)，从板式和腔调两方面对说唱音乐中板腔体的结构进行了研究。冯光钰《中国曲艺音乐研究百年回眸与瞻望》(2002e：3~9)，将20世纪中国曲艺音乐研究分为三个时期：上半叶为草创期，50至70年代为发展期，80年代至世纪末为繁盛期。

以上论文检索局限于《中国音乐学》、《音乐研究》、《人民音乐》，以及中央音乐学院、上海音乐学院、中国音乐学院、沈阳音乐学院、天津音乐学院、西安音乐学院、武汉音乐学院、四川音乐学院、星海音乐学院等音乐院校学报，零星发表在其他刊物上的相关文章未能悉数检索。

近年来，更多学者在研究中借鉴西方民族音乐学、文化人类学的学科理论和方法，学习西方学者田野工作的经验，运用他们的分析方式和评价体系，多有代表性成果。以杨荫浏为代表的老一辈学者在实践中形成的“系古今、辨名实、重实践”的学术传统，与民族音乐学、文化人类学、音乐社会学诸学派并存共荣，传统音乐研究已经形成多元化的格局。

参 考 文 献

李纯一

1974：《汉瑟和楚瑟调弦的探索》，《考古》第1期。

彭兆荣

1999：《族性的认同与音乐的发生》，《中国音乐学》第3期。

陈　彤

2002：《天津文庙祭孔乐舞刍议》，《天籁》第1期。

陈应时

2002a：《“变”位于“变徵”“闰”位于“变宫”》，《音乐研究》第1期。

2002b：《评“中国音乐词典”‘闰’目释文》，《中国音乐》第3期。

2002c：《一种体系两个系统——论中国传统音乐中的“宫调”》，《中国音乐学》第4期。

陈咏韵

2002：《论说唱音乐中板腔体的形态特征》，《音乐探索》第3期。

程天健

2002：《长安古乐的物质构成与形态特征》，《交响》第4期。

崔 宪

2002:《论律制的结构本质与文化属性》,《中国音乐学》第1期。

代 茹

2002:《四川扬琴演奏形式之流变考》,《音乐探索》第1期。

邓 钧

2002:《中国传统音乐中的多声形态及其文化心理特征探微》,《中国音乐学》第2期。

丁承运

2002:《古瑟调弦与旋宫法钩沉》,《音乐研究》第4期。

董学民

2002:《五句子歌的地理属性》,《乐府新声》第2期。

冯光钰

2002a:《再谈辨认“同宗民歌”的标准》,《黄钟》第1期。

2002b:《漫瀚调:蒙汉音乐交融、磨合的结晶——从准格尔旗荣获“中国漫瀚调之乡”命名谈起》,《乐府新声》第4期。

2002c:《同根异枝 一脉相承——中国同宗民间乐曲散论(一)》,《星海音乐学院学报》第4期。

2002d:《采茶戏音乐的生发、传播与变异》,《天籁》第4期。

2000e:《中国曲艺音乐研究百年回眸与瞻望》,《音乐探索》第4期。

冯志莲

2002:《“丑末寅初”腔词解析》,《中国音乐》第1期。

傅利民、郑毅生

2002:《中国民族管弦乐队的历史与展望》,《音乐探索》第3期。

耿 涛

2002:《谈中国竹笛多音孔形制的改革》,《中国音乐》第1期。

郭德慧

2002:《浅论宴席曲与“花儿”的艺术特色》,《中国音乐》第4期。

何 平

2002:《论粤剧曲牌音乐的结构及其在唱腔中的运用》,《天籁》第1期。

黄 涛

2002:《四川民歌“太阳出来喜洋洋”曲词探源及旋律形态研究》,《音乐探索》第3期。

黄允箴

2002：《变宫的轨迹——民族传承的旋律基因探幽》，《中国音乐学》第4期。

黄钟钊

2002：《福建南音二弦的形制及其演奏特色》，《中国音乐学》第2期。

蓝雪菲

2002：《筐格在曲 色泽在唱——马香缎〈山险峻〉的南音润腔艺术试探》，《星海音乐学院学报》第1期。

李锦生

2002：《让“花儿”开得更鲜艳——“花儿”的近况及前景刍议》，《中国音乐》第2期。

李敬民

2002：《从淮西民歌的旋律音调中看文化过渡区的音乐风格》，《天籁》第4期。

李　强

2002：《湖南怀化罗子山高腔号子浅析》，《中国音乐》第2期。

李向京

2002：《论福建传统民歌的继承与创新》，《福建师范大学学报·哲社版》第1期。

刘德海

2002a：《“‘1’行动计划”备忘录》，《中国音乐》第2期。

2002b：《“乐府采风”开悟篇》，《中国音乐》第2期。

刘　清

2002：《近年来民歌形态学的研究》，《交响》第4期。

刘晓静

2002a：《三百年遗响：蒲松龄俚曲音乐研究》，上海三联书店。

2002b：《蒲松龄俚曲中承前启后的“玉娥郎”》，《天籁》第4期。

2002c：《蒲松龄俚曲中的“银纽丝”》，《中国音乐》第4期。

刘秀荣

2002：《俚曲源流探微》，《人民音乐》第4期。

刘永福

2002：《“旋宫转调”辨析》，《中国音乐学》第2期。

刘飞云

2002：《达州民间吹打乐浅析》，《音乐探索》第4期。

刘正维

2002a：《我国民间音乐的调式体系与调式分布》，《交响》第1期。

2002b:《戏曲音乐三绝》,《中央音乐学院学报》第1期。
吕洪静
2002:《记“换头”》,《音乐研究》第1期。
马　达
2002:《苏州十番“丝竹锣鼓”的结构形式》,《福建师范大学学报·哲社版》第2期。
蒙美嫩
2002:《中国扬琴的发展和改革》,《人民音乐》第10期。
倪志培
2002:《谈“熏风曲”及其演奏》,《天籁》第3期。
彭　涓
2002:《戏曲音乐中的“彩腔”》,《音乐探索》第4期。
蒲亨强
2002:《剽学——值得注意的民间音乐传承方式》,《中国音乐》第3期。
钱仁康、洛　地
2002:《“燕双飞”与“西宫调”》,《中国音乐》第3期。
乔　健、刘贯文、李天生
2002:《乐户:田野调查与历史追踪》南昌,江西人民出版社。
秦德祥
2002:《“尾腔”——吟诵音调的标记性特征》,《中央音乐学院学报》第3期。
丘怀生、韩晓莉
2002:《“二人台”音乐中的扬琴》,《中国音乐》第3期。
施王伟
2002:《浙东(丘陵区)山歌形态浅析》,《中国音乐》第2期。
施　维
2002:《调查、汇集与思索:声名“闰”的音高问题》,《中国音乐》第3期。
肖学俊
2002:《大洞仙章 金碧交响——记云南洞经音乐及昆明洞经礼乐团》,《人民音乐》第12期。
孙允文
2002:《音乐在歌剧与戏曲中的功能与表现特征之比较研究》,《中国音乐》第4期。

唐朴林

2002:《乐海拾贝——中国民歌中独特的终结音》,《天籁》第1期。

王丹丹

2002:《福建南曲旋法特征探析》,《人民音乐》第8期。

王建宝

2002:《教育发展观在二胡教学中的运用》,《中国音乐》第3期。

王新惠

2002:《陕西民歌演唱技巧探究》,《乐府新声》第1期。

王耀华

2002:《泉州南音"潮类"唱腔的旋法特征及其源流初探》,《音乐研究》第3期。

吴红非

2002:《漫谈苏州弹词开篇的核心音调》,《中国音乐》第3期。

吴顺章

2002:《论扬琴演奏中力的运筹、释放与流动》,《中国音乐》第3期。

吴学源

2002:《云南洞经音乐述略》,《中国音乐》第1期。

项　阳

2002:《乐户与宗教音乐的关系》,《音乐艺术》第2期。

项　阳、张　欢

2002:《大曲的原生态遗存论纲》,《黄钟》第2期:30~36。

谢晓滨、姚品文

2002:《古代筝乐的文化属性》,《人民音乐》第10期。

许国红

2002:《凤阳歌的历史渊源初探》,《星海音乐学院学报》第1期。

徐　励

2002:《关于发展民族音乐的思考》,《乐府新声》第4期。

徐小明

2002:《半个世纪唢呐艺术的发展》,《人民音乐》第8期。

徐元勇

2002a:《中国传统音乐的基本乐理》,《乐府新声》第3期。

2002b:《冯梦龙及其明代俗曲》,《交响》第2期。

徐元勇、杨桂香

2002:《中日尺八兴衰刍议》,《音乐探索》第2期。

严洁敏

2002:《二胡技术训练的方法与目的》,《人民音乐》第9期。

杨桂香

2002:《检视冲绳与长崎中国音乐之流变——以明清俗曲“打花鼓”为例》,《交响》第2期。

康健民

2002:《“兰州鼓子”源流及其现状浅析》,《中国音乐》第4期。

杨善武

2002a:《传统实践与“同均三宫”——“同均三宫”研究综论之一》,《音乐研究》第3期。

2002b:《从音乐文化交流的规律性看苦音形成问题》,《天籁》第3期。

杨永贤

2002:《绍兴地方戏曲与绍兴精神》,《中国音乐》第3期。

于淑梅

2002:《精炼 通俗 朴实 确切——有关二人转艺诀的诠释与研究》,《乐府新声》第3期。

袁东艳

2002:《鄂西高腔山歌唱法研究》,《中国音乐学》第1期。

袁静芳

2002:《中国传统音乐文化研究新视角下的新收获》,《中国音乐》第1期。

岳华恩

2002:《阎派笙演奏艺术初探》,《交响》第2期。

赵春婷

2002:《唐时“阳光”叠法探微》,《中央音乐学院学报》第2期。

赵海英

2002:《山西霍州书田野调查》,《交响》第3期。

赵艳芳

2002a:《中国扬琴演奏技术发展的内在因素》,《中国音乐》第2期。

2002b:《浅析扬琴曲“林冲夜奔”的演奏要求》,《中国音乐》第3期。

张寒秋

2002:《二胡千斤改革的回顾与展望》,《中国音乐》第4期。

章红艳

2002:《〈塞上曲〉源流》,《音乐研究》第4期。

张君仁

2002：《“山花儿”及其若干问题》，《中国音乐》第2期。

张振涛

2002a：《冀中乡村礼俗中的鼓吹乐社——音乐会》，山东文艺出版社。

2002b：《笙管音位的乐律学研究》，山东文艺出版社。

2002c：《国家礼乐制度与民间仪式音乐》，《中国音乐学》第3期。

2002d：《京畿“音乐会”的乐社性质与组织结构》，《黄钟》第1期。

2002e：《尊祖敬宗 敦乡睦里——葬丧仪式中的音乐功能》，《星海音乐学院学报》第4期。

2002f：《常规笙的音位与改造形式》，《音乐研究》第4期。

张志可

2002：《由“百鸟朝凤”看民间唢呐曲的“即兴”创作》，《乐府新声》第3期。

子　寅

2002：《闽筝传人陈茂锦及闽筝的传承》，《中国音乐》第2期。

邹承瑞

2002：《五声音阶旋律调式的判断》，《音乐探索》第2期。

2002年中国民歌研究扫描

张君仁

与2001年相比，民歌研究成果的数量有所增加[1]，然质量似没有太大进步，领域广泛却不深入，视角多样而不锐利，大多数研究仍停留在民歌形态的初级介绍和一般性的音乐本体分析上，这与近年来提倡和盛行的“文化中的音乐”研究趋势略有差距。尽管本年度民歌研究领域、方法、视角等方面的现状与人们的心理期待不尽相符，但令人欣慰的是：

一、从成果的资料分析来看，2002年在民间歌曲研究中，涌现出一大批年轻学人。

二、尽管大多数研究仍停留在一般性介绍或分析上，但我们也应看到，运用文化人类学的方法，从音乐文化研究的角度对传统民歌进行历时与共时、环境与变迁、传播与流布、地理与民俗以及风格形成与种族特性等方面的高度综合化描述与解释，已有了良好的开端。

三、对传统歌种的探索依然是研究者的关注点，取得了较好的成绩，如在“明清俗曲”、“花儿”、“聊斋俚曲”、“蒙古宴歌”等方面，本年度均有不少作者进行讨论。

下面就以发表于音乐学各期刊的论文为主要线索，对2002年中国民歌研究进行一次概略扫描。

形态研究

民间歌曲形态描述与特征分析，是本年度投入最多的一个方面。郭德慧《撒拉族民歌的种类及其音乐特征》（2002a：10～12）对撒拉族民间音乐类型进行了初步划分，并对各类型音乐特性给予简单描述。黄涛《四川民歌〈太阳出来喜洋洋〉曲调探源及旋律形态研究》（2002：17～22）从历时与共时两个维度，对该曲进行了源流探究和图式分析，认为它的词曲结构样式为古代巴渝《竹枝歌》的遗风，并通过对其旋律构成的图式解析，解释其之所以具有广泛影响力以及久唱不衰的原因是：不仅因为具有悠久的历史渊源，而且还内含了巧妙精当的民族民间地域旋律特色，其旋律构成中所凸现的核心三音列逻辑控制结构特征的具象效应，使该曲在表达思想情感时更加在结构上、曲体功能的运动和形式上富于组织性、章法性，并由此彰显出其独特的地方色彩、民族风格和地理差异。陆良民《湖南瑶歌的衬词特点》（2002：37－39）从民歌衬词这一独特视角，总结、归纳了湖南瑶族在民歌创造中衬词的运用规律和特征。王小昆《试论壮族多声部民歌中同音列复合调式之特点》（2002：58）从调式构成与运用的角度，对壮族多声部民歌中存在的所谓“复合调式”进行分析。作者认为，壮族多声部民歌中存在着三种情形的复合调式形态，一是音列相同、主音不同的复合调式，二是主音相同、音列不同的复合调式，三是音列不同、主音也不同的复合调式。从作者所使用的分析工具来看，其思维依然是以欧洲乐理为基本参照，如果能够运用中国传统乐理已经取得的研究成果作为分析依据或许能更增强其说服力。李强《湖南淮化高腔号子浅析》（2002：38～40）和施王伟《“浙东”（丘陵区）山歌形态浅析》（2002：65～66）两文，对该地流传的号子及山歌形态，从传承、声腔、语音及节奏、音调、结构等方面进行分析，为我们提供了该地区音乐形态的初步印象。

类型研究

“类型”是指具有相对稳定性，流传于某一区域、民族或时间段，具有某种固定特征的歌种。本年度有关的“类型”研究主要集中在以下几个方面：

一、蒙古宴歌。崔玲玲《北元以来蒙古族古代宴飨习俗与宴歌发展轨迹》（2002a：37～46）与《蒙古族古代宴飨习俗与宴歌发展轨迹》（2002b：134～143），以蒙古民族的历史衍变和宴飨习俗为线索，考察了饮宴歌曲的形成、发展和变迁。作者依据蒙古族的社会结构，将宴歌分为宫廷与民间两种形式，又根据宴歌的音乐特征，将它们分为“长调”宴歌与“潮尔”宴歌。作者认为，宴歌本身发展嬗变的历史轨迹，与蒙古社会发展的进程是相一致的。作者通过对宴歌及其所依附的习俗的历史考察还指出，在蒙古族的宴飨习俗与宴歌传统中，音乐（歌曲）看来是最为稳定的因素。

二、明清俗曲。明清之际，由于城市市民文化的兴起，通俗小曲大量流传于社会的各个阶层，徐元勇的系列论文对其进行了专题研讨。《论明清时代的情歌——明清俗曲》（2002a：17～20）、《留存于日本的我国古代俗曲乐谱》(2002b：37~44)、《明清俗曲与日本“明清乐”的比较研究》(2002c：89~92)、《冯梦龙及其明代俗曲》(2002d：8~12) 等，是作者继2000年以来在该领域研究的新成果。作者从俗曲的形式内容、曲牌类型及其传播变异等不同角度对其进行探讨，可以说是目前这一领域最为全面和详尽的成果。

三、聊斋俚曲。聊斋俚曲或称蒲松龄俚曲，属于明清俗曲的历史范畴，是俗曲流传到山东后所产生的分支流派，是蒲松龄采用山东淄川地方方言俚语，利用民间流传的时调曲牌编创的、具有鲜明地方特色的说唱艺术种类。鉴于本年度有数篇论文对其进行专门探讨，且这一概念具有相对的独立性，因此将它也列为“类型”之一。据笔者不完全统计，关于这一领域的研究，共发表相关文章十余篇，讨论涉及其源流，风格、格律以及曲牌及其演变等方面。刘晓静《〈蒲松龄俚曲〉曲调风格形成的语言因素》(2002a：71~77)，着重从俚曲的曲调与字调、曲调与语调的关系等方面进行了比较、提炼和归纳，总结了俚曲曲词结合的七条原则和形式。刘晓静在该领域的另一成果《〈蒲松龄俚曲〉中的〈银纽丝〉》(2002b：23~25)，对蒲松龄俚曲中常用的、出现频率较高的“银纽丝”这一曲牌的早期形态以及其他音乐现象中的同类曲牌进行对比并置、比较分析后得出，蒲松龄俚曲中的“银纽丝”是这一曲牌较早的一种形式，俚曲中的“银纽丝”不仅继承了早期“银纽丝”的音乐基本模式，且结合聊斋俚曲的地方风格特点发展了这一曲牌，并对周边地区的民间音乐产生了深刻的影响。刘晓静《〈蒲松龄俚曲〉中承前启后的〈玉郎娥〉》(2002c：15~30)，则对聊斋俚曲曲牌“玉郎娥”进行专题研究。作者通过大量的谱例分析比较证明，蒲松龄俚曲曲牌“玉郎娥”的曲调，来源于传统音乐“四大景”，是蒲松龄在俚曲创作中对古代传统音乐的成功移植。刘秀荣《俚曲源流探微》(2002：24~26) 对聊斋俚曲的渊源流变进行初步探索，认为俚曲的发展历了大体五个由简单到复杂的阶段：一是只曲的抒情小唱；二是同一曲牌的多段反复，以叙述一个简单的故事；三是同一曲牌多段复杂，段间加白或韵白，有说有唱，间插交织，叙述一个完整的故事；四是多个曲牌连缀成套，段间加白，叙述一个完整的故事；五是多个曲牌连缀成套，联套成章演唱长篇故事。

此外，还有一些相关研究成果发表于非音乐学刊物中，如刘晓静《〈聊斋俚曲〉套曲的结构形式在民族音乐发展中的贡献》（2002d：71～77），刘鸿魁《〈聊斋俚曲〉的曲牌格律》（2002：13～18），崔蕴华《从〈聊斋俚曲〉中“银纽丝”小曲看明清民歌艺术的发展》（2002：9～12），车锡伦《聊斋俚曲〈姑妇曲〉〈慈悲曲〉的“十样锦”“十种曲”》（2002：77～87）、《聊斋俚曲曲牌的来源》（2002：63～78）以及巩武威《秦腔与蒲松龄“聊斋俚曲”》（2002：34）等。

四、花儿。花儿是流行于西北地区多民族间的民歌歌种，具有悠久的历史。从上个世纪中叶以来，对花儿的研究就没有停止过。从花儿的形成、渊源、名称、流派、格律到花儿会的来源及构成等，都是研究者所关注的对象。尽管研究花儿的文论常见于各种刊物，但始终难有突破性进展，也很少见到更为全面独到的论述。对花儿这门独特的民间艺术形态的理论研究，远远落后于花儿本身在当代社会经济形态下的变异。本年度的花儿研究论文有十六篇。李锦生《让花儿开得更加鲜艳》（2002：59～61），归纳了目前花儿演唱的八种形态，即山野型、花儿会型、城建型、公园型、茶园型、音像型、剧院型、赛事型等，可以说囊括了花儿作为民间演唱形态的基本类型。张君仁《“山花儿”及其若干问题》（2002：21～23）对流行于宁夏六盘山一带被称为“山花儿”的一种花儿变体形态进行初步考察，以实例为依据划分了其歌词上存在的三种形式、音乐的四个基本来源，归纳了“山花儿”的四种形态。作者认为，所谓“山花儿”即是具有某种花儿特征的区域性山歌，是花儿音乐由中心地带向四周传播过程中在地域上所形成的自然变异现象，是花儿与边缘临近地带其他歌种和音乐形式相互融合、杂交的产物。（同上：23）郭德慧《浅论宴席曲与花儿的艺术特色》（2002b：40～42），从花儿的曲式结构、旋律特点、节奏节拍等方面总结了花儿音乐的一般性特征，并将其与流行于西北各民族中的宴席曲作了简要比较。郗慧民《花儿研究与花儿学》（2002：11～13转65），试图从花儿这一艺术形态本身以及它所折射、包容的社会内容构建"花儿学"，这不能不说具有一定远见和前瞻性。另外，散见于其他刊物的相关文章还有柯杨《莲花山花儿程式论》（2002：59～64）、薛惠芝《论花儿中的民间美学思想》（2002：126～137）、毕艳君《浅论花儿会的变异》（2002：30～32）等，都从不同侧面对花儿这一艺术形式进行探讨。

比较研究

《阿美与布农的多声部民歌之比较研究》（2002：39～46）是樊祖荫运用社会文化对比和曲调类比方法进行的民间音乐研究。作者通过对上述两个民族的族群概况进行对比发现，二者的社会文化之间既有相似也有不同，这种相似性和相异性也同时反映在他们的多声音乐形态中。作者通过比较得出：阿美合唱的和音是五声性的，它主要是在各声部横向进行的基础上纵向自然结合的结果；而布农合唱的和音是泛音性的，它主要是在和音式织体中构成，明显地表现出对纵向协和音响的追求（同上：46）。同时作者也指出，尽管这两个相临而居的族群之间交往甚少，但无论是在多声部民歌的题材、基本的歌唱方式，还是音乐形态等方面，仍然有着不少相同或相似之处。这一方面是两个族群的主要社会生产方式相同，另一方面可以说是人类音乐生活的共性使然。与此同时，比较之后呈现出的是更多的相异点，这又与两个族群不同的社会结构、民族性格、所处的地理环境以及不同的生产、文化水平都有着内在的紧密联系。作者的结论再一次说明，音乐是文化中的音乐，它与民族的历史、社会、文化、生产生活方式等各方面总是联系在一起的(同上：46)。

另外，作者在文章结束时提出问题：一是在汉族移居台湾之前，阿美人已经使用五声音阶，这显然不是接受汉文化影响的结果，那么阿美族群的音组织及其合唱中的多声形态与汉藏语系各民族的为什么如此之接近呢？二是布农族群的泛音性音阶是何时形成的，在此之前是否经过五声音阶的阶段，为什么在其童声歌曲中却存在着某些五声音阶的形式？

方法研究

民歌研究方法的研究一向是一个薄弱领域，本年度与之相关的文章只有刘清的《近年来民歌形态学的比较研究》（2002：86～90）。作者通过对前人民歌形态研究方法的考察，归纳总结了常用的五种形态比较的具体方法，即表格比较法、乐谱比较法、测音比较法、特征叙述法、图示比较法。毋庸置疑，这些的确是近年来人们在民歌研究中较为常用的且对后续的相关研究产生了不小影响的方法。但是，作者同时针对以上方法提出了四点质疑：一是相似的事物不一定就有必然联系，有的文章找出的共同特征可能是必然联系的产物，但也有可能是不谋而合的结果，因此仅有形态学的比较是不够的。二是在论证过程中，是先假设结论再从谱例中去寻找证据，还是从谱例的归纳中得出结论？如果是前者，研究者在材料的选择上会不会向证明观点的方向倾斜？三是一些文章普遍认为，句首强音、句末落音等在民歌演变过程中是非常稳定的。这种“普遍认为”的结论，在运用之前是否应该再证明？是否还缺一论证环节？四是有的文章仅比较了一首民歌就作出了两地民歌相似或同源的定论，一首民歌能否代表整个地区或民族？是否还应有该民歌的重复率与传播面的顾虑？（同上：90）

应当承认，在民歌形态比较研究方面，确实存在作者所提出的问题。不仅如此，部分研究者所使用谱例记谱的准确性就很值得怀疑，这些方面应该引起研究者的共同注意。

文化研究

文化研究指以音乐为切入点的音乐文化背景研究，而非纯粹的音乐本体分析。在该领域中，2002年有数篇文章值得一提。邓钧《中国传统音乐中的多声形态及其文化心理特征探微——以侗族多声部大歌和笙乐器为例与彭兆荣先生商榷》（2002：41~52），结合历史学、文化学、社会学、民族音乐学等学科方法，考察侗族大歌的名实关系并以此为例分析中国传统音乐中多声审美特性，比较中西音乐中“和”、“和声”的概念、内涵，并提出自己的观点。针对彭兆荣文章《族性的认同与音乐的发生》（1999：47~55）中提出的大歌之名称来自仪式性场合的外在形式，与音乐本体无关；侗族大歌的“和声”源于“洞人”模仿自然之山谷洞穴的回音，以及中国传统乐器笙等所呈示的“和声”只满足类型化的能指部分，未能达到其所指的全面要求等观点，依据大量的事例分析以及富有哲理与逻辑的思辨予以反驳。作者认为，侗族大歌是建立在中国传统音乐衬腔手法上的衬腔复调；中国笙乐器是中国古代关于宇宙万物“和而不同”、“和则生，同则死”世界观、哲学观和实践观的生动体现。中西“和声”概念之不同源于双方文化认知模式、民族文化心理模式、音律体系等各种因素的差异。

李敬民《从淮西民歌的旋律音调中看文化过渡区的音乐风格》(2002：31~38)，通过对淮西地区民间歌曲的节拍、节奏、音高、调式、音程等特性的分析，指出文化过渡区是一个特殊的、客观的存在，过渡区域内的民歌具有多元的文化属性和价值趋向，它担负着协调与通道的职能。淮西民歌受到来自中原、江淮、江汉三方的影响，因此，淮西民歌形态体现出既有对周边区域音乐文化的吸收与借鉴，又有对本区域内音乐之旋律音调进行不断的改造，显现出文化过渡区在地理位置上所具有的优越性（同上：31）。

冯光钰《漫瀚调：蒙、汉音乐交融、磨合的结晶》（2002：56~59）通过大量的史料分析，对“漫瀚调”这一特殊歌种之形成提出了自己的见解。这一歌种的形成与历代多次内地移民有密切关系，移民的音乐传播是导致漫瀚调产生的主要原因。可以说，没有内地汉人移民，就不会有漫瀚调的产生。汉族的山曲、信天游与蒙古族的短调经过磨合、融化而逐渐形成了新的歌种——漫瀚调(同上：58)。

2002年的民歌研究中，也还有几篇关于民歌演唱方法的文章，如王新惠《陕北民歌演唱技巧探究》（2002：54~59)、袁东艳《鄂西高腔山歌唱法研究》(2002：101~110）等。

注释：

[1] 据笔者不完全统计，2001年发表于各种期刊的相关文章约100篇左右，2002年则增长至135篇。

参 考 文 献

毕艳君

2002：《浅论花儿会的变异》，《青海民族研究》第4期。

车锡伦

2002a：《聊斋俚曲“姑妇曲”、“慈悲曲”的“十样锦”、“十种曲”》，《蒲松龄研究》第3期。

2002b：《聊斋俚曲曲牌的来源》，《蒲松龄研究》第2期。

崔玲玲

2002a：《北元以来蒙古族古代宴飨习俗与宴歌发展轨迹》，《中央音乐学院学报》第4期。

2002b：《蒙古族古代宴飨习俗与宴歌发展轨迹》，《中国音乐学》第3期。

崔蕴华

2002：《从聊斋俚曲中“银纽丝”小曲看明清民歌艺术的发展》，《安徽大学学报》（哲学社会科学版）第3期。

邓　钧

2002：《中国传统音乐中的多声形态及其文化心理特征探微——以侗族多声部大歌和笙乐器为例与彭兆荣先生商榷》，《中国音乐学》第2期。

冯光钰

2002：《漫瀚调：蒙、汉音乐交融、磨合的结晶》，《乐府新声》第4期。

巩武威

2002：《秦腔与蒲松龄“聊斋俚曲”》，《当代戏剧》第5期。

郭德慧

2002a：《撒拉族民歌的种类及其音乐特征》，《音乐探索》第3期。

2002b：《浅论宴席曲与花儿的艺术特色》，《中国音乐》第4期。

黄　涛

2002：《四川民歌〈太阳出来喜洋洋〉曲调探源及旋律形态研究》，《音乐探索》第3期。

柯　杨

2002：《莲花山花儿程式论》，《广西民族学院学报》（哲学社会科学版）第6期。

李锦生

2002：《让花儿开得更加鲜艳》，《中国音乐》第2期。

李敬民

2002：《从淮西民歌的旋律音调中看文化过渡区的音乐风格》，《天籁》第4期。

李　强

2002：《湖南淮化高腔号子浅析》，《中国音乐》第2期。

刘鸿魁

2002：《聊斋俚曲的曲牌格律》，《语文研究》第3期。

刘　清

2002：《近年来民歌形态学的比较研究》，《交响》第4期。

刘晓静

2002a:《〈蒲松龄俚曲〉曲调风格形成的语言因素》,《音乐艺术》第4期。

2002b:《蒲松龄俚曲中的〈银纽丝〉》,《中国音乐》第4期。

2002c:《蒲松龄俚曲中承前启后的〈玉郎娥〉》,《天籁》第4期。

2002d:《“聊斋俚曲”套曲的结构形式在民族音乐发展中的贡献》,《蒲松龄研究》第3期。

刘秀荣

2002:《俚曲源流探微》,《人民音乐》第4期。

陆良民

2002:《湖南瑶歌的衬词特点》,《中国音乐》第4期。

彭兆荣

1999:《族性的认同与音乐的发生》,《中国音乐学》第3期。

施王伟

2002:《“浙东”(丘陵区)山歌形态浅析》,《中国音乐》第2期。

王小昆

2002:《试论壮族多声部民歌中同音列复合调式之特点》,《中国音乐》第4期。

王新惠

2002:《陕北民歌演唱技巧探究》,《乐府新声》第1期。

郗慧民

2002:《花儿研究与花儿学》,《西北民族学院学报》(哲学社会科学版)第4期。

徐元勇

2002a:《论明清时代的情歌——明清俗曲》,《南京艺术学院学报》(音乐与表演)第4期。

2002b:《留存于日本的我国古代俗曲乐谱》,《黄钟》第2期。

2002c:《明清俗曲与日本“明清乐”的比较研究》,《音乐艺术》第2期。

2002d:《冯梦龙及其明代俗曲》,《交响》第2期。

薛惠芝

2002:《论花儿中的民间美学思想》,《民俗研究》第3期。

袁东艳

2002:《鄂西高腔山歌唱法研究》,《中国音乐学》第1期。

张君仁

2002:《“山花儿”及其若干问题》,《中国音乐》第2期。

附录：

2002年公开发表于各期刊杂志有关民歌研究文论目录

1.	“调盘王”与《盘王歌》的楚巫文化内核	易先根	零陵师范高等专科学校学报	2002年1月
2.	“花儿”研究与“花儿学”	郗慧民	西北民族学院学报（哲学社会科学版）	2002年4月
3.	“山花儿”及其若干问题	张君仁	中国音乐	2002年2月
4.	“洮岷花儿”的美学价值首当文学而非音乐——“洮岷花儿”之歌词探讨	李德隆	西北民族学院学报（哲学社会科学版）	2002年4月
5.	“艳歌”新论	石观海	武汉大学学报（人文科学版）	2002年5月
6.	“浙东”（丘陵区）山歌形态浅析	施王伟	中国音乐	2002年2月
7.	《聊斋俚曲》曲牌的格律	刘鸿魁	语文研究	2002年3月
8.	《聊斋俚曲》套曲的结构形式在民族音乐发展中的贡献	刘晓静	蒲松龄研究	2002年3月
9.	《苗族古歌》生态意识初探	陈青伟	黔东南民族师范高等专科学校学报	2002年2月
10.	《蒲松龄俚曲》曲调风格形成的语言因素	刘晓静	音乐艺术－上海音乐学院学报	2002年4月
11.	阿美与布农的多声部民歌之比较研究	樊祖荫	中央音乐学院学报	2002年1月
12.	巴渝《竹枝歌》与文人拟作的《竹枝词》	陈正平	达县师范高等专科学校学报	2002年3月
13.	北元以来蒙古族古代宴飨习俗与宴歌发展轨迹	崔玲玲	中央音乐学院学报	2002年4月
14.	藏传佛教世俗化与藏族民歌	夏　敏	西藏研究	2002年1月
15.	传承在湖湘民歌色彩区	朱坚坚	理论与创作	2002年3月
16.	传统歌谣正在悄然消失——巴马瑶族自治县巴根、六平传统歌谣现状调查报告	罗汉田	民族文学研究	2002年4月

17.	从《聊斋俚曲》中“银纽丝”小曲看明清民歌艺术的发展	崔蕴华	安徽大学学报(哲学社会科学版)	2002年3月
18.	从藏族民间文学看藏族民俗——以民歌、谚语、谜语为例	李晓丽	西藏艺术研究	2002年3月
19.	从藏族情歌看藏族民俗风情	闫新艳	青海民族研究	2002年1月
20.	从汉代的采风政策与董仲舒的家庭观看汉乐府民歌妇女形象	胡大雷	玉林师范学院学报	2002年2月
21.	从汉乐府民歌之弃妇诗看封建社会定型期的妇女问题	廖　红	西南民族学院学报(哲学社会科学版)	2002年3月
22.	从淮西民歌的旋律音调中看文化过度去的音乐风格	李敬民	天津音乐学院学报	2002年4月
23.	从江苏民歌中的栽秧号子说起	单　林	南京艺术学院学报(音乐及表演版)	2002年2月
24.	从民歌看历史上鄂尔多斯地区的生态环境	谢健民	前沿	2002年9月
25.	从湘西民歌看衬词在音乐中的表现性	张淑萍	吉首大学学报(社会科学版)	2002年2月
26.	弹(tán)歌	黄信昌 吴宗彦	语文世界(小学版)	2002年12月
27.	饭养身 歌养心——乐苑奇葩侗族大歌	黄大岗	中国音乐教育	2002年12月
28.	冯梦龙及其明代俗曲	徐元勇	交响－西安音乐学院学报	2002年2月
29.	凤阳歌的历史渊源初探	许国红	星海音乐学院学报	2002年1月
30.	赣南、闽西客家歌谣的现代化历史进程	王予霞	江西社会科学	2002年7月
31.	歌谣的宗教文化功能——喜马拉雅山地歌谣简论	夏　敏	中国藏学	2002年1月
32.	古人办丧事何以要“相和而歌”	房　龄	文史杂志	2002年1月
33.	关于西北口传民歌“花儿”中的牡丹	武宇林	西北第二民族学院学报(哲学社会科学版)	2002年3月
34.	广西:南宁国际民歌艺术节的启示	冯成善	中国民族	2002年5月

35.	广西融水苗族之情歌文化	吴　霜	艺术探索	2002年2月
36.	汉晋佛教译经与晋宋民歌的语言	陈开勇 龙　延	敦煌学辑刊	2002年1月
37.	汉乐府民歌与汉五言诗比较	于素珍 刘绪湖	乌鲁木齐成人教育学院学报	2002年3月
38.	呼伦贝尔民歌民俗文化解读	冶　芸	内蒙古民族大学学报(社会科学版)	2002年4月
39.	湖南怀化罗子山高腔号子浅析	李　强	中国音乐	2002年2月
40.	湖南靖县多声部民歌音乐研究	李　刚	衡阳师范学院学报	2002年4月
41.	浑实的土味与空灵的水韵——从地域文化谈中原江南民歌差异的成因	黄爱华	广东职业技术师范学院学报	2002年1月
42.	吉林林区劳动号子音乐的整理与研究	吴贡山	北华大学学报(社会科学版)	2002年2月
43.	检视冲绳与长崎中国音乐之流变——以明清俗曲《打花鼓》为例	杨桂香	交响－西安音乐学院学报	2002年2月
44.	简论河北地方民歌的音乐特色	周革新	衡水师专学报	2002年4月
45.	简论民歌的曲随词唱与词曲异步	崔　宪	文艺研究	2002年4月
46.	今日的客家山歌	叶惠薇	韶关学院学报	2002年8月
47.	近年来民歌形态学的比较研究	刘　清	交响－西安音乐学院学报	2002年4月
48.	客家山歌的语言学研究	温美姬	嘉应大学学报	2002年1月
49.	客家山歌研究成果综述	朱　莉	星海音乐学院学报	2002年3月
50.	乐海拾贝——中国民歌中独特的终结音	唐朴林	天津音乐学院学报	2002年1月
51.	莲花山花儿程式论	柯　杨	广西民族学院学报(哲学社会科学版)	2002年6月

52.	聊斋俚曲《姑妇曲》、《慈悲曲》的“十样锦”“十种曲”	车锡伦	蒲松龄研究	2002年3月
53.	聊斋俚曲曲牌的来源(之一)	车锡伦	蒲松龄研究	2002年2月
54.	流存于日本的我国古代俗曲乐谱	徐元勇	黄钟－武汉音乐学院学报	2002年2月
55.	论“花儿”中的对喻程式化修辞手法	武宇林	西北师大学报(社会科学版)	2002年6月
56.	论“花儿”中的民间美学思想	薛惠芝	民俗研究	2002年3月
57.	论北朝民歌的民族风格	马华祥	新乡师范高等专科学校学报	2002年1月
58.	论侗族歌谣的“骚味”特征	张泽中	广西民族学院学报(哲学社会科学版)	2002年3月
59.	论福建传统民歌的继承与创新	李向京	福建师范大学学报(哲学社会科学版)	2002年1月
60.	论明清时代的情歌——明清俗曲	徐元勇	南京艺术学院学报(音乐及表演版)	2002年4月
61.	论南朝民歌与宫体诗的关系	姜卫华 王冬美	江苏教育学院学报(社会科学版)	2002年5月
62.	论土家族民歌《龙船调》	田世高	湖北民族学院学报(哲学社会科学版)	2002年4月
63.	满族民歌“三”的音乐现象研究	关　杰	哈尔滨工业大学学报(社会科学版)	2002年2月
64.	漫瀚调:蒙、汉音乐交融、磨合的结晶	冯光钰	乐府新声－沈阳音乐学院学报	2002年4月
65.	梅山教与梅山民歌——梅山民歌系列研究之三	袁　征	云梦学刊	2002年1月
66.	蒙古族古代宴飨习俗与宴歌发展轨迹	崔玲玲	中国音乐学	2002年3月
67.	民歌的浮与沉	王秀明	黄钟－武汉音乐学院学报	2002年3月
68.	民歌——永不止息的心声	李宝珠	内蒙古艺术	2002年1月
69.	明清俗曲与日本“明清乐”的比较研究	徐元勇	音乐艺术	2002年2月
70.	南朝文化和乐府民歌的城市化倾向及其对唐宋词的影响	王晓骊	江西社会科学	2002年5月

71.	蒲松龄俚曲中承前启后的《玉娥郎》	刘晓静	天津音乐学院学报	2002年4月
72.	蒲松龄俚曲中的【银纽丝】(上)	刘晓静	中国音乐	2002年4月
73.	奇妙的白族贺房歌宴	李灿南	中州今古	2002年1月
74.	前汉“楚歌”及其滥觞	周建江	贵州大学学报(社会科学版)	2002年3月
75.	浅论花儿会的变异	毕艳君	青海民族研究	2002年4月
76.	浅论宴席曲与“花儿”的艺术特色	郭德慧	中国音乐	2002年4月
77.	浅析“花儿会”对土族女性的心理影响	白晓霞	青海民族研究	2002年1月
78.	浅析广西藤县汉族的哭嫁习俗和《哭嫁歌》的民俗文化现象	黄艳莲	广西教育学院学报	2002年2月
79.	浅析劳动号子的音乐特点	薛丽春	连云港师范高等专科学校学报	2002年4月
80.	浅析闽西苏区革命山歌的音乐特点	王聪生	闽西职业大学学报	2002年4月
81.	浅析土家族“三声腔”民歌——《十八哥哥》与《茶籽树》	杨 华	湖北民族学院学报(哲学社会科学版)	2002年4月
82.	秦腔与蒲松龄“聊斋俚曲”	巩武威	当代戏剧	2002年5月
83.	青海“花儿”的歌词格律及音乐特征	刘 姝	青海师范大学学报(哲学社会科学版)	2002年2月
84.	青海回族“花儿”的爱情观赏析	张佩成	青海民族研究	2002年4月
85.	青海民间小调浅论	刘 姝	青海民族学院学报(社会科学版)	2002年3月
86.	琼林瑶树声 行云流水韵——论中国古代琴歌的演唱特色	张晓农	交响-西安音乐学院学报	2002年4月
87.	全球化时代的都市“民歌”盛典——审视南宁国际民歌艺术节现象	莫其逊 唐 桃	民族艺术研究	2002年5月

88.	让“花儿”开得更加鲜艳——“花儿”的近况及前景刍议	李锦生	中国音乐	2002年2月
89.	撒拉族歌谣中的民俗事象初探	张春秀	青海社会科学	2002年2月
90.	撒拉族民歌的种类及其音乐特征	郭德慧	音乐探索	2002年3月
91.	桑植白族民歌——永不凋零的艺术奇葩	王成均 石绍河	民族论坛	2002年7月
92.	陕北民歌演唱技巧探究	王新惠	乐府新声－沈阳音乐学院学报	2002年1月
93.	陕北民歌中的民俗文化	张　敏	西安教育学院学报	2002年2月
94.	神圣事象与“花儿”：两种文化现象的互动	范长风	民族艺术	2002年3月
95.	审美人类学视野中的“南宁国际民歌节”	王　杰 覃德清等	民族艺术	2002年3月
96.	诗与歌、谣、谚、语	王　妍	哈尔滨工业大学学报（社会科学版）	2002年1月
97.	石榴花开红似火——民歌与花鼓灯舞蹈《摘石榴》	胡广生	安徽新戏	2002年2月
98.	试论“花儿”中的土族民俗风情	蔡秀清	西北民族学院学报（哲学社会科学版．汉文）	2002年1月
99.	试论汉乐府民歌的叙事特征	沙云星	西南民族学院学报（哲学社会科学版）	2002年3月
100.	试论苗族爱情叙事诗歌的悲剧性	洪　桦	贵州民族研究	2002年1月
101.	试论西北回族宴席曲与“花儿”的音乐特色	李　昕	青海民族学院学报（社会科学版）	2002年3月
102.	试论壮族多声部民歌中同音列复合调式之特点	王小昆	中国音乐	2002年4月
103.	试谈蒙古族长调民歌的严肃性	李世相	内蒙古艺术	2002年1月

104.	双重视角下的歌谣学研究——北大《歌谣周刊》对中国歌谣学研究的贡献	朱爱东	思想战线	2002年2月
105.	四川民歌《太阳出来喜洋洋》曲词探源及旋律形态研究	黄　涛	音乐探索	2002年3月
106.	苏南民歌的歌唱艺术及其继承与发扬	方　昳	中央音乐学院学报	2002年4月
107.	他让侗族大歌流行起来	白克信	中国民族	2002年4月
108.	台湾的民歌年代	李　卫	国际音乐交流	2002年10月
109.	谈红河彝族民歌的种类、特点及发展	王美玉	蒙自师范高等专科学校学报	2002年3月
110.	唐宋燕乐歌辞的历史考察——论《碧鸡漫志》的主旨及其意义	谢桃坊	社会科学研究	2002年1月
111.	洮岷“花儿”的戏谑事象与戏谑理论探讨	范　剑	西北民族研究	2002年4月
112.	透视1958民歌运动	侯肖林	文艺理论与批评	2002年1月
113.	土家族“哭嫁歌”探幽	刘廷新	中国音乐教育	2002年4月
114.	土家族《廪歌》探究	熊晓辉	湖北民族学院学报(哲学社会科学版)	2002年3月
115.	土家族民族歌乐《廪歌》与《梯玛》的比较研究	熊晓辉	内江师范学院学报	2002年5月
116.	土族婚礼歌的民俗文化解读	贺喜焱	青海社会科学	2002年2月
117.	维吾尔族民间歌谣中的“孤独”情节探析	阿布都哈德	西北民族学院学报(哲学社会科学版)	2002年4月
118.	维吾尔族情歌原型初探	李　景	乌鲁木齐职业大学学报	2002年1月
119.	我国多声部民歌的现状	白海明	吕梁高等专科学校学报	2002年2月
120.	五句子歌的地理属性	董学民	音乐探索	2002年4月
121.	西北回族宴席曲的唱词格式(上)	汪　平	宁夏大学学报(人文社会科学版)	2002年5月
122.	西北回族宴席曲的唱词格式(下)	汪　平	宁夏大学学报(人文社会科学版)	2002年6月

123.	西塘杂感话“田歌”	姚艺君	中国音乐	2002 年 1 月
124.	湘南瑶歌的衬词特点	陆良民	中国音乐	2002 年 4 月
125.	湘西歌海唱苗歌	宋晓丹	中国民族	2002 年 3 月
126.	彝乡狂歌——“打歌”	沙　平	丝绸之路	2002 年 1 月
127.	鸳鸯湖棹歌试论	陈水根	南昌高专学报	2002 年 3 月
128.	再谈辨认“同宗民歌”的标准——兼答徐元勇博士	冯光钰	黄钟－武汉音乐学院学报	2002 年 1 月
129.	再谈傣族语言诗词与民歌曲调的关系	杨锦和	音乐探索	2002 年 4 月
130.	植根瑶山歌不老——记江华三代瑶歌手盘财佑、赵庚妹、盘琴	小　军	民族论坛	2002 年 7 月
131.	质朴缠绵的土家情歌	向胜军	民族论坛	2002 年 7 月
132.	中国传统音乐中的多声形态及其文化心理特征探微——以侗族多声部大歌和笙乐器为例与彭兆荣先生商榷	邓　钧	中国音乐学	2002 年 2 月
133.	中原文化与土著文化在梅州的整合研究——以梅州客家山歌的形成为例	江金波 司徒尚纪	中国历史地理论丛	2002 年 1 月
134.	壮族民歌的审美透视	关仕京	广西大学学报(哲学社会科学版)	2002 年 1 月
135.	左权民歌漫谈	范小玲 郝宏强	寻根	2002 年 1 月

2002 年戏曲音乐研究综述

蔡际洲　徐　烨

本年度的戏曲音乐研究，在音乐理论刊物上发表的论文数量上要大大少于上年。由此可见，戏曲音乐虽是一个非常重要且空白点较多的研究领域，但音乐学界对此投入的力量太少。在本年度的学术刊物上，一共才发表十篇论文（其中包括上下篇连载）。尽管如此，从这些论文中也可看出如下几个特点：其一，对京剧音乐的研究成为本年度的重点，特别是对“文革”期间“样板戏”音乐的研究；其二，除了京剧外，一般都是较为“宏观”（特指“泛剧种”研究）的选题，涉及其他剧种（淮海戏）音乐的“微观”研究仅一篇。

本年度 10 月 15 日至 18 日在扬州大学艺术学院召开了“中国戏曲音乐理论研究会第七届

年会”，给我们提供了不少有关戏曲音乐研究的信息。本届年会收到提交的论文四十七篇，尽管并不全是本年度的新作，但在一定程度上反映了近年来戏曲音乐研究的最新动向。代表来自北京、天津、南京、杭州、武汉、济南、扬州、烟台、太仓、淄博、泰安、四川、贵州、湖南等十九个省市及地区，计五十三人，既有老一辈专家学者、大学教授、文艺团体作曲家，也有年轻的在校硕士生、博士生。戏曲音乐的观众似乎在日益老化，但理论研究队伍的年轻化却是以往少见的。特别是天津音乐学院、中央音乐学院、福建师大音乐系的一群青年学生带来的蓬勃朝气，给人留下深刻印象。

一

如何看待“样板戏”，是自改革开放以来较为敏感的一个话题。过去常见的说法是，既然“文革”被否定，产生于“文革”中的“样板戏”自然也应否定。其实，作为一个学术研究对象，无论政治上否定还是肯定，都有其研究价值。

在本年度《黄钟》连载了戴嘉枋的《论京剧“样板戏”的音乐改革》（2002：58～60；2002：76～85），对京剧“样板戏”的音乐改革及其成功经验从以下几个方面进行了论述：一是以新创的板式丰富京剧板式体系。这是传统京剧音乐体系中所没有的板式，包括［西皮回龙］、［西皮宽板］、［西皮排板］、［二黄二六］、［二黄流水］、［二黄快板］、［反二黄二六］、［反二黄吟板］等。二是声腔体系中变化句式及其结构的多样化运用。“样板戏”有多种多样的唱词格式，导致唱腔音乐有了新的变化。同时，唱腔中还加入了较大篇幅的器乐段落，或齐唱、合唱等传统京剧中罕见的新因素。三是赋予京剧音乐鲜明的人物个性和时代特征。“样板戏”吸收了西方音乐的创作经验，运用人物主题或主导动机创作了个性化的人物主调。四是采用中西混合乐队，既保持传统京剧风格韵味，又拓展了京剧乐队的表现功能。该文既从宏观处着眼，又从微观处入手，条分缕析，论证精到，是目前所见“样板戏”音乐研究中较好的一篇论文。

冯光钰《音乐——戏曲现代戏之魂——兼及对京剧“样板戏”音乐的评价》（2002：5～10），提出了“编演现代戏及其音乐是戏曲艺术的优良传统”的看法。文章回顾了自宋元南戏以来编演现代戏的历史传统，认为应正确评价“样板戏”的音乐创造。作为一个特殊时代的特殊文化产物，“样板戏”尽管有许多不足甚至错误的东西，但要以事实求是的态度对其作出客观的认识与分析，应把“四人帮”的政治阴谋与广大文艺工作者的艺术创造区别开来，把“四人帮”的样板理论与京剧现代戏艺术实践的经验区分开来。只有进一步认识如何发挥音乐在现代戏中的灵魂作用，保持剧种音乐特色，突出时代精神，才能以利于各剧种现代戏的良性发展。作者高瞻远瞩，既有对历史经验的总结，又有对现实问题的观照，该文对现代戏曲音乐的发展具有重要参考价值。

本年度还有两篇关于京剧曲牌音乐研究的文章。其一是《京剧曲牌“将军令”分析研究》（霍玉魁2002：52～68）。文章从曲式结构、转调手法和曲调发展三个方面对“将军令”进行了分析，认为该曲牌结构上分为五段，使用常见的“散、慢、中、快、散”的结构；转调是其最大特点，基本模式为E宫－D宫－A宫－E宫－A宫－E宫，其中E宫转D宫是较少见的转调方式；曲调发展上运用民间音乐中常用的“尾音发展法”，以主题乐句的尾音为基础，通过重复、环绕、扩展的方法往下发展。

其二是《京剧唢呐曲牌的源流、分类及运用》（杨凌云2002：58～61）。文章从两个方面论述了京剧唢呐曲牌的源流、分类及运用，一是京剧唢呐曲牌的来源有昆曲、其他地方戏曲、民间音乐、改编的曲牌，二是在分类及运用上可分为军乐、舞乐、宴乐、喜乐、哀乐、神乐、过场音乐、吹台用的曲牌及“尾声”等等。文章关于京剧唢呐曲牌的源流倒是一个值得研究的问题，不足的是作者在表述中仅运用举例说明的办法，若能将京剧唢呐曲牌开列出一个清单或表格，再将其中不同来源的曲牌逐一详细考证，该文会更有价值。至于军乐、宴乐等分类运用，则是对一般常识的介绍。

滑静《论京剧唱腔与歌剧美声唱法之异同》（2002：63～66），运用中西比较的方法对京剧的歌唱方法与西洋歌剧美声唱法进行了研究[1]。文章从发声技巧、呼吸方法、歌唱共鸣三方面展开，其中也有不少内容是已有知识的重复。作者最后认为，京剧唱法与歌剧美声唱法的“发声、呼吸、共鸣技术以及歌唱效果的差异，主要来自于不同民族音乐文化的审美习惯和审美情趣。京剧唱法中的共鸣是受角色的性别、性格、气质、风格等影响决定的，它强调了角色的性格化以及演唱的个人风格化，而美声唱法则强调的是演唱过程中声音共鸣的统一性和协调性”。令人不解的是，西洋歌剧在唱法上难道就没有“角色的性别、气质、风格”的影响？难道他们就不讲究“角色的性格化以及演唱的个人风格化”吗？

二

本年度发表的徐烨《论梆子腔的划时代贡献》（2002a：40～44），是关于戏曲声腔史的研究。作者从梆子腔的发展脉络入手，并将其与昆曲、高腔作音乐形态上的比较分析后认为，梆子腔在中国戏曲音乐发展史上具有承前启后的重要作用，这是一种新的戏曲音乐形态，解决了此前的戏曲声腔所没有解决的一些重要技术问题，对戏曲音乐的发展具有重要历史意义。文章具体从以下四点进行了表述：梆子腔的音乐，来源于民间；梆子腔在唱词格式上有所创新；梆子腔开创了板式变化体时代；梆子腔在戏曲唱腔中首创丝竹过门。

刘正维的《戏曲音乐三绝》（2002：30～38）则属于戏曲音乐

形态学的研究。文章认为戏曲唱腔中的拖腔运用、腔式搭配、板式布局，是戏曲音乐中戏剧性功能表现的“三绝”。所谓“三绝”，不仅在戏剧音乐中，甚至在整个音乐创作中都是具有独特表现功能。其中特别值得一提的是，作者将戏曲音乐中的拖腔根据其不同的表现功能分为“结构之腔”、“风格之腔”、“表情之腔”，然后又对每类再做进一步介绍。诸如“结构之腔”还可细分为“平衡对比之腔”、“转板犯调之腔”等等。其后，作者还对腔式搭配、板式布局作了论述[2]。

彭涓的《戏曲音乐中的“彩腔”》（2002：28～29）也是一篇形态学研究论文。作者提出了戏曲音乐中的一个新概念——“彩腔”，所谓“彩腔”即“精彩之腔”，然后将“彩腔”分为“导板”、花腔、长拖腔、快板及紧拉慢唱五类，并分别对其在音乐表现上的功能进行论述和介绍。文章有一定参考价值，但如按论证的逻辑规则来讲，“彩腔”是一不大容易确定且具有很大主观色彩的概念（弄得不好还容易与黄梅戏的“彩腔”相混淆），因而似乎“论题不明”。此外，这五个类别的划分还存在着“子项相容”的逻辑问题。

淮海戏是流行于苏北、皖东北地区的戏曲剧种。朱林等人的《淮海戏声腔构成及其发展》（2002：114～118），对其声腔进行了介绍，并从曲调连缀形式、板式变化形式、创编新的声腔三个方面论述了淮海戏声腔构成及其发展。作者们认为，淮海戏已形成了由基本曲调、辅助曲调、其他曲调共同组成的声腔体系，能较好的适应剧本内容多样性的需要。从文章内容看，“构成”介绍较多，“发展”着墨不足，故而显得有些离题。

本年度还有一篇书评《容纳百川 开拓立新——评刘正维著〈民族音乐新论〉一书》（徐烨2002b：116～118）。该书收录了武汉音乐学院刘正维教授自1989年以来在全国各类音乐理论刊物上发表的20篇论文，虽然不全是戏曲音乐的专论，但书中的《戏曲腔式及其板块分布论》、《中国戏曲音乐形态的民族性》、《戏曲声腔分类新论》、《二黄腔源于鄂东北辩》等，均是戏曲音乐论文。作者认为刘正维的戏曲音乐研究有几个特点：一是注重音乐本体的研究，如关于二黄腔的渊源问题，在戏曲声腔的音乐特征与民间音乐的联系中去寻求答案，有别于以往仅仅在文献上作考证的传统方法；二是注重戏曲音乐的地理分布特征，如关于戏曲腔式的板块理论，即将音乐形态特征与特定的地理空间状况联系起来；三是运用新的研究方法，如大量表格的运用及其统计数据，无不体现出注重实证的思维特点等等。

三

本年度的“中国戏曲音乐理论研究会第七届年会”主要议题有现代戏曲音乐创作研究、江苏（或地方）戏曲音乐研究、戏曲音乐专题研究及其他。正如天津音乐学院钱国桢教授在大会的总结发言中提及，此次年会有如下特点[3]：

一是涉及声腔、剧种较多。从本届年会提交的论文来看，涉及的声腔有弋阳腔、昆山腔、梆子腔、皮黄腔等；剧种有昆剧、京剧、豫剧、评剧、越剧、黄梅戏、祁剧、茂腔、傩戏、清音戏、泗州戏、龙江剧、二人台、二人转等十四个。

二是论域广泛。本届年会有十五篇论文论及现代戏曲音乐（包括京剧“样板戏”）的音乐创作。不少文章从现代戏曲音乐的唱腔旋律、音阶调式、音乐结构、配器伴奏等方面进行了探索。在戏曲音乐形态学研究方面的论文有十篇，包括结构、板式、句幅、旋法等等。此外，还有关于声腔、剧种形成、流布和发展的论文计有八篇，有论及梆子腔、皮黄腔的发展脉络并与昆腔、弋阳腔进行比较的，有对某一地域戏曲音乐的历史地位与影响进行宏观论述的，也有借鉴文化地理学、语言学、传播学的方法对昆曲声腔系统不同剧种作“分区、分层”比较研究的等等。其他方面的文章分别论述了戏曲音乐的演唱艺术、作曲家的重要地位、戏曲在当代大学校园中的普及情况以及戏曲音乐学学科建设等问题。

在本次年会上，还举办了“第四届中国戏曲音乐论著、论文评奖”。经评委认真评审，评出一等奖五篇（以姓氏笔画为序），刘晓静《〈蒲松龄俚曲〉套曲的结构形式在民族音乐发展中的贡献》、毕凤歧《戏曲创作的音乐思维——简论戏曲音乐的本质功能》、李延红《戏曲音乐板式的本质及规范问题》、徐烨《论梆子腔、皮黄腔的划时代贡献》、蔡际洲《京剧抒情性唱段句幅变化的统计学研究》。马蕾、王义彬、王志明、刘宁、周来达、杨冬冬、徐建等人的论文获二等奖，王南、王飙、卢爱华、安啸梅、何新生、谢林义等人的论文获三等奖。

四

本年度的戏曲音乐研究既有收获也有遗憾，主要有三个问题：第一，作为中国传统音乐中的一个重要研究领域，且有着三百多个剧种的戏曲音乐，全国一年正式发表的论文仅为十篇，这表明戏曲音乐亟须理论家的惠顾。倘若全国每个省市一年各发表论文一篇，再加上九大音乐学院的学者每年各发表一篇，这样也不会少于四十篇。然而我们连这样的要求都未达到。第二，学术规范问题，还是与上年度的问题一样。在这十篇文章中，除了戴嘉枋、冯光钰、徐烨、滑静等作者的文章外，其余文章没有一篇有参考文献。此外，所有的论文在序言中全无该领域研究现状的交代和说明[4]。看来，我们的论文写作在学术规范上还任重而道远。“学院派”作者都如此，更遑论戏曲团体的作者了。第三，提交学术年会的论文多，正式发表的论文少。这一情况表明，在戏曲表演团体和“学院派”之间，在戏曲音乐理论和戏曲音乐实践之间尚需寻求一种“沟通”。表演团体的作者在理论水平和论文写作等方面还有待于提高，“学院派”作者除了必要的基础研究之外，还要多关注一些应用研究。

注释：

［1］该文的标题似乎有些不通。“京剧唱腔”是指音乐作品或曰音乐本身，“歌剧美声唱法”则是指音乐表演方法。二者本不是一个层次上的概念，如何比较？同时，此处的“歌剧美声唱法”之前似乎还应加上“西洋”二字，以表示比较对象“身份”之区别。

［2］关于这两个问题，可参照刘正维《戏曲腔式及其板块分布论》（1993：33～42）及《论四截式与回归式板式变化体》（1999：88～98）。

［3］见钱国桢《第七届中国戏曲音乐理论研究会综述》（打印稿）。

［4］如京剧“样板戏”的研究，前人（其中包括某些作者）早已涉及这一领域。依笔者孤陋寡闻，至少有这样一些文献：专著有戴嘉枋《样板戏的风风雨雨》（1995）、汪人元《京剧“样板戏”音乐论纲》（1999）；论文有刘正维《现代京剧作曲技法鸟瞰》（1989：25～31）、陈汝陶《谈京剧“样板戏”的艺术经验与启示》（1991：73～80）、刘国杰《现代京剧音乐纵横谈》（1995：38～48）、徐霞《京剧皮黄腔非程式性创造研究》（1995：130～143）等。

参 考 文 献

陈汝陶

1991：《谈京剧“样板戏”的艺术经验与启示》，《文艺研究》第4期。

戴嘉枋

1995：《样板戏的风风雨雨》，知识出版社。

2002：《论京剧“样板戏”的音乐改革》（上、下），《黄钟》第3、4期。

冯光钰

2002：《音乐——戏曲现代戏之魂——兼及对京剧“样板戏”音乐的评价》，《交响》第4期。

滑 静

2002：《论京剧唱腔与歌剧美声唱法之异同》，《交响》第3期。

霍玉魁：

2002：《京剧曲牌“将军令”分析研究》，《齐鲁艺苑》第3期。

刘国杰

1995:《现代京剧音乐纵横谈》,《艺术探索》第 1 期。

刘正维

1989:《现代京剧作曲技法鸟瞰》,《黄钟》第 4 期。

1993:《戏曲腔式及其板块分布论》,《中国音乐学》第 4 期。

1999:《论四截式与回归式板式变化体》,《中国音乐学》第 1 期。

2002:《戏曲音乐三绝》,《中央音乐学院学报》第 1 期。

彭　涓

2002:《戏曲音乐中的“彩腔”》,《音乐探索》第 4 期。

汪人元

1999:《京剧“样板戏”音乐论纲》,人民音乐出版社。

徐　霞

1995:《京剧皮黄腔非程式性创造研究》,《中国音乐学》第 2 期。

徐　烨

2002a:《论梆子腔的划时代贡献》,《交响》第 3 期。

2002b:《容纳百川 开拓立新——评刘正维著〈民族音乐新论〉一书》,《黄钟》第 3 期。

杨凌云

2002:《京剧唢呐曲牌的源流、分类及运用》,《戏曲艺术》第 2 期。

朱　林、皇甫启林

2002:《淮海戏声腔构成及其发展》,《艺术百家》第 3 期。

中国音乐年鉴·2003·
·学术研究·

2002 年说唱音乐研究综述

赵晓楠

本年度说唱研究文章的数量仍保持在二十篇左右，研究的范畴可以分为研究史研究、曲种和本体研究、少数民族说唱音乐研究等几个方面。

一、研究史研究

一项研究具有百年的历史，从先行者筚路蓝褛的开创之功，到后来者艰苦跋涉换来丰厚收获，其间的曲折艰苦、苦辣酸甜，非个中人难解其味；而百年下积累的经验、收获的成果，以及对未来的启示，也应有总结、回顾和瞻望。冯光钰的《中国曲艺音乐研究百年回眸与瞻望》（2002：3～9）既具备说唱研究史研究的性质，又指出该研究在文献考索、研究方法和视野两个方面仍有待于加强和开拓。该文将说唱音乐百年研究史按照20世纪前50年的“草创期”、50年代到70年代的“发展期”、80年代以后的“繁盛期”划分，梳理了三个阶段的历史背景、代表人物、工作特点和成果经验，总结了百年说唱研究“以文献研究为基础，技法研究为轴心，创新研究为支柱”的三大特点（2002：3～9）。

二、曲种和本体研究

本年度《艺术百家》第3期似乎是说唱艺术研究的专刊，发表了六篇关于说唱音乐研究的文章，可谓洋洋大观。这些文章以评话、弹词和清曲等扬州地方曲艺曲种为论述对象，对其生存现状、创作规律、创新形式以及发展前景等方面进行不同角度的论述。以朱祥生《关于扬州清曲的几点思考》（2002：20～22）为例，初以扬州清曲本体价值（艺术价值、科学价值、实用价值）判断为发轫，继对20世纪60年代以后扬州清曲由盛转衰，80年代中期后部分“玩友”逐渐恢复业余演出，以及至今依然面临生存困境的发展轨迹进行回顾，最后又从继承传统、创新曲目、选配曲牌、革新演出形式、建立专业队伍、加强理论研究等方面，为发展振兴扬州清曲这一古老优秀的曲种指出了方向和道路。

在普遍不景气的大环境下，安徽省却于近期形成了一个新的地方曲种——黄梅大鼓。根据其主要创作者范卫红在《关于黄梅大鼓》（2002：39）中的介绍，黄梅大鼓以《桂兰嫂算账》、《梦圆金堤》两个作品为代表，于2001年6月正式形成。这两个作品是范卫红1996年参加安庆市民间说唱艺术调查与研究活动的成果，而这两部作品也一度被称为“安庆大鼓”。改称“黄梅大鼓”的原因在于，“从安庆说唱与黄梅戏音乐的渊源关系及其原始音乐流行区域的情况出发，又考虑到黄梅戏已发展成具有较大影响的地方戏，为有利于这一民间曲艺的发展，……称为黄梅大鼓”（2002：39）。文章还介绍了黄梅大鼓和安庆地方民间音乐，尤其是与黄梅戏之间的关系。

张国强《〈西厢记诸宫调〉初探》（2002：121～130）对“董西厢”中所应用曲牌的来源、组织结构进行分析。首先从史料的对比中，总结出“董西厢”一百九十三个曲牌中来源于唐宋大曲、唐宋词、俗曲者仅三十六个，余者“必定有一部分是作者（董解元）的创作”，进而归纳其曲体结构为单曲牌、单曲牌加尾声和缠令三种形式。文章的第三部分还从诸宫调和唐二十八调的关系上进行了探讨。

艺人口诀往往是对艺术规律的高度总结和概括，蕴含着深刻的艺术哲理。于淑梅（2002：52～55）就对二人转艺人常用口诀进行诠释，如对演唱技巧提出的“字儿、句儿、味儿、板儿、调儿、劲儿”，对演员之间在表演配合上提出的“但是一颗菜，全仗唱丑的卖”，以及对二人转表演中分包赶角，演员在人物中跳进跳出的“千军万马，就靠咱俩”等。作者还将这些口诀中蕴含的美学意义概括为“通俗美、丑角艺术美、主客体之间的短距离美”，并用“精炼、通俗、朴实、确切”来加以概括（2002：52～55），文章最后还列举了十三个二人转艺术口诀。

陈咏韵（2002：23～28）以四川扬琴、荷叶、金钱板为例，从板式中基本板式的段式结构句式结构、基本板式的发展；基本唱腔、基本唱腔的发展派生等几个方面，讨论了说唱音乐中板腔体的形态特征，并指出演唱书目的长短、演唱形式对说唱音乐的板腔都有影响，如擅演长篇大书的曲种板腔发展程度要比多演小段的曲种程度高。

三、少数民族说唱音乐研究

本年度少数民族说唱研究的文章不多，主要有张一凡（2002：114～117）对黑龙江省达斡尔族、鄂伦春族、赫哲族说唱音乐“乌钦、摩苏昆、依玛堪”等曲种音乐结构、音乐形态、音乐风格的论述；李顺昌（2002：68～69）对彝族香堂人民间曲艺的介绍；以及边多（2002：25～30）对史诗《格萨尔》的音乐进行的论述，他在文章中指出，《格萨尔》的音乐“绝非是由东拼西凑、寥寥无几的少数曲调所组成的”，而是“一种属于特定标题性民族传统说唱音乐”，与吐蕃时期藏民族古典音乐有关，是重要而珍贵的艺术遗产。近年来《格萨尔》研究多偏重在唱词上，而《格萨尔》音乐同样需要进行抢救、整理和研究。

参考文献

边　多

2002：《浅谈〈格萨尔〉说唱音乐艺术》，《西藏研究》第4期。

蔡源莉

2002：《“中国曲艺志·内蒙古卷”编纂随想》，《内蒙古艺术》第2期。

陈咏韵

2002：《论说唱音乐中板腔体的形态特征》，《民族民间音乐》第3期。

范卫红

2002：《关于黄梅大鼓》，《黄梅戏艺术》第4期。

冯光钰

2002：《中国曲艺音乐研究百年回眸与瞻望》，《音乐探索》第4期。

胡　杨

2002：《土壤·阳光·种子——关于扬州曲艺生存与发展的思考》，《艺术百家》第3期。

惠　耘

2002:《扬州曲艺的现状和发展的思考》,《艺术百家》第3期。

李　锋

2002:《成人教育部举办首届曲艺大专班专场和2002届表导演班汇报演出》,《戏曲艺术》第3期。

李国先

2002:《试谈曲艺形式的创新》,《艺术百家》第3期。

李顺昌

2002:《彝族香堂人的民间曲艺》,《中州今古》第1期。

索　穷

2002:《不老的艺术人生——记中国曲艺家协会副主席、著名藏族曲艺表演艺术家土登》,《西藏艺术研究》第3期。

王贵增

2002:《曲艺创作中的"虚"与"实"》,《艺术百家》第3期。

韦明铧

2002:《扬州曲艺资源的开发和整合》,《艺术百家》第3期。

于红梅

2002:《精炼、通俗、朴实、确切——有关二人转艺术口诀的诠释与研究》,《乐府新声》第3期。

张国强

2002:《"西厢记诸宫调"初探》,《中国音乐学》第2期。

张一凡

2002:《北方渔猎民族说唱音乐论》,《哈尔滨工业大学学报》第6期。

朱祥生

2002:《关于扬州清曲的几点思考》,《艺术百家》第3期。

中国音乐年鉴·2003·
·学术研究·

2002 年音乐美学研究综述

陈燕婷

本年度中国音乐美学界呈现一盘散沙的局面，没有一个大家共同感兴趣的热点话题，也没有不同观点之间的切磋与较量。研究者们各自围绕自己感兴趣的话题，在音乐美学领域各自为战。

一、音乐美学基础理论研究

十余年来，中国音乐美学学科建设在各方面都取得了很大发展，但也存在许多问题。韩钟恩《“问题意识”与“前瞻性”预设——由音乐美学学科建设“长时段”叙事所引发》（2002a：34～39），列举了 1991 年以来有关音乐美学学科的评估、想法、综述、文论、人才培养以及其他成果等，指出当前音乐美学需要予以重点关注的问题，并对这些问题做了“前瞻性”预设。

关于音乐与情感的关系，陆小玲《音乐的情感表达与理解》（2002：102～106）围绕作曲家的情感表达和欣赏者的理解，分析了二者所发生的碰撞以及这种碰撞在人的心理世界中所产生的结果。而范晓峰《论音乐本质的客观性与主观化的表现内容》（2002：38～42）则指出，音乐本质的客观性是音乐本体认识中的核心问题，它往往因欣赏主体的不同而具有强烈的主观色彩，在音乐本体的客观性中融入了作曲家原始的主观表现因素，并将这些因素通过音乐形式的组织手段加以结构和编织。

邵桂兰、王建高《音乐家“技巧情结”形成的原因及其复杂性》（2002：11～12），关注在一些音乐家创作中体现出的“技巧情结”现象，指出这些音乐家往往对某种技巧模式有着特殊的情结，而这种“技巧情结”则直接影响了音乐家的内在音乐感觉和外在创作行为。作者同时对音乐家“技巧情结”的积极作用和消极因素进行分析，指出音乐家应使自己的“技巧情结”不断处在“同化－顺化”、“顺化－同化”的建构过程中，以使自己的音乐思维活动高度有效。

音乐审美的特殊性是音乐美学的一个基本话题。对此，申波《音乐审美特殊性研究》（2002：42～45）从听觉感受、情感抒发、时间过程、再创造的表演艺术等四方面进行探讨。而黄汉华《言之乐与无言之乐——声乐与器乐之联系与转化的美学思考》（2002：4～10）则从语言音调与音乐音调、语义与非语义、人声与非人声之间的内在联系与转化，探讨了声乐与器乐之间联系与转化的关系，并强调音乐艺术并没有绝对的自律与他律的对立，有的只是两者在人类音乐历史实践活动中的发展变化和对立统一。

蒋存梅《论音乐作品的音响呈现方式》（2002：85～100）从

音乐作品的乐谱及相关背景资料和表演者个体两方面，通过论述音响呈现方式生成的原因、多种音响呈现方式的合理性等问题，指出任何一种合理的音响呈现方式都体现出乐谱与表演者之间的协调统一，通过每一次的发掘，音乐作品的意义、音乐艺术的美得到了最大的实现。

此外，本年度关于音乐美学基础理论研究的成果还有，白英《论音乐中的崇高》（2002：86～90）、任志琴《论音乐直觉思维与培养》（2002：54～58）等。

二、关于中国音乐美学问题研究

在各类音乐美学研究文章中，对中国音乐美学的研究往往是数量最多的。而在中国音乐美学文章中，又以研究前人美学思想为多。其中，青主的美学思想是人们津津乐道的话题之一。王宁一《开篇拾零》（2002b：42～44）以随笔的方式，对青主《乐话》中关于“音”与“乐”的区别进行分析，说明青主对音乐内涵的理解，并指出其所谓“上界”正是我们的“内界”，而思念“上界”就是内心听觉；音乐的外延就是“一切好好唱奏的声器乐曲”；“音乐是补救说话的缺乏的一种语言”。在此之前，王宁一曾在《“他是诗人，他在作诗”——重读〈乐话〉随笔》（2002a：32～35）中，以“青主学术研讨会”上青主之子廖乃雄所强调的“他是一位诗人”作为着眼点，对《乐话》第一章中“上界的语言”进行了分析。邓四春《青主的音乐创作观及其音乐创作》（2002：18～21）则指出，青主无论在音乐创作思想与创作原则上，还是在音乐创作实践中，都从音乐自身规律出发，否定重技轻艺，提倡音乐技法创新是为了使艺术得到更好的表现。

学者们对《乐记》的研究热情多年来一直保持不变。林语堂1938年用英语写作《孔子的智慧》，其中第十章《论音乐》便选译了《礼记·乐记》的部分文字。在《林语堂英译的〈乐记〉》(2002：37～38 转 49）中，刘恩娜将林氏英文版《论音乐》一章与现在《乐记》通行译注相参照进行介绍。王志成则在《〈乐记〉"心物"关系论的美学思想》(2002a：96～100）中探讨了《乐记》中的"心物"关系，即音乐的主客体关系问题，从音乐创造、音乐接受、音乐再创造等三个方面对之进行了分析。

郭锄非、卢新豫《大音希声的传统审美视野和现实朝向》(2002：41～43）在对老子"大音希声"进行分析的基础上，强调重视审视传统美学中的一些理性审美观，对于当今处于价值观转型期的社会音乐文化发展很有必要。王志成《论中国原创性"中和"音乐观》(2002b：20～23）认为，中国原创性的"中和"音乐观奠定了中国音乐美学思想的基础，并对后世产生了重大而深远的影响。如今，全球性竞争造成了种种负面效应和对文化的猛烈撞击，而中国原创性"中和"音乐观的美学思想正是最具阐释活力和使性道德回归、世界走向融合的一个强劲有力的生命思想体系。

古琴美学也是近年来较受关注的话题之一。郭树荟《对古琴音乐美学思想特征的再认识》(2002：39～42）认为，对古琴音乐美学的研究，主要集中在古琴体现的礼乐至上、中正平和的审美观念等方面，而很少对那些悲戚哀怨的琴曲进行研究。事实上，有许多琴曲深刻地抒发了个体情感，因而"不要忽略古琴音乐所体现的对悲怨、壮烈、奇绝的沉重命运而进行的深深思考"。苗建华《古琴美学中的儒道佛思想》(2002：7～13）指出，先秦的《诗经》、《左传》以至明清的《溪山琴况》、《琴学粹言》，勾勒出传统古琴美学思想的发展脉络。从这些文献中，可以发现古琴美学思想与儒、道、佛思想有十分密切的联系。先秦时期，儒、道都有古琴美学命题提出；魏晋以后，佛家思想也开始逐渐渗入到古琴领域。此后，儒、道、佛三家均对传统古琴美学思想的发展产生影响。胡向阳《点描与留白——古琴曲的多声形态研究》(2002：73

~78）认为，现今传承的古琴谱中普遍存在多声现象，双手弹奏各弦，可发数音；右手四指，可同时发出四声；在实际的作品中，古琴曲的多声大都是以和声音程或二声部的形式来表现，其丰富多彩的形态，赋予了音乐以更生动、更深刻的表现力。

此类文章还有樊艺凤《审美变化与中国现代筝乐的创作和发展》（2002a：117~125）和《筝乐表现的本质考察及审美细节把握》（2002b：52~54）、郭建民《从对“韵味”的追求看民族声乐艺术的审美特征》（2002：20~22）、刘承华《中国传统音乐的“自然”母题及其文化意蕴》（2002：37~43）、余晓芸与李新庭《论〈乐府传声〉的美学追求》（2002：44~47）、韩德森《〈唱论〉今析——兼与〈燕南芝庵·唱论〉新释一文商榷》（2002：97~102）、钱建明《〈绣荷包〉及其审美启示》（2002：24~29）、张哲俊《中国古典戏曲文学与音乐的情感关系》（2002：35~42）等。

三、关于西方音乐美学问题研究

西方音乐美学问题方面以对西方美学家的研究为多。于润洋《从海德格尔阐释梵·高的〈农鞋〉所想到的》（2002：28~31）指出，海德格尔反对将审美对象和审美主体二者对立起来，并主张消除这种二元对立的观点。文章将海德格尔的这一观点与肖邦的音乐联系起来，认为把肖邦音乐中的“意蕴”，“在做到将历史的视域和我们当今的视域二者之间真正融合起来的过程中显露出来”，是当前国际“肖邦学”研究所面临的一个重要课题。柯扬《卓菲娅·丽萨音乐美学思想评述——读〈音乐美学问题〉、〈论音乐的特殊性〉、〈音乐美学新稿〉》（2002：34~38），根据丽萨的三本著作，从音乐的特殊性、音乐的持续存在性和阶段性、对音乐作品和音乐传统两个概念的澄清、音乐的理解与价值等四个方面，对丽萨的音乐美学思想进行了论述。杨曦帆《从思想史角度看西方音乐观念的一个演变——从柏拉图到尼采》(2002：8～10)，梳理了柏拉图、尼采的相关言论，认为柏拉图将艺术看成是对人的道德与理性的培养，实际上将音乐艺术作为统治者的道德手段的附庸；尼采则将艺术“看成是对人生的反映，是对人内心不确定情感和情绪与道德无关的反映”。

此类文章还有张凯《源自心灵的舞曲——论肖邦圆舞曲之美》(2002：60～62)、阎敏《论西方宗教音乐中的情感表现》(2002：81～85)等。

四、关于表演美学及美育问题研究

演唱和演奏是音乐作品得以呈现的一个重要环节，因而表演向来是音乐美学研究的一个重要方面。杨易禾《从音乐作品的存在方式看表演的二度创作基础》(2002a：30～37；2002b：54～58)，在对音乐作品存在方式进行探讨的基础上，对音乐表演美学的基本问题进行思考。作者提出，演奏者应对作品的背景、精神境界、美学趣味等进行研究和体验，做到在表演时把握作品的“同一性”内核，并进行合理的二度创作，实现富有生气的表演。在其另一篇文章《音乐表演艺术中的文本与型号》(2002c：42～47)中，作者指出，人们对演奏合理性的评判标准，就是演奏必须符合作品文本的要求。但对于“文本”究竟何所指，却存在着许多不同看法。实际上，文本的任务就是结合艺术实践来对文本与型号及其众多不同看法进行思考。田光明《音乐表演中的美学追求》(2002：56～57)则从“真实再现与二度创作的关系”、“历史风格与时代精神的协调”、“技术技巧与艺术表现的统一”三方面，阐述音乐表演中的美学追求。

在音乐表演实践理论方面，马梅《从合唱的角度谈审美价值取向》（2002：41～43）从审美价值取向的地位，以及它在合唱审美能力和审美体验中的作用进行了探讨。赵淑云《论歌唱艺术的审美》（2002：62～63）则分析了歌唱艺术的特性，即易接受性、抒情性、感染性、内在性、激励性、多样性，并论述歌唱艺术审美应从语言美、音乐美、表演美（或歌唱的美）三个方面来进行。

在审美教育方面，一些研究者从实际出发，指出目前美育所存在的一些问题。如田耀农分析了学生普遍喜欢音乐却不喜欢上音乐课的现象，指出其原因在于学校音乐教育目的模糊。他强调，美育应是立美、审美、被审美的全面美的教育，学校应从观念和方法上对教学内容、教学方法作相应的调整或改革（2002：93～101）。此类文章还有李琳《论音乐的审美教育》（2002：106～109）、温恒泰《略论声乐审美教育》（2002：4～5）等。

五、当代音乐的美学思考与音乐批评理论

当代音乐的各种问题，深受当代音乐人和音乐爱好者的关注。然而，由于有着“身在此山中”难以窥其全貌的难处，对之进行理论研究的人并不多，而韩钟恩正是这为数不多的人当中的一个。他在《“音乐试图将音乐作为音乐来摆脱”——几则相关当代音乐的文本阅读及其现象诠释》（2002b：43～54）中参考并引用了大量文献，包括胡塞尔、海德格尔、利奥塔、亚里士多德、嵇康等人的言论以及西方音乐史等，对当代音乐现象及音乐美学理论问题进行了阐述。王黎《流行音乐与文化消费》（2002：85～87）则通过对流行音乐的分析指出，流行音乐是借助商业传播渠道而发展的一种大众消费文化，是市场经济文化的一部分，它也是现代技术和现代文化结合的产物，是现代工业和商品生产制度下产生的文化形态。在现代传媒条件下，作为商品文化的流行音乐与社会公众有着

互动式的联系。

此外，邹建平《音乐批评散议》（2002：8～9）、乔邦利《音乐批评学学科存在的可能性》（2002：10～12）以及明言发表在各刊物的系列文章如《音乐批评的对象——“音乐批评学”探索之六》（2002：5～12）等，都在音乐批评方面作了一些探讨。

六、音乐美学著作出版情况

自音乐美学进入专业院校教学领域以来，20余年间一直没有统一教材。2002年，上海音乐出版社出版了由文化部组织编写的普通高等教育“九五”国家级重点教材“中国艺术教育大系”，其中《音乐卷·音乐美学教程》由张前主编、中央音乐学院音乐美学教研室集体参与编写，具体执笔人员有蔡仲德、宋瑾、邢维凯和周海宏等。该教材是在以往多年教学和研究积累的基础上编写的，关注面更广，基本能够解释传统音乐和20世纪以来的新音乐现象（现代主义和后现代主义音乐等），其理论视角也有所更新，吸取了现代音乐哲学、美学和心理学等研究成果。不过，由于集体编写存在着各种难以统一的意见，该书尚未充分展示参与者的个人学术成果，且需要进一步吸取其他学科如音乐人类学、现代语言逻辑学的研究成果，以便进一步完善，真正体现国家级教材的科学性和权威性。无论如何，该书在音乐美学研究上向前迈进了坚实的一步。

韩钟恩在2002年底至2003年初共出版了四本个人论文集，包括《临响乐品》（2002c）、《音乐美学与审美》（2002d）、《音乐美学与文化》（2003a）、《音乐美学与历史》（2003b）。它们均围绕某一主题，从作者多年发表的文章中精心选择汇集而成。

冯效刚《音乐批评导论》（2002）则是我国音乐界第一部音乐批评专著，包括音乐批评的传统与现代困境、功能、标准、过程、话语空间、类型、方法、个性与权威等八章，对音乐批评理论作了比较系统全面的梳理与整合。

杨易禾《音乐表演艺术原理与应用》（2002d）在其1997年出版的《音乐表演美学》基础上，增加了八个章节，从美学角度对音乐表演艺术的各个方面，如音乐表演艺术中的个性与共性、风格与流派、情与理、真与美等进行了分析。

七、音乐美学译文发表情况

值得一提的是，本年度的音乐美学译文数量较往年多。其中，罗宾·哈特威尔在《后现代主义与艺术音乐》（2002：4～12）中指出，复合风格是后现代主义反美学在音乐领域的表现之一，它是通过将古往今来不同风格的音乐作品进行拼贴而产生的。后现代主义拼贴与现代主义拼贴的区别在于，后现代主义中被拼贴的不同风格的音乐是一种并置关系而不是主从关系，这样的作品就因多中心而没有中心，从而显示出一种后现代主义的多元性。他专门以施尼特凯的《第三弦乐四重奏》为例来说明这种音乐的复合风格现象。

德国学者H·里曼撰著的《音乐美学基础（上）》（2002：96～104），从“音乐创作的准则”、“音高、力度、缓急”、“力度的原则”等十六个方面，讲述了音乐表现的本质要素。

伊恩·M·阿尔瓦雷斯《苏珊·朗格关于音乐经验的研究》（2002：44～47）、戴维·L·纳尔逊《弗·罗德希尔与雷·杰肯道夫关于音乐经验的研究》（2002：48～50）、约翰·里奇蒙《保罗·亨德米特关于音乐经验的研究》（2002：53～54、56）、保罗·A·艾利阿波利斯《阿诺德·勋伯格关于音乐经验的研究》（2002：55～56）、拉蒙勒·奎因·怀斯《科普兰关于音乐经验的研究》（2002：57～58）、朱迪·伊瓦特·班德拉《伯恩斯坦·伦纳德关于音乐经验的研究》（2002：59～61）等六篇文章形成了一组专题，都从“音乐经验总的定位”、“音乐经验的特征”两方面论述各音乐家有关音乐经验的观点。与此相关，佩内洛普·史密斯·伍特沃德《亚伯拉罕·哈罗德·马斯洛关于音乐教育与高峰体验》（2002：51～52），同样从“高峰体验总的定位”、“高峰体验的特征”两方面论述了音乐经验。

此类译文，还有美国学者菲力普·阿尔佩森《音乐哲学的新趋势——〈美学与艺术评论杂志〉音乐哲学专辑导言》（2002：78～87）等。

八、相关研究项目情况

同样值得提出的是，以往国内的音乐美学研究几乎都是个体行为，进入21世纪则开始出现了新的形式，即由国家组织集体立项进行研究。这是一种非常利于学术发展的形式。2000年，文化部和教育部分别立项，对“九五”期间全国音乐与艺术领域的科研情况进行总结，同时研究“十五”期间音乐与艺术科研规划，其中包括对音乐美学的总结和规划。文化部组织的音乐科研总结与规划课题，由中央音乐学院和中国艺术研究院音乐研究所共同承担。该课题组由于润洋、乔建中负责，宋瑾、王子初等为骨干成员。教育部有关全国高校艺术科研总结与规划课题则由于润洋负责，中央音乐学院、中央美术学院、北京电影学院、北京舞蹈学院、北京戏曲学院、北京戏剧学院、北京广播学院和北京大学艺术学系等共同参与。2001年，中央音乐学院音乐学研究所通过严格审核验收，成为全国唯一一家艺术类“教育部人文社会科学重点研究基地”，在其第一批立项的重大课题中就有“素质教育中的音乐审美”（2001至2003年），专门研究普通学校音乐教育中的审美问题。该课题由王安国负责，宋瑾、周海宏、周世斌、陈小兵、马达等为核心成员。

参 考 文 献

白 英

2002:《论音乐中的崇高》,《交响》第2期。

保罗·A·艾利阿波利斯

2002:丁好译《阿诺德·勋伯格关于音乐经验的研究》,《音乐教育》第3期。

戴维·L·纳尔逊

2002:王丽译《弗·罗德希尔与雷·杰肯道夫关于音乐经验的研究》,《音乐教育》第3期。

邓四春

2002:《青主的音乐创作观及其音乐创作》,《音乐与表演》第2期。

范晓峰

2002:《论音乐本质的客观性与主观化的表现内容》,《交响》第4期。

樊艺凤

2002a:《审美变化与中国现代筝乐的创作和发展》,《中国音乐学》第1期。

2002b:《筝乐表现的本质考察及审美细节把握》,《交响》第3期。

[美]阿尔佩森·菲力普

2002:修子建译《音乐哲学的新趋势——“美学与艺术评论杂志”音乐哲学专辑导言》,《中央音乐学院学报》第1期。

冯效刚

2002:《音乐批评导论》,安徽文艺出版社。

郭锄非、卢新豫

2002:《大音希声的传统审美视野和现实朝向》,《交响》第2期。

郭建民

2002:《从对“韵味”的追求看民族声乐艺术的审美特征》,《中国音乐》第4期。

郭树荟

2002:《对古琴音乐美学思想特征的再认识》,《人民音乐》第3期。

[德]H·里曼

2002:缪天瑞译《音乐美学基础(上)》,《音乐艺术》第3期。

韩德森

2002：《〈唱论〉今析——兼与〈燕南芝庵·唱论〉新释一文商榷》，《音乐研究》第4期。

韩钟恩

2002a：《“问题意识”与“前瞻性”预设——由音乐美学学科建设“长时段”叙事所引发》，《人民音乐》第1期。

2002b：《“音乐试图将音乐作为音乐来摆脱”——几则相关当代音乐的文本阅读及其现象诠释》，《音乐艺术》第2期。

2002c：《临响乐品》，山东文艺出版社。

2002d：《音乐美学与审美》，台北洪叶文化事业有限公司。

2003a：《音乐美学与文化》，台北洪叶文化事业有限公司。

2003b：《音乐美学与历史》，台北洪叶文化事业有限公司。

胡向阳

2002：《点描与留白——古琴曲的多声形态研究》，《音乐研究》第2期。

黄汉华

2002：《言之乐与无言之乐——声乐与器乐之联系与转化的美学思考》，《中国音乐》第4期。

蒋存梅

2002：《论音乐作品的音响呈现方式》，《中国音乐学》第1期。

柯　扬

2002：《卓菲娅·丽萨音乐美学思想评述——读〈音乐美学问题〉〈论音乐的特殊性〉〈音乐美学新稿〉》，《人民音乐》第8期。

拉蒙勒·奎因·怀斯

2002：张璇译《科普兰关于音乐经验的研究》，《音乐教育》第3期。

李　琳

2002：《论音乐的审美教育》，《黄钟》第1期。

刘恩娜

2002：《林语堂英译的“乐记”》，《中国音乐》第3期。

刘承华

2002：《中国传统音乐的“自然”母题及其文化意蕴》，《中国音乐学》第3期。

陆小玲

2002：《音乐的情感表达与理解》，《中国音乐学》第4期。

哈特威尔·罗宾

2002：宋瑾译《后现代主义与艺术音乐》，《音乐教育》第3期。

马　梅

2002：《从合唱的角度谈审美价值取向》，《人民音乐》第11期。

苗建华

2002：《古琴美学中的儒道佛思想》，《音乐研究》第2期。

明　言

2002：《音乐批评的对象——"音乐批评学"探索之六》，《交响》第3期。

佩内洛普·史密斯·伍特沃德

2002：刘丽玲译《亚伯拉罕·哈罗德·马斯洛关于音乐教育与高峰体验》，《音乐教育》第3期。

钱建明

2002：《〈绣荷包〉及其审美启示》，《交响》第3期。

乔邦利

2002：《音乐批评学学科存在的可能性》，《音乐及表演》第2期。

任志琴

2002：《论音乐知觉思维与培养》，《交响》第4期。

邵桂兰、王建高

2002：《音乐家"技巧情结"形成的原因及其复杂性》，《音乐与表演》第4期。

申　波

2002：《音乐审美特殊性研究》，《云南艺术学院学报》第2期。

田光明

2002：《音乐表演中的美学追求》，《中国音乐》第4期。

田耀农

2002：《音乐教育应实施全面的美的教育——学校音乐教育改革方向的设想》，《中国音乐学》第4期。

王　黎

2002：《流行音乐与文化消费》，《交响》第3期。

王宁一

2002a：《"他是诗人，他在作诗"——重读〈乐话〉随笔》，《人民音乐》第2期。

2002b：《开篇拾零》，《人民音乐》第8期。

王志成

2002a：《〈乐记〉"心物"关系论的美学思想》，《黄钟》第2期。

2002b：《论中国原创性“中和”音乐观》，《交响》第1期。

温恒泰

2002：《略论声乐审美教育》，《中国音乐教育》第8期。

阎　敏

2002：《论西方宗教音乐中的情感表现》，《交响》第4期。

杨曦帆

2002：《从思想史角度看西方音乐观念的一个演变——从柏拉图到尼采》，《音乐与表演》第4期。

杨易禾

2002a：《从音乐作品的存在方式看表演的二度创作基础》（上），《中央音乐学院学报》第2期。

2002b：《从音乐作品的存在方式看表演的二度创作基础》（下），《中央音乐学院学报》第3期。

2002c：《音乐表演艺术中的文本与型号》，《音乐研究》第4期。

2002d：《音乐表演艺术原理与应用》，安徽文艺出版社。

伊恩·M·阿尔瓦雷斯

2002：柳志红译《苏珊·朗格关于音乐经验的研究》，《音乐教育》第3期。

于润洋

2002：《从海德格尔阐释梵·高的〈农鞋〉所想到的》，《人民音乐》第5期。

余晓芸、李新庭

2002：《论〈乐府传声〉的美学追求》，《中国音乐学》第3期。

里奇蒙·约翰

2002：承颖译《保罗·亨德米特关于音乐经验的研究》，《音乐教育》第3期。

张　凯

2002：《源自心灵的舞曲——论肖邦圆舞曲之美》，《交响》第3期。

张　前（主编）

2002：《音乐卷·音乐美学教程》，上海音乐出版社。

张哲俊

2002：《中国古典戏曲文学与音乐的情感关系》，《音乐研究》第4期。

赵淑云

2002：《论歌唱艺术的审美》，《中国音乐》第3期。

邹建平

2002：《音乐批评散议》，《音乐及表演》第2期。

朱迪·伊瓦特·班德拉

2002：陈洁译《伯恩斯坦·伦纳德关于音乐经验的研究》，《音乐教育》第 3 期。

中国音乐年鉴·2003·
·学术研究·

聚会2002年

——中国音乐心理学走向学术研究群体化

刘 沛

中国音乐心理学学会成立

2002年8月27至29日，“第一届全国音乐心理学学术研讨会”在中央音乐学院召开，全国百余名学者、教师和研究生参加了这一盛会。会前，安排了沈政、舒华、周海宏、张鸿懿、罗小平、刘沛等八位专家的讲座，中国音协党组书记吴雁泽、中央音乐学院副院长刘康华等领导莅临开幕式祝贺。中央音乐学院张前教授致辞，总结了学科发展历程，预见了学科建设任务、问题和方向。会议期间，三十位代表宣读论文。大会编辑的论文集收录了四十五篇论文[1]。刻录的《音乐心理学文集》光盘，由中央音乐学院图书馆根据馆藏资料编撰，收录自上世纪80年代以来各音乐期刊的音乐心理学论文七百余篇，专著六部，多篇译文，达四百万字。自由发言就学科建设、方向、方法展开讨论，达成了许多共识。周海宏提出，作为一门实证科学，音乐心理学与实践紧密相连，必须解决实际问题。林华探讨了亟须解决的理论和实践课题。至于研究方法，大家普遍认同方法服务于研究的问题，在学科建设之初，当今的问题是实证的缺失。注重文献建设，放眼国内、国际最新成果，避免重复研究，也是必须正视的问题。29日，“中国音乐家协会音乐心理学学会”正式成立，全体参会者成为首批会员。通过自由推荐的方式，大会选出候选人二十五名，再用无记名投票的程序，选出得票最多的九位会员为第一届理事会成员：张前、罗小平、刘沛、周海宏、林华、赵宋光、韩宝强、张鸿懿、谢嘉幸。理事会第一次会议一致推选张前为会长，罗小平、刘沛为副会长，周海宏为秘书长，还把“音乐欣赏教学中的理论与实践问题”定为次年的学术活动。依托中央音乐学院，学会创建了本会学术网站（http://www.mpchina.net），为音乐心理学的研究者提供交流和讨论的平台。

实验研究：音乐与智力开发

针对国内缺乏音乐心理实证研究的状况，周海宏《器乐学习与儿童智力发展的研究》（2002：6~22），在作者以往对学琴目的调查结果的基础上，指出了音乐“开发智力”的信仰与实证研究缺乏的矛盾，综述了国内外本课题的发展和问题，界定了智力及其构成因素。该研究采用本地化的“多水平认知能力测量”，对学琴组和对比组给予测验，以求证两组的智力差异、同年级和同年龄儿童学琴时间与智力得分的关系、学琴与学校成绩的关系。其主要结论是，“学琴能够促进智力发展的说法尚未得到统计结果的支持”。

此研究是作者长期注重科学和严谨求证的重要成果，也应验了罗小平此前关于中国音乐心理学走向本土、实证、整合的预测。

人格心理：奇才个案

罗小平《探究乐坛奇才成功之谜》（2002a：90～95），是迈向人格心理个案研究的奇特一步。该文从赵宋光教授的心理构建的文化传统、家庭和教育背景、认知结构和思维方式、情智的协调统一等方面，分析了赵宋光教授的人格心理，其结论是：理想的核心作用，广博知识结构的基础，复合思维的创造力、实践力、生产力，多元智能与成功智力、情绪智力、抗逆境智力之间的高水平协调发挥，组成了赵宋光独特的心理结构，并使之获得巨大的成就。

若干基本问题

韩宝强从心理物理学和听觉生理过程的角度，深入探讨了基本乐理教科书中与乐音相关的四个问题，声音的由来、乐音与噪音的区分、乐音的心理属性、泛音列与谐音列的差异，对乐理教科书的相关内容提出了修正意见，为基本乐理接纳科学知识、实现学科的必要跨越提供了论证（2002：27～34）。

林华论述了音乐听知觉的内部矛盾，认为深层认知接受各种艺术信息，而表层知觉过滤“完形外”和“作品外”的冗余消息，以免干扰整体的认识。这两种力量既相互矛盾，又构成互为平衡的艺术知觉，也就是完形感和知性、理性、情感的满足（2002：36～42）。

邵桂兰、王建高把音乐创作的内驱力放在格式塔心理学和物理学的“场”的范畴给予审视，提出音乐家的创作驱力过程具有

“心理场”、“物理场”和“审美场”三个层次。作者提出“场组织”概念，并分析了音乐创作过程中，主观世界与客观世界之间的“场的关系”（2002：31～33）。

李果、臧艺兵从小提琴演奏的角度谈论音乐与智力开发的问题，对音乐的这一效能持乐观态度。他们引用美国的一些正面报道，认为“音乐显然能促进大脑发生变化”。作者叙述了小提琴演奏与手的肌肉运动和神经系统、与左右脑和左右手的关系，提出了小提琴激发右脑的形象思维，促进左右脑协调等观点（2002：111～118）。

任志琴对音乐直觉的定义值得重视，“直觉其实是形象的某种抽象化，是理性的最高表现”。在音乐直觉思维与培养的论证中，作者提出“直觉是学习音乐的最重要的能力，是最高级的知识”，但是，不应将其仅仅视为天赋，而应该抓住音乐直觉的“关键期”，遵循音乐直觉的发生机制，以直观为基础，储存旋律、建构潜知，从小培养音乐的直觉（2002：54～58）。

朱玉璋从生理过程、物理传递、心物关系阐述了音高听觉的形成，提出“听觉对音响信息的约定性识别”的概念，以及视唱练耳中“音程音响－音程关系－唱名组合”之间的“交互式闭环反馈识别系统”（2002：59～64）。关于内心听觉，宋超探讨了音乐内心听觉的形成原理、操作原理和培养原理（2002：77～79）。

“被审美”，是田耀农从心理美学的角度提出的一个逆向思维式的新颖概念，认为这是“人之所以成为人的本质内驱力”。他指出，人类创造美的目的之一，是为了满足自身被他人审美的渴求，这种渴求支配和驱使人的本质对象。“被审美”的观念相当有益，它有助于超越作为欣赏者和接受者的审美教育，使学生成为受到关注和鼓励的美的创造者和被欣赏者（2002：93～100）。

王欣欣讨论了音乐能力形成的先天和后天因素，提出必须承认先天禀赋，对先天与后天的因素给予理论的区别，认可音乐能力禀赋与环境影响的统一，调动个体潜能、社会和家庭教育，才能有利于促进下一代的音乐才能的成长和发展（2002：44～45）。

黄虹从多种心理学派的视角探讨了基础教育音乐课程的结构。她提出，只有理清音乐课程结构的心理学思路，音乐教育中的音乐认知才可能“化负担为轻松，变审美障碍为求知满足，提高审美愉悦性”；而音乐表现，就会进入“活动和参与带来轻松，潜能的发掘带来自信、自主”的理想境界（2002：68～72）。

历史与文献研究

罗小平梳理了20世纪80年代以来中国音乐心理学的发展，认为这一时期的研究空前活跃，成果纷呈叠出，发展迅速，使该学科进入音乐学界，为学科走向整合、获得学科的独立科学形态奠定了基础。她把这一时期的发展特征概括为：学科构建初见成效，体现在学科的性质、对象、范围、方法的确定，学术队伍的形成，一定质量和数量的学术成果的产生，以及对音乐领域的影响；兼收并蓄、为我所用，音乐学界基于开放的心态接受西方多种理论范式，取其精华，为我所用，敢于突破；应用性成果显著，本土化研究起步，其中音乐的治疗、教育心理和行为研究最为突出。罗小平预测，21世纪的中国音乐心理学将成为显学，随着人类的研究兴趣转向自身，音乐存在方式的研究、音乐行为的发展都必须借助心理学的方法。然而，人们对音乐心理学的期望值，远远超过目前该学科的能力。问题在于中国音乐心理学研究先天不足，对国外的研究和本土化的研究双重匮乏；研究队伍浩荡，专业人员可数；研究方法滞后，研究成果的数量和质量构成反差；与国外同行和心理学界缺乏沟通。这些问题将敦促中国音乐心理学走向整合，包括国际化与本土化研究、理论建构与实证方法、心理研究与文化研究、跨学科研究与应用研究的多重融合（2002b：31～33）。

声乐心理学的倡导者徐行效反思了改革开放以来声乐心理学的历程，把该学科在中国的发展划分为三个阶段。1981至1987年是学科萌发前的准备，1987至1993年是学科萌发阶段，而学科的初创和发展则发生于1993至2001年。他把已有的声乐心理学文献分为本体研究、跨学科研究、著作、表演心理四种，对每种文献按照研究对象、内容和方法给予再分类和具体的分析。其结论是，20年中百余篇论文涉及最多的是声乐的认知和情感研究，其中部分论文缺乏理论深度，应用型写作占多数，思辨有余，实验不足，还存在自发、分散、低水平重复的问题。为了促进学科的建设和发展，他建议成立专业学会，加强理论培养、选题意识、教材建设、基础研究、引进思想（徐行效、徐茜2002：94～101）。

王洪生在《声音心理学》（王光祈著）的解析中，交代了这部划时代著作的简要历史背景，理清了该书的物理、生理和心理的学科理论基础及框架，解释了王光祈提出的一些富有中国特色的概念，以及独特的具有实践意义的声音心理现象，并对该书做出了历史的和中西的比较（2002：25～29）。

实践和普及：表演与教学心理

刘希里、王欣欣从八个方面论述了声乐的演唱思维：1. 认知，声乐作品意蕴的发掘；2. 记忆，演唱者的基本心理品质；3. 直觉，言传与意会混合的思维过程；4. 心象，演唱作品的细胞；5. 想象，演唱思维的生命力；6. 灵感，声乐艺术创造中最奇妙的精神现象；7. 投情，经过熔铸产生更深化的威力；8. 设想，先验地把握作品的整体性质。两位作者认为，关注演唱的思维，是因为思维是意识的核心，是最高水平的心理活动。声乐演唱的思维模式中最重要的特点，体现在建筑式的严密性，着重于结构的整体性、均衡性、统一性，其本质在于突发知觉的重建作用（2002a：46～50）。

歌唱的心理调控，是刘希里、王欣欣对声乐心理进行研究的另一个切入点。他们界定和区分了歌唱中的“感觉”、“联觉”、“错觉”、“记忆与知觉”，并简述了这些心理过程在歌唱中的意义（2002b：53～54）。

田丁评介了国外的声乐实证研究方法和案例，提出采用声学、心理声学和生理学并举的方法，对声乐的演唱和教学实践中积累的感性经验，给予实验证明（2002a：41～42）。在另一篇论文中，田丁还从神经系统的活动规律以及教学经验的角度，阐述了歌唱者如何对身体、技术和心理状态进行有意识的控制和调节，以达到最佳的准备和表演状态（2002b：71～73）。

关于教学对声乐心态的关注，张小妭提出从四个方面入手，即因人而异，因材施教；正确的思维；正确的审美观念和意识；调控力（2002：91～93）。

邹长海基于意识的能动性探讨了声乐教学心理，包括发声的自觉意识、能动意识、自我意识、认识和鉴赏他人、放松、自我观察、主观调控。关于大众歌唱的社会心理，作者强调歌唱是社会性的大众文化活动、娱乐活动、政治活动。他还讨论了大众的音乐审美心理的变化。另外，在声乐艺术的“听觉调控论”中，邹长海指出，歌唱的听觉感受不仅是声音的收集问题，还涉及大脑皮层对外界和自身声音信号的分析、储存、反馈等一系列心理机制过程，其主要环节是听觉的调控。从审美的角度，他分析了声乐艺术在审美方面的功能，一是按照美的意识给发声器官下达指令，实施动作，追求美感；二是在审美约束下，排斥消极无效的因素。最后，在“色彩是情感的外在反映”的阐述中，邹长海认为，歌唱声音的色彩是情感和情感的外化，与情绪和情感相互对应（2002a：58～59；2002b：44；2002c：86；2002d：90；2002e：40）。

意识对歌唱的支配在王硌看来，是准备和引导支配，可以采用“开门见山”、“反复刺激”和“比较异同”的方法，使学生形成意识早于歌唱，支配力的持久以及克服恐惧的习惯和能力（2002：39～41）。

借鉴认知心理学的内隐记忆，郭兰兰讨论了内隐记忆原理在钢琴学习中促进音乐修养、创作能力、学习水平、提高乐感以及改善焦虑等方面的运用可能（2002：33～36）。

吴学禹分析了器乐演奏“二度创造”中的两个心理因素，理智因素与音乐的哲理和逻辑及其创造相联系，感情因素与音乐的体验表达相联系。这两个因素是器乐表演的创造基础（2002：72）。

夏美君、刘大巍从读字技术、语气语势、音色三个方面，描述了歌唱中语言情感的夸张表达（2002：98～103）。

王朝刚面向器乐的学和教的普及工作，2002年继续在《小演奏家》杂志发表了六篇系列论文，涉及智力与非智力因素及个性心理品质对乐器学习的影响。这些文章说理透彻，举例生动，深入浅出，娓娓道来，把与器乐教学和练习有关的心理学理论用通俗易懂的语言呈现给读者，产生了良好的效果和反应，是在音乐学习领域普及心理学知识的成功尝试。作者提出，“不同个体在先天禀赋上的差异及其影响是一个不容回避的重大问题”（2002a：19），“乐器学习者的智力和天赋是预测其学习成绩的一个重要的依据，是其演奏能力发展所必需的物质基础”（2002b：26）。但是，“智力和天赋只能影响学习的进度、效率和效果，而不能决定一个人的学习态度”，“那些在乐器学习中进展缓慢、步履维艰的学习者，大多不是由于音乐接受能力或技巧学习能力差，而主要在于各种不良的非智力因素的制约”，“虽然我们无法有效地改变自己的智力，但我们却可以用良好的非智力因素，弥补先天禀赋的不足”（2002c：24）。每个学生的性格不同，气质各异，能力有别，因此在器乐教学中不存在放之四海而皆准的唯一的正确方法。只有针对每个学生不同的个性特征，才能找到解决问题的正确途径（2002d：26－

27；2002e：30）。关于动机与效果的关系。过强的动机、过分的努力及过高的向往水平，都可能产生负效应，甚至与学习者的美好愿望背道而驰（2002f：24～25；2002g：24～25）。在《是“谁”让琴童“学会”了怯场》（2002h：19～20；2002i：21）和《心病还须心医治》（2002j：22～23；2002k：24～25）两文中，作者从本能、理性、教育等多个方面揭示了造成琴童紧张、怯场的深层原因，提出了“转移法”、“脱敏法”、“投入法”、“奖励法”、“成功法”等行之有效的解决方法，认为“怯场的孩子需要特别内行的关爱，普通的安慰和关心常常无济于事”。作者有关“严师未必出高徒”的观念，以及对“成功是成功之母”论点的阐释，堪称教育心理学和教育哲学的精辟创见。

功能音乐：音乐对动物成长的效应

就音乐心理学而言，这是一个“另类”而有意义的课题。在西部大开发的声浪中，一项“音乐与美利奴U型细毛羊成长的研究”正在新疆石河子悄然展开。这是石河子大学音乐专业教师王欣欣、刘希里与该校的中国工程院刘守仁院士共同构思的实验探索[2]。音乐对动物和植物生长的效应的研究，一是具有潜在的经济价值，二是可能为音乐的普遍性效能提供基础的客观参考依据。20世纪上半叶的行为主义心理学对动物行为的研究便是这种方法的先驱。

注释：

［1］大会论文集的论文作者（目录顺序）：陈莞、陈雅先、杜青青、杜义芳、费邓洪、冯效刚、郭纳、韩宝强、刘可研、何平、黄虹、蔡黎曼、蒋聪、李德霖、李双彦、李小诺、梁丽红、梁露、廖家骅、陆小玲、罗小平、林华、马达、马卫星、彭邵倩、苗军芙、万梅红、平心、邵桂兰、王建高、石兰天、石薇、宋慧华、孙佳宾、徐杰、徐行效、徐茜、吴静、吴文漪、尹蕾、曾芳、张小姺、周海宏、韩良钊、蔡小兑、张旻琰、

任也韵、孙伟、任志琴、杨和平。(参中央音乐学院音乐学研究所2002)

[2] 此信息来自本文作者与该项目研究人员的通讯交流。

参考文献

郭兰兰

2002:《钢琴学习中存在的内隐记忆现象》,《乐府新声》第3期。

韩宝强

2002:《关于"音"的性质的讨论》,《中国音乐学》第3期。

黄 虹

2002:《愉悦、满足、轻松之源——基础教育音乐课程结构试析》,《星海音乐学院学报》第4期。

中央音乐学院音乐学研究所

2002:8月《第一届全国音乐心理学学术研讨会论文集》。

周海宏

2002:《器乐学习与儿童智力发展研究报告》,《中国音乐学》第2期。

罗小平

2002a:《探究乐坛奇才成功之谜》,《音乐艺术》第3期。

2002b:《1980－2001——中国音乐心理学动态扫描》,《人民音乐》第7期。

李 果、臧艺兵

2002:《小提琴演奏与智力开发的几个问题》,《黄钟》第2期。

林 华

2002:《音乐听知觉的内部矛盾概述》,《音乐艺术》第2期。

刘希里、王欣欣

2002a:《21世纪的演唱思维》,《星海音乐学院学报》第2期。

2002b:《浅论歌唱的心理调控》,《中国音乐》第3期。

任志琴

2002:《论音乐直觉与培养》,《交响》第4期。

邵桂兰、王建高

2002:《论音乐创作内驱力与"心理场"、"物理场"的协同关系》,《乐府新声》第1期。

宋 超

2002:《音乐内心听觉原理初论》,《交响》第1期。

田 丁

2002a:《现代声乐实证研究的基本观念和方法》,《中国音乐》第2期。

2002b:《论高师声乐教学中的心理训练》,《乐府新声》第2期。

田耀农

2002:《音乐教育应实施全面的美的教育》,《中国音乐学》第4期。

王朝刚

2002a:《天赋与学琴》,《小演奏家》第2期。

2002b:《非智力因素与器乐学习》(上),《小演奏家》第3期。

2002c:《非智力因素与器乐学习》(下),《小演奏家》第4期。

2002d:《重视个性对乐器学习的影响》(上),《小演奏家》第11期。

2002e:《重视个性对乐器学习的影响》(下),《小演奏家》第12期。

2002f:《光有美好的愿望不行》(上),《小演奏家》第9期。

2002g:《光有美好的愿望不行》(下),《小演奏家》第10期。

2002h:《是"谁"让琴童"学会"了怯场》(上),《小演奏家》第5期。

2002i:《是"谁"让琴童"学会"了怯场》(下),《小演奏家》第6期。

2002j:《心病还须心医治》(上),《小演奏家》第7期。

2002k:《心病还须心医治》(下),《小演奏家》第8期。

王 硌

2002:《歌唱中的意识支配作用》,《齐鲁艺苑》第3期。

王洪生

2002:《王光祈〈声音心理学〉解析》,《乐府新声》第1期。

王欣欣

2002:《略论音乐能力禀赋与环境的统一》,《石河子大学学报》第1期。

吴学禹

2002:《器乐演奏中二度创造的理智因素与感情因素浅析》,《中国音乐》第2期。

夏美君、刘大巍

2002:《歌唱语言情感的夸张表达》,《黄钟》第4期。

徐行效、徐 茜

2002:《20世纪中国声乐心理学术研究的回顾与思考》,《音乐研究》第2期。

张小妀

2002:《声乐教学必须重视心理心态的研究》,《音乐研究》第2期。

朱玉璋

2002:《论音高听觉的形成及培养》,《交响》第1期。

邹长海

2002a：《论声乐教学的意识能动性》，《乐府新声》第 2 期。

2002b：《大众歌唱的社会活动心理》，《华南师范大学学报》第 6 期。

2002c：《声乐艺术听觉调控论》，《山东师范大学学报》第 21 期。

2002d：《声乐艺术审美论》，《聊城大学学报》第 5 期。

2002e：《论歌声色彩是情感的外在反映》，《广东艺术》第 4 期。

2002 年西方音乐研究综述

宋莉莉

本年度西方音乐研究取得了一定进展。缪天瑞通过具体分析斯特拉文斯基、威廉斯、法雅和斯克里亚宾等人的创作手法，论述和声写作中个性化的试验手法对 20 世纪音乐发展的直接影响，并对现代和声发展中的双调性、突破传统、继承与创新问题作了探讨（2001：5～28；2002：5～23）。钱仁康举莫扎特曾借用格里戈利圣咏、曼海姆乐派的旋律和巴赫的主题、民间曲调以及自己创作的乐句的例子，证明莫扎特这样一位公认的天才作曲家，并非如他人想象的那样在创作中不费吹灰之力便唾手可得。他也是通过刻苦努力的学习，在不断钻研前辈作曲家音乐成就的基础上，才创作出惊世之作（2002a：58～65）。在《布拉姆斯笔下的标题音乐》（2002b：

53～59)，钱仁康则通过分析布拉姆斯的创作实践，提出布拉姆斯也是创作标题音乐的作曲家之一，而非像一般书中认为的那样，固守古典音乐传统，反对新兴的标题音乐。冯智全否定了国内学者认为钢琴谐谑曲是“肖邦首创”的观点，认为谐谑曲这种后来成为独立的钢琴曲的体裁，最早见于舒伯特1817年创作的两首谐谑曲（作品593号），比肖邦的第一首谐谑曲（作品20号）早十四年，因此率先在钢琴上使用这一体裁的应是浪漫主义音乐奠基人舒伯特(2002：35)。这些对已有结论的再认识，为诠释音乐文本提供了新的见解。

有的论文对作品整体深入分析，提出自己的看法。代百生多方位地对肖邦《钢琴前奏曲》（作品第28号）进行研究，根据整部作品的套曲性编排原则，通过音乐内容、表达方式、演奏诠释及教学提示四个方面，阐述这套作品的艺术特色及鲜明的个性色彩。其中有具体分析和表格统计，也有教学和演奏提示，为全方位理解肖邦整套前奏曲提供了极大帮助（2002：32～47)。孙国忠针对牧歌这一重要音乐体裁，论述了16世纪意大利牧歌的代表性作曲家奇普里诺·德·罗勒鲜明的个性创作手法。作者从作品的和声技法、半音化处理及织体三方面对罗勒的三首作品进行分析，总结了他艺术手法的多样化和创新意识，指出罗勒的创作是当时声乐曲创作的新起点（2002：64～70)。李秀军分析了马勒对前苏联交响乐和欧洲音乐创作的影响，认为许多前苏联作曲家如肖斯塔科维奇和欧洲作曲家如布索尼、西贝柳斯、斯特拉文斯基等，都从马勒的作品中获得极大启发。马勒对西方音乐的发展有着重要影响。（2002：85～89）安宁通过对贝多芬歌剧《费黛利奥》四首序曲的比较，展示了贝多芬在这部歌剧序曲写作中的思想发展轨迹和创作特征(2002：131～137)。另外，屠艳（2002：35～46)、汪洋（2002：47～53)、阎敏（2002：81～85)、王文澜（2002：50～53)、宋莉莉（2002：60～62)、杨九华（2002：36～38)、陈新坤（2002：

43～46）、朱建（2002：11～13）、范额伦（2002：78～85）等论文也都对某一作曲家的某一首作品或某一方面作了研究，具有一定的学术价值。

对非重要体裁和非一流作曲家的解读，补充了西方音乐史研究的不足。刘小龙尝试对巴罗克时期的利都奈罗形式进行研究。作者探讨了利都奈罗曲式的运用及其文化特征，论述 J. S. 巴赫在协奏曲中利用利都奈罗进行创作的原则，总结了巴赫创作这套协奏曲的手法，并对巴赫器乐创作的思想轨迹作了局部探索（2002a：38～47；2002b：43～53）。刘谨指出萨蒂早期音乐生活经历对其整体音乐创作的重要意义（2002：48～60）。田大成考证了法国作曲家鲁塞尔六首艺术歌曲的词源，对照中文原诗《诗经》及《唐诗》，同时比较英文译者瞿里斯和法文译者罗谢的译文，重点介绍了其中三首的特点（2002：68～76）。

本年度，对 20 世纪音乐的研究不是很多。黄君指出，20 世纪下半叶后现代主义音乐的倾向与文化思潮基本精神的关系及其对立原则，并期待 21 世纪出现新的、更具审美喜悦和人文理念的音乐（2002：46～48）。

黄枕宇通过比较巴黎具体音乐以及科隆电子音乐一部有代表性的作品，探索早期音乐与科技结合的背景，勾画出西方电子音乐早期发展的基本面貌（2002a：58～67；2002b：68～78）。魏启元《最早使用拼贴技术的作曲家》，介绍了 B. A. 齐默尔曼及其“复合风格”，说明齐默尔曼的创作显现了后现代主义音乐的多元化倾向（2002：50～51）。杨镇《20 世纪初的拉格泰姆音乐和音乐家》（2002：54～55），对流行音乐的发展给予了一定的关注。

2002 年的音乐译文不多，余志刚、钟玫翻译［美］希尔《巴罗克歌剧分析》（2002：48～57），对巴罗克歌剧的历史形成、歌词与旋律的关系以及情感特征的意义进行了分析。值得注意的是，该文运用了修辞学中的同源理论和诠释学中的理解理论，强调对音乐文本的全方位理解，在哲学的层面上进行了新的阐释；余志刚翻译［美］菲勒《犹太音乐及其定义》（2002：30～37）是作者在西安音乐学院的讲课稿，而作者本人就是犹太人，对犹太人的宗教音乐有着极深入的了解，文章对犹太音乐进行了详细的分类。上述两文对开阔我们的思路是必要和及时的，我们期待着更多有高度、有广博思维视角的译文出现。

西方音乐研究的发展需要依靠学科队伍的建设，它关系着音乐学科的良性发展。于润洋以音乐史学研究为例，指出一位音乐史学家如果完全与相关学科的理论疏离，是不可能在更高层次上实现重大突破的。同时，他还强调要重视音乐本体的研究，但音乐本体研究不同于单纯的技术分析，而是音乐学意义上的本体研究（2002：12～15）。蔡良玉也对学子们提出告诫，要求学生在全面的外语学习、严谨的治学方法和更新音乐知识上，改进原有状态，不断充实提高，以适应当今社会的需求（2002：90～92）。徐元勇历数中央、中国、上海、武汉、天津等10所音乐院校音乐学系建立的情况，分析了西方音乐学在我国的教学状况，表现出对我国目前的音乐教育体系及教学体制的担忧（2002：24～27）。学者们对本学科的关注，给学科发展提出了需要冷静思考的问题。

音乐评论是音乐学科整体的一个组成部分，书评既是对别人观点的评价，也是对自己观点的表白。金兆钧高度评价了第一本由中国人写的全面介绍美国黑人音乐的书《黑皮肤的感觉》，同时提出要学习此书作者的治学态度——严谨性、科学性以及以人为本的激情，这也是做学问的重要保证（2002：41～43）。夏滟洲《文明的本质就是思想史——读保罗·亨利·朗〈西方文明中的音乐〉中译本有感》（2002：78～82）对中译本《西方文明中的音乐》一书进行了评述，特别强调此书的特点是将西方音乐放在文化大背景中，它给人的启示是“文明的本质就是思想史，思想的重大变化常常是文明发生变化的决定性因素”。何振京给予黄晓和《苏联音乐史》一书很高的评价，肯定其构思的合理和叙述的特色，认为该书观点明确，史料翔实，可读性强（2002：5、10）。刘小龙肯定《西方音乐文化》（蔡良玉著，人民音乐出版社）一书为系统认识西方音乐的发展脉络提供了一个范本，该书的特点是强调音乐是文化的产物，始终将文化作为音乐生成与发展的基础看待，将具体的文化情境与音乐相互结合、相互渗透（2002c：90～91）。姚亚平在评价叶松荣《欧洲音乐文化史论稿——中国人视野中的欧洲音乐》一书时，以《独特的视野，新颖的立意》（2002：48～49）为题，赞扬该书学科融合的丰富性，肯定其中历史与理论的结合阐述，对该书既是学术著作又是教科书教材表示赞同。相西源对顾连理、张洪岛、杨燕迪和汤亚汀翻译的保罗·亨利·朗的音乐巨著《西方文明中的音乐》进行评说，高度评价了该书著作论点的独到见解和极为重要的学术价值，誉之为译著领域中“最为重要的杰出文献”（2002：48～51）。

西方音乐研究的意义，在于它包含了音乐又不囿于音乐的存在。而历史对于个人的意义，也正是在于它包含个人又超越了个人的存在。学科的发展，需要更多具有历史责任感的人去开拓，需要更多具有高学术水平的学者不断地为本领域添砖加瓦，从而达到更新、更深刻的认识。

参 考 文 献

安　宁

2002：《歌剧〈费黛利奥〉四首序曲的分析》，《中国音乐学》第2期。

蔡良玉

2002：《对音乐学教学的三点建议》，《中央音乐学院学报》第2期。

陈新坤

2002：《欧洲浪漫主义音乐的感情追求及其成因》，《音乐探索》第2期。

代百生

2002:《罗曼蒂克的音乐日记与浪漫主义的音乐格言》,《中国音乐学》第4期。

范额伦

2002:《18世纪德语地区各国的小提琴家和作曲家》,《音乐艺术》第4期。

冯智全

2002:《谁首创了谐谑曲这一独立的器乐曲形式》,《中国音乐教育》第9期。

何振京

2002:《"十月"光环照足迹——〈苏联音乐史〉(上)读后》,《音乐周报》5月10日专题评述。

黄 君

2002:《20世纪下半叶西方音乐的后现代文化特质》,《人民音乐》第1期。

黄枕宇

2002a:《从两部作品的比较看西方电子音乐的早期发展》(上),《中央音乐学院学报》第2期。

2002b:《从两部作品的比较看西方电子音乐的早期发展》(下),《中央音乐学院学报》第2期。

金兆钧

2002:《黑色、人民、人的感觉——读陈铭道〈黑皮肤的感觉〉》,《人民音乐》第5期。

李秀军

2002:《再论马勒对20世纪西方音乐的影响》,《音乐研究》第1期。

刘 谨

2002:《埃里克· 萨蒂的早期生活经历与音乐创作》,《中国音乐学》第4期。

刘小龙

2002a:《利都奈罗在〈勃兰登堡协奏曲〉中的运用》(上),《中央音乐学院学报》第2期。

2002b:《利都奈罗在〈勃兰登堡协奏曲〉中的运用》(下),《中央音乐学院学报》第3期。

2002c:《西方音乐文化》,《中央音乐学院学报》第4期。

缪天瑞

2001:《欧洲音乐和声发展述要》(上),《中国音乐学》第4期。

2002:《欧洲音乐和声发展述要》(下),《中国音乐学》第1期。

钱仁康

2002a:《莫扎特“借题发挥”的创作实践》,《音乐艺术》第 2 期。

2002b:《布拉姆斯笔下的标题音乐》,《音乐艺术》第 1 期。

宋莉莉

2002:《门德尔松〈e 小调小提琴协奏曲〉的艺术价值》,《天籁》第 1 期。

【美】菲勒·苏珊·M

2002:余志刚译《犹太音乐及其定义》,《交响》第 2 期。

孙国忠

2002:《罗勒:“第二实践”的先驱》,《音乐艺术》第 3 期。

田大成

2002:《鲁塞尔采用中国古代诗歌创作的法国艺术歌曲》,《中央音乐学院学报》第 2 期。

屠　艳

2002:《亚纳切克的歌剧〈耶奴发〉音乐分析》,《天籁》第 3 期。

王文澜

2002:《普罗科菲耶夫〈第五交响曲〉的音乐学分析》,《交响》第 4 期。

汪　洋

2002:《马丁·路德的宗教改革和音乐实践》,《天籁》第 3 期。

魏启元

2002:《最早使用拼贴技术的作曲家》,《人民音乐》第 4 期。

相西源

2002:《介说〈西方文明中的音乐〉》,《人民音乐》第 2 期。

徐元勇

2002:《西方音乐学构架中的我国音乐理论教育》,《人民音乐》第 8 期。

夏滟洲

2002:《文明的本质就是思想史——读保罗·亨利朗〈西方文明中的音乐〉中译本有感》,《交响》第 2 期。

杨九华

2002:《西方弦乐四重奏艺术发展综述》,《人民音乐》第 6 期。

杨　镇

2002:《20 世纪初的拉格泰姆音乐和音乐家》,《人民音乐》第 3 期。

姚亚平

2002:《独特的视野 新颖的立意》,《人民音乐》第 10 期。

阎 敏

2002：《论西方宗教中的情感表现》，《交响》第4期。

于润洋

2002：《关于我国音乐学学科建设的几点想法》，《人民音乐》第11期。

【美】希尔·约翰·W

2002：余志刚、钟玫译《巴罗克歌剧分析》，《中央音乐学院学报》第2期。

朱 建

2002：《俄罗斯作曲家、钢琴大师尼古拉·卡尔洛维奇·梅特涅尔》，《钢琴艺术》第4期。

2002年度作曲与作曲技术理论研究状况综述

钱仁平

本年度有关作曲与作曲技术理论的研究，呈现如下特点：一是论文总体数量尤其是配器、复调分支较常年有所减少，但也出现了一些有分量、有创见的论文；二是对中国近、现、当代尤其是当代音乐创作的“及时”研究，较常年明显增强；三是出现了一些对各分支研究状况进行综述、梳理，并在此基础上指出新态势、提出新问题的论文。

即使是常年的“重头戏”——和声分支方面的论文，本年度在数量上也大幅减少，但仍有以下有分量的论文值得关注：甘璧华认为，黄金律和等差级数并存于自然泛音中，并分别与五声音阶及西方的大小调体系相符，而古贝多琳娜在创作中凭直觉用自己特有的方法融合了这两种数比，以此恢复和声音响的自然属性（2002：50）。另外，古贝多琳娜对音高“零”（同度）、音值“零”（休止）作出了新的突破，并在这些突破中体现了“此时无声胜有声”、“音乐的意义本质上在于乐音本身”等东方观念（同上：50～58）。刘康华的《一部思想深刻、音响动人的交响诗——学习〈烟波江上〉的和声技巧》（2002：15～20），包括“寓意深刻、性格鲜明的呈示部主题的和声处理”、“主题发展中的和声处理”以及“主题再现时的和声处理”等三个部分。第二部分是论文的重点，主要述及“三全音功能的运用”、“线条功能的运用”、“复合功能的运用”、“单一结构功能的运用”等几个方面，探讨了江定仙在突破传统和声的基本功能关系和一般的调性扩张手法。王桂升通过对巴托克《第三弦乐四重奏》最富特点的对称和弦结构及和弦，进行系统、全面的分析研究，指出作品中对称和弦的普遍性以及“原始音程”（小二度、增四度、纯五度）在和弦的纵向结构及横向连接上的结构功能，并进而探讨它们产生的多调式基础、结构方法、和弦特性及和声运动原理（2002：19～29）。刘聪《从三全音地位的变化看20世纪和声音响的重要特征》，提出正是由于三全音地位与作用的不断提升，对从调性观念形成到调中心的确立、再从调中心的瓦解到调中心的打破所起的作用，才直接影响到和声风格的形成与新音响的产生（2002：24）。樊祖荫通过大量的实例，阐述四、五度结构与二度结构的和声方法。作者认为，五声性调式和声的和弦结构可以是多样的，既可以采用三度结构，也可以采用四、五度结构或二度结构（2002a：3）。樊祖荫按照对“变和弦”的广义解释，将变和弦分类为“离调性变和弦”、“调内变和弦”、“调式交替性变和弦”等三种，并通过大量作品的分析，阐述变和弦在五声性调式和声中的实际运用状态（2002b：38～49）。缪天瑞《欧洲音乐的和声发展述要（下）》（2002：5～23），主要述及“双调性的和声”、“发展与突破传统的和声”、“继承传统与创新相结合的和声”

以及“余论”——和声与对位的相互关系。张志海概述了建国以来我国出版的有关五声性调式和声的理论著作与重要论文，并对上述著作所涉及的五声性调式的和弦结构、偏音处理方法、调式功能关系、近现代和声手法的运用等几个方面的问题，进行分析和比较，尝试对20世纪我国五声性调式和声的各种观点作一简单的归纳整理，以期达到温故知新、继往开来的目的（2002：18~24）。

曲式学、音乐分析学方法论以及对个别作曲家专题研究乃至对单个音乐作品的具体分析，依旧是本年度作曲与作曲技术理论研究的“重头戏”之一。加之其他分支论文数量的减少，更显该分支的成果丰富。但如果严格地从作曲与作曲技术理论的学科性质来界定，有不少论文更符合“音乐史学”、“音乐欣赏”等学科或分支的范畴。因此，这一类论文没有纳入本综述。

有关曲式研究的论文主要有杨儒怀《变体曲式结构的发展》(2002：18~29转38)，对曲式结构中由“量变到质变”原理发展出来的四大范畴，即规范化曲式结构、变体曲式结构、边缘曲式结构和自由曲式结构中的“变体曲式结构”进行了论述。作者还根据对其产生的理论基础和具体音乐创作实践两个方面的考察，提出了从规范化曲式结构范畴出发而形成的最为常见的两大变体类型，单一曲式结构一次陈述中成型的一类，以及同一曲式结构在反复中组合的另一类。钱仁康则通过对回旋歌、回旋诗和回旋曲的结构原则的比较研究，说明三者“本是同根生”的血缘关系（2002：28~37）。

有关音乐分析学方法论的论文有姚恒璐的《迈尔和库伯的节奏分析标示体系》（2002：60~64），主要介绍了迈尔和库伯的节奏分析标示体系，认为他们的节奏观念是“节奏被看成是模式，它的基本单位是由一个强拍和上一两个弱拍组成的，在实践中，这些弱拍和强拍相结合，导致出五种不同类型的节奏组”（同上：60）。

有学者对一组或单个音乐作品进行了具体分析。桑桐从“歌词内容提要”、“音乐主题介绍”、“音乐结构分析”、“和声手法特色”四个方面详细分析了柯达伊这个最早驰誉世界乐坛的作品。彭志敏以贝尔格歌剧《露露》中一首间奏曲为研究对象，通过对剧情和相关主题材料的详细分析，指出其“严格对称”的结构形式及“必然对称”的内容依据（2002：3～11）。刘小龙通过对《勃兰登堡协奏曲》的仔细分析，重点讨论利都奈罗在这部作品中的运用，认为巴赫在创作《勃兰登堡协奏曲》时将源自意大利的利都奈罗（Ritornello）创作原则与德国传统的复调音乐风格相结合，使这部作品兼有两种不同的音乐文化特色。而动机性的旋律写作、复调技法的大量运用以及三部性曲式结构的渗入，都为巴赫确立自己的协奏曲创作风格奠定了基础，代表了协奏曲发展的新趋势（2002a：38）。黄枕宇通过对皮埃尔·舍费尔（Pierre Schaeffer）、皮埃尔·亨利（Pierre Henry）的《为一个人的交响曲》、卡尔海因茨·斯托克豪森（Karlheinz Stockhausen）的《孔塔克特》，这两部巴黎具体音乐和科隆电子音乐中风格各异、有代表性作品的比较分析，阐述了早期电子音乐创作的具体情况、作品产生的土壤和作品风格的成因，进而勾画西方电子音乐早期发展的基本面貌。作者指出，“德国的电子音乐力图摆脱外部世界的模仿性，去深入艺术的本质，借助电子技术的支持，将声音本身作为音乐追求的关键，希望在电子音响内部创造出新的声音世界。而法国的具体音乐则将生活中活生生的音响直接作为音乐的声音资源，并利用这种新的创作手段和具体声音资源去表现和反映他们所熟悉的现实世界”（2002b：76）。张楠则从旋律、和声、节奏、结构等传统分类视角，对勋伯格1908—1912年间典型的自由无调性作品进行分析阐述（2002：73～83）。高佳佳从“序列组成特点及对音乐发展的影响”、“循环序列的运用”、“序列的纵向结合”、“动机式的陈述”以及“曲式与整体构思”等方面探讨了这部作品的序列技法

(2002a：72～81)。高佳佳的另一篇论文则从“套曲曲式结构组合”、“序列技法写作”以及“乐曲内容表达”等方面，分析了作为斯特拉文斯基第一部在各乐章中都采用序列技法进行创作的作品(2002b：15～19)。张璟通过对勃拉姆斯《第一交响曲》中两个前奏曲及其所含多种素材的详细分析，以及在《第一交响曲》中起到的“指令性”作用，证明勃拉姆斯交响曲中广泛存在的“主题贯穿”现象，并以之作为勃拉姆斯交响曲能够被视为一个关联性整体的有力证据（2002：12～18）。张巍则通过卡特《木管四重奏》练习曲 No. 7 力度的各种特质及其作用的分析，试图进一步认识和把握20 世纪音乐技术构成的诸多现象和特征（2002：28～35)。郭鸣的《约瑟夫·施万特纳的混合室内乐《麻雀》的作曲技法》(2002：71～78)，通过对该作品的综合分析，阐述了作品组织的逻辑关系和规律，并对其动机材料的使用以及在一首作品中多种技法并存的现象，作了较为详细的论述。

与 2001 年度和声分支对中国近、现、当代作曲家和声技巧的研究成果丰富相映成趣的是，本年度对中国近、现、当代作曲家音乐创作“结构力”研究，也取得了不少成果。吴春福通过“作品的整体结构”、“作品所运用的音乐材料”、“作品中材料的运用形式”以及“作品的配器与复调特征”等五个方面，详细分析了罗忠镕根据其子罗铮所作美术作品的画意创作的《罗铮画意——无题之四十》。(2002：5～21）安鲁新《故土情结与现代风格——论交响曲〈蜀道难〉的创作特色》（2002：65～72），首先从“巴蜀题材”与“中国传统音乐的创作观念和地方特色技法”两个方面论述了郭文景这部作品的“故土情结”，然后则从“五声性核心音调的半音化拓展、双调性和多调性技法、音簇技法、音色旋律、多节拍对位和变节拍技法以及配器”等方面论述了该作品的“现代风格”。胡静波的《关于琵琶协奏曲〈草原英雄小姐妹〉的结构特征及表现手段》（2002a：9～13；2002b：11～14），详细阐述了作品对传统琵琶文武套技术的运用与出新、歌舞体裁与戏剧性的融合、既定音调的隐喻性运用等方面的问题。谢涛的《兼收并蓄与推陈出新——朱践耳〈第二交响曲〉与杜鸣心钢琴协奏曲〈春之采〉比较研究》(2002：117～141)，从音乐作品构成要素的技术手段和作品内涵的情感表达两个方面，对同获1994年全国第八届音乐作品（交响音乐）评奖一等奖的这两部作品，进行了比较分析。论文指出这两部作品所反映出来的技法思维和风格特点呈现出较强的差异：杜鸣心的音乐语言侧重于质朴、优美、纯净的明朗格调，讲究手法的简洁有效和形式的严谨规整，突出旋律在音乐结构和表现中的主导功能，注重艺术形式的精美与群众可欣赏性的统一；朱践耳则侧重笔法的精雕细刻，努力开掘基本音乐题材本身蕴涵的多种表情潜力，强调交响化和戏剧化的音乐构思，音乐语言较为写意，曲式安排也较为自由。这种差异和演变是同创作题材的选取、作曲家的审美和个性特点相一致的（同上：141)。蔡乔中通过对朱践耳交响诗《百年沧桑》的曲式结构分析，探究作曲家由于特定内容的表现而根据传统曲式创造出复杂而独特的结构形态特征（2002：34～39)。相西源分别简要论述了2001年在天津召开的作曲家会议上发表的19部室内乐作品（2002：65～70)。此外，还有刘文平的《展示成果 探索新路——“中国天津国际现代音乐节暨2001年全国中青年作曲家新作品交流会”述评》(2002：33～34）以及彭永启的《简析蒋本奕的交响音乐作品〈狂想曲〉》(2002：14～18）等。

本年度复调研究的论文数量较少。于苏贤认为，“20世纪复调音乐中的节奏思维大为开阔，节奏的地位在某些流派作曲家的作品中被提到了前所未有的高度。甚至摆脱了节奏必须依附于旋律线方能存在的传统观念，赋予节奏以主导音乐的结构作用，或成为组织音乐形式的逻辑基础。或将节奏作为音乐表现的主要成分而起独立作用，如无音高变化的纯节奏复调乐曲的出现，由节奏时值的变换组成而构成可动对位，以及节拍体系的被打破，不合时值比例的偶然节奏的运用等创新现象”（2002：3）。她将上述现象概括归纳为结构性节奏、非小节体系节奏、复节拍节奏、序列节奏等四大类，并以谢德林的《复调手册》（No. 11、No. 17）、卡特的《第七练习曲》、德米特里耶夫的《第二弦乐四重奏》II和《野蜂组歌》、卢托斯拉夫斯基的《弦乐四重奏》、利盖蒂的《复节奏练习曲》等作品为例，进行了详细的分析论述。叶思敏就格罗夫《音乐与音乐家辞典》第三版、第五版以及《新格罗夫音乐与音乐家辞典》第一版、第二版中的“赋格”条目作比较分析，试图从中发掘一些赋格研究的新动向。叶首先通过对《音乐与音乐家辞典》第五版与《新格罗夫音乐与音乐家辞典》第一版的比较，指出了音乐学家们在治学作风方面发生了的微妙变化，“20世纪上半叶，虽然在音乐创作方面，新的艺术思潮和现代技法层出不穷，但理论界对音乐形式仍然相当看重；但自20世纪下半叶起，理论界也开始承认，有必要让人们注意，实际效果比技法的传统是更为重要的”（2002：99）。作者还认为，“辞典中通过对赋格史研究的篇幅大大增加，也可以看出西方的辞典学不再限于对某个概念或条目下定义，而是横向联系该概念的形成背景、发展过程，以及与其他概念的关系”（同上：100）。张旭冬着重分析了唐建平九重奏《玄黄》的微型卡农技法，探讨了此技法的构成特征及其表现方式（2002：84～93）。另外，还有印真的《新时期中国音乐创作中复调微观思维及微复调技法初探》（2002：27～32）。

本年度有关“一般”作曲的论文数量颇丰。钱仁康（2002b：58～65）通过“借用素歌的曲调”、“借用曼海姆主题”、“借用J. C. 巴赫的主题素材”、“借用克雷门蒂的主题”、“采用‘狂飙’主题”、“钢琴奏鸣曲中的借用主题”、“在交响曲中借用歌剧主题”以及“在歌剧中借用民间曲调”等八个方面，深入研究了莫扎特在音乐创作中借用古今作曲家的“清词丽句”借题发挥、推陈出新的做法。作者最后指出，莫扎特借题发挥的创作实践，正是在他对前辈作曲家的作品刻苦钻研、心摹手追的过程中发生的，也可以说是他对前辈作曲家的音乐耳熟能详、念念不忘的一种表现（2002b：65）。彭志敏则以美国作曲家和音乐理论家科斯（Ellis Kohs）的《作曲法》及其理念为参照，就新时期我国音乐院校作曲专业主课教学的有关问题提出自己的看法，其中主要涉及作曲专业主课教学内容的选择与教学过程执行等方面的内容。作者特别强调科斯所倡导的“预制构思”和音乐语言、技法风格的拓展等观念（2002b：13～18）。廖胜京根据“温西方与中国之故而知中国今日之新”的思路，提出中国五声调式同主音横向综合的理论，并以作者自己根据此理论所写的钢琴前奏曲《中国节令风情》为例，说明此种理论的可行性及其效果（2002：43～52）。陈大明从“精密的数理设计与演奏的随机处理造成谱面与实际音响的不确定性”、“乐曲音高记谱即表达方式的不确定性所获得的实质上的游移性”、“音相逻辑的游移与模糊”、“简约技法写作中蕴含的某些音高游移性”以及“音高参数的纵横复合、兼容、混杂所形成的总体音响效果的游移与模糊”等方面，论述了现代音乐创作中部分作曲家对数理逻辑的解放（2002：31～35）。黄旭首先论述了“声向的多维性”、“20世纪以前的部分音乐活动中所体现的多维性声向状况”、“20世纪后半叶一些作曲家和科学家在声向多维性方面所作的探索”，然后着重论述了作者自己所创作的《声向游戏》中声向多维性的运用状况（2002：31～40）。王建民认为，歌曲的钢琴伴奏，其作用主要包括“导入与连接”、“衬托和强化”以及“互补和重奏”等几个方面。在钢琴伴奏中对主旋律的重复，是伴奏方法中最常用的手法，其作用则属于“衬托和强化”。这一手法主要包括“完全或片断的原样重复主旋律”、“变化的重复”以及“通篇以音型和其他织体为主，不重复旋律的任何片断”等三种情况。作者接着分析介绍了有关“变化的重复”的主要方法，有“音型化衬托”、“节奏化衬托”、“和声性衬托”、“加花式衬托”、“局部式衬托”、“分解式衬托”、“点缀式衬托”（2002：33～36）。

本年度有关旋律学的研究主要有高虹《秦咏诚音乐作品的旋律艺术》（2002a：33～39），作者从旋律与思想感情、旋律与音乐形象、旋律与创作个性、旋律与旋律写作技术等几个方面，较全面地阐述和分析了秦咏诚音乐作品的旋律艺术，总结秦咏诚旋律创作的思想基础、技术手段以及音乐内涵。该作者另有《清唱剧〈长恨歌〉的旋律艺术》（2002b：3～7）。

无论就理论研究自身，还是其与音乐创作实践的关联，文首提及的对本土音乐创作的“及时研究”以及面对学科自身的“研究之研究”这两种较常年强劲增长的“特色选题”，都是具有重要学术意义的。我们相信，它们还将继续成为作曲与作曲技术理论研究领域中今后长期的热点之一。也正因此，我们也有对它们进行进一步思索的必要。

从“技术理论”的角度，对本土音乐创作进行“及时研究”，其理论与实践意义不言自明。相对于“后世”的研究，“及时研究”的“优势”，最重要的正是它的“及时”。“及时”体现在多个方面，就研究者而言，重要的一点就是除了面对客体——音乐作品以外，还可以通过对作曲家本人“及时”的采访、调查，获得与作品本身相关的、源自作曲家创作“初衷”的相关信息。通常来说，这些信息是有助于研究者研究的。但研究者只有把“独立”的被研究客体——音乐作品（包括乐谱与音响等）的研究心得，与这些信息妥帖地参照、结合起来，形成具有“独立品格”的学术论文，才能既显示出较“后世”研究的“优势”，又鲜明区别于“介绍性”、“欣赏性”的文章，并避免成为作曲家的“代言人”，甚至是“传声筒”。

就面对学科自身的“研究之研究”而言，在操作上可以分为两个层次：其一，作为独立研究成果的“研究之研究”，例如文前提及的叶思敏、张志海等人的论文。这一类研究，无论是使读者较为快捷地了解学科研究动态，还是使作者更加深入地了解、把握学科研究状态，并进而实施“老课题深开挖”乃至发现、确定新课题，都是具有十分重要的“前提性”意义。《中国音乐年鉴》本身也一直就在做这样一类的工作，只是它是从“年度”这一时间切入并进行纵横观照的。其二，也是更为重要的，是作为各种研究基础的“研究之研究”。对所研究课题已有成果的全面了解、研究，既是研究的基础，也是避免“重复劳动”的重要保证。应该承认，就整个作曲与作曲技术理论研究领域而言，我们的重视程度还有待于进一步提高。事实上，因“研究之研究”意识的淡化与行为的不力所导致的重复劳动，已经浪费了我们不少的研究资源，并延缓了学科的发展。另一方面，在整体性质属于人文学科的音乐学中，作曲与作曲技术理论研究，在一定程度上，是其中最接近“科技”性质的一种。也正因此，作曲与作曲技术理论研究更容易也更应该强化“研究之研究”意识与行为，并进而有效地促进学科的发展。

参考文献

安鲁新

2002:《故土情结与现代风格——论交响曲〈蜀道难〉的创作特色》,《音乐研究》第 2 期。

蔡乔中

2002:《套曲化单章结构与套叠式回旋曲式——交响诗〈百年沧桑〉分析》,《黄钟》第 3 期。

陈大明

2002:《论现代音乐机制中的某些游移态》,《交响》第 1 期。

樊祖荫

2002a：《四、五度结构与二度结构的和声方法——五声性调式和声研究之一》，《黄钟》第2期。

2002b：《变和弦及其在五声性调式和声中的运用》，《音乐艺术》第4期。

甘璧华

2002：《恢复和声音响的自然属性——索·古贝多琳娜作品中的和声与风格探索》，《音乐艺术》第4期。

高　虹

2002a：《秦咏诚音乐作品的旋律艺术》，《乐府新声》第1期。

2002b：《清唱剧〈长恨歌〉的旋律艺术》，《乐府新声》第4期。

高佳佳

2002a：《斯特拉文斯基〈运动〉中的序列技法研究》，《音乐研究》第4期。

2002b：《〈纪念迪兰·托马斯〉的音乐分析》，《乐府新声》第3期。

郭　鸣

2002：《约瑟夫·施万特纳的混合室内乐〈麻雀〉的作曲技法》，《音乐艺术》第3期。

胡静波

2002a：《关于琵琶协奏曲〈草原英雄小姐妹〉的结构特征及表现手段》，《乐府新声》第2期。

2002b：《关于琵琶协奏曲〈草原英雄小姐妹〉的结构特征及表现手段》，《乐府新声》第3期。

黄　旭

2002a：《声向的多维性与音乐的其他元素复合运用的探索（上）》，《音乐探索》第1期。

2002b：《声向的多维性与音乐的其他元素复合运用的探索（下）》，《音乐探索》第2期。

黄枕宇

2002a：《从两部作品的比较看西方电子音乐早期发展（上）》，《中央音乐学院学报》第2期。

2002b：《从两部作品的比较看西方电子音乐早期发展（下）》，《中央音乐学院学报》第3期。

廖胜京

2002：《中国五声调式同主音横向综合的理论与实践》，《星海音乐学院学报》第1期。

刘　聪

2002：《从三全音地位的变化看20世纪和声音响的重要特征》，《乐府新声》第2期。

刘康华

2002：《一部思想深刻、音响动人的交响诗——学习〈烟波江上〉的和声技巧》，《中央音乐学院学报》第3期。

刘文平

2002：《展示成果 探索新路——“中国天津国际现代音乐节暨2001年全国中青年作曲家新作品交流会”述评》，《天津音乐学院学报》第1期。

刘小龙

2002a：《利都奈罗在〈勃兰登堡协奏曲〉中的运用（上）》，《中央音乐学院学报》第2期。

2002b：《利都奈罗在〈勃兰登堡协奏曲〉中的运用（下）》，《中央音乐学院学报》第3期。

缪天瑞

2002：《欧洲音乐的和声发展述要（下）》，《中国音乐学》第1期。

彭永启

2002：《简析蒋本奕的交响音乐作品〈狂想曲〉》，《乐府新声》第2期。

彭志敏

2002a：《必然的对称——贝尔格〈露露·间奏曲〉分析》，《黄钟》第1期。

2002b：《注重预制构思 拓展风格范围——关于科斯〈作曲法〉及与作曲教学有关的问题和思考》，《中央音乐学院学报》第4期。

钱仁康

2002a：《同气连枝的回旋歌、回旋诗和回旋曲》，《音乐艺术》第4期。

2002b：《莫扎特“借题发挥”的创作实践》，《音乐艺术》第2期。

桑　桐

2002a：《柯达伊〈匈牙利诗篇〉的音乐分析（上）》，《音乐艺术》第1期。

2002b：《柯达伊〈匈牙利诗篇〉的音乐分析（下）》，《音乐艺术》第2期。

王桂升

2002：《对称和弦的滥觞——巴托克〈第三弦乐四重奏〉的和声研究》，《中央音乐学院学报》第4期。

王建民

2002：《论歌曲钢琴伴奏中对主旋律的变化衬托方法》，《南京艺术学院学报》第1期。

吴春福

2002：《乐与画的交融，情与爱的升华——罗忠镕〈罗铮画意〉音乐分析》，《中国音乐学》第4期。

相西源

2002:《色彩斑斓的中国现代音乐——散谈天津“全国中青年作曲家新作品交流会”室内乐新作品》,《天津音乐学院学报》第3期。

谢　涛

2002:《兼收并蓄与推陈出新——朱践耳〈第二交响曲〉与杜鸣心钢琴协奏曲〈春之采〉比较研究》,《中国音乐学》第4期。

杨儒怀

2002:《变体曲式结构的发展》,《中央音乐学院学报》第1期。

姚恒璐

2002:《迈尔和库伯的节奏分析标示体系》,《音乐艺术》第1期。

叶思敏

2002:《赋格研究的新动向——格罗夫辞典各版“赋格”条目注释比较》,《音乐艺术》第1期。

印　真

2002:《新时期中国音乐创作中复调微观思维及微复调技法初探》,《乐府新声》第3期。

于苏贤

2002:《20世纪复调音乐中的节奏思维》,《中央音乐学院学报》第1期。

张　璟

2002:《勃拉姆斯交响曲中的“主题贯穿”及第一交响曲两个前奏的“资源库”意义》,《黄钟》第1期。

张　楠

2002:《勋伯格自由无调性创作技术风格特征的传统性审视》,《音乐研究》第3期。

张　巍

2002:《试论音乐的力度结构——卡特〈木管四重奏〉练习曲No.7中力度的分析与认识》,《音乐艺术》第2期。

张旭冬

2002:《九重奏〈玄黄〉中的微型卡农技法探究——兼及微型卡农的艺术表现风格与结构原则》,《音乐研究》第3期。

张志海

2002:《通过对几部和声论著的比较分析看我国五声性调式和声理论的发展》,《黄钟》第2期。

多元的视界与反思

——2002年民族音乐学研究综述

杨　红

20余年来，民族音乐学在经历了上世纪80年代的学科学探讨，90年代西方理论的大量引进和实践应用等过程后，又开始对学科理论及方法论进行深层的审视和反思，继而引发多元论证。纵观2002年的民族音乐学研究，学科学和方法论依然是其热衷关注的焦点和探索的领域。

一

民族音乐学进入21世纪后，在学科学领域展开了多方探讨，脱离了最初围绕学科名称及其界说、学科发展史及方法论等探索（详沈洽1990：338～355），把研究视角倾向于对学科理论发展乃至方法论学理的梳理和概要，从更深层的角度探索其发展轨迹。其中，以思维模式和方法论的整理为其研究焦点。

杜亚雄从考察西方民族音乐学的历史入手，试图更加准确、客观地认识在民族音乐学形成与发展过程中曾得益于东方文化的思维模式，并对东方民族对它的贡献做了一些探索。杜认为在比较音乐学时期，不论是艾利斯的音分标记法，还是霍恩波斯特和萨克斯的乐器分类法，均可看出是一种分析型的思维模式。而中国的乐器分类法——“吹、拉、弹、打”则是从演奏乐器的方式方法入手，是一种东方综合式的思维模式。在民族音乐学时期，作者将20世纪民族音乐学在欧美的发展分为三个时期：学科转型时期（20世纪50至60年代），以提出民族音乐学口号的孔斯特和该时期美国民族音乐学的学科带头人胡德为代表。另外，西方文化人类学界也注意到非西方音乐和文化的密切关系以及它们在文化中的重要作用。在探索新方法时期（20世纪70至80年代），西方民族音乐学界学习了许多诸如控制论、信息论、符号学、结构主义等新方法和新理论，其中最具代表性的潮流是结构主义——符号学为分析模式的学习和应用。通过实践，西方民族音乐学界认识到综合性思维模式在研究中的重要性，但实际上这种分析模式从根本上说还是基于西方分析型思维模式的产物。而在后现代及对西方霸权批判时期(20世纪90年代)，则随着西方后工业阶段的发展，注重“消解中心，复苏边缘，反对同一，追求多元”，其中最引人注目的是对西方文化霸权的批判和马克思主义思潮的兴起。自80年代后半期，民族音乐学家们开始批判西方思想体系，强调从政治、经济、意识形态、社会、历史、文化的整体观念来看音乐在文化背景中的作用。其热门话题是音乐的认同作用、他者的音乐文化、音乐传统的变化、音乐工业和大众媒体、城市民族音乐学和流行音乐等方面。作者从而得出，20世纪末西方民族音乐学已经从分析型思维模式完全地转变为综合型思维模式。他们关注音乐的功能、音乐的社会作用等东方哲人在两千多年前就已经非常关注的问题，把音乐和创造了它的人联系起来（2002：57～61）。

在西方民族音乐学的出版文献中，不乏诸种理论模式和方法论研究，如霍恩博斯特（E. M. V. Hornbostel）与萨克斯（C. Sachs）的“乐器分类法”（1992：444～461），西格（C. Seeger）提出从“音乐事件－音乐时空－整体时空”这个文化时空的三重背景中认识音乐（1951：203～209），胡德（M. Hood）则提出著名的“双重音乐能力”（1960：55～59）以及音乐的读写能力（musical literacy）的概念和实践方法（1971：24～40），梅里安姆（A. Merriam）众所周知的“声音/概念/行为”三分模式（1964：32），雷斯（T. Rice）曾经提出的一个“分析程序－形成过程－音乐学目标－人文科学目标”四层逐级阶段或目标的层次的研究模式（1987：469～88），内特尔（B. Nettle）关于民族音乐学记谱的技术性以及在阐释学上的意义等（1983：67～68），都可看出理论模式化的方法思维是当今西方民族音乐学研究的重要切入点。周凯模在《民族音乐学的多重性思维方法》（2002：21～25）中，强调民族音乐学与许多人文学科和社会学科一样，从本质上讲，更是一种学术研究方法——“一种在大文化结构中研究音乐事象的方法”，多重性是民族音乐学特殊的思维方式。该文通过分析上述西方学者在其学术思想与成就中的多重思维特点，认为多重性思维表现在民族音乐学历来的几对基本关系上，即“局内－局外人的关系，是文化角色的多重性问题；音乐学－人类学－历史学，是文化模式的多重性问题；文化的音乐－文化中的音乐，是文化本质的多重性问题；主流音乐－非主流音乐，是社会权力的多重性问题；地域音乐－世界音乐，是人文生态的多重性问题”。从中可以看出“文化角色－文化模式－文化本质－社会权力－人文生态”恰好是一个从微观到宏观、从浅层到深层的社会文化多重架构，这些都对研究领域的拓宽、发展，具有决定性意义。

2002 年，《中国音乐研究在新世纪的定位国际学术研讨会论文集》正式出版。在这个国际研讨会上，民族音乐学在中国关注的几个热门话题均在会议论题上集中显露出来。如关于中国音乐研究的理论、概念、方法与学科建设，对民族音乐学所遵循、采用的研究方法、观念、学术取向等进行多种方位的探讨与总结，关于中国音乐的传承与变迁，新的社会人文环境对传统音乐传承、生态格局的潜在影响等等。该论文集的开卷之作是罗艺峰的《民族音乐学“全观法”与“文化全元论”——试论 21 世纪中国音乐学的方法论问题》（2002：1 ~ 18），该文从文化比较的一般观念入手，试图对文化传播论和文化适应论加以阐释，从而达到跨文化比较，这里称之为“泛文化比较”。文化传播是文化的双向流动，其重要伴生理论就是适应论。它特别关注文化传播中异文化在新环境中的生存问题，两者是互为补充的。而泛文化比较则建立在历史文献、考古学研究和活的民俗学研究基础之上，要真正做到泛文化比较，必须取民族音乐学的“全观法”，即民族音乐学所谓的“时空观”、“方法观”、“价值观”。它包括与音乐音响形态有关的研究、与音乐发言方式有关的研究、与音乐行为目的有关的研究、与音乐物质文化有关的研究、与音乐传播有关的研究、与音乐相关的文化心理的研究等。这一方法曾被作者运用于华南与马来西亚音乐的研究上（详后）。

“比较”作为一种思维方式，已经普遍应用于诸种学科之中，实际上从民族音乐学的研究初始就是比较研究。“比较”一词是德国音乐学家阿德勒（Guido Adler）于 1985 年提出，最初的显现不是单纯的方法论，而是遵循“比较音乐学”的学科概念。但是究其本质，还是作为一种研究方法而延续下来。张君仁提出“比较”既然作为一种民族音乐学的研究方法，就有必要对比较的内容做出具体操作性意义的规定。张把比较研究的内容分为“表层结构”、“中层结构”、“深层结构”三个由浅入深、由表及里过程的连续体，并对此做了一般性规定。表层结构是指存在于事物的表面，可以直接观察和感受的东西，如音结构及音关系、音体系、音过程、音乐呈述方式、音乐组织方式、音乐技术、音调特征、音乐呈现的时空关系等的比较；中层结构是指音乐文化表层直观考察的进一步发展，它主要表现为由音乐直观现象进入语言观念形态，最后达到音乐文化生成背景的深结构的过渡，主要表现在音乐概念及术语、音乐风格、音乐观念、音乐目的等方面的比较内容；深层结构则是指音乐文化生成的背景因素（“内”——音乐本体和“外”——音乐文化生成背景）的结构划分，其中有民族历史、社会组织、生存经济类型、地理环境、社会风俗、民族宗教信仰等方面的比较内容（2002a：6～9）。

张君仁《传记研究法——一种针对个体研究对象的方法论》（2002b：18～24），将历史社会学研究中的“传记研究法”，引入音乐民族志的研究中。文中阐述了所谓“传记研究法”，即“采用传记的文体形式，以个人的生命历程为主线，记述和描绘作为音乐家个体一生的经历、作用和贡献。它的目的是探索音乐家的个人行为和他所生活于其中的家庭、社会群体、乐种或歌种、公共音乐行为以及社会环境、社会变迁等诸种关系和联系；探索在社会音乐生活中，个人在起什么样的作用和如何起作用；探索音乐家个人对于民间音乐的传承与传播、发展与创作有着什么样的意义”（同上：20），从而看出传记研究法是建立在历史学（架构）、社会学（背景）、文化人类学（目的）基础之上，旨在将“人”这一人类学关注焦点作为维系这张意义网络上的研究中心。因此，可以说传记研究“实际上是在一种整体观念支配之下的研究。这一整体观念并非是企图得出一种宏观的整体理论的观念，而是指对特定人物具体生活经历进行描述和解释的整体认识观。这一认识观的基础就是个人构成社会，社会塑造个人”（同上：22）。然而，作者过分强调传记研究法与民族志方法的异同关系时，有些观点还值得商榷。

二

民族音乐学理论体系与实践方法的不断变化和发展，对中国音乐研究也起了积极的推动作用。而西方的理论和方法，与中国音乐的实际情况如何适用和接轨，显然还是一个不断反思的过程。伍国栋是年出版的专著《民族音乐学视野中的传统音乐》（2002：3～415），是作者自上世纪80年代民族音乐学进入中国音乐学界近20年所写文稿中选刊的有关两方面的文章：一部分是对民族音乐学理论和方法论相关问题的理性思考；另一部分是对民族音乐学理论和方法论相关的考察研究，该部分又根据考察研究的类型，分为各民族（主要是少数民族）传统民歌和传统音乐综合性的考察研究、各民族传统乐器和乐种的考察研究两部分。从中可看出民族音乐学在中国音乐研究所走过的轨迹。作者认为，用民族音乐学的视野去关注中国传统音乐进而把握这个对象，这既是一种知识的学习，同时也是一种方法的学习。作者提出，首先，民族音乐学的理论和方法，与中国固有的传统学术思想所表现出来的某些治学经验，颇有异曲同工之妙，如民族音乐学的“时空观”与我们传统史学界治学经验中有关“经纬”的论述正好趋同；其次，认识民族音乐学的理论和方法论的掌握，贵在实践。故作者十分强调“民族音乐学这门学科，从本质上说是一门以实践为基础的学科”，从而体现出将民族音乐学的学理尽可能的与中国传统音乐的具体实践结合起来，使之显露出有针对性，便于联系中国各民族传统音乐实际来进行操作的特色。

周显宝提到西方民族音乐学理论与方法在研究中国音乐时应注意的几个问题：应该调整音乐学的学科结构和学术环境，既注意音乐本体知识技能的学习和掌握，又要重视人文学科社会知识的学习和了解；要根据国内多民族和多元文化并立的客观事实，注重对多元音乐文化知识体系的把握；淡化局内与局外的观念，以“全视角”观照各民族的音乐文化；树立民族音乐学家的职业道德观，加强田野工作中的道德建设，重视应用民族音乐学学科的建构与发展；不可盲目生搬硬套西方的理论与方法，把这门颇具开放型和包容性的学科，变成对中国音乐文化发展的束缚。因此，周认为美国人类学家林顿（Ralph Linton）提出的“在无限多样的文化模式中，存在着一种基本的统一性”以及我国社会人类学家费孝通提出的“多元一体说”，更为符合中国的客观实际（2002：17）。

香港学者韦慈朋基于西方民族音乐学全球化的问题，探讨了西方的民族音乐学学科是否适合西方以外学者的要求，以及我们如何将民族音乐学的国际性理想与一个地区的音乐特征及学术传统结合起来。作者认为，所有的民族音乐学学者都有局内与局外的双重因素，同是文化局内人（Cultural Insiders）。他们之间有不同的民族、语言、方言、住地或家乡的区别。“音乐局内人”（Musical Insiders）之间也有很大的差别，如基本音乐知识、对特殊乐种的知识、演奏水准等。另外，个体特征及背景如性别、年龄、宗教、经济条件或者教育背景等，都会影响它的局内性或局外性。文中也指出了民族音乐学在中国与西方民族音乐学相当不同的几个方面。值得深思的是，大多数的中国民族音乐学者只研究本国的中国音乐，西方音乐以外的多文化的音乐课程比较少；大多数音乐研究学者均在音乐学院或艺术研究所（西方的学者大都在综合大学），故直接受人类学影响比较少；学术工作与音乐表演分离等方面。总之作者对各国的民族音乐学者的研究，是持互为包含的态度，就如同该学科的性质一样，应该是多元的。“民族音乐学的历史上，最有贡献的学者都有各种各样的教育背景、音乐背景、兴趣及研究方向，假如我们的民族音乐学要继续演变和发展，我们的思想要更加开放，而且研究范围要更加宽广。一个真正国际性的民族音乐学者不仅要掌握很多不同的方法和理论，也应该多注意不同文化的学者及他们的音乐研究方法及传统”（2002：122），这才是该文的主旨。

梁铭越从民族音乐学“文化识别论”的视角，对20世纪以来大陆及台湾民族管弦乐的发展状况进行概述，提出任何乐种的沿革及其有机生态意识的识别与巩固，都需在文化识别下进行，即在鉴定音乐文化之特殊性与非特殊性的分野、其常态（不变性）与变态（变易性）的相关持久条件、音乐文化的统一性及整体性、其外观（表层）与内涵（里层）的对比与类比、其“续时”、“共时”与“即时”等时序意识、音乐文化识别之功能属性以及非音乐文化之文化因素的同化与异化这七大本质下来看待（2002：68～70）。

三

关于仪式音乐的研究，是自上世纪90年代由香港学者曹本冶发起，今天已经成为一个颇为醒目的专题领域。曹氏针对仪式音乐研究的理论架构，提出“信仰——仪式行为——仪式的音声”三模式。该模式是用来研究仪式音乐现象的结构关系，与梅里亚姆的三元结构模式有异曲同工之妙。仪式进行中的音声行为是仪式不能分割的一部分，它自始至终覆盖着仪式的展现。要了解仪式的音声，必须从它所处的信仰认知模式及仪式体现行为的整体环境和意义中着手，“这种对信仰（概念、认知）、仪式行为、仪式中的音声三者之间互动联系的思维，应该是研究仪式音乐的主导理论结构模式”（2002：277）。

张振涛从明清时代的里社制度暨国家颁定的祭祀仪式入手，提出京畿地区民间音乐会广泛地建立与传播，是大一统政治制度的基本传导方式。各种国家祭祀礼仪，为乡民参与仪式和接触音乐，起了指导和参照作用。执行社稷派生出的祭祀组织，并非艺术的普及，而是国家礼仪的推广。该文分别从国家典礼与乡村仪式、民间信仰中的仪式音乐等方面，力图追溯宫廷礼乐如何演变为乡村礼俗的历史轨迹。对音乐会原有的生存环境进行历史性复原，借此考察它何以产生的社会背景，从而进一步印证历史制度对现实模式的制约（2002：82～92）。

四

中国民族音乐学者长期以来以研究本土音乐文化而形成了一个区域化的学术传统。然而，在西方民族音乐学历来对他文化关注的学术传统影响下，自上世纪90年代以后，对世界其他民族音乐文化的研究逐渐崭露头角，并注重将研究成果建立在实地考察的基础上。罗艺峰、钟瑜的《音乐人类学的大视野—华南与马来民族音乐考察及比较研究》（2002），通过在马来西亚进行了60天的民族学田野工作，欲将中国和马来西亚两个国家之间数千年的文化血缘从音乐的角度加以研究。作者选取华南民族音乐与马来民族及其他土著民族中的乐调、乐器、乐曲、乐舞、乐俗等方面的具体乐种、乐器和音乐文化行为来进行比较研究，由外围社会历史的大圈（民族学民族史的背景），进入到音乐民族学的中圈（文化学、乐种学的视界），再深入到音乐学的核心点（音乐分析、音乐的比较文化研究）。该作探讨了包括马来诺巴音乐之人类学解读、马来民间音乐的节奏模式与马来文化的深度结构、口弦及其源流的历史语言学研究、中国古乐器、鼓的文化流等方面的内容。

洛秦《一位中国民族音乐学学者看美国街头音乐活动——民族音乐学研究的理论和实践的一个尝试实例》（2002：445～465），针对民族音乐学界关于“主位－客位”、“局内人－局外人”这对术语的特定含义，从该论题的理论性探讨出发，为这一论题的具体田野工作提供一个实践尝试。作者以街头音乐家为主题，对美国街头音乐作了深入细致的调查，并以专著形式出版（2001）。韩钟恩就此发表书评（2002：99～102），认为洛秦以他独特的眼光，以人类学的平常叙事来诠释历史学的宏伟叙事，显然就是一种对象的敞开，不仅重视文化主体的生存意识，而且形成一种敞开之后的超越地域和种族的文化共娱。

2002年度的研究取得了多方面的丰硕成果，其深度和广度都较之以往有所推进。然而，从整体学科研究来看，其学术的积累和开拓新的理论视界仍显不足，特别是尚缺乏建立在丰厚实地考察基础上的富有民族音乐学学理实践的优秀研究范例。该学科的系统性以及整合性理论以及实践的层面仍有待学界同仁的辛勤努力和耕耘。

参考文献

沈　洽

1990：《民族音乐学十年》，《1990中国音乐年鉴》，山东教育出版社。

曹本冶

2002：《仪式音乐研究的理论定位及方法》，《中国音乐研究在新世纪的定位国际学术研讨会》，人民音乐出版社。

杜亚雄

2002：《从分析到综合——西方民族音乐学思维模式的历史发展轨迹》，《音乐研究》第3期。

韩钟恩

2002：《一种事象，一种眼光：之所以敞开，以至于透亮》，《音乐研究》第1期。

霍恩博斯特、萨克斯（Erich M. von Hornbostel；Curt Sachs）

1992：《乐器分类法》"Classification of Musical Instruments". *Ethnomusicology*: *An Introduction.* Edited by Helen Myers. New York：W. W. Norton & Company, Inc.

胡　德（Mantle Hood）

1960："The Challenge of Bi-Musicality." *Ethnomusicology* 4.

1971：《民族音乐学者》*The Ethnomusicologist.* New York：Mc Graw-Hill Book Co.

雷　斯（Timothy Rice）

1987："Toward the Remodeling of Ethnomusicology." *Ethnomusicology* 31（3）.

梁铭越

2002：《有关民族管弦乐与音乐文化识别论之反思》，《音乐艺术》第4期。

洛　秦

2001：《街头音乐：美国社会和文化的一个缩影》，人民音乐出版社。

2002：《一位中国民族音乐学学者看美国街头音乐活动——民族音乐学研究的理论和实践的一个尝试实例》，《中国音乐研究在新世纪的定位国际学术研讨会论文集》，人民音乐出版社。

罗艺峰

2002：《民族音乐学"全观法"与"文化全元论"——试论21世纪中国音乐学的方法论问题》，《中国音乐研究在新世纪的定位国际学术研讨会论文集》，人民音乐出版社。

罗艺峰、钟　瑜

2002：《音乐人类学的大视野—华南与马来民族音乐考察及比较研究》，上海音乐出版社。

梅里安姆（Alan Merriam）

1964：《音乐人类学》*The Anthropology of Music*. Evanston, Illinois: Northwestern University Press.

内特尔（Bruno Nettle）

1983：*The study of Ethnomusicology: Twenty - nine Issues and Concepts*. Urbana, Illinois: University of Illinois Press.

韦慈朋

2002：《民族音乐学亚洲化的挑战》，《中国音乐研究在新世纪的定位国际学术研讨会论文集》，人民音乐出版社。

伍国栋

2002：《民族音乐学视野中的传统音乐》，上海音乐出版社。

西　格（Charles Seeger）

1951："Systematic Musicology: Viewpoints, Orientions, and methods." *Journal of the American Musicology Society* 4.

张君仁

2002a：《比较及比较的内容与方法——关于民族音乐学之比较研究法的若干思考》，《音乐探索》第3期。

2002b：《传记研究法——一种针对个体研究对象的方法论》，《音乐研究》第4期。

张振涛

2002:《国家礼乐制度与民间仪式音乐》,《中国音乐学》第3期。

周凯模

2002:《民族音乐学的多重性思维方法》,《音乐研究》第2期。

周显宝

2002:《西方民族音乐学与中国音乐研究——应用民族音乐学理论与方法的几点思考》,《音乐研究》第4期。

2001－2002年外国民族音乐研究综述

孙晨荟

“世界民族音乐”（外国民族音乐）这门学科虽然在很多国家是热门学科，但在我国尚属起步阶段，其研究领域大部分是空白的。近年，我国的音乐学者对亚洲地区的音乐逐步开始并且深入研究，而亚洲以外的各国民族音乐，除了陈自明等为数不多的学者将其作为研究重点，相关成果并不多见。

其次，对介绍世界各国对此学科的研究状况、最新动态以及在中国普及发展的必要性这一层面的研究，虽然也有一些相关文章，但总的说来是非常薄弱的。

对某地区、某种民族的音乐与中国民族音乐的比较研究是这门学科的一个层面，中日音乐比较研究随着“中日音乐比较研究国际学术会议”

的继续召开而逐渐成熟起来。

一、音乐比较及音乐交流

中日两国部分音乐学者于1995年在中国福州发起召开了首届“中日音乐比较研究国际学术研讨会”，1997年和1999年又分别在天津和哈尔滨召开了第二届、第三届。这几次研讨会促进了中日音乐比较研究向广度和深度发展，也使两年一度的会制得以固定。

之后，2001年在日本冲绳召开了第四届中日音乐比较研究国际学术研讨会。

周耘《世纪之交琉球论乐——第四届中日音乐比较研究国际学术会议综述》（2002：114）中介绍：“第四届中日音乐比较研究国际学术会议在日本冲绳举行，数十位音乐学者携学术论文聚首琉球故国，于中日音乐比较研究的许多方面发表了各自的研究成果，并就一些热点问题进行了专题研讨。”

在这一届学术会议上正式发表的三十篇论文，大体可归纳为古谱解译的研究、冲绳音乐研究、中国音乐东传之研究、日本音乐对近代中国音乐的影响、佛教音乐研究他专题研究等六个领域（周耘2002：114～118）。总之，上文已经把“中日音乐比较”这个领域的研究状况作了一个介绍，相对“世界民族音乐”其他的研究领域来说，这个现象令人鼓舞，2001－2002年的各类期刊也部分地发表了会议相关论文。

除了中日音乐比较研究外，2001－2002年度还有宫宏宇《赵佶的音乐外交与宋代音乐之东传——介绍英国学者普兰特对宋代中国与高丽间音乐交往的有关研究》（2001：22－29）及《韩国及欧美学者对流传在韩国的古代中国音乐的研究》（2002：93～104）两篇介绍中韩音乐文化交流研究情况的文章，作者希望借此提请学者对韩国音乐史研究的重视。

值得一提的是，杨民康《云南与东南亚掸傣系族群佛教节庆仪式声乐的比较研究》（2002a：20～29）及《论云南与东南亚掸傣系族群传统乐器的社会阶层特征》（2002b：5～12），用比较音乐学的方法涉及到了宗教音乐、少数民族音乐、外国民族音乐等多方面内容。云南与东南亚掸傣系族群之间的联系是人们较熟悉的，但从音乐的角度来研究两者关系的文章确实不多。此类的文章还有赵塔里木的《在中亚东干人和中国西北回民流传的民歌—高大人领兵的异文比较》（2001：67～79）。

二、外国民族音乐研究专题

2001－2002年此类的文章多数是介绍性的，以亚洲音乐研究为主，拉丁美洲以及西班牙语国家仍旧以中央音乐学院教授陈自明为主力，其他地区的音乐研究则不是太多。

中央音乐学院教授黄晓和出席了2000年6月25至30日在伦敦举行的“第三届伦敦国际犹太音乐研讨会”，撰有《伦敦国际犹太音乐研讨会纪实》（2001：36～40）。2001年10月美国的苏珊·M·菲勒博士应邀来西安音乐学院做了题为《犹太音乐及其定义》的学术报告，受到广大师生的欢迎。中央音乐学院教授余志刚将此稿翻译成中文（2002：30～36）。这两次中外交流涉及到我国音乐学领域研究较少的“犹太音乐”，因此是很有意义的。

陈自明教授《古代中美洲和南美洲印第安人的音乐舞蹈》（2001a：61～77）、《安第斯高原音乐概貌》（2001b：32～41）、《加勒比海地区的音乐》（2002：24～31），使我们更进一步了解了不太熟悉的拉丁美洲的丰富音乐文化。

三、"世界民族音乐"学科的相关论述

本年度，与"世界民族音乐"相关的论述主要有《"世界音乐的若干问题及美国世界音乐教育"讲座纪实》（张谦 2001：42～48）、《多元文化中的世界音乐》（周新华 2001：18～21）及《浅谈世界各民族音乐的共同性》（刘希里 2002：35～38）。

对于这门学科在国际上的最新动态，我们暂时无法了解很多。因为此学科在我国仅是起步阶段，由于各种原因而无法与外界及时、经常地沟通，并且也没有引起学术界足够的重视，所以研究人员之少和研究范围之窄是在情理之中的。长期以来，中国的专业音乐教育完全以西方专业音乐教育为模板并以近现代以来的崇尚西洋古典音乐为"高雅"的观念并进，与此同时中国本国的传统音乐所面临的是"振兴国乐、保护传统、继承发扬"、"保护和抢救人类非物质文化遗产和口头文化遗产"等的局面，本国音乐的地位在很多老百姓（包括很多音乐专业人士）心中是比不上西方音乐的。至于其他更广大的音乐天地，人们所能接受到的信息更少，很容易造成人们"用小水杯去接大大的雨水"，这也是"世界民族音乐"学科在我国起步晚、发展慢的重要原因。

当前在美国非常红火的流行音乐组合"林肯公园"的成功，是因为他们的主导思想"音乐混合理念"，虽然是重金属音乐却能听到各种音乐元素的组合。现在是网络信息时代，人们的距离被迅速拉短，多元的文化一定是将来每个人所必须要面临的，大环境的快速交流会促进"世界民族音乐"这门学科的不断发展。

参 考 文 献

陈自明

2001a：《古代中美洲和南美洲印第安人的音乐舞蹈》，《中国音乐学》第2期。

2001b：《安第斯高原音乐概貌》，《中央音乐学院学报》第4期。

2002：《加勒比海地区的音乐》（上），《音乐艺术》第1期。

宫宏宇

2001：《赵佶的音乐外交与宋代音乐之东传——介绍英国学者普兰特对宋代中国与高丽间音乐交往的有关研究》，《黄钟》第2期。

2002：《韩国及欧美学者对流传在韩国的古代中国音乐的研究》，《中国音乐学》第3期。

黄晓和

2001：《伦敦国际犹太音乐研讨会纪实》，《人民音乐》第3期。

赵塔里木

2001：《在中亚东干人和中国西北回民流传的民歌——高大人领兵的异文比较》，《音乐研究》第1期。

张 谦（整理）

2001：《“世界音乐的若干问题及美国世界音乐教育”讲座纪实》，《中央音乐学院学报》第4期。

周新华

2001：《多元文化中的世界音乐》，《黄钟》第2期。

［美］苏珊·M·菲勒

2002：余志刚译《犹太音乐及其定义——2001年10月在西安音乐学院的讲座》，《交响》第2期。

刘希里

2002：《浅谈世界各民族音乐的共同性》，《天籁－天津音乐学院学报》第2期。

杨民康

2002a：《云南与东南亚掸傣系族群佛教节庆仪式声乐的比较研究》，《中央音乐学院学报》第2期。

2002b：《论云南与东南亚掸傣系族群传统乐器的社会阶层特征》，《中央音乐学院学报》第4期。

周　耘

2002：《世纪之交琉球论乐——第四届中日音乐比较研究国际学术会议综述》，《黄钟》第1期。

附录：上文未引用的2001－2002年度外国民族音乐论文目录

音乐比较及音乐交流类：

刘富琳

2001：《论琉球音阶》，《交响》第3期。

[日]拓植元一

2001：《日本“丝绸之路音乐”的研究状况》，《音乐研究》第1期。

王耀华

2001：《琉球御座乐〈福寿歌〉初考》，《中国音乐学》第1期。

王建欣

2001：《中日尺八比较研究》，《音乐研究》第3期。

徐元勇

2001：《中日〈九连环〉歌曲的流传与变异》，《中央音乐学院学报》第1期。

2002a：《论京剧音乐与日本歌舞伎音乐的艺术特征》，《云南艺术学院学报》第1期。

2002b：《明清俗曲与日本“明清乐”的比较研究》，《音乐艺术》第2期。

修海林

2002：《对中日唐代琵琶谱研究差异的探讨》，《音乐研究》第2期。

阎林红

2001：《简论日本俗筝定弦法》，《中央音乐学院学报》第1期。

左继承

2001：《西安鼓乐谱与日本雅乐谱之比较——探西安鼓乐谱之源流》，《中国音乐学》第1期。

周　耕

2001：《天台宗声明考略》，《中国音乐学》第1期。

赵维平

2001：《中国古代音乐文化东流日本的研究——日本音乐制度（内教坊）的形成与变衍》，《音乐艺术》第1期。

陈应时

2002：《中日琵琶古谱中的“、”号——琵琶解译的分歧点》，《音乐艺术》第1期。

龚　蓓

2002：《隋唐宫廷燕乐中的印度乐》，《音乐艺术》第2期。

应有勤

2002：《中日对古谱涵义和解译的比较研究》，《音乐艺术》第1期。

外国民族音乐研究专题：

曹晓芳

2001：《东南亚音乐文化：器乐重奏中的乐器和乐器功能》，《黄钟》第1期。

陈自明

2001：《萨苏埃拉——西班牙的民族轻歌剧》，《人民音乐》第10期。

金经言

2001：《关于国外研究木卡姆的一些信息》，《音乐研究》第1期。

【日】林谦三

2001：彭瑾译《〈东亚乐器考〉中文版补遗》（一、二），《音乐艺术》第2、3期。

罗艺峰

2001：《马来民间音乐的节奏模式与马来文化的深度结构》（上、下），《音乐艺术》第1、2期。

【日】拓植元一

2001：周耘译《西亚的音乐文化》，《黄钟》第3期。

王耀华

2001：《黑人非洲的会说话的鼓》，《音乐生活》第3期。

徐元勇

2001：《老骥伏枥　八十八岁添新作——岸边成雄新近研究成果〈江户时代琴士物语〉译》，《人民音乐》第4期。

赵塔里木

2001：《中亚东干人关于民歌的概念和分类法》（上、下），《中央音乐学院学报》第1、2期。

张伯瑜

2001：《北印度的拉格及其结构》，《云南艺术学院学报》第3期。

2002：《印度音乐的基本理论》，《黄钟》第1期。

曹　月

2002：《漫谈韩国音乐与韩国文化》，《艺术百家》第2期。

【德】玛丽亚·施尔特

2002：姜丹译《拜占庭音乐》，《中央音乐学院学报》第4期。

饶文心

2002：《甘美兰的构成要素与表演原则》，《音乐研究》第2期。

赵维平

2002：《亚洲的音乐史料及其历史研究状况》，《音乐研究》第4期。

2002 年中国少数民族音乐研究综述

启　楠

通过搜索“中国学术期刊网（www. cnki. net）”、“国家图书馆（www. nlc. gov. cn）”，以及“全国报刊索引数据库”（http：//192. 168. 10. 156/bksy/logon. htm），查阅当年少数民族音乐研究的文章一百六十六篇，专著四部。

在一百六十六篇论文之中，民歌研究五十七篇，歌舞研究十二篇，说唱研究八篇，戏曲研究六篇，器乐研究二十四篇，宗教音乐研究九篇，总论十六篇，其他（含人物介绍、评论、史学等）三十四篇。这些文章涉及到三十一个民族，其中超过十篇的有藏族（二十篇）、蒙古族（十九篇）、土家族（十四篇）和侗族（十篇），还有二十四个民族没有涉及到。从上述数字和文章的民族分布可知：一、民歌、歌舞和器乐研究是少数民族音乐研究的重点，代表着本学科的学科前沿和方向；二、对于某些民族而言，已经形成了一支相对稳定的研究梯队，他们以某民族的音乐为固定（或主要）的研究对象，并长期予以关注。相反，没有文章涉及的研究领域和民族恰恰是学界应给予必要关注的。现就本年度研究的现状综述如下。

民歌、歌舞研究

就某一音乐品种而言，侗族大歌一直是学界关注的热点，成果也较为集中。如今的学者们大多不再满足于单纯的音乐形态分析，而开始对形成侗族大歌的族性风俗以及多声思维特点及其审美的层次进行探讨，邓钧以侗族大歌（“嘎老”）为例，首先对其名实关系进行分析，提出“大歌”这一概念包含了音乐本体形态和文化功能属性两重意义，是侗族人自己对“嘎老”的原生直译，反映了侗族自己的思维特征。继而文章对侗族大歌从“分叉”到“分层”都区别于西方多声思维特点及其审美特性进行了探讨，指出大歌音乐“是建立在中国传统音乐衬腔手法上的衬腔复调”，而这是与中国人独特的认知模式、心理模式和音律体系相关联的(2003：41～52)。黄大冈《饭养身　歌养心——乐苑奇葩侗族大歌》(2002a：33～34)、蒋立《神奇的侗族大歌——小议贵州南侗大歌的演唱习俗及其声部特征》（2002：28～30)、黄河《侗族歌俗趣谈》（2002：52～53）等分别从歌俗的角度对侗族“饭养身，歌养心”的心理特征、“歌班教习”的传承方式以及多声思维形成的影响进行介绍。此外，2002 年 10 月在贵州黎平召开的中国少数民族音乐学会第九届年会把“侗族大歌”列为主题之一，相关论文也不少，其中大部分会在 2003 年度发表。

蒙古族民歌同样为世人关注，除一般性介绍，本年度出现了几篇很有分量的论文。崔玲玲通过对蒙古族历史上部落、汗国和元代三个不同时期的宴飨习俗及其社会意义和社会功能的查考，指出在这一转变中，蒙古人宴歌从早期的“牵手踏足，节奏鲜明，舞步狂劲，采用‘一领众和’”的集体歌舞形式，向元代时期“准长调”宴歌的发展轨迹，为蒙古族短调民歌向长调牧歌过渡提供了音乐形态上的依据（2002a：134～143）。崔玲玲的另一篇文章则对14世纪“北元”时期到20世纪初年，蒙古族在进入高度发展的草原游牧时期继而部分进入农耕生产时期的宴飨习俗特征进行分析，得出长调宴歌、“潮尔”宴歌和新的短调宴歌也随之产生的结论（2002b：37～47）。冶芸从物质民俗出发，从衣食住行的特点入手，对呼伦贝尔地区蒙古族民歌进行多角度的文化解读（2002：29～32）；萨日娜则认为只有从歌词入手，对其中蕴含的民族审美心理素质和精神气质进行剖析，才能真正走入蒙古民族的精神世界，理解民歌在蒙古民族文化中的地位（2002：32～34）。

黄华丽对湖南江华过山瑶民歌《拉发》和平地瑶民歌《蝴蝶歌》的异同展开分析，论述了同一族源不同支系之间民歌的相互融合、同化、变异的关系（2002：147～149）；罗汉田则通过对广西巴马县两个瑶族村屯的实地考察，发现传统歌谣在特定节日、仪式、婚俗不断消失萎缩的情况下，也正悄然消失，由此提出保护民歌和保护民俗之间的关系问题（2002：27～30）。此外，何霜以壮族《嘹歌》为例，提出应对所依据的民歌集版本进行甄别（2002：59～61转75）；王小昆对壮族多声部民歌中同音列复合调式展开探讨（2002：58转74）；杨华分析了两首土家族“三声腔”民歌的旋律形态和风格特征，认为由此反映出的是土家族的生活劳动观念和伦理道德思想（2002：20～23）；熊晓辉则重点阐述土家族古老史诗《廪歌》与《梯玛》的分类、艺术特征和历史价值（2002a：35～38；2002b：14～18；2002c：41～45）。

涉及歌舞研究的主要有王群英（2002：14～16）、阿布力米提·买买提（2002：117～125）、潘永华（2002：35～36）、杨民康

(2002a：85 ~ 90)、嘉雍群培（2002：59 ~ 63 转 69)、傅晓(2002a：13 ~ 16；2002b：16 ~ 27）等人的论述。

说唱、戏曲研究

总计十四篇的数量，既反映出该领域的研究现状，也反映出这两个汉族习用词汇，在很多少数民族中并没有相应的概念，由此折射出少数民族音乐研究的特殊性——不要用汉族音乐观念去衡量一切，犹如在中国音乐研究中不可犯“欧洲中心论”的错误。

蔡源莉以“严谨、全面、求实”的评语，高度评价了《中国曲艺志集成·内蒙古卷》，提出的“少数民族曲种如何认定”、“‘曲艺’和‘说唱’概念如何在少数民族中相统一”、“如何解决常用名词术语与少数民族音乐实际相矛盾（如板腔体、曲牌体不能准确表述蒙古族和鄂温克族曲种音乐特征；乌力格尔的单曲体、多曲体的专用曲调特征，并不能用“曲牌”来表述）”等问题(2002：15 ~ 16)，对今后这一领域的工作具有很大的经验和启示作用。刘新和则通过回顾“陶力”（英雄史诗）、“好来宝”（联韵)、“乌力格尔”（蒙古说书）三个蒙古族说唱曲种在编入《中国曲艺志集成·内蒙古卷》过程中若干标准的确立，指出在少数民族说唱音乐研究中，对曲种形成时间、书目内容、传承方式、表演形式等进行明确考察是科研工作的首要环节。最后作者还总结了蒙古族说唱曲种的口传性、叙事性、兼容性三个重要特征（2002：85 ~ 87)。张一凡以《中国曲艺之集成·黑龙江卷》为依据，对达斡尔、鄂伦春、赫哲三个民族的“乌钦”、“摩苏昆”、“伊玛堪”说唱曲种进行音乐形态学意义上的分析，进而指出三个曲种都呈现出一种“气质上粗犷豪放，感情上质朴热情，格调上风趣泼辣”的总体风格（2002：114 ~ 117)。

六篇戏曲研究文章中有四篇是关于藏戏的，其中马成富

（2002：84～88）从表演形式、演出习俗、服装道具以及唱腔、乐器、剧本结构等多个角度，论证了四川嘉绒藏戏是藏族戏曲中唯一历经千年而不变、堪称戏曲活化石的剧种，其中对嘉绒藏戏大事记的描述具有一定的史料价值（2002：84～88）。星泉成在比较“青海藏戏”、“安多藏戏”、“隆乌藏戏”、“黄南藏戏”等习惯用语的不准确性后指出，“热贡藏戏”才是最好的对青海地区藏戏剧种的指称概念。进而作者从其形成历史、表演形式、舞台道具、音乐等角度介绍了这一剧种的特点（2002：9～15）。毕玉玲（2002：67～68）和康宝成（2002：54～61）都论述了藏戏与藏传佛教之间千丝万缕的关系，前者侧重于论述宗教节日和藏戏剧种演变的互动发展，后者则通过传统藏戏剧目多来源于佛经故事来论证藏戏不属于“傩戏型”戏剧，而属于典型的佛教戏剧。李悦对建国后十七年间少数民族戏曲剧种的发展史进行回顾和评介，还论述了文艺政策和少数民族戏曲的形成发展关系、如何借鉴汉族吸取和保存自身民族特性的关系，以及继承和创新的关系等问题（2002：91～113）。杨世祥对满族历史上存在过的戏曲“朱赤温（朱春）”形成－兴起－衰落的原因进行描述，作者认为“至于单独创建今天的满族戏曲剧种，尽管是处于良好的愿望，并为此作了种种努力，但由于历史的变迁，今天早已无此必要”（2002：4）。至于已被确认为满族剧种的新城戏为了保存满族特色而过多编演历史题材而减少现实题材的做法，作者也提出了委婉的批评（同上：1～4）。

器乐、宗教音乐研究

在器乐的二十四篇文章中，如下三篇引人注目：

针对1960、1993、1997出版的《维吾尔十二木卡姆》的三个不同版本，田联韬在简要介绍了出版过程、记录曲目数量、记谱特点以及演奏演唱者和记谱者等情况后，对三个版本的不同特点做出评价。首先，作者对三个版本中用于记录木卡姆音乐的特殊记谱符号的逐渐确立和完善给予了充分肯定；其次，针对不同版本中的瑕疵提出了中肯的意见，如第一版中录音和记谱未能完全对应，第二、三版中增订曲目的来源、演奏者、搜集者等背景材料语焉不详，以及始终未能解决的唱词与旋律分离的问题。文章中还对有些人提出的专业音乐工作者和业余乐手之间的特殊关系以及反映出的记谱是否可靠的问题进行了分析和解释（2002：32～35）。尽管该文是针对木卡姆音乐而言，但提出的这些问题却对整个少数民族音乐研究都具有指导性的意义。

杨民康对我国和东南亚一带掸傣系各族传统乐队的组成和编制特点进行分析比较，同时根据文献记载以及对乐队实际应用情况的考察，提出以象脚鼓、芒锣、钹组成的“三大件”乐队是这一族群广泛存在于农村和城市下层的民间乐队（乡村农民乐队），这种乐队“与民族——地域性的乡村民间文化结合在一起，较多体现了东南亚各民族中掸傣系族群特有的传统精神文化素质，一定程度上作为此类民族民间音乐文化（相对于城市上层音乐文化）的象征性器物存活于世”（2002b：11）；与之相对应的是，以吹打乐为主的东南亚城区宫廷乐队与东南亚佛教国家跨民族——地域性存在的宫廷上层文化结合较紧密。由此完成了作者对传统乐队的社会阶层类型的划分和分析（同上：5～12）。

少数民族乐谱的研究比较少见。赵晓楠通过对南部侗族地区不同村寨的芦笙学习方式和记录曲调方式的考察，发现了侗族芦笙乐谱发展的序列和在这一序列上的共时存在的三种不同谱式，即“口头象声词指位芦笙谱”、“书面汉字象声词指位芦笙谱”和“书面符号象声词指位芦笙谱”。不同谱式在原理上均采用“象声词”的方法来表示“指位”和“指法”，而“口头音节”、“汉字”、“符号”恰好昭示着侗族芦笙乐谱发展的不同历史阶段及其特征。作者还对三种乐谱产生的时间，可能出现过的相互转换等问题进行

了分析和推测。(2002：52～55)

此外，黄晓芳（2002）、莫祥章（2002）、王跃辉（2002）、张淑萍（2002）等人的文章，分别对土家族的打镏子（家伙哈、打挤钹）音乐进行了探讨；唐进明（2002）、邓亚平（2002）等，对湘西吉首一带苗鼓音乐和四代苗鼓王进行了介绍。

本年度的宗教音乐研究按照教派可以分为藏传佛教音乐研究、伊斯兰教音乐和南传上部座佛教（小乘佛教）音乐三部分，在藏传佛教音乐研究中包·达尔汗的三篇文章（2002a：67～81；2002b：137～140；2002c：26～37），对藏传佛教传入蒙古族之后形成的诵经音乐、“经箱乐”、器乐音乐进行了深入讨论，指出由于多民族共同参与的历史，蒙古族的藏传佛教音乐包含了丰富的文化质点，具有融合了蒙、藏、汉因素的多元文化特性。晨光在伊斯兰教历史发展以及政治、文化、经济发展的大背景下，论证了回族宗教音乐是在中亚——印度——中国这一伊斯兰教传播过程中，从音乐母体与沿途各民族音乐相结合渗透，在中国回族民族共同体形成的同时最终产生的回族宗教音乐（2002：121～122 转 125）。杨民康以符号学结构分析法为工具，对傣族佛教安居节仪式音乐的系统结构特征展开论述，探讨了仪式和音乐之间的相互依存、互动关系（2002c：129～142）；他的另一篇论文（200d：20～29 转 89）则从“南传佛教音乐文化丛”的核心层次（巴利语经腔）、中介层次（各民族语经腔）和外围层次（宗教～世俗声乐形式）在不同民族、阶层中表现出的不同风格分析入手，对掸傣不同族群的佛教仪式声乐展开比较性研究，指出对南传佛教的进一步研究将有助于对地理毗邻、族源接近、交流密切的云南和东南亚掸傣各族音乐文化的认识。除此，靳宗伟、刘同生编著的《宁夏宗教音乐》（2002）对宁夏回族自治区内的佛教音乐、道教音乐、伊斯兰教音乐、基督教音乐，以及汉族民间祭祀音乐等进行了研究，是一部较为全面系统的宗教音乐研究专著。

总论及其他

在经济大发展的背景之下，传统音乐如何保护和发展，早已引起学界的广泛关注，本年度中就有不少涉及此问题的论文。如孙航《“西部开发”与少数民族传统音乐的保护及传承》（2002：11～14），除了文化生态的改变和外界文化冲击带来的负面影响之外，提出音乐文化实物陈列馆、传统音乐档案资料馆、音乐文化生态展览馆的三个层次保护方式；同时也对由于拓展了受众和传播空间，以及自我形式的更新带来的传统音乐复兴，给予巨大的希望。

少数民族传统音乐与现代教育相结合，学校的传承方式是否能担当起保护和发展的重任也是很多学者关注的热点。如陈伦旺提出在民族地区高等音乐教育机制中，要在更新教育观念、调整课程设置、建设师资队伍三个方面，改变以前民族音乐教育处在从属地位的局面（2002：90～93）。黄凌飞以多元音乐文化和中华母语文化为理论基础，对少数民族地区高等艺术院校中实施多元文化音乐教育提出了方案，重点着力于“少数民族音乐史论课程、少数民族音乐听辨模唱仿作演奏课程、相关人文课程和世界音乐课程”的课程设置上（2002：33～35）。还有些学者从技术训练的的角度，提出在音乐基础技能——视唱练耳教学中，应引进少数民族音乐内容，田中以新疆少数民族音乐独特的节奏、调式调性为例，提出了改变现有以西方音乐为标准的单元格局，在视唱练耳课程中开拓出一条培养民族音乐听觉的新路子，从视唱练耳的角度培养学生的民族音乐审美观和开阔的音乐视野（2002：26～28）。

在少数民族音乐学会第九届年会上，保护和发展同样是大会议题之一，与会学者对于“保护与发展”本身并无异议，但对于二者孰先孰后、孰轻孰重，从理论到实践都出现严重分歧。学者站在不同的领域和角度，有些认为二者互为因果，最终目的在于“发展”，有些则认为根本上就是“两股道上的跑车，不是一回事，不要搅在一起”（黄大冈2002：103转102）。对于这一带有根本性的问题的讨论，笔者以为是没有答案的，这不是音乐学界独有的问题，在中国社会的转型期间，它将在相当长时间里伴随着学界同仁。就个人而言，还是从专业出发做好更多具体的研究工作为好。

其他范围内的文章或为人物歌手访谈，或为一般性介绍和通讯消息，此不赘述。

参考文献

阿布力米提·买买提

2002：《麦西莱甫浅探》，《民俗研究》第3期。

包·达尔汗

2002a：《蒙古佛教诵经音乐的多元文化特征》，《中国音乐学》第3期。

2002b：《蒙古地区藏传佛教器乐“经箱乐”初释》，《中央民族大学学报》（哲学社会科学版）第2期。

2002c：《蒙古佛教器乐曲种类》，《音乐研究》第2期。

毕玉玲

2002：《西藏藏剧与宗教民俗》，《戏剧》第4期。

蔡源莉

2002：《〈中国曲艺志·内蒙古卷〉编纂随想》，《内蒙古艺术》第2期。

晨　光

2002：《漫谈伊斯兰教音乐与回族宗教音乐》，《宁夏大学学报》（人文社会科学版）第4期。

陈伦旺

2002：《论少数民族地区民族音乐文化教育的实施》，《湖北民族学院学报》（哲学社会科学版）第3期。

崔玲玲

2002a：《蒙古族古代宴飨习俗与宴歌发展轨迹》，《中国音乐学》第3期。

2002b：《北元以来蒙古族古代宴飨习俗与宴歌发展轨迹》，《中央音乐学院学报》

第4期。

邓　钧

2002：《中国传统音乐中的多声形态及其文化心理特征探微》，《中国音乐学》第2期。

邓亚平

2002：《我为毛主席跳鼓——记第一代苗鼓王龙英棠》，《民族论坛》第2期。

傅　晓、晓　黎

2002a：《傈僳族三弦歌舞音乐》（上），《音乐探索》第3期。

2002b：《傈僳族三弦歌舞音乐》（下），《音乐探索》第4期。

何　霜

2002：《“嘹歌”版本存疑》，《广西民族学院学报》（哲学社会科学版）第3期。

黄大冈

2002a：《饭养身 歌养心——乐苑奇葩侗族大歌》，《中国音乐教育》第12期。

2002b：《保护 发展 孰轻孰重——中国少数民族音乐学会第九届年会暨侗族大歌研讨会召开》，《音乐研究》第4期。

黄　河

2002：《侗族歌俗趣谈》，《西部人》第1期。

黄华丽

2002：《江华瑶歌“拉发”和“蝴蝶歌”的异同关系》，《零陵学院学报》第5期。

黄凌飞

2002：《对少数民族地区高等艺术院校如何实施多元文化音乐教育的思考》，《中国音乐》第1期。

黄晓芳

2002：《论土家族打镏子艺术表现特征》，《怀化师专学报》第3期。

嘉雍群培

2002：《结古寺第一世嘉南活佛编创的〈曲卓〉及其旋律手法》，《黄钟》第1期。

蒋　立

2002：《神奇的侗族大歌——小议贵州南侗大歌的演唱习俗及其声部特征》，《人民音乐》第7期。

靳宗伟、刘同生

2002：《宁夏宗教音乐》，中国文联出版社。

康宝成

2002：《藏戏传统剧目的佛教渊源新证》，《中山大学学报》（社会科学版）第3期。

李　悦

2002：《当代若干少数民族戏曲发展概观（1949－1966）》，《戏剧》第3期。

刘新和

2002：《关于蒙古族曲种在入志过程中研究、解决的几个问题》，《内蒙古艺术》第2期。

罗汉田

2002：《传统歌谣正在悄然消失—巴马瑶族自治县巴根、六平传统歌谣现状调查报告》，《民族文学研究》第4期。

马成富

2002：《嘉绒藏戏——戏曲百花苑中的活化石》，《阿坝师范高等专科学校学报》第2期。

莫祥章

2002：《湘西土家族“家伙哈”音乐形态及文化特征初探》，《交响》第2期。

潘永华

2002：《侗族民族歌舞“多耶”初探》，《中国音乐》第4期。

萨日娜

2002：《简论蒙古族民歌歌词的民族特性》，《草原艺坛》第2期。

孙　航

2002：《“西部开发”与少数民族传统音乐的保护及传承》，《交响》第4期。

唐进明

2002：《浅论湘西苗鼓的文化特征及艺术特色》，《中国音乐》第2期。

田联韬

2002：《从〈维吾尔十二木卡姆〉的三个版本看新疆的民族音乐记谱整理工作》，《人民音乐》第6期。

田　中

2002：《民族音乐内容纳入视唱练耳课》，《人民音乐》第8期。

王群英

2002：《民俗中的歌舞 歌舞中的民俗》，《西藏民俗》第1期。

王小昆

2002：《试论壮族多声部民歌中同音列复合调式之特点》，《中国音乐》第4期。

王跃辉

2002：《论土家族“打挤钹”的音乐特征》，《中央民族大学学报》（哲学社会科学版）第2期。

星泉成

2002:《热贡藏戏艺术发微》,《青海民族学院学报》(社会科学版) 第2期。

熊晓辉

2002a:《巴人神歌阐释——土家族歌乐“梯玛”考略》,《抚州师专学报》第3期。

2002b:《土家族“廪歌”探究》,《湖北民族学院学报》(哲学社会科学版) 第3期。

2002c:《土家族民族歌乐“廪歌”与“梯玛”的比较研究》,《内江师范学院学报》第5期。

杨　华

2002:《浅析土家族“三声腔”民歌——“十八哥哥”与“茶籽树”》,《湖北民族学院学报》(哲学社会科学版) 第4期。

杨民康

2002a:《德宏傣族泼水节仪式乐舞活动考述》,《云南艺术学院学报》第3期。

2002b:《论云南与东南亚掸傣系族群传统器乐的社会阶层特征》,《中央音乐学院学报》第4期。

2002c:《傣族佛教安居节仪式音乐的系统结构特征》,《民族艺术》第4期。

2002d:《云南与东南亚掸傣系族群佛教节庆仪式声乐的比较研究》,《中央音乐学院学报》第2期。

杨世祥

2002:《历史上的满族戏曲——朱赤温》,《吉林艺术学院学报》第3期。

张淑萍

2002:《大山里的交响——土家族传统器乐打溜子》,《中国音乐教育》第4期。

张一凡

2002:《北方渔猎民族说唱音乐论》,《哈尔滨工业大学学报》(社会科学版) 第2期。

赵晓楠

2002:《南部侗族芦笙谱的不同谱式及其历史发展轨迹》,《音乐研究》第2期。

冶　芸

2002:《呼伦贝尔民歌民俗文化解读》,《内蒙古民族大学学报》(社会科学版) 第4期。

中国音乐年鉴·2003·
·专题综述·

蒙古族音乐文化研究

(2001/2002 年度)

包·达尔汗

近两年（2001、2002 年）来人们对蒙古音乐文化的关注和探讨，可以概括为关注点增多、程度加深、层面开始多样化。这些特点具体体现在对众多音乐文化事项的研究选题和研究成果中。在人们关注的蒙古音乐事项中既有曾经讨论已久的主题，如蒙古民间音乐范畴的各类问题，又有新发现或新论证的论题，如蒙古音乐教育、蒙古音乐创作和蒙古宗教音乐文化等领域的一些新问题。无论是新问题还是老问题，在各自的起点上均有不同程度的提高和创新。下面就从几个方面分类综述近两年有关蒙古族音乐文化的研究成果。

关于蒙古族传统音乐文化研究

在过去的研究中，传统音乐一直是人们所关注的主要内容。这两年的研究在原有基础上，呈现出一些值得注意的变化和发展，即除对民歌、歌舞等民间音乐投以更多关照之外，对蒙古族宗教音乐和蒙古族宫廷音乐也有所涉猎。

在民间歌曲的研究中，关于内蒙古的漫瀚调一直存有争论，特别是其族属、名称以及形成问题。王世一认为漫瀚调是一种特殊歌种，不应只停留在音乐形态或技术的研究，而应当在更高的层面探讨漫瀚调在民族学、社会学、民俗学、音乐美学等方面的价值。作者从蒙汉民族交往历史和鄂尔多斯准格尔旗的地域特征，进一步证实漫瀚调乃是蒙汉民族音乐交流之结果，强调此歌种应沿用“漫瀚调”名称的理由；同时指出近年来漫瀚调能够广泛流行于各地的原因，不仅是因为其曲调欢快、流畅、动听和易学易唱，更重要的是其鲜活而有戏剧性的唱词、唱词的对仗结构和活泼风趣的艺术风格（2002：70～72）。苗幼卿肯定漫瀚调是蒙汉音乐文化交流、融合的结果，并阐述漫瀚调的主要艺术特点，指出漫瀚调歌词分为上下句一段体和四句式一段体两种类型，以上下句居多。歌词中广泛使用衬词、叠词，夹杂蒙汉语演唱的“风搅雪”是漫瀚调的又一重要艺术特征。“切分”节奏是漫瀚调最为显著的节奏特点，准格尔旗漫瀚调90%以上的曲调都含词节奏型。漫瀚调最多的是羽调式，其次为宫调式、徵调式，曲调结构以各含四小节的上下句为主，这一点与爬山调结构相似。爬山调与漫瀚调虽然都属山歌类民歌体裁，但两者在歌曲结构、题材、歌词类型、节奏型、衬词、歌手、演唱人数、演唱场所、流传地域等方面存有较明确的差异。（2001：62～63）吕军从漫瀚调二人对唱的演唱形式，曲调的大跳音程、2/4或3/4的节拍及调式特点、音域、演唱速度和装饰方法、伴奏形式等几个方面撰文分析了漫瀚调的艺术特点，并呼吁要重视和发展此类歌种（2001：42～45）。除了对漫瀚调的关注，关于其他种类民歌的研究，潮鲁通过对《中国民歌集成·内蒙古卷》的分析，得出结论：

> 蒙古人歌舞音乐中三拍子的节拍非常少，主要集中在内蒙古呼伦贝尔地区。而在达斡尔族民间歌舞中三拍子的音乐则较多，这显然与不同民族的主要经济形态相关（2001a）。

由此对日本民族音乐学家小泉文夫的“三拍子是马背民族的节奏”的观点提出质疑。他的《谈蒙古族民歌器乐化发展》（2001b：109～113）在对蒙古族民歌基本特征分析的基础上，认为民歌是蒙古族器乐曲形成的基本要素，同时列举了蒙古族民歌在马头琴、四胡、钢琴、管弦乐等乐器形式上得以器乐化发展的相关现象，总结出蒙古族民歌的器乐化发展保持了传统音乐的内涵又具备普遍的表现形式，这对其他音乐体裁的发展必将产生一定影响。蒙古族的乌尔汀哆（俗称长调）是最具草原气息、最富蒙古风韵的歌种，其无穷的魅力一直吸引着不同时期的众多研究者，在这两年的研究中也可看到一些喜人的成果。包·达尔汗以此类歌种的名称作为切入点，从术语（概念）的形成、术语的译音、歌曲分类传统等三方面做了较为翔实的分析与论证，得出其名称“乌尔汀哆”的正确读音及正确含义是“宫廷之歌”而非“长调”，并指出此类歌曲曾演唱于宫廷之内，是运用于盛会、宴会及各种礼仪活动，具有严肃性题材的一类歌曲，可视为蒙古宫廷音乐的一部分（2002a）。关于乌尔汀哆的演唱术语的使用，木兰《浅谈“乌日汀多”及其演唱艺术名词术语的规范》指出，对此类歌种中沿用的许多专用演唱术语应作进一步整理、归纳，给出详细而准确的界定，使之趋于规范统一，这对乌尔汀哆的教学、传承都会产生重要作用。格日勒图就乌尔汀哆的特色唱腔“乌日特艾”进行了较为细致的分析，对其流传于不同地区的种类以及表现方式、文化内涵等作了准确的阐述（2002：363～369）。李世相从歌词的赞颂性、哲理性以及歌曲的场合性入手，对此类歌种的严肃性进行论证，指出一部分乌尔汀哆具有严格的礼仪规范，特别在歌词方面具有一定的严肃性（2002a：30～31）。除了乌尔汀哆、漫瀚调，蒙古族的“宴歌”也是一个较为特殊的歌种，对此进行专论的研究者并不多，崔玲玲较清楚地阐述了宴歌的发展轨迹，揭示了其内在意义和社会功能，并对此类歌种赖以生存的蒙古族宴飨习俗进行历时性描述与探讨（2002：134～143）。

相对较多的蒙古族民歌研究成果，民间歌舞、说唱音乐以及器乐音乐等其他民间音乐领域的研究则显得多少有些逊色。包·达尔汗论述了流行于内蒙古科尔沁地区的“安代”歌舞与蒙古古老宗教博教音乐之间的亲缘关系，通过对安代音乐的产生地域和文化背景的阐述以及对安代与博教音乐文化之间内在联系和音乐形态的比较分析，指出安代歌舞并非是蒙古文化中单一存在的音乐品种，而是本土文化在外来文化撞击下相互妥协的结果，它的演变与蒙古族的两大宗教——博教与藏传佛教有着重要的关系，与蒙古博教音乐文化有着割不断的亲缘性（2001a：67～78）。布特乐图通过对流行于内蒙古东部以及辽宁、吉林、黑龙江蒙古聚居地区的说唱艺术胡仁·乌力格尔的分析，总结其传承与传播的一般规律，指出胡仁·乌力格尔音乐主要是通过师徒关系、家庭关系、艺术教育等几个途径，以口传心授和即兴编创的方式传承，而其传播的途径基本是通过旧时的佛教寺院、流浪艺人、王宫府邸、民俗活动以及其他媒介来完成，并认为音乐与社会“自然调节”的时代已经过去，理性地认知和把握传统音乐的传播与传承规律，对其进行积极引导，从而使其真正与现代音乐生活接轨。马头琴是蒙古族最具代表性的乐器，关于其源流一直是国内外众多学者们关注的问题（2001：114～119）。在学术界尚存的“火不思始祖之说”和“叶克勒始祖之说”的基础上，柯沁夫对马头琴的历史渊源和沿革脉络进行了详尽的考证，指出唐代火不思是现代马头琴的远祖，宋代马尾胡琴（即弓弦火不思）是马头琴的始祖，并绘制出火不思——马尾胡琴——胡琴——马头琴的世袭表（2001：69～76）。“潮尔”一词在蒙古音乐范畴内具有多种内涵和表现形式，至今都是学界尚未梳理清楚的音乐事项，李世相阐述了独特的蒙古族音乐风格的形成规律，并结合北方草原音乐文化这一更大范畴的各种因素，对“潮尔”这个独特的音乐现象作了较深入的探究（2002b）。

由于历史上的各种原因，关于中国少数民族宗教音乐的研究一直是学界有待加强的领域，蒙古族宗教音乐也不例外。可喜的是在近两年的学术活动中开始看到这方面的研究成果，这些主要体现在包·达尔汗发表的部分成果中。他在长期的田野调查基础上，结合历代文献记载，对蒙古佛教音乐文化作了透彻的分析，指出蒙古佛教及其音乐文化是由不同文化范畴的多个文化质点组成的复合文化体，这些文化质点归属于藏、汉、蒙古三个文化系统，它们在历史的不同时期汇聚，共同建构了具有多元特征的蒙古佛教音乐文化。“多元性”既是蒙古佛教文化体现的诸多特点之一，又是区别于母体（藏传佛教）以及其他佛教派系的重要依据。无论从纵向的发展历程还是从横向的组合面观察，在蒙古佛教音乐文化的族源结构和文化整合体的三个层面上均体现着多元性质，并作了具体的阐述（2002b：46～229）。除了对蒙古佛教音乐文化进行整体关照外，对其包含的不同音乐质点也作了相应论述，如对蒙古佛教诵经音乐的多元特征以原经典藏文诵经音乐、关公经诵经音乐、蒙古语诵经音乐三方面的大量音乐事项以及实例进行了较为精当的论证（2002c：67～71），对蒙古佛寺中使用的乐器和器乐音乐进行了科学的分类，得出蒙古佛教诸多乐器的来源以藏族地区为主。其次是汉族地区，所有乐器在传承使用中，在概念以及观念上逐步实现了蒙古化，由这些乐器鸣奏的音乐是佛寺不可缺省的内容，器乐曲分为寺院乐曲和非寺院乐曲两大类，在其内部可进一步划分出若干小类乐曲，可谓内容丰富（2002d：26～37）。在众多的蒙古佛教器乐曲中，“经箱乐”是一个比较特殊的乐种，它自清末逐步形成并流传，是蒙汉两种音乐文化交流、融合的结果，但国内学术界的关注点尚未触及到此乐种，作者从乐种的界定、乐器的编制及使用、乐种曲牌和音乐特征等四个方面对“经箱乐”进行初步的介绍和分析，旨在引起人们对此乐种的关注（2002e：137～140）。

关于传统音乐与创作的关系

借助丰富多样的传统文化因素进行音乐创作，是每位作曲家思考并付诸实践的事情。对作曲家作品进行有效的分析、归纳，不仅有益于作曲家的创作，也有助于我们对传统音乐的进一步认知。利用民族音乐的元素进行创作是绝大多数作曲家们惯用的方法，潮鲁在对内蒙古作曲家永儒布的交响诗《额尔古纳之歌》进行分析后，指出此作品是采用蒙古族长调牧歌旋律作为主题材料，运用了歌腔式单主题的发展手法，对长调牧歌的特征进行充分的发展和挖掘，并结合中西多声部作曲技法创作的管弦乐作品。作者还从拖腔式的长音、诺古拉式的装饰音、上行的四、五度跳进、疏密交替的节奏、华彩性的三连音、图日勒格式的结束等六个方面分析了作曲家是如何成功地运用长调牧歌的表现方法以及如何确立作品鲜明的蒙古风格（2002a：36～37）。近些年，蒙古族青年作曲家色·恩克巴雅尔的合唱作品以其独特的表现手法和鲜明的主题，赢得了国内外界内人们的关注、肯定。包爱军在对其诸多合唱作品进行认真分析后指出，合唱作品之所以能够成功，并且得到国内外观众好评，不只在于其草原主题、环保主题，娴熟与运用得当的创作技法更是其不可忽略的重要因素。作曲家将西方合唱艺术和蒙古族音乐文化很好地融为一体，包容了蒙古族传统音乐的诸多因素和现代作曲技法、作曲意识，并将其发展成一种有别于原型并具有创新意义的音乐（2002：16～17）。

关于蒙古族音乐教育

蒙古族的现代音乐教育启于何时？也许多数人都认为是20世纪50年代，其实不然，早在19世纪末20世纪初，蒙古族就已率先开启了现代学校音乐教育，对此作出重要贡献的是蒙古喀喇沁亲王贡桑诺尔布。由于历史原因，这段史实并没有得到广泛的认识。包·达尔汗对这段史实进行分析研究后，指出由贡桑诺尔布亲王倡导、实施的学校音乐教育，无论在教育目的、教育模式，还是在具体学校歌曲的选用上，都基本与日本相同，说明蒙古族的早期音乐教育与当时中国内地的其他地区一样，是直接受日本音乐教育的影响（2001b）。在当前的学校音乐教学中，面临的一个重要课题，是如何将民族音乐的诸多因素科学地、合理地纳入到教学中来。针对此课题，潮鲁在分析、总结说唱艺术“胡仁·乌力格尔”的民族风格、多声音乐形式后，提出应该将这个乐种纳入音乐创作课中，这对学生丰富多声部音乐创作、拓宽多声部音乐观念、增强作品民族特色具有积极意义，并指出这亦是继承、弘扬民族音乐的具体措施（2002b：62～63）。

关于音乐文化的保护与交流

在全球一体化飞速发展的时代，我们不得不眼睁睁地看着地球上许多物种正急速消失。丰富多样的民族音乐文化也像正在消失的物种一样面临着逐步灭绝或被同化。眼望着日益消失、减少的民族音乐，每一位有良知的文化人都在悲叹。蒙古族的音乐文化面临着同样遭遇，为此有学者阐述、肯定乌尔汀哆歌种的特殊文化价值以及在保护此歌种的时代意义，建议并希望乘着西部大开发的良好时机，建立国家级的“长调文化保护区”，旨在实现对此歌种的保护与传承（宫日格玛2002）。好必斯则提出了建设良好的草原文化生态环境，以此保护和传承我们的传统文化，并进一步说明实现这一目标，必须加大各方面的投入、加强母语音乐教育、探索新的传承之路（2002：488～495）。

所有的文化品种都是在不断地交流与涵化中分裂、重组。无论是历史的，还是现今的任一文化品种，都不能摆脱这一发展规律。乌兰杰从历时与共时的角度探讨北方草原民族音乐文化的交流与整合现象，以大量的音乐事例（特别是蒙古族音乐事例），通过不同层面的细微比较，阐释了古代匈奴民族的萨满音乐在不同时期的北方草原民族音乐中的整合现象，并分析了北方草原音乐文化通过交流对汉族、藏族、回族等民族的影响（2002：47～56）。

纵观2001、2002年蒙古族音乐文化的研究情况，在民间音乐的研究方面，特别对民间歌曲的研究，取得了比较显著的成果。相比之下，其他领域的研究虽有涉猎，但不够充足，显得比较薄弱。因此，今后的研究应进一步拓宽关注面，加强对宗教音乐、宫廷音乐等研究薄弱点或盲点的考察、认知，扎实地作一些基础性研究。

参考文献

包爱军

2002：《呼唤生命的音乐——评色·恩克巴雅尔合唱作品及专场音乐会》，《人民音乐》第8期。

包·达尔汗

2001a：《论“安代”歌舞与蒙古博教音乐间的亲缘关系》，《中国音乐学》第4期。

2001b:《蒙古喀喇沁亲王贡桑诺尔布的新政与20世纪初日本音乐教育的关系》,“第四届中日音乐比较国际研讨会”(日本冲绳那霸艺术大学,未出版)。

2002a:《蒙古“宫廷歌”新论》,“全国蒙古学研讨会”(北京,未出版)。

2002b:《蒙古佛教音乐文化的多元性》,宗教文化出版社。

2002c:《蒙古佛教诵经音乐的多元文化特征》,《中国音乐学》第3期;“音乐学与全球化”国际研讨会(日本静冈)。

2002d:《蒙古佛教器乐曲种类》,《音乐研究》第2期。

2002e:《蒙古佛教器乐“经箱乐”初释》,《中央民族大学学报》(哲社版)第2期。

布特乐图

2001:《胡仁·乌力格尔音乐的传承与传播》,《内蒙古师范大学学报》(哲社版)第6期。

潮　鲁

2001a:《关于骑马民族的节奏——通过对民歌集的分析》,“第四届中日音乐比较国际研讨会”(日本冲绳那霸艺术大学,未出版)。

2001b:《谈蒙古族民歌器乐化发展》,《内蒙古师范大学学报》(哲社版)第6期。

2002a:《长调牧歌对交响诗“额尔古纳之歌”主题的影响》,《中国音乐》第1期。

2002b:《音乐创作课中民族传统音乐技法的继承与发展——析“胡仁乌力格尔”多声音乐形态》,《内蒙古师范大学学报》(教育科学版)第2期。

崔玲玲

2002:《蒙古族古代宴飨习俗与宴歌发展轨迹》,《中国音乐学》第3期。

格日勒图

2002:《浅谈蒙古族“乌日汀多”的拖腔——乌日特艾》,《侗族大歌研讨会暨中国少数民族音乐学会第九届年会论文集》,中国文联出版社。

宫日格玛

2002:《略谈蒙古族民间长调的文化特殊价值及其保护和传承的时代意义》(宣读论文,未出版)。

好必斯

2003:《关于构建良好草原文化生态环境的断想》,《侗族大歌研讨会暨中国少数民族音乐学会第九届年会论文集》,中国文联出版社。

柯沁夫

2001:《马头琴源流考》,《内蒙古大学学报》(人文社会科学版)第1期。

李世相

2002a:《蒙古族长调民歌的严肃性》,《内蒙古艺术》第1期。

2002b：《“潮尔”现象与蒙古族音乐风格的形成》（宣读论文，未出版）。

吕　军

2001：《内蒙古西部区山歌（漫瀚调）浅析》，《呼伦贝尔学院学报》第5、6期。

苗幼卿

2001：《蒙汉音乐文化交融的艺术花朵——准格尔旗漫瀚调浅析》，《内蒙古艺术》第2期。

木　兰

2002：《浅谈“乌日汀多”及其演唱艺术名词术语的规范》（宣读论文，未出版）。

王世一

2002：《谈漫瀚调和漫瀚调现象》，《内蒙古艺术》第1期。

乌兰杰

2002：《北方草原民族音乐文化传承交流中的整合现象》，《音乐研究》第1期。

中国音乐年鉴·2003·
·专题综述·

近20年音乐地理学综述

郑长铃

对音乐地理学的界定

给近20年的中国音乐地理学研究作综述，难就难在作为一门新兴的边缘交叉学科，虽然有不少学者的研究早已涉及，甚至已有非常深入、系统的研究，但对学科本身却没有一个明确的界定。这正是新兴学科的特征。值得欣喜的是，在世纪之交，第一本中国音乐地理学研究的学术专著已经架构成型；与此相关，一个明确的学科定义也呈现在我们的面前："音乐地理学是一门以音地关系为理论基础，探讨各种音乐现象的地理分布、起源、传播、传承、变化，以及人类音乐活动的地域性结构的形成和发展规律的科学。"

（乔建中 2002a）[1]

此外，就音乐地理学学科的相关问题，作者作了进一步论述，“在音乐学领域，音乐地理学是民族音乐学下属的一门子学科；在地理学领域，它是人文地理学之下的文化地理学的一门子学科。所以，它与人文地理学、文化地理学是总体与分支的从属关系。在人文地理学和文化地理学领域，以人－地关系为理论基础；在音乐地理学领域，则以音－地关系为理论基础。前者囊括了所有的人类文化事象，所以涉及的研究对象十分广泛；后者仅论及音乐，所以对象集中而单一。但它们又因为有一个共同的对象——人类生活的自然环境，故在学科理念、研究方法、体系架构方面又有诸多共同之处。特别因为人文地理学、文化地理学已经有了较长时间的积累，而音乐地理学才刚刚起步，所以它肯定会大量吸收、引进，以便尽快进行学科的初步建设”。

基于以上对学科的界定，同时也鉴于学科形成、发展的历史特性，笔者在对近20年间音乐地理学学术研究成果进行梳理的过程中，发现直接文献集中但不多，而相关文献分散但数量不少，因此笔者对相关文献进行了多角度选择。从广义的角度而言，音乐地理学文献可能包括大到文化背景，小到乐（歌、曲、剧）种的音乐风格、地方风格、语言等因素影响的特性音调，乃至流派风格等等分布、传承、流变的研究、描述等；但从狭义的角度来理解，中国音乐地理学研究必须是以音乐及其赖以发生、发展的特定地理环境的关系为理论基础，探讨的是各种音乐事象在特定地理环境中的发生、形成、分布、传承、传播、变迁，以揭示人类音乐活动的地域性结构的形成和发展规律。鉴于此，并根据体例要求，本综述兼顾两方面，对“广义”采取有的放矢的态度，点到为止；对“狭义”则关注重要发展阶段，好中选优。

音乐地理观念与音乐地理学形成的背景

中国音乐地理学的形成，至少有三方面的背景需要梳理。首先是这个学科形成的文化背景，具体地说就是中国传统文化中人们对地理与文化生成的关系的认识。中国是世界上最早注意音乐文化地理分布的国家之一。乔建中对华夏民族音乐地理观念做过如下描述：

> 在先秦文献中，人们把传说中的歌唱内容分为“南音”、“北音”、“东音”、“西音”（详见《吕氏春秋·古乐篇》）；公元前6世纪问世的《诗经》“国风”也依照地区（国家）编排，一地一“风”，全面反映了北方（主要是黄河流域）各地的民间歌唱；汉魏时代的民间音乐收集者，更加注意它们的地域之别，如“赵、代、秦、楚之声”，如“吴歌”（或称吴歈）、“西曲”等。正是因为这个传统，后世的各种民间音乐称谓，无论民间歌曲、民间歌舞、器乐、说唱、戏曲，还是寺庙音乐，都一律要加上它们所产生或流传的地名，大者如“江南丝竹”、“东北二人转”；中者如“广东音乐”、“四川清音”、“湖南花鼓戏”、“徽剧”、“楚剧”、“鲁西南鼓吹”；小者如“西安鼓乐”、“常德丝弦”、“长阳薅草锣鼓”、“沪剧”、“锡剧”等，这种明确的地理区域标示，一方面反映了中国传统音乐十分丰富和同一品种不同的地域差别，同时，也说明中华民族自古就有较强烈的音乐地理观念（1998a：3～9）。

其次，文化地理学在中国的形成、发展，是中国音乐地理学形成、发展的外因。20 世纪 80 年代，中国的人文地理学一经起步，就确定了学科的整体方向和结构系统。接着，文化地理学领域借当时的“文化学热”及传统地理学向深层开掘的大好时机，开启了学科全新的历史进程。20 多年来，文化地理学的专著从无到有，学术成果日积月累，成为一个备受关注的领域（乔建中 2002）。这些学术成果的问世，一方面说明了人文地理学的纵深发展，另一方面也促使相关交叉学科的形成、发展。

第三，音乐学的发展，尤其是民族音乐学的空前活跃，是中国音乐地理学形成、发展的内因。作为艺术学学科的一个独立门类，音乐学学科的整体建设，也是从 20 世纪 80 年代开始的。正如乔建中所说，“由于有前几十年的摸索积累，音乐学界的同仁以‘分头组织，全面展开’的方式，逐步推进各个子学科向纵深发展。其中主要包括音乐史学（古代、近代、现代和当代）、音乐美学（中外音乐美学史和美学基本理论）、民族音乐学（中国汉族及少数民族传统音乐、民族音乐学）等三大主干学科的理念、对象、范围、方法、体系等的探讨。并希望最终能够建立一套符合本学科自身规律的体系和理论架构。虽然，离这个目标还有一定的距离，但各学科的学术成就却是令人瞩目的”（2002）。而真正带给音乐学领域巨大变化的是，西方民族音乐学的观念以及相关著述相继介绍进来。这次理论“引进”使人们认识到同样是音乐现象，我们可以用多种角度和不同的层面去观察、解释、描述，即“从文化看音乐”，“对于资源异常丰富但理念颇旧、方法单一的中国内地民族音乐学界来说，这一‘文化视角’的导入，无疑起了举足轻重的作用”。与此同时，包括中国音乐地理学在内的一系列的音乐学与其他姊妹学科的交叉性、边缘性的新学科如雨后春笋，获得了意想不到的发展。

对作为新兴学科的中国音乐地理学的形成过程及其学术研究的综述

尽管音乐的地方风格、区域色彩乃至民歌色彩区的问题，20世纪50至60年代，有些音乐研究者、教育者在研究过程和课堂教学中都曾不同程度地强调过，如耿生廉等。尽管有人认为“1962年，杨匡民的《湖北民间歌曲音调特点区分示意图》，是目前所知的中国传统音乐文化地理学研究的先声。1964年，他发表的《湖北民歌穿歌子分析》（1964：69），被认为是上述研究模式的继续”（蔡际洲 1991：13～17），但与作为独立学问的中国音乐地理学，还不可同日而语。然而，不可否认，他们敏感的学术触角所及，是这个学科建设的前奏。从这个意义上讲，他们的学术成果，对这个学科的孕育、形成具有一定意义。因此，本着从更广更多的角度遴选的精神，本综述在“文献目录”中，对相关内容有所收入。

20世纪80年代后期，音乐学界有关中国音乐地理的研究就在前文所述的学术背景下开展起来。首先，一些民族音乐学家陆续从翻译介绍的欧美民族音乐学著述中了解到，把一种音乐与其根植的文化环境联系起来考察，是民族音乐学最重要的研究方法之一。本质上，它包含有文化地理学性质（沈洽 1990：345）。基于这一理论，霍恩博斯特尔和萨克斯曾提出“音乐文化圈”；巴托克、柯达依提出“音乐方言区”；梅里亚姆、内特尔提出“音乐文化区”等等。这为中国音乐学界提供了一种新的观察方法和理论指南。其次，在这一时期，中国内地的文化地理学研究一度成为人文学科领域研究的一个热点，其中有关语言地理学的研究，有关中国古代地域文化区的形成和划分的研究，有关文化－地理－人三者关系的研究，同样使关注中国传统音乐地理分布的学者获益匪浅，并促使他们严肃地面对自己的研究对象，开始认真思考本领域的同一类学术课题。再次，受到以上两方面学术成果的启示，不少中国传统音乐研究者以浓厚的兴趣深入到研究中国传统音乐的地理分布这一领域中去，并相继发表了一系列专论（乔建中 1998：8）。

研究首先从民歌领域开始，并逐渐扩展到中国传统音乐的其他门类。而民歌研究最突出的则是引入“色彩区划分”，较有代表性的如杨匡民（1981：182~189）、王耀华（1981：24~82）、江明惇（1982：438）、乔建中（1982）、苗晶（1983：36~39）；随后，少数民族民歌研究者还提出了“色块划分”理论，如胡家勋（1984）、李惟白（1984）。此外，还有费师逊（1988：19~21）。1985 年，苗晶、乔建中的《论汉族民歌近似色彩区的划分》（专著，1987：202）的出版，标志着“民歌色彩区”的研究进入了一个新的阶段。该书以汉族民歌分布的自然地理背景、古代文化背景、语言背景、社会背景、人口迁徙与民歌传播等因素为依据，将汉族民歌划分为东北平原、西北高原、江淮、江浙平原、闽台、粤、江汉、湘、西南部高原等十个近似色彩区和一个客家民歌特区，并对各区的基本特征逐一描述。这是从自然、人文地理等方面对中国汉族民歌的第一次宏观、系统化的把握和论述。此后，民歌区域特征、歌种流布等方面的研究还有黄允箴（1985：61~68 转 86）、乔建中与苗晶（1987：164~178）、黄允箴（1987）、杨匡民（1987：105~117）、王庆沅（1987：105~117）、张佩吉（1988：25~38）、乔建中（1988）、黄允箴（1989：36~48）、苗晶（1995：21~27）、杜亚雄（1993：10~12）等人的论文。此外，苗晶还发表对民歌色彩区研究进行了综述（1993：57~60）。上述专论在方法论、划分依据、学术视野等方面可以说各有所宗，但它们研讨的“焦点”是共同的，即中国传统音乐的空间分布，就总体学术进展而言，它们称得上是中国的音乐地理学研究在学科建设初步阶段的第一批成果。

这里要特别强调的是民歌色彩区的划分对“中国民间歌曲集

成”这一巨大工程的影响。继湖北卷（1988）后，山西、内蒙古、浙江、陕西、广西、江西等省卷的民歌集成先后运用了这一方法，均明确色彩区片划分该省民歌。后来出版的其他一些省卷，虽未直接划分色彩区，但也或多或少地受了色彩区划分的理论以及音地关系理论的影响。因此，本综述将《中国民间歌曲集成》有关省卷的内容划入著作部分。“民歌集成”对民间歌曲与地理关系的梳理，民间歌曲的地域色彩、地方风格的描述，既是音乐地理学学术成果实际运用，也是音乐地理学研究的学术成果，更为其后的音乐地理学研究与学科建设提供了丰富的资料和基础准备。此外，民歌色彩区划分学术研究的成果，还被吸收到高等艺术院校的教材建设中，如周青青的《中国民歌》（部分章节，1993：358），王耀华主编的《中国传统音乐概论》（1999a：376）。凡此，不论是对学术成果的推广，还是对人才学术理念的影响，都对音乐地理学的建设起到不可估量的作用。

除了民歌色彩区研究外，笼统地说，20世纪80年代末至90年代初，中国音乐地理学的研究还是呈现出了一些新的学术特点。首先是研究领域有所拓展，如刘正维《戏曲声腔分类新论》（1988：7～13）、陈复声《孟姜女调在曲艺音乐中的传承性与变异性》（1988：27）、蒲亨强与蒲亨建《武当山青城山道教音乐之比较研究》（1988：24～28）等，涉及中国传统音乐的各个门类。尤其是刘正维的《戏曲腔式及其板块分布论》（1993：33～42），可以说是对民歌色彩区的研究方法的发展。文章以戏曲唱腔的基础结构为对象进行分析，提出一个新的概念——“腔式”，并对“腔式”的各种形态和功能进行分类描述。蔡际洲还对此论做过评述（1991：38～40）。其次是突出“文化”的研究，如赵宋光《音乐文化的分区多层构成描述》（1992：51～56）、王灿《沪剧与地域文化》（1995：20～22）、冯光钰《鼓吹乐的传播与文化生态环境》（1996：18～19）、凌瑞兰《试论满族音乐历史发展的三大文化圈》

(1996：39～46)、李敬民《论豫南音乐文化区划的背景依据》(1999：30～33)、杨民康《中国南传佛教音乐文化圈和文化丛特征》(1999：103～114）等等，从元理论层面到具体门类研究，从特定区域的文化区划到不同民族的文化圈，有全面开花之势，显示了“从文化看音乐”的理念、方法已被广泛接受、运用。第三是地域性特色研究与区域间的比较研究，如乔建中、苗晶《黄河流域东、西部民歌区的形成及其风格特征的比较》（1987：164～178)、杨长雄《谈赣东北民歌的过渡性特征》（1988：16～24)、赵翔《土汉音乐混融区民歌的形态特征》（1995：44～52 转 6)、邓光华《贵州土家族傩仪音乐地域性与跨地域性研究》(1997：55～87)、王学仲《论民间音乐地域特色的相对性与模糊性》(1998：40～42)、徐雅岚《湖北民歌的二、四句式结构特征及其地理分布》(1998：91～97)、王志毅《〈茉莉花〉的地理属性》(1999：96～99)、赵毅《壮族民歌的区域性特征》(1999：28～36)、王耀华《福建传统音乐》(专著部分章节 2000：368)、蔡际洲《长江流域音乐文化巡礼》(2000：13～19）等等，从过渡性、区间比较到地理分布的不同角度、层面，对“一定区域”进行把握、探究。这是系统化研究的一个必然过程。第四是特定乐种的源流考证及传播研究，如王庆沅、卢天生《荆楚古音考》（1988：42～51)、钱仁康《〈老八板〉源流考》(1990：9～23)、王耀华《客家山歌音调考源》(1992：65～73)、冯光钰《中国同宗民歌》(专著有关内容，1998：278）等等，体现的是一种纵向的把握。

蔡际洲在对音乐地理学研究现状进行综述中，认为关于中国传统音乐文化地理学的研究，按各自的研究特点大体可分为两类：一是侧重音乐的地理分布；二是侧重不同地区的音乐传播。前者的主要研究目的在对某一传统音乐进行地理区划或在音乐形态的研究上兼及地理分布。其体裁样式主要为民歌、戏曲，其他体裁涉及较少。后者或侧重音乐本体的研究，即在考察不同地域音乐的关系时，以音乐形态的研究为主；或既有音乐形态的比较研究，又考虑这种传播与一定地理环境（含自然地理环境和人文地理环境）的关系。该文认为，这些研究为以后的研究奠定了坚实的基础，也积累了不少方法和宝贵经验。由于这一领域的研究目前尚处探索阶段，因此该文还提出了若干值得思考的问题（1999：13 ~17）。蔡文中提出的一些问题，值得我们深入地思考、探索。

但学术研究不能绕开原点。不可否认，上述学术成果确实为中国音乐地理学研究奠定了坚实的基础，然而对于音乐地理学学科建设而言，必须梳理出学科发展的脉络，更重要的是确立其学术原点。本人认为，1988 年乔建中在香港“中国音乐与亚洲音乐研讨会”上发表的《音地关系论——从民间音乐的分布作音乐地理学的一般探讨》，是中国音乐地理学学科建设的第一个学术原点。正如王耀华所评述的，“无论是对于中国民间音乐中的地理因素的分析，或者是对于表层关系——环境对体裁的‘选择’、深层关系——地理因素所造成的民间音乐风格区的论述，还是对于储存关系——作为保护传统文化自然屏障的地理环境的研究，（该文）都是旨在‘把一定文化区（圈）中民间音乐的空间分布状态同它所赖以形成、传播的地理环境联为一体，进行多种角度的考察，从而找到两者间的诸多联系’”（1999b：49）。乔建中对音乐与地理的关系的关注始于20 世纪 70 年代末及 80 年代初，较有代表性的成果是《汉族山歌研究》（1982），文章认为，“气候、地理与山歌体裁的流布形势如此相似，绝非巧合，而是反映了前者作为一种物质因素对后者这一精神现象所产生的决定性影响”。随着关注度的增强，对音乐与地理关系的研究一步步地展开、深入，视野逐步拓展到民俗、语言、气候、歌唱状态、声音选择等方面，意识到关注民歌与地理关系的研究“不仅能为我们提供十分广阔的思维空间，还能为民族音乐其他部分的研究提供重要的材料和思路”（李月红 2000：26）。不论是汉族山歌、山东民歌、花儿研究，还是后来的

《下四川》、《五更调》、壮族“三声部”民歌、四种北方鼓吹乐的比较分析等研究中，“都在字里行间触及了音乐与地理、语言、古代文化的关系，使读者从各种具体描述中，直接领略到中国音乐文化的多样、丰富，并进一步透过它的多样、丰富，触摸到它的地脉、文脉、语脉共生共存、相互影响、传承不息的深厚、博大的生命力”（王耀华 1999b：49）。从以上梳理可以发现，“音地关系论”这样一个学术原点不是凭空而出，而是十余年学术研究累积的结果。

随后，乔先生的研究继续向纵深拓展，成果表现在两个方面。其一是典型性个案的微观探究，如《〈下四川〉研究》（乔建中 1993：34 ~41 转 28）。某一特定文学母题相维系，或由某一特定音乐主题相维系的民歌群，以其内部的多种亲缘关系体现出民歌的传承、传播、演变规律，以及蕴藏于其中的社会文化特征。在中国汉族民歌中，属于此两类现象者不少且分布广泛。该文对以“四川”为文学母题的一组民歌做个案研究，选择了歌唱内容都程度不等地与“四川”有这样那样的联系，但在音乐体裁、结构、风格方面又各有所宗的四首民歌。作者认为研究这类民歌群的形成原因、分布环境、体裁属性、曲体结构及相互异同，有助于我们从深层认识某一民族、某一地区民歌文化的一些本质特色。个案研究的目的在于，进一步寻觅其社会历史成因及由它体现出的中国民歌传播接受模式，以及同文学母题民歌群的文化地位及历史价值，为日后的同类研究摸索一种新的思路。其二是文化背景的宏观把握的深入探讨。《试论中国音乐文化分区的背景依据》（乔建中 1997：75 ~87）从地理、语言、古代文化等三个方面来探寻中国音乐文化分区的背景依据，突出了从文化的角度来认识音乐内涵的音乐文化观。

1998 年初出版的《土地与歌——传统音乐文化及其地理历史背景研究》（1998b）是乔建中近十年的学术论文选集，从副标题可以窥见选编此书时的学术取向。“自 1980 年代初通过对传统音乐的一些个案研究，开始注意中国传统音乐的空间分布现象，进而发表了关于汉族民歌区域划分的意见，后来，又进入有关‘音－地－人’关系的一系列探讨，其目的，是想通过对中国传统音乐空间分布的较全面的认识并在此基础上，初步建立起一个关于中国音乐地理学的理论框架。”（1998a：3）同年，作者发表了《论中国传统音乐的地理特征及中国音乐地理学的建设》（1998a：3～9）。文章从中国地理地貌为中国传统音乐所提供的发生发展环境、中国传统音乐的空间分布及其与地理环境之间的依存关系，作为文化地理学的音乐地理学研究三部分论述。可以说这是他致力于中国音乐地理学研究和学科建设的又一成果，也标志着中国音乐地理学研究的理论框架的架构完成。在此基础上，乔先生还于2001年1月在“中国音乐研究在新世纪的定位国际学术研讨会”（香港）上，发表了《中国音乐学文化区系类型刍议》（2002：92～111）。此文一方面可说是对中国音乐地理学研究理论框架的进一步系统化，另一方面也是对该学科的全局性把握和前瞻性探索、思考。文章认为，通过几十年努力，中国音乐学界的已经具有建立中国音乐学文化区系类型理论研究的学术基础。作者不仅就如何建立中国音乐学文化区系类型的研究系统提出了自己的设想，还阐述了“文化区系类型”对推进新世纪中国音乐学研究的意义。

跨入21世纪，运用音乐地理学学科理论观念而形成的学术成果正不断涌现。概述、概论方面的，如《中华音乐文化大观》的第四编“地孕天成”（2001：381～614），分汉族音乐的区域色彩与少数民族音乐的区域色彩两部分。在对汉族音乐文化区划的背景依据进行描述的基础上，将汉族音乐划分为东北部平原内区（齐鲁燕赵）、东北部平原外区（关东）、西北高原内区（晋陕）、西北高原外区（甘、青、宁、新等）、西南高原内区（川、贵、云）、西南高原外区（云、贵）、江淮区、江浙平原区、江汉区以及湘、赣、闽、台、粤、客家等十五区，在原有区划方面有所细化；在区域研究方面，如蔡际洲的《长江流域音乐文化巡礼》（2000：13～19），分“你从雪山走来”——青藏音乐文化区鸟瞰、金沙江畔——滇黔音乐文化区鸟瞰、“天府”风情——巴蜀音乐文化区鸟瞰、“楚人善歌”—— 荆楚音乐文化区鸟瞰、江浙人文渊薮——吴越音乐文化区鸟瞰。作者在文前按语中写道，“对长江流域的音乐进行分区研究，是一个较少有人涉及的课题。杨匡民提出‘长江三处文化区’说，即长江上游的巴蜀文化区、中游的荆楚文化区和下游的吴越文化区（1999：58～66）。笔者试图在此基础上再稍作展开，将长江流域自上而下分为青藏、滇黔、巴蜀、荆楚、吴越五个音乐文化区。同时还将研究对象从传统音乐扩展至20世纪以来的近现代音乐。以下的‘巡礼’，是对各区内音乐文化的历史和现状的粗略描述。关于“文化区”（cultur region），系借鉴文化地理学中的概念，指具有‘共同文化属性’的地理空间。而‘音乐文化区’则指在音乐的体裁品种上，具有共同或相近的风格特征的区域。‘长江音乐’，在这里有两层涵义：一是指产生于长江流域的音乐，其中包括土生土长的传统音乐和专业音乐家在长江流域创作的作品；二是指长江流域籍贯的音乐家所创作的音乐，或是非长江流域籍贯的音乐家创作的以长江为背景的音乐”。相关的研究成果还有不少，限于篇幅，本综述不能一一涉及。

从“音地关系”的提出，到学科研究理论架构的完成，中国音乐地理学研究又形成了一个新的学术原点，完成了一次学科研究、建设的质的飞跃，但学术发展的脚步总是历史地发展。当音乐地理学的研究日见深入，这个学科发展形成的理念，也逐渐地渗透到了其他学科和领域，甚至社会生活中——进入教材系列走进学生课堂、进入了音像制品领域并走进人们的日常生活（乔建中总指导、于苏英主编、台湾风潮有声出版有限公司出版《典藏中国音乐大系·土地与歌》1996等），音乐地理学这个学科面前的可为之事还很多。因此，乔建中在著述的专著中为学科的建设作了如下构想：

一、音乐地理学体系，大体上可以包括以下五个方面：

（一）理论的——即音乐地理学作为一个交叉性学科，它在学术上合理性和存在的必要性如何？它对于民族音乐学的建设有什么补益？音－地关系的内涵是什么？它的理论前景如何？等等；

（二）历史的——即自中国音乐产生以来，不同时代的音乐与它所依附的当时的地理环境形成了怎样的关系？历代文献中在这方面有什么记载？是否有可能梳理出一个较清晰的脉络来？

（三）描述的——即对丰富多样的音乐文化地理现状建立起一套较为客观而又有效的描述方法和系统，以便像语言地理学那样为语言（方言）区域的划分提供可靠的参照。

（四）区域的——这一方面包括两层含义，一是提倡作区域性研究，甚至提倡作小区域的整体研究，以便积累相关资料；二是作音乐地理区划分的初步研究，特别是在区划依据方面提倡实验性、取样性研究，为有价值的音乐地理区划方案作准备。

（五）方法论的——即对本学科研究方法的多方面的探讨。

二、古代音地关系文献资料的初步梳理——就乔建中近年初步接触到的部分资料看，可能不算多，但也不能说贫乏。有些资料是因为没作如是观，所以被忽略了。他相信，如果以一种坚定而牢固的学术观念详加寻觅梳理，一定会发现比现在多得多的音地关系文献，并完成一篇《中国音－地关系五千年》的资料汇编。

三、中国传统音乐地理区划的背景依据——这一命题的研究，他和苗晶过去在《论汉族民歌近似色彩区的划分》这册论著中先行做了尝试性研究，他提出了地理背景、古代文化背景、语言背景、社会背景、人口变迁与民歌传播因素等。1992年他又写了《论中国音乐文化分区的背景依据》，希图从更大的范围探讨这个问题。2000年再写《中国音乐学区系类型刍议》。问题已经提出来了，但还比较浮泛。鉴于它对于音乐地理学的建设具有基础性意义，所以还应做更深入的研究。

四、关于音乐地理学的基本框架——指这个学科要研究的内容。

他提出四大领域：（一）体裁与乐种，其中包括民歌、戏曲、曲艺（说唱）、乐器与器乐、宗教音乐、民俗音乐等。20世纪新音乐（专业音乐）不包括在其中，因为这是一个较复杂的问题。专业音乐具有超地域甚至超民族（狭义）的特征，需要专门研究。（二）地理音乐志，这是一个学术理想，是想借助中国深厚的“地方志”的传统，做现代的音乐地理志。做大做小不重要，而是要做好做精，取得经验后，逐步展开。（三）应用音乐地理学，即在广泛田野调查的基础上，在背景依据研究有一定深度的基础上，并在区域划分有了较充分成熟考虑的基础上绘制中国音乐空间分布图。（四）区域音乐地理学研究，这是在部分完成地理音乐志之后，以此为基础进行的学术研究，范围可大可小，但最好是先小后大，绝不能贪大图快。

五、音乐地理学的方法——对于方法论，十多年前学者们曾经有过一个热烈的讨论，被称之为“方法论热”。对于一个学科的发展而言，方法论是至关重要的。兵马未动，粮草先行。在学术研究领域，这个粮草，可以指资料，也可以指方法论，或者两者都是。特别是在有了选题、资料后，采用什么方法，对研究成果具有重要意义。但对于方法论的作用，也不能绝对化。选择何种研究方法，还是要看研究对象和内容（乔建中2002）。

当然，对于中国音乐地理学这个新兴学科的研究、建设而言，以上只是其学术发展史的一个过程。世纪之交，已经有这样的积累、基础，有不少青年学子加入这个行列，中国音乐地理学这门新兴学科，必将在新的世纪取得长足发展，逐步走向成熟。

注释：

［1］中国音乐地理学的这一界定，自20世纪90年代以来，乔建中在相关学术讲座、学术会议上曾多次做过不同角度、不同层面的论述。本综述之所以选择乔先生2002年的最新的“版本”，是因为作为即将面世的学术专著《中国音乐地理学》对本学科的定义，它不仅是一个相对完整、规范的学科界定，而且已经是一个书面文本了。

参 考 文 献

蔡际洲

1991：《腔式板块理论与音乐地理学》，《音乐探索》第1期。

1999：《关于中国传统音乐文化地理学研究的思考》，《交响》第4期。

2000：《长江流域音乐文化巡礼》，《云南艺术学院学报》第4期。

陈复声

1988：《孟姜女调在曲艺音乐中的传承性与变异性》，《民族艺术研究》第1期。

邓光华

1997：《贵州土家族傩仪音乐地域性与跨地域性研究》，《中国音乐学》第3期。

费师逊

1988：《民族音乐与文化流》，《人民音乐》第1期。

冯光钰

1996：《鼓吹乐的传播与文化生态环境》，《人民音乐》第1期。

2000：《客家音乐传播》，中国文联出版公司。

胡家勋

1984：《贵州彝族民间歌曲的色块划分及其成因探究》，《全国民族音乐学第三次年会（贵州片）论文》。

1989：《贵州民族音乐文选》，中国民族摄影出版社。

黄允箴

1985：《论北方汉族民歌色彩区的划分》，《中国音乐学》创刊号。

1987：《北方汉族民歌中的变宫音》，《“东方音乐学会第一次年会”论文》。

1989：《汉族人口的历史迁徙与南方汉族民歌的色彩格局》，《中国音乐学》第4期。

江明惇

1982：《汉族民歌概论》，上海文艺出版社。

蒋菁等主编

2001:《中国音乐文化大观》,北京大学出版社。

李敬民

1999:《论豫南音乐文化区划的背景依据》,《中国音乐》第2期。

李惟白

1984:《民族音乐文化色块论》,《全国民族音乐学第三次年会(贵州片)论文》。

1996:《苗岭乐论》,贵州民族出版社。

李月红

2000:《学术与生命》,《音乐艺术》第1期。

凌瑞兰

1996:《试论满族音乐历史发展的三大文化圈》,《中国音乐学》第1期。

刘正维

1988:《戏曲声腔分类新论》,《黄钟》第1期。

1993:《戏曲腔式及其板块分布论》,《中国音乐学》第4期。

苗　晶

1983:《我国北方汉族民歌近似色彩区的划分》,《中央音乐学院学报》第3期。

1993:《1980年以来汉族民歌研究工作的回顾与思考》,《音乐研究》第2期。

1995:《民歌比较研究中的几个问题——地属、族属与风格差异》,《中国音乐学》第4期。

苗　晶、乔建中

1987:《论汉族民歌近似色彩区的划分》,文化艺术出版社。

蒲亨强、蒲亨建

1988:《武当山青城山道教音乐之比较研究》,《交响》第4期。

乔建中

1982[1989]:《汉族山歌研究》,(硕士学位论文)《中国艺术研究院首届研究生硕士学位论文集·音乐卷》,文化艺术出版社。

1988[1998]:《音地关系论——从民间音乐的分布作音乐地理学的一般探讨》,"中国音乐与亚洲音乐研讨会"《土地与歌——传统音乐文化及其地理历史背景研究》,山东文艺出版社。

1997:《试论中国音乐文化分区的背景依据》,《中国音乐学》第2期。

1998a:《论中国传统音乐的地理特征及中国音乐地理学的建设》,《中央音乐学院学报》第3期。

1998b:《土地与歌——传统音乐文化及其地理历史背景研究》,山东文艺出版社。

1993:《“下四川”研究》,《中央音乐学院学报》第2期。
2002a:《中国音乐地理学》(2002年下半年赴台湾讲学稿,绪论,2003年初整理稿)。
2002b:《中国音乐研究在新世纪的定位国际学术研讨会论文集》,人民音乐出版社。
乔建中、苗　晶
1987:《黄河流域东、西部民歌区的形成及其风格特征的比较》,《民间文艺季刊》第1期。
钱仁康
1990:《〈老八板〉源流考》,《音乐艺术》第4期。
沈　洽
1990:《民族音乐学10年》,《1990中国音乐年鉴》,山东教育出版社。
王　灿
1995:《沪剧与地域文化》,《中国音乐》第4期。
王庆沅
1987:《湖北兴山特性三度体系民歌研究》,《中国音乐学》第3期。
王庆沅、卢天生
1988:《荆楚古音考》,《音乐研究》第4期。
王学仲
1998:《论民间音乐地域特色的相对性与模糊性》,《乐府新声》第3期。
王耀华
1981:《福建民歌的色彩区及其调式、音调特点》,《福建民间音乐研究(一)》第1期。
1992:《客家山歌音调考源》,《音乐研究》第4期。
1999a:《中国传统音乐概论》福州,福建教育出版社。
1999b:《脚踏实地　真诚执著——读乔建中“土地与歌”》,《人民音乐》第6期。
2000:《福建传统音乐》,福建人民出版社。
王志毅
1999:《“茉莉花”的地理属性》,《黄钟》第4期。
徐雅岚
1998:《湖北民歌的二、四句式结构特征及其地理分布》,《黄钟》第2期。
杨长雄
1988:《谈赣东北民歌的过渡性特征》,《中国音乐学》第4期。

杨匡民

1962:《湖北民间歌曲音调特点区分示意图》,《湖北民间歌曲集》(上),湖北省文化局、中国音协武汉分会编铅印本。

1964:《湖北民歌穿歌子分析》,《音乐论丛》(第6辑),音乐出版社。

1981:《湖北民歌三声腔及其组织结构》,《中国音乐》增刊。

1987:《民族旋律地方色彩和形成及色彩区划分》,《中国音乐学》第1期。

1993:《长江中游文化区民歌结构》,《音乐研究》第3期。

杨民康

1999:《中国南传佛教音乐文化圈和文化丛特征》,《中国音乐学》第4期。

张佩吉

1988:《长江流域田歌的初步探究》,《中国音乐学》第4期。

赵宋光

1992:《音乐文化的分区多层构成描述》,《中国音乐学》第2期。

赵 翔

1995:《土汉音乐混融区民歌的形态特征》,《黄钟》第1期。

赵 毅

1999:《壮族民歌的区域性特征》,《中央音乐学院学报》第2期。

周青青

1993:《中国民歌》,人民音乐出版社。

中国音乐年鉴·2003·
·音乐教育·

2002 年度专业音乐教育综述

杨曦帆　冯效刚

新世纪以来专业音乐教育理念的转变

在本年度，音乐教育观念的转变继续呈现多样化势头，除了对音乐教育本身的思考，从文化角度切入的研究也是当今音乐教育视野的亮点之一。另外，对计算机音乐、网络音乐的探讨也十分引人注意，标志着音乐教育理念和技术手段不断革新之间的影响是相互作用的。

在音乐学教学方面，蔡良玉就如何改进音乐学的基础教育谈了三点感受和建议：

1. 音乐学系的学生应当具有较好的外语水平，否则无法和世界交流；2. 学校不可能教给学生全部知识，但应为学生打下一个良好的治学基础，让学生知道如何做学问；3. 知识结构不断更新和用更开放的眼光面向社会，不能因为专业的分工越来越细，而把自己的眼光和思维限制得越来越窄。也就是说，应当把音乐学自觉的纳入人文学科的标准来要求，既要有良好的语言基础，也要有良好学术规范和开放的学术平台（2002：90~92）。

冯文慈针对目前学术界对近现代音乐史所发生的争论以及"重写音乐史"的"呼声"，提出：

"中国的古老传统音乐文化和学堂乐歌以来的新音乐文化，在中国近现代音乐史的内容中应该并存并重，努力争取做到符合客观史实的平衡。"而不应该或者将新音乐传统视为"盲目崇洋"，或者又对传统音乐文化之积淀"估计不足"。因此，在中国近现代音乐史的教学中应注意到两种"新"、"旧"文化并存的现象（2002：9~11）。

徐元勇指出，从事音乐学专业的人应当掌握音乐形态、音乐技能等音乐本体知识，以及中外历史文化等方面的人文社科知识，但"在我国音乐学的实际教学中却没有实施，至少做得很不够"。针对这种情况，作者提出应在附中阶段就开设音乐学专业，这将有助于改变我国现有音乐学及音乐理论研究的滞后现状，改变人们"误认为音乐学的研究就是文字的工夫"，基本功就是"背熟几本音乐史书"的错误认识（2002：24~27）。

黄洛华认为，同是复调课程，作曲系强调创作技能的掌握，而音乐学系更着重于理论分析与研究，需要的是综合理论知识的广度，而不是写作技术的深度，因此在教学上应有不同的偏向与侧重。音乐学专业开设的复调课应在写作的前提下，增设复调体裁与复调应用两个部分（2002：53～55）。

介绍西方音乐教育理念方面，周奇迅概述了西方几类有代表性的音乐教育思想，如匈牙利的柯达伊音乐教育思想、日本的铃木音乐教育思想、美国音乐教育思想等，并就西方音乐教育思想所带给我们的启迪作了总结（2002：91～94）。另外，由保罗·哈克著，刘沛翻译的《走向功能音乐教育》，介绍了美国音乐教育多受实用主义哲学影响，音乐教育的价值在于公民教育、责任感教育、合作教育、健康教育和道德教育（2002：32～36）。

从文化角度探讨音乐教育问题，强调文化的重要意义已是当今音乐教育界的共识，对多元化的思考也是21世纪音乐教育不可回避的问题。

杜亚雄指出，"'全球化'是伴随着知识经济的出现和电子资讯的时代而提出来的"。从世界格局来看，处于强势的国家多认为"全球化"是人类的必然选择，赞成全球经济一体化必然带来全球文化一体化。相反，处于弱势的国家则强调本土价值体系与非西方经济发展模式，强调"'全球化'应当和文化方面的'本土化'双轨并行"。结合音乐教育问题，则须"建立一个立足于中国传统音乐的教学体系，通过这一体系的教学，不但有助于学生学习中国传统音乐，也有助于学生了解中国文化的价值观"。全文先是从政治学、经济学、文化学的角度梳理了对"全球化"的两种声音，又结合音乐教育问题，指出应加强中国传统音乐的教学体系（2002：5～8）。

黄凌飞认为在人类学、文化学的影响下，"音乐（music）的复数（musics）在国家音乐教育中的广泛使用，标志着音乐人类学多元文化价值观念成为当代音乐教育观的思想基础"。在具体教学实施方法上，作者提出了富有特色的课程设置。如增加少数民族音乐概论、音乐历史等内容；在音乐实践教学上着重少数民族音乐方言听辨及模唱、少数民族乐器演奏等内容；且重视人文学科，开设音乐人类学、少数民族历史、少数民族哲学等课程，为在民族地区实施多元化音乐教育提供一定的参考依据（2002：33~35）。

林贵雄从汉族地方艺术院校音乐教育定位出发，指出地方艺术院校的专业设置及教育都应与社会需求相结合。提出在本科一年级阶段不分专业，二年级再分“专才”式的演唱、演奏和作曲专业以及“通才”式的培养模式。在教学上，对教师也要有相应的要求，如教师任教三五年即实行“轮训”制度，使教师能够不断地充实自己（2002：3~5）。

新世纪网络计算机专业音乐教育的发展

走进新世纪，我国专业音乐教育进入一个飞速发展的时期。吸收新的教育理念，开发网络资源、推进计算机音乐，成为2002年专业音乐教育的新亮点。2001年11月9至12日，在南京艺术学院召开了全国首届数字化音乐教育研讨大会，到会者多达200余人，可见人们对于这一新兴学科寄予了很大希望。由于涉及新专业，因而出现了不少新的专业术语，如，STN（Sharing Teaching Network）共享教学网络、CAI（Computer Assisted Instruction）计算机辅助教学、（Lessonware）多媒体教学课件等等。韩新安指出，强调数字应用技术的拓展，为音乐教育领域开启了一扇新的世纪之门。计算机作曲、多媒体数学、MIDI乐器制作所带来的音乐的新思维、教学理念和教学手段，正撞击着相对陈旧、封闭和落后的传统教学模式。2002年2月22日，中央音乐学院现代远程音乐教育学院顺利通过专家评审，被教育部正式批准为高等院校远程教育试点单位。现代远程教育是随着现代信息技术发展而产生的一种新型教育方式，必将成为构筑现代知识经济时代，人们终生学习体系的主要手段（2002：14~16）。

冯杰指出电脑音乐技术是集计算机技术与音乐技术理论于一体的一种新型综合学科。随着现代计算机技术的日益发展，电脑音乐已涉及到音乐的创作、演奏、教育、网络以及商业、娱乐等各个层面，也势必影响传统的音乐教学模式。目前，在各高校音乐课上兴起的多媒体教学就是音乐教学模式改变的一个例证（2002：731～735）。

李燕指出，以计算机技术为核心的现代教育技术对音乐教育所产生的巨大影响已经渗透到高等师范院校音乐教学的各个领域，并从高师音乐教育的现状、现代教育技术应用模式以及音乐教育的发展趋势等几方面，探讨了现代教育新技术对高师音乐教育改革的影响（2002：132～133）。

高秦平提出音乐教育的逐步数字化，应体现在现行音乐教学的各个方面，如钢琴集体课、和声教学课、视唱练耳课以及其他许多可以利用电脑资源的教学课程。这不仅节省了大量的教育资源，同时也改变着传统的音乐教学方式，为现代音乐教育拓展出了更大的空间（2002：77～78）。

张岚认为，多媒体技术的发展，信息化教学环境的完善，既为视唱练耳课程教学提出了新的要求，也对教师的职业素养提出了更高的要求（2002：70～73）。

胡斌认为，电脑中的网络技术、数据库技术以及多媒体技术三大技术联手，使电脑网络成为新的音乐传播工具，改变了音乐信息的传统传播方式，提高了声音和图像的传输速度和质量，从而扩展了音乐的使用价值，使新的音乐存在方式和新的音乐文化属性得以展现（2002：37～40）。

韩兰魁、李宝杰、程宝华、刘小山将音乐教育中信息资源的种类分为“文本资源”、“图片资源”、“音频资源”、“视频资源”四类，认为以计算机为中心的音乐教育信息手段包括多媒体技术的音乐教育手段和互联网的远程音乐教育手段，以计算机为中心的音乐教育信息手段的应用则包括多媒体教学硬件的建设和多媒体教学软件的建设两部分。该文还指出现代信息手段的广泛运用是促使现代音乐教育在观念、体制和方式上变革的主要原因之一（2002：70～78）。

各种音乐学术研讨会对专业音乐教育与教学的影响

2002年8月27至29日，由中央音乐学院音乐学研究所举办的“第一届全国音乐心理学学术研讨会”在该院召开。来自全国十五个省市地区60余所高校的百余名学者、教师和研究生，参加了这一重要的学术活动，大会成立了“中国音乐心理学学会”并选举出第一届学会理事会。张前在大会发言中总结了上世纪80年代以来音乐心理学研究所取得的成绩，即在全国各类报刊发表的音乐心理学学术论文和文章已达七百余篇，出版专著十一部，译著六部等。就音乐心理学的“学科性质”，周海宏认为：“音乐心理学是一门实证科学，它应与音乐实践中的方方面面紧密联系，解决实际问题。”与音乐美学相比较，音乐心理学“重实证，要用事实说话”，音乐美学则“重思辨，以严密的推理服人”（王樱朴2002：25～26）。这次音乐心理学学术研讨会对音乐教育的影响必将是十分深远的。首先是在学理上自觉将音乐心理学和音乐美学的学科特点作了区分，其次是各个学科都应自觉地以心理学的实证方法为其学术坐标，在教学上向科学化推进。

2002年9月16至19日，由南京艺术学院音乐学院、中央音乐学院音乐学研究所、南京艺术学院音乐学研究所联合主办的“当代音乐学研究专家论坛”在南京艺术学院举行。

就音乐学学科建设问题，伍国栋在“民族音乐学理论的实践层面”的发言中，提出民族音乐学的研究应当从三个层面进入，即田野工作、音乐本体、描述解释。三个层面相互衔接、相互贯穿，并形成综合性人文艺术学科的学术品格。就音乐学的学科成立，伍国栋提出四个条件：一是本学科有相对独立的，与他学科有区别的学术视野及研究对象、研究方法和研究目的，但要与其他学科有联系；二是有一定的发展历史；三是此学科应有一批突出的学者；四是此学科应有一批比较有影响的代表著作、经典性的著作。于润洋针对音乐学学科问题指出，音乐学是一个人文学科，是属于理论思维的范畴，如果一个民族的音乐文化要发展，缺少了音乐学的理论也是很难达到高峰的。因此，从长远的建设上来看音乐学应注意以下三个方面：一是扩大学科的学术视野；二是加强理论与历史的相互融合和渗透；三是注重对音乐本体的研究。

就音乐学研究视野问题，赵宋光认为任何学术科目的建设，都需要有社会分工。像音乐学这样一个相关领域异常多样的学科，更是如此。经过漫长的历史发展，无论在东方还是西方，音乐学研究事实上已经形成细密的分工。但是，分工的细密却又往往使研究者视野狭窄，渐渐远离了对于研究对象的完整理解，各种见解彼此隔阂，乃至互相贬低，无谓争吵。这就迫切需要在被分工划开的群体之间加强沟通，寻找共同话语平台。针对这一问题，张前也认为，应当扩展音乐学研究的范围，开拓新的研究方法，把单科的研究与多学科交叉的综合研究结合起来，把静态的封闭的局部研究拓展为动态的开放的跨文化研究。

音乐学的学科划分一直是很多学者所关注的问题，茅原将音乐学学科划分为十二个小的分支，即声学、音乐美学、音乐史学、作曲技术理论、民族音乐学、文本评论、乐器学、词典学与术语学、图书档案研究、音乐图解学、大众媒介、边缘学科。谢嘉幸则将音乐学分成两个层面、九个独立的研究领域，即理论层面（音乐美学、音乐史学、民族音乐学、音乐心理学）和实践层面（音乐教育学、音乐表演理论、作曲技术理论、音乐科技）。庄元的音乐学学科构架为音乐学的基础理论研究、音乐的应用理论研究、音乐的开发性研究。俞人豪则认为，从音乐学的历史发展和学科分类看，尽管出现了不少新的分支学科，但就目前而言，历史音乐学、体系音乐学和音乐民族学仍将是音乐学的基础性学科。刘承华提出了音乐文化学的学科设想，一是开展音乐文化学的学科建设，二是加强音乐文化学在民族音乐学研究中的比重，三是加强音乐文化学对相关音乐学科的渗透（杨和平、冯效刚 2002：38～39）。这次“论坛”的意义无疑是重大的，众多专家就音乐学的学科建设、研究视野及学科划分所作的探讨必将对未来中国音乐学的发展方向提供指南作用。

对具体专业教学方法的探讨

专业声乐教学方法的探讨一直是音乐教育的热门话题，很多论文都是各科教师在自己长期的教学实践中的心得，因此具有很好的教学参考意义。

陈青通过对“半打哈欠”状态与歌唱状态相吻合这一特定现象，论证了“半打哈欠”状态在声乐教学中所具有的重要启发与引导作用，并在实践总结的基础上，进一步阐明了将“半打哈欠”方法运用于声乐教学的具体途径（2002：64～66）。

王硌以德国艺术歌曲《明晨》为例，列举了在声乐教学中如何指导学生演唱外国艺术歌曲的方法。学生必须能够准确地唱出歌曲的音准和节奏并且外文的发音要准确，有感情地朗诵德语歌词，在音乐中体会歌词，认真对待音乐表情术语记号，对作品进行分析。学生和伴奏时是观察学生对音乐理解的最好时机，通过音像制品启发学生（2002：39～43）。

张云娥从声乐教学中的心理因素着手，从“注重歌唱教学中学生的练唱心理”、“培养学生练唱中的感觉与知觉能力”、“培养学生对作品的完整表述”、“歌唱意志与成功的自信心”四个方面提出了如何在声乐教学中培养学生的建议（2002：55～56）。李静从心理角度出发，分析了在声乐教学和演唱实践中的一系列心理活动对教学和演唱效果的影响，阐述了在声乐教学过程中重视调整心理状态的重要性，并提出了训练、培养和调整演员最佳心理状态的途径和方法（2002：37～39）。

另外，何军（2002：47～48）、李燕虹（2002：89～90）、邹长海（2002：58～59）、张晓钟（2002：51～52）、翟学京（2002：91～92）、李文军（2002：67～68）、吴踊（2002：，60～63）等人都对声乐教学提出了颇有见地的观点。

对钢琴教学的探讨也是音乐教学中的一个热门话题，盛文贵、张小晓指出我国高等院校对钢琴伴奏缺乏正确的认识。参照国外成功经验，他们将专业钢琴伴奏分为“音乐教练——Coach 歌剧院副指挥”、“指挥专业的钢琴伴奏”、“管弦专业的钢琴伴奏”、“声乐专业的钢琴伴奏”和“舞蹈专业的钢琴伴奏”五类，并指出钢琴伴奏在国外艺术舞台上有着重要的地位。针对我国钢琴伴奏的现状，他们也提出了一些好的想法，如在音乐艺术院校开设钢琴教学法、钢琴伴奏课，让有经验的钢琴伴奏教师来开设钢琴伴奏的合作与实践课程等等（2002：30～31）。

初晓睿从加强钢琴基本功训练、速度与歌唱性练习、培养良好的视谱习惯以及如何更好地外出演奏等五个方面，对演奏者在钢琴学习中最常遇到的问题和误区进行阐述与分析，并提出解决方法（2002：48～51）。张东胜则从具体教学实践出发，结合节拍器在钢琴教学中的具体运用，提出了节拍器的八种使用方法（2002：55～57）。

李巍指出钢琴共同课对于理论作曲专业学生写作是十分重要的。根据这一情况，作者首先认为应针对理论作曲专业学生的特点，制定教学方案，做到因势利导、因材施教，多从较易识谱的中小型优秀钢琴作品入手；其次，也应改变以往单一的教学模式，多为作曲专业学生增加即兴伴奏的教学内容（2002：65～69）。

另外，梁丽红《关于钢琴教学中的思维敏捷性培养》（2002：33～35）、郭兰兰《钢琴学习中存在的内隐记忆现象》（2002：33～36）、曾强《高抬指练习的误区》（2002：70～71）、李黎《在钢琴教学中如何培养学生表现音乐和创造音乐的能力》（2002：61～62）等文，也都从其专业实践中提出了自己的看法。

对弦乐教学的研究，杨九华认为，小提琴演奏技术从中级到高级的学习过程，是教学中的一个重要环节。他就指法、音阶、换把和双音演奏技术的分析，简述了如何安排教学步骤，构建基础教学中一个合理的渐进过程（2002：85～90）。

麻西水指出，小提琴演奏中最具普遍性也最难解决的问题就是音准。依靠内心听觉是解决音准问题的先决条件，音准同时取决于左手对指板的熟悉程度和控制力，以及发音瞬音动作能否迅速做出微小的调整。因此，小提琴音准是内心听觉和演奏技巧相结合的综合性问题（2002：59～63）。

马茂龙指出，在低音提琴的练习过程中，要使声音的质量始终保持深厚、丰富、结实，演奏者建立起标准声音的内心听觉，真正倾听把握自己的声音，使之向理想境界靠拢是至关重要的（2002：72～73）。

对长号的教学，于铭发从演奏姿势及乐器和身体间的角度、号嘴在唇上的位置和口缝变化、舌的吐音和右手拉动把位之间的平衡与协调关系做了较为详细的论述，并通过相关谱例加以实例分析，表明了平衡与协调在实际演奏中所发挥的作用（2002：60～64）。

在民族乐器教学研究中，刘美丽针对以往琵琶教学中重技术轻人文的倾向，在实践经验的基础上，运用音乐形态学、音乐美学和史学原理，论述了琵琶教学的四个环节，即解读作品形态、突出审美价值、注重人文精神、解决技巧难题（2002：64～67）。

王建宝提出，应当按教育发展观来指导器乐教学，使学生通过四个方面的学习过程，来扩展深化自己所学的知识，灵活、扎实地掌握二胡演奏的技巧。即学生首先具有接受新知识的正确观念；学生具备学习的心向；学习是一种以思维为核心的理解性学习；教师不仅要在认识上引导学生展开思维，而且要在情感上与学生进行心与心的交流（2002：70～78）。

李铃就扩招后音乐学院二胡专业的教学提出自己的看法。在“技术基础的定位”上，教师应立足于引导学生从业余向专业过渡；在“教材的选择”上，教师应因材施教；在“教学方法的实施”上，教师要把握好“讲解与示范”、“传统与借鉴”的关系，不盲目追求曲目数量，应理解不同的风格与流派（2002：78～79）。

陈洁提出要注重腰部及躯干在二胡演奏中的支撑作用；李云提出在扬琴演奏中要做到音色、技巧与情理的统一；张琪提出在钢琴教学中要注意培养学生正确的练琴方法、可靠的背谱方法以及良好的心理状态；江小蕊提出钢琴伴奏在声乐演唱艺术中的重要性，认为扎实的钢琴基本功和对作品风格的准确把握是一个钢琴伴奏所应具备的能力；徐玲就如何上好声乐伴奏课提出了自己的看法，认为要进行“课下的工作”，要“读懂歌词、掌握正确发音”，这样才能理解歌曲的内涵，才能在纠正学生的发音问题；张伟就混声训练提出了自己的体会，即借用京剧青衣“喊嗓”方法，训练学生用真声演唱到用混声演唱，做到假中有真，真中有假（陈洁等2002：73～80）。

以视唱练耳和基本乐理为主的音乐基础理论教学是整个专业音乐教育的基础，担负着培养学生正确进入音乐专业第一步的重任，也是整个“音乐大厦”的根基。

姜秦丰从培养和声听觉的角度出发，认为视唱练耳的基本任务是发展学生的音乐听觉，需要理论知识与听觉实践能力两方面的均衡发展。姜就如何进行音乐基本理论的运用及和声常识的教学、和声连接的听觉要素及其训练要点、训练进度及和声听觉训练中理论、听觉要素的关系问题进行了探讨（2002：65～70）。

孔云霞首先分析了传统视唱练耳教学中所存在的负面心理影响，如"注重技能培养，忽略个体心理发展"、"单调的环境设备、单一的音响刺激"、"单一的音乐能力评价因素"等；其次，她提出了相应的改革建议，如"改善教学环境，培养个体主动参与意识"、"建立不同的评价标准，唤醒积极的心理情感"、"挖掘音乐潜能，发展音乐能力"等（2002：32～33）。

任志琴认为，视唱练耳教学是对学生进行音乐思维培育的重要课程，对学习、理解、运用音乐知识，分析、理解、表达音乐语言，发展学生审美力、想象力，都有着重要的作用。就此，她提出在视唱练耳教学中，把音乐思维训练和音乐认知、音乐语言相结合，和实践、知识、非智力因素相结合的思维培育原则（2002：56～58）。

段勇强调在视唱练耳教学中有四条重要原则：一是主体目标即教学目标定位；二是把握客体对象即把握教材与学生；三是主客逻辑统一即教与学的统一；四是综合行为体现即学生的社会化（2002：61～63）。

基本乐理作为专业音乐教育的根基之一，在当今教学中，尤其是在高校扩招后也面临着很多问题。如很多院校甚至出现"乐谱盲"的学生进校，因而需要对基本乐理的教学加以更多的重视。

赵小平就乐理中的一些概念，如等音、所有的增减音程都是不协和音程、切分音、休止符等概念，进行归纳梳理（2002：71～73）。

施咏对21世纪的基本乐理教学提出了新的思路，指出21世纪的乐理教学就是"一要体现中国特色，呼唤母语回归，传承民族音乐文化；二要摒弃'技术至上'主义，强化文化意识，实施素质教育；三要拓宽文化视野，广纳世界各民族音乐；四要加强乐理教材建设，全面体现其科学性、时代性与适用性"（2002：44～

48）。这样的建议，对于已进入21世纪的中国专业音乐教育而言是值得深思的。

小　　结

综上所述，本年度的专业音乐教育蕴含着教育理念的转变、计算机与网络音乐的发展、专业学术会议的影响以及具体专业音乐教学的实践探讨等几个方面。总的来看，成绩是可喜的，但也包含着不少问题。如在音乐教育中虽然强调多元化，但对“多元化”本身的探究却是不够的，到底什么是“多元化”尚未有统一而清晰之认识。又如计算机、网络音乐的推广欠缺对本土音乐手段的关注，而针对具体音乐教学的讨论显得就个体经验所谈居多，较少站在更高、更深的层面对专业音乐表演进行引导性的研究，这也反映了我们很多教师本身理论素养较为缺陷的现实。

参 考 文 献

蔡良玉

2002：《对音乐学教学的三点建议》，《中央音乐学院学报》第2期。

陈洁等

2002：《青年教师教学研究笔谈》，《天籁》第2期。

陈　青

2002：《“半打哈欠”的歌唱状态及其在声乐教学中的运用》，《乐府新声》第2期。

初晓睿

2002：《钢琴学习中应当注意的几个问题》，《乐府新声》第1期。

杜亚雄

2002：《“全球化”和中国传统音乐教学体系的建设》，《天籁》第1期。

段　勇

2002：《视唱练耳教学主体育人四原则论》，《西南师范大学学报》第1期。

冯　杰

2002:《电脑音乐的发展及其教学模式的实现》,《安徽师范大学学报·人文社会科学版》第6期。

冯文慈

2002:《中国近现代音乐史教学:两个传统并存与古今衔接问题》,《天籁》第1期。

高秦平

2002:《音乐教育的数字化》,《渭南师范学院学报》第6期。

郭兰兰

2002:《钢琴学习中存在的内隐记忆现象》,《乐府新声》第3期。

哈克,保罗

2002:刘沛译《走向功能音乐教育》,《人民音乐》第11期。

韩兰魁、李宝杰、程宝华、刘小山

2002:《音乐教育中信息手段的建立与实践》,《交响》第3期。

韩新安

2002:《中国数字化音乐教育开始全面提速——全国首届"STN暨数字化音乐教育研讨大会"点评》,《人民音乐》第1期。

何　军

2002:《辩证法在声乐教学中的运用》,《中国音乐》第2期。

胡　斌

2002:《网络音乐的多文化视角研究》,《人民音乐》第11期。

黄凌飞

2002:《对少数民族地区高等艺术院校如何实施多元文化音乐教育的思考》,《中国音乐》第1期。

黄洛华

2002:《音乐学系复调教学探索》,《星海音乐学院学报》第1期。

姜秦丰

2002:《和声听觉教学分析》,《交响》第1期。

孔云霞

2002:《视唱练耳教学过程的心理分析》,《吉林艺术学院学报》第4期。

李　静

2002:《论声乐教学的心理影响》,《乐府新声》第3期。

李　黎

2002:《在钢琴教学中如何培养学生表现音乐和创造音乐的能力》,《星海音乐学院学报》第 9 期。

李　铃

2002:《析新生入校后的二胡教学》,《音乐探索》第 3 期。

李　巍

2002:《音乐院校理论作曲专业钢琴共同课教学改革初探》,《天籁》第 2 期。

李文军

2002:《声乐训练中高音区变形母音的语音学解释》,《中国音乐学》第 2 期。

李　燕

2002:《现代教育技术与高师音乐教育》,《淮北煤炭师范学院学报·哲学社会科学版》第 6 期。

李燕虹

2002:《启发式语言在声乐教学中的作用》,《星海音乐学院学报》第 2 期。

梁丽红

2002:《关于钢琴教学中的思维敏捷性培养》,《吉林艺术学院学报》第 2 期。

林贵雄

2002:《对地方艺术院校音乐专业教学改革的几点思考》,《艺术探索》第 S2 期。

刘美丽

2002:《琵琶教学中的四个环节》,《天籁》第 4 期。

马茂龙

2002:《练琴方法漫谈——教学札记》,《天籁》第 1 期。

麻西水

2002:《小提琴教学中音准综合能力的培养》,《交响》第 4 期。

任志琴

2002:《视唱练耳课音乐思维培育的探讨》,《星海音乐学院学报》第 1 期。

盛文贵、张小晓

2002:《钢琴伴奏人才的培养》,《吉林艺术学院学报》第 4 期。

施　咏

2002:《21 世纪音乐教育对乐理教学的新要求》,《交响》第 2 期。

王　硌

2002:《从艺术歌曲〈明晨〉的演唱及教学谈对外国艺术歌曲艺术魅力的开掘》,《天籁》第 2 期。

王建宝

2002:《教育发展观在二胡教学中的运用》,《中国音乐》第 3 期。

王樱朴

2002:《“第一届全国音乐心理学学术研讨会”综述》,《人民音乐》第10期。

吴　踊

2002:《学习声乐的专业素质要求》,《音乐探索》第2期。

徐元勇

2002:《西方音乐学构架中的我国音乐理论教育》,《人民音乐》第8期。

杨和平、冯效刚

2002:《“当代音乐学研究专家论坛”综述》,《人民音乐》第12期。

杨九华

2002:《小提琴基础教学领域中科学思维的建构》,《音乐艺术》第1期。

于铭发

2002:《平衡与协调——长号教学与演奏的基本原则》,《天籁》第2期。

翟学京

2002:《声乐教学法初探》,《星海音乐学院学报》第2期。

张东胜

2002:《节拍器在钢琴学习中的作用》,《交响》第2期。

张　岚

2002:《高校视唱练耳教学新模式的探索——计算机音乐制作技术和电脑多媒体系统在高校视唱练耳教学中的应用》,《云南艺术学院学报》第4期。

张晓钟

2002:《浅论声乐教学中的动作训练》,《中国音乐》第2期。

张云娥

2002:《浅论歌唱教学中的心理因素》,《中国音乐》第2期。

赵小平

2002:《谈乐理教学中非概念规范化》,《交响》第1期。

曾　强

2002:《高抬指练习的误区》,《天籁》第1期。

周奇迅

2002:《西方音乐教育思想对我国音乐教育的启迪》,《广东工业大学学报·社会科学版》第3期。

邹长海

2002:《论声乐教学的意识能动性》,《乐府新声》第2期。

2002年国民音乐教育综述

吴洁丽

通观本年度的研究论文，不难看出国民音乐教育正以前所未有的状态向前发展。较之以往，学者们对学科的认识及研究范围、研究手段都有进一步地拓展和深化，特别是教育实践的研究，逐渐显露出更富现实的默默耕耘和冷静思考。据粗略统计，2002年在主要音乐刊物发表的有关国民音乐教育的研究论文约一百五十篇，其中偏重音乐教育理论的文章约三十篇，音乐教育实践的一百二十多篇。本文就已发表的部分研究状况，从课程建设、教学研究、教材问题、师资、比较教育以及教育思想等几个侧面进行综述。

课程改革研究

课程集中体现教育要求，是实现教育目标的一个关键手段。如何实现音乐课程的科学化，是音乐教育理论研究中不可忽视的内容，它主要包括课程设置、课程设计、课程评价等方面。苗地认为，教学内容和课程体系是否形成一个合理的配置，是否有利于人才培养，必须回到实践中去检验。他还提出，“教学内容与课程体系在指导思想上要应坚持德、智、体全面发展的原则，注重培养和开发学生的思维和个性，促进学生综合素质和艺术资质的提高等；在目标要求上，要大量革除课程体系的弊端，调整课程，形成结构合理、内容丰富、比例适中的课程体系；在基本原则上要坚持后基础、宽口径、强素质、重技能的原则等等”（2002：43）。

还有一些具体的论述，如陈雅先《谈高师视唱练耳课怎样与新音乐课程同行》（2002：48～50）、修海林《关于国家“艺术课程标准”研制的思路与认识》（2002：23～31）、管建华《对以音乐为基础的中学综合艺术教育课程的思考》（2002：20～22），都是十分有见地的文章。

教学理论研究

教学理论研究的文章依旧是本年度较为集中的方面，其范围一般分为教学的目的和任务、教学过程、教学内容、教学的组织形式、教学手段与方法以及教学效果的检查与评价等方面。

关于教学的目的和任务，刘忠民通过分析和对比说明音乐体裁的重要性提出，“音乐体裁是音乐作品具体存在的完整形态，了解和把握各种音乐体裁的特征，应是音乐教育中不可缺少的教学内容”（2002：87）。

蒋世雄认为，“高师声乐教学应该注意学生的歌唱技能与技巧训练，应该加强学生实践能力的培养和提高。在教学中注重学生进行教法教学；让学生在系统的声乐教学理论中，获得间接的教学经验；培养发现问题、诊断问题的解决问题的能力；开展学生之间的互教活动”（2002：89）。

李春红提出，实行差异教育的动因，强调个人的全面发展与个性发展的关系。作者还提出转变教学观念、优化教学过程、形成多边互助的合作关系，最大限度的培养学生的主体意识、民主意识和合作意识，使学生在优势互补中真正得到兴趣和个性发展（2002：24～25）。

另外还有几篇文章值得注意，岳晓薇《音乐教育是培养创造性人才的基础教育》（2002：65～66）、钱正钧《“高师”音乐专业教学，究竟问题出在何处》（2002：29～31）、崔学宝《论高师音乐专业教学的改革》（2002：52～53）、邢铁红《高师目标管理制度下的声乐课多样化教学》（2002：54～55）、刘曼文《潜能的挖掘》（2002：45～47）、张红霞《浅论高师音教专业学生创新能力的培养》（2002：76～78）等。

关于探讨教学过程和内容，陈光泉提出，“以人的全面发展，着力与综合能力培养为核心，衡量学生水平的高低是运用知识能力的程度为标准。只有打破单一化教学模式，建立以学生为本，着力于创造力的培养，强调整体性教育学的多元化教学模式，才能使学生的音乐素质和综合能力得到全面的发展”（2002：91）。

郭婷婷提出，“声乐教学中要有效的实施教与学，声乐课必须从声乐自身的规律出发，培养学生的动手、动口、动脑能力，充分发挥学生的特长”（2002：49）。

另外，田丁（2002：71～73）、梁海东（2002：71～72）、董瀚（2002：68～70）、程起（2002：39～41）、陈雪慧（2002：44～45）、陈伦旺（2002：42～43），在这方面都作了较为深入的论述。

关于探讨教学组织形式，肖兵指出，“坚持师范性培养目标，重点突出、点面兼顾、层次分组等一系列教学方式和方法，对于完善高师声乐教学改革，上好声乐小组课具有一定的现实意义”（2002：82）。王蓓则提出，小组课的教学内容丰富，生动活泼，还可以根据不同声部或相同声部的组合，进行重唱、对唱、小合唱的形式训练，扩宽学生的知识面，提供比较开阔的艺术学习环境。小组课不仅是整体教育形式的发展需要，也是艺术学科独具的优势，同时可以培养学生的协作能力等（2002：49 转 52）。

关于教学手段与方法，韩新安指出，“数字应用技术的扩展，为音乐教育领域开启了一扇新的世纪之门。计算机作曲、多媒体教学等所带来的音乐新思维、教学理念和教学手段，昭示着资源共享的时代有望到来，中国数字化音乐教育开始全面提速”（2002：16）。

韩兰魁、李宝杰、程宝华、刘小山认为，“信息手段的广泛应用是促使现代教育在观念、体制和方式上变革的主要原因之一。音乐教育也不例外。并且以其独特的与传媒技术的亲和性，多方面地呈现出对现代信息与互联网技术为音乐信息手段建立提供了极大的空间，再加上许多有效的基于计算机应用领域而开发的软硬件的支持，现代音乐教育信息手段建立与实践发展前景是十分广阔的”（2002：70）。

类似的文章，还有傅晓东《试论计算机化对基础音乐教育的影响》（2002：84~88）、文峰《运用多媒体手段改进高师音教专业的乐理教学》（2002：86~88）、唐小波《基于 Internet 的远程音乐教育模式研究》（2002：94~96）、何云峰《远程教育与现代远程音乐教育》（2002：87~91）等。

教材问题

曹宏凯就艺术师范成人钢琴教学与教材的完善进行研究。作者首先分析目前报考成人艺术类音乐教育学生的状况，其次针对该状况，就其共性与个性提出了钢琴教学上的几种方法，最后从教学实践和教学需求出发，提出艺术类成人钢琴教材的设想（2002：76～77）。

诸葛瑞芬提出，提高教育质量的根本在于提高人才的整体素质，而人才整体素质的提高与教学改革和教材建设两大方面密不可分（2002：70～72）。

比较音乐教育

辛迪将中美两国的师范音乐教育情况进行分析对比，试图从差异中寻找距离，从不足中寻找改革的切入点，同时就中国目前的师范音乐教育提出了个人的几点改革建议和设想：增开综合课；加强合奏课；进行全英教学的试点教学；将计算机引入专业教学；增设音乐论文指导教师。（2002：51～54）此外，罗依琪（2002：95～98）、张卫民（2002：126～131）、徐元勇（2002：29～30转34）等人都从不同的角度对中外音乐教育进行了对比研究。

音乐教育思想

黄鹰（2002：25～26）认为，“学习乐器的目的应该是学习音乐，学会用演奏这一形式表达作品及演奏者的思想感情，所以要融入现代教育理念，改变重技轻艺的教学思想；让学生在审美体验中学习，使情感在音乐活动中释放；在合作中发展乐感，在交流中学习音乐；建立新型的师生关系，发挥亲情教育的心理效应”(2002：25~26)。

另外相关的还有匡慧的《欧洲历史与文化人类学背景下的现代音乐教育》(2002：27~40) 等文章。

国际交流

这类文章有魏煌的《前苏联的儿童音乐学校》(2002：132~140)、冼劲松的《漫谈德国钢琴启蒙教育的特点》(2002：69~72) 等。

两年来，国民音乐教育的发展是可喜的，国民音乐教育的成绩是可贺的，相信在同仁们的努力下，我们会拥有更加辉煌的未来。

参 考 文 献

曹宏凯

2002：《对艺术师范成人钢琴教学与教材的探索》，《星海音乐学院学报》第2期。

陈光泉

2002：《高师钢琴多元化教学模式研究》，《音乐探索》第2期。

陈伦旺

2002：《论提高钢琴教学授课质量的四要素》，《钢琴艺术》第8期。

陈雪慧

2002：《用数码钢琴教室进行即兴伴奏教学》，《钢琴艺术》第8期。

陈雅先

2002：《谈高师视唱练耳课怎样与新音乐课程同行》，《艺术研究》第4期。

程 起

2002：《音乐教育中钢琴教学思路浅析》，《钢琴艺术》第8期。

崔学宝

2002：《论高师音乐专业教学的改革》，《艺术研究》第1期。

董 瀚

2002:《论师范教育中音乐教学的多学科渗透》,《云南艺术学院学报》第4期。

傅晓东

2002:《试论计算机化对基础音乐教育的影响》,《新疆师范大学学报》第3期。

管建华

2002:《对以音乐为基础的中学综合艺术教育课程的思考》,《中国音乐》第3期。

郭婷婷

2002:《浅谈高师声乐课中的教学特色和教学方法》,《人民音乐》第3期。

韩兰魁 、李宝杰、程宝华、刘小山

2002:《音乐教育中信息手段的建立与实践》,《交响》第3期。

韩新安

2002:《中国数字化音乐教育开始提速》,《人民音乐》第1期。

何云峰

2002:《远程教育与现代远程音乐教育》,《中央音乐学院学报》第3期。

黄 鹰

2002:《现代教育理念与器乐教学》,《中国音乐教育》第6期。

蒋世雄

2002:《加强高师声乐教学中学生实践能力的培养和提高》,《音乐探索》第3期。

匡 慧

2002:《欧洲历史与文化人类学背景下的现代音乐教育》,《云南艺术学院学报》第2期。

李春红

2002:《音乐教学中的差异教育对发展学生个性的作用》,《中国音乐教育》第5期。

梁海东

2002:《钢琴四手联弹教学探索》,《乐府新声》第4期。

刘曼文

2002:《潜能的挖掘》,《艺术研究》第4期。

刘忠民

2002:《音乐教育中应重视音乐体裁的教学》,《音乐探索》第4期。

罗依琪

2002:《普通高校音乐教育与专业音乐教育的异同》,《上海交通大学学报》第2期。

苗 地

2002:《课程改革应瞄准社会对人才的需求》,《艺术研究》第4期。

钱正钧

2002：《“高师”音乐专业教学，究竟问题出在何处》，《艺术研究》第3期。

唐小波

2002：《基于Internet的远程音乐教育模式研究》，《音乐探索》第1期。

田 丁

2002：《论高师声乐教学中的心理训练》，《乐府新声》第2期。

王 蓓

2002：《浅谈高师声乐小组的教学优势》，《中国音乐》第2期。

魏 煌

2002：《前苏联的儿童音乐学校》，《中国音乐学》第1期。

文 峰

2002：《运用多媒体手段改进高师音教专业的乐理教学》，《音乐探索》第2期。

肖 兵

2002：《论高师声乐小组课的优势整合与劣势化解》，《交响》第3期。

冼劲松

2002：《漫谈德国钢琴启蒙教育的特点》，《星海音乐学院学报》第2期。

辛 迪

2002：《中美师范院校音乐教育发展比较》，《星海音乐学院学报》第3期。

邢铁红

2002：《高师目标管理制度下的声乐课多样化教学》，《艺术研究》第4期。

修海林

2002：《关于国家“艺术课程标准”研制的思路与认识》，《音乐研究》第1期。

徐元勇

2002：《中日传统音乐教育及教学内容之比较》，《中国音乐》第4期。

岳晓薇

2002：《音乐教育是培养创造性人才的基础教育》，《齐鲁艺苑》第1期。

张红霞

2002：《浅论高师音教专业学生创新能力的培养》，《中国音乐》第3期。

张卫民

2002：《科尔曼儿童创造性音乐教学实践与我国儿童教学创新策略》，《中国音乐学》第1期。

诸葛瑞芬

2002：《从人才的素质教育谈高校教材建设》，《天津音乐学院学报》第2期。

中国音乐年鉴 · 2003 ·
· 音乐表演艺术 ·

2002 年全国声乐论文综述

毛　慧

今年共收集论文 173 篇，单从论文的数量上看，超出上一年度 57.2%。其中声乐史 7 篇，声乐综合研究 25 篇，人物、作品、表演评介 25 篇，声乐教育和声乐教学法 49 篇，歌唱心理 11 篇，歌唱技术 33 篇，歌唱艺术表现 12 篇，声乐美学 11 篇。由此可见，声乐教育和教学法论文明显增多，是 2001 度的 233%。声乐综合研究及人物、作品、表演评介的论文中优秀作品所占比例均达到 32%。

声乐史方面，周传明从中国歌剧的题材、音乐创作、演唱、表演几方面总结分析，同时考证主要歌剧的典型唱段的音乐素材来源，最后在增加重唱、乐队交响化方面提出建议，并指出中国歌剧要坚持“古为今用、洋为中用”的方针，立足中国人的欣赏习惯，坚持多元化的创作道路等（2002：44～48转59）。李西安从两方面对80年代后我国艺术歌曲的演出、比赛及创作活动进行回顾与总结，提出在对艺术歌曲的概念和范畴没有取得一致认识之前，可采用“狭义的艺术歌曲”和“广义的艺术歌曲”两个概念并存的方式（2002：6～9）。郭建民认为，20世纪20至40年代初是中国歌剧的创立和摸索期，40年代至建国前是中国歌剧成熟及“戏剧综合表演艺术”的初步形成期，从建国到1956年是一个歌剧繁荣及贯穿着戏曲、民歌综合表演艺术的完善和发展时期，1957至1966年是中国歌剧创作及歌剧表演的第二个高潮期。他对歌剧发展的时期划分也较为合理，对中国声乐史研究有相当的价值和贡献（2002：77～84）。另外，徐元勇从历史、政治、经济和文化诸方面阐述“明清俗曲”产生及盛行的原因，指出对明清俗曲中情爱内容的歌曲研究，对收集、整理及研究民歌具有的现实意义（2002：17～20）。

声乐综合研究方面，郭克俭首先呼吁要致力于通俗歌手教育的专业化，进而论述了教学多样化的问题，其中包括教师的类型多样化和对学生选材的多样化，还阐述了对通俗演唱方法科学性内涵的理解，概括了国内对通俗演唱研究的成果。最后他主张理论研究要全方位，即除对演唱本身的研究外，还要从美学、音乐社会学、民族音乐学、音乐心理、音乐教育诸多角度进行研究，以求我国通俗演唱更好地发展（2002：74～81）。文章立意较高，有独到见地，对我国声乐界、文艺领导部门及教育部门在制定文化教育政策上有重要参考价值。石惟正从声乐普及、职业声乐演员的两极分化、戏曲曲艺演唱的继承和发展等10个方面，客观审视了20世纪中国声乐艺术的现状。既充分肯定和估价了中国声乐的发展和进步，同时又指出其蕴含的深刻问题（2002a：23～27）。何晓兵从五方面阐述了我国内地音乐电视（MTV）的产生原因。他从世界MTV的发展脉络中，析解内地MTV的成因，并提出后工业社会产生后现代主义思潮及后现代艺术与信息社会的结合是MTV产生的主因。指出中国内地MTV的发展前景取决于中国传统文化与西方现代文化杂交、融合后所达到的平衡，其成功的关键在于“民族化”。论文选题新颖，观点独特，对我国音乐电视的发展具有重要意义（2002：46～49）。林君桓通过对西方音乐剧的艺术特性分析，总结出音乐剧的四个特点：感人至深的作品内容；震撼人心的视听效果；雅俗共赏的审美趣味；精心策划的商业运作（2002：50～52）。文章准确、精炼，在不长的篇幅内对音乐剧做了有表有里的精彩介绍。王道诚通过对美国百老汇英文版音乐剧《悲惨世界》2002年夏来上海大剧院公演的跟踪采访，叙述了这一世界名剧成功背后的创作、运营及科学、严格、系统的管理。作者从七个方面归纳了该剧成功的机制，如制作人机制、建立全球市场概念和发掘国际性题材、签约管理、市场育人、标准化操作和创作市场机制等（2002：9～11）。以上两篇文章对我国未来音乐剧的创作及成功运营起到积极的推动作用。苏夏指出，“艺术歌曲”并非最有艺术性、艺术水平最高的一种歌曲，而是特定音乐史上形成的一种歌曲体裁，一种称谓。他认为艺术歌曲难以达到“大众化”，“喜闻”可以追求，但“乐唱”不易办到。艺术歌曲作为一种声乐体裁不存在“时代局限”，我国现今冷淡艺术歌曲教育是个失误等。文章驳斥了某些主张艺术歌曲体裁的包容宜广不宜狭且要中国化的观点，并提出每一种体裁都有其优秀作品，不必“张冠李戴”，同时也否定了“艺术歌曲”只有走向群众才有真正前途的说法（2002：12～14）。另外，徐行效、徐茜《20世纪中国声乐心理学术研究的回顾与思考》（2002：94～101）和石惟正《2001全国声乐论文综述》（2002b：23～25），都是在大量搜集、阅读、分析资料基础上的研究成果，对声乐科研有积极的贡献。

关于声乐技术方面，郑茂平从歌唱中字正腔圆的原则出发及中、意语言的语音对比，研究两者的音位、音节、音调、重音几方面的异同，并由此提出中国人在演唱中、意语言时应注意的问题。作者论点正确、论据充足，论述清楚，对国人在演唱中、意文歌曲时做到字正腔圆有指导意义（2002：90~97）。钟明首先论述歌唱语言中子音（辅音）练习的重要性，进而叙述自己在教学中对唱子音方法的几点体会，并进一步举例论述子音在不同情感、情绪表达时应用阻气的力度和时间的不同（2002：65~68）。文章正确面对了一个声乐教学中易被忽略的问题，同时这也是一个继承和发扬民族传统、将西洋发声技术民族化的关键性问题。温恒泰从合理的放松和良好的姿势，吸气适时、气口合理、气量适度，思想感情控制气息三个方面论述了从歌唱呼吸的实践经验中总结出的原则（2002a：49~53）。

声乐美学方面，黄汉华首先分析了语言的表意和表情两方面的功能，解释从语言到吟诵到歌唱表情方面的发展；其次，作者认为歌唱中的语言依然是对音乐的束缚，故“咏歌之不足而器乐之”，文章把声乐中的声、字结合分为“字多声少”和“声多字少”即说唱、朗诵调及咏叹调；最后，作者论述音乐美学中的自律论和他律论，认为音乐是自律、他律、抽象与移情的对立统一（2002：4~10）。马梅从美学的角度在论述合唱这一音乐艺术形式中审美价值取向的同时，把一个艺术实践问题上升到了美学理论高度，阐明了合唱中的审美价值取向与追求美好社会理想的关系（2002：41~43）。另外，乔新建（2002：44~45）、董毅（2002：74~75），也都是这一类论文中的佳作。

关于声乐教育、教学法，温恒泰从声乐教育学概论、声乐教育对象、声乐教学内容、声乐教育的原则方法、声乐施教系统论五个方面，简明扼要地论述了声乐教育学的理论体系（2002b：46 转54）。作者试图通过对这一学科理论建构的思考，更好地把握声乐艺术教育的规律。王硌通过对理查·施特劳斯的艺术歌曲《明晨》的分析及授课步骤的归纳，论述了对外国声乐作品的教学思路和方法，对年青声乐教师会有一定的启示（2002：39～43）。

在人物、作品、表演评介方面，赵冬梅通过对中国音乐学院教授张筠青的新作《静夜思》的创作构想与曲式、配器分析，肯定了作品采用钢琴、箫、男中音三种元素的特性，既各自独立又相互交融，将诗中所表现的韵、情、境通过声音这一音乐载体表现得淋漓尽致。同时，感慨作品再现了最古老的手法就是最现代的技术美学原则，指出音乐新作必须具有探索性、可听性（2002：14～15）。袁东艳首先从鄂西山歌的地理环境、产生原因、到曲调特征进行了论述，进而分析了鄂西山歌的用声、呼吸、衬字和平衡表现声音位置与唱法各要素的关系，同时论及审美价值和教学启示。作者将鄂西山歌的流传归纳为从无技巧到有技巧，再到技巧后的无技巧过程，总结出对待唱法的原则是“不把缺点当优点、也不用共性扼杀个性”，各种歌唱艺术风格特色的交流也不应是一种纳化万种，而应该是避短扬长（2002：101～110）。冯志莲对王志信近年来的民族声乐作品进行了列举和分析，提炼出了其作品音调素材选择的三种做法，即选择最有普遍影响的原生民歌音调、抓住戏曲、曲艺音调素材的内核、采用泛地方风格的民族旋律。另外，作曲家在技术上运用多种常用的表现方法的同时，力求新的尝试和突破等（2002：17～19）。刘廷新从土家族哭嫁的习俗、哭嫁的来源、音乐特征、歌唱发声特点等方面展开论述，介绍了哭嫁歌的演唱形式、曲式、调式、节拍、润腔、旋法等（2002：28～29转33）。文章简洁、全面，使人能在不长的篇幅中对土家族“哭嫁歌”有一个概括、明晰的了解。樊兆青以陕西歌剧团2002年5月来北京公演其自创歌剧《司马迁》为契机，阐述了这一历史题材歌剧的史诗性及其史鉴意义。作者通过近十年来该团推出《张骞》、《司马迁》两部歌剧的事实，强调了促成陕西歌剧成功的“民族性和地域性”。在感受陕西歌剧成功喜悦的同时，作者又指出只有立足于不同的题材、体裁、地域、风格、样式、个性以及多样性并存，中国歌剧才会有无限生机（2002：7~10）。此外，杨海燕《简析拉赫玛尼诺夫的浪漫曲》（2002：66~72）、陈燕婷《学堂乐歌研究综述》（2002：13~16）、田大成《鲁塞尔采用中国古代诗歌创作的法国艺术歌曲》（2002：68~76）及蒋立《神奇的侗族大歌——小议贵州南侗大歌的演唱习俗及其声部特征》（2002：28~30），都是值得一读的好文章。

声乐艺术表现方面，张晓钟、王必主认为，每个歌唱者都有潜在的情感记忆和经验，都有表达感情的潜在因素。人要表达一种情绪必有相应的吸气动作，因此要求学生带着情绪吸气是引导他们获得情感体验的关键途径（2002：58~59）。文章没有孤立地论呼吸、孤立地谈感情表现，而是把情感和吸气联系在一起，抓住了技术与艺术结合的关键。赵小平把歌唱这一艺术活动的全过程分为"投情"与"抒情"，认为投情是内在心理的感应，抒情是外在生理的运动，进而指出歌唱家在演唱前为某一作品所做的准备工作为投情，而实际演唱及贴切、感人地表现作品为抒情（2002：44~45）。文章立意新颖、用笔简练，用辨证的语言深入浅出地阐述了歌唱艺术创作活动是一种自外而内又由内及外的辨证统一的过程。韩德森（2002：50~51 转 61）、田丁（2002：47~49）都是这类文章中的优秀之作。

在歌唱心理方面，刘希里、王欣欣《21 世纪的声乐演唱思维》是一篇信息量较大、逻辑性和理论色彩较强的文章。作者认为声乐演唱不单纯是声音技巧，更重要的是一种艺术思维活动和心理动势。论文从认知、记忆、直觉、心象、想象、灵感、投情和设想八个方面论述了演唱思维的本质和规律（2002：46~50）。作者把心理学的一般规律用于演唱这种特殊艺术活动的研究，对声乐演唱及教学都具有相当的启示作用。另外，夏美君《论歌唱感觉与歌唱感觉体验》（2002：50~54）及王硌《歌唱中的意识支配作用》（2002b：39~41）也都有一定的质量。

虽然本年度论文总数大大超过往年，好的或比较好的文章却少于去年的31.8%，只占22.5%。人云亦云、为评职称凑论文的还是多数。在个别质量差的文章中普遍存在的问题也是往年曾经出现过的，主要表现在两方面：一是把声乐教师在课堂授课中使用的启发式的、抽象的语言（第二语言）当作论文的第一语言（科学的语言）使用，使文章缺乏科学性。二是由于某些作者本身文字能力不强、编辑校对不认真，使得论文错字、错词、病句百出。总之，我国声乐艺术发展到今天，声乐艺术理论的研究也是一个不可或缺的重要组成部分，它伴随着声乐艺术实践的活动，不失时机地记录、整理、总结并指引着这一艺术形式朝着更加符合其发展规律的方向前进，因此，这就要求从事这一理论研究的同仁，必须注重自身素养的不断完善与提高。

参 考 文 献

陈燕婷

2002：《学堂乐歌研究综述》，《音乐与表演》第4期。

董　毅

2002：《美声唱法与中国当代创作歌曲的演唱》，《中国音乐》第3期。

樊兆青

2002：《来自西部的中国歌剧——〈司马迁〉及陕西歌剧现象》，《人民音乐》第8期。

冯志莲

2002：《民族声乐作品创作的新收获——王志信近年作品初探》，《人民音乐》第4期。

郭建民

2002：《20世纪20－60年代的中国歌剧表演艺术》，《音乐研究》第3期。

郭克俭

2002：《二十一世纪我国通俗唱法发展构想》，《中国音乐学》第4期。

韩德森

2002：《论合唱艺术中的共性与个性》，《中国音乐》第3期。

何晓兵

2002：《中国大陆音乐电视歌曲的成因》，《人民音乐》第6期。

黄汉华

2002：《言之乐与无言之乐——声乐与器乐之联系与转化的美学思考》，《中国音乐》第4期。

蒋　立

2002：《神奇的侗族大歌——小议贵州南侗大歌的演唱习俗及其声部特征》，《人民音乐》第7期。

李西安

2002：《新时期艺术歌曲回顾》，《人民音乐》第1期。

林君桓

2002：《音乐剧的启示》，《人民音乐》第10期。

刘廷新

2002：《土家族"哭嫁歌"探幽》，《中国音乐教育》第4期。

刘希里、王欣欣

2002：《21世纪的声乐演唱思维》，《星海音乐学院学报》第2期。

马　梅

2002：《从合唱的角度谈审美价值取向》，《人民音乐》第1期。

乔新建

2002：《对民族声乐风格的哲学思考》，《中国音乐》第3期。

石惟正

2002a：《二十世纪末中国声乐的特征》，《天籁》第3期。

2002b：《2001全国声乐论文综述》，《人民音乐》第12期。

苏　夏

2002：《诗的音乐——关于艺术歌曲与歌曲的讨论》，《人民音乐》第2期。

田大成

2002：《鲁塞尔采用中国古代诗歌创作的法国艺术歌曲》，《中央音乐学院学报》第2期。

田　丁

2002：《论声乐表演的艺术再创造》，《中国音乐》第3期。

温恒泰

2002a：《掌握歌唱呼吸的三个有效环节》，《天籁》第2期。

2002b：《论声乐教育学的理论建构》，《中国音乐》第3期。

王道诚

2002：《音乐剧〈悲惨世界〉给我们带来了什么》，《人民音乐》第11期。

王　硌

2002a：《从艺术歌曲〈明晨〉的演唱及教学谈对外国艺术歌曲艺术魅力的开掘》，《天籁》第2期。

2002b：《歌唱中的意识支配作用》，《齐鲁艺苑》第3期。

夏美君

2002：《论歌唱感觉与歌唱感觉体验》，《音乐表演》第3期。

徐行效、徐　茜

2002：《20世纪中国声乐心理学术研究的回顾与思考》，《音乐研究》第2期。

徐元勇

2002：《论明清时代的情歌——明清俗曲》，《音乐与表演》第4期。

杨海燕

2002：《简析拉赫玛尼诺夫的浪漫曲》，《天籁》第4期。

袁东艳

2002：《鄂西高腔山歌唱法研究》，《中国音乐学》第1期。

张晓钟、王必主

2002：《歌唱呼吸的情感功能》，《星海音乐学院学报》第2期。

赵冬梅

2002：《听艺术歌曲〈静夜思〉有感》，《人民音乐》第5期。

赵小平

2002：《论歌唱的投情体验与抒情体现》，《人民音乐》第7期。

周传明

2002：《浅析中国民族歌剧的题材和音乐艺术特点》，《天籁》第2期。

郑茂平

2002：《歌唱中的汉、意语言对比研究》，《黄钟》第1期。

钟　明

2002：《对声乐教学中子音的练习与艺术表现的探讨》，《乐府新声》第4期。

邹长海

2002：《歌曲演唱的艺术处理》，《音乐生活》第5期。

中国音乐年鉴·2002·
·音乐表演艺术·

“哈夏”内外的音乐戏剧景观

——2002年歌剧音乐剧创作

居其宏

2002年，在中国音乐戏剧舞台上有一个重要事件值得记载，这就是当年8月由国家文化部与哈尔滨市政府在“哈尔滨之夏”期间联合主办的“全国歌剧音乐剧观摩演出暨学术研讨会”。考虑到国内的实际情况[1]，本年度国内歌剧音乐剧创作演出和学术研讨活动就是以此为中心而展开的。因此，在“哈夏”内外，为我们呈现出一派较为活跃的音乐戏剧景观。

迄今为止，由国家文化部、哈尔滨市政府联合举办的全国性歌剧音乐剧观摩演出已经举办过两届——第一届是在1996年，本届是第二届，两届之间相隔了六年之久。对于中国歌剧音乐剧艺术家来说，这样规模巨大的艺术盛会正是展现自身创演成果、相互交流切磋艺术经验的绝好机会，所以上自文化部领导、下到各个歌剧音乐剧院团，都非常重视这次观摩演出和学术研讨活动。经过一年多紧锣密鼓的筹备，本届盛会得以如期举行。

来自全国各地的八台剧目参加了本届观摩演出。它们是沈阳军区前进歌舞团创作演出的大型歌剧《羽娘》，云南省昆明市民族歌舞团创作演出的民族歌剧《青铜魂》，中国音乐学院创作演出的小剧场歌剧《再别康桥》，湖南株洲市歌剧团创作演出的民族歌剧《沥沥太阳雨》，河南省郑州市少儿歌剧团创作演出的少儿歌剧《鸡毛信》，江苏镇江艺术剧院创作演出的音乐剧《快乐推销员》，四川省艺术剧院创作演出的音乐剧《未来组合》，四川省南充市歌舞剧院创作演出的民族歌剧《风雨送春归》。

在观摩演出结束时，由文化部聘请专家组成的评委会对参演剧目进行评奖活动并公布评选结果，歌剧《羽娘》成为获得奖次最高、奖项最多的剧目，是本届观摩演出的最大赢家。

在观摩演出的同时，“全国歌剧音乐剧发展理论研讨会”也同期在哈尔滨举行。来自全国各地的与会代表共四十余人，分别从事歌剧音乐剧创作、表演、导演、管理、研究、教学及新闻报道。会议采用白天学术研讨、晚上观看参演剧目演出的方式，围绕“中国歌剧的多样化、主流与中国观众”、“如何理解和处理歌剧音乐的戏剧性”、“歌剧、音乐剧剧本的特性及其问题”、“中国音乐剧如何走向产业化”、“政府如何促进歌剧音乐剧的发展”等五个专业议题展开讨论。代表们对中国当代歌剧音乐剧的现状评估和多样化与主流的关系、歌剧市场化、产业化诸问题上，讨论十分活跃，争论也相当激烈。会后，与会代表郭克俭、乔邦利分别撰写了会议综述，对会议情况作了全面报道和评述[2]；不久，哈尔滨市政府将代表们提交的学术论文汇编成册，定名为《中国歌剧音乐剧的当代现实》正式出版[3]。

在本届观摩演出之外，各地的歌剧音乐剧创演活动仍相当活跃，并有浙江省歌舞剧院创作演出的音乐剧《黑眼睛，蓝眼睛》、河北省唐山市歌舞团创作演出的音乐剧《唐山的龙年》及总政歌剧团创作演出的音乐剧《我心飞翔》在本年度首演。

鉴于本届观摩演出的参演剧目，《羽娘》、《青铜魂》两部属于本年度新创剧目，《鸡毛信》、《风雨送春归》两部属于新面世的剧目[4]，《沥沥太阳雨》、《再别康桥》、《快乐推销员》、《未来组合》四部均是往年剧目，在以往《年鉴》中或详或略地做过评述，因此，本文只就以下七部新创演或新面世的剧目作简要评述。

《羽娘》，前有序幕、后有尾声的三幕歌剧。胡宏伟编剧，马登弟、冯玉岭、黄秋远作曲，门文元、李广德总导演。该剧描写盛唐时期外族入侵，唐皇发兵十万迎敌。前方将士在天寒地冻中英勇奋战，等待后方支援。唐皇发动后宫筹粮草、制寒衣。美丽善良的西宫侍女羽娘把一方题写着情诗的手帕藏于精心缝制的红战袍中，送往西域边疆。红战袍落入青年将领李朔之手，李朔把红战袍转披于老军士身上，终于发现了这方手帕。此事传入宫中，致使龙颜大怒。面对被处死的威胁，羽娘述说自己身世，决心以红战袍为信物，下嫁前线将士而不论其身份地位、老少伤残、是死是活。皇后及皇上深受感动，乃收为义女。羽娘身负皇命，亲赴边关慰问前线将士，寻找红战袍赐予何人，与青年将军李朔邂逅相遇，两人一见钟情。后李朔战死，羽娘终以其为夫，激励士兵奋勇杀敌，战胜敌人。

此剧在舞台呈现上有两大鲜明特色：其一，鉴于两位导演均是舞蹈编导，因此在歌剧中引进大量舞蹈成分，大大丰富了歌剧的舞台叙事手段，强化了视觉冲击力。其二，气势雄伟壮阔，场面宏大豪华，舞台构图充满流动感而又富于变化，某些场面确有震撼人心的视听效果。但它同时也带来了两个严重不足：其一，由于舞蹈成分过重，有时反而冲淡了情节发展的明晰性，减弱了戏剧冲突的丰富性；特别是某些舞蹈场面和舞蹈段落，因其游离于情节发展线之外，非戏剧性意味浓烈，显得舞台叙事啰唆、臃肿。其二，追求歌剧的史诗性品格和宏大壮观的视听效果，当然也是本剧的整体风格所要求的，但若一味以豪华的大场面和大制作为能事，在规模和分寸上控制失度，就容易把目的和手段倒置，反而因文害义，伤及歌剧的内容表现这个根本，发生形式大于内容的现象。目前，在我国歌剧、音乐剧界，此种盲目迷信“大投资，大场面，大制作”的不良风气已然盛行多年，《羽娘》可谓是这种风气的集大成者。因此，很多观众和专家都对该剧发出了“消肿”、“减肥”的告诫。

事实上，由于该剧演出阵容过于庞大，舞美制作过于豪华，极大地影响了该剧的机动性，致使剧组竟无法从沈阳到哈尔滨参演，不得不把观摩演出的评委请到沈阳来看戏。这种非常规的例外做法也引起了其他参演剧组的不满。

该剧的音乐创作追求大歌剧的写法，音乐从头至尾连绵不断，但其内在结构依然是歌曲剧式的，即通过各种歌曲化的声乐形式及其连接与转换来展开戏剧性，器乐部分除了伴奏功能和一些舞蹈场面的纯器乐段落写得较有效果之外，少有介入冲突的段落。歌剧的旋律语言抒情而流畅，主题歌《情缘》结构短小，音调朴素，富于歌唱性，材料使用经济，也有较深寓意，它在全剧中的贯穿成为该剧音乐重要的统一因素。此外，羽娘的几首咏叹调如《长安一片月》、《今夜这样漫长》，李朔的咏叹调《雪望鸟，请你告诉我》，羽娘与李朔的二重唱《是梦还是醒》，女声合唱《剪落晚霞，裁出晨光》以及一首男声合唱等，也都写得动情动人。

《青铜魂》，大型民族歌剧。成志、良振编剧，万里、陈应祥、黄波作曲，严伟、谭祖云导演。剧本从昆明滇池地区出土的一柄古代青铜兵器得到灵感，讲述了两个情人在战争与和平的选择中一段曲折动人的故事：部落虎王为争取对外战争的胜利，命令青铜工艺师阿牛利用其精湛的铸铜技术改进兵器，并囚禁阿牛之妹相威胁；阿牛本不愿以铸铜技术铸造杀人武器，乃与部落王后月娇由心理共鸣而发展成为生死与共的爱情。于是，在月娇、阿牛、金雀妹及虎王、巫师、将军之间发生了一场阴谋与爱情、战争与和平的搏斗，结果，月娇与阿牛为追求和平与幸福献出了自己的爱情和生命。

此剧音乐吸收了云南地区丰富优美的民间音乐素材加以戏剧化的发展，色彩斑斓，风格独特，有强烈的乡土气息和抒情特质。剧中几个主要人物的唱段也写得深切感人。美中不足的是，对民间音乐素材的运用还可进一步提炼，戏剧化的程度不够，用民间音调刻画戏剧性的音乐形象仍有一些专门化的课题尚待解决，乐队的配器也有过重、过粗之弊。

《鸡毛信》，少儿歌剧。梁春林编剧，王澄泉、朱金键作曲，罗云、黄海碧导演。剧本系根据同名电影文学剧本改编，首演于1996年。笔者曾经看过该剧首演的录像带，当时感觉甚好。其主要特点是用少儿眼光来重新演绎电影原作，将故事童话化、寓言化，很有儿童特点，剧中洋溢着童真童趣；加之全部用少儿演员扮演剧中人物，由于在表演和演唱方面得到较专业化的训练，因此其演出水平当属国内首屈一指。而其“少儿歌剧团”的建制也是国内首创，迄今为止也是国内仅有的一家。

此次参加观摩演出的版本，在剧本和音乐上并未有大的改动，但全部小演员已经换了全新的班底，年龄最大的11至13岁，最小的年仅7至8岁。其实际演出水平大体与1996年首演时的水平相当。一些同行对此剧评价不高，其中既有音乐创作粗糙、也有演出当时伴奏带录制质量极差和音响调制临时又出了问题，影响了现场视听效果的原因，也不排除一些专家忘记了这是孩子们演出的少儿歌剧，用成人眼光和标准来苛求的缘故。我们不能把广大群众特别是孩子们的业余歌剧创演活动及其成果排除在我们的视野之外，而应当满怀热情地关注它，扶持它健康成长——这是我们的义务，也是我们的责任。

《风雨送春归》，十场民族歌剧。盛长滨、邓玉树编剧，岳亚作曲，盛长滨、孙中刚导演。这是一出关注当前农村、农民、农业问题，描写农村社会热点、纠正乱收费现象、呼吁减轻农民负担的剧目。作品围绕提留费的征收与反征收，乡长关为民经过激烈思想斗争和对农民生活疾苦的痛苦思索，逐渐清醒并毅然挺身而出，与违反中央政策的错误决定作坚决斗争，并在上级和农民群众的支持下取得胜利。

该剧的特点很是鲜明——情节、人物和细节均很真实生动，戏剧冲突的组织和展开也较为曲折；音乐创作上以川剧音乐为主色调，吸取了当地的民歌和曲艺素材，音乐优美而又富于地方特色；演出形式载歌载舞，生动活泼，语言风趣幽默，有较好的剧场效果。实际上是一出吸取了某些歌剧手法的川剧，或者是“方言歌剧”。

若用民族歌剧的一般标准来衡量，其局限性也是明显的。最主要的问题是艺术语言（包括音乐语言）和舞台演出风格比较陈旧，对民间音调的运用出新不够，缺乏时代气息。

《黑眼睛，蓝眼睛》，音乐剧。沈正钧编剧，翁持更作曲，郭小男导演。剧本系根据奥地利女子瓦格纳嫁给中国青年并长期在浙江省东阳县落户的真人真事改编。音乐剧从1933年的维也纳开始——到奥地利留学的中国青年杜承荣与当地姑娘格特鲁德真诚相爱，为此格特鲁德离别家乡，跟随杜承荣嫁到中国。这位洋媳妇在中国农村像一个典型农妇那样从事劳作、相夫教子，并与乡亲们和睦相处。杜承荣也像真正的农民一样种地，并在闲暇时发挥自己的医疗特长为乡亲们治病，大家结下了深厚情谊。但“文革”灾难降临到东阳，杜承荣受到政治迫害，格特鲁德坚信自己丈夫的无辜，与之相濡以沫，共同度过一生中最艰难的时光。“文革”结束后，杜承荣幸获平反，但因心力交瘁而当即逝世。不久格特鲁特重返维也纳，但发觉自己已不能融入当地生活，于是毅然决然回到她魂牵梦绕的中国——那里有她的杜承荣和孩子们，那里才是她真正的家。

本剧的空间跨度大（从维也纳到浙江东阳），时间跨度长（从30年代到90年代），从而极大地增加了音乐创作的难度——音乐素材的选择、时代感的营造及其在剧中的多样化统一，是作曲家必须面对的严峻课题。从现场演出效果看，此剧的音乐语言和风格基本上分为四个部分：其一，维也纳的圆舞曲风格——这在头尾两个部分表现得尤为明显。其二，浙江民歌风格，从浙江民歌中选取音调素材并加以专业化的提炼和现代化的乐队编配，使之既有浓烈的地域风格色彩，也有较强的时代感——这是全剧音乐风格的主体部分。其三，用一支现代流行乐队以及流行歌曲的旁唱来介绍剧情、抒发创作者的感慨与情绪——这种风格贯穿全剧但分量并不重。其四，在“文革”一场中，作曲家还引用了“文革”中甚为流行的造反歌曲——这种风格只在“文革”一场戏中出现。在这四种成分中，浙江民谣风格是全剧占主导地位的风格基调，圆舞曲风格、流行歌曲风格和“文革”歌曲风格作为对比和色彩性因素而存在。当然，作曲家对音乐素材和风格的这种选择自有其独特优势——因为它是以情节展开的时代和地域特征以及人物刻画的真实性需要为原则的。但随之带来的问题就是，由于没有解决好这四种成分的统一性问题，或者说在这四种成分之中没有找到能够将它们粘合起来的因素，因此整体上显得芜杂、零乱。笔者以为，这个问题如不能获得根本性的解决，很可能会成为制约此剧进一步提高的瓶颈。此外，如何处理民歌素材、韵味与音乐剧所需要的时代气息之间的矛盾，也是此剧音乐创作不可回避的课题。

《唐山的龙年》，音乐剧，陈卫导演。此剧的剧本极具创意：它以唐山的三个龙年——1976年大地震中的唐山、1988年改革开放中的唐山、2000年面临世纪之交的新唐山——作为全剧的切入口，描写唐山人在三个不同龙年中所面临的挑战和创造幸福生活的历程，塑造了唐山人不屈不挠、奋勇进取的精神面貌。

此剧的音乐创作以当地民间音乐为基本素材并加以专业化的编创，因而有一定的地域风格和时代气息，几个主要人物的唱段也写得清新可听。但由于是初稿，剧本、音乐和舞台体现都比较粗糙，加工修改的余地很大。唐山的同行们如能在此基础上进一步精心打造，完全有希望将这台很有前途的剧目加工修改好。

《我心飞翔》，轻歌剧。冯柏铭、黄维若编剧，张千一、周雪石作曲。这是一部以歌颂我国“两弹一星”功臣为题材，描写20世纪50年代初在美国留学的我国青年科学家秦时钺为将平生所学报效祖国，向美国移民局提出回国申请的剧目。但在麦卡锡主义盛行的美国，此举受到移民局官员的强烈阻挠，秦时钺的美国女友也表示不能理解。由此，秦时钺被推入情感纠葛与戏剧冲突的漩涡中心，并与移民局官员对簿公堂。双方在法庭上唇枪舌剑，秦时钺据理力争，他的美国导师也为之出庭作证。结果，秦时钺付出牺牲爱情的巨大代价回到祖国，为新中国的“两弹一星”事业做出巨大贡献。

此剧的音乐创作风格介乎歌剧和音乐剧之间，属于轻歌剧样式。旋律顺畅，乐队编配有较高的专业水平，但因缺乏整体性构思而显得有些杂乱。全剧音乐有一定的时尚气息，但无动人和出彩的段落，音乐对人物的个性化刻画也很薄弱。

总之，由于“哈夏”的“全国歌剧音乐剧观摩演出暨学术研讨会”的胜利举行和“哈夏”之外几部剧目的创演，使本年度的歌剧音乐剧创作显出较为繁荣的景观。尽管一些专家对其中绝大多数剧目的创演质量并不满意，但在当前条件下，广大歌剧音乐剧艺术家能够克服各种困难，坚持在艺术生产第一线，已是难能可贵。只要我们持之以恒，创作出既有思想艺术质量又有市场和票房的优秀剧目是完全可以预期的。

注释：

［1］一个时期以来，国内的艺术生产往往将目标锁定在国家或文联各协会所举办的各种会演、调演、观摩演出及各种评奖之上，因此，此类演出和评奖活动的周期常常决定着艺术生产的周期。

［2］郭克俭的综述题为《聚焦文化市场，打造世纪平台》，刊于《中国音乐学》2003年第1期。

［3］冯远、骆仲林主编《我国歌剧音乐剧的当代现实》，黑龙江人民出版社2003年1月哈尔滨出版。

［4］这里所谓“新面世的剧目”，专指本文作者不能确定其首演年份或不为国内绝大多数同行所知，并在以往《年鉴》年度综述中没有记叙过的剧目。

中国音乐年鉴·2003·
·音乐表演艺术·

郭祖荣及其声乐、室内乐创作

赖登明

一

郭祖荣，1928 年（戊辰年 12 月 16 日）生于福州市。幼年即迷恋于绘画与音乐。三岁时，郭祖荣父亲去世，这给他幼小的心灵带来难以抚平的痛苦。母亲常说："一个人应该有志气，要让人家看得起，要争口气。"这话至今仍在激励着他。音乐、绘画和外祖父的手摇留声机，给母子寂寞孤苦的生活增添了一些欢乐。心酸的童年，对郭祖荣的性格及其后来献身创作的宏愿，产生了重要影响。

如火如荼的抗日文艺宣传活动深深震撼了郭祖荣。他积极参加抗日救亡活动，创作抗日题材壁画，指挥全校师生歌咏，甚至自编、自导、自演抗日短剧。民族忧患更加坚定了郭祖荣热爱祖国的思想，也成为他音乐创作的重要特征。而流亡闽北的难忘经历，则在郭祖荣心中播下了热爱大自然的种子，成为郭祖荣音乐创作不变的主题。

学生时代，贝多芬《第九交响曲》中的《欢乐颂》曾对郭祖荣产生了深刻影响。他开始自学音乐，凭借绘画方面的构思能力，结合对古诗词的理解，尝试着为语文课本里的古诗词谱曲。至1950年，郭祖荣共创作了一百多首艺术歌曲。但他并未满足，又开始自学“和声学”理论，创作交响乐成为他的下一个攀登目标。

1950年，郭祖荣到福州市厚美中学任教，开始创作钢琴曲，磨炼多声部思维。随后，郭祖荣参加了福建省地方戏剧改革工作。1952年春，他考取福建师范大学美术班，不久又转到新成立的音乐专业学习。1954年夏，郭祖荣被分配到山东烟台一中教音乐；1957年又调入母校福建师范学院，编写出《民族民间音乐》、《中外名作欣赏》、《钢琴作曲法》、《调式和声》等教材（同上：184）。至1961年，郭祖荣创作出十七首钢琴小曲和《闽江行》等两首钢琴套曲，《金色的秋天》成为他这一时期的代表作。1962年春，福建师范学院艺术系举办“郭祖荣室内乐作品音乐会”，标志着郭祖荣创作成熟期的到来。

文革期间，郭祖荣创作了怀念山东生活的钢琴曲《胶东情》；1966年到闽北尤溪社会实践，创作了艺术歌曲《梢排歌》、《红梅一叶春》。1971年“林彪事件”后，郭祖荣对文化大革命产生疑问，意识到创作不能单纯地投入大自然，而应深入到社会生活之中，尤其交响曲和室内乐作品，更应具有哲理性的思索与启迪。基于这种忧患意识，郭祖荣又创作出寓意深刻的中提琴曲《断章》等作品。

1980年11月26日，福建师范学院艺术系第二次举办“郭祖荣室内乐作品音乐会”，演出了钢琴套曲《闽江行》、大提琴曲

《春江短歌》与《幻想曲》以及声乐曲数首。同年12月12日，李德伦指挥中央交响乐团，在北京“民族交响乐新作品试奏音乐会”上演出郭祖荣《第三交响曲》，标志着他后期创作阶段的开始。

为拓展五声性音调的可塑性与多样性，1985年郭祖荣运用全音阶创作了双簧管独奏曲《天涯芳草碧》（1985：68～73），将古雅乐调式纳入全音阶写作之中，表达了作者对海外故友的思念与期盼。此后，郭祖荣又创作出十二音序列歌曲《湖中雨意》（1988：38～41）以及《降D调钢琴与乐队》、《乐诗三章——三首袖珍乐曲与尾声》（小提琴与乐队作品）等作品。

1989年1月14日，中国音乐家协会创作委员会、福建省文化厅、福建省文联等单位在北京音乐厅联合举办“郭祖荣交响作品音乐会”，演奏了《第四交响曲·山歌》、《第五交响曲》和《降D调钢琴与乐队》。《人民音乐》、《瞭望周刊》（海外版）、《北京周报》、香港《音乐与音响》、《光明日报》、《音乐周报》等报刊发表评价文章，并被誉为“只知耕耘，不问收获”的作曲家。音乐学家梁茂春评价说，“他那种魂系管弦的精神，正是中国交响乐的希望所在”（1989：4～5）。1994年10月，福建省音乐家协会等单位，举办第三次《郭祖荣室内乐作品音乐会》，上演了郭祖荣创作于20世纪40年代末的艺术歌曲。那些沉寂了半个世纪的音符，穿越历史时空响彻在现代人的耳际，依然极富个性与生命力，着实令人感叹和深思。

2000年11月20日，在福建省政府领导支持下，已经创作了十五部交响曲、年逾古稀的郭祖荣再度晋京举办“郭祖荣交响作品音乐会”，演奏了交响音画《大樟溪》、《乐诗三章》、《第一钢琴协奏曲》和《第九交响曲》，被认为是当代华人中创作交响曲（编号）最多的人（参郑长玲2001：5～9），又是20世纪中国本土第一位创作钢琴协奏曲的作曲家（同上）。

2003年11月，第四次郭祖荣室内乐作品音乐会在福州举办。

由于他的创作成就以及为福建音乐事业做出的贡献，郭祖荣已被居其宏写入《新中国音乐史》（2002：139、173）。厦门大学周畅在他新近出版的《中国现当代音乐家与作品》中说，郭祖荣“学习了别人，发挥了自己”，而且“深知耕耘，必有收获”（2003：232~239），一语道破郭的创作秘诀。

二

郭祖荣的音乐创作生涯开始于20世纪40年代末，至今已经历半个多世纪。由于他完全是自学成才，所以创作上自成一体、极具个性，其发展历程大体可分为早期（1947~1961）、中期（1962~1979）和后期（1980~至今）三个阶段。早期阶段，郭祖荣从艺术歌曲和钢琴曲入手，比较重视多种题材和体裁的创作，将欧洲传统和声与中国民族风格结合，大胆探索，创作了100余首艺术歌曲，结集成《古词新曲》和《过去了的》两本艺术歌曲集（后收入《郭祖荣艺术歌曲选》1994b）。室内乐代表作有钢琴曲《闽江行》、《福建第一组曲》、《月亮出来》、《雨不洒花花不红》（1956：36~42），小提琴曲《金色的秋天》，大提琴曲《幻想曲》（1994a：59~65）等。

郭祖荣创作的中期阶段，是我国政治生活极不稳定的时期。他的室内乐创作一方面因袭前期传统，继续进行音乐创作民族化探索；另一方面也开始在部分作品中尝试运用现代创作技法（主要是半音体系和声等），主要作品有艺术歌曲《沁园春·雪》、《梢排歌》、《红梅一叶春》等，以及小提琴曲《风搅雪》、《秋色赋》，中提琴曲《断章》，大提琴曲《幻想曲》，弦乐四重奏《柔板》等。

后期创作阶段，是我国政治、经济、文化全面进入改革开放的新时期。他在音乐创作中大胆探索，除交响曲、协奏曲体裁外，他又对各种形式、各种创作手法集于一身的室内乐发生浓厚的兴趣。主要作品有用十二音技法创作的艺术歌曲《湖中雨意》，用全音阶创作的双簧管独奏曲《天涯芳草碧》，以及备受听众喜爱的《降D调钢琴与乐队》、《乐诗三章——三首袖珍乐曲与尾声》、无伴奏合唱曲《大地，你好》（1988：14～18）等，还创作了十二部交响曲等大型音乐作品。在各种音乐体裁中，郭祖荣除对歌剧、舞蹈、电影音乐、民族器乐曲较少涉及外，对多种音乐体裁都做过尝试，其中交响乐创作始终是他创作的终极目标，各种形式、体裁的室内乐，成了他进行艺术创新和大胆探索的理想“试验区”，更是他走进交响世界的阶梯。

三

声乐创作是郭祖荣半个世纪以来贯穿始终的重要创作领域。写自己的真情实感，是他重要的创作指导思想。郭祖荣恰如其分地将蕴涵在中国古代诗词中的感情和神韵作了生动的表达，借助古诗词抒发自己的感情。他笔下的《帘外雨潺潺》，已不仅仅是唐后主李煜国破家亡的伤心感受，而且还有曲作者辛酸童年的深沉叹息。1946年创作的《大江东去》（苏轼词），戏剧性的前奏、自信豪迈的主题音调以及转属调的抒情中段和澎湃激荡的后段，生动地歌颂了祖国的壮丽山河，同时也感怀了自己的坎坷遭遇和建功立业的雄心壮志。《古词新曲》的创作，使作者在继承发扬民族音乐特别是文人创作的优良传统方面，迈入了一个新的境界。《过去了的》中抒发的对动荡不安的现实生活的困惑、彷徨和对光明的向往、追求，与日后郭祖荣作品风格一脉相承，具有继往开来的意义。《燕子》（金近词）、《山路》（姜天玲词），用口语化的宣叙调与戏剧性语调，将当时生活在国统区进步群众的内心愿望，形象地表达出来，对歌曲音调与中国语言、语音的结合作了认真探索。这些歌曲切入社会、反映现实，比古诗词歌曲更进一步，是上世纪三四十年代中国艺术歌曲创作风格的延续，也是当时国统区进步音乐所追求的风格之一。

郭祖荣在20世纪50年代的声乐创作，充分体现了对民族音调的运用和对中国风格音乐语言的追求。以闽剧《干船歌》音调为基础创作的《挑土歌》(1951)，是郭祖荣公开发表的第一首歌曲，曾受到人民群众的热烈欢迎。从《夜呵，青色的夜……》、《夜莺飞去了》、《在雪山上》等艺术歌曲，以及小合唱《傍晚的歌声》中可以看出，那时郭祖荣艺术歌曲的创作，更重视营造作品深邃的意蕴，其创作手法之娴熟、音乐语言之优雅，令人回味无穷。

20世纪60至70年代末，是我国政治生活的大变革时期，郭祖荣创作了极富民族风格又清新优美的《小小水车三尺三》、歌颂大自然的《梢排歌》和赞美友情的《红梅一叶春》等，同时还作有气势豪迈、意境深邃的《沁园春·雪》(毛泽东词)、《采桑子·人生易老天难老》(毛泽东词)和《青松》(陈毅词)，以及深情激昂的《日光岩上寄深情》等。从这些作品中，不难看出他在题材选择中的时代烙印。但郭祖荣依然遵循艺术歌曲的创作原则，力求表达人的真情实感，尽力避免创作那些违心应景的东西，这在当时全国八部“样板戏”统治文坛的情况下，实属难能可贵。

1980年11月26日，郭祖荣第二次室内乐作品音乐会与论文《多调性音乐写作的另一路子》研讨会，在福建师范学院(今福建师范大学)艺术系礼堂举行。同年12月12日，在中央交响乐团排练厅举行的《民族交响乐新作品试奏音乐会》上，演奏了郭祖荣的《第三交响曲》，自此郭祖荣告别了作品无人演奏的时代，标志着他创作生涯中最重要的“后期阶段”的开始。这一时期，郭祖荣克服种种困难，潜心钻研现代技法，将主要精力转向创作交响乐作品，同时也创作出一批较高水平的艺术歌曲，如《湖中雨意》(1988a：38～41)、《枫叶正红》(1999：100～103)、声乐套曲

《被遗忘的南国梦》，以及无伴奏合唱《大地，你好》（按：发表于1988年，后收录《中国当代合唱作品精选》，上海音乐出版社2003）。其中的声乐套曲《被遗忘的南国梦》，篇幅较长、情感丰富、内涵深刻，是郭祖荣声乐作品创作的代表作。无伴奏合唱《大地，你好》篇幅不长却意趣生动、色彩斑斓。用十二音技法创作的《湖中雨意》，则简洁通俗、旋律优美，在序列的运用上构思巧妙、独具匠心，是西方现代作曲法和民族音乐相互融合的一首雅俗共赏的好曲。

四

室内乐是郭祖荣音乐创作的另一重要领域，以钢琴独奏、小提琴独奏和大提琴独奏曲为主。其中钢琴曲的创作数量最多，贯穿于他音乐创作的各个阶段之中。初期阶段创作的《福建第一组曲》（1954年2月）与《月亮出来》（1954年3月），曾由钢琴家巫绮丽在中国音协举办的《新作品音乐会》（1956年春，北京）上演出，并由中央人民广播电视台在《青年作曲家与作品》专题中播出，钢琴曲《月亮出来》还获“山东省第一届音乐汇演”一等奖。《音乐创作》发表的郭祖荣根据民歌《雨不洒花花不红》改编的钢琴变奏曲（1956：36～42），是他在国家一级刊物上公开发表的第一首室内乐性质的器乐曲。这些写于20世纪50年代中期的作品，以鲜明的民族风格、清晰的音乐语言、明晰的音乐结构以及并不复杂的钢琴技巧，受到观众的喜爱并引起有关专家的关注。创作于1961年的钢琴套曲《闽江行》（1999：148～163）和小提琴独奏曲《金色的秋天》（1963：20～24），是郭祖荣早期作品的代表作，也是郭祖荣音乐转型过渡时期最有影响的作品。前者由五首各自独立又内容相近的曲子组成，以诗与画相结合的方式表达了对闽江的思念：

一、《山歌》，由简短的一部曲式组成，清幽质朴，凝聚了作曲家长期对大自然的体验。

二、《上茶山》，活泼跳跃的音响，成为这首短曲的基调。中段带有谐谑曲性质的曲调，增强了小曲的变化和趣味。

三、《在江中》是一幅清淡动人的水彩画。

四、《荔红稻香》，以主题变奏的手法陈述乐思，不同的织体描绘出内心情感的变化波动。

五、《武夷山下》，以热烈欢快的小曲表现出喜悦的心情。

虽然郭祖荣力图以诗的语言提示意境、描绘乐意，但他始终认为音乐是难以用文字准确解释的，因为它蕴含着作者本人无法用文字叙述的情感。

《金色的秋天》，是郭祖荣以单一主题展开手法创作的小提琴浪漫曲（1963：20～24），全曲为复三部曲式结构，以 Mi、Do、Re、La 四个乐音为骨架引申、展开，行云流水般变幻自由的散板风格和中段多调性接触的聚集曲体，具有传统艺术中看似随意铺成、随意点染而又不失严谨古典、不乏艺术构思的特征。那诗意浪漫的音画气质和清晰浓郁的民族风格，在今天看来依旧清新感人。1984 年小提琴家盛中国录制了同名唱片，1989 年该唱片荣获首届中国金唱片奖。梁茂春在中央音乐学院讲授中国近现代音乐史时，也把该曲选为作品分析曲目。

在室内乐创作的“中期阶段”，郭祖荣对各种形式的管、弦乐独奏、重奏曲发生浓厚兴趣，以小提琴曲《秋色赋》、中提琴曲《断章》、大提琴曲《春江短歌》（1982：82～85）为代表。作者在《断章》中，把与学生一起搞社教和社会实践时的感受，用年、月、日数码编织成曲，以铭记“文革”可诅咒的岁月。作者在这一时期的创作中，将西方传统调性音乐创作手法与民族风格以及中国的现实生活相结合，在前阶段传统的基础上继续进行民族化探索。

双簧管独奏曲《天涯芳草碧》，是郭祖荣后期室内乐创作中最引人注目的作品。它以南音特性的三音列与全音阶技法相结合，在原型变形中插入自由的调性和声，巧妙地将南音的古雅乐调式与全音阶相结合，通过富于南音特色的短小动机在不同高度、不同调性上的展开变化，创作出“多感性”的旋律。该曲的创作不仅是“南音”曲调与现代技法的“嫁接”，更是在保持民族音调特色前提下对民族音乐的升华，是形与神、心与声碰撞的结果。

完成于1991年冬的《弦乐四重奏》(第二号)，是郭祖荣室内乐重奏作品中吸取西方现代作曲技法最明显的一部代表作。作者根据中国五声性音调特点重新组织序列结构，特别强调节奏的民族音乐风格；四个乐章以相互关联的十二音序列进行构思，但在乐曲的情绪和写法上又各有不同。从这里可以看出，作者在后期作品中，对创作的理性思考。

综上所述，郭祖荣是我国40年代末成长起来的一位在艺术上不断创新、为了自己的艺术理想而不懈奋斗的作曲家。半个多世纪以来，他在调性音乐及无调性、多调性音乐的写作中努力探索，积累了丰富的经验，创作了大量优秀作品，为福建培养出两代有作为的音乐人才。尽管历经曲折，但他仍一如既往地保持着对创作的执著，其部分作品在人民的音乐生活中产生了积极的影响，另一部分作品则由于得不到演出，目前还难以为当代人广泛了解。郭祖荣音乐创作中锲而不舍、勇于创新的精神，是对我们的激励和鼓舞。

参 考 文 献

郭祖荣

1951:《挑土歌》,《福建新歌》第2期。

1956:《雨不洒花花不红》(钢琴变奏曲),《音乐创作》第5期。
1963:《金色的秋天》(小提琴浪漫曲),《音乐创作》第9期。
1982:《春江短歌》(大提琴曲),《音乐创作》第2期。
1985:《天涯芳草碧》(双簧管独奏曲),《音乐创作》第2期。
1988a:《湖中雨意》(艺术歌曲),《音乐创作》第1期。
1988b:《大地,你好》(无伴奏合唱),《音乐创作》第1期。
1994a:《幻想曲》(大提琴曲),《音乐创作》第1期。
1994b:《郭祖荣艺术歌曲选》,广西民族出版社。
1999:《金色的秋天》(郭祖荣室内乐作品选),海峡文艺出版社。
2003:《大地,你好》(无伴奏合唱曲),《中国当代合唱作品精选》,上海音乐出版社。

曾宪瑞

1994:《郭祖荣艺术歌曲选》,广西民族出版社。

林道侃、郑长林

1996:《音乐的徘徊》(内刊)第0391号。

郑长玲

2001:《寂寞管弦殷勤弄 交响人生知音多——郭祖荣交响作品音乐会座谈会纪要》,《人民音乐》第6期。

居其宏

2002:《新中国音乐史》,湖南美术出版社。

周 畅

2003:《中国现当代音乐家与作品》,人民音乐出版社。

中国音乐年鉴·2003·
·专访·

辛沪光访谈录

林　晨

辛沪光简介：一级作曲家。原籍江西万载，1933年生于上海。1956年毕业于中央音乐学院，1956年至1981年分别在内蒙古歌剧团、内蒙古艺术学校任作曲教师，1982年在北京歌舞团任专职作曲，1991年退休至今。历任内蒙古音协副主席，北京音协理事。辛沪光是建国后培养出来的第一批有成就的女作曲家，曾被列入中国《艺术家辞典》、《音乐欣赏手册》等刊物，以及香港的音乐杂志《中国当代作曲家略传》中。其作品曾参加1982年在意大利罗马举行的国际女作曲家作品展览。主要作品有交响诗《嘎达梅林》、管弦乐《草原组曲》、马头琴协奏曲《草原音诗》、一组管弦乐小品《山泉似的红走马》等，还有清唱剧《草原小姐妹》及京剧音乐《草原小姐妹》，电影音乐《祖国啊，母亲》、《五张照片》，电视音乐《生命之歌》、《沙漠散记》，大型舞剧音乐《蒙古源流》、《生命之歌》。此外还写有音乐及器乐作品上千首。她在内蒙古任教期间培养了大批音乐人才，不少学生已成为当今各音乐团体的专业骨干。

1956年，年仅22岁的辛沪光，以气势磅礴的音乐交响诗《嘎达梅林》享誉乐坛。之后，辛沪光放弃北京、上海的优越工作，在内蒙古创作、教学达26年之久。2002年8月，中国音乐年鉴编辑部走访了这位乐坛的传奇人物。

记者：提起您，大家都会想起《嘎达梅林》。我们无法想象，这么一个充满阳刚之气的乐曲竟然出自一位南方姑娘之手。您能告诉我们创作这首乐曲的历程吗？

辛：写这首乐曲时，我还在大学读书。那时内蒙歌舞团到内地演出，我听到男中音演唱的《嘎达梅林》，留下了很深的印象，甚至每天都去听这首脍炙人口的民歌。在收集的过程中，我看到了民间长篇叙事诗《嘎达梅林》，其豪迈的气势、感人的情节深深地震撼了我。看到它，故事画面就会在我眼前闪动，让我激动不已。自此，只要和蒙古有关的唱片、画报我都收集。在选择大学毕业作品时，我就决定创作《嘎达梅林》交响诗。最初，我甚至想嘎达梅林是一个英雄，我要像贝多芬写《英雄》那样去创作《嘎达梅林》。但在构思过程中，那时还是我同学的包玉山说："那样不行，你应该把草原展开来写。"仔细思考后，我采用了他的建议。因此，成稿后的引子部分采用《嘎达梅林》的后半部分并展开，以此表现微风拂过草原、"绿草碧如丝"的美丽情景，而展开的《嘎达梅林》的曲调也使这种美带有一丝苍凉，为草原即将面临的灾难留下伏笔。

记者：就是因为这首《嘎达梅林》，您不但嫁给了来自嘎达梅林故乡的同学包玉山，还毅然选择去内蒙古工作。

辛：那时我选择去内蒙古歌舞团担任专职作曲。我和他们笑言："《嘎达梅林》交响诗就是我的嫁妆。"不过也是因为这样，我才有机会真正感受到内蒙古的音乐与生活。在写《嘎达梅林》时，我对蒙古民歌还不了解，也没有去蒙古采风，只是在学院中通过唱片和民歌集中收集了一些蒙古民歌。1958 年，有一批上山下乡的知青去中蒙边境，趁这个机会，我就和我们团另一个作曲杜造织申请下去，和蒙古人生活在一起达半年多。那时的我都已经怀孕了。由于那里很偏僻，民歌也没有受到汉族的影响。在放牧之余，我记录民歌，还发明了一种速记法。

记者：我们都知道长调节奏自由，很难记录。那您在采访中是怎样解决这个问题？

辛：长调确实是个难题。记录时我就记那个转折点，然后记花腔，最后回去学唱，唱给他们听。如果他们说对了，那就行了。长调的旋律走向虽然与个人的感觉、先天条件相关，但也非无规律可循，听多了也能摸到特点。你说长调节奏自由，但它还是有其自身的起承转合，并不是完全的随意而为。现在有些年轻人唱长调时，没有抓住这种规律，只是一味地炫技，把内在松、紧之间的旋律都给打乱了，使长调失去了内在的动力。唱长调的唱法也很丰富，有些是用喉结颤动，有些是用嘴在颤抖，有些用小舌头颤动，不一样。在《草原组曲》中我就用乐器模仿喉结颤抖的声音。

记者：如果说您在写作《嘎达梅林》时，完全是靠资料、音响来理解内蒙古，那写作《草原音诗》时，就是在内蒙古生活后的感受了，应该和写《嘎达梅林》时的感觉不一样，追求也不一样吧？

辛：是啊，写《草原组曲》时心里的感觉和写《嘎达梅林》时不一样。《草原组曲》是我在中蒙边境采风时就开始酝酿的，可惜 1958 年我被调到内蒙艺校，开始从事教学。那时老师少，什么课都教，甚至教材都是自己编。所以写作品只能抽时间写，一直到1963年才完成。

1958年，国家也开始追求艺术民族化，《梁祝》就是那时写出来的，我那时也无形中受了这种思潮的影响。《草原组曲》使用了《辽阔的草原》部分音调，以及收集来的民歌素材。那时，我就开始尝试让交响乐演奏出民乐的感觉。如在其中的第二乐章，我将四胡的演奏法吸收在西洋管弦乐中，让小提琴模仿四胡的演奏技法——打弦。还有《牧歌》中的长调，也让小提琴模仿马头琴的演奏法。其实我很早就将西洋乐运用到传统音乐中去。1969年，我在创作《草原小姐妹》时将京剧三大件和交响乐队结合使用。在过场音乐中用交响乐队，以丰富京剧的表现力。在唱腔上使用京剧的三大件，以保存京剧的原汁原味，也避免交响乐队和京胡合奏时出现的律制不统一的问题。

记者：在传统音乐中使用西洋乐的尝试，在写作马头琴协奏曲《草原音诗》时也得到充分的体现。在这首曲子中，您使用了许多新的技术，甚至促使马头琴将蒙面的蟒皮改为木板。

辛：从牧区回来后，我去内蒙艺校教学，那时色拉西在那里教潮尔。它是内蒙传统的乐器，由羊皮、马尾弦、马尾弓子、柳树的杆组成，弦中插把刀起共鸣、支架的作用，内蒙人称这种乐器为潮尔，蒙语的意思就是和声、多声部。潮尔的弦是松的，都是靠手把着的感觉，内在张力大，深沉。我在《祖国，母亲》场景音乐中就运用了潮尔，是美丽其格拉的。在乐池中你听不见它的声音，但在乐池的最后却听得很清楚。因为它是泛音，穿透力特别强。近处被淹没，远处听潮尔的声音最明显。现在的马头琴上面小，下面大，潮尔正相反，上面大，下面小。定弦顺序不一样，和马头琴正相反，定调也比马头琴低。当时我和色拉西就住一个院，一回家就去他那儿记他的曲目、指法、定弦。他拉得高兴就开始唱。现在会拉潮尔的人很少。色拉西的学生奥特根现在也去世了，唯一一个算是真传的只有美丽其格。我和他说回去带几个弟子，不然就失传了。现在用顶指演奏的马头琴是桑都仍到外蒙古学习的。还有一种马头琴是五度定弦，马尾弦。演奏时用指腹，像拉二胡。这是西蒙的马头琴。我的马头琴协奏曲《草原音诗》将三种马头琴流派糅进去了，同时吸收了提琴的和声、双音以及四胡演奏法。这首乐曲对传统马头琴是一种突破，现在的人都以能拉这首曲子为荣，但也没人感觉这首乐器失去了马头琴原有的风格，反而觉得是一种丰富。原来的马头琴只能拉一些民歌，现在得到了发展，能驾驭协奏曲了。至于原用的蟒皮很容易受天气的影响，极易走音。为解决这个问题，后来就改用木板，这样定弦就相对稳定并一直沿用至今。

记者：现在的作曲家都在尝试将传统音乐与西洋音乐结合。您从20世纪50年代就开始进行实践，能谈谈您的心得吗？

辛：1982年我回到北京，经常去中央音乐学院听外国专家的课，如十二音体系、申克作曲法等。我也收集一些这方面的音乐，如巴托克等，甚至包括邓丽君的音乐。后来我发觉我们民族民间音乐中就有很多可捕捉的现代音乐的雏形和因素。1987年创作的《蒙古源流》就是很好的例子。这是首追述内蒙古民族历史，追寻民族根源、反映民族固有品质，以及在艰苦创业和开拓未来的进程中那不屈不挠的精神和灵魂的乐曲。但现在我们无从得知内蒙古族原始时期的音乐形态，只能从民族历史发展的脉络去分析、探寻，追索它的根。许多材料如蒙古秘史、古代岩画、史诗江格尔、及格斯尔传中那些带有浪漫色彩的描绘、对进入草原前的狩猎群体生活，以及草原文化萌芽期的描述等等都带给我不少启迪和依据。在岩画中留下了蒙古祖先如何生活，以及他们的思维和崇拜偶像等线索，可以想象北方部族为能在恶劣的自然环境中得以生存和繁衍，必然以群体为生。他们人体高大、动作粗犷，而此时的音乐尚未发展成熟，我采用的音乐就多以信号、呼唤、简单的吟诵或简短的动机式音乐为主。没有完整成型的音调，或是无调性，或是多调性，群体整齐或不规则的节奏等都成为其主要特性。早期的草原游牧生活，既有群体生活，也有个体游牧生活。由于生活的相对稳定，必然出现早期牧歌的雏形，此时的音乐和我们今日熟知的草原音乐有很大的不同。当牲畜繁殖增多，各部族开始争夺牧场，互相残杀、掠夺，大部落并吞小部落，直至成吉思汗统一各部族，这种各部落混战的局面方告一段落。之后为扩大其势力范围，蒙古族打到中原、欧亚等世界各地，建立了空前强大的蒙古王国。这个马背民族经历了发祥壮大的上升时期，由于征战各地，不可避免地吸收了多种文化，形成交流融合的鼎盛时期。可以想象这个时期的音乐是刚劲而向上的，充斥着大量的英雄气概和所向无敌的性格特征。对此，在英雄史诗江格尔中充满了富有浪漫的色彩、夸张的比喻和生动的描绘，并带有说话的神秘色彩。萨满教是蒙古族所笃信的宗教之一，他们相信英雄的神力，他们崇拜自然的神灵，因此萨满音乐也是现今可以捕捉的依据。可见，蒙古族历史发展的脉络为捕捉古代音乐形象，提供了可信和可靠的事实依据。另一方面，从所掌握了解的民族音乐中判析并择取古老音乐的蛛丝马迹，逆向寻根也是可信可靠的方法。在新疆蒙古族中的掩布修尔（弹拨乐）音乐，以及英雄史诗江格尔的说唱音乐中体现出的节奏不规整、即兴式及朗诵性的简单动机、动机回旋式的音调，都显现了古老音乐的特点。领与和的集体特征，是步入草原游牧生活之前狩猎时期集体生活所特有的音乐特征，这些特征在萨满音乐、安代音乐以及成吉思汗领歌中就有所体现。古老的牧歌雏形可在“浩林潮尔”（人声多声部）、“木登潮尔”（吹奏乐器）中反映出来。这些原始的多声部音乐多在一个长基音的基础上吹奏或唱出高于一或两个八度的自然泛音列的大调式旋律。古代蒙古族处于上升时期，经常表现英雄气质，歌颂山川大地，因此大调式的音乐较多见。在蒙古国、新疆蒙古地区或阿拉善，以及其他地区一些大调式的音乐中都可以窥见古代原始音乐的特点。无调、多调、离调、变调的可能性和节奏不规整等，都是以原始生活作为依据而产生的特点。现有的音乐素材中也可判析古代音乐“根”的痕迹。例如朗诵与咏叹的结合，以及各种旋法特征等等。

记者：我听了这首曲子，其中您运用了内蒙古的赞词以及现代的写作手法，确实给我们营造了一种原始的氛围，但在听觉上又有现代感。从您的叙述中，我感到您时常在强调一种画面感，以致现在有人在听完了《嘎达梅林》后，都感到在眼前出现了一位伟岸的英雄。但现在许多作曲家更注重使用新的作曲法，而忽略人的感受，致使有些人说越是现代的音乐就越没有可听性。

辛：我认为音乐还是一种情感表现，不是数学计算，没有情感你就无法写作。当然作曲不可能完全是感性也需要理性。做和声题、曲式题就需要理性，但那些是手段，不是作曲的全部，甚至可以说不是作曲的重心。音乐是给人享受的，不是给人带来刺激，就看你如何利用。近现代的作曲法给我打开一些思路，但如何与民族的东西结合起来才是我们必须思考的。如我以上所说的那样，每一个转调、离调都必须有民间旋律走向规律的根源我才会使用，我认为这种结合才是合情合理的。如我在《山泉似的红走马》中运用的反向是巴赫常用的，但是你听上去不很别扭，因为在蒙族里就有许多类似的旋法特点：上、下五度，再从下、从上。这样的作品你听时既新鲜，又有民族特点。其实，民间旋律的旋法有很多内涵可挖掘。我就是在举一反三后夸大，运用到作品中去。在写《蒙古源流》之前我就开始尝试运用离调、转调、五度结构的和声，高度叠合的和声、复合和声。这样运用既有意境，又有特点，听众听了也不难受。

现在许多东西完全可以和传统结合在一起，但不能为了结合而结合。只有将二者真正联合在一起才行。音乐是给人听的，而不是给人分析的。我不认为使用现代技法就能使你的作品高人一等，但我并不反对使用。如想作品能得到认可，你必须有自己的根。比如我就很欣赏郭文景的《蜀道难》，它不是旋律很强，但很有那气势。音乐应允许多元化，即使流行音乐我也不反对。我还写了《现代小乐队配器》，因为有电声，和传统的配器不一样，必须通过录音来找平衡。因此我们深入地了解和研究对我们有益的音乐艺术、广采博收。既不故步自封，一味排斥，也不能盲目地模仿和照搬。只有站在我们民族的“根”上，才能创作出真正属于我们自己的音乐。我们这一代很悲哀。在想写作、有精力写作的时候，赶上了文化大革命，不让你写。现在条件好了，却又没有精力写了。现在的年轻人有很好的条件，我希望他们能静下心来了解我们本民族的音乐，同时博采众长，创作出真正的好的作品。

抗战前后的两个“大同乐会”

郑体思

前　言

我1921年生于江苏省南京市，自幼受到江南丝竹乐的熏陶，对笛、箫、二胡、琵琶、月琴等多种乐器均极其爱好，曾经常习奏并登台演出，业余艺术实践长达七十余年。卢沟桥事变后，我随全家逃难到汉口，在流亡学生登记处报名后不数日就被送到大后方的四川合川县郊濮岩寺，在国立二中高中部读书。1938至1940年曾参加由学校组织的白雪国乐队，积极投入练习和演出活动，受到校领导的表扬和听众们的热烈欢迎与好评。

在高中，我有幸从夏荪楚老师习奏二胡，从

杨大钧老师习弹琵琶，多次欣赏到刘天华、卫仲乐诸先生灌制的二胡、琵琶等国乐唱片，并开始习奏《春江花月夜》。从此我才知道在抗战前的上海有一个颇负盛名的社会民乐团体——大同乐会。

1940年冬，我高中毕业，适逢中央广播电台音乐组登报公开招考国乐练习生，我有幸被录取为第一名，并很快受到重用，成为琵琶、二胡的演奏广播人员。当时我的月工资为五十五元，比一般高中毕业生的待遇要高出80%，工作轻松胜任，心情愉快。约在1941年的春末夏初，见当时的《中央日报》新闻报道，称“‘重庆大同乐会将举办难童国乐演奏会’欢迎各界人士欣赏”，我欣然前往，留给我的印象至深，这时，我才知道重庆也有一个“大同乐会”。

抗战前后的这两个“大同乐会”，是否是互不相干的两个国乐团体？有什么联系或相同的宗旨？是否为纯粹的业余社团或半官方半业余的社团？两个大同乐会的组织机构、骨干力量和会员素质水平如何？社会影响与评价又如何？……如此众多的疑问在我脑海里已萦绕多年，后又得知上海老会员们对重庆的领导人很有意见，他们复员回到上海后，老会员们均不予理睬……这些情况更令我百思不得其解！对此，有好心朋友劝我“不必介入”，但经我长期思考后，仍然认为应该把上述的种种疑团用大量的历史事实予以化解，还历史真面目，让关心我国近现代音乐史的人士和热爱民乐艺术事业的广大群众，能有一个比较公正、确切的了解。为此，我不惮其烦，毅然投入本文的写作，希望以史为鉴，填补这个历史空白。

大同乐会的定名

早在1934年我在青岛市私立礼贤中学读初中一年级时，音乐老师曾教唱了一首《天下为公》的歌曲，其歌词大意如下（后承刘志坚先生提供许如辉作曲的《大同之声》的歌谱进行核对）：

“大道之行也，天下为公。选贤任能，讲信修睦，故人不独亲其亲，不独子其子，使老有所终，壮有所用，幼有所长，鳏寡孤独废疾者，皆有所养。男有分，女有归，货恶其弃于地也，不必藏于己，力恶其不出于身也，不必为己。是故谋闭而不兴，盗窃乱贼而不作，故外户而不闭，是谓大同。”

这首歌词出自《礼运·大同篇》，当时我们传唱，并不太了解其含义。既长，才逐渐领会是儒家的学说，其核心是“天下为公，世界大同”，这不正是建设共产主义社会的美好愿望吗？

我国民主革命的先行者孙中山先生的墨宝中就有“天下为公”的亲笔题词的条幅，他领导的同盟会会员中有一位李石曾先生，曾被称为“世界大同的理想家”[1]，一生信奉“人类互助，世界大同”。1906年李石曾在法国与张静江、吴稚辉等人发起组织“世界学社”（简称“世界社”），他们回国后，到了20年代在上海又恢复了“世界社”的活动，由李石曾任社长。他们的“世界大同”理念与上述“天下为公”的思想不是不谋而合吗？

上海大同乐会的创始人郑觐文先生对“国乐乐器、国乐典籍”和“国乐理论”研究至深，被公认是“崇雅黜俗”的音乐教育家、音乐史学家、民族器乐研究家、演奏家和音乐社会活动家。他崇尚的“音乐大同”也是当时社会名流、文人雅士们的高雅志趣。他要把中国民族器乐推向全国及世界，因此他把原来的古琴社团“琴瑟乐社”正式改名为“大同乐会”，他以音乐大同促进社会大同，这就是他们的崇高志趣和远大目标。

大同乐会的老会员许如辉先生（在上海入会才16岁），来重庆组建第二个大同乐会后，曾创作了一首《孔子诞辰歌》，歌词同《天下为公》，但曲谱却是他重新创作的。后来在组织会员演出国乐时，曾请著名影星胡蝶演唱《大同之声》(即孔子诞辰歌)，可见对“大同”理念的重视。

大同乐会的宗旨

重庆市文化局曾编《重庆文化艺术志》(2000)。此书取材的起讫年份为1840至1985，时间跨度大，搜集调查审核资料先后历时近二十年。内分十余篇，其中第六篇为“音乐、舞蹈”，音乐方面的责任编辑及执笔人是郑荣福先生，他是抗战时期国立二中的校友，笔者和他曾是先后相差六年的同学。据他告称“采用的资料是根据历史档案、政府会议文件、主要报刊和有关方面提供的书面资料……经反复核对查实后，才入选”。关于“重庆大同乐会”在该篇第五节“音乐学会、协会”中有以下记载：

> “20年代在上海成立大同乐会，创办人郑觐文，有会员40余人，为我国早期规模较大的国乐社团。民国二十六年(1937年)七七事变后，部分会员辗转来渝，组成重庆大同乐会，会址设市区曹家巷16号，留沪会员则于是年转入当地中国管弦乐队。该会以研究整理中国音乐、沟通中西文化、促进世界大同为宗旨，以整理国乐曲谱、研究中国乐器制造、协助国家推进音乐社教工作为具体任务。经费以社会捐助、会员会费、乐器经营盈余为主，政府补助为辅……”(2000：355～356)

以上可以了解到，上海和重庆两个大同乐会的宗旨是一致的，具体的任务也是相同的，而其经费来源的渠道也基本一样，详细情况当在以后各标题下分别介绍。

大同乐会的创始人

郑觐文先生（1872－1935），江苏省江阴县人，自幼父母双亡，由老保姆抚养成人。幼年爱好音乐，擅长江南丝竹，后从师学习琵琶、古琴，技艺大有进步。在古琴名家唐敬洵先生的精心培育下，琴艺高超，讲究韵味。他弹奏的《秋鸿》、《平沙落雁》、《水仙操》、《胡笳十八拍》、《梅花三弄》等名曲，古朴典雅，苍劲有力，技艺精湛，感人至深。后率先发起组织“琴瑟乐社”，吸收不少琴家入会，互相交流，不久就在此基础上酝酿成立了大同乐会。他最初当过小学音乐教师，后又应聘任上海私立仓圣明智大学古乐教师，授古典音乐。大同乐会成立后，他担任乐务主任。当时曾招收一些青年会员，进行培养，除他本人任教外，又聘请一些专业教师任教，如琵琶大师汪昱庭、昆曲大师杨子永、胡琴大师陈道安等。早期吸收的会员有程午嘉、柳尧章、胡昕（女）、程庄（女）、王超琴（女）、郑克强等，后来陆续吸收的有金祖礼、卫仲乐、许如辉、秦鹏章、陈天乐、许光毅、龚万里、黄贻钧等人，这些人后来都成了我国民乐界的专家。

郑觐文古文根底厚，曾考取前清的副贡生（可以入国子监深造），他一头埋进古乐器的保管、研究、探索和试制工作中。他在江阴文庙曾协助浏阳古乐专家制造祭孔古乐器，他发现这些乐器的音律不协调、不统一，遂萌发探索改革制造古乐器的愿望，后来他聘请乐工缪金盛开始试制乐器，并探索、改进古乐器的制造方法。

郑觐文又致力于挖掘整理编辑古典乐曲，沟通中西乐理，以十二平均律为乐器协律的基础，并逐步发展建设一支由十余人发展到三十余人的乐队（详许光毅 1984：114～115；孙克仁 1982：10～17），并将古典乐曲改编为《国民大乐》的五个乐章：大中华、神州气象、一统山河、锦绣乾坤、风云际会。具体乐曲和演奏效果详见后述。

郑觐文又致力于中国音乐史的写作，从1927年起耗时一年才完稿。书中记载了“上自远古雅乐，下至明清九宫的主要音乐事项，书中还收录了祭祀乐、道家乐等三十八首，汇编了京调、昆曲、秦腔等传统戏曲音乐等内容”（许文霞2004c）。此书是郑觐文呕心沥血之作，“涵盖内容之广，讨论问题之深，当代音乐学专家，至今评价颇高”（同上）。

大同乐会筹建情况

“大同乐会的前身是1920年创建的‘琴瑟乐社’，会址在旧上海法租界一间私房中。当时一些著名的音乐家、京昆表演家，如萧友梅、黎锦晖、沈知白、汪昱庭、李子昭、王燕卿、杨树百、张子谦、吴梦非、吴钊岚、王寂都、俞鹏飞、苏少卿、陈道安等”（许光毅1984：114～115），都与“琴瑟乐社”和郑觐文常有来往，活动频繁。在这些崇尚高雅音乐的文人雅士支持下，在缪云台、章士钊、欧阳予倩、殷太和、郑立三和当地士绅们的参与赞助下，于1921年在郑立三公馆内成立了郑觐文定名的“大同乐会”，并于1923年迁至嵩山路36号的一幢二层楼房内[2]。为了开展民族音乐事业，他邀请了社会名流蔡元培、史量才、叶恭绰、梅兰芳、周信芳等为赞助人，由他自己兼乐务主任，积极开展各种活动。如吸收会员、培训人才，挖掘整理古典乐曲，搜集已经散失的寺庙和民间的古代乐器并请工匠绘图试制乐器，积极组织演出活动等，反映甚佳。由于有史量才任总经理的上海《申报》的新闻报道与舆论宣传支持，会务开展较为顺利，会员逐渐增多，发展较快。

同盟会老会员李石曾，是最早把国乐介绍给外国的文化使者之一，他组织的民间社团“世界社”与大同乐会会址邻近，世界社举办对外文化活动时常邀请大同乐会前往演出，他的“社会大同”

的理念与郑觐文的“音乐大同”都是相似的“大同世界”，他们两人内心相通，理念一致，加之李石曾本人又爱好国乐，是大同乐会演奏国乐会的常客。就这样，不久后李石曾许诺担任大同乐会的理事长（程午嘉 1984：92～98）。理事会的成员多为政府政要、社会贤达、名流士绅等。李石曾有鉴于郑觐文致力制造古乐器花费大，经费少，乃特允由世界社每月以车马费名义补助一百元，王晓籁、杜月笙两人又各补助三十元，这样，乐器制造才有资金。当时的钱很管用，一直按月补助到郑觐文去世为止。

抗战后不久，上海大同乐会一部分会员来渝，郑玉荪（郑觐文之长子）牵头，为继承乃父遗志，多次走访许如辉（当时许在中央广播电台音乐组任干事，担任演奏兼作曲），一再动员劝说许和他共同致力于重建大同乐会（同上）。当时的理事有于右任、孔祥熙、王雪廷、朱家骅、李石曾、杜月笙、叶楚伧、包华国、展延、周皇甫、谷正纲、吴铁城、吴国桢、竺鸿涛、洪兰友、胡学文、孙科、陈英士、陈果夫、陈立夫、许静仁、黄伯度、康心如、康心之、张群、斐铁俊、叶楚伧、赵佩岚、刘航琛、郑玉荪、钱昕之、谢超梦、戴季陶、顾一樵（毓琇）、潘公展、王晓籁等 37 人。常务理事兼事务部主任潘公展，常务理事兼乐务主任王晓籁，事务总干事郑玉荪，乐务总干事许如辉[3]。该会成立后，即派人赴蓉设厂制造乐器并于是年底在渝征求会员，开始练习。民国三十一年（1942 年）又着手组建难童国乐训练所，一面练习国乐，一面制造乐器。作为乐务主任的王晓籁对音乐却是一窍不通的，也从未光顾过大同乐会。

大同乐会的骨干力量

大同乐会的主要骨干有程午嘉、卫仲乐、秦鹏章、许如辉、郑玉荪、刘志坚等[4]诸先生，特分别简介如下：

程午嘉生于1901年，江苏奉贤县人（现属上海市）。在南桥镇读小学，对吴江雄老师能奏笛、二胡、琵琶等多种乐器甚为钦佩，吴教程演奏技法和音乐理论（初小、高小各四年）。程在校成绩优秀，保送入南京工业学校。当时南京高等师范学校有两位国乐老师——沈肇洲和王宾鲁（王燕卿），程从他们学习琵琶和古琴（当时的国乐同学有徐立孙、刘天华）。程从王老师学《关山月》、《长门怨》、《平沙落雁》、《捣衣》等曲，并将所学曲谱请杨荫浏抄写并定指法，用英、汉两种文字作了说明，共有十余首，拟出版传世，后一直保存在杨荫浏处。程随沈肇洲老师学习琵琶《瀛洲古调》，文板武板各十二曲，后由徐立孙编印成《梅庵琴谱》和《梅庵琵琶谱》各一本。“梅庵”是南京高师校长李瑞清的别号，他修建了一座平房取名梅庵，后来中央大学音乐系即设于此。1921年程中学毕业考入上海复旦大学，认识了郑觐文老师，加入了大同乐会，并参与该会的各种音乐活动，占用了大量时间，影响了程在复旦大学的学业，故他读了八年才毕业（一般为五年），这可算是程早年对大同乐会的贡献。1928年程率先改制琵琶为六相十八品，确定了琵琶的正式规格与尺寸，又试制八音孔定音笛，将旧中国鼓改为定音鼓，这都是受大同乐会的影响。抗战后他也来到重庆工作，偶尔去大同乐会参观，并未参加排练演出活动，他曾被聘为中央广播电台音乐组的特约演奏员和国立音乐院的琵琶教授。1947年春，程应聘为国立中央大学白雪国乐社的顾问，曾回访中大该社，颇受欢迎。他又曾向白雪国乐社介绍本人上述的经历，并寄希望于白雪国乐社同学们为发扬国乐艺术多做贡献。

卫仲乐[5]1908年3月21日（农历）出生于上海一个贫穷的殷姓工人家庭，后过继给卫姓寡妇，取名卫崇福（小名卫家涛）。自幼酷爱音乐，自学笛、箫、二胡等，他认为独有音乐才能解脱苦难，赢得欢乐。十八岁时结识许光毅先生，他们经常在一块拨弄江南丝竹，并参加邮政工会国乐组的演出活动。他家住在淡水路，与大同乐会相距颇近，来往经过大同乐会时，经常听到会内传出动人的国乐。有一次他鼓足勇气，走进大同乐会，向一位老人请教，打算拜师学艺，以求深造。这位老人就是郑觐文，乃欣然免费接纳他入会学习，不久许光毅和邮务工会的其他国乐爱好者也纷纷入会。

当时大同乐会曾聘请一些知名老师任教，卫仲乐如鱼得水，勤学苦练，向郑觐文学古琴，向汪昱庭学琵琶，向柳尧章学小提琴等等，在短短的期间就学会了这些乐器的演奏技巧。勤奋加天赋，使他很快登堂入室，并多次参加大同乐会的演出活动，卓有成效。郑老师建议他改名“仲乐”，就是致力于中华民族自己音乐的意思。郑觐文于1935年病逝后，卫仲乐就接任了大同乐会的乐务主任一职。

他在“世界社”演出频繁，曾一个人举办多种乐器的独奏（古琴、琵琶、二胡），让听众大开眼界。他又积极参与了钢琴协奏曲《忆王孙》（大同国乐队协奏）和二胡协奏曲《杨贵妃之死》（交响乐队协奏）的演出，开辟了中西乐协奏的新路。抗战后他去美国演出，并灌制了古琴、琵琶、二胡、箫、笛等乐器的独奏唱片四张，传播到全世界。回国后他又组织中国管弦乐队，开展活动，培养人才。新中国建国后应聘为上海音乐学院民乐系的副主任和主任，专心致志地培养了大批民乐人才，桃李满门，实现了郑觐文的遗愿。

1987年初夏，笔者去沪、宁一带探亲访友，曾专程去上海音乐学院拜访卫仲乐先生，拟向他当面请教，并敦请他撰写大同乐会史料，岂料他家住在校外，我扑了一个空。他在1936至1937年曾在南京中央广播电台音乐组担任独奏和整编古典乐曲等重要工作，抗战爆发，音乐组随广播电台迁重庆，他却辞职跑回上海另谋出路，这一点也是我不能理解的一大疑问。后来他自称尝够了酸甜苦涩滋味，被迫从美国回沪，却失了业，走投无路。后由沈知白先生介绍去了上海音乐学院任教，直到病逝。

秦鹏章（1919－2002）[6]江苏无锡人，抗战后他一直在上海学习音乐，并从事邮政和音乐工作。他在小学及市区民众教育馆学国乐，13岁起师从卫仲乐、汪昱庭学习弹琵琶、古琴，并参加大同乐会的演出活动。1935年获市儿童琵琶演出奖，并参加百代唱片公司小乐队，从洋人学单簧管。同年卫仲乐离沪，由他继任大同乐会的乐务主任。上海陷落后，他滞留租界从事邮政工作，业余时间仍从事音乐与教学工作。建国后他曾应聘为上海音乐学院单簧管教授，50年代调北京任中央歌舞团民乐队指挥和琵琶独奏演员，多次参加出国访问演出。中央民族乐团建立，他任首席指挥，多次在国内外演出。他编写了多首民乐合奏曲，又发表"乐理"、"编钟"、"和钟"、"江南丝竹"、"近现代音乐史"等多种理论著述。他离休后又多次去香港、台湾演出，为台北市立国乐团举办由他指挥的专场演出（同上）。他论著等身，为弘扬民族音乐艺术作出了卓越的贡献，终生享受国家的专家津贴，是大同乐会老会员中最为一帆风顺的幸运者。

许如辉（详程午嘉等1982：68）（1910－1987）生于浙江嵊县，家贫，念过三年私塾，后毕业于新昌尚崇公学，在余姚县当学徒。后由舅父带到上海，1925年加入上海大同乐会，师从郑觐文学会吹奏民族乐器，后在大同乐会的乐队内司鼓并吹箫、笛、排箫、埙及弹奏筝、瑟、琵琶等多种乐器。他又学习作曲，在当时的明星电影公司任基本作曲长达八年之久。全面抗战后，明星公司被炸歇业，他随亲友钱之新夫妇来到山城重庆，1939年秋考入中央广播电台音乐组任乐队演奏员，此时，他创作了合奏曲《寒夜闻柝》，经排练演播颇有效果，又创作二胡曲《忆别》等。

在音乐组工作的一年多时间内，许常与郑玉荪会面，老友重逢，无话不说。郑玉荪为了继承乃父郑觐文的遗志，多次劝说许如辉和他共同协力，在重庆创建大同乐会。此后两人联手努力筹备，于1941年3月经社会局批准终于正式成立了重庆大同乐会。由郑玉荪任总务干事，许如辉任乐务干事，公开招收会员，开展日常的排练与不定期的各种演出活动，进行抗战宣传。还开办乐器工厂和难童国乐教养院，许任院长，培养了一批能自制军笛等乐器的难童，并于 1941 年春末夏初举办了国乐演奏会，反映甚佳。此后，许又致力于戏曲、电影音乐的创作和《国家典礼乐章》等国乐曲的创作演出，抗战后期又组织大同剧社。许又创编音乐剧《木兰从军》，请名家导演，请中央广播电台音乐组参与乐队指挥、配器和演出，效果极佳，反映强烈。这些活动更加丰富了大同乐会的办会宗旨和目的要求。

郑玉荪（1894—1969）是郑觐文先生的长子，毕业于商业专科学校。1921 年进入淮南水利总局所属的各地“工地整理处”从事水利管理工作，后入导淮委员会任文秘工作。1935 年乃父病逝，郑玉荪奔父丧，为了继承父志，下决心要把父亲的遗愿变为现实。抗战不久，他摘下“大同乐会”木牌带往重庆。他随导淮委员会从江苏迁往重庆时，组织一批音乐爱好者，曾以“江苏大同乐会抗日活动宣传队”的名义沿途开展抗日宣传活动。到了重庆曾在青年会举办汇报演出，颇受各界人士的欢迎[7]。后来他极力动员说服许如辉与他共同努力克服重重困难，终于在 1941 年 3 月 18 日在重庆正式成立了大同乐会，在王晓籁的积极支持参与下组建了三十七人的理事会。由王晓籁任乐务主任，潘公展任事务主任，由郑玉荪任事务总干事，许如辉任乐务总干事，两人齐心合力把重庆大同乐会办得有声有色。郑玉荪总揽一切内外事务、宣传、文秘，许如辉则全力投入培训、排练、指挥、演出等全部音乐工作。他们两人曾代表大同乐会参加教育部音乐教育委员会第八次会议（详孙继南 2004：151），郑玉荪提出整理乐典的议案获通过。郑玉荪虽不会演奏乐器，但擅长制作竹笛，试制成为标准音高的五种竹笛，著有《竹笛制作法》和有关文章。抗战胜利复员回沪后，鉴于恢复上海大同乐会已无希望，乃投入乐器制造工作，自设大同乐器工场，后参加上海第一乐器合作社，1958 年并入上海民族乐器一厂工作，1969 年病故。

刘志坚 1917 年生于四川巴县，至今已 88 岁高龄，仍然精神矍铄，以拨弄古筝、琵琶自娱，安享晚年。他是重庆大同乐会的骨干会员，早期在川东联合师范读书，毕业后任小学教师，后任私人钱庄的练习生、私营基泰建筑设计师事务所绘图员、重庆邮政局邮务员等工作。他自幼喜爱民族乐器，擅吹笛、箫，拉二胡，弹古筝、琵琶等。大同乐会征求会员时他立即参加，坚持排练与各项演出活动。他靠自学、勤奋努力和许如辉的精心指导，技艺大有进步，成为乐队的骨干会员，也是至今唯一健在的重庆老会员。他提供不少有关重庆大同乐会的资料，遂使郑体思、许文霞等人先后撰写《重庆大同乐会》的史料文稿（详郑体思 2000：71；许文霞 2001：74～81），填补了近现代音乐史的这一空白。

抗战时期的陪都重庆，人才荟萃，古琴家俞伯孙、琵琶家程午嘉、大擂演奏家赵玉斋等均常与刘志坚一起排练、合乐、公演等，卓有成效。他与中央广播电台音乐组的刘泽隆、夏治操、杨竟明等也有交往，切磋技艺。1980 年他参加郑体思发起组织的“重庆晚晴民乐社”，成为骨干，一直坚持排练演出活动长达 22 年，他满 86 岁后才完全离社安享晚年。他写的《技艺人生——贺重庆晚晴民乐社建社廿周年》（中国音协重庆分会 2002：12 月 20 日），填补了现代音乐史的空白。

大同乐会的主要活动

本文第三节谈到大同乐会宗旨和具体任务，他们以“研究整理中国音乐，推进中西文化交流，促进世界大同为宗旨”，“以整理国乐曲谱，研究中国乐器制造，协助国家推进音乐社教工作为具体任务”，兹分别叙述于下。

一、研究中国乐器制造

郑觐文先生曾从事过文庙祭孔古代乐器的保管工作，也协助过古乐专家制造古代乐器，他发现这些古乐器音律不太协调，乃决心致力于制造一套古乐器，以求协调音律，便于与西洋乐器沟通。他曾亲自带领早期入会的年青会员到各地搜集，或购买古代乐器、民间乐器，以为蓝本，并请乐工绘图，精心制造。为了寻找合适的乐器材料，也不辞辛劳到处采购挖掘。他亲自到安徽灵璧县五磬山开山采石制造石鼓，又寻找挖掘古坟中的乌木制造古乐器。在这个阶段，程午嘉曾耽误了在复旦大学的学习，程先生因此说“这算是我对大同乐会的贡献”。经过十年的努力，至1930年已制造出古代和少数民族乐器达一百六十余种，分为金、石、土、木、丝、竹、革、匏、虒、箷、鬃、贝、苇等十三大类（其中有编钟等）。当时曾复制九套，赠送德国柏林、法国巴黎各一套，并拨一套放在世界社礼堂公开展览。这批乐器，在解放后为华东教育部接收，后由上海民族乐器一厂保管，以为借鉴和参考。

重庆大同乐会建立后，也立即在巴县土桥难童国乐教养院和成都开设乐器工厂，制造乐器，并培养了乐器的制造与演奏人才，通过出售一部分乐器，填补经费之不足。还有一批军笛和其他乐器无偿赠给重庆南开中学的正声乐社，学校就把乐器陈列在大礼堂楼上进厅（乐社社址）供同学们学习。

二、抢救整理古乐曲谱

我国的古琴谱、琵琶谱、京昆曲谱等特别丰富，但流派纷呈，曲谱杂乱，习奏者较难掌握。以往都是琴家打谱、定指法，各地各派的琴谱指法不统一，琵琶谱也是各有千秋。郑觐文先生决心和早期会员们致力于挖掘整理，并编出了一套《国民大乐》，组织乐队演奏，该乐曲分为五大乐章，即：

1. 《大中华》（原名《饶歌》）

2. 《神州气象》（原琵琶曲《妆台秋思》）

3.《一统山河》（原名《将军令》）

4.《锦绣乾坤》（古曲《月儿高》中的一段）

5.《风云际会》（琵琶曲《霸王卸甲》中的一段）

《国民大乐》演奏时，乐队编制规模大，气势雄伟，气象万千，体现出我们中华民族地大物博、气壮山河的辉煌灿烂景象。这首《国民大乐》历次演出均获成功，颇为振奋人心，成为大同乐会的保留节目。

此外又整理挖掘了《春江花月夜》、《十面埋伏》、《霓裳羽衣曲》、《月儿高》、《塞上曲》等。1978 年人民音乐出版社出版的《春江花月夜》活页曲选，正是采用的《大同乐会》编配的十段曲谱。1953 年后，中央广播民族乐团、中央民族乐团等大型乐队也是根据此谱略加删节和配器录制了唱片、磁带等，公开发行，效果很好，颇受国内外听众欢迎。我们重庆晚晴民乐社已有 25 年历史，历年演出此曲均受欢迎，成为保留节目。在某次排练此曲时，竟感动了台湾大学周广周荣誉教授，使他热泪盈眶，激动不已，在北京演出时也感动得老华侨涕泪横流。

重庆大同乐会的许如辉先生也把《春江花月夜》、《塞上曲》、《月儿高》、《将军令》等列为经常排练、演出的节目。他以其在上海大同乐会的学习心得和在百代唱片公司、明星电影公司从事音乐工作所积累的作曲经验与技巧，在重庆大同乐会又继续创作了脍炙人口的《寒夜闻柝》、《原野牧歌》、《大同之声》、《满江红》、《木兰从军》等歌曲，并花大力气创作出二十余章的《国家典礼乐章》。此乐章每章均选配有古朴典雅的诗词，可唱、可奏，奏全部乐章约一个小时许。这是一支庞大的乐章，曾在教育部音乐教育委员会试奏，并在重庆夫子池广场公开演奏，受到欢迎。

三、推进音乐社会教育，培训国乐人才

郑觐文先生从创立大同乐会之日起，就致力于引进会员、培养人才的工作。当时的青年会员出于热爱国乐而勇于报名参加乐会，除郑本人率先教授古琴、琵琶外，又聘请古琴、琵琶等方面的专家，如汪昱庭（琵琶）、杨子永（昆曲）、陈道安（胡琴）等先生来会任教。青年们勤奋学习，刻苦锻炼，很快就收到成效。如卫仲乐、许光毅、许如辉、秦鹏章等，都成长为演奏家、指挥家、作曲家、音乐教育家和音乐社会活动家等，从而又进一步扩大了音乐社教的影响。例如，许光毅先生致力于古琴的演奏和教学，他从多年的演奏中，积累下丰富的经验，为了使濒于失传的古琴逐渐推广普及，特地编写了一本《怎样弹古琴》（1996）的入门教材，让广大青年对古琴弹奏技巧有初步认识，对古琴弹奏方法有初步了解，便于自学入门。这就把大同乐会推动的音乐社教，培训国乐人才的任务，进一步扩大，影响更加深远。

重庆大同乐会也致力于培养国乐人才。由于抗日战争的爆发，日寇铁骑蹂躏大半个中国，战火弥漫，硝烟四起，不少同胞被烧杀，他（她）们的子女成了孤儿、难童。当时宋庆龄率先成立“战时儿童保育院”，接纳培育大批孤儿。大同乐会也承办了一所难童国乐教养院，许如辉兼任院长及国乐教师，又聘请中央广播电台音乐组黄锦培先生等人任教，在很短一段时间内就培养出一批乐器制造和演奏人才，并于1941年春末夏初在重庆公开演出。笔者曾准时前往，听了整场的节目，印象至深，可惜我当时没有及时采访，错过了与许如辉先生访谈见面的机会。他在中央广播电台音乐组工作约一年多，又与我错过了共事的机会，失之交臂。抗战后期他与音乐组同仁常有往来，甚至同台演出；而我在沙坪坝中央大学读书，又未能见面，深以为憾。他后来培训社会青年习奏国乐，据《重庆文化艺术志》称“1943至1944年间，举办古琴、琵琶、筝、二胡、扬琴等国乐传习，广泛培育国乐人才”，当时少年学生彭修文、社会青年孙培章等都曾是学习二胡、琵琶的学员。孙培章曾参加重庆大同乐会的早期活动，1942年后考入中央广播电台音乐组任练习生，并接受音乐组举办的国乐训练班的脱产培训。1948年底，与王沛纶、高子铭等前往台湾，后在台湾组建中央广播民族乐团，由高子铭任指挥，后由孙培章接任。彭修文在四十年代还是一个初中学生，不够入会条件，但他常去旁听，以求学习提高。彭修文在1951年由张学贤介绍参加西南人民广播电台国乐组任练习生，1952年该组全体成员六人（排名次序是：宋锡光、张学贤、杨竞明、夏治操、曾寻、彭修文）调北京，筹建中央广播民族乐团，并以原中央广播电台音乐组的建制模式而迅速组建成功[8]。孙培章、彭修文两人在上个世纪50年代早期分别成了台湾中央广播民族乐团的指挥和北京中央广播民族乐团的指挥。孙培章在台湾又继续培养了一些琵琶和国乐演奏人才，使国乐后继有人。但彭修文曾被宣传为“中国民族乐队的创始人”，未免有违史实。

四、主要演出活动

上海大同乐会成立后不久，一批青年会员就很快地学习掌握了各种乐器演奏技艺，并不时参与演出活动。由于“世界社”主办的对外文化活动较多，经常请大同乐会前往该社演出。每次演出活动《申报》均有新闻报道，扩大了影响和知名度，不断邀请去各种集会演出的机会增多，仅就主要演出简要记述如下：

1. 卫仲乐的独奏会

卫仲乐先生加入大同乐会后不久，由于他的刻苦勤奋学习和音乐天赋，很快就成了各种乐器的演奏高手（屡次在世界社独奏）。1933年上海大光明电影院举行落成典礼，风华正茂的卫仲乐应邀演出琵琶独奏《十面埋伏》，四座皆惊，名声大振。卫仲乐宛如一颗冉冉升起的明星，在中国乐坛的天幕上闪闪发光。此后，他在朋友们的帮助下，在“世界社”举办了一场别开生面的音乐会，由他一个人独奏琵琶、古琴、二胡、洞箫、古筝等多种乐器，创造了中外音乐史上的奇迹。后来他去美国巡回演奏，曾灌制四张唱片，有琵琶曲《歌舞引》、《飞花点翠》，古琴曲《阳关三叠》、《渔舟唱晚》，二胡曲《病中吟》、《光明行》，箫曲《妆台秋思》，笛曲

《鹧鸪飞》等，充分展示了他的才华。

2. 钢琴协奏音乐会（大同乐会国乐协奏）

1936年，侨居上海的俄藉音乐家阿龙·阿甫莫洛夫创作了一首具中国风格的钢琴协奏曲《忆王孙》，特地邀请大同乐会协奏。当时参与协奏的会员有卫仲乐、黄贻钧、秦鹏章、许光毅、许如辉、林志音、周自新、杨光西、罗松义、陈中、代泽民、徐桂祥、陈奎祥等十三人[9]。后来，俄国犹太裔作曲家阿甫夏洛穆夫据自创歌剧《杨贵妃暮景》中曲调，又创作了二胡协奏曲《杨贵妃之死》，请卫仲乐二胡独奏，由作曲家本人指挥，西洋交响乐队协奏，乐曲同样很感动人。这是大同乐会的一大贡献。

3. 《国民大乐》的演出

上海大同乐会挖掘整理古典名曲，编成一部《国民大乐》，内容已如前述。此曲的公开演出，阵容强大，乐队编制为三十三人，即：

吹管乐器10人：笛子1、排箫1、笙2、直笛2、埙1、篪1、倍思管2；

弹拨乐器14人：琵琶4、小忽雷2、大忽雷2、双清2、中阮2、箜篌1（72弦）、大瑟1（50弦）；

拉弦乐器7人：二胡4、弓胡2、幢琴1；

打击乐器2人：有大鼓、小鼓、海锣、小编钟、方响、薄钹、卜鱼、缶琴、巴打拉（详许光毅1984：114~115）。

从乐队的配器上来看，已注意到高、中、低音的协调配合。此曲于30年代初为欢迎法国音乐家拉鹿埃访问上海，在世界社礼堂公演，中外人士到会踊跃，反映强烈。在20世纪30年代，由一个业余的大同乐会组成这支庞大的乐队是少见的，也是难能可贵的创举。

重庆大同乐会的演出活动同样也是较频繁的，效果也不错，简要叙述如下：

1. 许如辉的独奏

他在恩师郑觐文的指导下，由于自己的刻苦勤奋学习和特有的音乐天赋，在较短的时间内学会了多种古乐器的演奏方法，技艺不凡，对埙、篪、排箫、筝、瑟、琵琶等多种乐器均精通。早年曾以埙独奏打动了王晓籁的心，后来王才建议潘公展同意许如辉在中央文化运动委员会挂名领了九个多月的工资，以弥补大同乐会的经费之不足。他在多种场合琵琶独奏《十面埋伏》，听众掌声雷动，赞不绝口。

1945 年秋，国共两党和谈结束，为欢送中共代表团，曾由军委会组织告别晚会，许如辉应邀参加琵琶独奏《十面埋伏》和筝独奏《春江花月夜》，大受欢迎。蒋介石起立鼓掌，毛泽东则与许如辉亲切握手。这些殊荣令他激动不已。

2. 难童国乐演奏会的演出

大同乐会于 1940 年 2 月开始筹备，在 1941 年春末夏初，我有幸听了难童的国乐演奏会，印象至深，如前述。此后这支乐队又曾去了沙坪坝南开中学正声乐社演出。据载，“民国三十一年（1942 年），又曾组建难童国乐训练所，一面学习国乐，一面制造乐器”（重庆市文化局 2000：356）。此之前的难童国乐演奏是筹建阶段的活动，是许如辉在职（广播电台音乐组）时就已积极参与大同乐会的筹建工作，1941 年 3 月乐会被批准并正式成立，公开征求会员，把这支乐队阵容扩大，在各种场合的演出也较频繁。在 1943 年至 1945 年间，曾参加国民精神总动员四周年纪念音乐会和庆祝音乐节、音乐月等活动。1944 年 5 月在沧白纪念堂内，为音乐家王光祈先生逝世而举办的纪念音乐会“儿童国乐演奏专场”，当时四川省银行总经理刘泄贡（航深）特拨专款，以表彰他们为弘扬民族音乐所做的贡献。他们经常演出的节目有《霓裳曲》、《将军令》、《妆台秋思》、《月儿高》、《塞上曲》等，这些乐曲也正是上海大同乐会编创《国民大乐》五个章节的主要曲目。此外，他们还常演奏许如辉作曲的《寒夜闻柝》、《大同之声》、《孔子诞辰歌》、《满江红》、《木兰从军》等，起到了缅怀先贤，激励抗战，弘扬民乐艺术的宣传鼓舞作用。

3. 创编演奏《国家典礼乐章》

抗战中期国家礼乐馆在报上刊登广告，公开征集国家典礼乐章。许如辉当时率先创作了一部《国家典礼乐章》，其内容有二十二章，每章自成一曲，各曲均有曲名、曲谱和可以吟唱的歌词。典礼乐章的主要篇章有《开国纪念》、《国庆》、《国父诞辰》、《孔子纪念日》、《纪念周开始》、《接元首》、《接总统》、《接使节》、《欢宴》、《升旗》、《降旗》、《凯旋》、《欢迎》、《送别》、《冠礼》、《喜庆》、《丧葬》、《奠祭》等乐曲各一章，除《欢送》、《欢宴》、《凯歌》等章曲调较为轻快活泼外，其余几乎都是庄重、肃穆、景仰的缓慢曲调。各章均配有古朴典雅的歌词可以随曲吟唱，可以选奏其中某章或数章，也可演奏全部乐章。重庆大同乐会曾于“1942年8月28日在夫子池广场演奏《孔子诞辰乐章》、《大同乐章》和《国家典礼乐章》（选奏其中有关乐章）共二十余曲，听众八百余人”（重庆市文化局2000：356）。1943年8月国民政府主席林森病逝，大同乐会会员一律着中山装前往灵堂奏《国家典礼乐章》中的《奠祭》，一连数日未辍，让前往悼念的官员、各界代表等更加沉痛地哀悼这位国家元首。

4. 组建大同乐会附属大同剧社，创编演出音乐剧《木兰从军》

在抗日战争前许如辉就是上海大同乐会的早期会员之一，师从郑觐文老师学习各种古典器乐的演奏。当时他的工作单位是上海百代唱片公司、明星电影公司等单位。由于他的勤奋好学和音乐天赋与影剧天才，很快就学会了作曲、编创歌剧等技巧，成为我国早期流行歌曲、影剧歌曲的作曲家和戏剧作家。抗战末期最艰苦的岁月里，他为了鼓舞士气，宣传抗战到底，曾组织大同剧社全体演职员演出抗战歌剧《木兰从军》，以激励士气鼓舞人心。

当时的陪都重庆是抗战的大本营、大后方，全国著名的音乐家、戏剧家、文艺家、著名演员、导演、舞美设计等各类人才云集山城。当时抗战的戏剧活动风起云涌。在这种大气候下的1941年3月18日，大同乐会正式成立的同时又组建了大同乐会附属的大同剧社。1944年又由王庚松、朱学范、康心如、顾一樵（毓琇）、王冠美等十二人组成演出委员会，由大同剧社排练许如辉编剧作曲的五幕音乐剧《木兰从军》。1945年5月1日在抗建堂首演，由苏怡导演，大同乐会国乐团伴奏，音乐顾问陈济略，指挥甘涛，配器黄锦培，舞台设计张珏、章超群，技术顾问裘逸常，演员杨薇、林森、韩兴佚、王珏、罗杨、方平、房勉、刘琦、鲁梅、黎善庆、张培荣、赵芹、李建子、李立、王洪、易寻、孔萍、李影、王敏等（同上：320），阵容强大。当月27日又迁往“银社”上演，演出很受欢迎，剧团深受鼓舞，一连演出共三十三场，创当时的演出记录。从这次演出活动全部过程来看，许如辉的组织领导能力之强、组织演职员阵容之庞大，均属空前创举。后来他又积极着手创作五场歌剧《塞上曲》，并拟组织排练，后因抗战胜利，演职员纷纷复员返回故乡未能实现这一计划。

两个大同乐会的承袭与误解

上海、重庆两个大同乐会的会名、宗旨和主要任务、目标是一致的，两个大同乐会的主要骨干也都是来自上海，均为郑觐文的亲传弟子，是积极跟随郑觐文先生多年的国乐信徒，并为了弘扬我国民族音乐文化而坚持业余爱好多年未辍。为了把郑觐文先生开拓的音乐事业传承下去、发扬光大，他们贡献了自己的一切甚至生命。郑觐文为了弘扬民族音乐文化事业及音乐大同与社会大同这一美好崇高的志趣，做到了“鞠躬尽瘁，死而后已”，他以自己的榜样为后人树立了楷模。

郑玉荪作为郑觐文先生的长子，为了继承父业，把大同乐会继续办下去。许如辉为了报答恩师的栽培，辞掉了中央广播电台音乐组的美差，与郑玉荪携手，继承了上海大同乐会未竟事业。

在陪都，他们已经把郑觐文先生开拓的民乐艺术事业发扬光大，并为抗战宣传，为动员群众、鼓舞士气、坚定必胜信念、夺取最后胜利，做出了自己的努力。而难童国乐教养院的创立，不仅仅是时代的需要，也是弘扬民乐艺术事业的需要。这让郑觐文先生的理念、志趣和崇高目标终于后继有人，世代相传。

重庆大同乐会不仅与上海大同乐会是一脉相承的，而且还发扬光大，开创了新的道路。许如辉以他早年从事作曲创作的经验和从事影剧艺术的经历，在重庆继续创作了《孔子诞辰歌》、《大同之声》、《满江红》、《木兰从军》等歌曲，并由著名影星胡蝶在有关集会上多次演唱（难童国乐队伴奏），受到欢迎，而且还创作了民乐曲《寒夜闻柝》、《原野牧歌》等，演出效果好，反映甚佳。他又创作了《国家典礼乐章》。在抗战后期最艰苦的岁月里，他创作音乐剧《木兰从军》，由大同国乐队与中央广播电台音乐组通力合作伴奏，以民族乐队伴奏的艺术魅力和极为动人的场面烘托剧情，观众反映强烈，连演三十三场，盛况空前，令人难忘。

遗憾的是，当郑玉荪、许如辉复员返回上海时，原上海大同乐会的老会员们却不愿理睬他们。这是为什么？正如笔者在《重庆大同乐会》（2000）一文的末段所述，“上海大同乐会在‘8·13’上海抗战不久，就公开登报宣告结束，并摘下了会牌，留在上海的老会员们，无法继续活动，对此颇有意见”。在北京的许光毅先生也说，“1937 年日寇侵华，上海沦陷，局势动荡不安，大同乐会无法开展活动，濒于解散。当时郑玉荪把大同乐会的牌子摘下携往大后方重庆，从此大同乐会便宣告结束”（1984：114～115）。而郑玉荪乃及时组成一支“江苏大同乐会抗日活动宣传队”（重庆大同乐会 1938：4 版），边撤退边宣传抗日，1938 年 2 月来到山城重庆后又及时组织汇报演出，获得好评。

我暗自揣想摘牌这件事一定与重庆大同乐会的申请登记有关。后来了解，果然是在申请社团登记时，经管部门提出，“为避免上海大同乐会为敌寇所利用，应即办理结束”。这样，国民政府社会部才批准正式成立了重庆大同乐会。作为上海的老会员们来说，他们对大同乐会有深厚的感情，有继续坚持活动下去的愿望，然而国民政府岂能容忍该会资敌、为敌所用，更不能把沪渝两地大同乐会看成是总、分会的关系，只能是另行筹建而一脉相承发扬光大。这一点，老会员们是没有料到的，情有可原。但抗战胜利后应该了解“个中原因”，应予以谅解。

更为遗憾的是抗战胜利复员后，郑玉荪回到上海，留沪老会员们的冷淡，使郑玉荪打算在上海恢复大同乐会的想法成了泡影。郑乃以制造乐器售卖为业，许加入上海戏剧家协会从事戏曲与戏剧的创作，他们没有再以郑覲文先生“弘扬民族音乐艺术”为永生奋斗目标，他们被迫彻底割断了“大同乐会”的传承脉络，这令人惋惜之至！

大同乐会的历史贡献

在我国近现代音乐史上，南方的广东音乐社团、北方的鼓吹乐队以及长江下游的江南丝竹乐会等业余的音乐社团比较普及，仅上海一隅就有多所，但却多是昙花一现不能持久。而大同乐会（1920－1937）算是比较长久的，社员的素质较高，文化底蕴较厚；重庆的大同乐会会员们分布在市区的广大基层单位，都是业余国乐爱好者，从1940到1946年也坚持活动了七年。这两个大同乐会的连续会龄长达二十四年，是其他业余社团所不及的，他们的宗旨、任务和开创的业绩是比较明显的，其历史贡献是不可磨灭的。

一、致力于古代乐器的搜集制造

大同乐会致力于古代乐器的搜集和制造，并做到协律可以多种乐器合奏，中西乐器协奏按十二平均律要求可以转调演奏，这是一个创举。多年来，上海大同乐会试制的各种古乐器和部分少数民族乐器多达一百六十五种，十三大类。重庆大同乐会在成都设厂制造并以乐器收入弥补活动经费之不足，也让难童学会制造乐器并演奏。抗战胜利后，一部分乐器赠送南开中学，一部分处理给留渝会员。至今刘志坚先生仍保存有大同乐会自制的二胡、琵琶、古筝等乐器就是明证。

二、挖掘整理古典乐曲，配套成龙，改编成篇

前述的《国民大乐》，就是把古典乐曲的《将军令》、《月儿高》、《饶歌》、《霸王卸甲》、《妆台秋思》等乐曲整理配套成龙。此曲共分十段，每段均配有与乐曲内容相适应的小标题，颇为脍炙人口，至今已传遍祖国大地和海峡两岸，也受到全世界华裔们的青睐和喜爱。许如辉也同样致力于这方面的工作，他的一些创作歌曲、戏曲音乐、民族器乐和《国家典礼乐章》等，又何尝不是汲取古典乐曲的营养而创作成功的呢？

三、推进社会音乐教育培养国乐人才

郑觐文创建的大同乐会，从成立之日起就接纳弟子，并聘请专家担任民乐教师。早期的会员几乎都是他的亲传弟子，后来入会的也是一传再传。例如卫仲乐又再传给秦鹏章和其他弟子。许如辉在重庆大同乐会又再传给第二代第三代弟子，并开办难童国乐教养院，培养了一批人才。这些人又再传第三代……其中孙培章、彭修文两位就是最典型的例子，已如上述。1953 年彭修文被指定担任中央广播民族乐团指挥，以代替资历较早的前任指挥曾寻。他们又分别培养了不少二胡、琵琶的演奏人才。卫仲乐后来就任于上海音乐学院民乐系，成为知名的音乐教育家。秦鹏章任中央民族乐团首席指挥，并曾任多所大、中学的民乐团（队）顾问，间接培养的民乐人才更多。许光毅从事古琴教学多年，并编写出版了《怎样弹古琴》，在普及古琴这一古老美妙的艺术方面，作出了自己的贡献。如此等等，不一而足。

四、创编新型业余民族管弦乐队

上海大同乐会为了演奏《国民大乐》，把古代乐器和近现代乐器吹、拉、弹、打编成一支有高、中、低音配套的，由三十三人组成的东方大乐队，这在当时是一个创举。此后，“该会的注意力逐渐转至丝竹乐方面，并开始应用简单的和声配曲，通过实践竞相沿袭，刺激了民间传统的民间乐队结构发生变化。至三四十年代，上海、南京、苏州、无锡以及后来的福州、永安、重庆等城市陆续崛起一批脱颖于丝竹乐队的新式国乐队编制”（孙克仁等 1982：10～17）。如沪江大学国乐社、中国管弦乐团、福建永安的福建音专国乐团、苏州平湖国乐社以及抗战后迁重庆的中央大学的白雪国乐社等。这些乐队编制超过三十人，都是业余的乐队，并未形成某种规范，只有迁重庆后的中央广播电台音乐组的国乐队，才真正构成专业乐队的编制规范。就这一点来说，大同乐会的乐队也是业余性质的，人员流动性大，当然也不可能形成规范。这也是无可争议的客观事实。

五、为抗战宣传服务

重庆大同乐会从抗战初期的“抗日活动宣传队”到中后期创作《满江红》、《木兰从军》等，都是以民族音乐和音乐剧为武器，为抗战到底进行宣传，起到了激励士气，坚持抗战到底、争取最后胜利的宣传鼓舞作用。这与抗战初期山东省京剧院王泊生先生创编的抗金京戏《陆文龙》、《岳飞》，歌剧学校赵光鑫先生创编的《苏武》等，均有异曲同工之妙，充分体现了知识分子的爱国情操，就这一点来说重庆大同乐会是胜过上海大同乐会一筹的。

结　论

大同乐会的历史贡献是巨大的，大同乐会所创造的业绩是不可磨灭的。然而新中国成立后，由于众所周知的政治原因，把长期支持上海大同乐会的“世界社”看成是“特务组织”。而重庆大同乐会直接由当时国民政府拨给经费，且会址也设在中央文化运动委员会的同一幢楼房内，在当时，文化运动委员会（潘公展领导）与文化工作委员会（郭沫若领导）是两个政治上对立的中央文化领导机构，难怪大同乐会受到歧视。

中央广播电台音乐组（国乐队）是我国第一支新型专业民族管弦乐队（郑体思 1998：47～51），他们的业绩同样是长期受到漠视，直到上个世纪 80 年代才有人提到它（孙克仁等 1982：10～17）。随后程午嘉等呼吁，把这支乐队建设发展的历史经验写出来公之于众，以为借鉴。为此，笔者陆续发表了文章，才逐步引起重视。基于同样原因我也写了《重庆大同乐会》，可惜没有被《重庆文化史料》编辑们重视和采用。有鉴于此，早在 20 世纪 80 年代初，我就曾当面向秦鹏章先生提出建议，请他尽快把大同乐会的经历、业绩写出来，后来我又多次去信提醒他，回称：“打算由许光毅、秦鹏章等四人联合写稿”，仍然是不见下文。后来这四人中有两人已谢世，最后连秦鹏章本人也离世，我的建议终成泡影。为此，我才毅然自告奋勇，排除万难，花大力气写出了这篇史料。

两个大同乐会的宗旨、任务和取得的具体成绩是颇为显著的，在挖掘搜集试制古代乐器和少数民族乐器挖掘整理古典乐曲和培训社会音乐人才方面都取得了较好的成果，对社会的影响较大。虽然我对大同乐会的初步了解是在抗战以后的 1941 年，但难童们的国乐演奏会留给我的印象却很深。试想只有小学程度的一批难童孤儿，经过一两年的短期培养，不但学会了演奏，还学会制造军笛或其他古典乐器，如各种胡琴、琵琶、中阮、大阮、古筝、排箫、埙、篪等，这并不是件很简单的事。尽管这些乐器的外观不够精美，但其音质、音色、音量都还不错。而在上海制造的那些乐器多达一百六十余种，在世界社陈列展览，并赠送外国友人，让世界各国对我五千年文明古国的文化有深切的了解，促进中西文化交流，贡献是巨大的。利用这批乐器和挖掘整理的古典乐曲编成“国民大乐”，组成了一支三十三人的大乐队，公开演奏成功获得好评，体现了泱泱大国之风，海内外景仰，其社会影响更大、更深远。

对社会音乐人才的培养，成就也很大。郑觐文先生培养的第一代，再传至第二代、第三代……其中一些人成了民乐界颇有名望的各类专家、教授，如卫仲乐、秦鹏章、许如辉、许光毅、黄贻钧、孙培章、彭修文等，他们又为新中国培养了更多的人才，这个影响是深远的。

在乐队建设、乐器制造等方面也有突出贡献，在中西乐器、乐队的协调配合演出等方面也开创了新局面。在创作新曲、古乐翻新和对抗日宣传、鼓舞士气、坚持抗战到底的必胜信念等方面，重庆大同乐会做得更为出色和显著。今天，我国民族管弦乐队的建设蒸蒸日上，吹、拉、弹、打各类乐器均已高、中、低音配套成龙，并且将西洋乐器、古代乐器、出土乐器同台，成效显著，这些成就难道不是也有大同乐会的一份历史贡献吗？以史为鉴，古为今用，洋为中用，做到世界文化交流促进人类文明进步，由音乐大同促进社会大同，正是大同乐会的崇高旨趣与愿望。

大同乐会虽已不复存在，但他们创建的业绩、建立的历史功绩，是我们爱好民族音乐的后辈们学习的榜样。正因为如此，我们重庆“晚晴民乐社”才克服万难、自力更生、齐心协力一直坚持活动长达二十五年之久（1980 至 2005 年），并坚持历年公开义务宣传演出，赢得听众们的好评！正如重庆音协荣誉主席叶语先生的祝贺词：“希望你们能一代一代地传承下去！”我深信我们一定能够这样坚持下去，把大同乐会弘扬民族音乐的精神发扬光大！

谨向大同乐会的前辈们学习，致敬！

作者简历

本文作者郑体思，1921年生，江苏省南京市人，自幼受江南丝竹乐的熏陶，酷爱民族器乐，擅长多种乐器，尤以琵琶为最。在小学、中学、大学均为乐社骨干，任白雪国乐社社长11年（1938—1949年），退休后发起组织重庆晚晴民乐社，任社长24年（1980—2004年），现为名誉社长。从8岁起始至今日艺术实践已达75年（1929—2005年）之久。

1941年2月—10月任中央广播电台音乐组练习生，负责琵琶、二胡、洞箫的独奏广播节目。现为重庆音协会员，1980年被选为琵琶学会理事，1981年任全省琵琶比赛评委。

1938—1940年在国立二中读书，1941—1945年在国立中央大学读书，1945—1949年留校任中央大学农经系助教，后任讲师。1951年调任重庆市建设局建工局及所属一、二建筑公司计划统计部门负责人，1984年在重庆预制构件二厂副厂长任内退休。

退休后撰写回忆录，已编写《抗战时期教育活动回忆录》和《抗战时期国乐活动回忆录》各一册，并主编《中央大学白雪国乐社建社60周年（1941—2001）社员回忆录集萃》一册。

注释：

[1] 按：以上材料及歌谱，出自许文霞《李石曾与大同乐会》，刊于美国出版发行的中文《世界日报》的《上下古今》栏目，于2004年5月15日至19日分5次刊载。详见“许如辉先生纪念网”。

[2] 以上材料见程午嘉口述（1984：92～98），及1947年他对中央大学白雪国乐社社员们的口述经历。按：1947年程午嘉先生应聘为中央大学白雪国乐社顾问，不久他来中大回访，由部分社员接待，相谈甚欢，程午嘉对同学们讲述他从事国乐活动的简要经历，内容与《艺苑》上的口述记录基本一致。

[3]《音乐舞蹈篇》中，有多处“大同乐会”、“大同剧社”的史料条目（详重庆市文化局2002：355～356；319～320）。

[4] 详许文霞（2004a；2004b）。

[5] 1985年11月1日至3日，由上海市音协、上海音乐学院等6单位联合主办“卫仲乐教授音乐艺术生涯六十周年庆祝会”，开3场音乐会及学术报告会等，卫教授亲自登台独奏古琴《阳关三叠》、《醉渔唱晚》等，掌声雷动，盛况空前。

[6] 客席指挥秦鹏章简介，台湾台北市立国乐团主办的“指挥专场”，刊于演奏会节目单上。郑按：我的复印资料上只有演出的节目曲目和秦鹏章的简介，没有注明演出

的年月日，大约是80年代后期。

［7］《大同乐会征求队员》全文如下：“江苏大同乐会的抗日活动宣传队，在市青年会公演以来颇得各界人士之欢迎，决定征求男女队员数人，以高中程度，能操国语，擅长音乐、戏剧者为合格。”（重庆大同乐会1938：4版）

［8］详1988年龙年音乐月节目册中对中广民族乐团的简介。

［9］据秦鹏章寄赠的“上海前工部局交响乐团钢琴协奏曲（大同乐会民乐队协奏）《忆王孙》之英文节目单”。

参考文献

程午嘉、瞿安华

1982：《中国民族管弦乐队的历史回忆》，《中国音乐》第4期。

程午嘉口述、赵后起整理

1984：《二十年代民族器乐活动情况的回忆》，《艺苑》（南京艺术学院学报）第4期。

重庆大同乐会

1938：2月20日《大同乐会征求队员》，重庆《新华日报》。

重庆市文化局主编

2000：《重庆文化艺术志》，西南师范大学出版社。

孙继南

2004：《教育部音乐教育委员会第八次会议召开及会议记录》，《音乐教育史纪年》，山东教育出版社。

孙克仁、林友仁、应有勤、夏飞云

1982：《我国民族管弦乐队结构体制的形成和沿革》，《中央音乐学院学报》第1期。

许光毅

1984：《大同乐会》，《音乐研究》第4期。

1996：《怎样弹古琴》，人民音乐出版社。

许文霞

2001：《我的父亲许如辉与重庆“大同乐会”》，《音乐探索》第4期。

2004a：12月9日《作曲家许如辉传略》，《许如辉先生纪念网》。

2004b：12月9日《中国民族音乐家郑玉荪》，同上。

2004c：《李石曾与大同乐会》，同上。

郑体思

1998：《我国第一支新型专业民族管弦乐队的诞生与发展》抗战时期重庆国乐活动资料之一，《黄钟》第2期。

2000：《重庆大同乐会》，《沙平坝文史资料》，第16辑。

中国音协重庆分会主编

2002：12月20日《技艺人生——贺重庆晚晴民乐社建社廿周年》，《重庆音讯》第38期。

中国音乐年鉴·2003·
·特别报道·

2002年香港的文化政策与演艺活动

刘靖之

香港特别行政区政府康乐文化署2002年报说："2002年对康乐文化署而言，是特别难忘的一年。除见证了有'香港文化艺术摇篮'之称的大会堂四十周年纪念，当中举办了一连串的特别庆祝活动外，亦庆祝中华人民共和国香港特别行政区成立五周年，节目包括由内地、澳门、台湾及香港青年组成的万人青年音乐会。"在香港艺术发展局的2002年年报里，行政总裁林志钊说："香港艺术发展局去年重订发展策略，推出'三年计划'，强调伙伴合作，建设社会网络。2002年，进一步精简架构，改组办事处，重整工作流程。"而主理香港文化艺术发展策略的文化委员会，则在2002年里发表了咨询文件，就香港的文化发展征询市民的意见。在这份报告里，我想先谈谈文化委员会在 2002 年底进行的以“一本多元 创新求变”为口号的咨询。

“一本多元 创新求变”咨询文件

2002 年 11 月，香港文化委员会发表了一份题为《一本多元 创新求变》的咨询文件，在全港范围里征求有关香港文化艺术发展的意见与建议，截止日期为2002 年 12 月 31 日。在“序言”里，文化委员会为香港的文化定下了范围：“香港人口中的绝大多数虽是华裔，但非华裔居民所组成的社群，赋予了香港多元而缤纷的国际色彩。香港人应该认同中国文化历史上对外来文化一再展现的包容性。”因此，文化委会认为在文化发展上，“香港也应该是一个多元文化汇聚的海港”，而“一本多元”正是香港独特文化定位的最好写照。咨询文件“希望社会人士对这份文件的内容以广泛讨论，并提出宝贵意见”。

文件共分六章，前有“序言”后有“结语”。第一章背景，交代了文委会的职能、界定“文化”一词以及 2001 年的公众咨询；第二章香港文化定位、社会文化素质以及文化承传与发展；第三章文化艺术教育，包括现况分析、政策建议；第四章文化设施，包括图书馆、博物馆以及文娱演艺场馆；第五章资源调配及架构检讨，基本原则、现况分析以及调配建议；第六章迈向国际文化大都会，文物保护、西九龙填海区发展。

在结语里，文件勾画出五年和往后五到十年的前景：在未来的五年里，文化资源的调配及架构重整逐步完成，以达到民间有广泛的参与以及人文空间得以扩展、“民间主导”取得发展、教育改革初得成效；往后五到十年，西九龙文化区全面落成、文化艺术教育取得成果、振兴后的中华文化经由香港走向世界。

这份咨询文件在对“文化”这一名词上的界定和对香港文化

定位上，值得在此予以介绍。对“文化”一词的界定，文件从广义和狭义两个方面来看：按照联合国教育、科学及文化组织（UNESCO），认为“文化”泛指某一社群的共同信念、价值、风俗、语言、行为、礼仪、器物等，其含意是极为广阔的；较狭义的说法，是指一些包括文学、舞蹈、音乐、戏剧和各类视觉艺术的活动，而这些活动最能直接反映某一社群的共同价值观和审美观；更狭义的一种说法，是指那些已确立了的艺术形式的“精致艺术”。

文件说，文委会的“文化”理念是“以宏观角度确立香港的文化定位，用较广阔的视野研究如何推动文化发展”；但在探讨具体的资源调配政策时，集中关注一般所指的“文化艺术”活动范畴。而在探讨文化对社会发展的影响时，也兼探“文治教化”之意——对知识、精神修养及美感的栽培，这与英语 culture 一词的拉丁文字 cultus（培育）的含意颇为一致。根据这一理解，文委会提出了“以人为本”、“多元发展”、“全方位推动”的理念。

文件认为香港的文化定位涉及三个课题，香港人的文化身份认同、香港社会的文化素质及香港的文化承传与发展。文件指出，由于香港与内地在生活水平、教育制度与社会价值方面的差异，许多香港人并没有很强烈的民族文化与身份认同。在文化素质上，香港的流行文化明显地偏向商品化、通俗化；流行文化与精致文化未能融合，精致文化上是少数参与的活动，因此香港文化艺术的发展空间有很大的局限。综上所述，香港人的文化身份定位应以本地文化为起点，以中国文化传统为根源，同时也具有世界视野，这样香港才可以开创自己的文化新机，成为中国最能与国际接轨的现代化大都市。

香港文化委员会根据上述分析和归纳，得出五年和往后五到十年的前景。我们目前无法评论这份咨询文件的可行性，要待文委会把收集的意见整理出报告和建议书后，才详加评论。但笔者对文件里的一句话颇有保留：“作为中国的一个特别行政区，香港的文化定位：香港要成为中国最能与国际接轨的现代化大都市。”（第二章2．2段）因为笔者觉得有三大障碍令这个目标难以依时达到：一是150年的殖民历史，令香港的文化两极分化——本地与外来（以欧美为主）、商业（以流行为主）与精致（以欧洲古典与中国文人文化为主）；二是香港人的中国文化与历史的知识和修养十分贫乏；三是香港人的中文与普通话水准是内地、台、港里最弱的，需要两三代人的努力才有机会扭转。

在香港扫除了上述三大障碍之后，北京、上海以及其他中国城市可能早已捷足先登，成为“与国际接轨的现代化大都市”。

香港艺术发展局

作为文化机构的第二层次的法定组织，香港艺术发展局仍然发挥了积极作用。香港文化委员会虽然自称是香港文化政策制定的最高咨询层次，由特区行政长官委任，但后来的发展却显示了以“行政为主导”的香港特区政府，掌有行政权的官员才真正地主宰政策的制定和贯彻实行，咨询组织的层次无论有多高，手握大权的局长、司长级仍然是名副其实的“老板”。

由于2002年7月1日香港特区政府实行“问责制”，香港艺术发展局主席荣升香港特区政府民政事务局局长，统筹文化艺术活动的康乐及文化事务署是在何志平局长的管理范围之内，“艺发局”副主席陈达文于7月1日上任主席一职。这种人事上的变迁并没有影响“艺发局”的运作。

据“艺发局”行政总裁林志钊的年报报道，在2002年里，艺发局推出“三年计划”，强调伙伴合作，建设社会网络，进一步精简架构，改组办事处，重整工作流程。林志钊的年报强调，“艺发局”的改革是整体配合和依次进行的——先奠定发展目标和策有效利用资源；再理顺大会（council，即理事会，把council译为

"大会"，似乎不太妥当）的统筹机制，明确受权关系。

在Council之下，设有六个委员会：管理、策略、艺术、推广、艺术支持、资源拓展以及覆检等委员会，各司其职。原有的艺术界别小组委员会则改为十个艺术组别。

在上述架构确定后，"艺发局"聘请顾问公司就办事处为何改组以配合新行政架构，重订工作流程以提高效率。

在2002年度里，"艺发局"资助了二十五个团体以及二百四十六个有创意的计划。从2001年开始推行"三年计划"，推出四十多个主导性计划，个别项目如成立戏曲资料中心、设立香港音乐特藏、委约进行大型拍摄计划、参与香港书展等。

康文署的表演艺术

2002年康乐文化署为有"香港文化艺术摇篮"之称的大会堂庆祝成立40周年纪念，除了一连串的特别庆祝活动外，也庆祝中华人民共和国香港特别行政区成立五周年，节目包括由内地、澳门、台湾及香港青年表演者组成万人青年音乐会。2002年推行多项新计划包括"节目伙伴计划"，让民间艺术团体参与策划艺术节目；"文化艺术义工计划"，旨在牵动市民参与推动文化艺术，该署代表并联同义务工作发展局代表于2002年11月出席在韩国汉城举行的世界义工会议工作坊。康文署也推行多项艺术教育计划，如在2002/2003学年再次推行的"学校文化日"。社区文娱中心之一牛池湾文娱中心于年内完成翻新及多项设施改善工程。康文署辖下的各演艺场地（包括香港文化中心）的文化艺术活动也非常蓬勃。该署还主办多元化及具创意的文化节目包括国际和本地的艺术节目，如"新视野艺术节"等。年内署方也参与国际性、亚洲及内地的文化交流活动。

康乐文化署委聘市场策略研究中心，分别就本署辖下的表演艺术场地及举办的演艺节目进行了两项意见调查。

表演艺术场地的意见调查于 2002 年初进行，旨在搜集市民对十三个表演艺术场地所提供设施和服务的意见（十三个表演艺术场地为香港文化中心、香港大会堂、沙田大会堂、荃湾大会堂、屯门大会堂、葵青剧院、元朗剧院、高山剧场、西湾河文娱中心、上环文娱中心、牛池湾文娱中心、大埔文娱中心和北区大会堂）。顾问公司在各场地实地进行访问收集意见，共访问了 5,001 名公众人士。就表演场地所提供设施和服务的整体而言，大部分（89.7%）被访者表示满意。康文署会根据调查搜集到的意见，进一步改善场地的设施和服务。

至于在 2001 年底进行的演艺节目的意见调查，主要是搜集有关观众背景、节目偏好、市场推广及宣传等资料。在该署举办的四十三场表演中，有 3,486 名经随机抽选的观众交回问卷，另有 2,014名市民接受电话访问。超过 70% 观众认为本署节目出色，分别为演出水平（83.1%）、整体演出（75.2%）和选材/选曲（70.9%）。近 60% 观众喜欢海外制作，而 25% 则表示没有特别偏好。

香港文化中心

自 1989 年启用至今，香港文化中心一直被誉为全港首屈一指的演艺场地。文化中心既是香港管弦乐团的驻团之所，也是香港芭蕾舞团和香港小交响乐团定期排练的场地。

文化中心的多元化设施，对艺术爱好者来说绝不陌生，其中包括设有 2,019 个座位的音乐厅、1,734 个座位的大剧院，以及深受欢迎、可容纳 530 名观众的剧场。文化中心是大型国际艺术节的重点演出场地，包括香港艺术节、新视野艺术节、国际综艺合家欢及香港国际电影节；它也是国际著名艺术家及本地旗舰艺团经常演出之所。年内的精彩演出包括 Bolshoi 歌剧团、拉脱维亚国家歌剧院、中国京剧院二团、NHK 交响乐团、莱比锡布业大厅乐团、中国国家芭蕾舞团及以色列巴舒化舞蹈团等。文化中心全年共上演了 808 个节目，而三个主要演出场地租用率均逾九成。

除了提供正式的文娱艺术节目外，文化中心还在大堂举办各类观众拓展活动。此外，文化中心露天广场也迅速发展为主办大型社区文化活动的热点，今年曾举办的节目包括逾两千舞者参与演出的七色舞蹈嘉年华，由专业及业余乐手演出各类中西乐的乐韵播万千音乐嘉年华，展示色彩缤纷的各类传统灯饰、照亮整个广场并同时供访客欣赏及拍照留念的中秋彩灯会，博物馆开放日及每星期的艺墟等。

访客除可以在文化中心欣赏节目外，也可参与由租用人在附属设施举办各类与艺术有关的兴趣班。

根据康文署在年初进行的一项意见调查，结果显示大部分市民均满意文化中心的服务，其中三个大型场地及票房的服务更获 95% 的受访者的认同。

文化中心现正进行两项改善环境及提升设备的计划，分别为尖沙咀海傍美化计划及更换剧场的折合式座位系统，后者除为观众提供更舒适的座位外，也可令租用人的制作更具灵活性。

香港大会堂

香港大会堂一向深受演艺团体欢迎，其中的音乐厅更以它绝佳的音色，成为不少大型的乐团及著名演奏家的必选演出场地。过去一年曾在音乐厅举行过的精彩节目包括 2002 年香港艺术节的非洲“北非犹犹他迷晕乐党音乐会”及美国的“拜伦五重奏”爵士音乐会、香港中乐团的“大师经典——彭修文纪念音乐会”及亚洲乐府的“康士坦丁·利夫舒兹钢琴演奏会”等各场节目均深受乐迷赞赏。剧院为艺术爱好者欣赏舞蹈及话剧的理想地方，演出团体包括香港话剧团、香港舞蹈团及城市当代舞蹈团等。除此以外，设备完善的展览厅和展览馆也为举办视觉艺术展览、典礼及酒会的理想场地。

为庆祝落成四十周年，香港大会堂在2002年举行了连串精彩的演艺文娱活动。37位与香港大会堂同年同月同日出生的市民获邀于3月2日与场馆职员——同聚首庆贺生辰，场面热闹；随后由“香港中乐团及香港管弦乐团联合音乐会”为全年的庆祝活动揭开序幕；“香港大会堂四十周年征文比赛”反应热烈，共收到超过400篇作品，发表他们对大会堂深厚的感情；其他大型的活动包括“征集行动”、“伴我成长四十年——香港大会堂回顾展”及“缤纷嘉年华”等。

大会堂也同时进行了一系列的改善工程，包括音乐厅、剧院及展览厅的入口、低座大堂、洗手间及纪念花园等，以配合四十周年纪念为市民带来焕然一新的面貌。

社区演艺场地

除香港文化中心及香港大会堂外，还有其他表演场地，大型的有沙田大会堂、荃湾大会堂、屯门大会堂、葵青剧院、元朗剧院和高山剧场，小型的有西湾河文娱中心、上环文娱中心、牛池湾文娱中心、大埔文娱中心和北区大会堂。这些表演场地在社区层面往往成为文化活动焦点。牛池湾文娱中心于2002年进行了大型翻新工程，其中包括改善剧院观众座位的前后宽度和观看舞台的视线、改善大堂的光线氛围及增设舞台的吊杆和灯光设备等。

为鼓励和推广地区的文化发展，地区文艺团体于社区演艺场地举办推动该区文化艺术的活动，可获得康文署赞助辖免场租。2002年共有七十七个地区文化团体获赞助举办549活动，为107,970观众提供文娱活动。

这些社区演艺场地的附属设施也广受租用人欢迎用作举办各类与艺术有关的兴趣班。

节目伙伴计划

康乐文化署推行了一项崭新的“节目伙伴计划”，让民间艺术团体直接参与策划艺术节目。康文署公开邀请本地艺术团体提交建议书，在署方辖下选定场地筹划及主办节目，除了使艺术团体能充分利用场地设施和资源，并通过文娱中心与表演团体或艺术家密切的合作关系，悉心设计艺术活动以增强文娱中心的形象推动社区艺术教育和拓展观众。

“节目伙伴计划”于2002年以试验形式推出，按照既定的评选机制，选出了“明日艺术教育机构有限公司”为北区大会堂的节目伙伴及“动艺有限公司”为元朗剧院的节目伙伴。两个艺团已分别于2002年5月及7月展开为期一年的节目伙伴计划活动。明日艺术教育机构伙伴计划活动，以儿童艺术教育为主题，以“木偶”形式配合工作坊及多场表演。自5月开始至12月期间，在北区大会堂共举办了三十场表演（其中二十场为学校专场，十场为公开场）。通过此次计划，逾6，000名市民增加了对戏偶艺术的认识。元朗剧院的节目伙伴计划活动——“艺术多面体”，以艺术教育及拓展观众为主，除了切合地区的需要外，也以剧院作为区内文娱及艺术中心的定位，以冀加强区内居民对艺术的认知，和提高参加者对艺术的兴趣。伙伴节目活动内容包罗了不同媒体的艺术形式，例如各类型的艺术课程、工作坊、大堂表演、同乐日、导赏示范、讲座及舞台表演等。自2002年7月起，在元朗剧院共举行了三十三场活动，参加者达4,000人次。

继北区大会堂和元朗剧院于2002年成功开展“节目伙伴计划”，上环文娱中心和牛池湾文娱中心也于同年推出是项计划，招募合适的演艺伙伴，通过场地与艺团的紧密合作，于2003/2004年携手举办既可发挥文娱中心形象又能推动地区文化拓展的演艺活动。

葵青剧院

自1999年底启用至今的短短三年内，葵青剧院已位列本港著名演艺场地之一，成为本港及国际演艺团体的理想演出场地。

剧院设有一个905个座位的演艺厅，配备先进的舞台设备及装置，专门为剧艺表演诸如话剧、舞蹈及歌剧而设计。在2002年内，演艺厅共上演284场活动，全年使用率接近饱和。本地著名剧艺团体的制作，包括香港芭蕾舞团的《胡桃夹子》、中英剧团《花样獠牙》、剧场组合《细路·细路·细路Show》、力行剧社《走鸡神探与拼图细路》、非常林奕华《十八相送》、进念·二十面体的多媒体建筑音乐剧场等等，以及著名访港团体包括英国随机舞蹈团、瑞士洛桑剧场、韩国国立舞蹈团、朱哲琴、广东粤剧院一团、上海滑稽剧团及中国评剧院等，均曾在葵青剧院的舞台与观众会面。葵青剧院也是大型国际艺术节的最新演出场地，曾亮相的艺术节包括香港艺术节、新视野艺术节、国际综艺合家欢和香港国际电影节。

剧院也设有一个多功能的展览厅，可供展览及实验性小型演出之用。展览厅在2002年的使用率也高达90%。剧院的其他辅助小型设施包括演讲室、排演室和舞蹈室，是各类型艺术排练和兴趣班的理想场地。

葵青剧院积极支持地区文化艺术活动，为地区文化团体提供免费场地赞助，年内共有29项地区艺术表演于剧院演出。剧院还是葵青地区艺术节和社区活动的重点演出场地。

剧院一直致力筹划观众拓展项目的工作。在2002年，剧院特别配合葵青区旅游推广月——“动感之都，就是香港”活动，举办了两项免费活动，包括“葵青剧院开放日”及广场音乐会系列。葵青剧院开放日除介绍剧院场地先进设施的技术示范外，更在露天广场举行“大笪地”式文化表演，重现五六十年代香港的大众娱乐街头文化活动。活动共吸引超过2,000名人士参加。剧院的文化义工更为游客提供导赏服务。而广场音乐会则以荟萃中西古今的音乐为主题，为市民带来轻松愉快的黄昏消闲节目。

为响应署方的艺术教育计划“学校文化日”活动，剧院特别编制小册子及制作舞台技术示范，让学生有机会在活泼和互动的气氛下，认识舞台运作的基本知识。

葵青剧院不断精益求精，力求改善服务。署方于年初曾进行一项意见调查，结果显示超过95%的受访者满意剧院的设施及服务。

元朗剧院

元朗剧院是康乐文化署辖下一所崭新文娱中心，于2000年5月正式揭幕，为市民提供高质量的场地设施。剧院的主要表演场地包括一个923座位的多用途演艺厅，另有舞蹈室、排演室、演讲室及展览场地，提供多样化设施，以切合艺术工作者的不同需要。演艺厅配备了先进的舞台设施，以配合各类型演出，如音乐会、戏曲、舞蹈、话剧、社区表演，以至电影等，调校出最佳传音效果。

元朗剧院不单为本地及海外艺术工作者提供多一个理想的中型表演场地，更为区内及邻近地区居民带来更多姿多彩的文娱生活。剧院除了以优惠租金把场地设施租给文化艺术及地区非牟利团体，并提供正式的文娱艺术节目外，也在场内举办各式各样的观众拓展活动，包括首度推出的节目伙伴计划，经常性的大堂免费表演，巡回展览、剧院导赏、同乐日及开放日等，以便与文化及社区团体互相合作，发挥协同效应，加强区内的艺术及发展动力。

文化节目

康文署全年举办的文化节目，包罗了音乐、舞蹈、戏剧及跨媒体演艺节目，其中既有传统的经典节目，也有崭新而富创意的演出，使香港的观众能欣赏优秀的本地艺团及表演者，也能观赏国际知名的大师级演出。全年的文化节目计有1,811场，观众达8,141,920人次。

"专题系列"集中介绍同类主题的优秀节目，以加强观众的兴趣。其中比较有代表性的包括"喝彩系列"，展演蜚声国际的音乐名家、"中国戏曲曲艺专场"、"中国音乐"、"缤纷爵士乐"及"爆笑系列"等等。

本年的音乐节目中，邀请了不少顶尖的演出者，包括由罗伦·马素尔指挥的纽约爱乐乐团、拉脱维亚国家歌剧院演出的《尤根·奥列金》和《纳布科》、钢琴家梅理·柏拉雅、小提琴家伊扎克·普尔曼及美岛莉、女高音茱茵·安德逊及爵士乐吉他手柏·麦塔尼等的演出。

多姿多彩、来自世界各地的舞蹈节目，介绍了俄罗斯基洛夫芭蕾舞团、台湾云门舞集、英国随机舞蹈团、韩国国立舞团等。访港的剧团计有法国北方布夫剧场演出、由名导演彼得·布鲁克执导的《情人的衣服》、英国AandBC剧团《暴风雨》、日本大歌舞伎剧团等。精彩的跨媒体节目包括上海杂技团、龚志成及其他著名艺人合演M Garden、日本包勤力活偶剧团、韩国《乱打》及朱哲琴音乐剧场《迷哥》等。

香港有地利之便，常能邀请内地各省市的戏曲团体访港。年中我们曾安排来港演出各种戏曲的艺团包括北京京剧院、广东汉剧院、江苏省苏州昆剧院、浙江省京剧团、广东省吴州市粤剧团等。为支持本地粤剧的发展，我们除了主办传统剧目外，更积极委约新作品及重整传统的剧目。新委约作品计有《熙宁变法》、《庄周蝴蝶梦》、《杜鹃山》、《李广王》、《大闹广昌隆》及《啼笑姻缘》等。重整传统排场戏的有《古朴情怀排场系列》。

香港特别行政区成立五周年庆祝节目

为庆祝香港特别行政区成立五周年，我们特别与中华全国青年联合会及香港青年协会合作，安排逾万名来自内地、澳门、台湾及香港的青年演出"龙声飞扬——万人青年音乐会"。他们在音乐会合奏的第一首乐曲“万人敲击显同心”创新了健力士最大型敲击乐演奏的世界纪录。

其他庆祝节目包括中国人民解放军军乐团联合驻港部队，以破天荒的阵容，演出大型军乐队列表演；由多位省港名伶合演一场粤曲演唱会；在7月11及12日于伊利沙伯体育馆举办的两场国际摇滚音乐会，来自澳洲的INXS，日本的X. Y. Z. →A，中国内地的“黑豹”及台湾的“星盒子”，与本地摇滚乐团DSC及“叶世荣与乐队”携手合作，为摇滚乐爱好者带来精彩的表演。各场演出深受观众欢迎，并且获得舆论的赞赏。

艺术节

香港艺术节

香港艺术节每年在二三月举行，是东亚地区最重要的国际艺术节，自1973年举办第一届以来，在国际间一直备受重视。2002年的香港艺术节演艺精英云集，精彩表演节目多达119场，门票售出逾92,195张，平均入座率超过86%。艺术节的节目包括莫斯科大剧院的歌剧《沙皇鲍里斯》和《三个橙子的爱情》、莱比锡布业大厅乐团的表演、张艺谋导演的芭蕾舞剧《大红灯笼高高挂》（改编自同名小说）、以色列巴舒化舞蹈团的舞蹈、美国明格斯大乐队的音乐、葡萄牙民谣女神Misia的演出等。

国际综艺合家欢2002

康乐及文化事务署在暑假期间，举办为期六周的“国际综艺合家欢”，为本地儿童和家庭提供多项有益身心又富教育意义的文娱节目。为引起市民的兴趣，该署组织了三支戏剧活动外展队，前往小学和幼儿园进行节前外展活动。其他活动包括让全港中小学生参加的平面设计比赛。“国际综艺合家欢”节目还包括艺术精修工作坊和日营。整个“合家欢”举办的活动共 466 项，共有十七个本地艺团和十一个海外艺团参与，吸引约十六万名市民参加。

新视野艺术节

康乐及文化事务署于 2002 年 10 中旬至 11 月中旬期间，举办了崭新的“新视野艺术节”，展现香港作为亚洲地区内拥有多元文化的国际大都会形象。艺术节以当代亚洲艺术为重心，安排了国际上颇具创意的优秀跨文化节目在本港上演。华裔作曲家谭盾和编舞家林怀民的近作也在艺术节期间公演。艺术节有不少节目均为多媒体制作，其中包括香港话剧团《新倾城之恋》。除舞台表演外，艺术节还举办各种免费活动，包括环境舞蹈系列、示范讲座、艺术导赏工作坊、演后座谈会等。整个艺术节举办的表演和活动共七十六项，共有八个本地团体和十六个海外团体参与，吸引约 63，800 人参加。

作者按：本文所引用之资料和数字是根据文内所提及之机构的 2002 年或 2001－2002、2002－2003 年度年报，包括香港特别行政区政府年报《香港 2002》、香港文化委员会《咨询文件 2002》、《香港艺术发展局年报 2001－2002》、香港特区政府《康乐及文化事务署年报 2002》等有关文件。

2003 年 10 月 28 日

中国音乐年鉴·2003·

·特别报道·

国交总监交替录

李 玫辑

新世纪时的国交动荡，反映了社会与艺术、制度与艺术的冲撞。

2000 年 8 月 1 日，汤沐海出任中央歌剧院音乐总监

上任近一个月的北京中央歌剧院院长陈燮阳表示，由于上海交响乐团音乐总监职务繁忙，他已聘请指挥家汤沐海为中央歌剧院音乐总监，协助未来中央歌剧院的演出与发展。

汤沐海目前是葡萄牙古本江交响乐团常任指挥，曾经担任过原中央交响乐团常任指挥，近年经常到上海指挥当地乐团。

2000 年 8 月 10 日

就在新成立的中国爱乐宣布团员招聘结果的同一天，中国交响乐团也宣布艺术总监陈佐湟从美国致函有关部门与中国交响乐团，正式辞去中国交响乐团艺术总监的职位。陈佐湟此举被乐界人士认为是向“走入困境的中国交响乐团又撒了一把盐”。

根据媒体报道，陈佐湟的合约在是年二月就已到期，他是在没有续约的情况下，继续履行艺术总监的职责，直到最近才从美国的家中传真辞职信。在辞职信中，陈佐湟没有明确表示原因，只是强调自己为建设中国交响乐团付出很多心血，想说的话却又不能向社会诉说，鉴于以上原因和健康问题，提出“辞去职务的申请”。

艺术总监替换在乐坛原属正常，陈佐湟在二月没有续约也是合理的拒聘行为。但北京乐界人士认为，中国交响乐团近两年不断遇到经济困难和外部竞争机制的挑战，乐团内外有不少矛盾及问题需要解决，可陈佐湟却经常身在国外；再加上中国爱乐创办出现的激烈竞争让中国交响乐团面临严峻的挑战，这才是陈佐湟辞职的主因。一名资深评论人表示，四年前，陈佐湟从美国引进西方乐团制度，但是移植制度的同时却没有考虑到国情，“尤其陈佐湟一年有三分之二的时间在国外，仅凭长途电话指挥乐团工作是不可能干好的”。

辞职的消息曝光后，媒体刊出一篇陈佐湟返美前未经披露的访问，文中谈到中国交响乐团成立四年来所遭遇的问题以前目前的困境。针对刚创团的中国爱乐让中国交响乐团流失三分之一团员（包括半数声部首席与副首席），陈佐湟似乎忘了中国交响乐团四年前带给北京各乐团的强烈冲击，严辞批评中国爱乐把中国交响乐团“拆得残缺不全了，几年之内很难恢复目前水平。对此，我感到十分痛心。如果有人硬要把这种做法叫做‘竞争带来繁荣’，我不敢苟同”。

陈佐湟认为，团员离团都是出于生活压力，中国交响乐团输在没有钱上，而且“即使中国交响乐团有了很多钱，我们也不会这样做。我对这样的运作方式感到担忧，这样做的结果受损失的不是某个人，而是国家的交响乐事业”。

中国交响乐团是在中国政府支持下，于1996年在原中国中央交响乐团的基础上成立，由陈佐湟担任艺术总监，采用艺术总监负责制。不过四年来，艺术总监负责制的结果导致陈佐湟个人权力过大，连带引发外界不断对陈佐湟发出批评声浪。

曾经在中国交响乐团任职的中国爱乐副团长李南就认为，艺术与行政不分，会造成艺术总监人权在握、财权在握、物权在握、无权不握的结局，势必导致无法对艺术的全身心把握。原总经理朱信人在是年二月退休后，中国交响乐团改制成为团长负责制，并由原中央民族乐团团长俞松林任团长。

虽然陈佐湟在访问中对自己领军四年的中国交响乐团信心十足，直斥中国爱乐以高薪保障音乐家生活的做法，但中国交响乐团在创团两年后，其实北京已经有不少音乐评论人注意到，初创时带给众人惊艳的中国交响乐团水准并没有持续上升，反而有一直下滑的趋势，乐团人士把大部分的心思都放在不同派系人马的斗争上。而且，事实上目前不少乐团都以“高薪、好的工作环境”及“要求音乐家付出同等劳力”作为改革重点。

是年三月，中央歌剧院交响乐团首席梁大南因为追求更好的薪资与工作环境，从北京跳槽到从去年开始大胆改革的上海广播交响乐团。上海广播交响乐团于上年四月在海内外报纸上刊登招募团员的广告，并且聘请十名外籍音乐家以提升水准。当时梁大南在接受媒体访问时曾表示：“这里（上海）的环境更宽松一些，它的运作模式比较超前，思维很新。对于一个音乐工作者来说，无论在什么地方，能把我的专业发挥得更好就可以了，北京在音乐方面的改革也在进行中，但没有看出结果，上海这一方面比较超前，政策上也给予支持。”

梁大南在北京的年薪是40000人民币，而他接受年收入21000美元高薪再加上免费提供住房、北京到上海每年十次往返机票所要付出的代价，就是更多的竞争压力与汗水。

创团仅两年，由郑小瑛率领的厦门爱乐从创建以来就一直严格实施每天五小时排练的管理。即使晚上有音乐会演出，白天五小时的训练依然按照计划进行。乐团所有重要席位都是通过公开考评竞争，并给予相对较高的报酬。

至于未来接任陈佐湟的人选，目前传出最热门的候选人是才刚宣布出任中央歌剧院音乐总监汤沐海。汤沐海目前也是葡萄牙古本江交响乐团常任指挥，曾经担任过原中央交响乐团常任指挥。但即使汤沐海乐意接手，长期在国外工作的问题也无法得到解决，甚至还要面临与中央歌剧院、中国爱乐共“抢”汤沐海仅剩一点能在北京时间的局面。

2000年8月18日，汤沐海接掌中国交响乐团

中国文化部副部长潘震宙在今天正式对外宣布任命汤沐海为中国交响乐团第二任艺术总监。在宣布典礼上，中国交响乐团特地请来指挥前辈李德伦，指挥中国交响乐团排练柴科夫斯基第四号交响曲，再把指挥棒转交给汤沐海。

针对中国交响乐团有三十多名团员离团，团长俞松林表示：“陈佐湟的辞职和三十多位乐手的离去，并没有给团里造成太大的影响。值得欣慰的是，新乐手的素质很高，音乐季中的外国指挥我们也会照请，而文化部今年拨给我们团的经费也翻了一番，只是新乐季中原来为陈佐湟安排得不多的演出要另行安排。我相信我们依然会拿出高水平的演出。”

2001年9月4日，中国交响乐团面临乐季停摆

由于和团长俞松林对乐团走向的意见相左，居住在欧洲的中国交响乐团音乐总监汤沐海拒绝回到北京，中国交响乐团本乐季面临停摆的危机。

汤沐海是上年八月从陈佐湟的手中接下音乐总监的职位。在中国爱乐严重挖角之下，汤沐海面对的是一个人员严重不足、内部问题丛生、经费严重不足的乐团。是年七月初，汤沐海曾经公开表示中国交响乐团的体制有问题，一年来“都没有哪个部门坐下来和我好好谈一谈我国交响乐事业的规划问题”。

汤沐海着眼在“国家交响乐团”这几个字上。他表示，西方国家的国家交响乐团走向都是演出经典曲目，地方性乐团则以平民化为主，因此他认为身为“国家交响乐团”的中国交响乐团应该尽快提升水平至世界标准，安排海内外巡演，邀请著名音乐家一同演出。

不过，团长俞松林看到的问题是经费严重不足，“国家拨款就这么点，发工资都不够”，因此主张中国交响乐团应该经常到全国各地演出，为经费不足的中国交响乐团开创财源。在新乐季节目全部被俞松林以“钱不够”为由否决的情况下，汤沐海以拒绝回国表示抗议。汤沐海表示，他绝对不会辞职，但是“俞松林不走，我不回来”。

在陈佐湟任内，中国交响乐团一直采用艺术总监负责制，直到汤沐海接手才变成音乐与行政分治，由团长负责行政事务，艺术总监负责音乐事务。俞松林是民乐出身，先前担任中央民族乐团团长，因此有人认为，或许找个受过西方音乐训练的人来担任中国交响乐团团长，才是解决问题的方法。

对于汤沐海与俞松林失和，文化部至今没有公开表态，9 月 9 日的开季音乐会预定由李心草指挥。

2002 年 4 月 25 日，中国交响乐团正式开除汤沐海

中国交响乐团音乐总监汤沐海在上年年中滞留欧洲不愿意回到

北京，导致中国交响乐团乐季差点停摆。经过半年多后，中国交响乐团正式宣布开除汤沐海。除了汤沐海，身兼北京音乐厅、中山公园音乐堂总经理等职位的副团长钱程也一并遭到开除。

除了解决汤沐海这个悬宕已久的问题，中国交响乐团也开始着手提升团员素质。自从三四十团员在前年遭中国爱乐挖角后，中国交响乐团的演出一直只能靠借将，或是启用音乐院学生。现在，中国交响乐团邀请外国乐手前来训练乐团，并邀请创团人与前任音乐总监陈佐湟回来助阵。目前中国交响乐团也正积极安排海外巡演。

2003 年 1 月 11 日，李晓芦出任中国交响乐团首席指挥

音乐总监与首席指挥一职悬缺一年后，中国交响乐团宣布，聘任华裔美籍指挥李晓芦出任首席指挥，合约期限是两年，每一个乐季的工作时数是 12 到 17 个星期。

44 岁的李晓芦曾经于上年六月与中国交响乐团合作，目前担任美国东康乃狄克交响乐团（Eastern Connecticut Symphony Orchestra）与缅因州邦格交响乐团（Bangor Symphony）音乐总监。在未来两年的任期里，李晓芦希望为中国交响乐团安排音乐剧演出，并且邀请美国音乐家与中国交响乐团合作。

资料汇编

2002年音乐活动纪事

音乐比赛评奖

个人音乐档案

博士论题

音乐演出

音乐出版档案

2002年音乐活动纪事

李宏峰辑

一月：

1月1日 北京太阳青少年乐团在北京中山音乐堂举行新年音乐会。演出了交响曲《春天的故事》、歌剧《鲁斯兰与柳德米拉》序曲、门德尔松《e小调小提琴协奏曲》、电影《音乐之声》组曲、《皇帝圆舞曲》以及舞剧《天鹅湖》组曲等曲目。

1月1日 由新疆文联、新疆音乐家协会、新疆师范大学音乐学院、新疆艺术学院主办，亚军艺术学校承办的“2002新疆青少年电子琴大赛”在新疆师范大学举行。

1月1日－2日 中国歌剧舞剧院在北京音乐厅首次举办“中国新年音乐会”。此次音乐会采用中西乐队联合编配的形式，演出曲目全部都是中国音乐作品。

1月5日 中国革命音乐的先驱、杰出的作曲家、音乐理论家、音乐教育家、社会活动家、中国文联荣誉委员、中国音协名誉主席吕骥同志，因病在北京协和医院逝世，享年92岁。

1月5日 “肖邦情”钢琴作品全集闭幕音乐会在上海大剧院举行。音乐会特邀1970年华沙国际钢琴比赛第三名获得者彼得·帕勒兹尼担任独奏，上海交响乐团协奏，波兰著名指挥家米·雅·布瓦兹泽克指挥。

1月6日 由海淀区教师进修学校艺术教研室主办的“奇美杯”海淀区中小学音乐班级器乐教学成果比赛，在北京八一中学礼堂举行。此次比赛共设中、小学两个专场。

1月10日－14日 歌唱西部大开发“罗平杯”全国群众歌曲大赛歌手比赛在中国文联文艺之家举行。

1月11日 “张千一作品音乐会”在北大百年纪念讲堂举行。音乐会由中国国家交响乐团演奏，上海歌剧院院长张国勇指挥。

1月11日－12日 广西交响乐团在南宁剧场举行新春交响音乐会，澳大利亚著名指挥家亨利·帕萨瑞克担任指挥。乐团为观众演绎了《春节序曲》、里姆斯基·柯萨科夫的交响组曲《天方夜谭》、维尔当的《d小调第四小提琴协奏曲》、莫扎特的《A大调单簧管协奏曲》等名曲。

1月16日－18日 中国音协考级工作委员会在北京召开“中国音乐家协会音乐考级工作会议”，来自全国各考区考点的主要负责同志85人参加会议。与会者就“全国音乐考级章程”、“全国音乐考级活动组织工作条例（试行）”、“关于中国音协音乐考级工作的若干新规定及当前贯彻音协考级章程及组织工作条例的若干提示”等文件及考级工作中存在的问题等进行了分组讨论。

1月18日 中国音乐学院2002年应届毕业生宋扬，在北京金帆音乐厅举办了毕业音乐会，她是我国首位获得笙演奏专业的女学士。

1月18日 第二十四届“十大中文金曲奖”颁奖晚会在香港红磡体育馆举行。刘德华、王菲获得最佳歌手奖，许志安的《烂泥》、郑秀文的《终身美丽》等分获十大金曲奖。

1月18日 青年小提琴家唐田田音乐会在其母校天津音乐学院举行。音乐会演奏了巴赫的《恰空》、贝多芬的《第一奏鸣曲》和理查德·施特劳斯的《小提琴奏鸣曲》等乐曲。

1月19日 “少数民族音乐发展研讨会”在中央民族大学主楼会议室召开。樊祖荫、田联韬、冯光钰、赵毅等民族音乐学家到会并讲话。

1月19日－2月5日 俄罗斯国家剧院芭蕾舞团与俄罗斯国家爱乐乐团一起，在北京保利剧院推出“柴可夫斯基系列经典作品专场音乐会”以及芭蕾《天鹅湖》、《胡桃夹子》、《睡美人》等舞剧作品专场。

1月21日 为庆祝著名的国际艺术家网站在中国开通，题为“中、挪友谊音乐庆典”的大型音乐会在北京中山公园音乐堂举行。

1月21日－24日 我国著名指挥家卞祖善先生应邀赴青岛大学讲学，并欣然接受该校聘请，担任青岛大学艺术学院名誉院长和学生交响乐团音乐指导及指挥系的教学工作。

1月22日 由著名声乐教育家沈湘教授的弟子、沈湘声乐教学研究会研究员邹本初教授发起筹建的沈湘歌唱学体系研究室在北京成立。

1月22日–23日 中国爱乐乐团在北京保利剧院举行法国浪漫派作曲家埃克托尔·柏辽兹的《浮士德的沉沦》首演。

1月25日–26日 “纳西古乐”音乐会在中山音乐堂举行，标志着为期近一年的“高原如歌——中国边远少数民族音乐寻根之旅”正式拉开帷幕。

1月25日–26日 安徽省音乐家协会召开第四次会员代表大会。

1月26日 北京交响乐团在国图音乐厅上演了一台名为“波西米亚的旋律”的音乐会。我国著名指挥家、北京交响乐团音乐总监谭利华，指挥乐团演奏了德沃夏克的《b小调大提琴协奏曲》（乐团外援奥列克先生担任独奏）、《G大调第八交响曲》、斯美塔那的《被出卖的新娘》序曲等具有浓郁的波西米亚民族风情的乐曲。

1月27日 “粤曲交响音乐会”在广州友谊剧院上演。此次音乐会将交响乐与粤剧、粤曲有机地结合起来。音乐会由广州交响乐团演奏，胡炳旭任指挥。

1月27日–2月3日 北京市东城区少年宫在北京市金帆音乐厅推出了四场由学生编排、演出的“阳光·韵梦”北京学生个人音乐会。

1月27日 江苏省举办了一场展现少儿才艺的“朝霞工程——少儿文艺晚会”。

1月27日 纪念作曲家屈文中逝世十周年“屈文中声乐作品展”专场音乐会在香港举行。音乐会演唱了屈文中的四部多乐章大型合唱和部分艺术歌曲，严良堃担任指挥。

1月28日 著名诗人、《黄河大合唱》的词作者张光年（笔名光未然）因病医治无效在北京逝世，享年89岁。

1月28日 由中国音协手风琴协会北京办公室和天音乐器有限公司合办的首届中国键钮式手风琴教学交流及系列产品展示会在河北香河举行。

1月28日–2月2日 由中国文化信息协会口琴艺术委员会及中国乐器协会口琴专业委员会联合举办的“首届全国口琴艺术展示交流会”在京举行。这是建国以来的第一次全国性的口琴艺术展示交流，内容包括全国口琴大赛、全国口琴厂家展示、口琴技术交流及口琴教学讲座及口琴音乐会等内容。

1月29日–2月3日 由中国艺术教育促进会、昆明市人民政府共同主办，昆明市教育局、云南天合休闲策划公司承办的第一届“我们爱和平——中国（昆明）中小学校园之声艺术节“在昆明世博园圆满结束。此次艺术节共有来自北京、深圳、天津、河南、广州、云南六个省市的600多名团体及个人选手参加了比赛。

1月31日　由北京市农工委、北京群艺馆主办的北京市第十二届小戏、小品、曲艺节目调演决赛暨颁奖晚会在评剧大剧院举行。共有来自北京十一个郊县的十四个作品参加了决赛。

二月：

2月1日　中国音乐学院远程音乐教育正式开通。它的建立得到了教育部和北京教委的大力支持，并接受了与世界音乐教育接轨的使命。

2月1日、8日　中国爱乐乐团在北京中山公园音乐堂举行交响音乐会。指挥家陈燮阳与乐团首次合作了刘廷禹的《苏三组曲》、周龙的琵琶协奏曲《霸王卸甲》和拉赫玛尼诺夫的《e小调第二交响曲》；青年指挥家杨洋指挥乐团演奏了杜鸣心的《节日序曲》、拉赫玛尼诺夫的《c小调第二钢琴协奏曲》和斯特拉文斯基的《彼得鲁什卡》等乐曲。

2月1日－3日　为纪念中文版《卡门》演出二十周年，中央歌剧院在《卡门》的首演地北京天桥剧场举行了三场演出，并在第一天举办了面向观众的“《卡门》艺术沙龙”。

2月2日　首场“《小演奏家》假日音乐会”在北京金帆音乐厅举行。此次音乐会系由《小演奏家》杂志社和金帆音乐厅共同举办，目的是为学习音乐的孩子提供演出机会，并给老师们提供一个交流教学方法、检验教学效果的机会。

2月2日　由北京群众艺术馆主办的“北京市首届评剧票友大赛”在中国评剧大剧院举行。

2月2日　由纽约百老汇葡萄园剧院制作的音乐剧《美丽的战士》在纽约公演。该剧系由美国克勒格尔女士编剧，中国作曲家金湘作曲，是第一部华人作曲家为英文版剧本谱曲并公演的音乐剧。

2月2日－3日　四川峨嵋乐团与四川华神集团联姻，正式更名为“四川广播华神交响乐团”后，在指挥家、教育家徐新的执棒下，举办了“2002新春音乐会”。音乐会演奏了钢琴协奏曲《黄河》，柴科夫斯基的《D大调小提琴协奏曲》第二、第三乐章以及鲍元恺编曲的四川民歌《太阳出来喜洋洋》等乐曲。

2月3日　中国歌剧舞剧院在国图音乐厅推出了“您喜欢的歌——中外艺术歌曲音乐会”。音乐会演出了合唱《彩云追月》、《化蝶》及男声重唱、独唱曲《夺标》、《在路旁》、《共和国之恋》等优秀曲目。

2月3日－4日 俄罗斯国家交响乐团在人民大会堂举行两场交响音乐会。普雷特涅夫指挥乐团演奏了罗西尼的《贼鹊》序曲、肖邦的《第一钢琴协奏曲》、柴科夫斯基的《第五交响曲》和《第一组曲》及西贝柳斯的《第二交响曲》等曲目。肖邦钢琴大赛第一名获得者李云迪参加了演出。

2月5日－6日 由广东现代舞团创作演出、中国对外演出公司与中国对外展览中心联合推出的“李白诞辰1300年纪念”演出展览系列活动之一——《梦白》大型现代舞剧，在北京天桥剧场上演。此次活动共分为三个演出板块，7日举行交响音乐会《明月出天山》，9日、10日又分别举行了诗歌剧场《天地——太白》。

2月6日 由全国小提琴联谊会北京分会组织的“首次小提琴大课教学成果展示交流活动”，在中央音乐学院小礼堂举行。此次活动展示了近年来小提琴教学规模化、规范化的成果，共有130多名琴童参加。

2月6日 著名作曲家陈其钢为大型交响乐团和六位声乐与民族器乐独奏者创作的交响协奏曲《蝶恋花》（原名《女人》）在法国巴黎举行世界首演。法国国家交响乐团和来自中国的女高音歌唱家和民乐演奏家联袂演出这部作品，汤沐海担任指挥。

2月7日－17日 北京东城区文化馆推出新春游乐会，举行了“弹名琴、奏名曲、名家点评”系列活动。我国钢琴教育家、中央音乐学院教授潘一飞对钢琴演奏者的表演进行了点评。

2月8日 北京民族文化宫大剧院上演“王洛宾金曲与新疆歌舞之夜”音乐会。音乐会上表演了王洛宾的《半个月亮爬上来》、《在那遥远的地方》等歌曲及维吾尔族舞蹈《天山之春》、《阿凡提》、哈萨克族舞蹈《鲜花盛开的牧场》、塔吉克族舞蹈《欢乐的古尔邦节》等节目。

2月12日 由中共北京市委宣传部、北京市文学艺术界联合会、北京歌华文化发展集团主办，北京歌华太阳文化艺术有限公司、北京市音乐家协会承办的“北京新春民族音乐会”在中山公园举行。音乐会上王进指挥中国广播民族乐团演奏了《茉莉花》、《春江花月夜》、《二泉映月》等名曲。

2月12日 由解放军艺术学院和济南军区民族乐团组成的军旅乐团——中国红星民族乐团，在维也纳金色大厅上演了一台具有浓郁民族风格、形式多样的音乐会。音乐会由指挥家景建树指挥，演出了管弦乐曲《春节序曲》、《长城随想》、埙独奏

《醉翁戏鸟》、吹打乐《打宫门》等曲目，是我国民族民间音乐的集萃。

2月14日 陕西交响乐团献艺宝鸡，为人们演奏了《梁祝》、《春江花月夜》以及施特劳斯的《小提琴奏鸣曲》等名家作品。

2月14日、17日 在武汉音乐学院交响乐团基础上组建的东方交响乐团一行99人，以及中央电视台全国青年歌手电视大奖赛的部分获奖演员，分别在德国法兰克福世纪大厅和奥地利维也纳金色大厅举办了音乐会。

2月17日－22日 亚洲太平洋民族音乐学会第七届学术研讨会，在菲律宾马尼拉市奎松城菲律宾大学召开，会议的主题是亚洲新的音乐理论研究。此次学术会的特点是，出现了一批有质量的传统音乐和自然科学、其他社会科学相交叉的理论研究论文。中国内地学者冯光钰、蓝雪菲、毛继增、袁静芳、刘小龙、朱卓建等出席了会议。

2月21日－3月17日 “第30届香港艺术节”在香港举行，包括歌剧、戏曲、音乐、戏剧、舞剧、马戏在内的34台晚会逐一亮相舞台。

2月26日 湖南省歌舞剧院在湖南大剧院音乐厅举办了“春之声”大型音乐会，男高音歌唱家何纪光等参加了演出。此次音乐会融合了混声合唱、男女声独唱、男声四重唱、女声三重唱等形式，并演出了小提琴独奏、手风琴独奏等节目。

2月28日 第四届格莱美奖颁奖在美国洛杉矶斯台普斯中心举行。中国著名作曲家谭盾凭借《卧虎藏龙》电影原声音乐获最佳电影原创音乐专辑大奖。

2月 湛江爱乐合唱团（业余）在湛江影剧院举行《黄河颂》大合唱专场音乐会，拉开了湛江春节文艺展演的序幕。

2月 吴忠市委宣传部、市文体局、市广播电视局、利通区宣传部、文体局在宁夏吴忠市人民政府礼堂联合举办“润明琴园”少年儿童迎新春音乐会，60余名小乐手参加了演出。

2月 旅美青年钢琴家王凯独奏音乐会，在贵州遵义市红花岗剧场举行。音乐会上王凯演奏了莫扎特、贝多芬、肖邦、拉威尔等作曲家的作品。

三月：

3月5日 旅法作曲家陈其钢在中国音乐学院授课，此次授课内容为陈其钢新近在巴黎国际现代音乐节首演成功的作品《蝶恋花》。杨通八、戴嘉枋、罗忠熔、李西安、高为杰、张维良等教授课后与陈其钢进行了交流。

3月7日 吉林省交响乐团在姜金一的指挥下，与就读于中央音乐学院小提琴、琵琶、钢琴专业的三位学生共同演绎了名为《白山黑水儿女情——中外经典作品回顾》音乐会。音乐会上演了小提琴协奏曲《梁祝》、琵琶协奏曲《草原英雄小姐妹》、钢琴协奏曲《黄河》以及交响诗《嘎达梅林》等作品。

3月8日 ISPA国际演艺会议暨首届中国演艺成果展在北京国际科技会展中心开幕。此次国际演艺会议是迄今为止在我国举办的规模最大、规格最高的国际性表演艺术交流盛会，而与此同时进行的演艺成果展则是新中国成立以来规模最大、规格最高的表演艺术展示会。

3月8日 为庆祝“三·八”国际劳动妇女节，田汉大剧院与湖南歌舞剧院声乐艺术团合作，在长沙田汉大剧院音乐厅举办了“献给母亲的爱”专场音乐会。

3月9日－28日 北京青年女子民乐小组，赴美国旧金山、洛杉矶、纽约、芝加哥和华盛顿等地进行演出。

3月10日 中国爱乐乐团在保利剧院举行钢琴协奏曲音乐会。该场音乐会由指挥家水蓝执棒，钢琴家格哈特·奥皮兹担任独奏，演出了勃拉姆斯的《d小调第一钢琴协奏曲》和《降B大调第二钢琴协奏曲》等乐曲。

3月10日 由天津市今晚科技（企业家）联谊会主办的“爱国精神——著名作曲家王莘图片展”在北京中华世纪坛举办。图片展共分为：峥嵘岁月、寻求真理、文化使者、创作生活和社会活动五个部分。

3月11日 著名日本长笛演奏家工藤重点在中央音乐学院演奏厅举行了大师班讲座，并在该院举行了独奏音乐会。

3月12日 由原上海师大艺术学院音乐系、行知艺术师范学院重组而成的上海师范大学音乐学院正式成立。

3月14日 “西藏世纪交响音乐会”在北京中山公园音乐堂首演。此次音乐会全部曲目均为海内外汉藏作曲家最新力作，包括中央音乐学院教授郭文景和张小夫、藏族青年作曲家边洛和觉嘎，援藏青年作曲家赵建民以及旅美华裔作曲家杨勇的《雪域霞光》、《雅鲁藏布》、《涅》、《洁》、《遥望古格》、《谤辩》等作品。音乐会由中央歌剧院交响乐团演奏，高伟春指挥。

3月14日 为增进中越两国之间的音乐交流和友谊，广西交响乐团一行75人在越南首都河内和胡志明市进行了访问演出。乐团在名为“华夏之声”的交响音乐会上演出了小提琴协奏曲《梁山伯与祝英台》、钢琴协奏曲《黄河》、交响幻想曲《歌仙·刘三姐》、芦笙与乐队《侗寨狂欢储备》等曲目。广西歌舞团团长、交响乐团音乐总监张效东担任指挥。

3月15日 “高原如歌”系列音乐会之三——内蒙古长调和马头琴音乐会在北京中山音乐堂举行。内蒙古著名长调女中音歌唱家阿尔坦奇奇格献艺京城，演唱了她的保留曲目《金色圣山》等歌曲。

3月15日 北京交响乐团在中山公园音乐堂拉开了2002—2003音乐季演出的序幕。第一场音乐会演奏了近现代作曲家拉威尔的《波莱罗》、《达夫尼斯与克洛埃》第二组曲和霍尔斯特的《行星组曲》三部近现代乐坛上极具代表力性的大型管弦乐作品，由谭利华担任指挥。

3月16日 奥地利著名指挥家约翰内斯·威尔德在北京中山公园音乐堂指挥中国爱乐乐团演奏了贝多芬的《科利奥兰序曲》、普朗克《d小调双钢琴协奏曲》和马勒《升c小调第五交响曲》，刘晓琏、周依双担任钢琴演奏。

3月16日-23日 我国著名指挥家汤沐海，在以色列指挥贝尔谢瓦小交响乐团，分别在贝尔谢瓦音乐院、艾拉特剧院、阿什克隆文化厅和特拉维夫艺术博物馆演奏了弦乐合奏《二泉映月》、贝多芬的《大赋格》（作品133号）、海顿的《C大调双簧管协奏曲》和斯特拉文斯基的《PULCINELLA主题曲》等作品。

3月18日 中国笙演奏家、济南军区前卫歌舞团艺术指导胡天泉在新加坡维多利亚音乐厅举行了“胡天泉从艺五十八周年笙独奏音乐会”。音乐会由新加坡指挥家郑朝吉执棒，新加坡南洋艺术学院狮城华乐团协奏，演奏了根据冼星海《黄河大合唱》改编的由四个乐章组成的大型笙协奏曲《黄河》。

3月中旬 中国第一家专门以播放古典音乐为主的“北京人民广播电台有线古典音乐频道”正式开播。

3月20日 浙江艺术职业学院在钱塘江南岸高教园区正式挂牌成立。该学院的前身是具有50年艺术教育历史的浙江艺术学校。现今成立的浙江艺术职业学院是浙江有史以来的首家高等艺术学府，为浙江的艺术教育事业掀开了新的一页。

3月23日 李心草指挥中国交响乐团，在北京大学百年纪念讲堂演出了普罗科菲耶夫的《第一交响曲》、科恩戈尔德的《第一交响曲》、肖斯塔科维奇的《第十交响曲》等曲目，拉开了“国交”2001—2002音乐季的帷幕。

3月23日 河北交响乐团在河北

省艺术中心上演了一场全新的讲解交响音乐会。该音乐会采取了讲解与欣赏相结合的形式，由指挥家、音乐教育家、上海音乐院作曲系教授黄晓同先生担任指挥，演奏了瓦格纳的《浮士德序曲》、《纽伦堡名歌手序曲》、勃拉姆斯的《e小调第四交响曲》等曲目。

3月26日 香港演艺四重奏组携四把名琴，在北京中山音乐堂举行了专场音乐会，演奏了海顿的《云雀弦乐四重奏》、肖斯塔科维奇的《第八弦乐四重奏》以及门德尔松的《D大调弦乐四重奏》等经典室内乐作品。

3月28日－29日 “小提琴之母”迪蕾女士的关门弟子、青年小提琴家李传韵与天津交响乐团联合举行了两场音乐会。音乐会由天津交响乐团首席客座指挥藤矢初指挥，演奏了《红色娘子军》、《白毛女》选段、比才的《法兰多尔舞曲》、安德森的《养鸡场》、小提琴协奏曲《梁祝》、圣桑的《引子与随想回旋曲》等经典之作。

3月30日 由中共广州市委、市政府组织编创的《粤剧交响音乐会》在北京保利剧院上演。音乐会由胡炳旭执棒中国爱乐乐团演出，红线女等粤剧名家担任主唱。

3月30日 上海爱乐合唱团与德国威斯特克辛合唱团和杜尔门合唱团，在上海音乐厅共同举行了新世纪“春之声”音乐会。音乐会由德国指挥家奥拓·格罗尔和我国指挥家马革顺、钱大维共同执棒，为观众献上了多首中外经典合唱音乐作品。

3月30日 北京中山公园音乐堂上演了“莫扎特安魂曲音乐会”。音乐会演唱了莫扎特的《安魂曲》以及安东尼·洛蒂《耶稣殉难曲》、威廉·伯德《圣体颂》、乔治奥·阿莱格利的传世之作《受难曲》等乐曲。特邀女高音歌唱家阿蔓达·奥斯曼、男低音歌唱家马骥等参加，由尼克·史密斯担任指挥；沈月担任管风琴伴奏。

3月30日 由湖南省歌舞剧院举办的“春之旋律”大型交响音乐会在田汉大剧院音乐厅举行。音乐会由青年指挥家肖鸣执棒，并特邀武汉音乐学院教授朱耀熹、天津交响乐团大提琴演奏家董金池，与省交响乐团同台演出了《d小调双小提琴协奏曲》、《抒情乐章》、《云雀》及《河南小曲》、《摇篮曲》、《江河水》、《锡伯族之歌》等曲目。

3月31日 跨世纪声乐艺术团在北京国图音乐厅举办了《金色秋韵——老艺术家中外艺术歌曲音乐会》。音乐会演出了《茨冈》、《卡秋莎》、《大江东去》等男女声合唱、重唱、独唱作品。

3月 第四届中法“咪多”钢琴

比赛中，北京三岁半的徐云頔、河北六岁的王通、河北的刘扬及山东的王莹莹分别夺得了各自参赛级别的最高奖。

3月　为增进中国中学生与欧洲五国中学生的友谊，北京35中金帆民乐团赴德国、法国、荷兰、比利时、奥地利五国进行文化交流，演出了民乐大合奏《音乐会序曲》、《难忘的泼水节》、弹拨乐《南疆舞曲》、二胡曲《远方的客人请你留下来》、丝竹重奏《欢乐的夜晚》、古筝曲《春到湘江》等精彩节目。

四月：

4月1日－3日　由中国音协、中国计算机协会、中国艺术研究院以及中央音乐学院等八所音乐学院共同发起，中央音乐学院主办，中央音乐学院中国现代电子音乐中心承办的"中国首届电子音乐发展战略及学术研讨会"暨"中国电子音乐学会成立筹备会"在北京中央音乐学院隆重举行。此次会议旨在通过沟通、交流和研讨，使全国致力于电子音乐创作及研究的人能够共享最新的科技成果，从而全面推动现代电子音乐在中国的发展。

4月5日－7日　中国现代音乐论坛首次在上海举办。这次活动包括三场作品音乐会和十场学术报告会，由上海广播乐团主办，团长熊照出任项目总监，叶小纲任艺术总监。音乐会由旅美指挥家胡咏言执棒。

4月6日－9日　"2002年柏林打击乐音乐节"举行，来自世界各地的打击乐演奏家、教授和学生云集在柏林，进行了为期四天的打击乐研讨会、大师班和打击乐专场音乐会。由国内著名乐团的打击乐演奏家及音乐院校的打击乐师生组成的30人的中国代表团参加了此次音乐节。9日，中国代表团在德国柏林的外交部大厅举行了中国民族打击乐音乐会，演奏了《锦鸡出山》、《老虎磨牙》、《滚核桃》、《喜庆锣鼓》等精彩的传统节目。

4月9日－10日　来自澳大利亚的四名年轻演奏家在北京中山音乐堂举办了"万事达之夜——炫耀之音钢琴独奏与钢琴重奏乐会"。新加坡钢琴演奏家林慧娟担任钢琴独奏，西班牙的爱丽斯·理查德担任小提琴演奏，新西兰的贝芬·露易斯担任中提琴演奏，来自堪培拉的大提琴演奏家马丁·贝克担任大提琴演奏。此次音乐会上演了，贝多芬的《降B大调钢琴奏鸣曲OP. 22》、门德尔松的《三首无词歌》以及勃拉姆斯的《g小调钢琴四重奏》等经典钢琴独奏、重奏作品。

4月11日　俄罗斯大提琴家科里

尔·罗京与中央音乐学院中国青年交响乐团联袂，在北京中山公园音乐堂举行大提琴独奏音乐会。音乐会上，罗京与青年指挥家杨力执棒的“中国青交”合作演出了威尔第的《命运之力》序曲、柴可夫斯基的《洛可可主题变奏曲》以及肖斯塔科维奇的《第一大提琴协奏曲》等作品。

4月13日 中国著名女高音歌唱家迪里拜尔在北京保利剧院举行独唱音乐会，此次音乐会上迪里拜尔演唱了《夜莺》、《乘着歌声的翅膀》、《夏日最后一朵玫瑰》以及作曲家金湘的《呼唤》、《雨中岚山》和施光南的《小鸟，我的朋友》等歌曲。芬兰著名钢琴家伊卡·帕纳宁和由国际著名指挥大胜秀也先生执棒的总政歌剧院交响乐团担任了音乐会伴奏。

4月13日 指挥家朱晖与北京交响乐团合作，在中山公园音乐堂演绎了欧洲古典的浪漫——布鲁克纳的《降E大调第四“浪漫”交响曲》。

4月13日 中国作曲家王西麟应科隆室内乐团委约创作的《四重奏OP. 41》于科隆首演，获得极大成功。

4月14日 由浙江省文联和中国音乐家协会创作委员会主办、浙江省音乐家协会协办的《晓其作品音乐会》在杭州东坡大剧院举行。此次音乐会演出了晓其自80年代以来创作的独唱、合唱和交响乐作品。音乐会特邀著名指挥家陈燮阳执棒上海交响乐团，出演了其创作的交响乐《元、源、圆》，并担任声乐作品的伴奏。

4月17日 上海平安合唱团与上海民族乐团联袂在上海大剧院举行了一场“金湘、何训田、周成龙民族交响合唱作品音乐会”。音乐会演出了上海音乐学院作曲系主任何训田的《达勃河随想曲》、上海民族乐团周成龙的二胡协奏曲《江恋》和中国音乐学院作曲家金湘的民族交响合唱组歌《诗经五首》等作品。

4月18日 由上海20多位离退休的老音乐家组成的爱乐室内乐团把高雅音乐送进上海宝山监狱，为2000多服刑人员进行现场演出。音乐会上老艺术家们演奏了《母亲教我的歌》、诗朗诵《乡愁》等节目。

4月18日 中国共产党党员、杰出的音乐教育家、理论家、翻译家、词学家、中国音乐学学科奠基者，中央音乐学院教授、博士生导师廖辅叔先生，因病抢救无效在北京逝世，享年95岁。

4月19日 中央音乐学院“奥尔夫教育中心”成立。该中心特邀国际奥尔夫特设机构的负责人、奥尔夫基金常务理事格纳教授及萨尔斯堡莫扎特音乐大学奥尔夫学院院长NYKRIN教授等人为顾问。

4月20日　第三届“相约北京”联欢活动开幕式在北京人民大会堂举行，中央歌剧院、东方歌舞团、中央民族乐团等中国各大演出团体参加了开幕式。此项国家级大型艺术节的举行，填补了国内春季尚无大型文化艺术综合活动的空白。

4月21日　北京民进合唱团在中山公园音乐堂举行了专场音乐会。这是民进合唱团首次举办的专场演出，上演了《纺织之歌》、《放下三棒鼓，扛起红缨枪》、《猎人之歌》、《饮酒歌》、《松花江上》等著名中外声乐作品。歌唱家李光羲、王蕾、宋学伟、黄丽莉、黄越峰等参加了演出，雷克庸担任指挥。

4月22日－24日　五幕歌剧《司马迁》在北京天桥剧场上演。这是在第三届“相约北京”大型艺术节上唯一的一台由地方院团创作演出的民族歌剧。

4月23日　北京市文化局在中山公园音乐堂举办了一场“春风送暖——扶贫义演音乐会”。音乐会的所得款项全部捐献给了旨在倡导全社会为特困家庭献爱心、做热心公益好市民的“扶贫济困春风行动”办公室。在谭利华的指挥下，北京交响乐团演奏了肖斯塔克维奇的《节日序曲》等曲目。

4月25日－28日　为宣传西部大开发，打造银川跨越式经济大发展的区域形象，银川市委宣传部精心策划和组织创作了一组具有大银川鲜明个性的标志性歌词作品。北京音协应邀，以北京市音乐家协会副主席朱广星为领队的北京作曲家刘诗召、程恺、付林、温中甲赴银川采风，先后创作了《沙湖情》、《银川北京最知音》、《银川是座凤凰城》、《难忘相识在银川》、《黄河——心中的母亲河》等十余首歌曲。

4月26日－29日　第65届施坦威青少年钢琴比赛中国赛区首届总决赛在北京保利剧院举行。此次中国赛区首届总决赛由吴祖强担任艺术总监、周广仁担任评委主席，但昭义、吴迎、鲍蕙荞、石叔诚、阿里·瓦迪等担任评委。深圳选手何其真、香港选手陈伊薇、澳门选手廖国玮以及香港选手张伟业分别获得A、B、C、D组第一名。此次总决赛还安排了演出、讲座等一系列活动。

4月26日　中国人民解放军军乐团在中国剧院举行“华彩飞扬——青年歌唱家杨华独唱音乐会”。

4月27日　由中国交响乐团和北京世纪演出公司共同策划的“2002国交世纪环球音乐之旅北京首演”音乐会在北京世纪剧院举行。音乐会由我国著名指挥家陈佐湟博士指挥，演奏了韦伯的《奥伯龙序曲》、莫扎特的

《降E大调交响协奏曲》（一、三乐章）、勃拉姆斯《e小调第四交响曲》等经典名曲。

4月27日 大铙古乐音乐会在长沙田汉音乐厅举行。大铙是自1985年以来分几次在湖南宁乡挖掘的我国3000年前的青铜乐器。音乐会由大铙古乐团艺术总监、指挥刘毓麟执棒，演奏了《大铙颂》、《序曲》、《宴曲》、《玄鸟》、《采蘩》等乐曲。

4月28日 由北京交响乐团、北京音乐台和中国好网联合推出的“金牌古典”音乐会的首场演出在北京世纪剧院举行。此场音乐会特邀美国著名钢琴家罗杰·莱特担任独奏，与指挥家谭利华先生合作演绎了柴可夫斯基的《降b小调第一钢琴协奏曲》和拉赫玛尼诺夫的《第二钢琴协奏曲》。

4月28日 意大利歌剧名家费加罗再次来到中国，出任了北京奥贝拉文化艺术交流中心（原清华大学艺术教育中心意大利歌剧大师班）的主讲大师，同时担任了5月中旬在北京演出的两场歌剧《茶花女》、《蝴蝶夫人》的导演和声乐指导。

4月28日 瑞士现代芭蕾舞团——瑞士日内瓦大剧院芭蕾舞团在北京民族宫大剧院上演了一台精品现代芭蕾舞晚会。晚会上演出了双人舞《独白者之恋》以及《巴洛克协奏曲》、《春之祭》等节目。

4月28日 西安音乐学院青年教师何慧，在意大利举行的“第四十二届威尔第国际声乐比赛”中获得第一名，世界三大男高音之一的卡雷拉斯亲自为何慧颁奖。

4月30日 中国爱乐乐团在北京保利剧院演出了马勒的作品《大地之歌》。音乐会特邀女中音歌唱家杨洁和男高音歌唱家丁毅担任独唱，并特邀了表演艺术家濮存昕朗诵构成《大地之歌》基础的唐代诗人李白、钱起、孟浩然和王维等诗人的原诗，这一演出形式是自《大地之歌》诞生以来的首次出现。音乐会还演奏了西贝柳斯的《D大调小提琴协奏曲》，由著名小提琴演奏家竹泽恭子担任独奏，中国爱乐乐团艺术总监、首席指挥余隆执棒。

4月30日、5月1日 由郑州市人民政府主办、市文化局承办的“绿色周末”钢琴独奏音乐会在郑州市艺术宫举行。音乐会特邀了钢琴家、美籍华人孙以强先生担任钢琴独奏，演奏了《翻身的日子》、《浏阳河》、钢琴协奏曲《黄河》等经典名曲。

4月30日-5月7日 北京市“希望杯”钢琴音乐节、第六届“希望杯”青少年钢琴比赛在北京举行。

4月 音乐教育家、大提琴演奏家、四川音乐学院作曲系教授丁浮祥，因心力衰竭辞世，享年85岁。

4月 广西文联和广西音乐家协会实施首届词曲作家签约的招聘活动，在全区范围内招聘签约词曲作家。

4月 山东省淄博市在淄博第二工人文化宫举办了“春之声”钢琴音乐会，来自全市的50多名中小学生登台演奏了贝多芬、莫扎特、肖邦及部分中国钢琴作品。

4月 “第十界全国青年歌手电视大奖赛（业余组）”拉开帷幕，此次大赛在坚持了评分机制公开性、公正性和公平性的同时，更加细化评分标准。

五月：

5月1日 石家庄举行第九届“彩色周末”开幕式。开幕式上演出了123架钢琴的大合奏《保卫黄河》、32把二胡齐奏的《赛马》、52架手风琴齐奏《打虎上山》以及童声合唱《同一首歌》等节目。

5月1日－7日 由首都师范大学主办、海资曼钢琴有限公司等单位协办的北京市“希望杯”钢琴音乐节及第六届“希望杯”少年儿童钢琴比赛在首都师范大学音乐系和中央音乐学院音乐厅举行。黄佩莹、凌远、赵屏国、吴元、黄媚莹、唐重庆等专家教授担任了评委工作，有近1000名选手参加了比赛。

5月1日－3日 中央芭蕾舞团在北京天桥剧场，上演了一台新编现代版本喜剧《葛培莉亚》。此次中央芭蕾舞团特邀了瑞典皇家芭蕾舞团主要演员、常任编导、芭蕾大师佩尔·伊斯帕格来编导该剧。

5月2日－3日 为庆祝《中俄睦邻友好合作条约》签署一周年，应中国人民对外友协会中国俄罗斯友好协会共同邀请，俄罗斯军队亚历山大红旗歌舞团以125人的强大阵容来到中国，在人民大会堂举行进行了第五次访华演出。

5月3日 北京市演出公司在民族宫为北京市的少年儿童举办了一场《世界经典卡通电影音乐》大型宽银幕视听交响音乐会。音乐会由中国歌剧舞剧院演奏。

5月4日 中国民族音乐的一代大师、中国民族管弦乐队的创始人和奠基人之一、中央民族乐团的创建者之一、中国民族管弦乐学会的发起人之一、中国民族管弦乐学会荣誉会长、著名民族音乐理论家、作曲家、指挥家、琵琶演奏家秦鹏章因病救治无效在北京逝世，享年83岁。

5月4日－5日 为纪念中央歌剧院成立五十周年，并为即将落成的国家大剧院储备节目，中央歌剧院在北京保利剧院，演出了全新版本的普契尼歌剧《蝴蝶夫人》。女高音歌唱家马梅和女高音新秀柳红玲担任蝴蝶夫人，男高音歌唱家王丰出演平克尔顿，高伟春担任指挥，中央歌剧院老一辈的蝴蝶夫人饰演者李晋玮担任声乐指导。

5月5日 由北京市教委、北京市基础教育中心主办，朝阳区教委、朝阳教育研究中心承办的，北京市中小学器乐教学现场会在朝阳区青少年宫举行。

5月6日－7日 两场不同风格的老歌专场音乐会"莫斯科之夜——俄罗斯经典歌曲音乐会"和"上海滩怀旧金曲音乐会"分别在上海大剧院举行。此次音乐会上海爱乐乐团再度演奏了《伏尔加船夫曲》、《黑龙江的波涛》、《莫斯科郊外的晚上》等乐曲。香港指挥家石信之和上海的钱大维副教授分别担任此次演出的指挥。

5月7日 乌克兰华人总会和北京市劳动人民文化宫特邀乌克兰国家柴可夫斯基音乐学院及乌克兰文艺学院著名教授和艺术家来华，在北京市劳动人民文化宫进行了一系列的声乐、器乐（巴扬式手风琴）教学与讲座的艺术交流活动。

5月8日 天津音乐学院教授、中国音乐家协会会员、中国民族管弦乐学会名誉理事、天津音乐家协会名誉理事、古乐研究会委员、顾问、上海江南丝竹学会顾问、上海今虞社会员陈重因病逝世，享年83岁。

5月9日 中国音乐家协会第四届副主席、第五届顾问、作曲家沈亚威因病医治无效在华东医院逝世，享年82岁。

5月9日 第九届国际单簧管比赛在罗马尼亚首都布加勒斯特举行。中国选手高原荣获C组二等奖（一等奖空缺）。

5月10日 青年二胡演奏家宋飞"弦索十三弄"独奏音乐会在北京国图音乐厅举行。

5月10日－11日 享有盛誉的俄罗斯伏尔加歌舞团在北京天桥剧场举行演出，上演了《伏尔加河上有悬崖》、《伏尔加纤夫曲》、《沿着母亲河向下游走》等精彩节目。

5月10日－15日 由中国合唱协会、无锡市人民政府主办，中共无锡市委宣传部、无锡市文化局承办的"第六届中国合唱节"在无锡举行。此次合唱节以"唱世纪金曲，颂美好生活"为主题，来自全国的54支合唱团队约2600名演员参加了比赛，并举行了为期六天的音乐会、学术研讨会、学术讲座等活动。

5月11日 中国音乐学院声歌系钢琴伴奏教研室主任邱晓姗副教授"归侨之心——邱晓姗民族声乐钢琴伴奏作品音乐会"在中国音乐学院举行。音乐会上邱晓姗伴奏了《赞歌》、

《纳西篝火啊哩哩》、《万里春色满家园》、《八月十五月儿圆》、《单刀会》等形式风格多样的声乐作品。

5月11日－13日 “2002年全国当代民乐作品创造研讨会”在北京举行，来自全国各地的与会代表50余人出席了会议。会上关注并热爱民乐创作的老中青三代作曲家、理论家，就“中国民族管弦乐创作的总体性思考和展望、中国民族管弦乐创作技法与创作理念、当代民乐作品创作成果的评论与分析”等实质性问题展开了热烈的讨论。学会理论创作委员会副主任、中国音乐学院教授杨青主持开幕式，学会荣誉会长黎英海、副会长刘金文、鲁日融、张殿英、顾冠仁等出席了会议。

5月11日 北京市艺术研究所在京召开“纪念毛泽东同志《在延安文艺座谈会上的讲话》发表六十周年、21世纪中国艺术美学思潮学术研讨会”。会议上，与会专家学者就《讲话》精神、新时代邓小平文艺理论和江泽民论述对《讲话》精神的继承和发展，以及新时期以来在讲话精神指导下，北京市的舞台剧、电影及电视剧创作取得的成就进行了研讨。

5月12日 加拿大著名女高音歌唱家詹尼斯·杰克逊在中央音乐学院排练厅举行了独唱音乐会。音乐会演唱了荷兰作曲家玛格丽特·爱伦的《达摩像一个清澈的湖》（1992）、加拿大作曲家创作的《汉，作品之三》、法国作曲家金·克劳德·瑞歇的《劳特列的脸》以及两位中国作曲家唐建平、范乃信特邀为她创作的《自鸣系列之三“声乐练习曲”》和《傩》五首新作品。

5月12日 北京金帆音乐厅举办由法国长笛演奏家阿赫达及青年女长笛演奏家倪一珍、钢琴家周勤龄演奏的《小演奏家——假日系列音乐会外国专家专场》音乐会。

5月12日 著名男高音歌唱家刘维维在安徽师范大学音乐学院进行为期三天的学术活动。

5月13日－16日 中国残疾人艺术团在北京世纪剧院演出了“我的梦”大型音乐舞蹈晚会。这是中国残疾人艺术团建团15年来首次在京向社会公演，也是首次在京售票演出。

5月13日 鼓浪屿少年钢琴比赛落下帷幕，来自全国各地的21名专业选手和43名业余选手参加了决赛。

5月14日 美国南加州先锋大学学生合唱团与四川师范大学师生同台举办了交流音乐会。美方学生合唱团和川师大师生分别演绎了《狮子王》、《泰坦尼克》等美国经典电影音乐及《雪域的祝福》、《战马奔腾》、《空山鸟语》等我国著名民族声乐、器乐曲。

5月14日 “第五届中外音乐文化交流展”在沈阳音乐学院举行，国内外音乐家300余人参加了此次盛会。

5月15日 “纪念马思聪诞辰九十周年座谈会”在广东省海丰县举行（马思聪诞辰日5月7日）。海丰县人民自编自演的“马思聪作品音乐会”也在海丰县红城影院上演。

5月15日－17日 全国音乐（艺术）院校首次教学管理工作会议在西安音乐学院召开。教育部学生司普招处处长、陕西省教育厅副厅长、来自全国各地及部队的16所音乐（艺术）院校主管教学的院长和教育管理部门的负责人共57位代表出席了这次会议。

5月15日－16日 上海歌剧院在上海大剧院隆重推出了普契尼的经典歌剧《蝴蝶夫人》。英国皇家剧院著名导演帕特里克·杨担任导演，上海歌剧院院长、艺术总监张国勇担纲指挥，著名的美籍华裔女高音歌唱家高曼华、中国男高音歌唱家魏松分别担任了剧中的的男、女主角。

5月17日－18日 为纪念中韩建交十周年，由韩国STAR KOREA制作的大型综艺舞台剧“祈祷和平”，在北京天桥剧场和北京站站前广场户外舞台进行了演出。

5月18日－19日 中国歌剧舞剧院管弦乐团在保利剧院成功演出了《蝴蝶夫人》和歌剧《托斯卡》、《波西米亚人》、《茶花女》选段。此场演出的指挥李心草被正式聘请为该院的客席指挥。

5月18日 中央音乐学院附中与长沙雅礼中学联手打造的艺术教育中心在长沙正式挂牌成立。

5月18日－20日 为了隆重纪念毛泽东同志《在延安文艺座谈会上的讲话》发表六十周年，由中国音协、中共山西省委宣传部等共同主办、甘肃、青海等11个西部省市委联合举办的“中国西部民歌演唱大赛”在西安正式拉开了帷幕。

5月19日 第二届中国音乐金钟奖四项评选结果在厦门鼓浪屿音乐厅揭晓。中国音协副主席、金钟奖组委会名誉主席张思卿，中国音乐家协会名誉主席吴祖强，中国音乐家协会主席傅庚辰，中国文联副主席、中国音协党组书记吴雁泽等以及厦门市有关领导，为部分获奖代表颁奖，并出席颁奖音乐会。此次比赛评出了22位终生荣誉奖、10名组织奖、10部钢琴作品奖、15首声乐作品奖。

5月20日 中国爱乐乐团在北京保利剧院举行了由著名作曲家杜鸣心执笔创作的大型京剧交响乐《杨门女将》首演音乐会。中国爱乐乐团艺术总监、首席指挥余隆担任指挥，中国京剧院三团青年京剧演员邓敏、袁慧琴、张建国、李文林、甄建华等参加了演出。

5月20日 中国第一部歌剧《白毛女》的作曲者之一、全国文联委员、中国音乐家协会常务理事、中国音乐家协会副主席、中国音协上海分会副主席、高等音乐教育学会理事长、作曲家瞿维，因病在常州逝世，享年85岁。

5月20日 中央音乐学院教授陈比纲的四位学生在北大百年纪念讲堂举行钢琴独奏音乐会，演奏了贝多芬的《第七钢琴奏鸣曲》、《第一钢琴协奏曲》以及肖邦的《船歌》等作品。

5月20日－25日 上海音乐出版社和湖南文艺出版社在上海联合举办2002年音乐图书订货会。来自全国各地60余名图书代理商、销售商参加了这次订货会。

5月20日 宁夏青铜峡市在该市文化馆歌舞厅举办“第二届少儿乐器大赛”。来自全市12所中小学和“小星星艺术团”的60余名小乐手参加了比赛。

5月22日 为纪念毛泽东同志《在延安文艺座谈会上的讲话》六十周年，由中宣部、文化部、教育部、国家民委、广电民委、总政治部、北京市人民政府、中国文联等单位联合主办的大型“全国群众歌咏晚会”在北京工人体育场举行。来自全国20多个基层群众合唱团的4000名演员参加了晚会。

5月22日－25日 应中国人民对外友好协会的邀请，日本著名的鲍尼·加科斯演唱组来京，在中国儿童剧场举办了一场音乐会。音乐会上他们演唱了《津轻海峡》、《好日子启程》等歌曲。

5月22日 重庆市歌剧院副院长、国家一级演员、重庆音乐家协会副主席张礼慧，在重庆市委礼堂举办了“青年女高音歌唱家张慧丽独唱音乐会”。

5月24日 为纪念中日邦交正常化三十周年，由中国对外友好协会和中国日本友好协会共同主办“中日友好吕远作品音乐会”在北京天桥剧场举行。音乐会上，关牧村、胡宝善、王静、程波、于乃久以及服布训之、光永勇、泉春霞等中日歌唱家演唱了《中外友好之歌》、《绿色的歌》、《我们的生活充满阳光》、《牡丹之歌》、《北国之春》等在中国和日本广泛传唱的歌曲。

5月24日 由大地唱片推出的《校园民谣珍藏版》伴随着“校园民谣”的10岁生日隆重上市。

5月25日－26日 由北京“刘诗昆钢琴艺术中心”主办的“2002年香港少年儿童钢琴赛北京选拔赛”在

北京举行。

5月25日 “统一冰红茶闪亮之星2002大学生歌手选拔赛华北赛区”决赛在北京工业大学礼堂举行。来自天津轻工业学院的功夫乐队以一曲自创的RAP《2001》获得了第一名。

5月25日 长沙田汉音乐厅举办了由小杜鹃艺术团演出的“庆祝六一儿童节民族乐器专场音乐会”，音乐会上演奏了器乐合奏《欢庆》、《赛马》、二胡独奏《一枝花》、巴乌独奏《竹楼情》等节目。

5月25日 北京交响乐团与台湾著名指挥家陈澄雄先生合作，在中山公园音乐堂上演了2002——2003音乐季第六套音乐会。音乐会上演奏了鲍元恺创作的《台湾音画》、勃拉姆斯《D大调第二交响曲》以及西贝柳斯《d小调小提琴协奏曲》等乐曲。

5月25日－26日 在武汉市与德国杜伊斯堡市结为友好城市二十周年之际，德国杜伊斯堡市爱乐乐团首席小号演奏家罗杰·查克斯先生同武汉乐团在武汉合作演奏了两场管乐独奏、协奏、重奏专场音乐会。音乐会演奏了约翰·内普穆克·胡美尔《降E大调协奏曲》、格欧克·菲利浦·泰勒曼的《宴会节选》等乐曲。

5月26日 天津音乐学院硕士研究生于萍丽独唱音乐会在北京金帆音乐厅举行。

5月26日 北京大学应用文理学院学生民乐团，在北京中山公园音乐堂举行了一场题为“花好月圆——中国民乐名曲音乐会”。音乐会演奏了二胡独奏《三门峡畅想曲》、唢呐独奏《百鸟朝凤》、三弦与乐队《弦侃》等精彩的民乐曲。

5月28日 由《小演奏家》杂志社与中国手风琴学会北京办公室共同推出的“走进大师——对话王域平”讲座及示范演出在北京金帆音乐厅举办。

5月28日 北京市朝阳区安慧里中心小学银帆民乐团，在北京中山公园音乐堂举行了一场庆“六一”专场音乐会。在中国电影乐团常任指挥张列的指挥下，演奏了民乐合奏《龙腾虎跃》、《渔舟凯歌》、《南道阿里郎》等乐曲。

5月28日 “宝鸡首届广场文化音乐周”活动，在宝鸡市炎帝园广场隆重开幕。来自130多个企业单位的2000多名专业和群众演员，为市民进行了综艺、戏曲、健美等文艺演出。

5月29日 应北京大学新图书馆视听室之邀，《音乐周报》副总编“论坛·交流”版责任编辑陈志音为该校艺术学选修生作了题为《关于现代音乐“谭下之争”及传媒影响》的专题讲座。

5月29日 由中国音乐家协会

《音乐创作》编辑部倡办、中西部地区13所高校音乐院、系联办，河南大学艺术学院承办的首届“中西部地区普通高校音乐创作比赛”颁奖音乐会在河南大学艺术学院音乐厅举行。经评选《祖国最可爱》（张德河词、陈家海曲）等5首作品获得一等奖；《青山童谣》（郑建鸥曲）等18首作品获二等奖；《选择师范》（谯述琼词，晓鸥曲）等23首作品获得三等奖。

5月29日 北京市基础教育研究中心音乐教研室，在房山区河南中学举行北京市中学音乐教学研究活动。来自9个区县的中学音乐教员和30多名本区的中学音乐教师参加了此次活动。

5月30日 由深圳市教育局、文化局联合主办的“深圳市第六届中小学合唱节”落下帷幕。

5月30日-6月1日 西班牙舞蹈团在北京天桥剧场上演了三场具有西班牙风情的歌舞。此次演出，西班牙舞蹈团带来了《流沙》、《大天使》、《我为你而死》等精彩节目。

5月31日 为纪念中日邦交正常化三十周年，留日歌唱家、教育家硕士黄文泉巡回演唱会在福建举行。

5月初 由中国京剧院创作的大型历史剧《兵圣孙武》在北京长安大戏院公演。

5月中旬 中国少数民族艺术团应台北市政府的邀请，参加了由台北市政府主办的“传统艺术节”《中国民歌之夜——唱遍大江南北》大型音乐会。音乐会由中国著名声乐教育家、中国音乐学院教授王秉锐主持，著名钢琴艺术指导、中央音乐学院教授赵碧璇担任钢琴伴奏，来自全国各地的优秀歌唱家参加了演出。

5月底 著名作曲家朱践耳的《交响曲集》唱片和总谱由上海音乐出版社出版发行，上海大剧院为朱践耳举行了首发式音乐会，陈燮阳指挥上海交响乐团演出了朱践耳的“第三”、“第九”两部交响曲。这是从新中国建国以来，第一次为一位中国作曲家出版系统的唱片和总谱。

5月 “纪念中国共产主义青年团建团八十周年专场音乐会”在武汉大学、华中农业大学演出。音乐会上演奏了《毕业歌》、《五月的鲜花》、《我像一朵雪花天上来》及管弦乐《蚂蚁》等乐曲。

5月 在意大利布赛托威尔第歌剧院举行的“第四十二届威尔第国际声乐大赛”中，西安音乐学院声乐系副教授和慧荣获第一名，她是第一个荣获此奖项的中国人。

5月 著名歌唱家总政歌剧团演员彭丽媛在平壤举办的第二十届“世界之春”世界青年联欢节上获得金

奖。

六月：

6月1日－2日 中国爱乐乐团分别在北京保利剧院和北京中山公园音乐堂举行了庆“六一”儿童音乐会。音乐会演奏了海顿的《玩具交响曲》、史真荣的交响童话《龟兔赛跑》等作品，青年指挥家杨洋担任指挥。

6月1日 由盘锦市音乐家协会主办的“马昆杯”少儿小提琴级别赛在市青少年宫举行。

6月2日－3日 中央民族乐团在北京世纪剧院举行民族交响音乐会《中华乐府画廊》。音乐会上演了唐建平的《忆》、郭文景的《日月山》等乐曲。

6月6日 沈阳音乐学院音乐教育系恢复建系二十周年系庆暨沈阳音乐学院教育信息研究中心成立庆典在该院音乐厅举行。国家教育部艺术教育委员会秘书长杨瑞敏、辽宁省教育厅的领导、沈阳音乐学院院领导与近千名新老系友一起参加了这次庆典活动。

6月6日 由云南艺术学院主办的云南艺术学院2002届毕业生“罗慧勤独唱音乐会”在云南艺术学院演播厅举行。

6月7日 北京交响乐团在中山公园音乐堂举行了上海乐团2002—2003音乐季的第七套音乐会。上海歌剧院院长、指挥家张国勇先生指挥北京交响乐团演奏了柴可夫斯基的《斯拉夫舞曲》、《弗朗切斯特·里米尼》以及斯维特利多夫的《暴风雪》等乐曲。

6月7日 钱伟宏扬琴独奏音乐会在中央音乐学院音乐厅举行。

6月7日 以雷元亮为团长、余隆为艺术总监的中国爱乐乐团赴美国巡回演出。此次出访演出的4场音乐会上，乐团演奏了马勒的《大地之歌》、潘德列茨基的为三把大提琴而作的《大协奏曲》、舒曼的钢琴协奏曲和柴可夫斯基的《第五交响曲》等乐曲。中国爱乐乐团艺术总监、首席指挥余隆和首席客座指挥潘德列茨基分别担任指挥。

6月8日 由文化部中外交流中心主办，日本著名筝演奏家柳井美加奈女士在中央民族乐团音乐厅举办了“日本柳井美加奈筝曲演奏会”。此次音乐会柳井美加奈女士带来了《樱花的变奏》、《天上台风》、《通向出云的路》等优秀的具有日本风格的作品。

6月8日－9日 “2002年雅马哈双排键电子琴选拔赛暨全国第七届电子琴专业比赛”决赛在天津音乐学院举行。

6月9日 由全国人大环境与资源保护委员会、国家林业局、中央电视台主办，北京蓝色天空文化经纪有限责任公司承办的，一台名为《蓝色天空》的大型文艺演出在人民大会堂举行。来自两岸三地的著名演员共同为环保高歌。

6月9日　著名女高音歌唱家张立平在北京中山公园音乐堂举行独唱了音乐会，音乐会上张立平演唱了《晴朗的一天》、《爱情二重唱》、《我爱你，中国》等中外著名歌剧的咏叹调和歌曲。美籍华人指挥家胡咏言执棒，中国青年交响乐团演奏。

6月9日　第一届"中国歌曲排行榜"美国票选十大金曲颁奖典礼正式在纽约康城金神大剧场拉开帷幕。中国歌手孙悦的《柔情似水》、朴树的《冲出你的窗口》、羽泉的《深呼吸》等分获十大金曲奖。

6月10日－11日　日本乐兰公司在上海、北京分别举办了两场数字化乐器产品演示会。演示会特邀欧洲著名音乐人麦克（德国）和干地（比利时）演绎了数字化的架子鼓和吉他。

6月10日　王天一新筝作品音乐会在北京中山公园音乐堂举行。全国人大常委会副委员长彭珮云等领导以及来自全国20多个省的专家观看了演出。新筝即新型转调筝，它既具备古筝的全部功能，又能自如转调，演奏基于七声音乐体系和十二平均律音阶体系的所有作品。

6月11日　中国音乐家协会主席傅庚辰、西北民族学院党委书记马麒麟、甘肃省音乐家协会主席彭根发等出席了西北民族学院音乐舞蹈系举办的"尚德义教授作品音乐会"。音乐会上，西北民族学院音乐舞蹈系的师生、甘肃省广播电影合唱团以及甘肃省老干部合唱团演出了尚德义教授音乐创作的里程碑歌曲，包括《千年的铁树开了花》、《巴黎圣母院的敲钟人》、《大漠之夜》、《去一个美丽的地方》等十余首合唱、独唱、独奏等不同类型的音乐作品。12日上午，西北民族学院音乐舞蹈系还就尚德义音乐作品引发的艺术成就、美学思想、风格技法等话题进行了研讨。

6月13日　中央民族乐团赴希腊参加音乐节，乐团在希腊的哈洛德古剧场演出了两场音乐会。音乐会由许知俊、汤沐海指挥，上演了谭盾的《西北组曲》、唐建平的《巴赫创意》等具有浓郁中国民族特色的乐曲。

6月14日－17日　为纪念中国人民解放军建军七十五周年，由中国人民解放军总政治部歌舞团、保利文化艺术有限公司共同主办，保利剧院、北京青年蜡烛文化经纪公司联合承办的大型演唱会《在灿烂阳光下》在保利剧院上演。

6月15日　中国音乐学院器乐系

古筝专业毕业生吉炜独奏音乐会在中山公园音乐堂举行。

6月18日 在日本国际室内乐大赛中获得“传统音乐特别贡献奖”的琵琶演奏家杨静，在日本东京、德岛、淡路举办了“杨静丝绸之路”音乐会，上演了《九连钰》、《龟兹舞曲》、《梦断敦煌》等乐曲。

6月18日 为庆祝重庆直辖市成立五周年，表达“爱祖国、爱重庆”的心愿，重庆音乐家协会会员赵泽光、陈宏超、徐茂森分别将它们在全国及省市级获奖的部分优秀声乐作品《巫山女神》、《三峡新姿胜古道》等18首独唱、重唱、合唱曲目献给山城人民。

6月20日 为纪念刘天华、阿炳、蒋风之，刘明源四位胡琴大师卓越的艺术成就，彰显现代艺术家们对继承发展民族音乐的思考与探索，中国音乐学院在中山公园音乐堂举办了题为《咏叹人生弦诗篇》——献给4位胡琴大师大型民族弓弦乐音乐会，演奏了《河南小曲》、《汉宫秋月》、《听松》、《二泉映月》等乐曲。

6月20日 由北京群众艺术馆、顺义区文化委员会共同主办的、北京市首届“绿色国际港杯京剧票房大赛”，在朝阳区文化馆拉开帷幕。

6月20日 山西省音乐家协会、山西艺术职业学院在太原，为山西省音乐家协会理事、山西艺术职业学院声乐系副教授王珣举行了独唱音乐会。国家一级演员、著名歌唱家吴其辉担任艺术指导，中央音乐学院钢琴系副教授卞萌博士担任钢琴伴奏。

6月20日–21日 著名华人女指挥家张培豫指挥河南省歌剧舞剧院交响乐团，演出了两场精彩的“张培豫故乡情柴可夫斯基作品交响音乐会”。

6月21日 为庆祝香港回归祖国五周年，中国歌剧舞剧院应香港国际艺联有限公司邀请，在香港文化中心进行了《走进中国舞剧》三场演出，上演了舞剧《宝莲灯》、《梁祝》、《文成公主》、《剑》等作品。该院常任指挥姜金一执棒。

6月21日 由北京市艺术研究所、北京市社会规划办联合主办的《北京戏剧通史》出版座谈会在京召开。此书是继国家图书奖、中宣部“五个一”工程奖项目《中国京剧史》之后，北京市艺术研究所推出的又一精品力作。全书120万字，时期从辽、金、元、明、清直至建国前，共分三卷，由周专家、秦华生等人主编。

6月21日 由中国音协《音乐创作》编辑部、广西艺术学院和广西音乐家协会联合举办的“广西首届中、小型音乐作品作曲大赛”在南宁揭晓。女声六重唱《花帽了沙沙》、钢琴变奏曲《DOSORE——白裤瑶印象》、男声独唱《红河水》等作品分别获奖。

6月21日 西安交通大学艺术系召开纪念著名作曲家瞿维学术研讨会。会议以缅怀著名作曲家瞿维为主题，并探讨理工科高校的音乐教育状况。

6月21日 由成都市文化局主办，成都歌舞剧院、成都民族乐团承办的，大型民族音乐会“西南风情”在成都艺术中心娇子音乐厅成功举行。音乐会特邀香港著名作曲家、指挥家郭亨基先生和乐团常任指挥谢惠湛担任指挥。

6月22日 首届“中国唱片金碟奖”在浙江慈溪市举行颁奖典礼，此次评奖共设立年度最佳唱片、年度最佳专辑、最佳流行乐队、最佳民歌专辑、最佳民乐演奏专辑、最佳艺术歌曲专辑等21个奖项。

6月22日 “非凡情调乐器之夜系列”之二——金色名曲音乐会在北京中山公园音乐堂举行，音乐会演奏了萨克斯独奏《交换舞伴》、《北国之春》、小提琴独奏德沃夏克的《幽默曲》、舒伯特和海顿的《小夜曲》等乐曲。指挥家虹清执棒。

6月22日 由湖南师范大学音乐学院、湖南涉外经济学院音乐系、湖南音乐家协会声乐艺术委员会和长沙市音乐家协会共同主办的，中央音乐学院声歌系副教授“王宪林独唱专场音乐会”在长沙田汉大剧院音乐厅举行。音乐会上王宪林演唱了《那就是我》、《费德里科的叹息》等中外艺术歌曲。

6月24日 交响清唱剧《江姐》全国巡演在天津拉开了帷幕，天津交响乐团担任演奏，空政歌舞团常任指挥刘凤德担任巡演指挥。

6月24日 上海交响乐团音乐总监陈燮阳与上海市正达律师事务所主任顾正，分别代表本单位签订了双方合作协议。随后顾正作为“上交”常年法律顾问团首席法律顾问，为“上交”员工做了首场知识产权的普法讲座。

6月24日 由中山公园音乐堂主办的“再清椿之夜”系列音乐会在中山公园音乐堂拉开帷幕。该系列音乐会9月26日结束，历时三个月，演出共十一场，囊括了中国经典民乐、经典民歌、中国古典乐曲等许多观众耳熟能详的音乐作品。

6月25日 著名二胡演奏家闵慧芬同她的得意弟子一起，在国图音乐厅举办了一场二胡演奏音乐会。音乐会演奏了《江河水》、《长城》、《第三二胡协奏曲》、《火祭》等经典名曲。

6月26日 著名歌唱家温可铮教授在北京中山公园音乐堂举行了音乐会。

6月27日 由中山公园音乐堂与大地唱片公司联合举办的，以“校园民谣”为主题的音乐会在中山公园举行。

6月27日 作为献给“七一”和党的十六大的特殊礼物，歌剧《党的女儿》在北京展览馆剧场上演。该剧由总政歌剧团的彭丽媛、杨洪基、孙丽英等担纲主演。

6月28日 北京理工大学学生会联合北京“麦乐迪KTV”为“6·26国际禁毒日”举办了以“珍爱生命，拒绝毒品”为主题的系列公益演出。“麦乐迪之夜——首届BIT校园原创歌曲大赛”作为此次活动的第一站在北京理工大学举行。

6月28日 为庆祝中国共产党建党81周年，北京交响乐团在中山公园音乐堂上演了交响组曲《江姐》，由谭利华执棒，特邀歌唱家万山红饰演江姐。

6月28日 总政歌剧团为纪念《毛泽东同志在延安文艺座谈会上的讲话》六十周年和建军七十五周年，在北展剧场上演了民族歌剧《党的女儿》。歌唱家程桂兰在剧中饰演主角。

6月28日-30日 深圳金粤·乐之友女子合唱团赴捷克参加了第四十五届2002伊赫拉瓦国际合唱艺术节，被组委会誉为“最佳合唱团”。

6月30日 中国爱乐乐团在北京保利剧院举行音乐会，音乐会演奏了贝多芬的《降B大调第四交响曲》、西贝柳斯的《e小调第一交响曲》等曲目，由世界著名指挥家奥科·卡姆担任指挥。

6月中旬 来自穗、港、澳、台四地的合唱爱好者共200多人在广州黄花岗剧院，同台演出了“让世界赞美你”合唱交流音乐会。音乐会由广州海外联谊会和广州中华文化学院联合主办。

6月下旬 在波兰西北部的缅济兹德罗耶市举行的“第三十七届国际合唱节”上，我国广东省顺德市合唱团夺得金奖。

6月 中国音乐家协会主席傅庚辰在西北民族学院举办了一次有关音乐创作话题的学术讲座。

6月 中国首届舞蹈艺术节在昆明落下帷幕。来自全国各文艺团体的80多个舞蹈作品参加了此次舞蹈艺术节。湖南省歌舞剧院的国家一级作曲家杨天解创作的舞蹈音乐《砚说》夺得唯一的荷花作曲金曲奖。

6月 文化部正式颁布了《社会艺术水平管理办法》。这是在文化部、教育部2000年10月联合出台《关于加强全国社会艺术水平考级管理工作的原则意见》之后，以部长令形式发布的关于艺术考级管理的部门规章。"办法"共六章36条，是文化行政部门对艺术考级工作依法行政、加强管理的法律依据。

6月 四川音乐学院音乐系副教授张莉女士获得美国国际经济文化交流协会（WACE）颁发的"美国国际经济文化交流协会世界杰出艺术家奖"，以此表彰她在美国成功举行的个人音乐会。

6月 由中国文联、中国音乐家协会、陕西省委、省政府、延安市委、市政府、北京电视台、上海东方电视台和广州电视台等十多家相关单位联合举办的《延安放歌》、《西部放歌》等大型慰问演出，在延安的体育场、延安大学广场等几个地点举办。

6月 由新疆巴音郭勒蒙自治州党委、人民政府主办的文化活动周在巴音郭勒蒙举行。

6月 幼教专家桑海波带领他的学生们在北京朝阳区紫光电影院举行了"音乐创造未来——桑博士幼教工程讲演暨新闻发布会"。

七月：

7月1日 为纪念香港回归5周年，刘德华、谢霆锋、孙楠等港澳台及内地当红明星在北京工人体育馆出演《为祖国骄傲，为香江放歌》的大型晚会，以纪念这个特殊的日子。

7月1日 中国共产党员、原中央乐团党委委员、团长助理、一级舞台监督、原中国合唱协会副理事长兼秘书长、中国音乐家协会表演艺术委员会委员、中国音乐家协会交响乐爱好者学会副理事长兼秘书长孟昭林同志因病逝世，享年77岁。

7月2日 "龙声飞扬"万人青年音乐会在香港红勘体育馆举行。琵琶演奏家章红艳带领海内外500多名青年琵琶演奏者，在音乐会上演奏了古曲《阳春白雪》。

7月3日 由北京市文联、北京市音协与《音乐周报》等单位联合主办的首届北京中老年合唱大赛举行。

7月4日 由云南艺术学院主办的"李维渤、赵庆国教授教学汇报音乐会"在昆明举行。

7月5日 德国著名指挥家、钢琴家弗兰茨·尤斯图斯在中山公园音乐堂，再次与北京交响乐团合作上演奥地利作曲家马勒的交响诗篇《第五交响曲》。

7月5日 为纪念中韩建交十周年，中国音乐学院附中与韩国国立国乐高等学校在汉城联合举办了音乐会。

7月5日 解放军艺术学院青年教师李双松在国图音乐厅举办了"李双松独唱音乐会"。音乐会上李双松演唱了舒曼、柴科夫斯基、赵元任等中外作曲家的艺术歌曲。

7月6日 为庆祝香港特区政府成立五周年，中国人民解放军军乐团在香港，为当地观众献上了一台大型综艺晚会。

7月7日 “第四十八届哈巴涅拉及复调合唱大赛”在西班牙的托列维哈举行。北京工业大学合唱团在著名指挥家高伟春先生的指挥下，充分展示了来自中国大学生的风采，最终夺得大赛第二名。

7月7日 由北京群众艺术馆、顺义区文化委员会主办的“北京市首届绿色国际港杯”京剧票房大赛决赛在朝阳文化馆落下帷幕。

7月7日 中国爱乐乐团在北京保利剧院举行了此次音乐季的最后一场音乐会，音乐会上乐团演奏了柴可夫斯基 的《C大调弦乐小夜曲》和德沃夏克的《自新大陆》等乐曲，该团艺术总监余隆担任指挥。

7月7日 北京市文化局局长张和平率北京市河北梆子剧团远赴希腊，参加了希腊德尔菲欧洲文化中心组织的“第十一届国际古希腊戏剧节”。首次出访演出，剧团带去了大型河北梆子《忒拜城》。

7月8日-14日 沈阳音乐学院附中少女合唱团，在波兰参加了“第二十五届比得歌煦国际音乐比赛”中获得“银弦奖”(第一名空缺)。

7月10日-31日 为培养更多的声乐人才，提高歌剧演员的表演水平，中央歌剧院在该院举办了第一届中央歌剧院国际歌剧大师班。美国FORT WORTH歌剧院指挥和导演大师巴雷特、大都会歌剧院声乐大师沃特金先生、朱丽亚学院语言指导卡布莱罗、LA GRANSCENA歌剧院导演和戏剧指导斯夫先生、纽约和丹弗歌剧院的声指导斯第尔女士、朱丽亚学院声乐指导帕罗第先生等六位世界一流的艺术大师进行了高水平的言传身教。

7月10日 北欧交响乐团在北京保利剧院举行音乐会。音乐会演出曲目除了北欧当代作曲家的作品外，还有著名作曲家西贝柳斯的《降B大调第五交响乐》、肖斯塔科维奇的《第五交响曲》等。

7月11日 小提琴演奏家薛伟在上海与世界著名的古典音乐唱片EMI百代公司签约，成为EMI旗下的一位华裔专署音乐家。

7月12日-16日 甘肃敦煌艺术剧院在北京保利剧院上演四场大型民族舞剧《天马萧萧》。

7月13日 由北京弘扬东方民族文化发展有限公司、北京民族文化宫大剧院共同运作推出的新版歌剧《再别康桥》，在民族文化宫大剧院上演。

7月13日－20日 为庆祝北京申奥成功一周年，首届“民族之光”全国音乐专业大学生音乐节在厦门举行。

7月14日 我国著名指挥家、作曲家、中国音乐家协会理事、中国合唱协会理事长施明新不幸辞世，享年72岁。

7月15日 巴西著名钢琴家若昂·卡罗斯·马丁斯在北京天桥剧场演出了拉威尔的《左手钢琴协奏曲》，天津交响乐团协奏。

7月17日－25日 由大众汽车（中国）音乐基金独家赞助，保利文化艺术有限公司主办的五场免费音乐会在北京保利剧院举行。其中包括两场钢琴独奏音乐会、两场小提琴独奏音乐会和一场室内乐音乐会以及四场为学习钢琴和小提琴的孩子举办的免费大师课。

7月18日 “非凡情调乐器之夜”系列之二：流行金曲音乐会，在中山公园音乐堂上演。音乐会演奏了萨克斯独奏《月亮代表我的心》、《北国之春》、室内乐《东方之珠》、《鸽子》等经典流行曲。虹清指挥，非凡爱乐室内乐团演奏。

7月19日 中央电视台“哈药六厂杯”第十届青年歌手大奖赛专业组比赛拉开了帷幕。

7月20日 为庆祝中国人民解放军军乐团建团五十周年，该团在北京首都体育馆举行了大型军乐音乐会《我为祖国奏凯歌》。音乐会由《经典飞旋》、《名曲回放》、《历史再现》、《金号角爵士风》、《阳光征途》几部分组成。

7月20日 由北京群众艺术馆、北京艺术创作中心等单位举办的“首届综艺晚会编导培训班”在北京群众艺术馆开讲。这是为晚会编导工作者提供的第一个“经验交流”与“技术提高”的平台。

7月20日－8月18日 由中央音乐学院萧友梅音乐教育促进会主办的“赵方幸教授视唱练耳教学法大师班”在北京、大连、深圳三地举行。

7月20日－8月31日 中山公园音乐堂推出了由北京市文化局主办、中山公园音乐堂承办的“打开音乐之门”2002暑期系列音乐会。音乐会持续43天，共演出50场。北京交响乐团、北京歌舞团等艺术团体和钢琴教育家周广仁、但昭义、小提琴演奏家盛中国等千余名音乐家共同出席了音乐会。

7月23日 著名小提琴家林朝阳与著名提琴制造师郑荃合作，在中山公园音乐堂上演“小提琴之恋——提琴家族音乐会”。在演奏音乐的同时，对小提琴的制造过程进行了详细的介绍。

7月23日 由湖南师大音乐学院、长沙市音乐家协会主办的第9届“星海杯”全国少儿钢琴比赛湖南赛区选拔赛落下帷幕。翟诗怡、五军敏、周末等八位选手分获四个组别的金奖。

7月23日－8月1日 由上海音乐厅和上海东方电视台《娱乐在线》主办的，上海师范大学万方交响乐团“交响乐新体验”音乐会，在上海音乐厅面向广大中小学生及市民公演。此次音乐会由林友声和赵晓欧执棒。

7月23日 由广东省肇庆市音乐家协会、肇庆电视台联合主办的“肇庆市首届青少年儿童钢琴、电子琴比赛”落下帷幕。

7月24日 由“空空舞室”与巴黎现代舞金奖获得者吴珍燕合作上演的，一场题为“聊聊天，跳跳舞——走进现代舞”的演出，在北京中山公园音乐堂举行，著名舞评家欧建平在演出中作了精彩讲解。

7月25日 在国图音乐厅举行了“音乐七彩虹——2002暑期系列音乐会”。音乐会曲目全部由现场观众以唐代诗句命题，我国古琴大师李祥霆根据古诗意境即兴作曲演奏或吟唱。

7月25日 国际女音乐家联合会（IAWM）室内乐音乐会在北京保利剧院举行。五位IAWM的作曲家推出了《天使钢琴小品》、《琴箫与剑舞》等七首音乐作品。

7月25日－8月17日 应新疆师范大学音乐学院邀请，原中央音乐学院院长于润洋教授、原中国音乐学院院长樊祖荫教授、中国旅芬作曲家秦大平先生，在乌鲁木齐为自治区的音乐教师继续教育暑期班和新疆音研所研究生班，作了共计11次讲座。

7月25日 北京中山音乐堂举办了一场少数民族民间音乐会——“高远如歌系列之七：青海花儿音乐会”。音乐会上，“花儿王子”马俊与青海省民族歌舞剧团共同给首都观众带来了高亢嘹亮的西北民歌。

7月25日－28日 湖北教师合唱团赴奥地利格拉兹市参加“2002声乐大全”国际合唱节。

7月27日－8月2日 由文化部对外联络局、中国对外演出公司和中国文化国际旅行社共同主办的“第六届中国国际合唱节”在北京举行。此次合唱节共有来自美国、南斯拉夫、罗马尼亚、日本、泰国、波兰、以色列等国家以及我国香港、澳门、台湾等地区的18个高水平的合唱团体以及国内49个合唱团体参加。

7月27日 中山公园音乐堂特别为“小行家”们推出了“我的钢琴日记——但昭义教授师生钢琴名曲音乐会”，为孩子们送去了夏日的厚礼。

7月27日－29日 珠江拱北爱

乐合唱团和浙江歌舞剧院合唱团在上海歌剧院首席指挥曹丁的指挥下，先后在浙江音乐厅和上海音乐厅联袂献演。

7月29日–8月2日 由青岛文联、音协主办，青岛手风琴学会承办的首届“青岛杯”全国手风琴邀请赛，在青岛举行。参赛人员共400多人。组委会特邀了德国霍纳特罗辛根音乐学院的两位手风琴大师约瑟夫·布格拉和汉斯·嘉科必瑟先生来华担任评委并讲学演出。

7月30日 在“第六届国际合唱节”期间，著名指挥家杨鸿年先生作为大师班成员，为来自全国几十个合唱团的指挥进行了示范讲演。

7月31日 西安音乐学院青年教师陈放在日本东京举行的“NISSIN国际声乐比赛”中，以一首莫扎特的《离别之歌》获得了此次比赛的金奖。

7月初 武汉市少年广播合唱团，在加拿大北部普威尔河镇参加了“第十届卡特苗国际合唱节”，获得民歌组比赛第二名。

7月中旬 受吉林省民族乐团邀请，二胡演奏家严洁敏女士在长春大剧院举办二胡专场音乐会，演奏了《迷胡调》、《第一二胡狂想曲》、《长城随想》、《卡门主题幻想曲》等曲目，刘金文指挥。

7月下旬 “丹凤雅韵”北京古琴文化节在北京举行。作为文化节的主要组成部分的四场古琴音乐会，在北京保利剧院上演。音乐会演出了《酒狂》、《流水》、《平沙落雁》等著名古曲。

7月 由文化部主办，中国民族管弦乐学会承办的“中国青少年艺术大赛第1届民族乐器独奏比赛”举行。此次比赛的乐器有：扬琴、琵琶、中阮（含大阮）、古筝、古琴、二胡、竹笛、民族打击乐共八种。

7月 为配合国家广播电视总局主办的金号角“全国听众喜爱的歌手”评选活动，内蒙古自治区举办了“内蒙古地区选拔赛”。

7月 我国旅德歌唱家刘克清，在北京市朝阳区青少年活动中心创办“北京莱茵艺术及语言培训中心”。

7月 “2002年台湾国际作曲比赛”在高雄落下帷幕，我国青年作曲家叶国辉和秦文琛分别获得了第三名和优秀奖。

7月 解放军艺术学院民乐系2002届毕业生何晓燕二胡独奏音乐会在北京金帆音乐厅举行。

7月 中国少数民族音乐学会侗台音乐研究会与广西壮族自治区那坡县人民政府，共同组织了一次音乐学术活动——“那坡民间音乐研讨会”。研讨会得出一个基本共识：少数民族音乐是一项独特的文化资源，在西部大开发的文化产业发展中具有十分重要的战略意义；民族文化资源的开发一定要注意生态的保护，保持其文化产业的可持续发展。

7月 四川省群众艺术馆巴蜀合唱团凭借《圣体颂》和《喊山》的出色演唱，荣获了“西部之声合唱邀请赛”金奖。

7月 由云南艺术学院主办、杨映原教授指导、《云岭歌声》副主编李冰主持的云南艺术学院应届毕业生“娜响独唱音乐会”在云南艺术学院举办。音乐会上娜响演唱了《火把节的火把》、《佤山放歌》、《木鼓歌》等歌曲。

7月 中国交响乐发展基金会召开第二届理事会，对领导人作了相应的调整和充实。吴祖强、傅庚辰、王次昭、刘诗昆、周巍峙等26位理事出席会议。

7月 “阿波罗杯”第二届房山区器乐教学大赛，在北京市房山教师进修礼堂举办。饶静、邴国珍等同志担任了此次大赛的评委。

7月 第十届文华奖评选日前揭晓，京剧《贞观圣事》、《华子良》、评剧《胡风汉乐》、舞剧《闪闪红星》、《红梅赞》、儿童剧《宝贝儿》、《红领巾》等七台剧目获得文华大奖。

八月：

8月1日 为庆祝中国人民解放军建军七十五周年，由总政歌舞团主办的大型交响合唱音乐会《军魂颂》在中央一套黄金时段播出。音乐会由序曲和三个乐章及尾声组成，总政歌舞团团长、一级编剧左青担任音乐会总导演，郑健、蒋燮斌、李玉宁分别担任指挥。

8月2日–3日 为庆祝“八一”建军节，北京军区战友歌舞团，在北京保利剧院演出了保留节目《长征组歌》。

8月5日–9日 “九宫大成学”暨中国首届词曲学国际学术研讨会，在天津师范大学国际交流中心举行。此次研讨会全面探讨和构建了中国“九宫大成学”的研究体系等一系列学术问题。除国内专业人士外，韩国、菲律宾、越南等国学者也参加了会议。

8月5日 由内蒙古鄂托克旗旗委旗政府和北京天堂文化有限责任公司共同主办的“故乡情——腾格尔专场演唱会”在内蒙古鄂托克旗赛马场举行。

8月5日 第十届“哈药六厂杯”全国青年歌手电视大奖赛专业组通俗组个人单项结束。由江苏电视台选送的迷人三人组获得通俗唱法个人单项决赛金奖。陕西电视台选送的陈勇获得美声组个人单项决赛金奖。解放军艺术学院选送的麦穗获得民族组个人单项决赛金奖。团体决赛中，江苏电视台代表队获得了专业组团体决赛的一等奖。

8月5日　由北京音乐广播主办的中华民歌“真龙杯”广播大赛，在南宁国际民歌节拉开帷幕。

8月6日－15日　由文化部与哈尔滨市政府共同举办的第二十六届中国·哈尔滨之夏音乐会暨第三届全国歌剧（音乐剧）观摩演出在哈尔滨举行。

8月8日－28日　世界著名小提琴大师帕尔曼，在上海为中国残疾儿童举办了免费大师班。

8月8日　由业余爱好者志愿组建、经青岛市政府批准的青岛华欧爱乐乐团，在青岛举办了建团音乐会。音乐会由旅美指挥家其光和乐坛艺术总监兼常任指挥宫振邦分别指挥，演奏了《卡门序曲》、《红旗颂》、《瑶族舞曲》等作品。

8月8日　亚洲太平洋地区管弦乐协会第十二届年会和2002年广州国际管弦乐演奏大会在广州举行，来自国内外的70支管乐团参加了此次大会。

8月9日　由全国12所音乐学院和师大音乐系共同发起的，中国音乐家协会数字化音乐教育学会，在北京宣告成立。中国音协副主席、中央音乐学院院长王次昭当选为会长。学会将致力于总结、吸收和推广国内外数字化音乐的理论、技术和实践经验，以促进现行中国音乐教育的改革和进步，完善与发展中国数字化教育的体系化、规范化和科学化。

8月10日　卡林卡合唱团在北京中山公园音乐堂演出了“走近俄罗斯——著名外国歌曲翻译家薛范先生译配俄罗斯歌曲音乐会”。合唱团在音乐会上演唱了俄罗斯民歌《在那空荡荡的田野上》、《在荒凉的外贝加尔草原》、《纺织姑娘》等歌曲，常增志担任指挥。

8月10日－14日　“第九届北京手风琴比赛”在北京展览馆剧场举行，比赛期间进行了大量的艺术交流活动。

8月12日－16日　由宋庆龄基金会和中央音乐学院共同主办、云南省文化厅承办的“第九届全国少年儿童电子琴大赛”，在云南省昆明市举行。来自全国各省、市、自治区及香港的27个代表队、200多人参加了此次比赛。

8月13日　为提高我国歌剧表演艺术水平，培养歌剧表演艺术人才，交流国内外歌剧教育经验，上海音乐学院周小燕歌剧中心举办了2002上海国际歌剧大师授课班。

8月14日－27日　应中华人民共和国文化部的邀请，泰国公主朱拉蓬对中国进行了访问。访问期间分别在北京、西安、上海举办了“中泰一家亲”音乐舞蹈晚会，泰国公主还亲自表演了古筝弹奏。

8月14日–18日 广东韶关合唱团参加了新加坡合唱节，受到同行与观众的好评。

8月15日 文化部派出由中央音乐学院陈志教授为领队的“中国音乐家小组”，赴维也纳参加了“2002维也纳国际古典吉他艺术论坛”及“第7届维也纳国际吉他比赛。”

8月15日 北京音乐厅“春之声”合唱团在指挥家秋里的率领下，在南京市艺术中心举办了“王洛宾西部歌曲音乐会”和“俄罗斯及世界名曲音乐会”。

8月16日 亚洲青年管弦乐团在北京保利剧院举行了音乐会。著名的华人作曲家、指挥家盛宗亮，美国指挥家庞信担任指挥，美国青年钢琴家罗伯特·陶博担任钢琴独奏。

8月16日–20日 山西省音乐家协会长笛学会、山西大学音乐学院等单位，联合在太原举办了山西省首届“爱攀杯”长笛比赛。

8月16日–23日 由文化部中外文化交流中心、中国儿童歌舞学会主办，福建省厦门市思明区人民政府承办，香港舞蹈团体联会协办的“2002年中华民族儿童歌舞周”在厦门市举行。

8月16日–17日 上海歌剧院“香梅花园——夏之情”专场音乐会在上海大剧院举行。音乐会由指挥家曹丁执棒。

8月16日 杭州知音琴行与杭州红星剧院、杭州华音中国民族音乐在线网站等单位，在杭州联合主办了“开启音乐之门系列音乐会”。

8月18日 由中国儿童音乐学会及《音乐周报》等单位联合主办的祝贺著名扬琴家屈连江校长从事音乐教育工作四十周年专场音乐会，在北京金帆音乐厅举行。

8月20日 四川音乐学院音乐教育系为我国著名女高音歌唱家陈世华，举行了八十华诞暨教学五十周年茶话会。

8月中旬 成都第七中学学生管乐团访澳演出，在澳大利亚的南奥地亚省省会阿德莱市市政大楼音乐厅举行。

8月23日–28日 广州市政府和汇丰乐器（中国）有限公司联合举办了“2002年亚洲国际童声合唱节”。

8月23日–9月1日 应上海正大集团及东誉广告公司的邀请，中国民族管弦乐打击学会，在上海举办了名为“中华鼓宴”的28场大型打击乐展演。

8月23日 江苏省歌剧舞剧院交

响乐团，在南京剧场上演了一场交响音乐会，献演了莫扎特的《费加罗的婚礼》序曲、贝多芬的《第六交响曲》等作品。

8月23日－25日　在马来西亚吉隆坡的太平洋世留中心音乐厅举行的“2002年亚洲电子琴国际比赛”中，代表我国参赛的中央音乐学院电子琴专业本科生沈媛获得第一名。

8月24日－28日　“中国·南京国际古筝艺术研讨会”在南京举行。来自美国、日本、加拿大、韩国、新加坡、蒙古等国家和国内各地及香港、台湾地区的古筝专家和业余古筝爱好者与会，就古筝的表演、教学等问题展开了学术讨论。

8月24日　在“第五届维也纳国际青年古典吉他比赛”中，由文化部委派、中央音乐学院陈志教授率队的中国音乐家小组取得好成绩。其中14岁的中央音乐学院附中学生苏萌获得第一名。

8月24日　由中国音协吉他学会负责组织实施的中国吉他专业培训、等级认证考评工作，开始首次考试。

8月25日　陕西省小天鹅艺术团少年管弦乐团，在北京金帆音乐厅举行了访德归国汇报演出。

8月27日　由中央音乐学院音乐学研究所举办的“第一届全国音乐心理学学术研讨会”在中央音乐学院召开。与会代表围绕着音乐心理学研究的对象和方法、理论心理学与应用心理学的课程制定等学科建设的基本问题，以及音乐治疗、音乐教育心理学等专题展开了热烈的讨论。

8月27日　中国爱乐乐团2002－2003音乐季首演音乐会在北京保利剧院举行。此次首演在艺术总监余隆的指挥下，演奏了法国作曲家柏辽兹的歌剧《本维努托·切利尼》序曲和《幻想交响曲》以及法国作曲家皮埃内为竖琴与弦乐队而作的《音乐会曲》，竖琴演奏家张小杰担任竖琴独奏。

8月29日　小提琴家伊扎克·帕尔曼在人民大会堂举办了北京独奏音乐会，音乐会演奏了贝多芬的《D大调小提琴协奏曲》等经典名曲。

8月30日　“明月心——王东湄独唱音乐会”在山西省榆林市举行。

8月31日　深圳市音乐家协会第四届会员代表大会，在深圳市文联会议厅和长城大酒店举行。

8月31日　西藏第一位音乐艺术硕士学位获得者、藏族音乐家觉嘎，到上海音乐学院攻读音乐作曲专业的博士学位，这也是藏族的第一位音乐作曲专业博士。

8月下旬　由上海师范大学书记林樟杰教授带队、校长戴定澄教授担任艺术总监的上海师大音乐学院万方青年交响乐团，应埃及文化部的邀请，参加了“第八届开罗国际歌唱节”开幕式祝贺演出。

8月 为促进西部少儿小提琴事业发展，由四川音乐学院、四川音乐家协会、四川华塑建材有限公司联合主办，四川小提琴教育会、成都艺术中心承办的“华塑之窗”2002年首届中国西部少儿小提琴比赛在四川成都举行。

8月 《小演奏家》杂志在法国使馆、北京法语中心等单位的协助下，请来自法国的青年长笛演奏家萨拉·鲁维奥和钢琴家戴尔芬·巴丹，加盟演出了“法国长笛与钢琴室内乐专场音乐会”。

8月 四川省成都市青少年宫的四名少年选手，受邀参加了在雅库茨克举行的第二届“北方的小提琴”国际青少年小提琴比赛，并取得了优异成绩。

8月 山西省歌舞剧院交响乐团在山西煤管局的50万元扶持下，新更名为“山西太阳石爱乐乐团”，并在太原举行了挂牌音乐会，音乐会特邀我国优秀女指挥家易娟子执棒。

8月 中共楚雄州委、州政府在“楚雄文化艺术中心”建制下设立了“民族管弦乐团”。

8月 中国音乐学院附中声乐学科师生，应邀赴泰国与曼谷音乐艺术教育学院举办了“庆祝中泰建交二十七周年”联合音乐会。

8月 “全国中国音乐史教学学术研讨会暨中国音乐史学会第七届年会”在福建师范大学音乐学院召开。此次年会主要围绕中国音乐史学科建设、中国音乐史教学与教学研究、世界视野中的中国音乐史三个中心议题展开研讨。

8月 由文化部教科司、中国音乐史学会、中国艺术研究院音乐研究所、《音乐研究》编辑部共同主办的，高校学生中国音乐史论文评选工作在福州揭晓。此次论文评选活动共评选出获奖论文21篇，其中研究生组15篇，本科生组6篇。

8月 年届八旬的天津音乐学院民乐系著名教授郑宝恒，将自己多年创作的18首民族器乐曲精品著作权捐赠给了“群艺”民族管弦乐团。

8月 由贵州省铜仁地区文联、音协、群艺馆和文工团联合举办的“神奇的梵净山”音乐作品演唱会，在铜仁地区文工团演出厅举行。

九月：

9月1日－11月30日 中国音协和中艺演出公司，全面、系统地收集、整理了自1923年以后至建国期间中国作曲家创作的交响音乐作品，建立了中国交响音乐作品的创作、演出机制，同时创建了中国交响音乐作品库，并出版发行中国交响音乐作品总集、刊物和音像制品。

9月2日 北京首届中老年歌唱大赛在北京工人俱乐部落下帷幕。

9月2日－8日 中央民族歌舞团为纪念建团50周年，在北京保利剧院隆重推出了八场“多彩的家园”系列团庆纪念演出。蒋大为、德德玛、杨丽萍、曲比阿乌、滕格尔等几代艺术家领衔登场演出。

9月2日－8日 北京交响乐团、中央音乐学院、中国音乐家协会打击乐学会、中国民族打击乐协会、《音乐周报》联合举办了“北京第二届打击乐艺术节”。

9月3日 由中国演出家协会与石家庄市人民政府共同主办的，2001年中国十大演出盛事评选揭晓及颁奖晚会，在河北省会石家庄举行。世界三大男高音紫禁城音乐会、灿烂北京——田震个人演唱会等十场演出的主办单位入选“十大”。

9月4日－7日 2002中国北京国际演出交易会在北京九华山举办。此举不仅填补了我国演出业长期没有固定集中交易市场的空白，同时又是北京文化产业打造出的又一标志性品牌，将有力促进我国演出业的良性发展。

9月7日 为庆祝中央歌剧院成立五十周年，该院在北京天桥剧场举行了《五十年的辉煌——歌剧精品、艺术歌曲音乐会》。音乐会上72岁的李光曦演唱了《智慧之歌》、关牧村演唱了《百灵鸟》等优秀歌曲。

9月7日 由旅美青年钢琴家徐东创办的“梦幻”室内乐团在北京金帆音乐厅举行了音乐会，演奏了萨拉萨蒂的《〈卡门〉主题幻想曲》、帕格尼尼的《奏鸣曲第十二首》等乐曲。

9月7日 第五届中关村电脑节、海淀区第四届中关村文化艺术节综艺晚会，在北京国安剧院举行。

9月10日、11日、13日－15日 由北京启明演出公司推出的美加明星芭蕾舞团，分别在北京保利剧院和北京展览馆演出。

9月10日 中央政治局常委、国务院副总理李岚清出席了在中央音乐学院音乐厅举行的“献给教师节——第十二届柴可夫斯基国际音乐比赛获奖者汇报音乐会”。

9月12日－15日 由中国音协、北京华兴远东展览有限公司共同主办的“第六届中国国际乐器展览会”在北京农展馆举行。

9月12日 第三届北京朝阳区国际商务节组委会为充分体现“商务与文化、合作与交流”的主题，在北京工人体育馆举办了“相约朝阳——经典英文歌曲回顾暨第三届北京朝阳国际商务节主题晚会”。

9月13日 德国著名钢琴大师克劳斯·贝斯勒在北京中山公园音乐堂举行了钢琴独奏音乐会。音乐会上演奏了巴赫的《g小调第三英国组曲》、贝多芬的《D大调第三奏鸣曲》等作品。

9月14日 冰岛歌唱家克里斯蒂安·约翰逊再次来京，与中国国家交响乐团联袂献上歌剧精选音乐会。音乐会上克里斯蒂安演唱了《图兰朵》、《阿伊达》、《蝴蝶夫人》等曲目。

9月15日 旅居美国的著名教育家、科学家顾毓琇先生在美国费城逝世。

9月16日 中央电视台在科教频道《当代教育》栏目推出系统介绍交响音乐知识的大型专题片《感受交响音乐》。

9月19日 香港医院中乐团在香港礼宾府举办了名为“琴弦妙音咏中秋”的慈善音乐会。

9月21日 日本的清一色少女当家的宝冢歌剧团在北京世纪剧院上演了新版的《梁祝》。

9月21日 著名京剧作曲家朱绍玉作品音乐会在北京长安大戏院举办。由著名指挥家胡炳旭执棒，中央芭蕾舞团交响乐队与北京京剧院合作演出。音乐会上演奏了《夏王悲歌》、《蔡文姬》、《黄荆树》等作品。

9月22日 著名钢琴家殷承宗在北京保利剧院举行独奏音乐会。音乐会演奏了柴可夫斯基的《四季》、中国古曲《春江花月夜》、《百鸟朝凤》等乐曲。

9月22日 为庆祝中秋、国庆佳节，迎接党的十六大，“派成之夜——《中国名诗词歌曲》中秋音乐会”在民族文化宫剧院上演。此次演出由中国交响乐团合唱团和国内的数十位歌唱家、表演艺术家联袂奉献。

9月25日 以讴歌现实生活和美丽家乡为主题的“《黑土歌》——黑龙江省歌舞剧院民族音乐会”，在北京中山公园音乐堂举行。音乐会由管弦乐组曲《武士》、《百戏童》、《沓垂舞》三部分组成，女指挥家洪侠担任指挥。

9月25日 为增进中美文化艺术交流、加强中美人民友好往来，美国国际经济文化交流协会、中国人民对外友好协会、中国音乐家协会，在北京居庸关长城举办了“美国钢琴家德克斯特·格雷中国万里长城演奏会”。

9月26日 “音乐表演者权利学会”正式成立。

9月27日－28日 “音乐与科学”高层论坛座谈会，在北京香山饭店举行。座谈会就这一命题在现阶段的理论意义及在现有条件下实施研究和用于实践的可能性进行了广泛讨论。

9月28－10月1日 “中德建交30周年”系列庆典活动在北京中华世纪坛广场举行。

9月28日－10月7日 北京市文化局推出了“百台大戏唱金秋”国庆假日系列演出活动。

9月28日 由中国歌剧舞剧院民族乐团出演的，大型民族管弦乐音乐会《黄钟乐章之春、夏、秋、冬》在国图音乐厅上演。

9月28－10月2日 俄裔大提琴家妮娜·寇托娃在北京和南京举行了独奏音乐会。

9月29日 一场名为《农具与交响乐》，融音乐、诗歌为一体的专场晚会，在人民大会堂上演。音乐会演出了著名作曲家郭文景、王西麟的作品。

9月29日 北京市文化系统第二届“十大艺德标兵”表彰大会在北京戏校排演场召开，北京河北梆子剧团李二娥、中国杂技团李宁等10人获得了“十大艺德标兵称号”。

9月29日 中国人民解放军海军军乐团在国图音乐厅举行“越过海洋的握手——全球30多个国家访问团归来专场音乐会”。

9月29日－10月7日 中国评剧院在北京举办了一系列纪念著名评剧表演艺术家小白玉霜诞辰八十周年的活动，以缅怀其对评剧艺术的发展所做出的贡献。

9月30日－10月3日 俄罗斯马林斯基剧院基洛夫芭蕾舞团携《天鹅湖》在北京展览馆剧场演出。

9月中旬 由中共辽宁省委宣传部、辽宁文化厅等主办、辽宁合唱学会协办的“晶日少儿合唱作品音乐会暨研讨会”，在大连举行。

9月中旬 黑龙江省歌剧舞剧民族乐团赴台湾高雄、台中、台北，与高雄市国乐团联袂合作，在海峡两岸乐手的丝竹和鸣中，抒发了浓浓的手足情谊，弘扬民族音乐文化。

9月下旬 为纪念左权将军逝世60周年，左权县命名六十周年，山西左权县推出了纪念“双六十”系列文化活动。

9月 文艺界人士在全国政协礼堂举行会议，座谈文学、艺术的著作权保护以及加入世贸组织与我国版权产业的发展等问题。傅庚辰、高占祥、吴祖强等30余人出席了会议。

9月 由中国音乐文学学会、中国唱片总公司、中央人民广播电台文艺中心等单位共同主办、北京金色彼岸文化发展有限公司承办的，首届“北极星之声”全国新人新作歌手选拔大赛，第三届“北极星群英杯”全国词曲创作笔会，21世纪初中国音乐创作发展战略研讨会，全国音乐类报刊立足市场面向未来经验交流会，词曲作家、歌手、报刊、唱片公司、电台电视台“五位一体”联络会等大型系列活动拉开了帷幕。

9月 由文化部主办的“青少年艺术大赛”第一届民族乐器独奏比赛落下帷幕。此次比赛共有1938名选手参加了8类、4个组、31个组别的比赛。

9月 由《音乐周报》与《小演奏家》杂志主办的，北京华韵阿波罗艺术发展中心协办的“全国口风琴大赛”落下帷幕。江苏选手孙桂松及昆山国际学校获得一等奖。

9月 应加拿大温哥华中华文化中心、大多伦多中华文化中心和卡尔加里文化中心的邀请，中国电影乐团民族管弦乐团赴加拿大进行巡回演出。音乐会上演出了《长安社火》、《庆典序曲》、《红楼梦》等有中国民族特色的节目。

9月 在中国天津国际手风琴比赛中，天津音乐学院三年级学生刘东获得了成人组第二名。

9月 由上海市教委批准的上海市元培学校在浦东新区挂牌成立。

9月 由四川师范学院音乐系主办，四川南充市音协协办的，四川师范学院音乐系声乐副教授“赵玲独唱音乐会”在果州大会堂举行。

9月 中国音乐学院师生在北京金帆音乐厅举行了“作曲系从教从艺四十周年教师作品音乐会”。音乐会上演了马可的歌剧《小二黑结婚》选段、金湘的《原野选段》、刘雪庵的《红豆词》等作品。

十月：

10月1日－2日 美国圣·芭芭拉芭蕾舞团在民族宫大剧院上演经典名剧《美女与野兽》。

10月1日－3日 为纪念中日邦交正常化三十周年，由小泽征尔指挥的歌剧《蝴蝶夫人》在北京天桥剧场公演。新日本交响乐团担任伴奏，中国音乐学院青年合唱团担任合唱，日本的浅利庆太主演。

10月1日 为庆祝青岛首届国际热气球节，在青岛市颐中体育中心举行了大型广场音乐会《弥赛亚》。这次音乐会由中国电影交响乐团、中国交响乐团合唱团、中国歌剧舞剧院合唱团等合作演出，由指挥家苏文星指挥，卞祖善任指导。

10月1日－6日 为庆祝青岛首届国际热气球节，国际文化周的重头戏国际民俗歌舞表演在青岛金沙滩上演。

10月1日 “第三届上海国际音乐烟花节”在浦东世纪公园拉开了序幕，来自西班牙、荷兰、加拿大和中国的著名音乐、烟花大师，分别在波光粼粼的镜天湖上表演了“火与光之交响乐”。

10月2日 全国歌词研讨会在合肥召开，主办单位《青年歌词》杂志社故乡网歌论坛，邀请了著名的词曲作家、评论家、歌唱家乔羽、王立平、吴雁泽等出席，并作了学术报告。

10月3日 “星光灿烂2002”国庆专场晚会在国图举行。

10月3日 卡林卡合唱团在国家图书馆音乐厅演出了“走进俄罗斯——俄罗斯合唱歌曲音乐会”。

10月4日－6日 上海歌剧院合唱团与意大利国际交响乐团合作，在著名指挥家卡罗·多那迪的执棒下，在澳门文化中心综合剧院献演了歌剧《波西米亚人》。

10月5日－6日 被中国儿童音乐家学会授予“小音乐家”荣誉称号的，河北承德市青少年宫古筝演奏家秦艺伟，在承德市避暑山庄举行了两场义演独奏音乐会。

10月6日 珠海爱乐合唱团在北京国图音乐厅举行了合唱音乐会。

10月6日 “利群之夜”陈爱莲舞蹈艺术50周年公益展演系列活动，在北京民族文化宫举行首场演出。

10月7日 作为中澳建交三十周年庆典之一，中国国家交响乐团应澳大利亚电讯的盛情邀请，在悉尼上演了一场中国作品音乐会。音乐会上演了《穆桂英挂帅》、《戏韵》、《自画像——来自“死与火”》等乐曲。国交首席指挥李心草担任指挥。

10月8日 天津歌舞剧院在音乐厅举办了“音乐经典、笙韵流芳”胡天泉笙协奏音乐会。新加坡著名指挥家郑朝吉执棒，天津歌舞团的大型民族管弦乐团担任协奏。

10月9日 为纪念中日友好三十周年，由派格环球文化公司承办的“中日友好之夜”大型音乐舞蹈晚会等系列活动，在日本东京举行。

10月11日－11月2日 由文化部和北京市人民政府共同主办的“第五届北京国际音乐节”在北京开幕。来自美国、德国、意大利、日本、奥地利、俄罗斯、比利时等以及我国的演出团体和艺术家3000余人，参加了此次音乐节。

10月11日－12日 来自全国各地的二胡名家相聚北京，在国图音乐厅举行了两场音乐会，共同庆祝音乐家协会二胡学会成立二十周年。

10月12日－24日 “第七届中国艺术节”在浙江省杭州市、宁波市、温州市、绍兴市、嘉庆市举行。

10月13日 应北京音乐节邀请，美国纽约合唱团与上海广播交响乐团联袂，在保利剧院献演了一台名为“20世纪美国音乐剧精粹”的音乐会，由胡咏言执棒指挥演奏了《在小镇上》、《西区故事》等作品。

10 月 14 日 – 11 月 12 日　由中华人民共和国文化部，中国对外演出公司承办的，以“新世纪新亚洲”为主题的第五届亚洲艺术节在北京举办。

10 月 15 日　由中国人民对外友好协会主办、北京市演出公司承办的世界著名音乐家喜多郎音乐会，在北京展览馆剧场举行。

10 月 15 日 – 19 日　四川绵阳市举行了四川省第四届少数民族艺术节。

10 月 15 日 – 18 日　由中国戏曲音乐理论研讨会、扬州大学艺术学院联合主办的“中国戏曲音乐第七届年会暨第四届中国戏曲音乐论著、论文评奖”活动在扬州大学艺术学院举行。

10 月 16 日　沈阳音乐学院通俗音乐系副教授，“歌之梦——白丽萍个人音乐会”在沈阳辽宁大剧院举行。

10 月 16 日　由剧作家石煌远作词、湖南省歌舞剧院青年作曲家孟勇作曲的《石门红》，被定为“2002 中国柑橘节主题歌”。

10 月 16 日　指挥大师洛林 · 马泽尔、青年钢琴家郎朗和纽约爱乐乐团在北京保利剧院举行音乐会，演奏了穆索尔斯基的《荒山之夜》、拉赫玛尼诺夫的《c 小调第二钢琴协奏曲》等曲目。

10 月 17 日　首届聊斋俚曲大奖赛，在清代著名文学家蒲松龄的故乡，山东省淄博市蒲家庄落幕。

10 月 18 日　萨克斯王子肯尼 · G 在首都体育馆举行了独奏音乐会。

10 月 18 日 – 24 日　北方昆剧院在长安大戏院举行了建院四十五周年暨纪念白云生诞辰一百周年活动。

10 月 18 日 – 31 日　经中华人民共和国文化部批准，第四届柴可夫斯基国际青少年音乐比赛在厦门举行。

10 月 19 日 – 27 日　“第二届国际奥林匹克合唱节”在韩国第二大城市釜山市举行。中国军团共获得 15 项金奖，14 项银奖，5 项铜奖。

10 月 19 日 – 20 日　北京音乐节首次引入的芭蕾舞剧——柴可夫斯基的《胡桃夹子》，在北京世纪剧院上演。音乐会由北京舞蹈学院附中等学校和中央芭蕾舞团联袂演出，青年指挥家杨洋担任指挥。

10 月 20 日　由中演公司与百威啤酒联手在北京工人体育馆举办了“百威 · 肯尼 · G 非凡音乐中国之旅”演奏会。

10 月 20 日　陈其钢作品音乐会在保利剧院上演，音乐会上演了大型协奏曲《蝶恋花》、大提琴协奏曲《逝去的时光》等作品。

10月20日 为纪念党的好干部焦裕禄诞辰八十周年，《你是泡桐》新歌创作纪念研讨会，在焦裕禄的故乡博山金山大酒店举行。

10月20日 北京中山公园上演了一场由英国指挥家尼克·史密斯执棒的大型合唱音乐会。音乐会演唱了《40声部经文歌》、《耶稣受难曲》等歌曲。

10月21日 德国北莱茵交响管乐团，应邀在浙江温岭长屿洞天的岩洞音乐厅举行音乐会。

10月21日－22日 为纪念原中央音乐学院副院长、作曲系终身教授江定仙教授诞辰九十周年，中央音乐学院、上海音乐学院、中国音协等单位，在北京举办了纪念性的学术活动。

10月22日－31日 应德国手风琴学会及德国纳特罗辛根音乐学院的邀请，著名留德低音手风琴演奏家夏方豪赴德进行了学术访问和交流。

10月22日 韩国广播交响乐团在北京保利剧院举行音乐会，上演了普罗科菲耶夫的《第二钢琴协奏曲》、肖斯塔科维其的《第五交响曲》等乐曲，由俄罗斯指挥大师基塔恩科指挥。

10月25日－11月2日 由中国儿童剧院自主创作的大型音乐剧《香格里拉》，在北京首演。

10月25日－11月5日 由中华人民共和国文化部主办，中国对外演出公司承办的“金嗓子第二届中国国际声乐比赛”，在北京天桥剧场举行。共有来自俄罗斯、罗马尼亚、希腊等18个国家和地区地212名选手参加了比赛。罗马尼亚女高音选手科斯泰亚获得女声部第一名，俄罗斯男低音选手卡查科夫获得男声部第一名。

10月25日 “东京弦乐四重奏组”与“斯特拉底瓦里”音乐组，在北京保利剧院举行了“名琴名家名曲音乐会”。

10月26日 弦键双雄——钢琴家里昂·弗莱舍、小提琴家约瑟夫·希维尔斯坦与中国爱乐乐团合作音乐会，在保利剧院上演。音乐会上里昂弹奏了拉威尔的《左手钢琴协奏曲》等乐曲。

10月27日 美国女高音歌唱家凯瑟琳·巴特尔独唱音乐会，在保利剧院上演。

10月29日 “珠联璧合、中西比翼——加拿大男高音歌唱家丹尼尔·泰勒和中国戏曲表演艺术家胡文阁专场音乐会”在保利剧院上演。

10月29日－30日 由莫斯科海利根歌剧院出演的现代歌剧经典——阿尔班·贝尔格创作的《璐璐》，在世纪剧院上演。

10月30日 《闪亮的风采》——

获奖影片中的传奇钢琴家大卫·赫夫高特独奏音乐会，在保利剧院上演。

10月31日 潮州音乐专场音乐会在保利剧院上演。

10月31日－11月3日 由中央音乐学院和法国国际青少年文化艺术交流会联合主办，《音乐周报》、《乐器》、《钢琴艺术》、《小演奏家》杂志社等单位协办的第五届“咪多”钢琴比赛在中央音乐学院举办。

10月初 安徽合肥省音协古筝专业委员会成立大会在安徽合肥市召开。

10月初 大连市老龄委艺术团，赴俄罗斯布拉格维申斯克市音乐厅进行了专场演出。

10月 为纪念著名弦乐大师、音乐教育家、西安音乐学院小提琴专业奠基人王宗德先生诞辰七十五周年，在西安音乐学院举行了“纪念王宗德先生诞辰七十五周年音乐会”。

10月 全国老龄工作委员会办公室、中组部、文化部、广播电影电视总局和解放军总政治部，联合在北京举行了“全国老年文艺调演”。

10月 “统一冰红茶杯”第二届中国人唱外国歌电视大赛，在北京国安剧场举行。

10月 由北京市合法经营权的文艺表演团体、演出经济机构和演出场所等单位和在演出行业有一定影响的个人自愿联合发起的“北京演出行业协会”，在京宣告成立。

10月 山西歌舞团钢琴伴奏、合唱指挥、抒情男高音歌唱家崔晋升独唱音乐会在太原举办。

10月 由北京姜杰文化艺术中心主办的，“诺的斯卡杯”五项全能艺术比赛在北京落下帷幕。

10月 为庆祝中澳建交三十周年，中国国家交响乐团首次到澳大利亚演出。演出节目包括澳大利亚作曲家康斯但丁·库奇亚特别创作曲目的世界首演，以及谭盾的两部作品《戏韵》和《管弦剧场Ⅰ：埙》。指挥家李心草指挥。

10月 首届国际E——钢琴比赛在美国明尼苏达州举行，中国的青年钢琴家孙梅庭获得第一名。

10月 中国笛演奏家、浙江省绍兴市文理学院音乐系主任耿涛副教授，应德国汉堡市国际文化交流事务部的邀请，赴德国汉堡市参加了“第三届汉堡中国艺术节”。此次艺术节上耿涛做了《中国竹笛的历史与发展》专题讲座，并参加了两场音乐会演奏。

10月 由星海音乐学院与中国音协《音乐创作》编辑部联合主办的，“第二届作曲比赛”在广州举行。周小茗《儿童钢琴幻想组曲》获得了器乐组一等奖；声乐组一等奖空缺，徐超科《再别康桥》、严响《三峡思恋》获得声乐组二等奖。

10月 由湖北省音协、武汉音乐学院、广东省中山粤华有限公司、武汉红太阳琴行联合举办的，湖北省第三届“香山杯”少年儿童（业余）钢琴比赛在武汉音乐学院举行。

10月 山东歌舞剧院与山东艺术学院的部分教授及优秀学生组成的中国山东民族乐团，应邀赴维也纳“金色大厅”，举办了主题为“齐鲁音韵”的大型中国民族音乐会。山东歌舞剧院院长曲祥担任指挥、艺术总监。

10月 中国民族管弦乐学会“青年演奏家艺术团”，在北京正式成立。青年琵琶演奏家吴玉霞任团长，朴东生会长和刘金文副会长担任艺术团总监。

10月 上海民航中等专科学校ALPINE交响管乐团，在青年指挥家林友声执棒下，与国内外知名演奏家合作，在上海商城举行了“爱攀之夜”专场音乐会。

十一月：

11月1日－2日 第5届北京国际音乐节闭幕式在保利剧院举行。

11月1日－3日 由中仪总公司主办、北京音乐广播FM97.4及北京鼎新太阳广告有限公司联合承办的第九届“国际音响唱片大展”在北京国宾酒店开幕。

11月1日 武汉音乐学院声乐系教授冯家慧，在该院编钟音乐厅举行了名为“心曲”的个人独唱音乐会。

11月1日－12月1日 “第四届中国上海国际艺术节”在上海举行。开幕式中，中国著名歌唱家廖昌永和意大利艺术家联袂演出了歌剧《波西米亚人》。

11月4日 为了迎接十六大的召开，北京交响乐团在中山公园音乐堂演奏了大型管弦乐交响组曲《江山多娇》。

11月4日－14日 由中央音乐学院主办，中央音乐学院中国现代电子音乐中心承办、法国驻华使馆文化处、ROLAND——CHINA等单位协办的，“2002北京电子音乐周”在中央音乐学院举行。

11月4日 第九届BESETO戏剧节在北京民族文化宫大剧院举行了开幕式，北京市河北梆子剧团演出了《忒拜城》。

11月5日 由中国音协、福建省文联、厦门市文联联合主办的，“献给中国共产党第十六次全国代表大会——《钟鸣盛世》音乐会”，在北京中山公园音乐堂举行。

11月6日－10日 “第二届STN数字化音乐教育大会”在山东烟台师

范学院举行。

11月6日 中国人民大学徐悲鸿艺术学院音乐系，在人大逸夫楼举办了“校庆六十五周年暨回迁答谢专场音乐会”。

11月7日 “第十届台北民族器乐大赛”在台北市中山堂落下帷幕，中央音乐学院民乐系学生邓乐获获得第一名。

11月7日 为庆祝中德建交三十周年，德国莱茵青年交响乐团在北大百年讲堂举行专场音乐会。

11月8日 德国布莱梅室内乐团，在北京世纪剧院首演了中国音乐家陈小勇的作品《看不见的风景》。著名德国指挥家斯蒂芬·盖格担任指挥。

11月9日 著名小提琴家薛伟在中央音乐学院举办了免费专场音乐会，并被聘为中央音乐学院“客座教授”。

11月9日－10日 澳大利亚墨尔本交响乐团赴京举行音乐会。在首席指挥马库斯·斯坦兹的指挥下，乐团演奏了贝多芬的《第九交响曲》、莫扎特的《G大调钢琴协奏曲》等曲目。

11月10日－13日 为纪念中日邦交正常化，日本乐团分别在北京、上海举行了“传统与现代”——日本雅乐、声明音乐音乐会。

11月14日 华裔男高音歌唱家范竞马独唱音乐会在北京保利剧院举行。音乐会由中央歌剧院交响乐团伴奏，高伟春指挥。

11月15日－17日 由文化部中外文化交流中心与北京市艺术教育委员会联合主办，北京市青少年宫承办的“管乐指导者研修班”，邀请了日本著名的指挥家秋山纪夫先生在北京市青少年宫举办讲座。

11月15日 应北京嘉华丽文化艺术有限公司邀请，南非开普顿国家芭蕾舞团在北展剧场首次上演南非艺术版芭蕾舞剧《火鸟》及《夏夜》等芭蕾精品。

11月16日 北京交响乐团在中山公园音乐堂推出了一台贝多芬经典作品音乐会，谭利华指挥乐队演奏了《费黛里奥》序曲、《D大调小提琴协奏曲》等作品，著名华人小提琴演奏家黄滨担任独奏。

11月17日－12月10日 受中国对外文化交流协会的派遣，中国少数民族歌舞团赴英国、挪威、荷兰、瑞典进行了访问演出。

11月20日－22日 由四川省艺术馆、四川省音乐研究会与广安市文体局联合召开的四川省歌曲创作研讨会，在广安市举行。来自全省的专业、业余词曲作者100余人和应邀到会的专家教授出席了此次研讨会。

11月21日–25日 由湖南省音协理论创作委员会举办的，“武陵源”歌曲创作笔会在张家界武陵源举行。

11月22日 青岛大学交响乐团成立仪式暨新闻发布会，在青岛大学国际学术交流中心举行。我国著名指挥家卞祖善先生担任艺术学院名誉院长和乐团指挥。

11月23日 民进合唱团在中山公园音乐堂举办了专场音乐会。

11月23日–30日 由上海演艺总公司和上海音协主办，上海龙韵音乐制作有限公司承办的“弦之情”兰心民乐精品系列音乐会在上海上演。

11月23日 “第三届全国中小学音乐教师基本功比赛”在武汉举行。来自全国28个省市、5个计划单列市以及新疆建设兵团的93名中小学音乐教师参加了比赛。

11月24日 中国爱乐乐团“不朽的贝多芬”系列音乐会在保利剧院拉开了序幕。首场音乐会由克劳斯·韦瑟执棒演奏了《降E大调第五钢琴协奏曲》、《c小调第五交响曲》等乐曲，奥地利钢琴家约尔格·德穆斯担任钢琴独奏。

11月25日 中国音乐家代表团应日中文化交流协会的邀请，赴日本进行了正式友好访问。

11月26日–30日 由中国音协、波兰肖邦协会和国际肖邦基金会主办的，“肖邦岁月——波兰音乐周”大型国际音乐艺术交流活动在北京举行。

11月26日 由中国民族管弦乐学会、中国扬琴学会、沈阳音乐学院民乐系主办的“张学生教授教学三十周年音乐会”，在沈阳音乐学院音乐厅举行。

11月27日–30日 上海音乐学院在上海商城剧院举行了校庆七十五周年音乐会，青年交响乐团、青年合唱团、青年民族管弦乐团、歌唱家廖昌永教授、二胡演奏家王莉莉等在音乐会上演出。

11月28日 全国音乐学院院长论坛和全国声乐研讨会在上海音乐学院开幕，八个音乐学院的院长参加了会议，部分艺术学院的院长到会。

11月28日 著名声乐教育家、歌唱家，上海音乐学院教授周小燕“八十五岁华诞暨音乐生涯六十五周年弟子音乐会”在上海艺海剧院举行。著名歌唱家廖昌永、魏松等演唱了多首中外艺术歌曲。

11月28日 上海音乐学院顾问、原上海音乐学院副院长、上海音协副主席、中国民主同盟上海市委常委、第一至五届上海市政协常委谭舒真教授，因病医治无效在上海逝世，享年95岁。

11月29日 “现代音乐年会”

改选出了以上海音乐学院院长杨立青为首的“现代音乐学会”新领导班子，并在上海商城剧院举行了“现代作品音乐会”。上海青年交响乐团和青年合唱团，在新加坡华乐团艺术总监叶聪的指挥下，演出了勋伯格的《升华之夜》、《华沙幸存者》等乐曲。

11月29日 世界著名男高音歌唱家多明戈赴台北举办了个人演唱会，中国女高音歌唱家张立平被邀请同台演出。

11月29日－30日 朝鲜歌剧《春香传》在北京保利剧院首演。中央歌剧院交响乐团和韩国爱乐乐团、合唱团伴奏，韩国著名BESETO歌剧院与中国艺术家一起用韩语同台演绎。

11月上旬 “第四届香港国际古典吉他大赛”香港文化中心举行。来自德国、英国、美国、中国（北京、上海、广州等城市）香港、台湾等国家和地区的40余名选手参加了比赛。中央音乐学院附中高三的陈川获得第一名。

11月底 著名的“鼻音歌后”吴莺音在台湾为独居老人举行了义演。

11月 中国第一个以七千余年历史的笛子文化与笛子艺术为长期研究课题的“中国笛文化研究所”在上海成立。

11月 香港举办了四场以“东西南北”为主题的“黄昏音乐会”。音乐会包括：南音、弦乐演奏、敲击及爵士乐等，充分反映出香港的国际化和多元化的音乐特色。

11月 宁夏回族自治区13个专业艺术团体携32个优秀节目会聚银川，组成了三台晚会，共庆十六大召开。

11月 由纽约爱乐新任音乐总监、世界著名指挥家马泽尔和艺术赞助人维拉先生创办的首届国际性指挥大赛，在纽约卡内基音乐厅落下帷幕。中国的中央音乐学院指挥系毕业生张弦获得第一名。

11月 为庆祝十六大的召开，珠海市举办了第二十一届“海滨之声”音乐会。音乐会以诗歌、舞蹈、音乐为体裁进行了演出比赛。

11月 杭州二胡演奏家孙以诚、扬琴演奏家洪锦荣、笛子演奏家吴良松，赴日本鸟取市参加了第十七届国民文化艺术节。

11月 由意大利奥贝拉（北京）文化艺术交流中心以及首届中意歌剧艺术交流系列活动组委会主办，中国歌剧舞剧院与意大利米兰斯卡拉歌剧院首度合作的，“中意歌剧艺术交流活动”在北京举行。

11月 由中国音乐家协会《人民音乐》编辑部、香港龙音制作有限公司共同主办、中国音乐家协会二胡学会协办的“龙音杯”中国民族乐器（二胡）国际比赛，在北京落下帷幕。来自全国各地和香港、台湾地区及日本、加拿大、蒙古等近400名选手参加了比赛。

十二月：

12月1日　中国人民大学学生艺术团，在国图音乐厅上演了“传统与现代——优秀民族管弦乐新作品音乐会”，指挥家杨春林执棒指挥。

12月1日　为期一个月的“第四届上海国际艺术节”落幕，来自全世界的53个精彩节目在艺术节上演。

12月1日-6日　由中国教育学会音乐教育委员会、全国音乐教育科学规划“十五大”重大科研项目《中小学音乐教育教学改革》课题组、福建师范大学音乐学院主办的，“全国中小学音乐教育发展与高师音乐教育专业教育教学改革学术研讨会”，在福建武夷山市举行。此次会议就基础教育课程体系对中小学音乐师资提出的新要求，中小学音乐教育发展与高师音乐教育专业教育教学改革的历史、现状及其得失，高师音乐教育专业学科教学改革、教学模式教学方法研究等中心议题展开了讨论。

12月2日　由国家广播电视总局主办的，全国第二届“金号奖”——2002年度全国听众喜爱的歌手评选活动，在温州揭晓。屠洪刚、谢雨欣分获通俗组最佳男、女歌手奖；乔军、高音分获民族组最佳男、女歌手奖；美声组最佳男歌手奖空缺，郑咏获得最佳女歌手奖。

12月5日　为纪念著名作曲家王酩逝世五周年，由他牵头创办并亲任总编的《音乐生活报》全新改版上市。

12月6日　应福建师大的邀请，国际传统音乐学会秘书长西格尔教授、巴布亚新几内亚研究院道恩·尼尔斯教授和香港中文大学曹本冶教授抵达福州，为福建师大的师生作了精彩的学术讲座。

12月6日　中国对外友好协会会长陈昊苏、中国导演张艺谋、中国作曲家陈钢、中国女高音歌唱家张莉，首度获得美国斯卡莫奖。

12月7日　由中国民族管弦乐协会、浙江省音协联合主办的，浙江著名笛箫演奏家陈杭明师生笛箫音乐会，在浙江中医学院小礼堂举行。

12月7日-9日　“首届全国音乐传播学术研讨会”，在北京广播学院国际交流中心和中央音乐学院举行。会议由北京广播学院、中央音乐学院、中国音乐学院、武汉音乐学院和中国艺术研究院音乐研究所等单位共同发起举办。

12月10日　解放军艺术学院音乐系声乐专业硕士研究生周芳毕业独

唱音乐会在国图音乐厅举行。

12月11日 由广州星海音乐学院作曲系主办的，赵方幸视唱练耳大师班，在广州星海音乐学院举办。

12月14日-15日 中国民族管弦乐学会“2002年全国胡琴新作品创作研讨会暨新作品演奏会”在北京召开。来自全国的胡琴演奏家、作曲家等百余人与会，共宣读了论文20余篇，并演奏20多首胡琴新作品。

12月14日-15日 由中国音协民族管弦乐学会、龙音制作公司和上海民族乐团共同举办的“春江水暖”、“燕鸣音”两场音乐会，在国图音乐厅举行。

12月14日 为促进中日友好，加强中日文化艺术的交流与合作，四川师大艺术学院与日本友人、钢琴家松野良子师生举行了学术交流音乐会。

12月15日 由中国音乐家协会和挪威王国驻华使馆联合主办、挪威著名作曲家希格沃夫·特威特的大型音乐会，弥撒曲《朝圣者》在世纪剧院举行。中国电影乐团和巴罗克室内合唱团与来自挪威的著名音乐家联袂演出，著名指挥家尼古拉斯·史密斯担任指挥。

12月16日 由中国歌剧舞剧院推出的《魅力人声》中外通俗（艺术）歌曲音乐会，在北大百年讲堂首演。音乐会由中国歌剧舞剧院合唱团等担纲，由青年指挥家张峥和作曲家金巍执棒。

12月18日 “黄果树经典之夜”世界浪漫金曲迎新年音乐会在保利剧院上演。音乐会由指挥家陈燮阳率中国电影乐团演出。

12月18日-19日 为纪念著名的社会活动家、音乐理论家、东西方比较理论学说的奠基人王光祈先生诞辰一百一十周年，王光祈先生的家乡——成都温江区举办了纪念王光祈先生诞辰110周年的系列活动。

12月19日 由文化部和自治区人民政府联合举办的，“中国维吾尔十二木卡姆研讨会”在北京闭幕。

12月20日-26日 为庆祝中国歌舞团建团五十周年，大型绿色原创歌舞晚会《秘境之旅》在北京保利剧院和北展剧场举行。

12月20日 为庆祝中澳建交三十周年，大型文化交流活动之一“好日子——宋祖英个人独唱音乐会”在澳大利亚悉尼歌剧院举行。

12月20日 著名作曲家、指挥家克里斯托夫·潘德列茨基，在北京中山公园音乐堂，与中国爱乐乐团合作，指挥了他本人作曲的《第三交响曲》及海顿的《D大调伦敦交响曲》等乐曲。

12月20日 由中国轻音乐学会、中国音乐文学学会和中国广播电视学会电视文艺研究委员会主办的，全国主旋律歌曲颁奖晚会在江苏省江都市体育馆举办。

12月20日 中央音乐学院“品牌活动”第二届音乐节开幕，首场音乐会为纪念我国著名音乐教育家、小提琴家马思聪先生诞辰九十周年专场音乐会。

12月21日 由中国民族管弦乐学会主办的“风华雅韵——中国民族器乐创作新作品音乐会”在中央音乐学院礼堂举行。音乐会上演了唐建平的《自鸣》系二、谢鹏的民乐九重奏《玲珑》等作品。

12月21日 中国合唱团协会理论创作委员会，在北京金帆音乐厅举办“2002合唱作品展示会”。

12月21日 “北京市中学音乐课程改革教学研讨会”在海淀区101中学举行。本次活动是由北京基础教研中心、北京海淀教师进修学校、北京市教育研究会共同主办的，来自全市19个区、县的200多名中学音乐教师参加了研讨会。

12月22日 由北京市海淀区教委音乐教研室主办的“海淀区中学音乐器乐教学奇美杯评比会演”，在北京市八一中学礼堂举行，共有来自海淀区27所中学的近千名学生参加了本次汇报演出。

12月23日–24日 “纪念马思聪诞辰九十周年系列学术活动”，在中央音乐学院举行。来自全国各地的专家、学者重点围绕马思聪晚期的小提琴创作、和小提琴演奏及教学等问题进行了研讨。

12月29日 由神华集团主办、中央民族乐团承办的，“江山如此多娇——神华之声2003新年音乐会”在人民大会堂举行。青年指挥家许知俊和刘沙共同执棒，演奏了《百鸟朝凤》、《夜深沉》等经典乐曲。

12月29日–2003年1月3日 英国皇家爱乐乐团，在中国的广州、北京、上海进行了新年之旅音乐会的演出。音乐会演奏了比才的《卡门》、罗西尼的《威廉·退尔》、柴可夫斯基的《天鹅湖》选曲等世界经典名曲，世界著名指挥家巴里·沃兹沃斯执棒指挥。

12月31日 由北京市委市政府主办，首都媒体和庄盛（集团）有限公司协办的“北京新年音乐会”在人民大会堂举行。北京交响乐团与英国皇家爱乐乐团合作演出，著名指挥家谭利华与巴里·沃兹沃斯轮流执棒。音乐会演奏了中国作曲家郭文景的《御风万里》、柏辽兹的《罗马狂欢节》等中外经典名曲。

12月 青岛大学邀请来自美国的著名声乐大师欧格纳·克里纳和安娜·迪劳内博士举办声乐大师班。

2002 年国内音乐比赛获奖名单

李宏峰辑

全国群众歌咏比赛

4 月，由文化部、中国音乐家协会联合主办的全国群众歌咏比赛评选结果揭晓，哈尔滨市合唱艺术团等 22 个单位获得一等奖，上海爱乐合唱团等 28 个单位获得二等奖，福建厦门国际航空港星海合唱团等 45 个单位获得三等奖。

申城业余管乐大赛

5 月，作为 2002 年“上海之春”国际音乐节主体活动之一的业余管乐比赛落下帷幕。共有 107 名选手分获各组别金奖、银奖和铜奖，其中 7 名获得金奖的选手是：萨克斯管少年组姜汉超、青年组李嘉麟；大管青年组李迦烨；双簧管少年组唐昊、青年组付力；圆号少年组胡阳；小号少年组陈彦斌。

第二届中国音乐金钟奖评选

5 月，第二届中国音乐金钟奖四项评选结果在厦门鼓浪屿音乐厅揭晓。中国音协副主席、金钟奖组委会名誉主席张思卿，中国音乐家协会名誉主席吴祖强，中国音乐家协会主席傅庚辰，中国文联副主席、中国音协党组书记吴雁泽等以及厦门市有关领导，为部分获奖代表颁奖，并出席颁奖音乐会。此次金钟奖共评出22位终生荣誉奖，10名组织奖，10部钢琴作品奖，15首声乐作品奖及13名钢琴表演奖。详细名单如下：

终身荣誉奖（共22名）：老志诚、张鲁、张洪岛、程云、韩中杰、李纯一、陈传熙、陈培勋、洪士銈、秦鹏章、曹安和、黄源澧、蒋英、潘奇、关鹤岩、张定和、罗浪、郭乃安、霍存惠、王启璋、谢绍曾、唐荣枚。

组织奖（共10名，按姓氏笔画排序）：马荣春（河南文联推荐）、刘亚丽（辽宁文联推荐）、朱广星（北京文联推荐）、朱新华（江苏文联推荐）、朴长寿（延边文联推荐）、毕忠义（甘肃文联推荐）、张丹虹（黑龙江文联推荐）、张桂林（山东文联推荐）、徐峻松（安徽文联推荐）、傅磬（广西文联推荐）。

钢琴作品奖（共10首）：金奖，《情景》（王建中，上海音乐学院报送）；银奖，《唐人诗意两首》1. 登幽州台歌 2. 题破山寺后禅院（徐振民，中央音乐学院报送）、《鼓之舞》（刘晨晨，中央音乐学院报送）；铜奖，《猎户座随想》（崔权，中国音乐学院附中报送）、《托卡塔》（杜鸣心，中央音乐学院报送）、《三首前奏曲》（张帅，辽宁音协报送）、《热带鱼》组曲（赵曦，武汉音乐学院报送）、《滇南山谣三首》（张朝，中央民族大学报送）、《淡彩五帧》（垄晓婷，中央音乐学院报送）、《学生日记》（徐坚强，上海音乐学院报送）。

声乐作品奖（共15首，不分等级）：《又见彩虹》（陈小奇词 李小兵曲，星海音乐学院报送）、《好美一个秋天》（夏劲风词 鲁颂曲，湖南音协报送）、《越来越好》（车行词 李昕曲，黑龙江音协报送）、《亲爱的党，我对你说》（李幼容词 孟宪斌曲，北京音协报送）、《关东大秧歌》（刘申伍词 张振国曲，吉林音协报送）、《去一个美丽的地方》（邵永强词 尚德义曲，甘肃音协报送）、《拉萨河》（江雪词 杜滨曲，河北音协报送）、《村务公开栏》（李川词 李正曲，河北音协报送）、《高原红》（陈小奇词 陈小奇曲，广东音协报送）、《我爱这土地》（艾青词 陆在易曲，上海音协报送）、《关山月》（李白诗 郝维亚曲，中央音乐学院报送）、《天地——太白》（韩静霆词 郝维亚曲，中央音乐学院报送）、《风景》（乔羽词 童颖曲，中央音乐学院报送）、《雨霖铃》（柳永词 周娟曲，中央音乐学院报送）、《台湾雪》（刘永昌词 孙厚存曲，山东音协报送)。

钢琴表演奖(共13名):金钟一组(18-25岁)金奖,谭小棠(中央音乐学院报送);银奖,陈成(上海音乐学院报送)、杜静(四川音乐学院报送);铜奖,孙颖迪(上海音乐学院报送)、吴明一(中央音乐学院报送)、于鹤(中央音乐学院报送);中国作品演奏特别奖,杨旸(四川音乐学院报送)、陈杨(中央音乐学院报送)。金钟二组(26-35岁)金奖,陈曼春(北京音协报送);银奖,刘兴辰(中央音乐学院报送);铜奖,王春(中央音乐学院报送);评委会特别奖,崔鸿根(中央音乐学院报送);中国作品演奏特别奖,刘兴辰(中央音乐学院报送)。

统一冰红茶闪亮之星2002大学生歌手选拔赛华北赛区

5月,"统一冰红茶闪亮之星2002大学生歌手选拔赛华北赛区"决赛在北京工业大学礼堂举行。来自天津轻工业学院的功夫乐队以一曲自创的RAP《2001》获得了第一名。

中西部地区普通高校音乐创作比赛

5月,由中国音乐家协会《音乐创作》编辑部倡办、中西部地区13所高校音乐院、系联办,河南大学艺术学院承办的首届"中西部地区普通高校音乐创作比赛"揭晓。经评选《祖国最可爱》(张德河词、陈家海曲)等5首作品获得一等奖;《青山童谣》(郑建鸥曲)等18首作品获二等奖;《选择师范》(谯述琼词,晓鸥曲)等23首作品获得三等奖。

2002年雅马哈双排键电子琴选拔赛暨全国第七届电子琴专业比赛

6月,2002年雅马哈双排键电子琴选拔赛暨全国第七届电子琴专业比赛决赛在天津音乐学院举行。中央音乐学院电子琴专业学生沈媛获得第一名。

2002年首届华人民族音乐创作奖

6月,由台湾实验国乐团承办的"2002年首届华人民族音乐创作奖"征曲活动落下帷幕。室内乐组获奖作品:金奖,《玲珑》(中央音乐学院2000届毕业生谢鹏作曲)；银奖，《清浊》(西安音乐学院教师张旭儒作曲)；铜奖，《竹影》(中国音乐学院教授杨青作曲)、《第二二胡狂想曲》(南京艺术学院教师王建民作曲)；佳作奖，《舞》(沈阳音乐学院教师郭鸣作曲)、《逍遥游》(中央音乐学院2000届毕业生史付红作曲)。合奏组获奖作品：金奖空缺；银奖，《日环食》(上海音乐学院教师徐坚强作曲)；铜奖，《娟川古韵》(中国音乐学院教授王宁作曲)、《雾都一九三零》(台湾刘学轩作曲)；佳作奖，《燕郊社火》(中央音乐学院教授徐昌俊作曲)、《第三》(新加坡周熙皆作曲)。

中国舞蹈荷花奖

6月，中国首届舞蹈艺术节在昆明落下帷幕。湖南省歌舞剧院国家一级作曲家杨天解创作的舞蹈音乐《砚说》，夺得唯一的“荷花作曲金曲奖”。

中国首届金碟奖评选

6月，由中国音像协会主办，以鼓励原创民族音乐、繁荣正版音像市场为宗旨的“中国首届金碟奖评选”揭晓，获奖名单如下：最佳销量奖，羽·泉《冷酷到底》(中国滚石)；最佳流行专辑奖，郑钧《郑钧》(中国百代)；最佳流行歌曲奖，陈琳《十二种颜色》(竹书文化)；最佳新人奖，斯琴格日乐(正大国际)；最佳流行女歌手奖，那英(中国华纳)；最佳流行男歌手奖，汪峰(华纳·普涞)；最佳组合奖，羽·泉(中国滚石)；最佳乐队奖，达达乐队(华纳·麦田)；最佳摇滚专辑奖，郑钧《郑钧》(中国百代)；最佳摇滚歌手奖，汪峰(华纳·普涞)；最佳民歌专辑奖，《王宏伟·西部三部曲》(太平洋影音)；最佳民族女歌手奖，彭丽媛(上海声像)；最佳民族男歌手奖，王宏伟(太平洋影音)；最佳器乐演奏专辑奖，《五行·铜管五重奏》(中录总社)；最佳艺术歌曲专辑奖，彭丽媛《中国歌剧经典唱段》(太平洋影音)；最佳艺术歌曲奖，殷秀梅(太平洋影音)；最佳戏曲专辑奖，京剧《曹操与杨修》(上海音像)；最佳影视音乐奖，《赵季平·热门电视金曲》(南京音像)；最佳音乐录影奖，叶沛《彩虹》；最佳套封奖，《如诗如画小提琴·伊甸园》(太平洋影音)；最佳录制奖，《竹吟·发烧竹乐器》(北京千思文化)；最佳发行奖，羽·泉《冷酷到底》(中新音像)；终身成就奖，乔羽、郭兰英；最佳流行民谣专辑奖，尼马拉毛《天上的西藏》（中唱成都公司）。

广西首届中、小型音乐作品作曲大赛

6月，由中国音协《音乐创作》编辑部、广西艺术学院和广西音乐家协会联合举办的“广西首届中、小型音乐作品作曲大赛”在南宁揭晓。女生六重唱《花帽了沙沙》、钢琴变奏曲《DOSORE——白裤瑶印象》、男生独唱《红河水》等作品分别获奖。

第九届“星海杯”全国少儿钢琴比赛

7月，由湖南师大音乐学院、长沙市音乐家协会主办的第九届“星海杯”全国少儿钢琴比赛湖南赛区选拔赛落下帷幕。翟诗怡、五军敏、周末等八位选手分获四个组别的金奖。

西部之声合唱邀请赛

7月 四川省群众艺术馆巴蜀合唱团凭借《圣体颂》和《喊山》的出色演唱，荣获了“西部之声合唱邀请赛”金奖。

第十届“哈药六杯”全国青年歌手电视大奖赛

8月初，第十届“哈药六杯”全国青年歌手（专业组）电视大奖赛结束。获奖名单如下：团体一等奖，江苏电视台；二等奖，中国音乐学院、解放军艺术学院；三等奖，总政歌舞团、空政歌舞团、上海东方电视台；优胜奖，北京电视台、二炮歌舞团、贵州电视台、内蒙古电视台、河北电视台、湖北电视台、中国唱片总公司、辽宁电视台、福建电视台、陕西电视台、江西电视台、中央民族歌舞团、山东电视台、黑龙江电视台。个人民族组金奖，麦穗（解放军艺术学院）；银奖，刘和刚（空政歌舞团）、王丽达（中国音乐学院）；铜奖，黄华丽（总政歌剧团）、任霄淑（吉林电视台）、哈晖（空政歌舞团）；优秀奖，谭学胜（四川电视台）、李晖（北京电视台）、穆维平（贵州电视台）、宗晓琳（解放军艺术学院）、雷佳（中国音乐学院）、史玉学（辽宁电视台）、胡娜（贵州电视台）、米卓（陕西电视台）、朱晓娟（内蒙古电视台）。个人美声组金奖，陈勇（陕西电视台）；银奖，于爽（总政歌剧团）、吴琳（二炮文工团）；铜奖，张海庆（中央民族歌舞团）、霍勇（海政歌舞团）、杨阳（解放军艺术学院）；优秀奖，刘际鹏（山东电视台）、雪人组合（江苏电视台）、王莹（北京电视台）、阎峰（中国音乐学院）、孙焱（江苏电视台）、徐晓英（上海东方电视台）、姜必群（上海东方电视台）、朱韬（中央民族歌舞团）、鲁春波（河北电视台）。个人通俗组金奖，迷彩三人组合（江苏电视台）；银奖，阿里郎组合（北京电视台）、耿丽萍（河北电视台）；铜奖，袁园（江苏电视台）、刘臣（黑龙江电视台）、58号组合（湖北电视台）；优秀奖，谭维维（总政歌剧院）、顾莉雅（煤矿文工团）、支予（空政歌舞团）、郭凌霞（上海东方电视台）、黄琦雯（中国唱片总公司）、金霖（北京电视台）、天音组合（西藏电视台）、玛纳斯组合（新疆电视台）、胡小南（中国唱片总公司）、李泽（上海东方电视台）。

第26届中国·哈尔滨之夏音乐会暨第三届全国歌剧（音乐剧）观摩演出

8月，由文化部与哈尔滨市政府共同举办的第26届中国·哈尔滨之夏音乐会暨第三届全国歌剧（音乐剧）观摩演出在哈尔滨举行。共评出综合奖9个，单项奖44个，名单如下：

第三届全国歌剧音乐剧观摩演出综合奖：大奖，《羽娘》（沈阳军区前进歌舞团）；优秀剧目奖，《快乐的推销员》（江苏省镇江市艺术剧院）、《沥沥太阳雨》（湖南省株洲市歌舞剧团）、《未来组合》（四川省人民艺术剧院）；优秀演出奖，《青铜魂》（昆明市民族歌舞团 昆明交响乐团）、《风雨送春归》（四川省南充歌舞团）；评委会小剧场歌剧特别奖，《再别康桥》（中国音乐学院）；评委会少儿歌剧特别奖，《鸡毛信》（河南省郑州市少儿歌剧团）；集体表演奖，《鸡毛信》（河南省郑州市少儿歌剧团）。

单项奖：最佳作曲奖，刘廷禹、马登弟、冯玉岭、黄秋远（《羽娘》作曲）；最佳男主角奖，毕成（《羽娘》中饰李朔）；最佳女主角奖，王静（《再别康桥》中饰林徽因）；最佳配角奖，谷同明（《羽娘》中饰皇帝）；最佳指挥奖，许知俊（《羽娘》指挥）；优秀作曲奖，刘振球、朱青（《沥沥太阳雨》作曲）、周雪石（《再别康桥》作曲）、万里、陈应祥、黄波（《青铜魂》作曲)；优秀剧本奖，胡笑蓓(《沥沥太阳雨》编剧)、李亭(《未来组合》编剧)、张明媛(《快乐推销员》编剧)；优秀导演奖，方红林、周文明(《快乐推销员》导演)、吴继成(《沥沥太阳雨》导演)、严伟、谭祖云(《青铜魂》导演)；优秀指挥奖，程磊(《青铜魂》指挥)、朱柳坤(《沥沥太阳雨》指挥)、李玉宁(《再别康桥》指挥)。

"中国首届青少年艺术大赛"第一届民族乐器独奏比赛

9月，由文化部主办的"中国首届青少年艺术大赛"第一届民族乐器独奏比赛落下帷幕。此次比赛共有1938名选手参加了8类、4个组、31个组别的比赛，评出金奖35名、银奖58名、铜奖93名、优秀演奏奖138名。

全国口风琴大赛

9月，由《音乐周报》与《小演奏家》杂志主办的，北京华韵阿波罗艺术发展中心协办的"全国口风琴大赛"落下帷幕。江苏选手孙桂松及昆山国际学校获得一等奖。

星海音乐学院与中国音协《音乐创作》编辑部联合主办"第二届作曲比赛"

10月，由星海音乐学院与中国音协《音乐创作》编辑部联合主办的，"第二届作曲比赛"在广州举行。周小茗《儿童钢琴幻想组曲》获得了器乐组一等奖；声乐组一等奖空缺，徐超科《再别康桥》、严响《三峡思恋》获得声乐组二等奖。

第十届台北民族器乐大赛

11月初，在台北举行的"第十届台北民族器乐大赛"琵琶决赛中，中央音乐学院民乐系学生邓乐、王晶晶分获第一名、第二名。

第三届全国中小学音乐教师基本功比赛

11月，"第三届全国中小学音乐教师基本功比赛"在武汉举行。来自全国28个省市、5个计划单列市以及新疆建设兵团的93名中小学音乐教师参加了比赛，共评出三等奖38名、二等奖31名、一等奖24名。

全国第二届“金号奖”——2002年度全国听众喜爱的歌手评选

12月，由国家广播电视总局主办的，全国第二届“金号奖”——2002年度全国听众喜爱的歌手评选活动，在温州揭晓。屠洪刚、谢雨欣分获通俗组最佳男、女歌手奖；乔军、高音分获民族组最佳男、女歌手奖；美声组最佳男歌手奖空缺，郑咏获得最佳女歌手奖。

2002 年国际音乐比赛获奖名单

李宏峰辑

第四十四届“格莱美”奖

2 月，第四十四届格莱美奖颁奖在美国洛杉矶斯台普斯中心举行。中国作曲家谭盾凭借《卧虎藏龙》电影原声音乐获最佳电影原创音乐专辑大奖。指挥家汤沐海因在德国 Teledcca 唱片公司录制的吉他协奏曲中担任指挥，获得“最佳独奏带乐队”奖。

第四届中法“咪多”钢琴比赛

在 3 月举行的第四届中法“咪多”钢琴比赛中，北京三岁半的徐云皕获初级组一等奖；河北六岁的王通获基础级二组一等奖；河北的刘扬获中级二组一等奖；山东的王莹莹获中级一组和预高级一等奖。

第六十五届施坦威青少年钢琴比赛

4 月，第六十五届施坦威青少年钢琴比赛中国赛区首届总决赛在北京保利剧院举行。此次中国赛区首届总决赛由吴祖强担任艺术总监、周广仁担任评委主席，但昭义、吴迎、鲍蕙荞、石叔诚、阿里·瓦迪等担任评委。深圳选手何其真、香港选手陈伊薇、澳门选手廖国玮以及香港选手张伟业分别获得A、B、C、D组第一名。

第四十二届威尔第国际声乐比赛

4月，西安音乐学院青年教师何慧，在意大利举行的“第四十二届威尔第国际声乐”比赛中获得第一名。世界三大男高音之一的卡雷拉斯亲自为何慧颁奖。

第九届国际单簧管比赛

5月，第九届国际单簧管比赛在罗马尼亚首都布加勒斯举行。中国选手高原荣获C组二等奖（一等奖空缺）。

美国国际经济文化交流协会世界杰出艺术家奖

6月，四川音乐学院音乐系副教授张莉女士获得美国国际经济文化交流协会（WACE）颁发的“美国国际经济文化交流协会世界杰出艺术家奖”，以次表彰她在美国成功举行的个人音乐会。

第十二届柴可夫斯基国际音乐比赛

在6月底结束的第十二届柴可夫斯基国际音乐比赛中，中国选手陈曦获小提琴比赛第二名（第一名空缺），中国青年女高音歌唱家吴碧霞获声乐比赛女声组第二名，青年钢琴家居瑾获钢琴比赛第三名，刘扬获小提琴比赛荣誉奖。

第三十七届国际合唱节

6月，在波兰西北部的缅济兹德罗耶市举行的第三十七届国际合唱节上，我国广东省顺德市合唱团夺得金奖。

第三十九届国际合唱比赛

7月，在奥地利斯彼塔利城举行的第三十九届国际合唱比赛中，深圳市罗湖区中英文童声合唱团获得“最受观众欢迎奖”。

第十届卡特苗国际合唱节

7月，武汉市少年广播合唱团，在加拿大北部普威尔河镇参加了第十届卡特苗国际合唱节，获得民歌组比赛第二名。

第四十八届哈巴涅拉及复调合唱大赛

7月，第四十八届哈巴涅拉及复调合唱大赛在西班牙的托列维哈举行。北京工业大学合唱团在著名指挥家高伟先生的指挥下夺得大赛第二名。

第二十五届比得歌煦国际音乐比赛

7月，沈阳音乐学院附中少女合唱团，在波兰参加了第二十五届比得歌煦国际音乐比赛中获得“银弦奖”（第一名空缺）。

NISSIN 国际声乐比赛

7月，西安音乐学院青年教师陈放在日本东京举行的“NISSIN 国际声乐比赛”中，以一首莫扎特的《离别之歌》获得了此次比赛的金奖。

2002年台湾国际作曲比赛

7月，“2002年台湾国际作曲比赛”在高雄落下帷幕，我国青年作曲家叶国辉和秦文琛分别获得了第三名和优秀奖。

2002年亚洲电子琴国际比赛

8月，在马来西亚吉隆坡的太平洋世留中心音乐厅举行的“2002年亚洲电子琴国际比赛”中，代表我国参赛的中央音乐学院电子琴专业本科生沈媛获得第一名。

第五届维也纳国际青年古典吉他比赛

8月，在第五届维也纳国际青年古典吉他比赛中，由文化部委派、中央音乐学院陈志教授率队的中国音乐家小组取得好成绩。其中14岁的中央音乐学院附中学生苏萌获得了第一名。

第六届中国国际合唱节

8月初，由北京市对外文化联络局、中国对外演出公司和中国文化旅行社共同主办中国文化旅行社和中国合唱协会承办的“第六届中国国际合唱节”在北京结束。共有国内外67个合唱团体近4000人参加了比赛。获奖名单如下：童声组金奖，南海广播少儿合唱团、广州第四十七中学童声合唱团；银奖，北京171中学合唱团、中国儿童中心合唱团、太原学生艺术团合唱团；铜奖，瑞州区文化馆海韵合唱团、香港儿童合唱团、棠湖小学新苗艺术童声合唱团、内蒙古包头市小丽花合唱团、太原市少年宫小红星合唱团。成年组金奖，南斯拉夫大学生合唱团、罗马尼亚“序曲”室内合唱团、湛江师范学院合唱团；银奖，西北师范大学合唱团、以色列“娜玛”女声合唱团、波兰“维瓦特”合唱团、江西省歌舞剧院合唱团；铜奖，日中友好黎明合唱团、山西广播艺术团女子合唱团、四川省音协CNC华明爱乐女子合唱团、美国“志愿者之声”合唱团、泰国“苏恩布拉斯”合唱团、台湾崇林少女合唱团、澳门“嘤鸣”合唱团。老年组金奖，广东老演员合唱团、广州老干部合唱团；银奖，北京育英贝满老校友合唱团、印尼苏北省对外友协合唱团、山西青松合唱团；铜奖，天津市教授合唱团、广东省老干部活动中心金秋艺术团、印尼雅加达群岛合唱团、北京社科院老专家秋之韵合唱团。中国作品演唱奖，印尼苏北省对外友协合唱团、印尼雅加达群岛合唱团、以色列“娜玛”女声合唱团、日中友好黎明合唱团、波兰“维瓦特”合唱团、罗马尼亚“序曲”室内合唱团、美国“波士顿”中华艺术合唱团、美国海盟合唱团、美国“志愿者之声”合唱团、南斯拉夫大学生合唱团、泰国“苏恩布拉斯”合唱团、香港儿童合唱团、澳门“嘤鸣”合唱团、台北灵良堂雅歌诗班、台湾崇林少女合唱团、台湾丽园国小儿童合唱团、基隆啄木鸟合唱团。

第二届“北方的小提琴”国际青少年小提琴比赛

8月，四川省成都市青少年宫的4名少年选手，受邀参加了俄罗斯萨洽共和国首都雅库茨克举行的第二届“北方的小提琴”国际青少年小提琴比赛。10岁的杨雨点获得7至13岁组第一名及阿柯莱和马斯涅最佳演奏奖；韩琴墨获得该组三等奖；另两名选手获演奏奖。

天津国际手风琴比赛

9月，在中国天津国际手风琴比赛中，天津音乐学院三年级学生刘冬获得了成人组第二名。

第二届国际奥林匹克合唱节

10月，“第二届国际奥林匹克合唱节”在韩国第二大城市釜山市举行，中国军团共获得了15项金奖，14项银奖，5项铜奖。

首届国际E——钢琴比赛

10月，首届国际E——钢琴比赛在美国明尼苏达州举行，中国的青年钢琴家孙梅庭获得了比赛的第一名。

第四届柴可夫斯基国际青少年音乐比赛

10月底，第四届柴可夫斯基国际青少年音乐比赛落下帷幕，我国选手张昊晨、杨晓宇、田博年分别获得钢琴、小提琴、大提琴第一名，但昭义、林耀基、娜木拉获优秀教师、优秀艺术指导奖。

第四届香港国际古典吉他大赛

11月上旬，在香港文化中心举行的“第四届香港国际古典吉他大赛”中，中央音乐学院附中学生陈川、许拓分获第一名和第三名。

第一届马泽尔指挥大赛

11月，由纽约爱乐新任音乐总监、世界著名指挥家马泽尔和艺术赞助人维拉先生创办的第一届马泽尔指挥大赛，在纽约卡内基音乐厅落下帷幕。中央音乐学院指挥系毕业生张弦获得第一名。

金嗓子第二届中国国际声乐比赛

11月，由中华人民共和国文化部主办，中国对外演出公司承办的，“金嗓子第二届中国国际声乐比赛”，在北京天桥剧场落下帷幕，共有来自俄罗斯、罗马尼亚、希腊等18个国家和地区地212名选手参加了比赛。罗马尼亚女高音选手科斯泰亚获得了女生部第一名，俄罗斯男低音选手卡查科夫获得了男声部第一名。中国选手女高音吴李红和爱尔兰男高音特里特席勒分获中国艺术歌曲演唱优秀奖。

“龙音杯”中国民族乐器（二胡）国际比赛

10月，由中国音乐家协会《人民音乐》编辑部、香港龙音制音有限公司共同主办、中国音乐家协会二胡学会协办的“龙音杯”中国民族乐器（二胡）国际比赛，在北京落下帷幕。孙凰、孙婷、王俊娜分获青年专业组前三名；王寒、段超、闫超捷分获少年专业组前三名；姜楠、顾安全分获青年业余组二三名（第一名空缺）；乔蕊获少年业余组第二名；林梦娇、张晗冬并列少年业余组第三名（第一名空缺）。20名选手获得优秀奖、60余名选手获表演奖。

2002年世界超级名向金环奖

12月初，在洛杉矶好莱坞影城举行的“2002年世界超级名向金环奖”评选中，作曲家陈钢获作曲奖、女高音歌唱家张莉获声乐艺术奖、导演张艺谋获导演奖、中国对外友协会长陈昊苏获总统奖。

《美国音乐》“2002年度最佳作曲家”大奖

12月，旅美华人音乐家谭盾被美国权威音乐杂志《美国音乐》授予“2002年度最佳作曲家”大奖，此次获奖的曲目是谭盾以巴赫的“受难曲”为灵感创作的八乐章合唱曲“复活节之旅”。

第14届国际声乐比赛

12月初，在意大利举行的第十四届国际声乐比赛中，我国歌唱家白云获得“最佳音乐表达奖”，成为获得此奖的中国第一人。

·个人音乐档案·

郭祖荣室内乐、声乐主要作品年表

赖登明辑

钢琴曲				
编号	曲目	创作时间	地点	
1	E大调第一钢琴奏鸣曲	1950年	神州鼓山	
2	b小调第二钢琴奏鸣曲	1951年	神州东街	
3	c小调第三钢琴奏鸣曲	1951年	福州—上海	
4	C大调第四钢琴奏鸣曲	1952年9月7日	福州东街	
5	抒情曲八首	1951年5月25日—1956年2月1日	福州—山东烟台	
6	福州民间小调变奏曲三首	1952年6月15日—9月7日	福州东街	
7	草原情歌	1953年6月	福州东街	
8	小放牛	1954年2月	福州苍山	
9	福建组曲	1954年2月6日	福州苍山	
10	二月春草青	1954年2月25日	福州苍山	
11	月亮出来	1954年3月12日	福州苍山	
12	草原组曲	1954年4月1日	福州苍山	
13	“故乡”奏鸣曲之一	1954年4月2日—3日	福州苍山	

14	山林之歌	1954年4月1日	福州苍山	
15	闽剧曲牌选十五首	1954年5月7日	福州苍山	
16	雨不洒花花不红	1954年5月	福州苍山	
17	前奏曲十首	1954年6月25日—1955年5月	福州苍山—山东烟台	
18	d羽调第五钢琴奏鸣曲	1954年8月	福州—烟台	
19	A宫调第六钢琴奏鸣曲	1955年5月8日	山东烟台	
20	“故乡”奏鸣曲之二	1955年7月1日	山东烟台	
21	“故乡”奏鸣曲之三	1955年8月15日	山东烟台	
22	《野游》钢琴套曲	1955年6月—12月25	山东烟台	
23	山涧	1955年7月1日	山东烟台	
24	迎春幻想曲	1956年2月28日	山东烟台	
25	初春	1956年3月1日	山东烟台	
26	春天	1956年3月7日	山东烟台	
27	阳光三叠	1956年6月26日	山东烟台	
28	喜新婚—山东民间唢呐随想曲	1956年9月4日	山东烟台	
29	变奏曲第一号	1957年3月20日	山东烟台	
30	变奏曲第二号	1957年4月4日	山东烟台	
31	变奏曲第三号	1957年4月27日	山东烟台	
32	钢琴套曲《风景画》	1957年12月4日—1958年1月3日	福州苍山	
33	山区早春	1958年6月1日	福州苍山	
34	篝火	1959年5月12日	福州苍山	
35	随想曲	1960年夏	漳州	
36	春风荡漾	1960年6月1日	福州苍山	
37	胶东情	1960年7月1日	福州苍山	

38	《闽江行》钢琴套曲	1961 年 8 月 6 日	福州苍山	
39	奏鸣曲“五月歌”	1962 年夏	福州苍山	
40	陕北幻想曲	1964 年盛夏	福州苍山	
41	喜开镰	1968 年深秋	福州 安村	

重奏曲

编号	曲目	演奏形式	创作时间	地点
1	《在那遥远的地方》	曲笛、二胡与钢琴三重奏	1952 年 4 月	福州东街
2	《从黑夜等你到天明》	洞箫、椰胡与钢琴三重奏	1952 年 7 月	福州东街
3	第一^{b}B 大调	小提琴、大提琴与钢琴三重奏	1952 年	福州东街
4	小提琴与钢琴奏鸣曲		952 年春	福州东街
5	暴风雨狂想曲	两架钢琴合奏	1950 年 7 月—1951 年 9 月	福州苍山
6	第一弦乐四重奏		1964 年	福州苍山
7	第二 F 大调	小提琴、大提琴与钢琴三重奏	1966 年	福州苍山
8	第三 C 徵调	小提琴、大提琴与钢琴三重奏	1982 年春	厦门鼓浪屿
9	第二弦乐四重奏		1992 年冬	福州柳河
10	童年回旋曲	小提琴二重奏	1992 年	福州
11	古韵新声	曲笛（十孔）、筝与打击乐	1993 年春	福州

独奏曲

编号	曲目	演奏形式	创作时间	地点
1	绿色的原野	曲笛独奏、钢琴伴奏	1951 年 12 月	福州东街
2	山歌	长笛独奏、钢琴伴奏	1952 年 5 月	福州东街
3	傍晚的牧歌	中提琴独奏、钢琴伴奏	1953 年 8 月	福州东街
4	幻想曲	大提琴独奏、钢琴伴奏	1956 年 8 月—9 月	山东烟台

5	抒情回旋曲	小提琴独奏、钢琴伴奏	1955 年 12 月	山东烟台
6	沂蒙山小调	小提琴独奏、钢琴伴奏	1957 年 7 月	山东烟台
7	喜迎春	小提琴独奏、钢琴伴奏	1959 年冬	福州苍山
8	越调	小提琴独奏、钢琴伴奏	1960 年 1 月	福州苍山
9	歌	小提琴独奏、钢琴伴奏	1962 年春	福州苍山
10	春江短歌	大提琴独奏、钢琴伴奏	1963 年春	福州苍山
11	风搅雪	小提琴独奏、钢琴伴奏	1964 年冬	闽北岭口村
12	天涯芳草碧	双簧管独奏、钢琴伴奏	1985 年秋	福州苍山

艺术歌曲

编号	曲目	词作者	创作时间	地点
1	苹满溪[相思令]	宋·张先词	1946 年秋	福州古仙桥
2	大江东去[念奴娇]	宋·苏轼词	1946 年深秋	福州东街
3	红酥手[钗头凤]	宋·陆游词	1946 年 11 月	福州古仙桥
4	秋暮永夜西楼冷[甘草子]	宋·杨无咎词	1946 年 2 月	福州东街
5	边草[调笑令]	宋·戴叔伦词	1947 年 5 月	福州东街
6	春已半[谒金门]	宋·朱淑真词	1947 年 3 月	福州东街
7	楼外垂阳千万缕[蝶恋花]	宋·朱淑真词	1947 年 4 月	福州东街
8	晓行[眼儿媚]	宋·林少瞻词	1947 年夏	东街台山巷
9	江亭月夜送别	唐·王勃诗	1947 年 4 月	福州东街
10	山暗秋云[点绛唇]	宋·张元干词	1947 年夏	福州东街
11	碧云天[苏幕遮]	宋·范仲淹词	1947 年 9 月	福州光禄坊
12	一叶落	后唐·李存勖词	1947 年 10 月	东街台山巷
13	寻寻觅觅[声声慢]	宋·李清照词	1947 年 11 月	福州东街

14	梧桐影	佚名词	1947 年 12 月	福州东街
15	帘外雨潺潺[浪淘沙]	南唐·李煜词	1947 年 12 月	福州东街
16	一重山[长相思]	南唐·李煜词	1947 年 12 月	福州东街
17	寒夜思友	唐·王勃诗	1947 年冬	福州东街
18	蝉带残声移别树[一落索]	宋·吕渭老词	1947 年 12 月	福州东街
19	杨柳青青江水平[竹枝词]	唐·刘禹锡词	1948 年 1 月	福州光禄坊
20	西风又急[霜天晓角]	宋·吴礼之词	1948 年 1 月	
21	春寂寂[谒金门]	宋·卢炳词	1948 年 1 月	福州光禄坊
22	去年寒食初相见[虞美人]	宋·沈端节词	1948 年 8 月	福州光禄坊
23	春归何处[清平乐]	宋·黄庭坚词	1948 年夏	福州环城路
24	杜宇思归声苦[一落索]	宋·周邦彦词	1948 年 6 月	福州环城路
25	一曲新词酒一杯[浣溪沙]	宋·晏殊词	1948 年	福州东街
26	关山月	唐·李白诗	1948 年秋	福州光禄坊
27	夜闻杜鹃[鹊桥仙]	宋·陆游词	1948 年秋	
28	秋萧索[忆秦娥]	宋·黄机词	1949 年 1 月	福州东街
29	江南岸[柳枝]	宋·朱敦儒词	1949 年 1 月	福州东街
30	高柳蝉嘶[点绛唇]	宋·汪藻词	1949 年 5 月	福州东街
31	西城杨柳弄春柔[江城子]	宋·秦观词	1949 年 6 月	福州东街
32	江水碧[归国谣]	宋·冯延巳词	1949 年 6 月	福州东街
33	春花秋月何时了[虞美人]	南唐·李煜词	1949 年	福州东街
34	敲睟离愁[满江红]	宋·辛弃疾词	1950 年 3 月	福州光禄坊
35	常记溪亭日暮[如梦令]	宋·李清照词	1950 年暮春	福州环城路
36	您走了	葛辰词	1946 年 10 月	福州古仙桥

37	秋山秋水	林道侃添词	1947 年 9 月	福州西湖
38	秋江望帆	陈飞词	1947 年 9 月	福州环城路
49	夜思	魏世恩词	1947 年 10 月	福州东街
40	回来吧	司徒逻词	1947 年秋	福州环城路
41	燕子	金近词	1948 年 1 月	福州东街
42	再见吧，海滩	陈飞词	1948 年 6 月	永泰县
43	梦家园	陈飞词	1949 年 9 月	福州环城路
44	春色青青少年时	陈飞词	1949 年 1 月	福州东街
45	山路	姜天玲词	1948 年 7 月	台山巷
46	小浦的水悠悠地流	黄稼词	1948 年秋	福州东街
47	往事知多少	陈飞词	1949 年 1 月	福州东街
48	嘉陵江	方敬词	1949 年 4 月	福州东街
49	迟开的蔷薇	公刘诗	1956 年夏天	山东烟台
50	小小水车一丈三	佚名词	1965 年 6 月	闽北建瓯
51	梢排歌	章绍同词	1966 年 3 月	尤溪梅营
52	红梅一叶春	章绍同词	1969 年 3 月	福州郑安村
53	青松	陈毅诗	1979 年 3 月	福州郑安村
54	. 夏雨 ,	林澍添词	1980 年春	福州郑安村
55	湖中雨意	林澍词	1986 年春	杭州西湖
56	被遗忘的南国梦	陈侣白诗	1991 年	福州柳河
57	枫叶正红	王嘉桢词	1997 年	福州柳河

合 唱 曲

编号	曲目	词作者	创作时间	地点
1	信天游(合唱套曲五首)		1955 年 4 月	山东烟台
2	夜啊,青色的夜……	段枚诗	1955 年 7 月	山东烟台
3	在雪山上	江城 、师丹诗	1956 年秋	山东烟台
4	林海畅想曲 小提琴、钢琴与合唱队		1962 年 5 月	闽北建西
5	森林秋歌 无伴奏合唱	晓光、小琦词	1980 年初夏	武夷山
6	大地,你好 无伴奏合唱	林澍词	1988 年春	平潭岛
7	咏南平	郭沫若诗	1993 年暮春	福州柳河

歌 曲

编号	曲目	词作者	创作时间	地点
1	傍晚的歌声	赵云鹏词	1955 年 4 月	山东烟台
2	和平歌声	李洛词	1955 年 5 月	山东烟台
3	夜莺飞去了	闻捷词	1955 年夏	山东烟台
4	我要快乐的歌唱	谢箴厚词	1955 年 7 月	山东烟台
5	青竹彩门挂红灯	陈凯词	1961 年	福州苍山
6	采茶歌	佚名词	1960 年 5 月	福州苍山
7	岛谣传	林澍词	1980 年夏	武夷山
8	故乡雪	陈奎及、孟广徵词	1982 年春	鼓浪屿

室内乐风格管弦乐作品(部分)

编号	曲目	演奏形式	创作时间	地点
1	春之沉思	小提琴与乐队《浪漫曲》	1947 年——1955 年 5 月	福州——烟台
2	金色的秋天	小提琴与乐队《浪漫曲》	1961 年秋	连江琯头

3	秋色赋	小提琴与乐队《浪漫曲》	1966 年 5 月	南平西芹
4	断章	中提琴与乐队《浪漫曲》	1968 年寒冬	福州郑安村
5	山水情深	小提琴与乐队《浪漫曲》	1979 年春	福州郑安村
6	鼓浪情思	中提琴与乐队《浪漫曲》	1982 年寒冬	福州郑安村
7	乐思三章 袖珍乐曲三首及尾声		1989 年春	福州柳河
8	降 D 大调钢琴与乐队		1988 年暮春	福州苍山

中国音乐年鉴·2003·
·个人音乐档案·

辛沪光作品目录

林　晨辑

●［**作品名称**］《回旋曲》／［**创作时间**］1955年／［**体裁与编制**］单簧管独奏／［**发表**］包玉山试奏。

●［**作品名称**］《嘎达梅林》／［**创作时间**］1956年／［**体裁与编制**］交响音诗／［**发表**］1957年中央乐团首演。

●［**作品名称**］《蒙古情歌》／［**创作时间**］1956年／［**体裁与编制**］单簧管独奏／［**发表**］包玉山试奏。

●［**作品名称**］《达牙包来》／［**创作时间**］1957年／［**体裁与编制**］无伴奏合唱。

●［**作品名称**］《蒙古小调》／［**创作时间**］1958年／［**体裁与编制**］大提琴独奏／［**发表**］1957年司徒志文试奏／［**备注**］1958年改编为马头琴齐奏。

●［**作品名称**］《黄昏牧归》／［**创作时间**］1959年／［**体裁与编制**］双簧管独奏。

●［**作品名称**］《草原歌声》／［**创作时间**］1959年／［**体裁与编制**］大管独奏。

●［**作品名称**］《越看越喜欢》／［**创作时间**］1960年／［**体裁与编制**］女高音。

●［**作品名称**］《风从北京来》／［**创作时间**］1960年／［**体裁与编制**］大型声乐作品。

●［**作品名称**］《森吉德玛》／［**创作时间**］1962年／［**体裁与编制**］男高音。

●［**作品名称**］《草原组曲》／［**创作时间**］1963年／［**体裁与编制**］管弦乐／［**发表**］中央乐团首演。

●［**作品名称**］《草原小姐妹》/［**创作时间**］1964 年/［**体裁与编制**］清唱剧/［**发表**］内蒙艺术学校演出［**备注**］与莫尔吉胡合作。

●［**作品名称**］《鄂伦春之歌》/［**创作时间**］1965 年/［**体裁与编制**］歌剧/［**发表**］内蒙歌舞团演出。

●［**作品名称**］《歌唱乌兰察布》/［**创作时间**］1965 年/［**体裁与编制**］领唱合唱。

●［**作品名称**］《小羊羔高兴为了啥?》/［**创作时间**］1965 年/［**体裁与编制**］童声合唱。

●［**作品名称**］《清凉的泉水》/［**创作时间**］1965 年/［**体裁与编制**］马头琴独奏/［**发表**］敖特根试奏。

●［**作品名称**］《打草场上》/［**创作时间**］1965 年/［**体裁与编制**］器乐合奏。

●［**作品名称**］《乌兰牧骑之歌》/［**创作时间**］1966 年/［**体裁与编制**］电影音乐［**备注**］电影未完成。

●［**作品名称**］《新歌爱唱乌审召》/［**创作时间**］1966 年/［**体裁与编制**］女高音。

●［**作品名称**］《赞歌献给毛主席》/［**创作时间**］1967 年/［**体裁与编制**］男女二重唱。

●［**作品名称**］《红太阳照亮了内蒙古草原》/［**创作时间**］1967 年/［**体裁与编制**］女独、二重及混声合唱。

●［**作品名称**］《除四害》/［**创作时间**］1968 年/［**体裁与编制**］童声合唱［**备注**］蒙文。

●［**作品名称**］《我的祖国》/［**创作时间**］1968 年/［**体裁与编制**］童声合唱［**备注**］蒙文。

●［**作品名称**］《边防叔叔》/［**创作时间**］1968 年/［**体裁与编制**］童声合唱［**备注**］蒙文。

●［**作品名称**］《歌唱内蒙古》/［**创作时间**］1969 年/［**体裁与编制**］领唱合唱。

●［**作品名称**］《草原小姐妹》/［**创作时间**］1969－1971 年/［**体裁与编制**］京剧音乐/［**发表**］内蒙古京剧团首演。

●［**作品名称**］《马背医生之歌》/［**创作时间**］1972 年/［**体裁与编制**］女高音。

●［**作品名称**］《草原赞歌》/［**创作时间**］1973 年/［**体裁与编制**］大型声乐作品。

●［**作品名称**］《草原音诗》/［**创作时间**］1973 年/［**体裁与编制**］马头琴协奏曲/［**发表**］1983 年齐·宝力高在第二届“华北音乐节”首演。

●［**作品名称**］《欢乐的那达慕》/［**创作时间**］1973 年/［**体裁与编制**］单簧管独奏/

［**发表**］包玉山试奏。

●［**作品名称**］《鄂尔多斯之春》/［**创作时间**］1975年/［**体裁与编制**］二胡独奏/［**发表**］/刘长富首演。

●［**作品名称**］《草原小牧民》/［**创作时间**］1975年/［**体裁与编制**］弦乐四重奏。

●［**作品名称**］《喜送丰收粮》/［**创作时间**］1976年/［**体裁与编制**］钢琴独奏。

●［**作品名称**］《芒格斯》/［**创作时间**］1977年/［**体裁与编制**］马头琴独奏/［**发表**］敖特根首演，1982年齐·宝力高录音/［**备注**］与敖特根合作。

●［**作品名称**］《要问草原上有多少羊群》/［**创作时间**］1977年/［**体裁与编制**］女声二重唱。

●［**作品名称**］《草原晨曲》/［**创作时间**］1977年/［**体裁与编制**］男高音。

●［**作品名称**］《新牧民之歌》/［**创作时间**］1977年/［**体裁与编制**］齐唱。

●［**作品名称**］《草原上升起不落的太阳》（第三幕）/［**创作时间**］1977年/［**体裁与编制**］大型歌舞音乐/［**备注**］应"内蒙自治区成立30周年"而作。

●［**作品名称**］《祖国啊，母亲》/［**创作时间**］1977年/［**体裁与编制**］电影音乐/［**发表**］上海电影制片厂《祖国啊，母亲》，导演汤晓丹。

●［**作品名称**］《巴拉根仓》/［**创作时间**］1977年/［**体裁与编制**］广播音乐/［**备注**］应内蒙古电台之约而作。

●［**作品名称**］《杨开慧》/［**创作时间**］1978年/［**体裁与编制**］清唱剧/［**发表**］1978年中央歌剧院首演。

●［**作品名称**］《布谷鸟》/［**创作时间**］1978年/［**体裁与编制**］舞蹈音乐/［**备注**］为内蒙歌舞团而作。

●［**作品名称**］《敬酒歌》/［**创作时间**］1978年/［**体裁与编制**］钢琴独奏/［**发表**］蔡妮首演。

●［**作品名称**］《怀念周总理》/［**创作时间**］1978年/［**体裁与编制**］古筝独奏/［**发表**］娜仁格日勒首演。

●［**作品名称**］《草原欢歌》/［**创作时间**］1978年/［**体裁与编制**］小提琴齐奏。

●［**作品名称**］《剪羊毛》/［**创作时间**］1978年/［**体裁与编制**］弦乐四重奏/［**发表**］内蒙古歌舞团弦乐四重组录音。

●［**作品名称**］《荷英花》/［**创作时间**］1979年/［**体裁与编制**］女声二重唱。

●［**作品名称**］《长安街的钟声》/［**创作时间**］1979年/［**体裁与编制**］无伴奏合唱。

●［**作品名称**］《春到草原》/［**创作时间**］1979-1983年/［**体裁与编制**］合唱。

●［**作品名称**］《达古拉》/［**创作时间**］1980年/［**体裁与编制**］男中音。

●［**作品名称**］《美丽的马鞍鞯》/［**创作时间**］1980年/［**体裁与编制**］女高音。

● [作品名称]《鹿花马》/ [创作时间] 1980 年/ [体裁与编制] 女高音。

● [作品名称]《普如来弟弟摇篮曲》/ [创作时间] 1980 年/ [体裁与编制] 女中音。

● [作品名称]《乳燕》/ [创作时间] 1980 年/ [体裁与编制] 舞蹈音乐。

● [作品名称]《牧马青年》/ [创作时间] 1980 年/ [体裁与编制] 舞蹈音乐/ [发表] 内蒙歌舞团演出/ [备注] 获第一届全国舞蹈比赛“音乐鼓励奖”。

● [作品名称]《嘎达梅林》/ [创作时间] 1980 年/ [体裁与编制] 广播剧音乐/ [备注] 应内蒙广播电台之约而作。

● [作品名称]《等着你的好消息》/ [创作时间] 1981 年/ [体裁与编制] 女声小合唱。

● [作品名称]《健蹄马》/ [创作时间] 1981 年/ [体裁与编制] 女高音。

● [作品名称]《校园的春天》/ [创作时间] 1981 年/ [体裁与编制] 女高音。

● [作品名称]《金色的太阳》/ [创作时间] 1981 年/ [体裁与编制] 女高音。

● [作品名称]《金鬃飘逸的枣红马》/ [创作时间] 1981 年/ [体裁与编制] 女高音。

● [作品名称]《亲爱的故乡》/ [创作时间] 1981 年/ [体裁与编制] 女高音。

● [作品名称]《四岁的海骝马》/ [创作时间] 1981 年/ [体裁与编制] 女高音。

● [作品名称]《草原春歌》/ [创作时间] 1981 年/ [体裁与编制] 女高音。

● [作品名称]《呼和浩特圆舞曲》/ [创作时间] 1981 年/ [体裁与编制] 女中音。

● [作品名称]《飘飘的白云》/ [创作时间] 1981 年/ [体裁与编制] 女中音。

● [作品名称]《嘎达夫人》/ [创作时间] 1981 年/ [体裁与编制] 独幕舞剧/ [发表] 东方歌舞团演出，独舞：莫德格玛。

● [作品名称]《“布里牙特”故乡》/ [创作时间] 1981 年/ [体裁与编制] 双簧管独奏/ [发表] 巴音巴图录音。

● [作品名称]《那达慕盛会》/ [创作时间] 1981 年/ [体裁与编制] 小提琴独奏/ [备注] 与曹克合作。

● [作品名称]《飞奔的歌》/ [创作时间] 1982 年/ [体裁与编制] 合唱。

● [作品名称]《年轻的朋友们，来吧》/ [创作时间] 1982 年/ [体裁与编制] 女声二重唱。

● [作品名称]《驼铃响起来了》/ [创作时间] 1982 年/ [体裁与编制] 男声四重唱。

● [作品名称]《劝奶歌》/ [创作时间] 1982 年/ [体裁与编制] 女中音与无伴奏合唱。

● [作品名称]《额吉纳河，我的母亲河》/ [创作时间] 1982 年/ [体裁与编制] 女中音。

●［作品名称］《苦水也能变美酒》/［创作时间］1982 年/［体裁与编制］女高音。

●［作品名称］《生命的故事》/［创作时间］1982 年/［体裁与编制］电视剧音乐。

●［作品名称］《北京在我心中》/［创作时间］1983 年/［体裁与编制］男中音。

●［作品名称］《历历往事成春梦》/［创作时间］1983 年/［体裁与编制］男女二重唱。

●［作品名称］《草原为何难入梦》/［创作时间］1983 年/［体裁与编制］男女二重唱。

●［作品名称］《琴声》/［创作时间］1983 年/［体裁与编制］男女二重唱。

●［作品名称］《友谊的回声》/［创作时间］1983 年/［体裁与编制］混声合唱加女声二重唱。

●［作品名称］《大雁离不开芦苇荡》/［创作时间］1983 年/［体裁与编制］女高音。

●［作品名称］《祖国，我属于你》/［创作时间］1983 年/［体裁与编制］女高音。

●［作品名称］《油田之夜》/［创作时间］1983 年/［体裁与编制］女中音。

●［作品名称］《草原的女儿》/［创作时间］1983 年/［体裁与编制］女中音。

●［作品名称］《不要拒绝我吧，美丽的姑娘》/［创作时间］1983 年/［体裁与编制］独唱。

●［作品名称］《驼铃叮当》/［创作时间］1983 年/［体裁与编制］器乐小品/［发表］北京歌舞团小乐队首演。

●［作品名称］《沸腾的草原》/［创作时间］1983 年/［体裁与编制］器乐小品/［发表］北京歌舞团小乐队首演。

●［作品名称］《幸福的牧场》/［创作时间］1983 年/［体裁与编制］器乐小品/［发表］北京歌舞团小乐队首演。

●［作品名称］《西尼河畔》/［创作时间］1983 年/［体裁与编制］器乐小品/［发表］北京歌舞团小乐队首演。

●［作品名称］《送亲》/［创作时间］1983 年/［体裁与编制］器乐小品/［发表］/北京歌舞团小乐队首演。

●［作品名称］《山泉似的红走马》/［创作时间］1983 年/［体裁与编制］器乐小品/［发表］北京歌舞团小乐队首演。

●［作品名称］《草原的女儿》/［创作时间］1983 年/［体裁与编制］电影专题片音乐/［备注］应中央新闻制片厂之约而作。

●［作品名称］《大雁飞起的地方》/［创作时间］1983 年/［体裁与编制］电视故事片音乐。

● [作品名称]《沙漠散记》/ [创作时间] 1983 年/ [体裁与编制] 电视风光片音乐/ [备注] 内蒙电视台之约而作。

● [作品名称]《满都海船歌》/ [创作时间] 1984 年/ [体裁与编制] 二重唱。

● [作品名称]《勤劳的牧民》/ [创作时间] 1984 年/ [体裁与编制] 男女声二重唱。

● [作品名称]《明日的北京》/ [创作时间] 1984 年/ [体裁与编制] 齐唱。

● [作品名称]《驼铃与情歌》/ [创作时间] 1984 年/ [体裁与编制] 独唱。

● [作品名称]《明日的北京》/ [创作时间] 1984 年/ [体裁与编制] 独唱。

● [作品名称]《开创共和国的锦绣前程》/ [创作时间] 1984 年/ [体裁与编制] 女高音。

● [作品名称]《我爱祖国，我爱北京》/ [创作时间] 1984 年/ [体裁与编制] 独唱。

● [作品名称]《女伯乐陈秀岳》/ [创作时间] 1984 年/ [体裁与编制] 新闻片音乐/ [备注] 中央新闻制片厂之约而作。

● [作品名称]《母爱》/ [创作时间] 1984 年/ [体裁与编制] 电视纪录片音乐/ [备注] 中央新闻制片厂之约而作。

● [作品名称]《黑骏马》/ [创作时间] 1984 年/ [体裁与编制] 广播剧音乐/ [备注] 应内蒙广播电台之约而作。

● [作品名称]《五张照片》/ [创作时间] 1984 年/ [体裁与编制] 电影音乐/ [备注] 内蒙古电影制片厂。

● [作品名称]《你，火中的凤凰》/ [创作时间] 1985 年/ [体裁与编制] 独唱。

● [作品名称]《我们都是炎黄子孙》/ [创作时间] 1985 年/ [体裁与编制] 独唱。

● [作品名称]《草原炊烟》/ [创作时间] 1985 年/ [体裁与编制] 独唱。

● [作品名称]《北京——天安门》/ [创作时间] 1985 年/ [体裁与编制] 独唱。

● [作品名称]《当群楼耸立的时候》/ [创作时间] 1985 年/ [体裁与编制] 独唱。

● [作品名称]《雨中思》/ [创作时间] 1985 年/ [体裁与编制] 独唱。

● [作品名称]《杰德尔那那》/ [创作时间] 1985 年/ [体裁与编制] 器乐小品/ [备注] 没有正式演出。

● [作品名称]《彩虹》/ [创作时间] 1985 年/ [体裁与编制] 器乐小品/ [备注] 没有正式演出。

● [作品名称]《鸣叫的布谷鸟》/ [创作时间] 1985 年/ [体裁与编制] 器乐小品 [备注] 没有正式演出。

● [作品名称]《敖尤代》/ [创作时间] 1985 年/ [体裁与编制] 器乐小品/ [备注] 没有正式演出。

● [作品名称]《苏木茹》/ [创作时间] 1985 年/ [体裁与编制] 器乐小品/ [备注]

没有正式演出。

●［**作品名称**］《依吉娅》／［**创作时间**］1985年/［**体裁与编制**］器乐小品/［**备注**］没有正式演出。

●［**作品名称**］《阿拉木汗》／［**创作时间**］1985年/［**体裁与编制**］长笛重奏/［**备注**］应张常华之约而作。

●［**作品名称**］《乡村喜歌》／［**创作时间**］1985年/［**体裁与编制**］长笛重奏/［**备注**］应张常华之约而作。

●［**作品名称**］《蒙古勇士舞》／［**创作时间**］1985年/［**体裁与编制**］舞蹈音乐/［**发表**］东方歌舞团首演/［**备注**］应莫德格玛之约而作。

●［**作品名称**］《青春的跑道》／［**创作时间**］1986年/［**体裁与编制**］男女声对唱。

●［**作品名称**］《星星啊，星星》／［**创作时间**］1986年/［**体裁与编制**］小合唱。

●［**作品名称**］《光荣啊，白衣战士》／［**创作时间**］1986年/［**体裁与编制**］齐唱。

●［**作品名称**］《草原恋》／［**创作时间**］1987年/［**体裁与编制**］无伴奏合唱。

●［**作品名称**］《吉祥的欢乐》／［**创作时间**］1987年/［**体裁与编制**］无伴奏合唱。

●［**作品名称**］《蒙古源流》／［**创作时间**］1987年/［**体裁与编制**］四幕舞剧/［**发表**］内蒙古歌舞团首演。

●［**作品名称**］《冰雪上的爱》／［**创作时间**］1988年/［**体裁与编制**］男中音。

●［**作品名称**］《天鹅》／［**创作时间**］1988年/［**体裁与编制**］无伴奏合唱

●［**作品名称**］《草原情歌》／［**创作时间**］1988年/［**体裁与编制**］独唱。

●［**作品名称**］《马头琴的传说》／［**创作时间**］1988年/［**体裁与编制**］交响叙事曲/［**发表**］吉林省歌舞团乐队首演。

●［**作品名称**］《萧太后》／［**创作时间**］1988年/［**体裁与编制**］新编历史京剧音乐/［**发表**］赤峰京剧团首演/［**备注**］应赤峰京剧团之约而作。

●［**作品名称**］《牧人心中的乐园》／［**创作时间**］1989年/［**体裁与编制**］女声合唱。

●［**作品名称**］《游侠奇婚记》／［**创作时间**］1989年/［**体裁与编制**］音乐剧/［**备注**］未正式演出。

●［**作品名称**］《思念的弦》／［**创作时间**］1989年/［**体裁与编制**］独唱。

●［**作品名称**］《战胜自我》／［**创作时间**］1990年/［**体裁与编制**］独唱。

●［**作品名称**］《让亚洲一切欢庆》／［**创作时间**］1990年/［**体裁与编制**］齐唱合唱。

●［**作品名称**］《国旗和太阳一同升起》／［**创作时间**］1990年/［**体裁与编制**］齐唱。

●［**作品名称**］《永远的飞翔》／［**创作时间**］1990年/［**体裁与编制**］合唱。

●［**作品名称**］《鸣叫的布谷鸟》/［**创作时间**］1990年/［**体裁与编制**］合唱。

●［**作品名称**］《悬崖菊》/［**创作时间**］1990年/［**体裁与编制**］合唱。

●［**作品名称**］《摇篮歌》/［**创作时间**］1990年/［**体裁与编制**］女领，无伴奏女合唱。

●［**作品名称**］《爱我中华》/［**创作时间**］1993年/［**体裁与编制**］男女声二重唱。

●［**作品名称**］《彩虹》/［**创作时间**］1995年/［**体裁与编制**］马头琴、钢琴五重奏。

●［**作品名称**］《剪羊毛》/［**创作时间**］1995年/［**体裁与编制**］马头琴四重奏。

●［**作品名称**］依吉亚/［**创作时间**］1995年/［**体裁与编制**］马头琴四重奏。

●［**作品名称**］《那达慕盛会》/［**创作时间**］1995年/［**体裁与编制**］马头琴齐奏。

●［**作品名称**］《湖畔情韵》/［**创作时间**］1995年/［**体裁与编制**］音乐电视剧/［**备注**］应上海电视台之约而作。

●［**作品名称**］《雕花的马鞍》/［**创作时间**］1997年/［**体裁与编制**］无伴奏合唱［**发表**］内蒙古青年合唱团首演。

●［**作品名称**］《铁青马儿快如箭》/［**创作时间**］1998年/［**体裁与编制**］合唱。

●［**作品名称**］《生命欢歌》/［**创作时间**］1998年/［**体裁与编制**］大型音舞诗/［**发表**］内蒙古直属乌兰牧骑首演/［**备注**］为“建国50周年”而作。

●［**作品名称**］《啊呀，妈妈》/［**创作时间**］1999年/［**体裁与编制**］合唱。

●［**作品名称**］《忘不了》/［**创作时间**］1999年/［**体裁与编制**］无伴奏合唱［**发表**］草原恋合唱团首演。

●［**作品名称**］《二泉映月》/［**创作时间**］2000年/［**体裁与编制**］无伴奏合唱［**备注**］应“2001年文化部春节联欢晚会”而作。

●［**作品名称**］《圆顶帽子》/［**创作时间**］2002年/［**体裁与编制**］无伴奏合唱［**发表**］草原恋合唱团首演。

●［**作品名称**］《再创辉煌——献给南昌十中百年华诞》/［**创作时间**］2002年/［**体裁与编制**］混声合唱。

●［**作品名称**］《阿妈》/［**创作时间**］2002年/［**体裁与编制**］女低音。

●［**作品名称**］《蒙古包里长大的姑娘》/［**创作时间**］2002年/［**体裁与编制**］女低音。

●［**作品名称**］《大漠故乡》/［**创作时间**］2003年/［**体裁与编制**］女低音。

●［**作品名称**］《华夏儿女之歌》/［**创作时间**］2003年/［**体裁与编制**］女生合唱。

●［**作品名称**］《蓝色的蒙古高原》/［**创作时间**］2005年/［**体裁与编制**］无伴奏合唱［**备注**］应牧人合唱团之约而作。

●［**作品名称**］《牧人》/［**创作时间**］2005 年/［**体裁与编制**］合唱。

●［**作品名称**］《牧人歌谣》/［**创作时间**］2005 年/［**体裁与编制**］男声合唱。

中国音乐年鉴·2003·
·博士论题·

探路者的求索

——朱践耳交响曲创作研究(提要)

博士学位申请人：蔡乔中
导师：杨儒怀

朱践耳是中国当代交响乐创作史上最杰出的代表人物之一。他晚年创作的十部交响曲，不仅代表着作曲家毕生音乐创作最高的艺术成就，也是中国交响乐创作在将近一个世纪的探索历程中所取得的最重要成果之一。

本文选取作曲家最有代表性的六部交响曲作为主要研究对象，试图通过对作品创作技术的全面而深入地分析，归纳总结作曲家在音乐创作上的技术语言与风格特征，探究作曲家对艺术创新、作品题材的哲学思考及其创作的美学思想内涵，进一步透过他一生对“交响梦”的追求所历经的不同阶段，审视中国交响乐创作与探索的发展历程。

论文以创作技法研究为主体（前景层），深入探析作曲家创作技术语言与风格特征的各个方面。

论文首先通过对各交响曲序列形式的设计、特点及其运用等方面进行全面分析，并对其中所使用的各种序列形式类型进行归纳总结，认为朱践耳交响曲序列技法的使用主要表现为，将核心集合与传统动机相结合而形成的“集合动机”手法，将序列的设计与民族音调或汉语语言音调相结合而形成独特的民族化序列语言与手法，并同时有机地与作品的曲式结构和音响结构紧密联系起来，既是对勋伯格“古典序列”的“继承”与“解放”，也是对赫尔“六音组”的突破和拓展。

朱践耳交响曲曲式结构形态极其复杂而多样，主要表现为对传统曲式结构的突破、变异和创新。文章试图以“规范化曲式”、“变体曲式”、“边缘曲式”、“自由曲式”与“跨类曲式”五种曲式结构类型对其进行全面的归结，指出朱践耳交响曲最主要的结构特色：套曲单章化与单章套曲化、综合再现、变体赋格、借鉴西方奏鸣曲式“程式化”结构思维与中国传统民族音乐中的渐变式结构思维，并在使用中有机地与作品题材内涵及情感表达紧密地结合起来。

论文同时对朱践耳交响曲中的“语调化旋律”特色、“数控节奏”、和声技法、潜在调性技法、复调技法、音色技法、偶然音乐技法、微分音技法等多方面进行详尽的分析与立论，并对其中几部有代表性的交响曲分类——传统多乐章交响套曲（No. 1，No. 6）、单乐章交响曲（No. 2，No. 10）和室内乐性交响曲（No. 4，No. 8）——进行了全面的音乐分析。

论文在“中景层”中对作品的艺术创新、作品题材内涵的哲学思考以及作曲家的创作美学思想进行透析，并对各部交响曲所取得的艺术成就以及存在的不足作出了作者个人的主观评价。

论文在“背景层”中以作曲家的“交响梦”为主线，把他一生对交响乐创作的追求与探索历程归结为实现自我、失却自我与回归自我三个阶段，并对作曲家不同阶段的音乐创作观念、风格与特征进行分析和总结，梳理并勾勒其一生音乐创作观念嬗变的发展轨迹。

最后，论文在“结语”中将朱践耳交响曲及其一生的创作历程置于中外20世纪音乐历史与文化发展的大背景中进行观照，认为西方20世纪音乐的发展是一个充满着各种实验与探索的过程，中国20世纪的文化发展是一个中西、古今文化大撞击、大融合、大发展的过程，中国交响乐的创作发展也是经过五代作曲家艰苦奋斗所走过的一条对西方交响音乐文化学习和借鉴并力求本土化、民族化、个性化不断探索的过程，朱践耳的交响曲及其一生正是中国20世纪几代致力于振兴中华民族音乐文化、创建立于世界民族之林的“中国民族乐派”所有“探路者”孜孜不倦地“求索”的杰出代表和缩影！

附：中央音乐学院作曲系博士研究生蔡乔中论文答辩会

答辩时间：2002年6月28日上午

答辩地点：中央音乐学院阶梯教室

答辩委员会成员：李吉提　中央音乐学院作曲系教授（主席）
郭文景　中央音乐学院作曲系教授
唐建平　中央音乐学院作曲系教授
徐昌俊　中央音乐学院作曲系教授
高为杰　中国音乐学院作曲系教授
李西安　中国音乐学院作曲系教授

答辩委员会秘书：唐建平　中央音乐学院作曲系教授（兼）

答辩结果：答辩委员会一致通过蔡乔中论文答辩，并建议中央音乐学院学位委员会授予蔡乔中博士学位。

中国音乐年鉴·2003·
·博士论题·

从哥仔到哥仔戏

——哥仔戏唱腔音乐研究（提要）

博士学位申请人：陈新凤
导师：王耀华

歌仔戏是我国戏曲剧种中一个具有特殊意义的剧种。其特殊性主要表现在：1. 在全国三百多个剧种中，歌仔戏是唯一诞生于台湾的剧种。2. 由于台湾是一个典型的移民社会，移民大部分来自闽南，因此歌仔戏的音乐、剧目、表演等方面所展示的不仅有台湾的本土文化，还有大陆的源头文化，实质上它是连接两岸的文化纽带。3. 两岸近40年的隔绝，使同一剧种在相异的政治、经济、文化环境中表现出衍生发展的不同样态，说明人文环境之于戏曲发展的重要性。所以，歌仔戏唱腔音乐的源流研究，显然在一定意义上已超越了一个地方戏曲剧种的研究而赋予它更具现实意义的内容。

全文共分七章。第一章对歌仔戏音乐的历史做一简要概括，为下文的歌仔戏唱腔音乐源流考察提供历史依据。第二章至第六章是论文的主体，考察了七字调、台湾杂念调、杂碎调、哭调及杂调唱腔音乐的演变发展过程及音乐特征。第七章从人文背景的角度探讨两岸歌仔戏唱腔音乐的形成和异流原因。

本文从多学科的视角分析歌仔戏唱腔音乐，以期更客观地认识、把握歌仔戏这一特殊戏曲剧种音乐的创腔规律。

送审专家：

伊鸿书教授，博士生导师，中央音乐学院
江明惇教授，博士生导师，上海音乐学院
乔建中教授，博士生导师，中国音乐研究所
吕锤宽教授，台湾师范大学民族音乐研究所
冯洁轩教授，上海海关高等专科学校科研所
陈世雄教授，厦门大学人文学院中文系

附：福建师范大学音乐系博士研究生陈新凤论文答辩会
答辩时间：2002 年 10 月 24 日
答辩地点：福建师范大学音乐系
答辩委员会成员：刘春曙　福建省艺术馆研究员（主席）
陈世雄　厦门大学人文学院中文系教授
蓝雪霏　福建师范大学研究员
郑锦扬　福建师范大学教授
王耀华　福建师范大学教授
答辩委员会秘书：郑俊辉　福建师范大学音乐系硕士研究生
答辩结果：答辩委员会一致通过陈新凤论文答辩，并建议福建师范大学学位委员会授予陈新凤博士学位。

斋醮科仪　天师神韵

——龙虎山天师道科仪音乐研究（提要）

博士学位申请人：傅利民
导师：袁静芳

龙虎山自晋代以来不但是历代天师[1]生活起居、设坛传箓[2]之处，也是道教的中心，在道教史上有着极大的影响。其斋醮科仪音乐具有完备的形态和深刻的内涵，它随着天师道在社会和道教内部地位的提高而不断向外传播发展，对民间乐曲和地域性文化影响极大。同时，它也直接受到民间音乐和宫廷音乐的多重影响，实为我国传统音乐文化中的宝贵遗产。

本文在绪论中追溯了天师道科仪音乐的形成、发展和演变的全过程，并对各个历史时期的主要人物、经典、相关的文化背景、科仪的程序、结构和音乐的特点用比较研究和具体分析的方法进行全面的梳理，指明了龙虎山天师道科仪音乐的历史传承之脉络和演变轨迹。

本文上篇在实地考察的基础上，对龙虎山天师道当今使用的几项主要科仪的历史与社会文化背景进行了分析与阐述，并实录《启请告歇科仪》、《灵宝济炼度孤科仪》和《传度授箓科仪》的全部程式及其音乐，借以说明音乐在科仪中的重要地位和功能作用，克服了前人把道教经韵曲牌音乐孤立于科仪之外进行观察与研究的弊端。

下篇首先探讨了天师道科仪音乐的宗教性功能，指出天师道科仪音乐尽管与民间音乐有着密切的联系，甚至仅从表面观察与当地有些民歌、戏曲、器乐曲等十分相近，但由于它受宗教礼仪和道教观念的影响，并受多种特殊的历史文化因素的复合作用，使其具有一种不同于世俗音乐的独特的风貌，它那富有空灵超验的神秘性和神圣的宗教性特色是我们每个人都可感受得到的。因此，本文认为天师道科仪音乐除具有民俗音乐所共有的一般性音乐功能，即认识功能、教育功能和审美功能外，还有其独特的祈禳、济度、通神、感神等宗教性功能。下篇还对现今的龙虎山天师道科仪音乐的曲目、乐队组合、演奏技巧与配器特点、曲式结构类型、龙虎山天师道科仪音乐的构成等方面进行了具体地分析与研究，总结了天师道科仪音乐的旋法特征，探求了天师道科仪音乐中多声音乐织体的内在规律。最后，本文从宗教学、社会学、美学的层面，对道人的音乐概念、音乐价值观进行了阐释，并就天师道科仪音乐的生成背景、道人的修道心理以及审美品格进行了深入的探讨，提出了一系列新观点。该文还从道教经典、道家著作中，选取了历代高道和道家先哲对音乐理论的部分论述，以指明天师道科仪音乐的思想基础与文化内涵。

附：中央音乐学院音乐学系博士研究生傅利民论文答辩会

答辩时间：2002 年 5 月 30 日上午

答辩地点：中央音乐学院阶梯教室

答辩委员会成员：周青青　中央音乐学院教授（主席）

田联韬　中央音乐学院研究员

乔建中　中国艺术研究院音乐研究所研究员

田　青　中国艺术研究院音乐研究所研究员

钱　茸　中央音乐学院教授

杨民康　中央音乐学院副教授

答辩委员会秘书：褚　历　中央音乐学院讲师

答辩结果：答辩委员会全票通过傅利民论文答辩，并建议中央音乐学院学位评定委员会授予傅利民文学博士学位。

授予学位时间：2002 年 7 月 10 日。

注释：

[1] 天师是道家和道教对有道术的人之称呼，意为天生人师。《黄帝内经·素问》黄帝称岐伯为天师。张陵以“五斗米道”行汉沔间，信教者尊张陵为天师。后来的道流如寇谦之、杜光庭及张陵的子孙等，也被称为天师。

[2] 传箓是指传度授箓，奉道者正式入道的仪范。箓即箓牒，天师道徒入道的凭证。入道者，必须受箓，不受箓就不能做道场。《正一法文太上外箓仪》记载：“凡为道民，便受护身符及三戒，进五戒，八戒，然后受箓。”传箓是天师道招揽信教者入道的主要办法。

《乐府诗集》的刊刻和流传(提要)

博士学位申请人：尚丽新
导师：王小盾

《〈乐府诗集〉的刊刻和流传》是以《乐府诗集》的版本研究为主干，并在版本研究的基础上探讨该书的流传和影响。全文20万字（不包括附录），由绪论、上编四章、下编两章以及两个附录组成。上编“《乐府诗集》的版本研究”，对其宋本、元本、汲古阁本和校本做了剖析，并探讨版本校勘问题。下编“《乐府诗集》的流传和影响”是上编的自然延伸，贯彻了“从物质形态研究文学传播”的思考，探讨《乐府诗集》自产生以来直至清代的流传、接受和影响。附录一为“《乐府诗集》的序跋、题识、批点、著录、馆藏”；附录二为“《乐府诗集》的编纂、刊刻、收藏和著录者”。总之，本文理清了《乐府诗集》的版本源流和版本系统，对每一系统内部的版本状况进行深入细致地分析和评价，填补了《乐府诗集》版本研究的空白，为重新整理《乐府诗集》提供版本依据。《乐府诗集》在宋、元、明、清四代的流传和影响，亦属研究空白，本文做了细致探索；并依据“从文学的物质形态来研究文学的传播”这一思路，把版本研究与流传研究结合起来，力图通过描述《乐府诗集》从编撰、刊行到流传的整个过程，从而论证刊刻这种物质因素所起的作用。

附：扬州大学博士研究生尚丽新论文答辩会
答辩时间：2002 年 11 月 16 日
答辩地点：扬州大学瘦西湖校区第一会议室
答辩委员会成员：王运熙　复旦大学中文系教授（主席）
杨　明　复旦大学中文系教授
曹　旭　上海师范大学图书馆教授
钟振振　南京师范大学中文系教授
李昌集　扬州大学文学院教授
傅　刚　北京大学中文系教授
汪　俊　扬州大学文学院副教授
论文评阅人：李致忠、刘跃进、汪俊
答辩结果：答辩委员会一致通过尚丽新论文答辩，并建议扬州大学学位委员会授予博士学位。

《乐府诗集》成书研究（提要）

博士学位申请人：喻意志
导师：王小盾

本文从编纂背景、资料来源两方面对《乐府诗集》的成书进行探讨。

上编"《乐府诗集》的编纂背景"论述郭茂倩的生平家世、《乐府诗集》在南宋的流传以及《乐府诗集》编纂的文献背景及音乐理论背景。观点如下：1. 郭茂倩生于仁宗庆历六年左右，自小所受教育良好。《乐府诗集》成书于北宋后期，在南宋时流传较广，且得到诸多学者的关注。2. 北宋书籍刊刻与收藏事业蓬勃发展，为《乐府诗集》的编纂提供了良好的文献条件。3. 在重乐府典籍、重古乐的背景下，宋人对乐府诗歌进行了全面总结。故郭茂倩编纂《乐府诗集》是时代风气使然。而宋人总结与研究乐府诗有着共同传统和资料背景。北宋礼乐观影响了郭茂倩的分类。

下编"《乐府诗集》的资料来源"主要论述郭茂倩编纂《乐府诗集》时，利用作家别集、《文选》、《古今乐录》等文献的情况。其认为：1. 郭茂倩编纂《乐府诗集》时参考了多种文献。2. 郭氏所录无主名作品主要来源于《古今乐录》、《古乐府》、正史乐志等收录歌辞的乐类典籍，作家作品则主要来源于别集。3. 郭茂倩编纂《乐府诗集》时不仅参考了李善注《文选》，而且参考了五臣注或六臣注《文选》。

附： 扬州大学博士研究生喻意志论文答辩会
答辩时间： 2002 年 11 月 16 日
答辩地点： 扬州大学瘦西湖校区第一会议室
答辩委员会成员： 王运熙　复旦大学中文系教授（主席）
杨　明　复旦大学中文系教授
钟振振　南京师大中文系教授
曹　旭　上海师范大学图书馆教授
傅　刚　北京大学中文系教授
李昌集　扬州大学文学院教授
汪　俊　扬州大学文学院副教授
答辩结果： 答辩委员会一致通过喻意志论文答辩，并建议扬州学位委员会授予喻意志博士学位
授予学位时间： 2003 年 6 月 20 日

古琴美学与古琴命运的历史考察（提要）

博士学位申请人：苗建华
导师：蔡仲德

本文以文献和史实为据，对古琴美学思想和古琴命运进行历时考察。全文在纵览传统古琴美学文献的基础上，总结古琴美学思想自先秦至明清的发展轨迹，阐释了古琴美学思想与儒、道、佛思想的关系，古琴美学理论与音乐实践的关系，琴与士的关系，并根据音乐文化与时俱进的普遍规律展望古琴的发展前途。

本文认为，古琴美学思想先秦至明清的发展有两个显著特征：研究对象从外部关系的论述转到内部规律的探索；美学思想从前期的相对自由变为后期的绝对禁锢。古琴美学理论和儒、道、佛思想联系紧密。其中，儒家礼乐思想是古琴美学思想的主体，道、佛思想则在其局部体现。与之相反，在古琴实践中，道家思想占主导地位。这就使古琴美学思想与其音乐实践形成了既统一又矛盾的关系。随着历史的演进，古琴逐渐成为文人的专用乐器，琴的盛衰与士的兴亡不可分离。

本文进而认为，古琴的前途与美学思想的革新息息相关。古琴美学思想必须对传统美学思想进行扬弃，吸收现代化思想，抛弃以礼为本，坚持以人为本，舍弃文人琴中的不合理成分，发展艺术琴，还艺术于古琴，还古琴于人民，才会使古琴的命运出现根本转机。

附：中央音乐学院音乐学系博士研究生苗建华论文答辩会

答辩时间：2001 年 12 月 20 日

答辩地点：中央音乐学院阶梯教室

答辩委员会成员：于润洋　中央音乐学院教授（主席）

张　前　中央音乐学院教授

王次炤　中央音乐学院教授

冯文慈　中国音乐学院教授

许　健　中国艺术研究院音乐研究所研究员

答辩结果：答辩委员会一致通过苗建华论文答辩，并建议中央音乐学院学位委员会授予苗建华博士学位。

授予学位时间：2002 年 7 月 5 日

中国交响乐团2002—2003音乐季演出情况

解晓静辑

时间	地点	音乐会	指挥及其他	作品	作曲
2002年9月6日 19:30	北京大学百年纪念讲堂	中国交响乐团世界巡演北大专场	指挥:陈佐湟、李心草	音诗《枫桥夜泊》 交响诗《穆桂英挂帅》 e小调第四交响曲,作品98号	徐振民 邓宗安、刘玉宝、张孔繁、杨牧云 勃拉姆斯
2002年9月14日 19:30	世纪剧院	歌剧选唱	指挥:李心草 独唱:克里斯第安·约翰逊	威尔第、普契尼选段	威尔第 普契尼
2002年11月30日 19:30	北京大学百年纪念讲堂	中国交响乐作品首演音乐会	指挥:李心草 钢琴独奏:许兴艾 二胡独奏:于红梅	管弦乐曲《梦境》 第二二胡协奏曲《追梦紫禁城》 c小调第二钢琴协奏曲	董立强 关迺忠 黄安伦
2002年12月7日 19:30	世纪剧院	交响音乐会(二)	指挥:卡洛斯·加西亚·瑞兹、李心草 小提琴独奏:杨晓宇	管弦乐曲《瓦潘戈》 d小调小提琴协奏曲,作品47号 交响舞曲,作品45号	蒙卡约 西贝柳斯 拉赫玛尼诺夫

时间	地点	音乐会	指挥及其他	作品	作曲
2003年1月11日 19:30	世纪剧院	2003新年交响音乐会	指挥:李心草 钢琴独奏:奥立维·科恩 小提琴独奏:刘云志	《费加罗的婚礼》序曲 c小调《第三钢琴协奏曲》,作品73号 《小提琴协奏曲》第三乐章 《悲剧序曲》 《死与净化》	莫扎特 贝多芬 门德尔松 勃拉姆斯 理查·施特劳斯
2003年1月17日 19:30	钓鱼台	新春音乐会	指挥:李心草 男中音独唱:陈希 男高音独唱:李迎辉 女高音独唱:柳红玲	轻歌剧《蝙蝠》序曲 《我为祖国献石油》 《沉思》 《祖国,慈祥得母亲》 《我的太阳》 罗马狂欢节序曲 柏林的空气 《我爱你,中国》 《晴朗的一天》 歌剧《威廉·退尔》序曲 乡村提琴手 《饮酒歌》	约翰·施特劳斯 马斯涅 伯辽兹 保尔·林克 罗西尼 安德森 威尔第

时间	地点	音乐会	指挥及其他	作品	作曲
2003 年 1 月 19 日 19:00	国图音乐厅	中国交响乐团交响乐讲座演奏会	指挥:李心草 钢琴独奏:刘诗昆	交响序曲《红旗颂》	吕其明
				管弦乐队指南	布里顿
				歌剧《费加罗的婚礼》序曲	莫扎特
				《匈牙利舞曲》第六号	勃拉姆斯
				《第二交响曲》第三乐章	拉赫玛尼诺夫
				轻歌剧《吉普赛男爵》序曲	约翰·施特劳斯
				管弦乐曲《乡村提琴手》	安德森
				弦乐曲《良宵》	刘天华、元之
				钢琴协奏曲《黄河》第二、第四乐章	殷承宗、储望华、盛礼洪、刘庄
2003 年 3 月 8 日 19:30	世纪剧院	交响音乐会(四)	指挥:莱德汉德勒(比) 钢琴独奏:赵胤胤	《罗米欧与朱丽叶》幻想序曲	柴可夫斯基
				第二钢琴协奏曲,作品 102 号	肖斯塔科维奇
				《图画展览会》	穆索尔斯基
2003 年 3 月 15 日 19:30	世纪剧院	交响音乐会(五)	指挥:约安·法里塔 单簧管独奏:罗伯特·阿兰曼尼(美)	《悲剧序曲》,作品 81 号	勃拉姆斯
				降 B 大调第三单簧管协奏曲,作品 11 号	克勒瑟尔
				交响组曲《天方夜谭》,作品 35 号	里姆斯基—科萨科夫

时间	地点	音乐会	指挥及其他	作品	作曲
2003 年 3 月 21 日 19:30	中国政法大学	校园交响音乐会（中国政法大学专场）	指挥：李晓卢	《威廉·退尔》序曲	罗西尼
				间奏曲（选自歌剧《乡村骑士》）	玛斯卡尼
				《小号手的假日》	安德森
				《沉思》（选自歌剧《黛依丝》）	马斯涅
				《红旗颂》	吕其明
2003 年 4 月 12 日 19:30	国图音乐厅	交响音乐会（六）	指挥：张艺 大提琴独奏：倪海叶	《狂欢节序曲》，作品 92 号	德沃夏克
				b 小调大提琴协奏曲，作品 104 号	德沃夏克
				C 大调第九交响曲	舒伯特
2003 年 6 月 28 日 19:15	八达岭长城文化广场	庆祝中国共产党成立八十二周年"众志成城、战胜非典"八达岭长城露天音乐会	指挥：李晓卢 主持：朱军、周涛	《中华人民共和国国歌》	聂耳曲/田汉词
				《红旗颂》	吕其明曲
				《唱支山歌给党听》	朱践耳曲/蕉萍词
				《祖国，慈祥的母亲》	陆在易曲/张鸿西词
				《祖国不会忘记》	曹进曲/月潭词
				《跨越非典》	雷抒雁诗
				《弦乐柔板》	巴伯曲
				《第三交响曲"英雄"》	贝多芬曲
				《芬芳的赞歌》	关峡曲/凯传词
				《我爱你，中国！》	郑秋枫曲/瞿琮词
				《用生命托起希望》	根据张积慧"一个护士长的日记"选编
				《圣母颂》	巴赫/古诺曲
				《第九交响曲"新世界"》第四乐章	德沃夏克曲
				《黄河大合唱》选段	冼星海曲/光未然词
				《沁园春·雪》	田丰曲/毛泽东词

时间	地点	音乐会	指挥及其他	作品	作曲
2003 年 7 月 5 日 19:30	中央民族乐团音乐厅	室内乐音乐会		D 大调第六十三弦乐四重奏《云雀》,作品 64 号之 5 c 小调第四弦乐四重奏,作品 18 号 g 小调木管五重奏,作品 56 号之 2 b 小调四小提琴与大提琴协奏曲第十号 c 小调第八弦乐四重奏,作品 110 号 铜管五重奏	海顿 贝多芬 丹兹 维瓦尔第 肖斯塔科维奇
2003 年 7 月 12 日 19:30	世纪剧院	2002—2003 闭幕式音乐会	指挥:李心草 钢琴:范军 朗诵:瞿弦和 独唱:王海涛 琵琶:吴玉霞 对唱:张天甫、刘春喜 独唱:柳红玲 合唱:中国交响乐团合唱团	歌剧《漂泊的荷兰人》序曲 C 大调第三钢琴协奏曲,作品第 26 号 《黄河大合唱》	瓦格纳 普罗科菲耶夫 冼星海曲/光未然词

中国音乐年鉴·2003·
·音乐演出·

中国交响乐团合唱团 2002 年演出情况

解晓静辑

地点	时间	演出名称	场次
北京大学	1 月 11 日	张千一作品音乐会	共 1 场
保利剧院	1 月 22、23 日	歌剧音乐会“浮士德”	共 2 场
天桥剧场	2 月 7、9、10 日	古诗词音乐会	共 3 场
国图音乐厅	2 月 13 日	中外精品合唱音乐会	共 1 场
浙江黄岩	2 月 25 日	俄罗斯作品音乐会	共 1 场
浙江台洲椒江	2 月 26 日	俄罗斯作品音乐会	共 1 场
台北	3 月 1 日	合唱音乐会	共 1 场
嘉义	3 月 2 日	合唱音乐会	共 1 场
新竹	3 月 3 日	合唱音乐会	共 1 场
台中	3 月 4 日	合唱音乐会	共 1 场
保利剧院	3 月 28 日	交响合唱“贝多芬第九交响曲”	共 1 场
辽宁大剧院	4 月 29 日	综合音乐会	共 1 场
保利剧院	5 月 11 日	交响合唱“红楼梦”	共 1 场
连云港东海剧院	5 月 13 日	合唱音乐会	共 1 场

地点	时间	演出名称	场次
连云港东海剧院	5月17日	合唱精品音乐会	共1场
中山音乐堂	5月21日	纪念“延安文艺座谈会讲话60周年”合唱音乐会	共1场
淮安影剧院	5月31日	俄罗斯合唱音乐会	共1场
天桥剧场	6月8日	女声“行星组曲”	共1场
天桥剧场	6月15日	男声歌剧“弄臣”音乐会	共1场
国安剧场	6月18日	电影音乐会	共1场
世纪剧院	7月13日	玛勒第三交响乐(女声合唱)	共1场
中央电视台	7月17日	中央电视台戏曲频道开播一周年录相	共1场
兰州	7月18日	黄河大合唱、贝多芬第九交响乐第四乐章“欢乐颂”	共1场
西宁	7月20日	中外合唱音乐会	共1场
世纪剧院	8月20日	合唱录相	共1场
西安	8月27、28、29日	合唱音乐会	共3场
广州中山纪念堂	9月1日	中外精品合唱音乐会	共1场
广州星海音乐厅	9月3日	中外精品合唱音乐会	共1场
顺德市行政大楼会议中心	9月4日	中外精品合唱音乐会	共1场
北京工业大学	9月9日	吕守贵作品音乐会	共1场
中山音乐堂	9月22日	吕守贵作品音乐会	共1场
中山音乐堂	9月24日	“布兰诗歌”(交响合唱)	共1场

地点	时间	演出名称	场次
保利剧院	10 月 5、6、7 日	马勒第八交响乐	共 3 场
保利剧院	10 月 17 日	迎接党的十六大召开文艺演出	共 1 场
青岛大会堂	11 月 26、27 日	合唱音乐会	共 2 场
青岛阳光大厅	11 月 28、29 日	合唱音乐会	共 2 场
人民大会堂	11 月 30 日	亨德尔“弥赛亚”	共 1 场
中山音乐堂	12 月 7 日	亨德尔“弥赛亚”	共 1 场
中山音乐堂	12 月 8 日	亨德尔“弥赛亚”	共 1 场
人民大会堂	12 月 9 日	歌剧“江姐”	共 1 场
国图音乐厅	12 月 10 日	“贝多芬梦幻交响曲”	共 1 场
人民大会堂	12 月 24 日	平安夜合唱音乐会	共 1 场

中国爱乐乐团 2002—2003 音乐季演出情况

王延泓辑

时间	地点	音乐会	作品	作曲	指挥及其他
2002 年 8 月 27 日 19:30	北京保利剧院	音乐季开幕音乐会	歌剧《本韦努托·切利尼》 为竖琴与弦乐队而作的音乐会曲 幻想即兴曲	海克特·伯辽兹 加布里埃尔·皮埃内 海克特·伯辽兹	指挥:余隆 竖琴独奏:张小杰
2002 年 8 月 29 日 19:30	北京人民大会堂	交响音乐会	歌剧《本韦努托·切利尼》 C 大调弦乐小夜曲,作品 48 号 D 大调小提琴协奏曲	海克特·伯辽兹 彼得·伊利奇·柴可夫斯基 路德维希·范·贝多芬	指挥:余隆 小提琴独奏:伊扎克·帕尔曼
2002 年 9 月 6 日 19:30	北京中山公园音乐堂	交响音乐会	歌剧《黎恩济》序曲 二泉映月 哀歌——为二胡与乐队而作 e 小调第五交响曲,作品 64 号	理查德·瓦格纳 华彦钧/吴祖强 杨立青 彼得·伊利奇·柴可夫斯基	指挥:余隆 二胡独奏:宋飞

时间	地点	音乐会	作品	作曲	指挥及其他
2002 年 9 月 15 – 26 日	日本、韩国	赴日本、韩国巡回演出	曲目 A: 序曲:御风万里,作品 27 号 b 小调大提琴协奏曲 g 小调钢琴四重奏,作品 25 号 曲目 B: 歌剧《黎恩济》序曲 二泉映月 哀歌——为二胡与乐队而作 e 小调第五交响曲,作品 64 号	 郭文景 安东宁・德沃夏克 约翰内斯・勃拉姆斯/阿诺尔德・勋伯格 理查德・瓦格纳 华彦钧/吴祖强 杨立青 彼得・伊利奇・柴可夫斯基	指挥:余隆 二胡独奏:宋飞 大提琴独奏:王健
2002 年 10 月 11 日 19:30	北京保利剧院	北京国家音乐节音乐会	降 E 大调第八《千人》交响曲	古斯塔夫・马勒	指挥:余隆 合唱:纽约合唱团/中国交响乐团合唱团/中国歌剧院合唱团/上海歌剧院合唱团 演奏:中国爱乐乐团/上海广播交响乐团/广州交响乐团

时间	地点	音乐会	作品	作曲	指挥及其他
2002年10月12日19:30	北京保利剧院	北京国际音乐节音乐会	降E大调第八《千人》交响曲	古斯塔夫·马勒	指挥:余隆 合唱:纽约合唱团/中国交响乐团合唱团/中国歌剧院合唱团上海歌剧院合唱团 演奏:中国爱乐乐团/上海广播交响乐团/广州交响乐团
2002年10月20日19:30	北京保利剧院	北京国际音乐节音乐会	五行 逝去的时光——为二胡与乐队而作(世界首演) 蝶恋花	陈其钢	指挥:汤沐海 二胡独奏:马向华
2002年10月26日19:30	北京保利剧院	北京国际音乐节音乐会	《牧神午后》前奏曲 D大调左手钢琴协奏曲 A大调第五小提琴协奏曲 海顿主题变奏曲,作品56号a	克洛德·德彪西 莫里斯·拉威尔 沃尔夫冈·阿玛迪乌斯·莫扎特 约翰内斯·勃拉姆斯	指挥:利昂弗莱舍、约瑟夫·西尔弗斯坦 钢琴独奏:利昂弗莱舍 小提琴独奏:约瑟夫·西尔弗斯坦

时间	地点	音乐会	作品	作曲	指挥及其他
2002 年 11 月 1 日 19:30	北京保利剧院	北京国际音乐节闭幕音乐会	歌剧选粹 名曲选粹		指挥:余隆 独奏:王健、李云迪、薛伟、陈萨等 独唱:幺红、梁宁、廖昌永、莫华伦、刘欢等
2002 年 11 月 2 日 19:30	北京保利剧院	北京国际音乐节闭幕音乐会	歌剧选粹 名曲选粹		指挥:余隆 独奏:王健、李云迪、薛伟、陈萨等 独唱:幺红、梁宁、廖昌永、莫华伦、刘欢等
2002 年 11 月 24 日 19:30	北京保利剧院	不朽的贝多芬——贝多芬作品系列音乐会之一	降 E 大调第五《皇帝》钢琴协奏曲,作品 73 号 c 小调第五交响曲,作品 67 号	路德维希·范·贝多芬	指挥:克劳斯·韦瑟 钢琴独奏:约尔格·德穆斯
2002 年 11 月 30 日 19:30	北京世纪剧院	交响音乐会	哈罗尔德在意大利,作品 16 号 达夫尼与克罗埃	海克特·伯辽兹 莫里斯·拉威尔	指挥:克劳斯·韦瑟 中提琴独奏:张安祥

时间	地点	音乐会	作品	作曲	指挥及其他
2002 年 12 月 6 日 19:30	北京保利剧院	不朽的贝多芬——贝多芬作品系列音乐会之二	《莱奥诺拉》第三序曲,作品 72 号 a c 小调第三钢琴协奏曲,作品 37 号 降 E 大调第三《英雄》交响曲,作品 55 号	路德维希·范·贝多芬	指挥:肯尼斯·舍莫霍恩 钢琴独奏:杜泰航
2002 年 12 月 15 日 19:30	北京中山公园音乐堂	不朽的贝多芬——贝多芬作品系列音乐会之三	c 小调合唱幻想曲——为钢琴、合唱与乐队而作,作品 80 号 F 大调第六《田园》交响曲,作品 68 号	路德维希·范·贝多芬	指挥:克里斯托夫·潘德列茨基 钢琴独奏:石叔诚 合唱:中国交响乐团合唱团
2002 年 12 月 20 日 19:30	北京中山公园音乐堂	交响音乐会	D 大调第 101《时钟》交响曲 第三交响曲	约瑟夫·海顿 克里斯托夫·潘德列茨基	指挥:克里斯托夫·潘德列茨基
2002 年 12 月 30 日 19:30、2003 年 1 月 1 日 20:00、2003 年 1 月 2 日 19:30	北京保利剧院	新年音乐会			指挥:余隆

时间	地点	音乐会	作品	作曲	指挥及其他
2003 年 1 月 11 日 19:30	北京民族文化宫大剧院	室内乐音乐会	第一弦乐四重奏,作品 7 号 F 大调第 12《美国》弦乐四重奏,作品 96 号 降 E 大调弦乐八重奏,作品 20 号	贝拉·巴托克 安东尼·德沃夏克 费利克斯·门德尔松	四重奏:陈允、曾诚、毛新光、马新桦 四重奏:赵婵、张晗、曹飞、郭筱姮
2003 年 1 月 17 日 19:30	北京世纪剧院	不朽的贝多芬——贝多芬作品系列音乐会之四	降 B 大调第二钢琴协奏曲,作品 19 号 D 大调第二交响曲,作品 36 号	路德维希·范·贝多芬	指挥/钢琴独奏:石叔诚
2003 年 2 月 22 日 19:30	北京中山公园音乐堂	交响声乐音乐会	博伊伦之歌(布兰诗歌)	卡尔·奥尔夫	指挥:余隆 独唱:廖昌永等
2003 年 2 月 23 日 19:30	北京保利剧院	交响声乐音乐会	博伊伦之歌(布兰诗歌)	卡尔·奥尔夫	指挥:余隆 独唱:廖昌永等
2003 年 3 月 2 日 19:30	北京保利剧院	交响音乐会	《黑芒果香》——为钢琴与乐队而作(世界首演) 筝协奏曲(世界首演) 琵琶协奏曲(世界首演)	叶小纲 詹·沙普利 三木捻	指挥:杨洋 筝独奏:韩梅 琵琶独奏:杨静

时间	地点	音乐会	作品	作曲	指挥及其他
2003年3月15日19:30	北京保利剧院	不朽的贝多芬——贝多芬作品系列音乐会之五	《爱格蒙特》序曲,作品84号 C大调第一钢琴协奏曲,作品15号 C大调第一交响曲,作品21号	路德维希·范·贝多芬	指挥/钢琴:尤斯图斯·弗朗茨
2003年3月30日19:30	北京保利剧院	不朽的贝多芬——贝多芬作品系列音乐会之六	G大调第四钢琴协奏曲,作品58号 降B大调第四交响曲,作品60号	路德维希·范·贝多芬	指挥:典沼尻 钢琴独奏:米歇尔·布尔东克勒
2003年4月13日19:30	北京保利剧院	交响音乐会	降E大调交响复协奏曲,作品297号 降E大调第四《浪漫》交响曲	沃尔夫冈·阿玛迪乌斯·莫扎特 安东·布鲁克纳	指挥:雅契克·卡斯普契克 双簧管独奏:张正地 单簧管独奏:樊巍 大管独奏:朱垣平 圆号独奏:贾辉
2003年4月19日19:30	北京保利剧院	交响音乐会	f小调第二钢琴协奏曲 G大调第四交响曲	弗雷德里克·肖邦 古斯塔夫·马勒	指挥:雅契克·卡斯普契克 钢琴独奏:陈萨 女高音独唱:饶岚
2003年4月30日19:30	北京保利剧院	打击乐之夜	温尼,温尼,埃玛纽埃尔打击乐协奏曲 卡门组曲——为弦乐队和打击乐而作,作品37号	詹姆斯·麦克米伦 陈怡 罗季翁·谢德林	指挥:石叔诚 打击乐独奏:刘瑛、张景丽

时间	地点	音乐会	作品	作曲	指挥及其他
2003年5月4日19:30	北京民族文化宫大剧院	室内乐音乐会	降E大调七重奏,作品20号 降B大调单簧管五重奏,作品34号 C大调双簧管协奏曲,作品314号	路德维希·范·贝多芬 卡尔·玛利亚·冯·韦伯 沃尔夫冈·阿玛迪乌斯·莫扎特	
2003年5月16日19:30	北京保利剧院	交响音乐会	第二小号协奏曲 第十交响曲	伊万·盖弗蒂克 古斯塔夫·马勒	指挥:胡咏言 小号独奏:安德列·亨利
2003年5月24日19:30	北京保利剧院	交响音乐会	a小调第三交响曲,作品44号 f小调第四交响曲,作品36号	谢尔盖·拉赫玛尼诺夫 彼得·伊里奇·柴可夫斯基	指挥:米哈伊尔·普雷特涅夫
2003年6月1日19:30	北京保利剧院	儿童音乐会			朗诵:董浩、周洲、曾媛
2003年6月14日19:30	北京保利剧院	交响音乐会	降E大调嬉游曲,作品113号 英雄的生涯,作品40号	沃尔夫冈·阿玛迪乌斯·莫扎特 理查·施特劳斯	指挥:吕嘉
2003年6月22日19:30	北京保利剧院	不朽的贝多芬——贝多芬作品系列音乐会之七	D大调小提琴协奏曲,作品61号 A大调第七交响曲,作品92号	路德维希·范·贝多芬	指挥:余隆 小提琴独奏:林昭亮

时间	地点	音乐会	作品	作曲	指挥及其他
2003 年 6 月 29 日 19:30	北京保利剧院	不朽的贝多芬——贝多芬作品系列音乐会之八	歌剧《费德里奥》序曲,作品 72 号 b C 大调钢琴、小提琴、大提琴三重协奏曲,作品 56 号 F 大调第八交响曲,作品 93 号	路德维希·范·贝多芬	指挥:杨洋 钢琴独奏:李坚 小提琴独奏:林昭亮 大提琴独奏:秦立巍
2003 年 7 月 11 日 19:30	北京保利剧院	不朽的贝多芬——音乐季闭幕音乐会	d 小调第九《合唱》交响曲,作品 125 号	路德维希·范·贝多芬	指挥:余隆 女高音独唱:王意如 女中音独唱:杨洁 男高音独唱:弗朗克·范阿肯 男低音独唱:马雷克·加茨斯基 合唱:中国交响乐团合唱团、中央歌剧院合唱团

上海交响乐团2002年演出情况

李　玫辑

日期	演出场地	音乐会主题	指挥、独奏、独唱	作品	作曲
1月1日	上海大剧院	“蓝天下的至爱”新年慈善音乐会	指挥:张国勇 朗诵:杨晓燕 女高音:次里次姆 笛子:蒋国基 大提琴:秦立巍 女中音:李怡平	管弦乐:蓝天下的至爱 配乐朗诵:我是一只小燕 管弦乐:我的中国心 女高音独唱:青藏高原 交响诗:火把节(选自云南音诗) 笛子独奏:水乡船歌 大提琴独奏:洛可可主题变奏曲 女中音独唱:哈巴涅拉(卡门) 我爱你,中国 交响乐:意大利随想曲 管弦乐:友谊地久天长	屠巴海、奚其明 陈念祖 王福龄、张国勇 张千一词曲 王西麟 蒋国基 柴可夫斯基 比才 郑秋枫 柴可夫斯基 《魂断蓝桥》主题曲
1月2日	上海大剧院	“震撼的旋律”大型交响音乐会	著名京剧演员 指挥:曹鹏 钢琴:殷承宗	钢琴伴唱《红灯记》 交响乐:打虎上山 良宵 采茶灯 钢琴协奏曲《黄河》	殷承宗改编 陈钢编配 黄贻钧编配 郑德仁编配 黄河大合唱改编
1月5日	上海大剧院	“肖邦情”钢琴作品全集(12套)音乐会	指挥:李·雅·波瓦西恰克(波兰) 钢琴:彼得·帕勒茨尼(波兰)	肖邦作品(第12套)	

日期	演出场地	音乐会主题	指挥、独奏、独唱	作品	作曲
1月6日	上海音乐厅	音乐会	指挥:张国勇 大提琴:秦立巍 大提琴:秦立巍	意大利随想曲 洛可可主题变奏曲 d小调大提琴协奏曲	柴可夫斯基 柴可夫斯基 拉罗
1月6日	锦江小礼堂	纪念帕格尼尼诞生220周年黄蒙拉小提琴独奏音乐会	独奏:黄蒙拉 艺术指导:俞丽拿	锦江音乐会(第21期) 帕格尼尼24首随想曲	
1月6日	静安宾馆	周末室内乐音乐会		周末室内乐音乐会(第251期)	
1月11日	南京人民大会堂	“东大金智”——东南大学百年校庆新年音乐会	指挥:陈燮阳	红旗颂 《天鹅湖》组曲 《阿莱城姑娘》组曲 “雷电”波尔卡 “闲聊”波尔卡 《卡门》序曲 春节序曲 奥林匹克进行曲 “蓝色多瑙河”圆舞曲 欢腾的西部舞曲 南国玫瑰 “新世界”交响曲第四乐章	吕其明 柴可夫斯基 比才 约翰·斯特劳斯 约翰·斯特劳斯 比才 李焕之 弗朗克 约翰·斯特劳斯 理查德·海曼 约翰·斯特劳斯 德沃夏克
1月13日	静安宾馆	周末室内乐音乐会		周末室内乐音乐会(第252期)	

日期	演出场地	音乐会主题	指挥、独奏、独唱	作品	作曲
1月16日	上海大剧院小剧场	市政府外办迎春音乐会	指挥:林友声	《卡门》序曲 闲聊波尔卡 匈牙利舞曲第五号 弦乐小夜曲 弦乐合奏:良宵 《茶花女》前奏曲 四小天鹅舞 “蓝色多瑙河”圆舞曲 小提琴协奏曲《梁祝》 法兰多拉舞曲 雷电波尔卡 柏林的空气 拉德斯基进行曲	比才 约翰·斯特劳斯 勃拉姆斯 莫扎特 刘天华、元之 威尔第 柴可夫斯基 约翰·斯特劳斯 何占豪、陈钢 比才 约翰·斯特劳斯 林克 约翰·斯特劳斯
1月19日	锦江小礼堂	锦江集团新春音乐会	指挥:陈燮阳	卡门序曲 闲聊波尔卡 春之声圆舞曲 风笛舞曲 第40交响曲第一乐章 弦乐小夜曲第一乐章 拨弦波尔卡 良宵 森吉德马 茶花女前奏曲 小夜曲 蓝色多瑙河圆舞曲 雷电波尔卡 法兰多拉舞曲	比才 约翰·斯特劳斯 约翰·斯特劳斯 格鲁克 莫扎特 莫扎特 约翰·斯特劳斯 元之 贺绿汀 威尔第 托赛里 约翰·斯特劳斯 约翰·斯特劳斯 比才

日期	演出场地	音乐会主题	指挥、独奏、独唱	作品	作曲
1月20日	静安宾馆	庆祝静宾室内乐举办5周年并纪念帕格尼尼诞辰220周年		周末室内乐音乐会(第253期) 帕格尼尼作品专场音乐会	
1月24日	上海大剧院	中国银行九十周年新年音乐会	指挥:陈燮阳	奥林匹克进行曲	弗朗克
				金银圆舞曲	莱哈
				阿莱城的姑娘	比才
			钢琴:许忠	第一钢琴协奏曲	柴可夫斯基
				承诺(长城卡电视广告主题曲)	
			独唱:廖昌永	我和我的祖国	
				斗牛士之歌	比才
				狩猎波尔卡	约翰·斯特劳斯
				埃及进行曲	约翰·斯特劳斯
				南国玫瑰圆舞曲	约翰·斯特劳斯
				皇帝圆舞曲	约翰·斯特劳斯
				欢腾的西部舞曲	海曼
1月25日	上海期货大厦	上海期货交易所2001年度期货交易20强表彰暨新春音乐会	指挥:陈燮阳	卡门序曲	比才
				闲聊波尔卡	约翰·斯特劳斯
				匈牙利舞曲	勃拉姆斯
				弦乐小夜曲	莫扎特
				茶花女序曲	威尔第
				蓝色多瑙河	约翰·斯特劳斯
				小提琴协奏曲《梁祝》	陈钢 何占豪
				法兰多拉舞曲	比才
				雷电波尔卡	约翰·斯特劳斯
				柏林的空气	林克
				拉德斯基进行曲	约翰·斯特劳斯

日期	演出场地	音乐会主题	指挥、独奏、独唱	作品	作曲
1月27日	静安宾馆	周末室内乐音乐会		周末室内乐音乐会(第254期)	
1月28日	艺海剧院	太平洋保险2002年新年音乐会	指挥:曹鹏 女高音:陈小群 小提琴:夏小曹 男高音:姜必群 陈小群、姜必群	春节序曲 《天鹅湖》选段 女高音独唱:我爱你,中国 春之声圆舞曲 雷电波尔卡 《卡门》序曲 小提琴协奏曲《梁祝》 法兰多拉舞曲 蓝色多瑙河圆舞曲 男高音独唱:我的太阳 登山缆车 男女声二重唱:饮酒歌 《白毛女》选段 第五交响曲第四乐章	李焕之 柴可夫斯基 郑秋枫 约翰·斯特劳斯 约翰·斯特劳斯 比才 何占豪、陈钢 比才 约翰·斯特劳斯 意大利民歌 威尔第 柴可夫斯基
2月3日	锦江小礼堂	锦江音乐会	一提:张佳辰 二提:殷盈 中提:王闹静 大提:竺倍亮	锦江音乐会(第22期)	
2月3日	静安宾馆	林恒师生钢琴独奏音乐会		周末室内乐音乐会(第255期)	

日期	演出场地	音乐会主题	指挥、独奏、独唱	作品	作曲
2月4日	四川体育馆	2002蓉城之春演唱音乐会	指挥:陈燮阳	春节序曲	李焕之
			演唱:佟铁鑫	歌曲:多情的土地	施光南
				夕阳红	张丕基
			演唱:李丹阳	歌曲:红月亮	徐沛东
			演唱:孙普协	歌曲:梅花绝句	麦丁编曲
			演唱:曲比阿乌	歌曲:远方的客人请你留下来	
			演唱:顾中思	歌曲:我走后成都还在下雨吗	蒋江
			演唱:廖昌永	歌剧选段:给忙人让路	罗西尼
				江河万古流	王立平
			演唱:刘淑芳	歌曲:槐花几时开	四川民歌
				宝贝	印尼民歌
			演唱:幺红	歌曲:蓉城恋	张丕基
				春之声圆舞曲	约翰·斯特劳斯
				乐曲:北京喜讯到边寨	郑路、马洪业
			演唱:戴玉强	意大利民歌:我的太阳	蒂·卡普阿
				你是这样的人	三宝
			演唱:吕小琴	歌曲:祝福您,成都	唐青石
			演唱:张迈	歌曲:春满蓉城	余新蓉
				你来自何方	陈扬
			演唱:殷秀梅	歌曲:长江之歌	王世光
				在希望的田野上	施光南
			演唱:吴雁泽	歌曲:好久没到这方来	茅地
				草原之歌	田歌
			演唱:张也	歌曲:万事如意	孙川
				走进新时代	印青

日期	演出场地	音乐会主题	指挥、独奏、独唱	作品	作曲
2月14日	上海大剧院	“最浪漫的一天”——中外爱情交响音乐会	指挥:陈燮阳	春节序曲	
				电影《泰坦尼克号》主题音乐	
				芭蕾舞剧《天鹅湖》选段	
			演唱:吴波	男声独唱:格拉那达	
				我的太阳	
				歌剧《蝙蝠》序曲	
				“闲聊”波尔卡	
				歌剧《鲁斯兰与柳德米拉》序曲	
				电影《乱世佳人》主题音乐	
			演唱:杨学进	女声独唱:小河淌水	
				桃花红、杏花白	
				芭蕾舞剧《葛佩利亚》选曲	
				歌剧《费加罗的婚礼》序曲	
				蓝色多瑙河	
2月17日	静安宾馆	周末室内乐音乐会		周末室内乐音乐会(第256期)	
2月24日	静安宾馆	周末室内乐音乐会		周末室内乐音乐会(第257期)	
3月1日	常州红星大剧院	“鹤苑新都”新春交响音乐会	指挥:陈燮阳	红旗颂	吕其明
				《天鹅湖》组曲	柴可夫斯基
				阿莱城姑娘组曲	比才
				“雷电”波尔卡	约翰·斯特劳斯
				“闲聊”波尔卡	约翰·斯特劳斯
				《卡门》序曲	比才
				春节序曲	李焕之
				奥林匹克进行曲	弗朗克
				“蓝色多瑙河”圆舞曲	约翰·斯特劳斯
				欢腾的西部舞曲	理查德·海曼
				南国玫瑰	约翰·斯特劳斯
				新世界交响曲第四乐章	德沃夏克

日期	演出场地	音乐会主题	指挥、独奏、独唱	作品	作曲
3月3日	锦江小礼堂	锦江音乐会	一提：陶乐 二提：陈熠伦 中提：徐沛君 大提：陈少俊	锦江音乐会（第23期）	
3月3日	静安宾馆	梁乐小提琴独奏音乐会	钢琴伴奏：朱珍珍	周末室内乐音乐会（第258期）	
3月5日	上海大剧院	祝贺索立克智能卡有限公司IC卡投产5周年	指挥：陈燮阳 演唱：陈小群 演唱：方琼 演唱：姜必群	奥林匹克进行曲 芭蕾舞《天鹅湖》选曲 女高音独唱：我爱你，中国 玛丽诺之歌 金银圆舞曲 埃及进行曲 法兰多拉舞曲 女声独唱：青藏高原 走进新时代 南国玫瑰圆舞曲 男高音独唱：我的太阳 登山缆车 狩猎波尔卡 欢腾的西部舞曲 “新世界”交响曲第四乐章	弗朗克 柴可夫斯基 郑秋枫 前苏联歌曲 莱哈 斯特劳斯 比才 张千一 印青 约翰·斯特劳斯 意大利民歌 意大利民歌 约翰·斯特劳斯 海曼 德沃夏克
3月10日	上海大剧院	潘寅林与上海交响乐团	独奏：潘寅林 指挥：陈燮阳	小提琴协奏曲《梁祝》 流浪者之歌 e小调第二交响曲	何占豪、陈钢 萨拉萨蒂 拉赫玛尼诺夫
3月10日	静安宾馆	周末室内乐音乐会		周末室内乐音乐会（第259期）	
3月15日	国际会议中心	为申博会演出		通俗小节目	

日期	，演出场地	音乐会主题	指挥、独奏、独唱	作品	作曲
3月16日	美琪大戏院	交响音乐会	西班牙指挥：安格尔·罗美洛小提琴：徐惠珠（韩）	歌剧《被出卖的新嫁娘》 D大调小提琴协奏曲 第七交响曲	斯美塔那 柴可夫斯基 贝多芬
3月17日	静安宾馆	周末室内乐音乐会		周末室内乐音乐会（第260期）	
3月18日	南京人民大会堂	“江苏外运”新春交响音乐会	指挥：陈燮阳	红旗颂 芭蕾舞《天鹅湖》选曲 金银圆舞曲 埃及进行曲 《葛佩利亚》圆舞曲 匈牙利舞曲第五号 法兰多拉舞曲 春节序曲 南国玫瑰圆舞曲 歌剧《卡门》序曲 雷电波尔卡 雪橇 狩猎波尔卡 “新世界”交响曲第四乐章	吕其明 柴可夫斯基 莱哈 约翰·斯特劳斯 德里勃斯 勃拉姆斯 比才 李焕之 约翰·斯特劳斯 比才 约翰·斯特劳斯 安德森 约翰·斯特劳斯 德沃夏克
3月19日-21日			指挥：林友声	日本小号“赞美诗”等（业余）	
3月24日	静安宾馆	周末室内乐音乐会		周末室内乐音乐会（第261期）	
3月24日-26日	电影技术厂		指挥：陈燮阳	朱践耳第五交响曲	

日期	演出场地	音乐会主题	指挥、独奏、独唱	作品	作曲
3月23日	上海音乐厅	肖斯塔科维奇作品专场	指挥:张国勇 大提琴:康斯坦丁·阿尔乔姆(俄)	节日序曲 降D大调第一大提琴协奏曲 第十五交响曲(国内首演)	肖斯塔科维奇
3月30日	东方电视台演播剧场	蓝天下的至爱——沪港联袂爱心雅集慈善演唱会	指挥:陈燮阳 演唱:叶仲午 演唱:梁咏琪 演唱:唐舒明玲 演唱:雷蔡菊芬 演唱:方琼 香港太太合唱团 小提琴:西崎崇子 演唱:胡晓平 演唱:边陈之娟 演唱:唐尤淑圻 演唱:莫华伦 演唱:余慧文 莫华伦 胡晓平	蓝天下的至爱 男声独唱:中国梦 我的路 女声独唱:该怎么爱你 胆小鬼 越剧演唱:三盖衣 女声独唱:魂萦旧梦 女声独唱:爱的奉献 女声小合唱:今宵多珍重 小提琴独奏:东方之珠 女高音独唱:我爱你,中国 笑之歌 女声独唱:爱情是美丽的 女声独唱:掌声响起 男高音独唱:我的太阳 今夜无人入眠 女声独唱:梦驼铃 男女声二重唱:饮酒歌	
3月31日	静安宾馆	周末室内乐音乐会		周末室内乐音乐会(第262期)	
4月5日	上海音乐厅	音乐会	指挥:侯润宇 大提琴:拉茨罗·芬雨(匈)	歌剧《鹊贼》序曲 洛可可主题变奏曲 幻想交响曲	罗西尼 柴可夫斯基 柏辽兹

日期	演出场地	音乐会主题	指挥、独奏、独唱	作品	作曲
4月7日	锦江小礼堂	锦江音乐会	一提:庄宇 二提:吴正渝 中提:施贞莉 大提:韩莹莹	锦江音乐会(第24期)	
4月7日	静安宾馆	周末室内乐音乐会		周末室内乐音乐会(第263期)	
4月8日				录音,段皑皑唱	
4月14日	杭州东坡大剧院	晓其作品音乐会	指挥:陈燮阳 绍兴文理学院 演唱:方瑶 演唱:支乐双 演唱:徐洪 演唱:徐宁 演唱:杜丽萍 演唱:陈艺 演唱:孔寒冰 演唱:占吉亮 演唱:王维平 演唱:马海云 演唱:周旋 演唱:王一山 演唱:周雪松 演唱:张海 演唱:宫成胜 琵琶领奏:王涛 绍兴文理学院	大合唱:一片情 浙江省全运会会歌 开满桂花的杭州 同唱一首团圆曲 日月之恋 梳妆西湖 祝福妈妈 曲院风荷 恋江南 母亲中国 太阳的爱 女人的宝贝 丝路花雨琵琶情 祝你幸福 你的身影 知青妈妈 我的歌儿像春风 交响乐:元、源、圆 大合唱:相会西湖	晓其

日期	演出场地	音乐会主题	指挥、独奏、独唱	作品	作曲
4月14日	静安宾馆	周末室内乐音乐会		周末室内乐音乐会(第264期)	
4月16日	上海大剧院	太平洋之春音乐会	指挥:陈燮阳	红旗颂	吕其明
				《天鹅湖》组曲	柴可夫斯基
				阿莱城姑娘	比才
				“雷电”波尔卡	约翰·斯特劳斯
				“闲聊”波尔卡	约翰·斯特劳斯
				《卡门》序曲	比才
				奥林匹克进行曲	弗朗克
				“蓝色多瑙河”圆舞曲	约翰·斯特劳斯
				欢腾的西部舞曲	理查德·海曼
				“新世界”交响曲第四乐章	德沃夏克
				梁祝交响曲	

日期	演出场地	音乐会主题	指挥、独奏、独唱	作品	作曲
4月20－21日	上海大剧院	怀旧金曲	指挥:陈燮阳		
			老年爵士乐队	序曲	
			舞蹈	满场飞	
			蔡琴	夜来香	
				醉在你的怀中	
				南屏晚钟	
			费玉清	凤凰于飞	
				今宵多珍重	
				不变的心	
			方琼	高岗上	
				花外流莺	
			蔡琴	五月的风	
				诉衷情	
			费玉清	少年的我	
				你是春日的风	
			蔡琴	三年	
				怀念	
			费玉清	人生何处不相逢	
			蔡琴、费玉清	在我们小的时候	
			华康(萨克斯)	花样年华	
			舞蹈	疯狂世界	
			蔡琴	夜上海	
				爱神的箭	
			费玉清	何必旁人来说媒	
				哪个不多情	
			方琼	香格里拉	
				月下祈祷	
			蔡琴	明月千里寄相思	
			蔡琴、费玉清	岷江夜曲	
				苏州河边	
			莫华伦、姜必群	热血	
				毕业歌	
			蔡琴	天涯歌女	
			费玉清	晚安曲	
			蔡琴	最后一夜	
			莫华伦、姜必群	森林之歌	
			方琼	合家欢	
			费玉清	第二春	
			蔡琴	好春宵	

日期	演出场地	音乐会主题	指挥、独奏、独唱	作品	作曲
4月21日	静安宾馆	周末室内乐音乐会		周末室内乐音乐会(第265期)	
4月26日	上海音乐厅	音乐会	指挥:张国勇 小提琴:王冰	音诗(小提琴与乐队) “茨冈”狂想曲(小提琴与乐队) 图画展览会	肖松 拉威尔 穆索尔斯基
4月27–28日	电影技术厂			录《中国风》、《走出死亡陷阱》	
4月28日	静安宾馆	周末室内乐音乐会		周末室内乐音乐会(第266期)	
5月1日	宁波鄞州新城区华茂外国语学校体育馆	“梁祝之夜”高教园区大型交响音乐会	指挥:陈燮阳 小提琴:盛中国	红旗颂 舞剧《天鹅湖》选曲 “新世界”交响曲第四乐章 小提琴协奏曲《梁祝》	吕其明 柴可夫斯基 德沃夏克 何占豪、陈钢
5月5日	锦江小礼堂	锦江音乐会	一提:张佳辰 二提:殷盈 中提:王闻静 大提:竺倍亮	锦江音乐会(第25期)	
5月5日	静安宾馆	龚天鹏、刘骥钢琴独奏音乐会		周末室内乐音乐会(第267期)	
5月12日	上海大剧院	“上海之春”开幕式			
5月12日	静安宾馆	周末室内乐音乐会		周末室内乐音乐会(第268期)	

日期	演出场地	音乐会主题	指挥、独奏、独唱	作品	作曲
5 月 13 日	广电大厦		指挥:林友声	录王苏、德沃夏克大提琴协奏曲	
5 月 14 日	广电大厦			录蔡则平、德沃夏克三首歌	
5 月 17 日	上海大剧院	芝加哥 交响乐团 首席演奏家首次访华 演出音乐会	指挥:费利克斯·克里格(德)	第 41 交响曲 C 大调　作品 551 第一交响曲 C 小调　作品 68	莫扎特 勃拉姆斯
5 月 18 日	同济大学	同济大学 95 周年校庆	指挥:陈燮阳 钢琴:孔祥东	《黄河》钢琴协奏曲等	
5 月 19 日	上海大剧院	卧虎藏龙多媒体音乐会	指挥:谭盾	永恒之水协奏曲 卧虎藏龙协奏曲	谭盾
5 月 19 日	静安宾馆	吴正渝、郑炜珉小提琴独奏音乐会		周末室内乐音乐会(第 269 期)	
5 月 20 日	上海大剧院	柴可夫斯基作品音乐会	指挥:陈燮阳 大提琴:秦立巍 小提琴:薛伟 钢琴:殷承宗	洛可可主题变奏曲 D 大调小提琴协奏曲 降 B 小调第一钢琴协奏曲	柴可夫斯基
5 月 23 日	上海大剧院 中剧场	朱践耳交响作品音乐会	指挥:陈燮阳	第九交响曲 第三交响曲	朱践耳 (全集首发式)

日期	演出场地	音乐会主题	指挥、独奏、独唱	作品	作曲
5月24日	天台影剧院	天台山之夜	指挥:张洁敏	红旗颂 芭蕾舞剧《天鹅湖》选段 歌剧《卡门》序曲 匈牙利舞曲第五号 法兰多拉舞曲 欢腾的西部舞曲 北京喜讯到边寨 小提琴协奏曲《梁祝》 蓝色多瑙河圆舞曲 狩猎波尔卡 雷电波尔卡 “新世界”交响曲第四乐章	吕其明 柴可夫斯基 比才 勃拉姆斯 比才 海曼 郑路、马洪业 何占豪、陈钢 约翰·斯特劳斯 约翰·斯特劳斯 约翰·斯特劳斯 德沃夏克
5月26日	上海大剧院小剧场	为世界行长演出		弦乐小乐队20人	
5月26日	静安宾馆	戚文女高音独唱音乐会	钢琴伴奏:吴腼衡	周末室内乐音乐会(第270期)	
5月26日	交响音乐厅	谢双泽小提琴独奏音乐会	小提琴:谢双泽 钢琴:吴琰若	C大调奏鸣曲 c小调第七奏鸣曲 A大调第二奏鸣曲	莫扎特 贝多芬 勃拉姆斯
5月27日	国际会议中心	为中国医药集团演出			

日期	演出场地	音乐会主题	指挥、独奏、独唱	作品	作曲
5月30日	南通市体育馆	庆祝南通市商业银行成立5周年交响乐晚会	指挥:陈燮阳 小提琴:王之炅 (与中央歌剧院交响乐团同台演出)	红旗颂 芭蕾舞剧《天鹅湖》选段 歌剧《卡门》序曲 瑶族舞曲 埃及进行曲 金银圆舞曲 音乐剧《音乐之声》集锦 奥林匹克进行曲 小提琴协奏曲《梁祝》节选 《轻骑兵》序曲 歌剧《乡村骑士》间奏曲 歌剧《茶花女》序曲 蓝色多瑙河圆舞曲 狩猎波尔卡 欢腾的西部舞曲 “新世界”交响曲第四乐章	吕其明 柴可夫斯基 比才 刘铁山、茅沅 约翰·斯特劳斯 莱哈 罗杰斯 弗朗克 何占豪、陈钢 苏佩 玛斯卡尼 威尔第 约翰·斯特劳斯 约翰·斯特劳斯 海曼 德沃夏克
6月2日	锦江小礼堂	锦江音乐会	本团小乐队 指挥:张洁敏	锦江音乐会(第26期)	
6月2日	静安宾馆	周末室内乐音乐会		周末室内乐音乐会(第271期)	

日期	演出场地	音乐会主题	指挥、独奏、独唱	作品	作曲
6月3日	浦东上海科技馆广场	青春的节日	指挥:张洁敏	北京喜讯到边寨	郑路、马洪业
				芭蕾舞剧《天鹅湖》选段	柴可夫斯基
				金银圆舞曲	莱哈
				埃及进行曲	约翰·斯特劳斯
				瑶族舞曲	茅沅、刘铁山
				匈牙利舞曲第五号	勃拉姆斯
				法兰多拉舞曲	比才
				歌剧《卡门》序曲	比才
				弦乐与竖琴《二泉映月》	华彦钧、何芷阳
				“南国玫瑰”圆舞曲	约翰·斯特劳斯
				森吉德马	贺绿汀
				良宵	刘天华
				“雷电”波尔卡	约翰·斯特劳斯
				“狩猎”波尔卡	约翰·斯特劳斯
				“新世界”交响曲第四乐章	德沃夏克
6月5日	音乐厅	团市委		通俗音乐会	
6月7日	上海博物馆	为机械展览会演出		通俗音乐会	
6月8日	交响音乐厅	何林小提琴独奏音乐会	伴奏:叶青	前奏与快板	克莱斯勒
				行板(选自a小调第二奏鸣曲)	巴赫
				前奏曲三首	格什温
				音诗	肖松
				巴格尼尼亚那	米尔斯坦
				奏鸣曲第三首(c小调作品45)	格里格

日期	演出场地	音乐会主题	指挥、独奏、独唱	作品	作曲
6月9日	静安宾馆	周末室内乐音乐会		周末室内乐音乐会(第272期)	
6月16日	上海大剧院	巴利索托 系列音乐会之七	指挥:巴利索托(加拿大)	轻歌剧《蝙蝠》序曲 歌剧《里奥诺拉》第三序曲 交响诗《英雄的生涯》(国内首演)	约翰·斯特劳斯 贝多芬 理查·斯特劳斯
6月16日	交响音乐厅	重奏音乐会	指挥:高健	士兵的故事 阿巴拉契亚的春天	斯特拉文斯基 科普兰
6月16日	静安宾馆	周末室内乐音乐会		周末室内乐音乐会(第273期)	
6月22日	上海音乐厅	巴利索托系列音乐会之八	指挥:巴利索托(加拿大)	歌剧《唐豪塞》序曲 d小调西班牙交响曲 交响舞曲	瓦格纳 拉罗 拉赫玛尼诺夫
6月22日	静安公园	小乐队演出			
6月23日	静安宾馆	周末室内乐音乐会		周末室内乐音乐会(第274期)	
6月28日	浙江德清县会展中心	德清外商投资洽谈会音乐招待会	指挥:陈燮阳	红旗颂 芭蕾舞剧《天鹅湖》选段 歌剧《卡门》序曲 匈牙利舞曲第五号 欢腾的西部舞曲 北京喜讯到边寨 小提琴协奏曲《梁祝》节选 “蓝色多瑙河”圆舞曲 狩猎波尔卡 雷电波尔卡 《新世界》交响曲第四乐章	吕其明 柴可夫斯基 比才 勃拉姆斯 海曼 郑路、马洪业 约翰·斯特劳斯 约翰·斯特劳斯 约翰·斯特劳斯 约翰·斯特劳斯 德沃夏克

日期	演出场地	音乐会主题	指挥、独奏、独唱	作品	作曲
6月30日	静安宾馆	周末室内乐音乐会		周末室内乐音乐会(第275期)	
7月5日	上海音乐厅	诗情画意意大利	指挥:马西莫(意) 钢琴:金惠贞(韩)	交响诗《罗马的松树》 G大调钢琴协奏曲 第四交响曲“意大利”	莱斯庇基 拉威尔 门德尔松
7月6日	交响音乐厅	倪一珍长笛独奏音乐会	伴奏:武晓锋	长笛奏鸣曲 第三随想曲 第十幻想曲 梦幻曲 小圆舞曲 《自由射手》幻想曲 长笛奏鸣曲 F 长笛幻想曲	达克达盖契维利 海茨 泰勒曼 伽普雷 伽普雷 韦伯/塔凡诺 兴德米特 Tanada(日) 罗德里格
7月7日	锦江小礼堂	锦江音乐会	音乐学院小乐队 指挥:高健	锦江音乐会(第27期)	
7月7日	静安宾馆	周末室内乐音乐会		周末室内乐音乐会(第276期)	
7月12日	上海音乐厅	20世纪的音乐风采	指挥:傅人长 女高音:曹金	最后四首歌 交响诗《唐璜》 舞剧《火鸟》第二组曲 波莱罗	理查·斯特劳斯 理查·斯特劳斯 斯特拉文斯基 拉威尔
7月14日	静安宾馆	周末室内乐音乐会		周末室内乐音乐会(第277期)	

日期	演出场地	音乐会主题	指挥、独奏、独唱	作品	作曲
7月19日	交响音乐厅	成昂小提琴独奏音乐会	伴奏:翁维佳		
7月21日	上海音乐厅	法兰西浪漫之声	指挥:张洁敏	《牧神午后》前奏曲 《鹅妈妈》组曲 圆舞曲 帕凡舞曲 降B大调交响曲	德彪西 拉威尔 拉威尔 拉威尔 肖松
7月21日	静安宾馆	成昂小提琴独奏音乐会		周末室内乐音乐会(第278期)	
7月26日	上海音乐厅	斯特劳斯家族作品专场	指挥:格车尔(奥地利)	吉普赛伯爵 艺术家的生涯 波斯进行曲 安娜波尔卡 玫瑰骑士 雷电波尔卡 “蝙蝠”序曲 “疯狂”圆舞曲 拨弦波尔卡 “恒动曲” 闲聊波尔卡 “天体之调和” “无忧”波尔卡 蓝色多瑙河 拉德斯基进行曲	斯特劳斯家族

日期	演出场地	音乐会主题	指挥、独奏、独唱	作品	作曲
7月26日	锦江小礼堂	为统战部活动演出	指挥:张洁敏 小提琴:朴英 (部分弦乐)	小夜曲第一乐章 如歌的行板 良宵 拨弦爵士 四季——春 拨弦波尔卡 小步舞曲 二泉映月 切分音钟 嬉游曲——第一首　快板 友谊地久天长	莫扎特 柴可夫斯基 刘天华、元之 安德森 维瓦尔第 斯特劳斯 波开利尼 华彦钧、吴祖强 安德森 莫扎特 苏格兰民歌
7月28日	宁波逸夫剧院	信合之夜	指挥:陈燮阳	红旗颂 芭蕾舞剧《天鹅湖》选段 歌剧《卡门》序曲 欢腾的西部舞曲 二泉映月 泰坦尼克号 北京喜讯到边寨 小提琴协奏曲《梁山伯与祝英台》 “狩猎”波尔卡 “蓝色多瑙河”圆舞曲 匈牙利舞曲第五号 “新世界”交响曲第四乐章	吕其明 柴可夫斯基 比才 海曼 吴祖强 电影插曲 郑路、马洪业 何占豪、陈钢 约翰·斯特劳斯 约翰·斯特劳斯 勃拉姆斯 德沃夏克

日期	演出场地	音乐会主题	指挥、独奏、独唱	作品	作曲
7月30日	浦东瑞吉红塔大酒店	纪念一周年庆典音乐会	小提琴:王之炅 女高音:陈小群		
7月28日	静安宾馆	周末室内乐音乐会		周末室内乐音乐会(第279期)	
8月1日	安徽大剧院	安徽江淮汽车底盘公司“仲夏之夜”	指挥:张洁敏	少儿童声合唱《雪花》	黄佩勤配器
				红旗颂	吕其明
				芭蕾舞剧《天鹅湖》选段	柴可夫斯基
			女高音:陈小群	女高音独唱:笑之歌(选自《蝙蝠》)	约翰·斯特劳斯
				我爱你,中国	郑秋枫
				歌剧《卡门》序曲	比才
				欢腾的西部舞曲	海曼
				北京喜讯到边寨	郑路、马洪业
			小提琴:朴英	小提琴协奏曲《梁山伯与祝英台》	何占豪、陈钢
				“蓝色多瑙河”圆舞曲	约翰·斯特劳斯
			男高音:李巍	男高音独唱:祖国,慈祥的母亲	陆在易
				我的太阳	卡布阿
			陈小群　李巍	二重唱:饮酒歌(选自《茶花女》)	威尔第
				“新世界”交响曲第四乐章	德沃夏克
8月4日	锦江小礼堂	锦江音乐会	木管五重奏	锦江音乐会(第28期)	

日期	演出场地	音乐会主题	指挥、独奏、独唱	作品	作曲
8月4日	静安宾馆	周末室内乐音乐会		周末室内乐音乐会(第280期)	
8月10日	上海音乐厅	交响音乐会	指挥:傅人长	脉冲曲——为3支小号3支长号及弦乐而作(世界首演)	巴丁斯基
			钢琴:周挺	第三钢琴协奏曲	贝多芬
				第四交响曲	勃拉姆斯
8月11日	静安宾馆	周末室内乐音乐会		周末室内乐音乐会(第281期)	
8月18日	上海大剧院	金色维也纳全面开盘庆典交响音乐会	指挥:陈燮阳	轻歌剧《蝙蝠》序曲	约翰·斯特劳斯
				芭蕾舞剧《天鹅湖》组曲	柴可夫斯基
				歌剧《乡村骑士》间奏曲	玛斯卡尼
				长笛协奏曲第一乐章	莫扎特
				金银圆舞曲	莱哈
				匈牙利舞曲第五号	勃拉姆斯
				“南国玫瑰”圆舞曲	约翰·斯特劳斯
				男高音独唱:今晚无人入睡	普契尼
				重归苏莲托	意大利民歌
				歌剧《茶花女》序曲	威尔弟
				欢腾的西部舞曲	海曼
				“狩猎”波尔卡	约翰·斯特劳斯
				女高音独唱:乘着歌声的翅膀	门德尔松
				“春之声”圆舞曲	约翰·斯特劳斯
8月18日	静安宾馆	倪一珍(长笛)、薛颖佳(钢琴)独奏音乐会		周末室内乐音乐会(第282期)	

日期	演出场地	音乐会主题	指挥、独奏、独唱	作品	作曲
8 月 24 日	交响音乐厅	薛颖佳钢琴独奏音乐会		托卡塔 那杰尔的纳凉晚会 降 b 小调第二钢琴奏鸣曲第一乐章	巴赫 普兰克 拉赫玛尼诺夫
8 月 25 日	静安宾馆	周末室内乐音乐会		周末室内乐音乐会(第 283 期)	
8 月 26 日	上海大剧院	中泰一家亲音乐舞蹈晚会	古筝:泰国朱拉蓬公主殿下 指挥:傅人长	公主殿下与乐队:赛玉协奏曲 彝族舞曲 中泰一家亲	努瓦亲王 李辉
8 月 31 日	上海音乐厅	“再见,我的真爱”暂别上海音乐厅“迎十六大”	指挥:王燕 指挥:张国勇 钢琴:孔祥东 男高音:迟黎明 女高音:陆琦 二胡:段皑皑 笛子:赵琦 琵琶:汤晓风 马头琴:张全胜	交响诗《黄浦江》 长城交响曲——为钢琴、声乐及交响乐队而作	赵光、周湘林 叶小钢
9 月 1 日	锦江小礼堂	纪念贝多芬逝世 175 周年演出		锦江音乐会(第 29 期)	
9 月 1 日	静安宾馆	周末室内乐音乐会		周末室内乐音乐会(第 284 期)	

日期	演出场地	音乐会主题	指挥、独奏、独唱	作品	作曲
9月3日	上海大剧院	姜建华二胡独奏交响音乐会	指挥:林友声 琵琶:杨宝元	花好月圆 末代皇帝 丝绸之路 空山鸟语 故乡热情 赛马 阿兰怀思 Left Alone 卡门序曲 悲歌 印度浪漫曲 十面埋伏 二泉映月 流浪者之歌	彭修文 坂本龙一、苏聪 喜多郎 刘天华 姜建华 黄海怀 牢特利哥 玛罗娥璐登龙 比才、中原达彦 杨立青 可尼拉里姆基 古曲、杨大钧 华彦钧、石井真木 萨拉萨蒂
9月7日	艺海剧院	澳大利亚音乐家在上海	指挥:罗纳德·斯马特 长笛独奏:维吉尼亚·泰勒	喜歌剧《老实人》序曲 弦乐合奏《慢板》 阳光下的音乐 D大调长笛协奏曲 A大调第四交响曲“意大利”	伯恩斯坦 巴伯 彼德·斯考索普 莫扎特 门德尔松
9月8日	静安宾馆	周末室内乐音乐会		周末室内乐音乐会(第285期)	
9月15日	艺海剧院	比利时指挥佐尔曼(一)	指挥:罗纳德·佐尔曼 钢琴:安妮·葛菲莱克	《普罗米修斯》序曲 第四钢琴协奏曲 第七交响曲	贝多芬 贝多芬 德沃夏克

日期	演出场地	音乐会主题	指挥、独奏、独唱	作品	作曲
9月15日	静安宾馆	周末室内乐音乐会		周末室内乐音乐会(第286期)	
9月16日	南京路步行街		指挥:张洁敏	上海旅游节	
9月21日	艺海剧院	比利时指挥佐尔曼(二)	指挥:罗纳德·佐尔曼 女高音:多米尼克·莫尔斯	光芒照耀 雅典的废墟 第四交响曲	勃里顿 贝多芬 舒曼
9月25日	浙江长兴	长兴金秋招商大型交响音乐会	指挥:陈燮阳 小提琴:朴英	红旗颂 芭蕾舞《天鹅湖》选段 歌剧《卡门》序曲 匈牙利舞曲第五号 欢腾的西部舞曲 北京喜讯到边寨 小提琴协奏曲《梁山伯与祝英台》 "蓝色多瑙河"圆舞曲 "狩猎"波尔卡 "雷电"波尔卡 "新世界"交响曲第四乐章	吕其明 柴可夫斯基 比才 勃拉姆斯 海曼 马洪业 何占豪、陈钢 约翰·斯特劳斯 约翰·斯特劳斯 约翰·斯特劳斯 德沃夏克
9月29日	静安宾馆	周末室内乐音乐会		周末室内乐音乐会(第287期)	
10月5日	交响音乐厅	黄萱女中音独唱音乐会			

日期	演出场地	音乐会主题	指挥、独奏、独唱	作品	作曲
10月6日	锦江小礼堂	王之炅小提琴独奏音乐会	钢琴:印悦	锦江音乐会(第30期)	
10月6日	静安宾馆	周末室内乐音乐会		周末室内乐音乐会(第288期)	
10月9日	澳门文化中心综合剧院	弦上浪漫	指挥:丹尼尔·利普顿 小提琴:吕思清 大提琴:尼娜·郭托娃	歌剧《命运的力量》序曲 A大调洛可可主题变奏曲 e小调小提琴协奏曲 小提琴和大提琴二重协奏曲	朱瑟佩·威尔第 柴可夫斯基 门德尔松 勃拉姆斯
10月12－13日	澳门文化中心综合剧院	海上续梦－蔷薇玫瑰夜来香	指挥:陈燮阳 演唱:蔡琴 费玉清	人生何处不相逢 醉在你的怀中 今宵多珍重 你是春日风 哪个不多情 夜来香 南屏晚钟 五月的风 诉衷情 三年 情人的眼泪 在我们小的时候 岷江夜曲 夜上海 落花流水 我有一段情 明月千里寄相思 情人山 天涯歌女 何必旁人来说媒 雪山盟 叹十声 待嫁女儿心 留恋 晚安曲	庄宏 江风 王福龄 姚敏 黎锦光 黎锦光 王福龄 黎锦光 姚敏 姚敏 姚敏 周蓝萍 高剑声 陈歌辛 姚敏 姚敏 金流 姚敏 贺绿汀 姚敏 姚敏 黎平 姚敏 王福龄 刘家昌

日期	演出场地	音乐会主题	指挥、独奏、独唱	作品	作曲
10月18日－20日	澳门文化中心综合剧院	醉人歌舞百老汇		我团担任伴奏	
10月20日	澳门玫瑰堂	澳门怀思—— 林品晶作品音乐会	指挥：林品晶 琵琶：方锦龙	圆/缘 惊雷 澳门怀思 第二交响曲——广板	林品晶 林品晶 林品晶 陈怡
10月13日	静安宾馆	周末室内乐音乐会		周末室内乐音乐会（第289期）	
10月20日	静安宾馆	李静、刘威独唱、重唱音乐会		周末室内乐音乐会（第290期）	
10月25日	上海大剧院	喜迎十六大	指挥：张国勇 钢琴：孔祥东 男高音：迟黎明 女高音：陆琦 二胡：段皑皑 竹笛：赵琦 琵琶：汤晓峰 马头琴：张全胜 指挥：陈燮阳 朗诵：俞洛生 合唱：歌剧院 爱乐合唱团	《长城交响曲》——为钢琴、声乐、民乐及交响乐队而作 多媒体交响诗《黄浦江》	作词：邹航 作曲：叶小钢 文学策划作词：赵丽宏 作曲：赵光、周湘林

日期	演出场地	音乐会主题	指挥、独奏、独唱	作品	作曲
10月26日	上海大剧院	我与上海——共铸新世纪辉煌文艺晚会	指挥:陈燮阳 王永吉 钢琴:许忠 男中音:廖昌永 重奏:我团铜管演奏员 我团演出下半场	交响乐《新世界》交响曲第四乐章 钢琴协奏曲《黄河》第四乐章 歌剧《塞尔维亚理发师》选曲 铜管五重奏:猎手探戈 漫步彼得斯卡亚大街 歌舞《好一朵茉莉花》 合唱:《友谊地久天长》	
10月27日	静安宾馆	周末室内乐音乐会		周末室内乐音乐会(第291期)	
10月25－31日	厦门	柴可夫斯基青少年钢琴、小提琴、大提琴比赛	指挥:郑小瑛	三项比赛决赛各2场 三项比赛第一名演出音乐会1场	
11月1日	艺海剧院	弦上浪漫	指挥:王燕 小提琴:金炫我	歌剧《命运之力》序曲 e小调小提琴协奏曲 e小调第五交响曲	威尔第 门德尔松 柴可夫斯基
11月3日	锦江小礼堂	锦江音乐会	一提:庄宇 二提:吴正渝 中提:施贞莉 大提:韩莹莹	锦江音乐会(第31期)	
11月3日	静安宾馆	周末室内乐音乐会		周末室内乐音乐会(第292期)	
11月10日	艺海剧院	传统与现代 日本雅乐	指挥:陈燮阳 打击乐:孟晓亮 指挥:石井真木 雅乐:天王寺乐所雅亮会	《融》打击乐协奏曲——为中国打击乐和交响乐团 遭遇二番	贾达群 石井真木

日期	演出场地	音乐会主题	指挥、独奏、独唱	作品	作曲
11月10日	静安宾馆	周末室内乐音乐会		周末室内乐音乐会(第293期)	
11月13日	浦东	“大师杯”网球赛		一些重奏节目	
11月15日	国际会议中心	黄浦区庆十六大音乐会	指挥:曹鹏 小提琴:黄蒙拉	上半场:黄蒙拉与钢琴合作 下半场:第四小提琴协奏曲 良宵 D大调第一小提琴协奏曲 雷电波尔卡	 莫扎特 刘天华、元之 帕格尼尼 斯特劳斯
11月16日	交响音乐厅	孙颖迪钢琴独奏音乐会		《降E大调奏鸣曲》 《圆舞曲》 b小调奏鸣曲	海顿 拉威尔 李斯特
11月17日	静安宾馆	周末室内乐音乐会		周末室内乐音乐会(第294期)	
11月21日	上海第二医科大学	庆祝十六大胜利召开	指挥:高健	红旗颂 芭蕾舞剧《天鹅湖》选段 歌剧《卡门》序曲 匈牙利舞曲第五号 北京喜讯到边寨 小提琴协奏曲《梁祝》 蓝色多瑙河圆舞曲 狩猎波尔卡 雷电波尔卡 《新世界》交响曲第四乐章	吕其明 柴可夫斯基 比才 勃拉姆斯 郑路、马洪业 何占豪、陈钢 约翰·斯特劳斯 约翰·斯特劳斯 约翰·斯特劳斯 德沃夏克
11月24日	静安宾馆	周末室内乐音乐会		周末室内乐音乐会(第295期)	

日期	演出场地	音乐会主题	指挥、独奏、独唱	作品	作曲
12月1日	上海大舞台	上海中国艺术节闭幕式多明戈携中外歌后上海大型演唱会	指挥：卡尔·索拉克（奥地利） 男高音：多明戈 女高音：马蒂内斯 女高音：张立萍	像美丽五月的一天（安德烈……） 卡迪兹的少女们 穿上那戏袍（丑角） 美妙的歌声（塞维利亚理发师） 晴朗的一天（蝴蝶夫人） 告别巴黎（茶花女） 间奏曲（丑角） 夜深人静（奥赛罗） 被禁止的音乐 勿忘我 你是我心的全部（微笑国） 圆舞曲（浮士德） 今夜（西城故事） 狱守（塞贝迪奥的女儿们） 在我的那片土地上（路易莎……） 雷电波尔卡 二重唱（野猫）	乔尔达诺 德里布 来昂卡瓦罗 罗西尼 普契尼 威尔第 来昂卡瓦罗 威尔第 加斯塔尔顿 柯第斯 莱哈尔 古诺 伯恩斯坦 塞拉诺 莫雷诺、托洛瓦 约翰·斯特劳斯 贝内拉
12月1日	锦江小礼堂	黄蒙拉小提琴独奏音乐会		锦江音乐会（第32期）	
12月1日	静安宾馆	周末室内乐音乐会		周末室内乐音乐会（第296期）	

日期	演出场地	音乐会主题	指挥、独奏、独唱	作品	作曲
12月5日	庆祝申博成功	浦东国际会议中心	指挥:陈燮阳 女声独唱:于丽红 男声独唱:廖昌永 女声独唱:蔡虹虹 女声独唱:黄英 重唱:黄英、宋波、王丽清、吴波、董明霞、李巍	一批小节目	
12月7日	艺海剧院	美国交响爵士音乐会	指挥:蔡金冬 钢琴:迪隆尼	音乐剧《纽约城》选曲 交响舞曲《西区故事》 姑娘迷 号手的节日 乡村小提琴 劈柴人的情趣 布吉舞步 成熟的仕女 “A”线地铁 蓝色狂想曲	伯恩斯坦 伯恩斯坦 格什温 安德森 安德森 迪路尼 杰克·费纳 埃灵顿 埃灵顿、斯特莱赫恩 格什温
12月8日	静安宾馆	周末室内乐音乐会		周末室内乐音乐会(第297期)	
12月15日	艺海剧院	美国协和室内乐音乐会	王晓东等	勃兰登堡协奏曲第六首 小提琴、大提琴二重协奏曲 钢琴、小提琴、大提琴三重协奏曲	巴赫 勃拉姆斯 贝多芬
12月15日	静安宾馆	周末室内乐音乐会		周末室内乐音乐会(第298期)	
12月22日	静安宾馆	周末室内乐音乐会		周末室内乐音乐会(第299期)	

日期	演出场地	音乐会主题	指挥、独奏、独唱	作品	作曲
12月25日	杭州大剧院	平安新年音乐会	指挥:陈燮阳 小提琴:朴英	春节序曲 芭蕾舞剧《天鹅湖》选段 歌剧《卡门》序曲 匈牙利舞曲第五号 欢腾的西部舞曲 北京喜讯到边寨 小提琴协奏曲《梁祝》 蓝色多瑙河 狩猎波尔卡 雷电波尔卡 "新世界"交响曲第四乐章	李焕之 柴可夫斯基 比才 勃拉姆斯 海曼 郑路、马洪业 何占豪、陈钢 约翰·斯特劳斯 约翰·斯特劳斯 约翰·斯特劳斯 德沃夏克
12月27日	连云港影剧院	2003连云港"交通之夜"	指挥:陈燮阳 小提琴:朴英	红旗颂 芭蕾舞剧《天鹅湖》选段 歌剧《卡门》序曲 匈牙利舞曲第五号 欢腾的西部舞曲 在海一方 北京喜讯到边寨 小提琴协奏曲《梁祝》 蓝色多瑙河圆舞曲 狩猎波尔卡 雷电波尔卡 "新世界"交响曲第四乐章	吕其明 柴可夫斯基 比才 勃拉姆斯 海曼 郁洲萍 郑路、马洪业 何占豪、陈钢 约翰·斯特劳斯 约翰·斯特劳斯 约翰·斯特劳斯 德沃夏克

日期	演出场地	音乐会主题	指挥、独奏、独唱	作品	作曲
12月29日	南京人民大会堂	江苏纺织之夜新年音乐会	指挥:陈燮阳 京胡:尤继舜 二胡:蔡万军 鼓:许红波	红旗颂 《苏三》组曲 芭蕾舞剧《红色娘子军》选段 京剧曲牌《夜深沉》 京剧选段:求贤纳士重振奋 自己的队伍来到面前 北京喜讯到边寨 芭蕾舞剧《白毛女》选段 京剧选段:乱云飞 迎来春色换人间 金银圆舞曲 狩猎波尔卡	吕其明 刘廷禹 杜鸣心、吴祖强 《曹操与杨修》 《智取威虎山》 郑路、马洪业 集体创作 《杜鹃山》 《智取威虎山》 莱哈 约翰·斯特劳斯
12月29日	静安宾馆	周末室内乐音乐会		周末室内乐音乐会(第300期)	

· 2002年演出163场,其中交响音乐会42场,通俗音乐会40场,为流行歌曲等伴奏8场,招待3场,室内乐70场(静宾50场,锦江12场,交响音乐厅8场)。录音6次。

· 93场大乐队音乐会中,陈燮阳指挥34场,其他国内指挥17场,境外指挥17场。

· 93场大乐队音乐会中,本市演出64场,外地演出22场,境外演出7场。

北京交响乐团2002年演出情况

谢　穗辑

日期	地点	音乐会	指挥及其他	作品	作曲
2002年1月1日	中山音乐堂	梁祝—2002年新年音乐会	指挥:谭利华 小提琴独奏:陈曦	春节序曲 一组根据中国民歌改编的管弦乐作品1. 猜调 2. 兰花花3. 太阳出来喜洋洋4. 看秧歌 前奏曲《咏雪》选自第一交响曲《我的祖国》 管弦乐《春天的故事》 管弦乐《欢歌起舞》 火把节 根据中国民歌改编的管弦乐《茉莉花》 管弦乐《热巴舞曲》 小提琴协奏曲《梁祝》	李焕之 鲍元恺改编 陈培勋 杜鸣心改编 扎西次旺 王西麟 李文平配器 方科杰 何占豪、陈刚
2002年1月2日	北京中山音乐堂	黄河—2002年新年交响音乐会	指挥:谭利华 钢琴独奏:范军	节日序曲,作品96号 管弦乐《春天的故事》 《海霞》组曲1. 织网2. 丰收 芭蕾舞《天鹅湖》组曲1. 场景2. 西班牙舞曲 中国民歌两首1. 根据中国民歌改编的管弦乐《茉莉花》 2. 根据中国民歌改编的管弦乐《太阳出来喜洋洋》 蓝色多瑙河圆舞曲,作品314号 舞剧《白毛女》组曲1. 北风吹2. 扎红头绳 舞剧《红色娘子军》选曲1. 序曲2. 快乐的女战士3. 操练舞 钢琴协奏曲《黄河》	肖斯塔科维奇 杜鸣心改编 王酩 柴科夫斯基 李文平配器 鲍元恺改编 约翰·施特劳斯 严金萱 吴祖强、杜鸣心 殷承宗等

日期	地点	音乐会	指挥及其他	作品	作曲
2002年1月26日	音乐季音乐会—波西米亚的旋律	国图音乐厅	指挥:谭利华	《被出卖的新嫁娘》序曲 b小调大提琴协奏曲,作品104号 G大调第八交响曲,作品88号	斯美塔那 德沃夏克 德沃夏克
2002年3月15日	中山音乐堂	音乐季音乐会	指挥:谭利华	波莱罗 《达芙尼与克罗埃》第二组曲 1. 黎明 2. 哑剧 3. 群舞 行星组曲,作品32号 1. 火星—战争之神 2. 金星—和平之神 3. 水星—飞行之神 4. 土星—老年之神 5. 木星—欢乐之神	拉威尔 拉威尔 霍尔斯特
2002年3月31日	中山音乐堂	音乐季音乐会	指挥:谭利华 小提琴独奏:吕思清	D大调小提琴协奏曲,作品77号 F大调第三交响曲,作品90号	勃拉姆斯 勃拉姆斯
2002年3月13日	中山音乐堂	音乐季音乐会	指挥:朱晖 小提琴独奏:赵滢娜	e小调小提琴协奏曲 降E大调第四交响曲,“浪漫”	门德尔松 布鲁纳克
2002年4月26日	中山音乐堂	音乐季音乐会	指挥:黄飞立 小号:冯继杨、朱与墨 圆号:赵睿华、张诚心 长号:叶峥 大号:刘啸 长笛:陈三庆 双簧管:李晨光 圆号:张诚心 大管:刘可 单簧管独奏:刘明 钢琴独奏:冯丹	铜管五重奏 1. 水上音乐选曲 2. 活泼的步伐 3. 安慰 4.《卡门》序曲 5. 美国巡逻兵 6. 康康 木管五重奏 1. 歌剧《魔笛》序曲 2. 木管五重奏 3. 小黑娃步态舞 帕萨卡里亚 《随想曲》单簧管与弦乐,作品41号 弦乐与钢琴大协奏曲	亨德尔 加里亚德 乔普林 比才 奥芬·巴赫 莫扎特 卡比尼 德彪西 亨德尔曲 阿斯拉马兹安 那改编 黄安伦

日期	地点	音乐会	指挥及其他	作品	作曲
2002年5月25日	中山音乐堂	音乐季音乐会	小提琴独奏:柴亮	《台湾音画》选曲 1. 宜兰童谣 2. 恒春乡愁 3. 泰雅情歌 4. 鹿港庙会 d小调小提琴协奏曲,作品47号 D大调第二交响曲,作品73号	鲍元恺 西贝柳斯 勃拉姆斯
2002年6月7日	中山音乐堂	音乐季音乐会	指挥:张国勇 小提琴独奏:黄蒙拉	斯拉夫进行曲,作品31号 D大调第一小提琴协奏曲,作品6号 《暴风雪》—为普希金同诗剧而作 弗兰切斯卡.达.利米尼,作品32号	柴可夫斯基 帕格尼尼 斯维里多夫 柴可夫斯基
2002年7月5日	中山音乐堂	音乐季音乐会	指挥:尤斯图斯·弗朗茨 打击乐独奏:李飚	打击乐协奏曲—为打击乐演奏家李飚而作 升c小调第五交响曲	谢格弗雷德·费因克 马勒
2002年9月7日	中山音乐堂	"中国北京第二届打击乐艺术节和专家班"协奏曲音乐会	指挥:谭利华 独奏:神谷百子(日) 独奏:马库斯.雷昂松(瑞典) 独奏:卡塔金纳.米施卡(波兰) 独奏:李飚	节日序曲,作品96号 马林巴琴协奏曲 阿波罗打击乐协奏曲 为马林巴琴和乐队而作的第一协奏曲 打击乐协奏曲的第三乐章	肖斯塔科维奇 尼尔·罗沙罗 托米·安德森 安德斯·柯培尔 约瑟夫·施万特那尔
2002年9月24日	中山音乐堂	音乐季音乐会	指挥:谭利华 女高音:胡波 男高音:王海民 男中音:丁伟 王毅宁 德国奥尔夫合唱团(排练指挥:亚的里安.赫尔曼) 中国交响乐团合唱团 中国交响乐团合唱团附属少年及女子合唱团(排练指挥:杨力)	布兰之歌	卡尔·奥尔夫

日期	地点	音乐会	指挥及其他	作品	作曲
2002年10月7日	中山音乐堂	音乐季音乐会	指挥:谭利华	春节序曲 一组根据中国民歌改编的管弦乐作品 1. 猜调 2. 兰花花 3. 太阳出来喜洋洋 4. 看秧歌 热巴舞曲 一组中国舞剧音乐 1.《白毛女》选曲 2.《鱼美人》选曲 3.《红色娘子军》选曲 《诗人与农夫》序曲 一组外国舞剧音乐 1.《天鹅湖》选曲 2.《葛倍利亚》选曲 一组施特劳斯选曲 1. 闲聊波尔卡 2. 蓝色多瑙河 3. 狩猎波尔卡 第四交响曲第一乐章	李焕之 鲍元恺改编 方可杰 严金萱 吴祖强、杜鸣心等 吴祖强、杜鸣心等 苏佩 柴可夫斯基 德利布 约翰·斯特劳斯 柴可夫斯基
2002年10月16日	中山音乐堂	音乐季音乐会	指挥:谭利华 独奏:李传韵	歌剧《黎恩济》序曲 D大调第一小提琴协奏曲,作品19号 b小调第二“勇士”交响曲	瓦格纳 普罗科菲耶夫 鲍罗丁
2002年11月16日	中山音乐堂	音乐季音乐会	指挥:谭利华 独奏:黄滨	费岱里奥序曲,作品72号 D大调小提琴协奏曲,作品61号 A大调第七交响曲,作品92号	贝多芬 贝多芬 贝多芬

日期	地点	音乐会	指挥及其他	作品	作曲
2002 年 12 月 31 日(19:45 第一场 22:40 第二场)	人民大会堂	2003 新年音乐会	指挥:谭利华 (北交下场,英国皇家爱乐团上场) 指挥:巴里·沃尔沃斯 女高音独唱:和慧 钢琴独奏:李坚 (皇家爱乐团下场,北交上场) 指挥:谭利华 男高音:刘欢	管弦乐: 1.《威风堂堂》进行曲 2. 御风万里 3.《欢乐之星》选自《行星组曲》 《晴朗的一天》选自歌剧《蝴蝶夫人》 《我是上帝谦虚的神女》选自歌剧《阿德里亚那. 勒古诺夫》 罗马狂欢节 南方玫瑰 《第二钢琴协奏曲》第一乐章 《你为何唤醒我》选自《维特》 《你是这样的人》选自电视剧《百年恩来》	巴里·沃尔沃斯 郭文景 霍尔斯特 普契尼 契里亚 伯辽兹 施特劳斯 拉赫玛尼诺夫 马斯内 三宝曲,宋小明词

音乐图书出版档案

陈燕婷　孙晨荟辑

●［**著作名称**］音乐美学与审美［**作者**］韩钟恩［**成果形式**］专著［**出版单位**］洪叶文化事业有限公司［**出版时间**］2002 年 12 月［**备注**］该书主要透过哲学人本的思考，涉及一系列事关音乐美学学科论域的重大问题。

●［**著作名称**］以色列音乐［**作者**］（以）马科斯·布洛德（Max Brod）著；翻译：李瑾［**成果形式**］译著［**出版单位**］人民音乐出版社［**出版时间**］2002。

●［**著作名称**］20 世纪中国音乐批评导论［**作者**］明言［**成果形式**］专著［**关键术语**］音乐批评［**图书类别**］音乐史研究［**出版单位**］人民音乐出版社［**出版时间**］2002 年 10 月［**备注**］该书系作者的博士论文。

●［**著作名称**］西方音乐社会学现状：近代音乐的听赏和当代社会的音乐问题［**作者**］（德）克奈夫等著；翻译：金经言［**成果形式**］译著［**出版单位**］人民音乐出版社［**出版时间**］2002 年。

●［**著作名称**］哈尔滨西洋音乐史［**作者**］刘欣欣、刘学清［**完成**］2002/北京［**成果形式**］专著［**关键术语**］哈尔滨西洋音乐史［**图书类别**］音乐史研究［**出版单位**］人民音乐出版社［**出版时间**］2002 年。

●［**著作名称**］19 世纪音乐史［**作者**］（德）格奥尔格·克内普勒著；翻译：王昭仁［**完成**］2002/北京［**成果形式**］译著［**关键术语**］19 世纪音乐史［**图书类别**］音乐史研究［**出版单位**］人民音乐出版社［**出版时间**］2002 年［**页数**］793 页。

●［**著作名称**］当胖妇人引吭高歌时：易学易懂的歌剧史［**作者**］（加）戴维·巴伯著；翻译：沫飞［**完成**］2002［**成果形式**］译著［**出版单位**］北京：人民音乐出版社［**出版时间**］2002 年［**页数**］129 页。

●［**著作名称**］基督教音乐之旅［**作者**］（英）安德鲁·威尔逊－迪克森（Andrew Wilson－Dickson）［著］；毕祎、戴丹译［**成果形式**］专著［**出版单位**］上海：上海人民美术出版社［**出版时间**］2002 年［**页数**］243 页［**备注**］图。

●［**著作名称**］我认识世界，音乐卷［**作者**］（俄）A·C·克林诺夫（A·C·Кленов）著；翻译：高昶等［**成果形式**］译著［**出版单位**］北京：东方出版社［**出版时间**］2002［**备注**］插图。

●［**著作名称**］音乐之魔［**作者**］（法）雅恩·阿佩里（Yann Apperry）著；翻译：郎维忠［**成果形式**］译著［**出版单位**］深圳：海天出版社［**出版时间**］2002［**页数**］242 页［**定价**］CNY13.00［**版号**］7－80654－779－7。

●［**著作名称**］即兴的乐趣［**作者**］（美）戴夫·弗兰克（Dave Frank），（美）约翰·阿曼罗（John Amaral）著；翻译：徐德［**成果形式**］译著［**出版单位**］北京：人民音乐出版社［**出版时间**］2002［**定价**］CNY79.80（含 CD 两张）［**版号**］7－103－02603－3［**备注**］光盘 2 片。

●［**著作名称**］键盘和声学教程：古典音乐和声体系的理论［**作者**］（匈）凯斯特莱尔·略林茨（Kesztler Lorinc）著；翻译：张瑞等［**成果形式**］译著［**出版单位**］北京：人民音乐出版社［**出版时间**］2002［**页数**］591 页。

●［**著作名称**］器乐曲式学［**作者**］（匈）魏纳·莱奥（Weiner Leo）著；翻译：张瑞［**成果形式**］译著［**出版单位**］北京：人民音乐出版社［**出版时间**］2002［**页数**］295 页。

●［**著作名称**］论小提琴演奏与教学［**作者**］（苏）尤·伊·扬凯列维奇（Ю. И. Янкелевич）著；翻译：刁蓓华［**成果形式**］译著［**出版单位**］北京：人民音乐出版社［**出版时间**］2002［**页数**］268 页。

●［**著作名称**］巴赫：世人称颂的乐长［**作者**］［法］Paule du Bouchet

原著；翻译：刘君强、蔡鸿滨［**成果形式**］译著［**出版单位**］上海：上海译文出版社［**出版时间**］2002［**页数**］203 页［**版号**］7－5327－2724－6［**备注**］照片，图。

●［**著作名称**］音乐移动群星：霍金传［**作者**］［英］简·霍金（Jane Hawking）著；翻译：赵伯英等［**成果形式**］译著［**出版单位**］北京：当代世界出版社［**出版时间**］2002［**页数**］619 页。

●［**著作名称**］20 世纪音乐的素材与技法［**作者**］（美）库斯特卡（S. Kostka）著；翻译：宋瑾［**成果形式**］译著［**出版单位**］北京：人民音乐出版社［**出版时间**］2002［**页数**］243 页。

●［**著作名称**］西方音乐史［**作者**］（法）保罗·朗多尔米（Paul Landormy）著；翻译：朱少坤等［**成果形式**］译著［**出版单位**］北京：人民音乐出版社［**出版时间**］2002［**页数**］446 页［**备注**］修订版。

●［**著作名称**］贝多芬的头发：重见天日的历史迷雾和音乐悬疑［**作者**］（美）罗素·马丁（Russell Martin）著；翻译：邹海仑、蔡曙光［**成果形式**］译著［**出版单位**］北京：中国友谊出版公司［**出版时间**］2002［**页数**］285 页。

●［**著作名称**］歌唱艺术［**作者**］（苏）И. К. 那查连科（И. К. Назаренко）编著；翻译：汪启璋［**成果形式**］译著［**出版单位**］北京：人民音乐出版社［**出版时间**］2002［**页数**］231 页。

●［**著作名称**］世纪之交：中国音乐教育与世界音乐教育［**作者**］管建华［**成果形式**］专著［**出版单位**］南京：南京师范大学出版社［**出版时间**］2002［**页数**］381 页［**备注**］照片。

●［**著作名称**］五音不全［**作者**］曹利群［**成果形式**］专著［**出版单位**］杭州：浙江人民出版社［**出版时间**］2002［**页数**］345 页。

●［**著作名称**］欧美流行音乐著名巨星图典［**作者**］陈兴荣主编；刘新芝等撰稿［**成果形式**］专著［**出版单位**］北京：人民音乐出版社［**出版时间**］2002［**备注**］2 册。

●［**著作名称**］中外音乐欣赏［**作者**］汤琦、张重辉编著［**成果形式**］专著［**出版单位**］杭州：浙江大学出版社［**出版时间**］2002［**页数**］374 页。

●［**著作名称**］蒙古佛教音乐文化的多元性［**作者**］包·达尔汗［**成果形式**］专著［**出版单位**］北京：宗教文化出版社［**出版时间**］2002［**出版型

制］20cm［**备注**］彩图；宗教学博士文库。

●［**著作名称**］你眼前的古典乐坛明星［**作者**］刘伟［**成果形式**］专著［**出版单位**］北京：人民音乐出版社［**出版时间**］2002［**备注**］照片；视听欣赏丛书。

●［**著作名称**］电视音乐音响［**作者**］高廷智［**成果形式**］专著［**出版单位**］北京：北京广播学院出版社［**出版时间**］2002［**出版型制**］20cm［**页数**］257页［**备注**］图；成教书系。

●［**著作名称**］声乐学基础［**作者**］石惟正［**成果形式**］专著［**出版单位**］北京：人民音乐出版社［**出版时间**］2002［**出版型制**］21cm［**备注**］图；声乐艺术教育丛书·声乐教学文库。

●［**著作名称**］西方音乐社会学现状：近代音乐的听赏和当代社会的音乐问题［**作者**］（德）克奈夫等著；翻译：金经言［**成果形式**］专著［**出版单位**］北京：人民音乐出版社［**出版时间**］2002。

●［**著作名称**］兴德米特和声理论的实际运用［**作者**］秦西炫［**成果形式**］专著［**出版单位**］北京：人民音乐出版社［**出版时间**］2002［**页数**］297页。

●［**著作名称**］中国风格旋律写作：域性旋律和族性旋律［**作者**］杨瑞庆［**成果形式**］编著［**出版单位**］北京：人民音乐出版社［**出版时间**］2002。

●［**著作名称**］西方流行音乐简史［**作者**］尤静波编著［**成果形式**］专著［**出版单位**］北京：中国文联出版公司［**出版时间**］2002［**出版型制**］24cm［**备注**］照片；二十一世纪音乐人手册。

●［**著作名称**］谈弹贝多芬：图片、生平和原作改编曲［**作者**］（德）汉斯-根德·霍曼编；翻译：陆泓［**成果形式**］译著［**出版单位**］上海：上海音乐出版社［**出版时间**］2002［**出版型制**］30cm［**页数**］48页［**备注**］彩图；"谈弹作曲家"系列。

●［**著作名称**］中国民歌旋律形态［**作者**］杨瑞庆［**成果形式**］专著［**出版单位**］上海：上海音乐出版社［**出版时间**］2002。

●［**著作名称**］弹指之间［**作者**］潘尚文［**成果形式**］编著［**出版单位**］长沙：湖南文艺出版社［**出版时间**］2002。

●［**著作名称**］弦外知音［**作者**］华育棠［**成果形式**］编著［**出版单

位］长沙：湖南文艺出版社［**出版时间**］2002［**出版型制**］30cm［**页数**］287页［**备注**］图 + 光盘2片；台风流行音乐丛书。

●［**著作名称**］谈弹柴科夫斯基：图片、生平和原作改编曲［**作者**］（德）汉斯－根德·霍曼编；翻译：陆泓［**成果形式**］译著［**出版单位**］上海：上海音乐出版社［**出版时间**］2002［**页数**］48页。

●［**著作名称**］谈弹舒伯特：图片、生平和原作改编曲［**作者**］（德）汉斯－根德·霍曼编；翻译：陆泓［**成果形式**］译著［**出版单位**］上海：上海音乐出版社［**出版时间**］2002［**出版型制**］30cm［**页数**］48页［**备注**］图；"谈弹作曲家"系列。

●［**著作名称**］谈弹莫扎特：图片、生平和原作改编曲［**作者**］（德）汉斯－根德·霍曼编；翻译：陆泓［**成果形式**］译著［**出版单位**］上海：上海音乐出版社［**出版时间**］2002［**出版型制**］30cm［**页数**］47页［**备注**］彩图"谈弹作曲家"系列。

●［**著作名称**］在游戏中学习音乐：奥尔夫教学法实践课例［**作者**］区海婴［**成果形式**］专著［**出版单位**］广州：广东高等教育出版社［**出版时间**］2002。

●［**著作名称**］中西乐论［**作者**］相西源［**成果形式**］专著［**出版单位**］北京：人民出版社［**出版时间**］2002。

●［**著作名称**］音乐世界的奥妙［**作者**］（英）尼古拉·巴伯，（英）玛丽·摩尔编著；翻译：吕娜、吕晓华［**成果形式**］译著［**出版单位**］北京：华夏出版社［**出版时间**］2002［**出版型制**］26cm［**页数**］88页［**备注**］照片；图；趣味艺术素质教育丛书。

●［**著作名称**］和谐的乐声［**作者**］刘靖之［**成果形式**］专著［**出版单位**］武汉：湖北教育出版社［**出版时间**］2002。

●［**著作名称**］音乐教学论［**作者**］尹红［**成果形式**］编著［**出版单位**］重庆：西南师范大学出版社［**出版时间**］2002。

●［**著作名称**］汉文佛经中的音乐史料［**作者**］王昆吾、何剑平［**成果形式**］编著［**出版单位**］成都：巴蜀书社［**出版时间**］2002。

●［**著作名称**］中国少数民族音乐概论［**作者**］杜亚雄［**成果形式**］编著［**出版单位**］上海：上海音乐出版社［**出版时间**］2002。

●［**著作名称**］音乐文化［**作者**］乔建中、陈永华主编［**成果形式**］编著［**出版单位**］北京：文化艺术出版社［**出版时间**］2002［**备注**］中国艺术研究院音乐研究所，香港中文大学音乐系编。

●［**著作名称**］音乐艺术鉴赏［**作者**］张冠华、李诗原主编［**成果形式**］编著［**出版单位**］北京：解放军文艺出版社［**出版时间**］2002。

●［**著作名称**］合唱学新编［**作者**］马革顺［**成果形式**］专著［**出版单位**］上海：上海音乐出版社［**出版时间**］2002。

●［**著作名称**］瓦格纳论音乐［**作者**］（德）瓦格纳著；翻译：廖辅叔［**成果形式**］译著［**出版单位**］上海：上海音乐出版社［**出版时间**］2002。

●［**著作名称**］新乐理教程［**作者**］曲致政［**成果形式**］专著［**出版单位**］上海：上海音乐出版社［**出版时间**］2002。

●［**著作名称**］中国经典民歌鉴赏指南［**作者**］乔建中［**成果形式**］编著［**出版单位**］上海：上海音乐出版社［**出版时间**］2002。

●［**著作名称**］从迷人的音乐中感受和声的魅力（上）［**作者**］孙维权编著［**成果形式**］专著［**出版单位**］上海：上海音乐出版社［**出版时间**］2002。

●［**著作名称**］当代音乐的批评话语［**作者**］居其宏［**成果形式**］专著［**出版单位**］上海：上海音乐出版社［**出版时间**］2002。

●［**著作名称**］心 & 音 . com：世界音乐人文叙事［**作者**］洛秦［**成果形式**］专著［**出版单位**］上海：上海音乐出版社［**出版时间**］2002。

●［**著作名称**］声乐理论与教学［**作者**］赵震民［**成果形式**］专著［**出版单位**］上海：上海音乐出版社［**出版时间**］2002。

●［**著作名称**］马勒《大地之歌》研究［**作者**］王次炤主编；毕明辉编选［**成果形式**］编著［**出版单位**］上海：上海音乐出版社［**出版时间**］2002。

●［**著作名称**］福建南音［**作者**］王耀华［**成果形式**］编著［**出版单位**］北京：人民音乐出版社［**出版时间**］2002。

●［**著作名称**］中国音乐的人文阐释［**作者**］刘承华［**成果形式**］专著［**出版单位**］上海：上海音乐出版社［**出版时间**］2002。

●［**著作名称**］如果没有巴罗克音乐：易学易懂的音乐史［**作者**］（加）戴维·巴伯著；翻译：杨敏［**成果形式**］译著［**出版单位**］北京：人民音乐出版社［**出版时间**］2002［**出版型制**］21cm［**页数**］133 页［**备注**］图；欧

美畅销系列· 轻松解读音乐丛书。

●［**著作名称**］巴赫、贝多芬及其前辈与后来者：易学易懂的音乐史［**作者**］（加）戴维·巴伯著；翻译：马英君［**成果形式**］译著［**出版单位**］北京：人民音乐出版社［**出版时间**］2002［**出版型制**］21cm［**页数**］145页［**备注**］图；欧美畅销系列．轻松解读音乐丛书。

●［**著作名称**］民族音乐学视野中的传统音乐［**作者**］伍国栋［**成果形式**］专著［**出版单位**］上海：上海音乐出版社［**出版时间**］2002。

●［**著作名称**］童声合唱训练学［**作者**］杨鸿年［**成果形式**］专著［**出版单位**］北京：人民音乐出版社［**出版时间**］2002。

●［**著作名称**］音乐人类学的大视野：华南与马来民族音乐考察及比较研究［**作者**］罗艺峰、钟瑜［**成果形式**］专著［**出版单位**］上海：上海音乐出版社［**出版时间**］2002。

●［**著作名称**］桑桐和声论文集［**作者**］桑桐［**成果形式**］专著［**出版单位**］上海：上海音乐出版社［**出版时间**］2002。

●［**著作名称**］发现和培养孩子的音乐天赋［**作者**］（美）罗伯特·库蒂塔著；翻译：许楠等［**成果形式**］译著［**出版单位**］北京：新华出版社［**出版时间**］2002［**出版型制**］20cm［**页数**］276页［**备注**］内附光盘1片。

●［**著作名称**］傅雷谈音乐［**作者**］傅雷著；傅敏编［**成果形式**］专著［**出版单位**］长沙：湖南文艺出版社［**出版时间**］2002。

●［**著作名称**］奥尔夫音乐教育思想与实践［**作者**］李妲娜等［**成果形式**］编著［**出版单位**］上海：上海教育出版社［**出版时间**］2002。

●［**著作名称**］光天化日下的流行：亲历中国流行音乐［**作者**］金兆钧［**成果形式**］专著［**出版单位**］北京：人民音乐出版社［**出版时间**］2002。

●［**著作名称**］拉赫玛尼诺夫的和声技法［**作者**］华萃康［**成果形式**］专著［**出版单位**］上海：上海音乐出版社［**出版时间**］2002。

●［**著作名称**］音乐教学技能［**作者**］袁善琦主编；袁善琦等撰写［**成果形式**］专著［**出版单位**］武汉：华中师范大学出版社［**出版时间**］2002。

●［**著作名称**］大学音乐：西方音乐部分［**作者**］袁静芳主编；宋瑾、李诗原著［**成果形式**］专著［**出版单位**］武汉：武汉大学出版社［**出版时间**］2002。

●［**著作名称**］因为古典所以音乐［**作者**］林浩阳［**成果形式**］专著

［**出版单位**］北京：现代出版社［**出版时间**］2002。

●［**著作名称**］名家名作中的为什么，艺术卷，音乐［**作者**］马威等主编；宋学军编著［**成果形式**］编著［**出版单位**］北京：中国文史出版社［**出版时间**］2002。

●［**著作名称**］交响音乐赏析［**作者**］顾桐芳等主编［**成果形式**］编著［**出版单位**］南京：南京师范大学出版社［**出版时间**］2002。

●［**著作名称**］歌唱艺术讲座［**作者**］许讲真著［**成果形式**］专著［**出版单位**］北京：人民音乐出版社［**出版时间**］2002。

●［**著作名称**］刘北茂纪念文集［**作者**］刘育熙主编［**成果形式**］编著［**出版单位**］北京：人民音乐出版社［**出版时间**］2002。

●［**著作名称**］走出大峡谷：李西安音乐文集［**作者**］李西安［**成果形式**］专著［**出版单位**］合肥：安徽文艺出版社［**出版时间**］2002。

●［**著作名称**］美国乡村音乐［**作者**］谢为群［**成果形式**］编著［**出版单位**］合肥：安徽文艺出版社［**出版时间**］2002。

●［**著作名称**］美国摇滚历程五十年［**作者**］谢为群、洛秦［**成果形式**］编著［**出版单位**］合肥：安徽文艺出版社［**出版时间**］2002。

●［**著作名称**］思维·情感与音乐教学［**作者**］吴文漪［**成果形式**］专著［**出版单位**］北京：北京科学技术出版社［**出版时间**］2002［**出版型制**］21cm［**页数**］303 页［**备注**］开发大脑潜能发展形象思维创新教育丛书。

●［**著作名称**］音乐艺术教育［**作者**］齐易、张文川［**成果形式**］专著［**出版单位**］北京：人民出版社［**出版时间**］2002。

●［**著作名称**］音乐知识手册：用最少的时间了解音乐［**作者**］李德胜［**成果形式**］编著［**出版单位**］北京：海潮出版社［**出版时间**］2002［**出版型制**］21cm［**页数**］377 页［**备注**］青年素质教育丛书。

●［**著作名称**］美国音乐剧［**作者**］余丹红、张礼引编著［**成果形式**］专著［**出版单位**］合肥：安徽文艺出版社［**出版时间**］2002。

●［**著作名称**］爵士百年兴衰录［**作者**］洛秦［**成果形式**］编著［**出版单位**］合肥：安徽文艺出版社［**出版时间**］2002。

●［**著作名称**］大学音乐：中国音乐部分［**作者**］袁静芳主编［**成果形式**］编著［**出版单位**］武汉：武汉大学出版社［**出版时间**］2002。

●［**著作名称**］蒂娜与钢琴［**作者**］（奥）马尔科·西姆萨著；（奥）温

弗里德·奥格诺特绘；翻译：侯俊侠、赵茳［**成果形式**］译著［**出版单位**］北京：人民音乐出版社［**出版时间**］2002［**出版型制**］27cm［**备注**］彩图+光盘1片。

●［**著作名称**］莫扎特［**作者**］（奥）恩斯特·阿·艾凯尔著；（奥）多利斯·艾申伯格绘；翻译：高士彦［**成果形式**］译著［**出版单位**］北京：人民音乐出版社［**出版时间**］2002［**出版型制**］27cm［**备注**］彩图+光盘1片。

●［**著作名称**］舒伯特［**作者**］（奥）恩斯特·阿·艾凯尔著；（奥）多利斯·艾申伯格绘；翻译：高士彦［**成果形式**］译著［**出版单位**］北京：人民音乐出版社［**出版时间**］2002［**出版型制**］27cm［**备注**］彩图+光盘1片。

●［**著作名称**］约翰·施特劳斯［**作者**］（奥）恩斯特·阿·艾凯尔著；（奥）多利斯·艾申伯格绘；翻译：高士彦［**成果形式**］译著［**出版单位**］北京：人民音乐出版社［**出版时间**］2002［**出版型制**］27cm［**备注**］彩图+光盘1片。

●［**著作名称**］巴赫［**作者**］（奥）恩斯特·阿·艾凯尔著；（奥）多利斯·艾申伯格绘；翻译：高士彦［**成果形式**］译著［**出版单位**］北京：人民音乐出版社［**出版时间**］2002［**出版型制**］27cm［**备注**］彩图+光盘1片。

●［**著作名称**］风，来自多瑙河：匈牙利音乐文化［**作者**］杜亚雄［**成果形式**］专著［**出版单位**］北京：世界知识出版社［**出版时间**］2002［**出版型制**］21cm［**页数**］161页［**备注**］世界民族音乐文化丛书。

●［**著作名称**］音乐名家名曲（中国篇）［**作者**］王安国主编［**成果形式**］编著［**出版单位**］北京：中央广播电视大学出版社［**出版时间**］2002。

●［**著作名称**］百年音乐：多媒体创作经典实例［**作者**］吴建杰、周建彧著；双击资讯编著［**成果形式**］专著［**出版单位**］北京：电子工业出版社［**出版时间**］2002［**出版型制**］26cm［**页数**］267页［**备注**］彩图+光盘1片。

●［**著作名称**］音乐新课程与学科素质培养：中学音乐教师人文素质培养［**作者**］张淑珍主编［**成果形式**］编著［**出版单位**］北京：中国纺织出版社［**出版时间**］2002。

●［**著作名称**］古国乐魂：中国音乐文化［**作者**］钱茸［**成果形式**］专

著［**出版单位**］北京：世界知识出版社［**出版时间**］2002。

●［**著作名称**］从"撒哈拉"往南走：黑人音乐偶拾［**作者**］李昕［**成果形式**］专著［**出版单位**］北京：中国广播电视出版社［**出版时间**］2002。

●［**著作名称**］音缘相随·西洋音乐欣赏［**作者**］高蕾、贾红博［**成果形式**］编著［**出版单位**］北京：中国纺织出版社［**出版时间**］2002。

2002年度师范音乐教育论文目录

吴洁丽辑

《音乐探索》

1. 运用多媒体手段改进高师音教专业的乐理教学/文峰/2/86
2. 高师钢琴多元化教学模式研究/陈光泉/2/89
3. 浅谈声乐教师的素质/陈云娥/2/96
4. 高师音乐教育应加强创新意识/秦荣/3/86
5. 加强高师声乐教学中学生实践能力的培养和提高/蒋世雄/3/89
6. 音乐教育应重视音乐体裁的教学/刘忠民 4/87
7. 基于 internet 的远程音乐教育模式研究/唐小波/1/94

《星海音乐学院学报》

1. 漫谈德国钢琴启蒙教育的特点/冼劲松/2/69
2. 在音乐教育中培养儿童创造力的构想/蔡黎蔓/2/73
3. 对艺术师范成人钢琴教学与教材的探索/曹宏凯/2/76
4. 高师音乐教学法课程改革的构想/范晓君/2/78
5. 论高师声乐教学的师生素质/田丁/2/81
6. 中美师范院校音乐教育发展比较/辛迪/3/51

7. 高师学前教育专业音乐课程设置的构想/张炎、冯夏婷/3/59
8. 高师音乐教育专业考试办法的思考/吴华山、龙玉兰/4/87
9. 奥尔夫音乐教育在清华/李丹娜/4/91
10. 素质教育与高师声乐教学/杨天君/3/55

《天津音乐学院学报》

1. 音乐教育的功能与肖义/齐易/2/54
2. 从人才的素质教育谈高校教材建设/诸葛瑞芬/2/70

《舞台艺术》

1. 论普通高校音乐教育与专业音乐教育的异同/罗依琪/2/59/上海交通大学学报
2. 学校音乐教育与民族音乐的传承/范立芝/3//126/唐都学刊
3. 试论计算机化对基础音乐教育的影响/傅晓东/3/84/新疆师范大学学报
4. 论柯伊达音乐课程思想与实践/李方元、吴祖英/3/25/中国音乐

《人民音乐》

1. 扩大招生规模之后的高师音乐教育现状/曹敏/10/40
2. 中国数字化音乐教育开始提速/韩新安/1/14
3. 高师音乐教育的发展与反思/蔡远鸿/5/26
4. 以能力为基础的师范教育理念在高师音乐教育中的理论与实践/代百生/7/34
5. 从中学音乐教材看高师音乐欣赏教学改革/吴美华/7/38
6. 将少数民族音乐内容纳入视唱练耳课/田中/8/26
7. 浅谈高师声乐课中的教学特色和教学方法/郭婷婷/3/48

《交响》

1. 高师声乐教改决不能停留在形式的表层/陶立新/1/56
2. 中国传统音乐教学管窥/翟志荣/3/67
3. 音乐教育中信息手段的建立与实践/韩兰魁等/3/70
4. 地方高师音乐专业教育目标及定位思考/王德君/3/79
5. 论高师声乐小组课的优势整合与劣势化解/肖兵/3/82

《乐府新声》

1. 面向 21 世纪的高师钢琴教育/周奇迅/1/65

《音乐教育》

1. 中国音乐教育：总的看法和几个问题/张林编译/2/37
2. 日本文化学校音乐教育/承颖译/2/47
3. 非洲文达的音乐教育模式/杨晓译/2/48

《中国音乐教育》

1. 基础音乐教育与教学原则/范晓君/4/8
2. 对高师音乐专业学生应具备的知识结构的思考/高果宁/6/7
3. 对高师音乐专业学生的学习心态谈起/吴顺章/6/10
4. 高等院校音乐教育亟待解决的问题/宁伟杰/12/11
5. 略论声乐审美教育/温恒泰/8/4
6. 高师非钢琴专业学生徐锡钢琴的常见问题及其解决措施/蒋立/5/19
7. 现代教育理念与器乐教学/黄鹰/6/25
8. 音乐教学中的差异教育对发展学生个性的作用/李春红/5/24
9. 高师手风琴教学应突出师范性/谢萍/7/24
10. 美感教育与声乐教学/车文芬/7/26
11. 以素质教育观透析国外音乐教育/杨立梅/4/42

《齐鲁艺苑》

1. 音乐教育是培养创造性人才的基础教育/岳晓薇/1/65
2. 加强艺术院校学生思想道德建设的几点思考/李莉/1/74
3. 钢琴教学应适应各阶段学生心理发展特征/于青、查汪宏/2/60

《艺术交流》

1. 高师音乐专业教学，究竟问题出在何处/钱正均/3/29
2. 歌曲钢琴伴奏视奏法/吴晓红/3/36
3. 论高师音乐专业教学改革/崔学宝/1/52
4. 如何高校培养视唱听音能力/王欣昕/1/54
5. 课程改革应瞄准社会对人才的需求/苗棣/4/43
6. 谈高师视唱练耳课怎样与新音乐课程同行/陈雅先/4/48
7. 高师目标管理制度下的声乐课多样化教学/邢贴红/4/54
8. 潜能的挖掘/刘曼文/4/45

《中国音乐》

1. 选择怎样的音乐欣赏方式/秋阳/4/26

2. 中日传统音乐教育及教学内容之比较/徐元勇/4/29
3. 民族音乐的发展与学校音乐教育/樊蓉整理/4/51
4. 素质与文化底蕴/忻雅芳/2/62
5. 浅谈高师声乐小组的教学优势/王蓓/2/49
6. 对以音乐问及出的中学综合艺术教育课程的思考/管建华/1/20
7. 浅论高师音教专业学生创新能力的培养/张红霞/1/76
8. 浅谈高师音乐教学中情感表现能力培养的重要性/谢红/1/67

《音乐研究》

1. 《乐记》音乐教育思想的历史特征/徐文武/2/52
3. 中小学音乐教育发展与高师音乐教育改革/王耀华/1/15
4. 关于《艺术课程标准》研制的思路与认识/修海林/1/23

2002年度中国音乐考古发现与研究文献目录汇编

邵晓洁辑

说　明

本编收录了2002年度公开发表的音乐文物资料、音乐考古研究的相关文章以及与音乐考古学相关的学术活动和信息等方面的内容，所收集的文献范围包括音乐类、文物考古类、艺术类等的相关学术期刊、报纸近40余种。由于条件所限，所收刊物有少量遗漏。具体情况如下：

1. 音乐类：《音乐研究》、《中国音乐学》、《人民音乐》、《中央音乐学院学报》、《音乐艺术——上海音乐学院学报》、《中国音乐——中国音乐学院学报》、《黄钟——武汉音乐学院学报》、《交响——西安音乐学院学报》、《音乐探索——四川音乐学院学报》、《星海音乐学院学报》、《天籁——天津音乐学院学报》、《乐府新声——沈阳音乐学院学报》、《齐鲁艺苑——山东艺术学院学报》、《音乐与表演——南京艺术学院学报》、《云南艺术学院学报》、《乐器》。

2. 文物考古类：《文物》、《考古》（缺第11、12期）、《考古学报》、《中国文物报》、《文博》、《考古与文物》、《中原文物》、《华夏考古》、《江汉考古》、《四川文物》、《东南文化》、《南方文物》、《北方文物》、《中国历史文物》、《文物世界》、《文物春秋》（缺第4期）、《故宫博物院院刊》（缺第1、2、3期）、《文物天地》（缺第1、10、11、12期）。

3. 艺术类：《民族艺术》、《民族艺术研究》、《艺术探索》。

4. 其他：《历史研究》、《敦煌研究》、《中国社会科学》、《人类学学报》、《文史哲》、《北京大学学报》、《中央民族大学学报》、《武汉大学学报》。

一、音乐文物资料

1. 乐器实物类

1·1 （河南）《洛阳解放路战国陪葬坑发掘报告》（钮钟18件、镈4件、磬23件，战国时期），洛阳市文物工作队，《考古学报》2002年第3期（总第146期）第367页。

1·2 （江苏）《江苏邳州市九女墩三号墩的发掘》（钮钟9件、甬钟4件、镈6件、石磬13件、鼓槌头1件，春秋晚期），孔令远、陈永清，《考古》2002年第5期（总第416期）第23页。

1·3 （河南）《河南新蔡平夜君成墓的发掘》（钮钟1件、瑟数量不明，战国中期），河南省文物考古研究所、河南省驻马店市文化局、新蔡县文物保护管理所，《文物》2002年第8期（总第555期）第10页。

1·4 （山西）《散虺纹编钟与里克》（钮钟9件，春秋时期），韩世荣、马志刚，《中国文物报》2002年9月18日（总第1048期）。

1·5 （陕西）《西安丰镐遗址发现的车马坑及青铜器》（编钟2件、銮铃4件，西周中晚期），王长启，《文物》2002年第12期（总第559期）第14页。

1·6 （江西）《江西永修发现商代青铜铙》（铙2件，商代晚期），徐长青，《南方文物》2002年第2期第1页。

1·7 （河南）《桐柏发掘出一批春秋青铜器》（带铭铜铎数量不明，春秋时期），樊温泉，《中国文物报》2002年9月13日（总第1047期）。

1·8 （四川）《巴东县西瀼口古墓葬2000年发掘简报》（铃1件，六朝、唐代）广西壮族自治区文物工作队，《江汉考古》2002年第1期第26

页。

1·9 （山东）《山东临朐北齐崔芬壁画墓》（铜铃1件，南北朝），山东省文物考古所、临朐县博物馆，《文物》2002年第4期（总第551期）。

1·10 （甘肃）《礼县圆顶山春秋秦墓》（铜铃8件，春秋早期）甘肃省文物考古研究所、礼县博物馆，《文物》2002年第2期（总第549期）第14页。

1·11 （四川）《三峡地区又发现一大规模巴人墓地》（铜铃数量不明，战国时期），栾丰实，《中国文物报》2002年4月12日（总第1003期）。

1·12 （陕西）《西安北郊龙首村西汉墓发掘报告》（铜铃1件，西汉时期），中国社会科学院考古研究所西安唐城工作队，《考古》2002年第5期（总第416期）。

1·13 （宁夏）《宁夏彭阳县张街村春秋战国墓地》（铜铃1件，春秋晚期至战国早期），宁夏回族自治区文物考古研究所彭阳县文物站，《考古》2002年第8期（总第419期）第19页。

1·14 （四川）《重庆云阳李家坝东周墓地1997年发掘报告》（铜铃1件，战国中期后段），四川大学历史文化学院考古学系、重庆市文化局、云阳县文物管理所，《考古学报》2002年第1期（总第144期）第85页。

1·15 （山东）《洛庄汉墓又发现3座陪葬坑》（木刻小编钟及泥质架子座数量不明，汉代），《中国文物报》2002年4月5日（总第1001期）。

1·16 （青海）《喇家遗址发掘出中国最大的磬》（磬1件，齐家文化），钱荣、梁娟，《中国文物报》2002年2月27日（总第0990期）。

1·17 （陕西）《陕西扶风县云塘、齐镇西周建筑基址1999-2000年度发掘简报》（磬1件，西周时期），周原考古队，《考古》2002年第9期（总第420期）第22页。

1·18 （河南）《河南舞阳贾湖遗址2001年春发掘简报》（骨笛约8件，新石器时代前期），中国科技大学科技史与科技考古系、河南省文物考古研究所、舞阳县博物馆，《华夏考古》2001年第2期第28页。

1·19 （四川）《成都市商业街船棺、独木棺墓葬发掘报告》（葫芦笙2件、漆鼓1件、漆鼓槌1件，战国早期），成都市文物考古研究所，《文物》2002年第11期（总第558期）第22页。

1·20 （陕西）《陕西发掘出土国内最大陶鼓》（陶鼓1件，新石器时代），呼延思正、张娜，《中国文物报》2002年8月14日（总第1038期）。

1·21 （青海）《原始社会鼓类家族新成员出土——我国首例“陶面鼓”在青海发现》（陶面鼓1件，半山-马厂时期文化，距今约4000至4500年），刘再生，《人民音乐》2002年第5期第38页。

1·22 （陕西）《西安地区出土汉代陶器选介》（陶编钟13件、陶编磬17件、陶瑟2件，汉代），高曼，《文物》2002年第12期第32页。

2. 乐舞图像类

2·1 （山东）《山东滕州市三国时期的画像石墓》（奏乐画像石1件，汉代），滕州市博物馆潘卫东、王元平、陈庆峰，《考古》2002年第10期（总第421期）第88页。

2·2 （山东）《山东临朐北齐崔芬壁画墓》（舞蹈图，南北朝），山东省文物考古所、临朐县博物馆，《文物》2002年第4期（总第551期）。

2·3 （河南）《洛阳道北金代雕砖墓》（乐舞雕砖若干，金代初年），洛阳市第二文物工作队，《文物》2002年第9期（总第557期）。

2·4 （山西）《山西太原王家峰壁画墓惊现保存完好的北齐壁画》（乐人持乐器，北齐），程书林、陈零初，《中国文物报》2002年11月29日（总第1068期）。

2·5 （陕西）《西安西郊陕棉十厂唐壁画墓清理简报》（乐舞图，唐代），陕西省考古研究所，《考古与文物》2002年第1期第35页。

2·6 （陕西）《陕西绥德县四十里铺画像石墓调查报告》（乐舞内容，东汉时期），榆林地区文管会、绥德县博物馆，《考古与文物》2002年第3期第19页。

2·7 《重庆丰都槽房沟发现有明确纪年的东汉墓葬》（陶舞俑1件，东汉时期），《中国文物报》2002年7月5日（总第1027期）。

2·8 （山东）《洛庄汉墓又发现3座陪葬坑》（泥乐舞俑数量不明，汉代），房道国、高继习、郭俊峰、刘剑，《中国文物报》2002年4月5日（总第1001期）。

2·9 （山东）《吕大官丞的家畜和乐工——洛庄汉墓新发现三座祭祀坑》（乐舞俑，汉代），崔大庸、房道国，《文物天地》2002年第3期第8页。

2·10 （陕西）《西安安陵调查报告》（彩绘骑马击鼓俑6件，西汉时期)，陕西省考古研究所，《考古与文物》2002 年第 4 期第 10 页。

2·11　(河南)《唐恭陵哀皇后墓部分出土文物》(彩绘骑马吹奏俑 5 件，唐代)，郭洪涛，《考古与文物》2002 年第 4 期第 14 页。

2·12　(陕西)《唐姚无陂墓发掘简报》(风帽男骑俑 1 件，唐代)，西安市文物保护考古所，《文物》2002 年第 12 期第 77 页。

2·13　(陕西)《西安东郊唐温绰、温思暕墓发掘简报》(鼓吹仪仗俑 29 件，唐代)，西安市文物考古研究所，《文物》2002 年第 12 期第 38 页。

二、音乐考古研究

1. 以乐器为主的相关研究

1·1　《北宋大晟律初探》，李幼平，《黄钟》2002 年第 2 期第 63 页。

1·2　《周代编钟的双音技术及应用》，冯光生，《中国音乐学》2002 年第 1 期第 40 页。

1·3　《双音钟音乐性能之检测》，韩宝强，《乐器》2002 年第 7 期第 18 页。

1·4　《青铜钟镈起源研究》，陈双新，《中国音乐学》2002 年第 2 期第 23 页。

1·5　《信阳编钟研究成果的疑惑》，王洪军，《音乐艺术》2002 年第 1 期第 35 页。

1·6　《曾侯乙钟磬与中原钟磬之比较》，赵世纲，《华夏考古》2002 年第 4 期第 65 页。

1·7　《曾侯乙钟磬铭文疑难字释义述评》，陈应时，《音乐艺术》2002 年第 3 期第 6 页。

1·8　《古钟上的文化》，李立祥，《中国文物报》2002 年 2 月 8 日(总第 0986 期)。

1·9　《钟律的理论与实践——学习黄翔鹏先生相关论述的心得之四》，李成渝，《黄钟》2002 年第 2 期第 76 页。

1·10　《人面纹羊角钮铜钟》，《中国文物报》2002 年 11 月 20 日(总第 1065 期)。

1·11　《试论涪陵小田溪墓地的分期与时代》(涉及 M1、M2 中出土的编钟等乐器），蒋晓春，《江汉考古》2002 年第 3 期第 69 页。

1·12 《任家村藏宝揭秘》（涉及西周编钟），罗西章，《中国文物报》2002 年 6 月 19 日（总第 1022 期）。

1·13 《我国南方出土商周铜铙的类型学研究》，井中伟，《文物春秋》2002 年第 1 期第 18 页。

1·14 《编铙》（上、中），王子初，分别见《乐器》2002 年第 11 期第 84 页、第 12 期第 94 页。

1·15 《新赣大洋洲青铜器“燕尾”纹探讨》（涉及立鸟牛角兽面纹铜镈），王宁，《中原文物》2002 年第 2 期第 45 页。

1·16 《滇在青铜时代》（涉及铜质乐器），杨帆、梅丽琼，《文物天地》2002 年第 8 期第 12 页。

1·17 《陶埙》，王芸，《乐器》2002 年第 1 期第 76 页。

1·18 《巫山出土陶响器、石埙、石磬考略》，幸晓峰，《四川文物》2002 年第 5 期第 15 页。

1·19 《石磬》，王子初，《乐器》2002 年第 3 期第 80 页。

1·20 《石磬续编》，王子初，《乐器》2002 年第 4 期第 62 页。

1·21 《古瑟调弦与旋宫法钩沉》，丁承运，《音乐研究》2002 年第 4 期第 48 页。

1·22 《云南巍山古瑟》，马儿、唐鑫，《乐器》2002 年第 4 期第 45 页。

1·23 《谈古琴鉴定》，张志和，《中国文物报》2002 年 8 月 21 日（总第 1040 期）。

1·24 《雷氏七弦琴》，刘安、陈敏，《中国文物报》2002 年 10 月 23 日（总第 1057 期）。

1·25 《奚琴、嵇琴、胡琴名实考论》，李葆嘉、岳峰，《中央音乐学院学报》2002 年第 1 期第 56 页。

1·26 《奚琴的历史》，王子初，《乐器》2002 年第 12 期第 73 页。

1·27 《古代阮的指弹与拨弹两法刍论》，廖宇宁，《星海音乐学院学报》2002 年第 2 期第 36 页。

1·28 《竖箜篌考略》，班丽霞，《天津音乐学院学报》2002 年第 3 期第 55 页。

1·29　《亲历新出土的贾湖骨龠的测音》，章俊，《人民音乐》2002年第11期第30页。

1·30　《贾湖骨笛的乐音估算》，陈通、戴念祖，《中国音乐学》2002年第4期第27页。

1·31　《号角》，王子初，《乐器》2002年第2期第64页。

1·32　《羌笛研究》，陈正生，《乐器》2002年第5期第41页。

1·33　《世界上最早的铜鼓》，昆明、王永胜，《中国文物报》2002年10月30日（总第1059期）。

1·34　《陶鼓》（上、下），王芸，分别见《乐器》2002年第9期第88页、第10期第82页。

1·35　《唐黑釉蓝斑腰鼓》，徐巍，《中国文物报》2002年5月1日（总第1008期）。

1·36　《洛庄汉墓出土乐器述略》，王子初，《中国历史文物》2002年第4期第4页。

2. 以乐舞图像为主的相关研究

2·1　《秦始皇百戏俑的彩绘纹饰》，张卫星，《文物》2002年第3期（总第550期）第65页。

2·2　《徐州地区西汉陶俑的发现及初步研究》（论及乐舞俑），张玉、刘建照，《东南文化》2002年第11期第44页。

2·3　《宁夏固原北朝墓葬初探》（论及鼓吹乐俑），姚蔚玲，《华夏考古》2002年第4期第91页。

2·4　《忠县涂井M5与蜀地早期佛教传播》（论及乐舞俑、说唱俑），吴桂兵，《四川文物》2002年第5期第65页。

2·5　《从汉画像砖看鼓吹乐的形态特征及功用》，冯建志，《交响》2002年第3期第36页。

2·6　《山东汉画像石》（涉及乐舞百戏），廖静好，《中国文物报》2002年3月13日（总第0994期）。

2·7　《乐舞图》，廖静好，《中国文物报》2002年5月29日（总第1016期）。

2·8　《汉代旱涝疫灾害在汉画中的反映》（涉及汉人的社祭，“以鼓攻社”)，赫玉建，《中原文物》2002年第1期第64页。

2·9 《山东安丘汉墓“裸戏”画像考》，李锦山，《文博》2002年第4期第57页。

2·10 《台湾故宫博物馆绘画中的音乐图像研究》，吕钰秀，《音乐探索》2002年第2期第9页。

2·11 《五台山佛教乐舞戏曲文化钩沉》，黎蔷，《敦煌研究》2002年第2期第87页。

2·12 《敦煌壁画上的打击乐器》，庄壮，《交响》2002年第12期第15页。

2·13 《山西金代壁画墓初步研究》（论及宴饮图），马金花，《南方文物》2002年第5期第10页。

2·14 《昭陵唐墓壁画》（论及吹箫坐部伎图），高春鸿，《文物世界》2002年第1期第41页。

2·15 《从唐燕妃墓壁画透视唐代文明》（论及奏乐图、二女子对舞图），马海舰，《文物世界》2002年第2期第24页。

2·16 《唐代仕女画之美》（论及唐·佚名《宫乐图》、唐·李嵩《听阮图》等），钱传兵，《东南文化》2002年第12期第56页。

2·17 《宫乐图——关于中国传统绘画中空间表现的思考》，漠及，《东南文化》2002年第10期第64页。

2·18 《清代〈天后宫过会图〉释析》（论及乐舞内容），李露露，《东南文化》2002年第2期第6页。

3. 其他相关研究

3·1 《河北省音乐文物综述》，吴东风、仇凤琴，《文物春秋》2002年第3期第7页。

3·2 《赣鄱地区音乐文物概述》，彭适凡，《南方文物》2002年第2期第20页。

3·3 《中国史前音乐文化状况初探》，黄厚明、陈云海，《中原文物》2002年第3期第18页。

3·4 《秦简〈律书〉的乐律与占卜》，戴念祖，《文物》2002年第1期（总第548期）第79页。

3·5 《先秦古籍的又一次重大发现》，陈燮君，《中国文物报》2002年1月11日（总第0978期）。

3·6 《楚国音乐的机制及特点》，唐应龙，《交响》2002年第1期第80页。

3·7 《从因特网咨讯看西方学者的音乐考古研究》，方建军，《中国音乐学》2002年第2期第91页。

3·8 《乐器学研究的相关学科》（论及音乐考古学），刘莎，《天津音乐学院学报》2002年第3期第59页。

3·9 《论汉代黄钟标准》（涉及考古发现的新莽无射律管），张柏铭，《交响》2002年第3期第33页。

3·10 《天津文庙祭孔乐舞刍议》，陈彤，《天津音乐学院学报》2002年第1期第50页。

3·11 《六、国家行为的祭孔礼制》（论及祭孔所用乐舞器具），《南方文物》2002年第4期（"中国孔庙研究专辑"）第48页。

3·12 《音乐考古与华夏古乐的复原——河南博物院的古乐陈列》，李宏、王雪、王歌扬，《中国文物报》2002年1月18日（总第0980期）。

3·13 《埙：脑与手的创造——评陈秉义的〈古埙艺术〉》，修海林，《乐府新声》2002年第2期第70页。

3·14 《一寸千思——纪念黄翔鹏先生逝世五周年》，乔建中，《人民音乐》2002年第10期第29页。

3·15 《翔鹏辞世五周年祭》，周沉，《人民音乐》2002年第10期第34页。

三、学术活动信息

1.《屈原的故乡——楚文化特展》（台北历史博物馆举行，其中展出有楚乐器），《中国文物报》2002年1月4日（总第0976期）。

2."屈原的故乡——楚文化特展"在台中县举行，展出有乐器。《中国文物报》2002年5月1日（总第1008期）。

3. 今年初，香港艺术馆推出"中国古代青铜器展"，其中包括乐器。《中国文物报》2002年1月30日（总第0983期）。

4. “中国青铜器复制品展”在大马士革叙利亚国家博物馆开幕，其中包括乐器。《中国文物报》2002年10月9日（总第1053期）。

5. 河北省固安县屈家营音乐馆古围墙建设和主建筑封顶等工程。屈家营音乐会与西安仿唐乐舞、湖北编钟乐、北京智化寺古乐并称“中国四大古乐”，被誉为“音乐活化石”。《中国文物报》2002年1月30日（总第0983期）。

6.《晋侯墓群出土青铜重器首次合璧上海》（14件被抢救回归的晋侯苏钟与2件被考古人员清理出的晋侯苏钟汇合），李朝远、周亚，《文物天地》2002年第5期第31页。

7.《晋国奇珍 光耀浦江——山西晋侯墓群出土文物精品在沪展出》，文炫，《文物世界》2002年第3期第3页。

8.《云南博物馆喜入藏品》（其中有民族乐器51件），民博，《中国文物报》2002年11月29日（总第1069期）。

9.《湖北省所举办“2002年学术报告会”》（武汉音乐学院李幼平教授应邀作了《音乐考古研究的新进展》的报告），《中国文物报》2002年9月27日（总第1051期）。

10.《中国音乐史学会第七届年会暨中国音乐史教学研讨会在福州举行》（会上相关学者展示了音乐考古学研究领域所取得的阶段性成果），王清雷，《中国音乐学》2002年第4期第107页。

11.《五十年开拓进取 新世纪再创辉煌》（涉及河南发现的青铜礼乐器坑及出土乐器），策划：张志清、方燕明，《中国文物报》2002年7月24日（总第1032期）。

音乐地理学文献目录

郑长铃辑

1. 论文目录：

叶　林《苏南松江分区一带的小调民谣研究》；《人民音乐》1950；1：17-25

高厚永《明代流行的吴地山歌》；《音乐研究》1959；4：55-57

汪毓和《民族风格与地方色彩》；《音乐研究》1960；3：92-98

程　云《风格、色彩》；《人民音乐》1961；11 月号：9-11

杨匡民《湖北民歌穿歌子分析》；音乐出版社《音乐论丛》1964；第 6 辑：69

杨匡民《湖北民歌音调的地方音调简介》；《音乐研究》1980；3：86-92

武俊达《谈旋律的民族风格和地方色彩》；《中国音乐》1981；2：13-18

王耀华《福建民歌的色彩区及其调式、音调特点》；福建民间《音乐研究》（一），1981；1：24-82，后收入王耀华著《民族音乐论集》（福建教育出版社 1988 年 11 月福州第 1 版）：1-35

杨匡民《湖北民歌三声腔及其组织结构》；民族音乐学论文集，南京艺术学院音乐理论室编，《中国音乐》1981；增刊：182-189

冯明洋《论广西多民族地区民歌的民族风格和地方色彩》；民族音乐学论文

集，南京艺术学院音乐理论室编，《中国音乐》1981；增刊：182-189

冯洁轩《论郑卫之音》；硕士学位论文，1982；后收入《中国艺术研究院首届研究生硕士学位论文集·音乐卷》（文化艺术出版社，1987 年北京第 1 版）：51-87

乔建中《汉族山歌研究》；硕士学位论文，1982；后收入《中国艺术研究院首届研究生硕士学位论文集·音乐卷》（文化艺术出版社，1987 年北京第 1 版）：152-218

伍国栋《粤江流域西部各族多声部民歌研究》；硕士学位论文，1982；后收入《中国艺术研究院首届研究生硕士学位论文集·音乐卷》（文化艺术出版社，1987 年北京第 1 版）219-271

延　河《宁夏民歌概述》；《音乐艺术》1982；2：6-15

刘正维《梁山调腔系论证》；《音乐研究》1983；1：49-74

江明惇《试论江南民歌的地方色彩》；《音乐研究》1983；1：75-85

苗　晶《我国北方汉族民歌近色彩区的划分》；《中央音乐学院学报》1983；3：36-39

胡家勋《贵州彝族民间歌曲的色块划分及其成因探究》；1984；“全国民族音乐学第三次年会（贵州片）”论文，后收入《贵州民族音乐文选》（贵州民族《音乐研究》会编，中国民族摄影出版社，1989 年 5 月北京第 1 版）：163-180

李惟白《民族音乐文化色块论》；1984；“全国民族音乐学第三次年会（贵州片）”论文，后收入李惟白著《苗岭乐论》（贵州民族出版社，1996 年贵阳第 1 版）：1-15

苗　晶、乔建中《论汉族民歌近色彩区的划分（上、下）》；《中央音乐学院学报》1985；1：26-33、2：29-40

何　芸、伍国栋、乔建中《桂、湘、粤边界瑶族民歌考察》；《中国音乐学》1985；创刊号：49-60

黄允箴《论北方汉族民歌色彩区的划分》；《中国音乐学》1985；创刊号：61-68 转 86

沈　洽《民族音乐学研究方法导论》；《中国音乐学》1986；1：62-77、2：92-102、3：57-67

洪　滔《湖南汉族民歌的风格色块》；《中国长江歌会论文》1987，武汉

杨匡民《民族旋律地方色彩和形成及色彩区划分》；《中国音乐学》1987；1：105-117

黄允箴《北方汉族民歌中的变宫音》；《"东方音乐学会第一次年会"论文》1987；上海

乔建中、苗　晶《黄河流域东、西部民歌区的形成及其风格特征的比较》；《民间文艺季刊》1987；1：164-178

王庆沅《湖北兴山特性三度体系民歌研究》；《中国音乐学》1987；3：105-117

何昌林《唐代的茶山斗乐》；《音乐艺术》1987；4：30-33

苗　晶《黄河流域与长江流域民歌比较研究》；"《中国音乐》与亚洲音乐研讨会"，1988；香港

乔建中《音地关系论——从民间音乐的分布作音乐地理学的一般探讨》；"《中国音乐》与亚洲音乐研讨会"，1988；香港；后收入《土地与歌——传统音乐文化及其地理历史背景研究》（山东文艺出版社，1998年济南第1版）：259-282

费师逊《民族音乐与文化流》；《人民音乐》1988；1：19-21

王庆沅、卢天生《荆楚古音考》；《音乐研究》1988；4：42-51

刘正维《戏曲声腔分类新论》；《黄钟》1988；1：7-13

陈复声《孟姜女调在曲艺音乐中的传承性与变异性》；《民族艺术研究》1988；1：27

杨长雄《谈赣东北民歌的过渡性特征》；《中国音乐学》1988；4：16-24

张佩吉《长江流域田歌的初步探究》；《中国音乐学》1988；4：25-38

姚运才、黄振奋整理《 湖北各地风土及其民歌》；《音乐研究》1988；4：33-42或见杨匡民主编《中国民间歌曲集成·湖北卷·上、下卷》第1版，北京：《人民音乐》出版社出版，1988：20-33

蒲亨强、蒲亨建《武当山青城山道教音乐之比较研究》；《交响》1988；4：24

杜亚雄《裕固族西部民歌与有关民族民歌的比较研究》；上海音乐出版社《民族音乐学论文选》1988；264-279

沈　洽《中国——汉民族音乐》；《日本音乐·亚洲音乐》，岩波书店，1，1989。

黄允箴《汉族人口的历史迁徙与南方汉族民歌的色彩格局》；《中国音乐学》1989；4：36-48
樊祖荫《我国多声部民歌的分布与流传》；《音乐研究》1990；1：13-18
薛艺兵《四地秧歌舞曲的分析比较》；《中国音乐学》1990；1：67-75
钱仁康《〈老八板〉源流考》；《音乐艺术》1990；4：9-23
杜亚雄《中国少数民族音乐文化的分组》；《中国音乐》1990；2：4-7
严华生《广东采茶音乐的分布与背景》；《星海音乐学院学报》1990；2：16-20
苗 晶、乔建中《河口音乐见闻》；《中国音乐》1990；4：21-22
袁炳昌《从东南沿海乐器传播看民族文化交流》；《中国音乐》1990；4：23-24
沈 洽《民族音乐学十年》；《中国音乐》年鉴1990卷，山东教育出版社，1991；345-346
范西姆《我国东南沿海地区音乐多声部现象及特征》；《音乐研究》1991；1：82-87
蔡际洲《腔式板块理论与音乐地理学》；《音乐探索》1991；1：38-40
钱 茸《论中国传统文化的积淀：戏曲音乐的程式化》；《中央音乐学院学报》1991；1：4-10
冯光钰《从凤阳歌看同宗民歌的传播流变》；《音乐研究》1991；2：79-84
庄春江《南中国的音乐文化》；《中国音乐》1991；3：19-20
赵宋光《音乐文化的分区多层构成描述》；《中国音乐学》1992；2：51-56
陈 威《潮州细乐产生的文化历史背景》；《星海音乐学院学报》1992；2：9-11
孙星群《福建南音文化区布局及其形成原因述略》；《星海音乐学院学报》1992；2：33-39
陈进德《二人台音乐与我国北方民歌》；《音乐艺术》1992；2：1-9
金 梅《吴越文化的宝贵音乐遗产——嘉善田歌》；《中国音乐》1992；3：56-57
王耀华《客家山歌音调考源》；《音乐研究》1992；4：65-73
杜亚雄《汉族民歌音乐方言区及其划分》；《中国音乐》1993，1：10-12
蔡际洲《“辽金北鄙”遗音与南北曲音乐之渊源——兼论“蕃曲”在戏曲声

腔史中的地位》;《黄钟》1993;1:172-178
蔡际洲《南北曲形成的文化生态》;《中国音乐学》1993;1:122-129
朱传迪《楚俗与楚音》;《中国音乐学》1993;2:51-58
苗　晶《1980年以来汉族民歌研究工作的回顾与思考》;《音乐研究》1993;2:57-60
乔建中《〈下四川〉研究》;《中央音乐学院学报》1993;2:34-41转28
时白林《安徽戏曲音乐的源流与特色》;《音乐研究》1993;2:61-69
钱仁康《〈月子弯弯〉源流考——兼谈"吴歌"》;《音乐艺术》1993;4:2-11
刘正维《戏曲腔式及其板块分布论》;《中国音乐学》1993;4:33-42
黄允箴《论"采茶家族"——一首采茶歌的流变》;《中国音乐学》1994,1:52-64
蔡际洲《蕃曲传播的逆向考察》;《中央音乐学院学报》1994;1:64-68
乔建中《和而不同　多样统一》;《音乐研究》1994;3:67-72转50
赵　磊,李文珍《甘肃民歌与异地民歌的历史传播特征》;《中国音乐》1994;4:69-71
刘均平《 陕西民歌概述——四、陕西民歌的分布与地理环境》;关鹤岩主编《中国民间歌曲集成·陕西卷·上、下卷》第1版,北京:中国ISBN中心出版,1994:11-12
赵　翔《土汉音乐混融区民歌的形态特征》;《黄钟》1995;1:44-52转6
唐瑰卿、朱敬修《豫南民歌的调式特点》;《中国音乐》1995,2:19-21
王　灿《沪剧与地域文化》;《中国音乐》1995;4:20-22
乔建中《秦风　秦腔　秦派》;《人民音乐》1995;9:11-13
苗　晶《民歌比较研究中的几个问题——地属、族属与风格差异》;《中国音乐学》1995;4:21-27
李春阳《闽北与赣东锁歌之考察》;《中国音乐学》1995;4:44-58
乔建中《〈露水地里穿红鞋—— 信天游曲集〉序(杨璀编)》;《人民音乐》出版社,1995;4
冯光钰《鼓吹乐的传播与文化生态环境》;《人民音乐》1996;1:18-19
凌瑞兰《试论满族音乐历史发展的三大文化圈》;《中国音乐学》1996;1:39-46

张 胜《江南民歌审美情趣的突破》;《音乐艺术》1996;1:28-29
沈 洽《民族音乐学在中国》;《中国音乐学》1996;1:5-22
费师逊《“跳禾楼”——远古稻作文化的遗存》;《中国音乐学》1997;1:31-41
罗来国《“鸡鸣歌”、“扬歌”与〈离骚〉之“离”同源初探》;《中国音乐学》1997;1:42-48
蓝雪霏《台湾福佬系民歌的初步研究(上、下)》;《中国音乐学》1997,1:127-144、2:136-144
乔建中《试论中国音乐文化分区的背景依据》;《中国音乐学》1997,2:75-87
方妙英《论楚羽体系民歌的音乐思维》;《黄钟》1997;2:14-20
戴 宁《明清时期秦淮青楼音乐文化初探》;《中国音乐学》1997;3:40-54
邓光华《贵州土家族傩仪音乐地域性与跨地域性研究》;《中国音乐学》1997,3:55-87
沈 诚《板胡的地方风格与技巧》;《中国音乐》1997;2:29-32
张继昂《气候 人 音乐——对音乐地理学的思考》;《人民音乐》1997;8:34-35
李石根《郑声与郑风》;《中国音乐学》1997;3:20-27
詹永明《南北笛曲风格及其演奏流派》;《中国音乐》1997;3:43-45
张莉莉《试论陕北民歌与黄土高原的关系》;《淮北煤师院学报(哲学社科版)》1997;4:136转141
乔建中《时序体民歌与月令文化传统》;《音乐人文叙事》1997;创刊号:26-33
冯明洋《岭南土著音乐的“越徵”调式体系及其文化积淀》;《中国音乐学》1998;1:5-22
费师逊《关于夏越文化体系音乐学研究的刍议》;《音乐艺术》1998;3:9-16
莫尔吉胡《“潮儿”现象及“潮儿”音乐——试论阿尔泰蒙古古音乐文化圈(上、下)》;《音乐艺术》1998;1:1-12、2:1-5
张晓农《中国西南民歌旋律的计算机研究》;《交响》1998;1:54-57
嘉雍群培《藏族强盗游侠歌的产生及艺术特色》;《中国音乐学》1998;2:16-23

朱季贤《谈我国古代东北民族音乐文化交流》；《中国音乐》1998；2：46
徐雅岚《湖北民歌的二、四句式结构特征及其地理分布》；《黄钟》1998；2：91-97
王学仲《论民间音乐地域特色的相对性与模糊性》；《乐府新声》1998；3：40-42
乔建中《论中国传统音乐的地理特征及中国音乐地理学的建设》；《中央音乐学院学报》1998；3：3-9
许德宝《陕西境内花鼓戏音乐简论》；《交响》1998，4：62-65
冯光钰《客家音乐与移民文化》；《音乐研究》1998，4：37-44
李敬民《论豫南音乐文化区划的背景依据》；《中国音乐》1999；2：30-33
赵　毅《壮族民歌的区域性特征》；《中央音乐学院学报》1999；2：28-36
刘建昌《论山西三大梆子音乐的共性与个性》；《中国音乐》1999；2：37-41
原作哲《“西曲”与陕西曲子》；《交响》1999，2：8-10、3：27-30
苗　晶《黄河流域兄弟民族间音乐文化的交流发展》；《中国音乐学》1999；3：56-63
杨匡民《长江中游文化区民歌结构》；《音乐研究》1999；3：58-66
蔡际洲《关于中国传统音乐文化地理学研究的思考》；《交响》1999；4：13-17
王志毅《〈茉莉花〉的地理属性》；《黄钟》1999；4：96-99
王耀华《脚踏实地真诚执著》；《人民音乐》1999；6：48-49
杨民康《中国南传佛教音乐文化圈和文化丛特征》；《中国音乐学》1999；4：103-114
杨匡民《长江中游文化区民歌结构》；《音乐研究》1999；3：58-67
李月红《学术与生命》；《音乐艺术》2000；1：24-29
王建民《丽江地区纳西族民歌旋律特征初探》；《音乐与表演》2000，4：17-20
蔡际洲《皮黄腔的流布与影响》；《中国音乐》2000；2：35-38
钱　茸《楚文化楚风音乐与屈原》；《中国音乐》2000；2：39-40
王义彬《试从“慢赶牛”、“五更调”看安徽民歌的地域性分布》；《中国音乐》2000；3：51-53
孙　怡《江南胡琴曲的润腔艺术》；《人民音乐》2000；9：30-32

傅利民《从地域文化环境看赣南民歌的艺术色彩》;《音乐探索》2000;4:22-29

蔡际洲《长江流域音乐文化巡礼》;《云南艺术学院学报》2000;4:13-19

2. 著作目录

江明惇《汉族民歌概论》,第1版,上海:上海文艺出版社,1982:438

刘春曙、王耀华编著《福建民间音乐简论》,第1版,上海:上海文艺出版社,1986:611

苗 晶、乔建中《论汉族民歌近色彩区的划分》,第1版,北京:文化艺术出版社,1987:202

姚运才、黄振奋整理湖北各地风土及其民歌,杨匡民主编《中国民间歌曲集成·湖北卷·上、下卷》,第1版,20-33,北京:《人民音乐》出版社出版,1988:1583

张 沛《山西民歌概述》,张沛主编《中国民间歌曲集成·山西卷》,第1版,13-19,北京:《人民音乐》出版社出版,1990:942

刘同生《宁夏民歌概述》,刘同生主编《中国民间歌曲集成·宁夏卷》,第1版,19-23,北京:《人民音乐》出版社出版,1992:720

额尔敦朝鲁、吕宏久(执笔)等《内蒙古民歌概述》. 额尔敦朝鲁主编《中国民间歌曲集成·内蒙古卷》,第1版,11-15,北京:中国ISBN中心出版,1992:1675

周青青《中国民歌》,第1版,北京:《人民音乐》出版社,1993:358

马 骧《浙江民歌概述》,马骧主编《中国民间歌曲集成·浙江卷》,第1版,11-19,北京:《人民音乐》出版社出版,1993:750

刘均平《陕西民歌概述》,关鹤岩主编《中国民间歌曲集成·陕西卷·上、下卷》,第1版,11-12,北京:中国ISBN中心出版,1994:1483

庄 壮《甘肃民歌概述》,庄壮主编《中国民间歌曲集成·甘肃卷》,第1版,1-22,北京:《人民音乐》出版社,1994:1009

赵洪滔(执笔)《湖南民歌概述》,怡明主编《中国民间歌曲集成·湖南卷》,第1版,3-24,北京:中国ISBN中心出版,1994:1496

冀州、古宗智(执笔)等《贵州民歌概述》,冀州主编《中国民间歌曲集成·贵州卷》,第1版,15-16,北京:中国ISBN中心出版,1995:

2196
冯明洋《广西民歌概述》，周明震主编《中国民间歌曲集成·广西卷》，第1版，7-18，北京：中国ISBN中心出版，1995：1078
李江执笔《河北民歌概述》，王玉西主编《中国民间歌曲集成·河北卷·上、下卷》第1版，1-22，北京：中国ISBN中心出版，1995：1347
龙书郓执笔《江西民歌概述》，刘天浪主编《中国民间歌曲集成·江西卷·上、下卷》，第1版，北京：中国ISBN中心出版，1996：1414
乔建中、萧梅典藏《中国音乐》大系·土地与歌（2张CD及其说明书），第1版，台北：台湾风潮出版公司，1996：73
刘春曙《福建民歌概述》，李联明主编《中国民间歌曲集成·福建卷·上、下卷》，第1版，12-29，北京：中国ISBN中心出版，1996：1474
李书印《河南民歌概述》，李书印主编《中国民间歌曲集成·河南卷》，第1版，12-29，北京：中国ISBN中心出版，1997：1194
刘正维《民族音乐新论》，第1版，武汉：湖北音像艺术出版社（内部出版），1997：268
乔建中《土地与歌——传统音乐文化及其地理历史背景研究》，第1版，济南：山东文艺出版社，1998：467
武俊达《江苏民歌概述》，石林主编《中国民间歌曲集成·江苏卷》，第1版，1-44，北京：中国ISBN中心出版，1998：1324
冯光钰《中国同宗民歌》，第1版，北京：中国文联出版公司，1998：278
王耀华主编《中国传统音乐概论》，第1版，福州：福建教育出版社，1999：376
苗　晶《黄河音乐万里寻根》，第1版，北京：中国文联出版社，1999：344
冯光钰《客家音乐传播》；第1版，北京：中国文联出版公司，2000：152
王耀华《福建传统音乐》；第1版，福州：福建人民出版社，2000：368

1998 年以来有关古琴的论文索引

梁　亮辑

标　　题	作　者	出　处	年代/刊期/页码
对《三论琴徽》及其《复》文的质疑	周武彦	《音乐艺术》	98/1(26)
从来《山水》韵　不使俗人闻——古琴艺术漫谈	孙焕英	《音乐爱好者》	98/1 (30)
古琴与象征	成红雨	《天津音乐学院学报》	98/2(12)
漫谈有关琴史的几个问题:与津门琴友商榷	郑珉中	《故宫博物院院刊》	98/2 (56)
琴诗中的意境	曾成伟	《中国音乐》	98/3(57)
《阳关三叠》研究札记——关于该曲的叠法	陈秉义	《中央音乐学院学报》	98/4(40)
再谈《七发》弜 字	饶宗颐	《音乐艺术》	98/4(1)

古琴音色散论	钱永利	《音乐探索》	98/4(38)
古琴的象征性	成红雨	《乐器》	98/6(10)
以琴会友	孙于涵	《北市国乐》	98/总136
再谈《碣石调·幽兰》的音律	陈应时	《中央音乐学院学报》	99/1(88)
中国古琴在日本	[荷]高罗佩著 宫宏宇译	《中国音乐学》	99/2(130)
《溪山琴况》音乐美学思想研究	孙佳宾	《中国音乐》	99/2(18)
孔子和古琴	王秀明	《黄钟》	99/2(10)
古琴的文化审美内涵	刘承华	《黄钟》	99/2(34)
古琴为什么要用减字谱	王红梅 钱永利	《交响》	99/2(22)
琴律的物理试析暨论琴徽的起源	戴念祖	《自然科学史研究》	99/2(121)
从明代文献中追溯《永乐琴书集成》的历史	赵慧儿	《中国音乐学》	99/3(5)
“世纪琴人”张子谦	戈　弘	《中央音乐学院学报》	99/3(54)
琴歌刍议	徐　桦 赵　毅	《中国音乐》、《黄钟》	99/3(7) 99/增刊(113)
从“理还乱”中走出——琴歌《胡笳十八拍》分析体会	李吉提	《交响》	99/3(19)
书法与琴法比较之初论	蒲富煊	《音乐探索》	99/3(49)
琴曲《梅花三弄》研究	戴晓莲	《中国音乐学》	99/4(82)
“回眸与展望”古琴艺术研讨会	大　岗	《音乐研究》	99/4(102)

古琴韵味辨微	刘承华	《中国音乐》	99/4(34)
孔子“成于乐”论在古琴艺术发展中的历史嬗变	凌瑞兰	《交响》	2000/1(8)
关于琴曲《梅花三弄》的文化思考	胡天虹	《乐府新声》	2000/1(13)
聆听顾梅羹先生演奏古琴曲	李玉珍	《乐府新声》	2000/1(9)
红烛赞——在纪念川派古琴名家顾梅羹教授诞辰100周年研讨会上的发言	丁　鸣 王霭林	《乐府新声》	2000/1(4)
静静的河——在纪念著名川派古琴家顾梅羹先生百年诞辰音乐研讨会上的发言	张力伟 黎英海	《乐府新声》	2000/1(3)
潇湘水云应有涯：介绍古琴名曲《潇湘水云》	丁明顺	《音响技术》	2000/1(71)
张子谦先生古琴艺术初探	李凤云	《中国音乐学》	2000/2(5)
古琴表现力抉微	刘承华	《中国音乐学》	2000/2(49)
古琴美学思想研究现状述评	苗建华	《音乐研究》	2000/2(75)
杨荫浏先生与古琴音乐研究	王建欣	《中国音乐》	2000/2(57)
纪念张子谦先生——兼谈古琴艺术的继承与发扬	冯光钰	《中国音乐》	2000/2(65)
现代琴学论纲	乔建中	《天籁》	2000/2(4)
古代琴论中的音乐表演美学思想	王红梅	《音乐与表演》	2000/2(21)
先秦两汉琴论的美学研究	苗建华	《音乐与表演》	2000/2(24)
古琴演奏之道	刘承华	《音乐与表演》	2000/2(27)
静静的河——在纪念著名川派古琴家顾梅羹先生百年诞辰音乐研讨会上的发言（续）	张力伟 黎英海	《乐府新声》	2000/2(23)

对近年来古琴音乐文化研究的回顾	王红梅	《乐府新声》	2000/2(59)
缅怀先师业绩　振兴古琴艺术	李荣光	《乐府新声》	2000/2(24)
怀顾梅羹先生　弘扬古琴文化	杨久盛	《乐府新声》	2000/2(25)
评《存见古琴曲谱辑览》	朱默涵	《乐府新声》	2000/2(27)
继承先辈遗志　弘扬古琴艺术	郭　原	《乐府新声》	2000/2(28)
《神奇秘谱》及其调意浅探	李凤云	《音乐探索》	2000/2(9)
琴曲《离骚》的诗化	刘明澜	《音乐艺术》	2000/3(4)
“清和淡雅”的古琴艺术与中国传统文化精神——读《溪山琴况》有感	刘　瑾	《乐府新声》	2000/3(12)
论古琴王化	钱永利	《中国音乐》	2000/4(34)
浅谈古琴音乐的审美价值	王永昌	《天籁》	2000/4(54)
古琴的表现魅力	刘承华	《文史杂志》	2000/4(52)
用古琴与钢琴弹奏东西方文化的和谐乐章——访瑞士驻华大使周铎勉先生	张小兰	《中外文化交流》	2000/4(18)
偃仰啸歌话醉渔——介绍古琴名曲《醉渔唱晚》	丁明顺	《音响技术》	2000/5(67)
蔡琰与琴歌《胡笳十八拍》	周国安 王爱华	《长春师范学院学报》	2000/6(82)
相聚在西子湖畔——2000年中日琴学研讨会暨中国古琴音乐会在杭举行	潇　潇	《戏文》	2000/6(18)
释古代的琴及其他弦乐器上之“隐”	冯洁轩	《音乐研究》	2001/1(53)
弹琴录要	李祥霆	《音乐研究》	2001/1(83)
古琴发展问题剔微	刘承华	《中国音乐》	2001/1(45)

关于古琴音乐的社会定位	龚　一	《人民音乐》	2001/2(18)
古琴音乐发展的实践与探索——《古琴演奏法》及龚一古琴艺术思想评述	章华英	《人民音乐》	2001/2(21)
合参琴谱——个性的打谱体现	戴晓莲	《中国音乐》	2001/2(35)
古琴美学的历时性架构	刘承华	《黄钟》	2001/2(30)
琴曲《墨子悲丝》研究	王建欣	《中国音乐学》	2001/3(126)
七弦琴定弦过程数学方程的建立与求解	赵宋光	《中央音乐学院学报》	2001/3(26)
古琴曲《长清》的旋律音高组织形态	胡向阳	《交响》	2001/3(42)
阻碍古琴全面入俗的几个因素	王东涛	《齐鲁艺苑》	2001/3(53)
双琴记：古琴与钢琴的随想	赵晓生	《钢琴艺术》	2001/3(52)
《五知斋琴谱》的版本与《庄周梦蝶》	杨元铮	《音乐研究》	2001/4(60)
古琴徽分的顺逆推算	赵宋光	《音乐艺术》	2001/4(34)
琴调溯源——论古琴正调调弦法	丁承运	《音乐艺术》	2001/4(40)
细胞衍化理论与琴曲旋法形态——古琴曲《流水》探析	相西源	《交响》	2001/4(28)
古琴与钢琴	陇　菲	《星海音乐学院学报》	2001/4(11)
琴之和，声之谐——浅论徐上瀛《溪山琴况》演奏美学观点	李艳琳	《音乐探索》	2001/4(55)
琴趣盎然	李凤云	《国际音乐交流》	2001/12(62)
古琴美学中的儒道佛思想	苗建华	《音乐研究》	2002/2(7)
点描与留白——古琴曲的多声形态研究	胡向阳	《音乐研究》	2002/2(73)

历代道教琴人述略	朱江书	《音乐探索》	2002/2(1)
浅谈古琴的普及与改良	田步高	《乐器》	2002/2(28)
明清琴乐多元发展的思考	吴　钊	《文艺研究》	2002/2(83)
古琴与当今世界乐坛	荣鸿曾	《文艺研究》	2002/2(88)
琴学述略	王建欣	《文艺研究》	2002/2(90)
论苏轼与古琴艺术——兼论其音乐美学思想	陈四海	《文艺研究》	2002/2(96)
明朝琴谱所记徽位是否为“简略”记谱?	谢俊仁	《中国音乐学》	2002/3(56)
文脉久远自昌盛　琴韵悠然及风华——“全国第四届古琴打谱会暨国际琴学研讨会”述评	陈克秀	《人民音乐》	2002/3(35)
对古琴音乐美学思想特征的再认识	郭树荟	《人民音乐》	2002/3(39)
古琴幽思	楚　玉	《国际音乐交流》	2002/3.4(86)
《修禊吟》打谱后记	戴晓莲	《音乐艺术》	2002/4(92)
《潇湘水云》打谱笔记	茅　毅	《音乐与表演》	2002/4(33)
星光灿烂　为弘扬古琴文化而奔波的中外友人	肖　静	《民主与科学》	2002/4(37)
古琴曲《平沙落雁》版本比较研究	罗　文	《中国音乐学》	2003/1(123)
古琴音乐的发展手法及其特点	刘承华	《音乐研究》	2003/1(76)
“徽”字一辨十二载	耘　耘	《天籁》	2003/1(23)
漫谈当代古琴音乐	尚　红	《星海音乐学院学报》	2003/1(48)
道家、道教思想影响的琴曲	朱江书	《音乐探索》	2003/1(77)

古琴的文化神韵及形制结构	庞雨珠	《齐鲁艺苑》	2003/1(61)
琴：中国历史文化精神的显现	朱坚坚	《黄钟》	2003/2 (101)
论《东皋琴谱》的琴律	陈应时	《黄钟》	2003/2(116)
贵在传统的保存和发扬——为纪念穿派古琴大师喻绍泽诞辰一百周年而作	吴　钊	《人民音乐》	2003/4(32)

2002年期刊目录索引

吴　凡　张春香辑

本索引分以下类目:音乐总论,评论,音乐美学(音乐心理学、音乐文学),民族音乐学(音乐比较学),中国传统音乐研究(民间音乐、戏曲与说唱、少数民族音乐、宗教音乐),中国音乐史研究(乐律学、音乐考古学、古代音乐史、近现代音乐史、音乐家),音乐学各学科(乐队与乐器、音乐科技),作曲技术与创作研究(中国作品创作技术的研究、外国作品创作技术的研究、作品评介),音乐教育(国民音乐教育、专业音乐教育、外国音乐教育),表演艺术与技法(器乐、声乐),社会音乐文化生活(学术活动、音乐文化交流),歌剧与音乐剧,书评,文献资料及其他。

所收期刊有:《中国音乐学》、《音乐研究》、《人民音乐》、《中央音乐学院学报》、《中国音乐》、《音乐艺术》、《黄钟》、《天籁》、《交响》、《音乐探索》、《星海音乐学院学报》、《乐府新声》、《音乐生活》、《乐器》、《音乐与表演》、《音乐爱好者》、《中国音乐教育》、《中小学音乐教育》。文章按类集中,并按上述顺序排列。

音乐总论

院的演说 杨 臻整理 《人民音乐》 2002年第6期

戏曲音乐与交响音乐的双向互补——“粤剧交响音乐会”研讨会摘录 《人民音乐》 2002年第6期

与时俱进 繁荣发展——在中国音协全国工作会议上的讲话 傅庚辰 《人民音乐》 2002年第7期

音乐的“双城荟萃” 杨燕迪 《人民音乐》 2002年第9期

传统与创新 李吉提 《人民音乐》 2002年第9期

李岚清副总理在中央音乐学院庆祝教师节音乐会上的讲话 《人民音乐》 2002年第10期

社会转型期的中国音乐之路 罗辛 《人民音乐》 2002年第10期

巨大的发展 热切的需求 傅庚辰 《人民音乐》 2002年第11期

2001全国声乐论文综述 石惟正 《人民音乐》 2002年第12期

“当代音乐学研究专家论坛”综述 杨和平 冯效刚 《人民音乐》 2002年第12期

李岚清副总理在中央音乐学院庆祝教师节音乐会上的讲话 本 刊 《中央音乐学院学报》 2004年第4期

西部传统音乐的保护及其历史意义 李彦荣 《中国音乐》 2002年第1期

“学术规范”和附注写法 杜亚雄 《中国音乐》 2002年第1期

中国音乐电视歌曲兴起的原因及其特征(上) 何晓兵 《中国音乐》 2002年第1期

全球殖民时代与后殖民文化批评时代中西音乐文化交流的定位 管建华 《中国音乐》 2004年第2期

“乐府采风”开悟篇——2002年春节潮汕之行 刘德海 《中国音乐》 2002年第2期

《“1”行动计划》备忘录 刘德海 《中国音乐》 2002年第2期

音乐学研究与文献 陈铭道 《中国音乐》 2002年第3期

我国近代音乐研究概况 韩宝强 《黄钟》 2002年第1期

现当代《中国音乐》文化体系相交互动初探 曾遂今 《黄钟》 2002年第1期

论中西乐感的“心”、“行”、“形” 陈其射 《天津音乐学院学报》 2002年第1期

西方音乐与20世纪中国音乐创作——兼论中西音乐融合的理论和实践 凌瑞兰 《天津音乐学院学报》 2002年第1期

从文化的视角谈当代“中国音乐之路”论辩中的“中西关系”问题 周为民 《天津音乐学院学报》2002

响力的对策研究　陈建华　《音乐与表演》 2002年第3期

中国音乐文明史纲　陇　菲　《音乐与表演》 2002年第4期

与时俱进　再创辉煌——建校九十周年的南京艺术学院　本　刊　《音乐与表演》 2002年 第4期

让音乐知识更好地为音乐审美服务　廖家骅　《中国音乐教育》 2002年第9期

评　论

"自我复制"不可取——对一种学术案例的透视及批评　孙　伟　《中国音乐学》 2002年第3期

向谭盾及其鼓吹者挑战——关于音乐观念与音乐评论的争论　卞祖善　《人民音乐》 2002年第3期

魔鬼,还能回到瓶子里去吗?　金湘　《人民音乐》 2002年第6期

从钟馗捉鬼谈起——答金湘先生　卞祖善　《人民音乐》 2002年第6期

独立西方阴影的清新语言　周凡夫　《人民音乐》 2002年第6期

国粹、特色与品牌——中国广播民族乐团日内瓦之行及引发的思考　于庆新　《人民音乐》 2002年第6期

质疑"新民歌,新民乐"　丁先红　《人民音乐》 2002年第8期

对"新潮"音乐正面与负面意义之我见　钱正钧　《人民音乐》 2002年第12期

捧与"骂"——《墙外开花墙内骂》一文质疑　卞祖善　《人民音乐》 2002年第12期

乐评须有责任感——评一篇有关施光南的评论文章　姜兆周　施　维　《天津音乐学院学报》 2002年第4期

发给"假唱有理"的声讨檄文　居其宏　《音乐生活》 2002年第1期

一篇彻头彻尾的抄袭和篡改之作　李维立　《乐府新声》 2002年第1期

中央音乐学院博士入学专题的启示　王　虎　《乐府新声》 2002年第1期

歌曲和为时而作——中国歌曲创作的世纪回顾与展望　王　山　《音乐生活》 2002年第1期

"打假"不避洋　居其宏　《音乐生活》 2002年第2期

我看首届"中国现代音乐论坛"　宋诒莺　《音乐爱好者》 2002年第5期

音乐美学

思想再探 胡 健 《音乐探索》 2002 年第 2 期

《淮南子》中的音乐美学思想 王志成 《音乐探索》 2002 年第 4 期

以类相动——《乐道——中国古典音乐哲学论稿》之一 陇 菲 《星海音乐学院学报》 2002 年第 1 期

论造型艺术与音乐艺术互为作用的美感 陈四海 《星海音乐学院学报》 2002 年第 1 期

逝者如斯——《乐道——中国古典音乐哲学论稿》之二 陇 菲 《星海音乐学院学报》 2002 年第 2 期

立象尽意——《乐道——中国古典音乐哲学论稿》之三 陇 菲 《星海音乐学院学报》 2002 年第 3 期

论赵宋光的音乐美学思想及其理论贡献 杨和平 《星海音乐学院学报》 2002 年第 4 期

中西音乐审美方式的差异性 麦 琼 《音乐与表演》 2002 年第 1 期

“对象”与“关系”(续) 牛龙菲 《音乐与表演》 2002 年第 1 期

当代音乐审美实践中的中西关系 范晓峰 《音乐与表演》 2002 年第 3 期

《老子》音乐美学思想阐微——兼与墨子“非乐”思想比较 李 浩 《音乐与表演》 2002 年第 3 期

从思想史角度看西方音乐观念的一个演变——从柏拉图到尼采 杨曦帆 《音乐与表演》 2002 年第 4 期

音乐心理学

20 世纪中国声乐心理学术研究的回顾与思考 徐行效 徐 茜 《音乐研究》 2002 年第 2 期

1980 –2001 中国音乐心理学动态扫描 罗小平 《人民音乐》 2002 年第 7 期

音乐听觉的内部矛盾概述 林 华 《音乐艺术》 2002 年第 2 期

音乐心理学——刻不容缓的学科建设任务 叶思敏 《音乐艺术》 2002 年第 4 期

音乐内心听觉原理初探 宋 超 《交响》 2002 年第 1 期

20 世纪上半叶我国音乐心理学文献的初步读解 杨和平 《交响》 2002 年第 3 期

论音乐直觉思维与培养 任志琴 《交响》 2002 年第 4 期

音乐文学

民族音乐学

传记研究法——一种针对个体研究对象的方法论　张君仁　《音乐研究》　2002年第4期

西方民族音乐学与中国音乐研究——应用民族音乐学理论与方法的几点思考　周显宝　《音乐研究》2002年第4期

传统给了我们什么　杨　青　《人民音乐》　2002年第7期

古代筝乐的文化属性　谢晓滨　姚品文　《人民音乐》　2002年第10期

回顾结构主义　杨　沐　《中央音乐学院学报》　2002年第1期

云南与东南亚掸傣系族群佛教节庆仪式声乐的比较研究　杨民康　《中央音乐学院学报》　2002年第2期

论云南与东亚掸傣系族群传统器乐的社会阶层特征　杨民康　《中央音乐学院学报》　2002年第4期

浅议"民间音乐田野调查技术课"的教学——从新疆艺术学院哈密采风谈起　于东风　《中国音乐》　2002年第2期

"剽学"——值得注意的民间音乐传承方式　蒲亨强　《中国音乐》　2002年第3期

调查、汇集与思索:声名"闰"的音高问题　施　维　《中国音乐》　2002年第3期

有关民族管弦乐与音乐文化识别论之反思　梁铭越　《音乐艺术》　2002年第4期

从设菲尔德到勒芬——CHIME与TMS年会小记　汤亚汀　《音乐艺术》　2002年第4期

京畿"音乐会"的乐社性质与组织结构　张振涛　《黄钟》　2002年第1期

大曲的原生态遗存论纲　项　阳　张　欢　《黄钟》　2002年第2期

关于音乐传播论的五点看法　汪　森　《黄钟》　2002年第2期

比较及比较的内容与方法——关于民族音乐学之比较研究法的若干思考　张君仁　《音乐探索》　2002年第3期

同根异枝　一脉相承——中国同宗民间乐曲散论(一)　冯光钰　《星海音乐学院学报》　2002年第4期

尊祖敬宗　敦乡睦里——葬丧仪式中的音乐功能(一)　张振涛　《星海音乐学院学报》　2002年第4期

五句子歌的地理属性　董学民　《乐府新声》　2002年第2期

音乐比较学

仪及其他　王耀华　《音乐生活》 2002年第3期

英国国歌　钱仁康　《音乐生活》 2002年第2期

丹麦国歌志　钱仁康　《音乐生活》 2002年第4期

西亚、北非:召祷歌、诵经歌、中立音、节奏型及其他　王耀华　《音乐生活》 2002年第5期

俄罗斯联邦国歌志　钱仁康　《音乐生活》 2002年第5期

希腊古谱文献与现代的诠释　张黎红　《中国音乐教育》 2002年第11期

中国传统音乐研究

中国传统音乐的"自然"母题及其文化意蕴　刘承华　《中国音乐学》 2002年第3期

常规笙的音位与改造形式　张振涛　《音乐研究》 2002年第4期

中国传统音乐文化研究视角下的新收获(待续)　袁静芳　《中国音乐》 2002年第1期

中国传统音乐的基本乐理　徐元勇　《乐府新声》 2002年第3期

上海评弹五十年　秦绿枝　《音乐生活》 2002年第3期

中国民歌——请恢复母语演唱　金兆钧　《音乐生活》 2002年第5期

民乐有点尴尬　越　声　《音乐生活》 2002年第6期

民间音乐

鄂西高腔山歌唱法研究　袁东艳　《中国音乐学》 2002年第1期

江西灯彩及其音乐　吴军行　《中国音乐学》 2002年第1期

福建南音二弦的形制及演奏特色　黄忠钊　《中国音乐学》 2002年第2期

西北苦音与文化交流　杨善武　《中国音乐学》 2002年第3期

宫的轨迹——民族传承的"旋律基因"的探幽　黄允箴　《中国音乐学》 2002年第4期

《蒲松龄俚曲》曲调风格形成的语言因素　刘晓静　《音乐研究》 2002年第4期

大洞仙章金碧交响——记云南洞经音

响》 2002年第2期

湘西土家族“家伙哈”的音乐形态及文化特征初探 莫祥章 《交响》 2002年第2期

绣荷包及其审美启示 钱建明 《交响》 2002年第3期

山西霍州书田野调查 赵海英 《交响》 2002年第3期

近年来民歌形态学的比较研究 刘清 《交响》 2002年第4期

长安古乐的物质构成与形态特征 程天健 《交响》 2002年第4期

五句子歌的地理属性 董学民 《音乐探索》 2002年第4期

达州民间吹打乐浅析 刘飞云 《音乐探索》 2002年第4期

篁格在曲,色泽在唱——马香缎《山险峻》的南音润腔艺术试探 蓝雪霏 《星海音乐学院学报》 2002年第1期

凤阳歌的历史渊源初探 许国红 《星海音乐学院学报》 2002年第1期

湘西土家族歌舞——《摆手》 张艺 《星海音乐学院学报》 2002年第1期

四川扬琴演奏形式之流变考 代茹 《音乐探索》 2002年第1期

潮州古谱研究(上、下) 陈天国 《星海音乐学院学报》 2002年第1、2期

陕北民歌演唱技巧探究 王新惠 《乐府新声》 2002年第1期

精练通俗 朴实确切——有关二人转艺诀的诠释与研究 于淑梅 《乐府新声》 2002年第3期

由《百鸟朝凤》看民间唢呐曲的“即兴”创作 张志可 《乐府新声》 2002年第3期

谈民族舞蹈的情感,风格与气质 廖敏 《乐府新声》 2002年第3期

关于《玉门出塞》的一些问题 杨琦 《音乐探索》 2002年第4期

从江苏民歌中的栽秧号子说起 单林 《音乐与表演》 2002年第2期

论明清时代的情歌——明清俗曲 徐元勇 《音乐与表演》 2002年第4期

绛州鼓乐《滚核桃》 李真贵 《中国音乐教育》 2002年第8期

中国民间器乐精要(一) 林俊卿 梁继林 《中国音乐教育》 2002年第11期

中国民间器乐精要(二) 吹奏乐——埙 林俊卿 梁继林 《中国音乐教育》 2002年第12期

戏曲与说唱

戏曲音乐三绝 刘正维 《中央音乐学院学报》 2002年第1期

打开喉咙喊嗓子——谈戏曲说唱演员的发声训练 谭 萍 《中国音乐》 2002年第1期

绍兴地方戏曲与绍兴精神 杨永贤 《中国音乐》 2002年第3期

漫谈苏州弹词开篇的核心音调 吴红非 《中国音乐》 2002年第3期

绍兴莲花落的音乐风格初探 李 强 《中国音乐》 2002年第4期

《丑末寅初》腔词解析 冯志莲 《中国音乐》 2002年第4期

论粤剧曲牌音乐的结构及其在唱腔中的运用 何 平 《天津音乐学院学报》 2002年第1期

论梆子腔的划时代贡献 徐 烨 《交响》 2002年第3期

音乐——戏曲现代戏之魂——兼及对京剧“样板戏”音乐的评价 冯光钰 《交响》 2002年第4期

论说唱音乐中板腔体的形态特征 陈咏韵 《音乐探索》 2002年第3期

戏曲音乐中的“彩腔” 彭 涓 《音乐探索》 2002年第4期

少数民族音乐

中国传统音乐中的多声形态及其文化心理特征探微——以侗族多声部大歌和笙乐器为例与彭兆荣先生商榷 邓 钧 《中国音乐学》 2002年第2期

蒙古族古代宴飨习俗与宴歌发展轨迹 崔玲玲 《中国音乐学》 2002年第3期

北方草原民族音乐文化传承交流中的整合现象 乌兰杰 《音乐研究》 2002年第1期

对维吾尔木卡姆研究的一些看法 吐尔逊江·力提甫 《音乐研究》 2002年第2期

南部侗族芦笙谱的不同谱式及其历史发展轨迹 赵晓楠 《音乐研究》 2002年第2期

鄂西土家族三棒鼓的考察研究 齐柏平 《音乐研究》 2002年第3期

从《维吾尔十二木卡姆》的三个版本看

新疆的民族音乐记谱整理工作　田联韬　《人民音乐》　2002年第6期

神奇的侗族大歌——小议贵州南侗大歌的演唱习俗及其声部特征　蒋立　《人民音乐》　2002年第7期

阿美与布农的多声部民歌之比较研究　樊祖荫　《中央音乐学院学报》　2002年第1期

北元以来蒙古族宴飨习俗与宴歌发展轨迹　崔玲玲　《中央音乐学院学报》　2002年第4期

云南洞经音乐述略　吴学源　《中国音乐》　2002年第1期

浅论湘西苗族鼓的文化特征及艺术特色　唐志明　《中国音乐》　2002年第2期

试论我国少数民族体材的筝曲创作　张　珊　《中国音乐》　2002年第2期

试论壮族多声部民歌中同音列复合调式之特点　王小昆　《中国音乐》　2002年第4期

浅论宴席曲与“花儿”的艺术特色　郭德慧　《中国音乐》　2002年第4期

湘西瑶歌的衬词特点　陆良民　《中国音乐》　2002年第4期

侗族民间歌舞“多耶”初探　潘永华　《中国音乐》　2002年第4期

中国大陆高山族音乐研究50年　蓝雪霏　《黄钟》　2002年第2期

论土家族的音乐风格　田世高　《黄钟》　2002年第4期

“西部开发”与少数民族传统音乐的保护及传承　孙　航　《交响》　2002年第4期

论象脚鼓及其民族特性　张　忠　《音乐探索》　2002年第1期

撒拉族民歌的种类及其音乐特征　郭德慧　《音乐探索》　2002年第3期

傈僳族三弦歌舞音乐(上)　傅　晓　晓　黎　《音乐探索》　2002年第3期

傈僳族三弦歌舞音乐(下)　傅　晓　晓　黎　《音乐探索》　2002年第4期

客家山歌研究成果综述　朱　莉　《星海音乐学院学报》　2002年第3期

满族音乐创作途径探索　刘　靖　《乐府新声》　2002年第2期

漫瀚调：蒙、汉音乐交融、磨合的结晶——从准格尔旗荣获“中国满瀚调之乡”命名谈起　冯光钰　《乐府新声》　2002年第4期

竹林深处乐竹楼上的歌　杜亚雄　《音乐生活》　2002年第1期

珍珠之乡听歌　杜亚雄　《音乐生活》　2002年第2期

歌像江河日夜流　杜亚雄　《音乐生

活》　2002年第3期

重唱之花　杜亚雄　《音乐生活》　2002年第4期

洁白的民族火红的歌——漫谈普米族民间音乐　杜亚雄　《音乐生活》　2002年第5期

朝鲜族民间音乐简介　李红梅　《中国音乐教育》　2002年第3期

土家族“哭嫁歌”探幽　刘廷新　《中国音乐教育》　2002年第4期

达斡尔、鄂温克、鄂伦春民间歌曲的异同　顾万超　何今生　《中国音乐教育》　2002年第5期

满族的民风与音乐　廖　一　《中国音乐教育》　2002年第8期

朝鲜族民间音乐节拍节奏的特点　盛翠兰　《中国音乐教育》　2002年第9期

饭养身，歌养心——乐苑奇葩侗族大歌　黄大岗　《中国音乐教育》　2002年第12期

宗教音乐

蒙古佛教诵经音乐的多元文化特征　包·达尔汗　《中国音乐学》　2002年第3期

蒙古佛教器乐曲种类　包·达尔汗　《音乐研究》　2002年第2期

灵宝派：道教科仪音乐传统的主载体　蒲亨强　《中国音乐》　2002年第4期

乐户与宗教音乐的关系　项　阳　《音乐艺术》　2002年第2期

结古寺第一世嘉南活佛编创的“曲卓”及其旋律手法　嘉雍群培　《黄钟》　2002年第1期

《玉音法事》名实辩　蒲亨强　《黄钟》　2002年第3期

道教经韵《华夏赞》探隐　胡　军　《黄钟》　2002年第3期

天津文庙祭孔乐舞刍议　陈　彤　《天津音乐学院学报》　2002年第1期

塔尔寺藏传佛教舞蹈音乐　王文韬　《天津音乐学院学报》　2002年第1期

马丁·路德的宗教改革和音乐实践　汪　洋　《天津音乐学院学报》　2002年第3期

历代道教琴人述略　朱江书　《音乐探索》　2002年第2期

道教音乐美学思想与审美品格探析　傅利民　《星海音乐学院学报》　2002年第2期

中国音乐史研究

中国音乐史学科发展前瞻十要素——“哲学、美学、音乐学学术前沿成果报告会”演讲提纲　修海林　《星海音乐学院学报》 2002年第4期

乐　律　学

“叁伍以变,错综其数”(下)——论律制的结构本质与文化属性　崔宪　《中国音乐学》 2002年第1期

周代编钟的双音技术及应用　冯光生　《中国音乐学》 2002年第1期

《西厢记诸宫调》初探　张国强　《中国音乐学》 2002年第2期

“旋宫转调”辨析　刘永福　《中国音乐学》 2002年第2期

唐俗乐调与随月用律　陈克秀　《中国音乐学》 2002年第3期

一种体系两个系统——论中国传统音乐理论中的“宫调”　陈应时　《中国音乐学》 2002年第4期

“变”位于变徵　“闰”位于变宫　陈应时　《音乐研究》 2002年第1期

一篇有助于解决“变”、“闰”争议的重要论文——读钱仁康《宫调辨歧》　陈应时　《音乐研究》 2002年第3期

传统实践与“同均三宫”——“同均三宫”研究综论之一　杨善武　《音乐研究》 2002年第3期

《辽史·乐志》中的“四旦”不是四宫吗?　孙新财　《中央音乐学院学报》 2002年第1期

警惕纯律的和谐陷阱　韩宝强　《中央音乐学院学报》 2002年第3期

关于半音的定义问题　姜　夔　《中央音乐学院学报》 2002年第3期

《辽史·乐志》中的“四旦”不是四宫　杨善武　《中央音乐学院学报》 2002年第4期

燕乐“四宫”说的来龙去脉　陈应时　《中央音乐学院学报》 2002年第4期

评《中国音乐词典》“闰”目释文　陈应时　《中国音乐》 2002年第3期

再论“四宫纪之以三的十二吕律”(上、下)　牛陇菲　《音乐艺术》

音乐考古学

古代音乐史

对古谱译解与音响再现学理层面上的几点认识　修海林　《音乐艺术》2002年第1期

隋唐宫廷燕乐中的印度乐　龚　蓓　《音乐艺术》2002年第2期

也谈唐代的急、慢曲子　郑祖襄　《音乐艺术》2002年第3期

女娲作笙簧的神话意蕴　王少华　《音乐艺术》2002年第4期

《修禊吟》打谱后记　戴晓莲　《音乐艺术》2002年第4期

清代音乐理论管窥　汪申申　《黄钟》2002年第1期

流存于日本的我国古代俗曲乐谱　徐元勇　《黄钟》2002年第2期

黄檗宗声明之转调考略　周　耘　《黄钟》2002年第3期

黄门鼓吹考　孙尚勇　《黄钟》2002年第4期

汉代食举乐考　尚丽新　《黄钟》2002年第4期

蒲松龄俚曲中"承前启后"的【玉娥郎】　刘晓静　《天津音乐学院学报》2002年第4期

"候气法"是京房发明的吗？　唐继凯　《交响》2002年第1期

楚国音乐的机制及特点　唐应龙　《交响》2002年第1期

冯梦龙及其明代俗曲　徐元勇　《交响》2002年第2期

试论龟兹乐舞及其东渐　卫　凌　《交响》2002年第3期

评议亚之"无声框架"说　孙新财　《星海音乐学院学报》2002年第2期

关于唐代燕乐"坐、立部伎"的几个问题　邹跃飞　《乐府新声》2002年第2期

篇——单管？多管？——兼与王秉义先生商榷　唐朴林　《乐府新声》2002年第2期

关于《渭城曲》在唐宋元时期产生和流传的情况及其研究　陈秉义　《乐府新声》2002年第3期

中日尺八兴衰刍议　徐元勇　《音乐探索》2002年第2期

《潇湘水云》打谱笔记　茅　毅　《音乐与表演》2002年第4期

近现代音乐史

审美变化与中国现代筝乐的创作和发展　樊艺凤　《中国音乐学》2002年第1期

浩歌声里请长缨——桂林抗战音乐运动述论　冯明洋　《中国音乐学》2002年第2期

乌托邦里的哀歌——“文革”期间知青歌曲的研究　戴嘉枋　《中国音乐学》 2002年第3期

作为新音乐批评家的青主　明　言　《中国音乐学》 2002年第3期

二十一世纪中国通俗唱法发展构想　郭克俭　《中国音乐学》 2002年第4期

我国20世纪30、40年代口琴音乐的历史活动特点　章秋枫　《音乐研究》 2002年第1期

从聂耳诞辰90周年所想起　汪毓和　《音乐研究》 2002年第2期

从媒体关于现代音乐之争论所引发的思考　吴春福　《音乐研究》 2002年第3期

正确理解贯彻“双百”方针努力提高群众歌曲的创作　汪毓和　《人民音乐》 2002年第1期

乐坛杂记——解放前中国交响乐的发展史话　李　凌　《人民音乐》 2002年第1期

百年风云百年歌——二十世纪中国歌曲创作发展脉络　梁茂春　《人民音乐》 2002年第3期

对黎锦辉历史评价的再认识　孙继南　《人民音乐》 2002年第4期

李叔同——弘一法师的音乐观及其学堂乐歌创作　戴嘉枋　《中国音乐》 2002年第1期

再谈中国人希望欣赏什么样的高雅音乐　孙维权　《中国音乐》 2002年第1期

中国音乐电视歌曲兴起的原因及其特征(下)　何晓兵　《中国音乐》 2002年第2期

我国近现代美育史料建设的重要成果　修海林　《中国音乐》 2002年第3期

时代的发展与音乐自身的发展和歌曲创作的关系——20世纪我国歌曲创作一瞥　秦西炫　《音乐艺术》 2002年第1期

解放思想　实事求是　继续深入地研究中国近现代音乐史　冯灿文　《音乐艺术》 2002年第2期

还历史本来面目——20世纪中国音乐史上的“个案”系列之一:陈洪和他的《战时音乐》　戴鹏海　《音乐艺术》 2002年第3期

为“重写音乐史”择定正确的突破口——读冯文慈先生提交中国音乐史学会福州年会文章有感　陈聆群　《音乐艺术》 2004年第4期

我们的“抽屉”里有些什么?——谈中国近现代音乐研究的史料工作　陈聆群　《黄钟》 2002年第3期

关于“重写音乐史”问题的几点感想　汪毓和　《黄钟》 2002年第3期

重写音乐史——一个永恒的话题　梁茂春　《黄钟》 2002年第3期

论京剧“样板戏”的音乐改革(上、下)　戴嘉枋　《黄钟》　2002年第3、4期

新世纪的中西之辩——对当代中国一个音乐文化问题的思考　李晓东　《黄钟》　2002年第4期

清末明初学堂乐歌课兴起之原因　陈乃平　《交响》　2002年第1期

《国际歌》中译文改动真相——我和胡乔木的一场争论　于光远　《音乐生活》　2002年第5期

往事诚逝矣　今事犹可迫——就《当代中国音乐》史学问题三答孙慎同志　居其宏　《音乐与表演》　2002年第1期

学堂乐歌研究综述　陈燕婷　《音乐与表演》　2002年第4期

音　乐　家

我的父亲许如辉与中国早期流行歌曲　许文霞　《中国音乐学》　2002年第1期

埃里克·萨蒂的早年生活经历与音乐创作　刘　瑾　《中国音乐学》　2002年第4期

痛悼吕骥同志　李　伟　《音乐研究》　2002年第1期

吕骥的《抗大校歌》、《开荒》和《凤凰涅槃》　周　畅　《音乐研究》　2002年第1期

许常惠——两岸音乐学术交流之桥的搭建者　乔建中　《音乐研究》　2002年第1期

晓河的抒情歌曲　于林青　《音乐研究》　2002年第2期

一位心系上音的前辈老校友——追忆前上海国立音乐专科学校教务主任陈洪先生　金　桥　《音乐研究》　2002年第3期

歌唱家魏启贤的表演艺术杂谈　李凌　《音乐研究》　2002年第4期

中国钢琴“国际之星”陨落——悼许斐平　黄安伦　《人民音乐》　2002年第1期

星光灿烂　华章恢弘——记国际钢琴大师许斐平肇庆钢琴演奏会　陈国庆　《人民音乐》　2002年第1期

回忆我的双亲　廖玉玑(文)　廖乃雄　《人民音乐》　2002年第1期

老志诚先生和他的音乐创作　姚思源　《人民音乐》　2002年第1期

回忆吕骥同志　缪天瑞　《人民音乐》　2002年第2期

一篇给人以启迪的短文　郭乃安

《人民音乐》2002年第2期

音乐界的一颗巨星陨落了!——悼吕骥同志 孙 慎 《人民音乐》2002年第2期

吕骥与中国近现代音乐的发展 汪毓和 《人民音乐》2002年第2期

记吕骥同志 李业道 《人民音乐》2002年第3期

时代的号角 人民的知音——纪念人民音乐家聂耳诞辰90周年 傅庚辰 《人民音乐》2002年第3期

怀念吕骥同志 傅庚辰 《人民音乐》2002年第4期

金声玉振一代宗师——丁善德先生的创作成就和人格魅力 钱亦平 《人民音乐》2002年第4期

丁院长"文革"中的配器课 王 晡 《人民音乐》2002年第4期

行可楷模 德若膏雨——怀念音乐家储声虹教授 尹晓星 《人民音乐》2002年第4期

李遇秋与中国手风琴音乐创作 高洁 汪毓和 《人民音乐》2002年第5期

笛魂长留我心间——缅怀笛子艺术大师赵松庭先生 卢竹音 《人民音乐》2002年第5期

千古绝笛笛犹新 幽兰逢春春常在——追忆和赵松庭先生的患难之交 曹 星 《人民音乐》2002年第5期

"延安夜莺"唐荣枚 刘楚元 《人民音乐》2002年第5期

一段难以忘怀的历史 刘诗嵘 《人民音乐》2002年第5期

绛帐音乐千秋史 青毡诗文百卷书——一代宗师廖公辅叔先生生平 方承国执笔 《人民音乐》2002年第6期

悼念恩师廖辅叔先生 陶亚兵 《人民音乐》2002年第6期

现代音乐永远是:你去挑战观众,让观众挑战你——访作曲家谭盾 越声 《人民音乐》2002年第7期

漫长的历程 卓著的贡献——痛悼民族音乐一代大师秦鹏章先生 朴东生 《人民音乐》2002年第8期

我心目中的马思聪 叶 林 《人民音乐》2002年第9期

爱国主义音乐家——马思聪 费邓洪 《人民音乐》2002年第9期

你走得太突然了——悼念瞿维同志 孙 慎 《人民音乐》2002年第9期

悼念瞿维同志 严宝瑜 《人民音乐》2002年第9期

怀念瞿维 贾立夫 《人民音乐》2002年第9期

表现英雄性格美的歌——纪念沈亚威同志 晓 河 《人民音乐》2002年第10期

回忆往事赏读作品——怀念定仙老友　缪天瑞　《中央音乐学院学报》　2002年第3期

深深的怀念江定仙先生九十诞辰　喻宜萱　《中央音乐学院学报》　2002年第3期

记恩师江夫子　谢功成　《中央音乐学院学报》　2002年第3期

我国现代专业音乐教育的先驱者——杨仲子先生生平简介　赵后起　蓝南　《中央音乐学院学报》　2002年第4期

深切缅怀吕骥同志　樊祖荫　《中国音乐》　2002年第1期

著名歌唱家、作曲家、音乐教育家应尚能教授　校友会供稿　《中国音乐》　2002年第4期

纪念蔡元培上海音乐学院的创始人、中国美育之父　林华　洛秦　《音乐艺术》　2002年第1期

评价历史人物的求实精神——再谈对杨荫浏的评价　刘再生　《音乐艺术》　2002年第1期

西归此去应无憾——深切悼念音乐学泰斗廖辅叔先生　陈聆群　金桥　《音乐艺术》　2002年第2期

探究乐坛奇才成功之谜——赵宋光教授心理结构分析　罗小平　《音乐艺术》　2002年第3期

王光祈初到德国　宫宏宇　《黄钟》　2002年第3期

团队精神的魔手——访著名指挥家阎惠昌　李宝杰　《交响》　2002年第1期

作为新音乐批评家的刘天华——为纪念刘天华先生逝世70周年而作　明言　《交响》　2002年第1期

作为新音乐批评家的王光祈——纪念王光祈先生诞辰110周年　明言　《音乐探索》　2002年第1期

怀念吕老　冯光钰　《音乐探索》　2002年第1期

教我们怎能不怀念他——纪念《讲话》,怀念路由　李兴文　《音乐探索》　2002年第3期

只有民族的,才是世界的!——纪念罗马尼亚音乐家埃乃斯库诞生120周年　冯明洋　《星海音乐学院学报》　2002年第1期

自我救赎的音乐天使——梅西安　费尔真　《星海音乐学院学报》　2002年第1期

采访余其伟　廖苑荷　阎笑雨　吴迪　《星海音乐学院学报》　2002年第1期

肖邦与他的音乐　(匈牙利)路易斯·肯特纳著　郑雪梅编译　《星海音乐学院学报》　2002年第1期

马思聪的人格魅力——纪念马思聪诞辰90周年　陈自明　《星海音乐学院学报》　2002年第3期

琴艺与作曲并茂的音乐家——寻找马

访华杂记　梁　懋　《乐器》2002年第1期

演奏八弦吉他的怪才 Charlie Hunter　石　岩《乐器》2002年第1期

难得的知音(上、下)　许　健　《乐器》2002年第1、2期

《中国钢琴诗人——顾圣婴》纪念专辑在京首发等　本刊　《乐器》2002年第2期

光环里的大师(一)巴赫　张泽生　《乐器》2002年第3期

草原灵魂的歌者　孟建军　《乐器》2002年第3期

叶登民访谈录　姜　伟《乐器》2002年第3期

我有不少好的电脑音乐作品——访著名作曲家伍家冀　张　准　《乐器》2002年第3期

我是普及音乐的受益者　孟建军《乐器》2002年第4期

叶登民访谈录　姜　伟　《乐器》2002年第4期

中国第一位电吉他演奏家——张勇访谈　邵　明《乐器》2002年第5期

Craig David 制作人 Mark Hill 访谈　白　石《乐器》2002年第5期

光环里的大师(二)　张泽生　《乐器》2002年第5期

箫声笛韵性情人　孟建军　《乐器》2002年第5期

2002年最新 Joe Satriani 访谈录　王　楠《乐器》2002年第5期

耶佩斯与爱的罗曼斯　姜　伟　《乐器》2002年第6期

范·海伦传奇　马　汀　《乐器》2002年第6期

打鼓不是闹着玩儿——记日本著名鼓手　谷贺泉　孟建军　黄　伟《乐器》2002年第6期

Frank Gambale——令人景仰的吉他演奏家　Stonyrocky 编译　《乐器》2002年第7期

Flamenco 吉他演奏家 Josse Cook《乐器》2002年第7期

Kaori Muraji 村治佳织　梁　懋《乐器》2002年第7期

古典吉他第一夫人 Liona Boyd　王锐《乐器》2002年第7期

亲历"手数王"——营沼孝三　邵　明《乐器》2002年第7期

Sting(上、下)　马　汀　《乐器》2002年第7、8期

B. B. King——布鲁斯之王　红色气球《乐器》2002年第8期

一代宗师　塞格维亚安德列斯·塞戈维亚　姜　伟《乐器》2002年第8期

琵琶演奏家章红艳　孟建军　《乐器》2002年第9期

吉他音乐的"贝多芬"——费尔南多·

维也纳舞台上的中国男高音——张建一　陈唯正　《音乐爱好者》2002年第2期

管乐先驱——弗雷德里克·芬内尔　王崇刚　《音乐爱好者》2002年第2期

怀里揣着外交护照的提琴师——谢林　夏　宏　《音乐爱好者》2002年第2期

克莱斯勒偶记(2)——音乐学院里的小调皮　吴维忠　《音乐爱好者》2002年第2期

回忆与梅纽因的四次会见　张世祥　《音乐爱好者》2002年第3期

纪念大提琴家费尔曼百年诞辰　张雄　《音乐爱好者》2002年第3期

音乐世家涅高兹　唐若甫编译　《音乐爱好者》2002年第3期

淡泊的性格　深湛的艺术——汪　德　刘　蔚　《音乐爱好者》2002年第3期

巴赫二题　马慧元　《音乐爱好者》2002年第3期

色彩斑斓的浪漫画卷——肖邦在巴黎　朱贤杰　《音乐爱好者》2002年第3期

有关音乐的话——作曲家巴赫与亨德尔　王　赛编译　《音乐爱好者》2002年第3期

网上再遇卡拉斯　甫　甫　《音乐爱好者》2002年第3期

里查·施特劳斯的三首交响诗　鲁道夫　《音乐爱好者》2002年第3期

漫画中的里查·施特劳斯　勾　践　《音乐爱好者》2002年第5期

莫扎特的告别　马慧元　《音乐爱好者》2002年第5期

一位用中国唐诗作曲的欧洲音乐大师——马　勒　李岚清　《音乐爱好者》2002年第6期

指挥家的“指挥”——穆拉文斯基　张雄　《音乐爱好者》2002年第6期

“麦克阿瑟天才大奖”得主盛宗亮访谈　任海杰　《音乐爱好者》2002年第6期

何塞·库拉的威尔第　谢力昕　《音乐爱好者》2002年第6期

瞩目希拉里·哈恩　张　雄　《音乐爱好者》2002年第7期

寻访古尔德　朱贤杰　《音乐爱好者》2002年第7期

弓弦上的辉煌——聆听《秦立巍大提琴专辑》　施雪钧　《音乐爱好者》2002年第7期

他来自格里格的故乡　朱建中编译　《音乐爱好者》2002年第8期

再听鲁普　朱贤杰　《音乐爱好者》2002年第8期

与钢琴大师鲁迪面对面　刘　伟　《音乐爱好者》2002年第9期

音乐学各学科

《黄钟》 2002 年第 4 期

音乐批评——寻觅科学的话语 冯效刚 《音乐与表演》 2002 年第 1 期

音乐批评:元理论研究与学科建设 郝南渠 《音乐与表演》 2002 年第 1 期

情理交融 文气生动——音乐批评的文体特征之一 胡仁鹏 《音乐与表演》 2002 年第 2 期

音乐批评散议 邹建平 《音乐与表演》 2002 年第 2 期

音乐批评学学科存在的可能性 乔邦利 《音乐与表演》 2002 年第 2 期

乐队与乐器

第二届“龙音杯”中国民族乐器国际比赛章程 本 刊 《人民音乐》 2002 年第 4 期

挪威音乐与音乐生活 [挪威]哈拉尔·赫雷思托尔 孟 永译 《人民音乐》 2002 年第 5 期

西方弦乐四重奏艺术发展综述 杨九华 《人民音乐》 2002 年第 5 期

中国民族管弦乐若干问题初探 杨春林 《人民音乐》 2002 年第 9 期

中国扬琴的发展和改革 蒙美嫩 《人民音乐》 2002 年第 10 期

二胡千斤改革的回顾与展望 张寒秋 《中国音乐》 2002 年第 4 期

关于中国的乐器改革——“第四届中日音乐比较研究国际学术会议”座谈会上的发言 张 前 《音乐艺术》 2002 年第 1 期

世界乐器文化中的中国琵琶 孙丽伟 《音乐艺术》 2002 年第 1 期

三宝:成功的音符因拒绝而嘹亮 兰宁远 《音乐生活》 2002 年第 1 期

欧洲军乐队建制之发展 章 滨 《黄钟》 2002 年第 2 期

小提琴演奏与脑力开发的几个问题 李 果 臧艺兵 《黄钟》 2002 年第 2 期

二胡音色探源 李双彦 《交响》 2002 年第 1 期

中国民族管弦乐队的历史与展望 傅利民 郑毅生 《音乐探索》 2002 年第 3 期

交响乐是一种文化 梁茂春 《音乐生活》 2002 年第 1、2 期

也谈二胡音准 陈正生 《星海音乐学院学报》 2002 年第 1 期

选用古筝义甲要因曲而异 蔡 毅

钢琴延音踏板的艺术造型功能　郑林　《黄钟》 2002年第3期

话说钹镲大家族　关肇元　《乐器》 2002年第3期

痴迷收藏的“万能吹”　孟建军　《乐器》2002年第3期

天籁余韵华夏之声　孟建军　《乐器》 2002年第3期

论钢琴的音色(三)　金先彬　《乐器》 2002年第3期

减轻竹品磨损　王永玮　《乐器》 2002年第3期

小提琴的一些安装原则(三)　吴　越　《乐器》 2002年第3期

我做四胡　王盛意　《乐器》 2002年第3期

石磬　王子初　《乐器》 2002年第3期

小小口琴　袅袅情思　杨　刚　《乐器》2002年第3期

埙的发展与运用　赵　亮　《乐器》 2002年第4期

扬琴调音微探　郑培东　《乐器》 2002年第4期

小提琴的一些安装原则(四)　吴　越　《乐器》 2002年第4期

电子琴故障检修经验三则等　崔炳湖　《乐器》 2002年第4期

云南魏山古琴　马　儿　唐　鑫　《乐器》 2002年第4期

我心中的管子　张振涛　《乐器》 2002年第4期

石磬续编　王子初　《乐器》 2002年第4期

铜管乐器的演进与种类　关肇元　《乐器》 2002年第4期

我看小天使古筝专用校音器　杜雅超　《乐器》 2002年第4期

羌笛研究　陈正生　《乐器》 2002年第5期

制作葫芦丝的小伙儿　孟建军　《乐器》 2002年第5期

钢琴低音区的调律方法　刘宝利　《乐器》 2002年第5期

如何正确掌握中国竹笛的音色　耿涛　《乐器》 2002年第5期

拥有乐器的青春岁月　邱　峰　《乐器》 2002年第5期

中国打击乐演奏家亮相柏林　本刊　《乐器》 2002年第5期

营口琴行掠影　陈勇毅　孟　宁　《乐器》 2002年第5期

关于钢琴调律师的整理技能之我见　谭宝利　《乐器》 2002年第5期

日本二手钢琴在中国　丰元凯　《乐器》 2002年第5期

敲击跳动的音符、鼓动激情的节奏　费　斌　《乐器》 2002年第6期

浅谈吉他弦枕与琴声的关系　何明生　《乐器》 2002年第6期

从与吴建新聊琴谈起　京　秋　《乐器》 2002年第6期

2002年第8期
怎样制作葫芦丝(一) 晓 梦 《乐器》 2002年第8期
你会给吉他调音吗? 邵 明 《乐器》 2002年第9期
黄卫东:打造中国精品竹笛 孟建军 《乐器》 2002年第9期
提琴是怎样诞生的(三) 陈 荃 《乐器》 2002年第9期
怎样制作葫芦丝(二) 晓 梦 《乐器》 2002年第9期
中药护琴也能提升小提琴音质 魏国 《乐器》 2002年第9期
琵琶维修保养的一些小窍门 李乐平 《乐器》 2002年第9期
关于修理京胡的一些办法 李宝恒 《乐器》 2002年第9期
二胡漫谈 江 南 《乐器》 2002年第9期
音乐与色彩 Jeff 《乐器》 2002年第9期
如何获得正确的即兴感觉 黄 柯 《乐器》 2002年第9期
BASS音阶 黄 柯 《乐器》 2002年第9期
提琴伴我人生路 冯卫平 《乐器》 2002年第9期
小提琴——开发智力的“钥匙” 李忠东 《乐器》 2002年第9期
木管演奏组织的发展(上) 朱 同 《乐器》 2002年第9期
收藏是一种乐趣 北 方 《乐器》 2002年第9期
箜篌之恋 孟建军 《乐器》 2002年第9期
琴弦上的创业艺术——访罗曼士 黄伟 《乐器》 2002年第9期
陶鼓(上) 王 芸 《乐器》 2002年第9期
钢琴——三代人的梦想 陈 辉 《乐器》 2002年第9期
发音与长音(上) 章镛凯 《乐器》 2002年第9、10期
永恒的蓝调(二) 邵 明 《乐器》 2002年第9期
永恒的蓝调(三) 邵 明《乐器》 2002年第10期
少儿二胡演奏常见毛病及纠正 张仕安 《乐器》 2002年第10期
木管演奏组织的发展历史(下) 朱同 《乐器》 2002年第10期
收藏好乐器也要靠缘分 北 方 《乐器》 2002年第10期
韩国传统乐器 曹卫国 《乐器》 2002年第10期
怎样解决竹笛爆竹现象 吴良松 《乐器》 2002年第10期
走出钢琴选购的误区 偶晓林 《乐器》 2002年第10期
扬琴发音的动作规范 项祖华 《乐器》 2002年第10期
杂说打击乐器 刘 刚 《乐器》

2002年第12期

展中国乐器实力与世界乐展接轨 《乐器》 2002年第12期

世界名曲品牌赏析 Marchione 邵明 《乐器》 2002年第12期

Garbage乐队小传 白 石 《乐器》 2002年第12期

浅谈双簧管的历史及演变 朴长天 《乐器》 2002年第12期

口琴,谢谢你 周士俊 《乐器》 2002年第12期

难圆的乐器改良梦 杨振华 《乐器》 2002年第12期

编铙(中) 王子初 《乐器》 2002年第12期

初溯西洋管弦乐队与中国民族乐队音响发展的不同轨迹及配器的形成和发展 李复斌 《音乐与表演》 2002年第1期

试论管乐队的座位布局 朱 同 《音乐与表演》 2002年第2期

采访旧金山交响乐团 张伟东 《音乐爱好者》 2002年第1期

钢琴的故事(1-10) 洛 秦 《音乐爱好者》 2002年第2期

台后的上海广播交响乐团 施雪钧 《音乐爱好者》 2002年第4期

罗伯特·金与国王合奏团 贾非言编译 《音乐爱好者》 2002年第4期

主打:钢琴 戴 丹 《音乐爱好者》 2002年第4期

斯特拉迪瓦里小提琴之谜 余凤高 《音乐爱好者》 2002年第4期

低音提琴的双重身份 菠 菜 《音乐爱好者》 2002年第5期

有关音乐的话——乐器与管弦乐队 王 赛编译 《音乐爱好者》 2002年第6期

室内乐随谈 彭淑芝 《音乐爱好者》 2002年第6期

长笛与钢琴奏鸣曲 丹 丹 《音乐爱好者》 2002年第12期

音乐科技

网络音乐的多文化视角研究 胡 斌 《人民音乐》 2002年第11期

电子音乐的概念界定 张小夫 《中央音乐学院学报》 2002年第4期

音乐编辑业务素质论关于乐谱在计算机编目中的统一题名问题 张丽蓉 《黄钟》 2002年第4期

互联网汉语流行音乐网站的编辑管窥及音乐网站编辑的应有视野(上)

Rs—q 键盘使用体会　白　菜　《乐器》 2002 年第 2 期

怎样才是一个好的 BASS 手　Stony-roc 编译　《乐器》 2002 年第 2 期

音箱界的百变金刚 Roland 新品 VG-7　麦克·卡瑞罗　马宝译　《乐器》 2002 年第 2 期

腾飞的"天鹅"　《乐器》 2002 年第 2 期

BOSS 效果器使用经验谈(三)　王军　《乐器》 2002 年第 2 期

DVD 时代录音的解决之道——Ro-land—BUS 系统　张　勇　《乐器》 2002 年第 2 期

MIDI 漫谈　金毓镇　《乐器》 2002 年第 2 期

MIDI——快乐的"尝试"　张　准　《乐器》 2002 年第 2 期

MIDI 漫谈　金毓镇　《乐器》 2002 年第 3 期

NAMM 新奇产品　《乐器》 2002 年第 3 期

Logic Audio/Cubase/Cakewalk 哪一款音序器最棒　非也非也编译　《乐器》 2002 年第 3 期

如何将 MC－307 与采样器用于现场 DJ 制作　马　宝　《乐器》 2002 年第 3 期

NAMM 新奇产品　《乐器》 2002 年第 3 期

MIDI 音色参数文件的编辑(一)　刘永霖　《乐器》 2002 年第 3 期

"9·11"后的 NAMM 展会　孟建军　《乐器》 2002 年第 3 期

Roiam Studio——小室哲哉的"音乐工厂"　邵　明　《乐器》 2002 年第 3 期

Omar Hakim(奥玛·哈吉)与 V-DRUM 电子鼓　《乐器》 2002 年第 3 期

曹卫东:逐渐脱离小作坊模式　孟建军　《乐器》 2002 年第 3 期

英国电子奇才 Norman Cook(Fatboy Siim)　diaxon　《乐器》 2002 年第 3 期

Home Studio 完全手册(一)　白　石　《乐器》 2002 年第 3 期

Roland 创始人——梯郁太郎　《乐器》 2002 年第 3 期

Home Studio 完全手册(二)　白　石　《乐器》 2002 年第 3 期

Loop 的革命——cecycle 使用经验谈　《乐器》 2002 年第 3 期

浅谈节拍器　朱忠海　胡芳红　《乐器》 2002 年第 3 期

电声乐器之我见　邵　明　《乐器》 2002 年第 3 期

Loop 的革命——Recycle 使用经验谈(下)　Lonseng　《乐器》 2002 年第 5 期

MIDI 合成器的流行技术　邵　明

Metallica 及其乐器使用(下) 金属天下(stone cold) 《乐器》 2002年第8期

如果你想玩乐队(一) 曹卫国 《乐器》 2002年第8期

中国双排键电子琴发展与展望 朱磊 《乐器》 2002年第8期

跳动的低音 风飞舞 《乐器》 2002年第8期

京胡恋 郑流星 《乐器》 2002年第8期

即兴演奏是爵士音乐的标志 孟建军 《乐器》 2002年第8期

CubaseSXDE 的时代 您的工作室核心(二) 邢罡 《乐器》 2002年第8期

软件音源合成器知多少(二) 胡戈 《乐器》 2002年第8期

CubaseSXDE 的时代 您的工作室核心(三) 邢罡 《乐器》 2002年第9期

Home Studio 完全手册(五) 白石 《乐器》 2002年第9期

数字音乐 龚镇雄 《乐器》 2002年第9期

如果你想玩乐队(二) 曹卫国 《乐器》 2002年第9期

HOME STUDIO 完全手册(六) 詹炳华 《乐器》 2002年第10期

ZOOM 的实力 邵明 《乐器》 2002年第10期

虚拟乐队 Gorillaz 的幕后故事 白石 《乐器》 2002年第10期

如果你想玩乐队(三) 曹卫国 《乐器》 2002年第10期

CubaseSXDE 的时代 您的工作室核心(四) 邢罡 《乐器》 2002年第10期

激光"乐器" 韩宝强 《乐器》 2002年第10期

磁带变 CD 之乾坤大挪移 白石 《乐器》 2002年第11期

Home Studio 完全手册(七) 詹炳华 《乐器》 2002年第11期

Boss GT 系列综合处理器的音色制作 柳文利 《乐器》 2002年第11期

CubaseSXDE 的时代 您的工作室核心(五) 邢罡 《乐器》 2002年第11期

如果你想玩乐队(四) 曹卫国 《乐器》 2002年第11期

吉他名牌欣赏——Suhr 吉他 邵明 《乐器》 2002年第11期

Home Studio 完全手册(八) 詹炳华 《乐器》 2002年第12期

USB 音频接口知多少(上) 红色气球 《乐器》 2002年第12期

ZOOM 的实力(续) 邵明 《乐器》 2002年第12期

CubaseSX 的时代 您的工作室核心(六) 邢罡 《乐器》 2002

作曲技术与创作研究

国五声性调式和声理论的发展　张志海　《黄钟》　2002年第2期

论现代音乐机制中的某些游移态　陈大明　《交响》　2002年第1期

运用创造力的评估经验去培养和预测作曲的创造力　(美)托马斯·普里斯特　巫东攀译　《交响》　2002年第4期

从三全音地位的变化看20世纪和声音响的重要特征　刘　聪　《乐府新声》　2002年第2期

新时期中国音乐创作中复调微观思维及微复调技术法初探　印　真　《乐府新声》　2002年第3期

他山之石　可以攻玉——从桑桐的《内蒙古民歌主题小曲七首》看中国钢琴改编曲　任辽苏　《乐府新声》　2002年第3期

从完美中求突破　从禁锢中求解放——试论传统大小调和声向近现代和声的转移与过渡　徐　璐　《乐府新声》　2002年第4期

民乐创作中思维的拓宽与发展　郭鸣　《音乐生活》　2002年第5期

为你的和弦分解加上九音　魏　国　《乐器》　2002年第8期

有关音乐的话——创作与灵感(续)　王　赛编译　《音乐爱好者》　2002年第5期

中国作品创作技术的研究

兼收并蓄与推陈出新——朱践耳《第二交响曲》与杜鸣心钢琴协奏曲《春之采》比较研究　谢　涛　《中国音乐学》　2002年第4期

雅俗共赏:新时期中国艺术歌曲创作主潮一瞥　王大燕　《中国音乐学》　2002年第4期

祁连亘古情　裕固土风浓——钢琴与乐队《祁连山狂想曲》的创作特色　相西源　《音乐艺术》　2002年第2期

九重奏《玄黄》中的微型卡农技法探究——兼及微型卡农的艺术表现风格与结构原则　张旭冬　《音乐研究》　2002年第3期

陈其钢谈《大红灯笼高高挂》的音乐创作　蒋　山　《人民音乐》　2002年第3期

我怎样创作《蝶恋花》　陈其钢　《人民音乐》　2002年第5期

龟兹乐多变声——作曲初探　祝　龄　《人民音乐》　2002年第6期

推出好作品　服务时代——谈中国民族打击乐创作和表演　安志顺

2期

民族器乐创作中演奏技艺的特征设计 于春哲 《乐府新声》 2002年第4期

论歌曲钢琴伴奏中对主旋律的变化衬托方法 王建民 《音乐与表演》 2002年第1期

简论交响诗《龙抬头》的艺术特色 相西源 《音乐与表演》 2002年第2期

论中国传统音响观念在现代作品创作中的体现 张 路 《音乐与表演》 2002年第4期

朱践耳的“三级跳” 王西麟 《音乐爱好者》 2002年第6期

20世纪中国音乐创作概览 器乐创作（一） 蔡 梦 《中国音乐教育》 2002年第1期

20世纪中国音乐创作概览 器乐创作（二） 蔡 梦 《中国音乐教育》 2002年第2期

20世纪中国音乐创作概览 器乐创作（三） 蔡 梦 《中国音乐教育》 2002年第3期

20世纪中国音乐创作概览 器乐创作（四） 蔡 梦 《中国音乐教育》 2002年第4期

20世纪中国音乐创作概览 歌舞与舞剧音乐 蔡 梦 《中国音乐教育》 2002年第5期

外国作品创作技术的研究

欧洲音乐的和声发展述要 缪天瑞 《中国音乐学》 2002年第1期

勋伯格自由无调性创作技术风格特征的传统性审视 张 楠 《音乐研究》 2002年第3期

斯特拉文斯基《运动》中的序列技法研究 高佳佳 《音乐研究》 2002年第4期

再论马勒对20世纪西方音乐的影响 李香军 《音乐研究》 2002年第1期

甘美兰的构成要素与表演原则 饶文心 《音乐研究》 2002年第2期

从拉赫玛尼诺夫的《第二钢琴协奏曲》看其创作风格 朱 军 靳 涛 《人民音乐》 2002年第8期

一个需要继续坚持和努力的目标——重温“小提琴民族乐派”的实践 姜素民 《人民音乐》 2002年第6期

现代作品音响形态与弦乐器演奏 王珊 《人民音乐》 2002年第10期

二十世纪复调音乐中的节奏思维 于

苏贤　《中央音乐学院学报》　2002年第1期
变体曲式结构的发展　杨儒怀　《中央音乐学院学报》　2002年第1期
从两部作品的比较看西方电子音乐早期发展(上、下)　黄枕宇　《中央音乐学院学报》　2002年第2、3期
鲁塞尔采用中国古代诗歌创作的法国艺术歌曲　田大成　《中央音乐学院学报》　2002年第2期
马勒未被人知的谐谑曲和急板　[美]苏珊·菲勒　余志刚译　《中央音乐学院学报》　2002年第3期
注重预制构思　拓展风格范围——关于科斯《作曲法》及与作曲教学有关的问题和思考　彭志敏　《中央音乐学院学报》　2002年第4期
对称和弦的滥觞——巴托克《第三弦乐四重奏》的和声研究　王桂升　《中央音乐学院学报》　2002年第4期
论现代音乐作品中的旋律线构成　姚恒璐　《中国音乐》　2002年第1期
条块·分形·新东方音乐及其他　曹光平　《中国音乐》　2002年第4期
赋格研究的新动向——格罗夫辞典各版"赋格"条目注释比较　叶思敏　《音乐艺术》　2002年第1期
迈尔和库伯的节奏分析标志体系　姚恒璐　《音乐艺术》　2002年第1期
音体系分析　陈中华　《音乐艺术》　2002年第1期
希拉姆斯笔下的标题音乐　钱仁康　《音乐艺术》　2002年第1期
柯达伊《匈牙利诗篇》的音乐分析(上、下)　桑　桐　《音乐艺术》　2002年第1、2期
莫扎特"借题发挥"的创作实践　钱仁康　《音乐艺术》　2002年第2期
试论音乐中的力度结构——卡特《木管四重奏》练习曲No.7中力度的分析与认识　张　巍　《音乐艺术》　2002年第2期
关于离调、附属和弦的理论探讨　桑桐　《音乐艺术》　2002年第3期
罗勒:"第二实践"的先驱　孙国忠　《音乐艺术》　2002年第3期
约瑟夫·施万特纳的混合室内乐《麻雀》的作曲技法　郭　鸣　《音乐艺术》　2002年第3期
罗勒:"第二实践"的先驱　孙国忠　《音乐艺术》　2002年第3期
恢复和声音响的自然属性——索·古贝多琳娜作品中的和声与风格探究　甘璧华　《音乐艺术》　2002年第4期

同气连枝的回旋歌、回旋诗和回旋曲 钱仁康 《音乐艺术》 2002年第4期

必然的对称——贝尔格《露露·间奏曲》分析 彭志敏 《黄钟》 2002年第1期

勃拉姆斯交响乐曲中的“主题贯穿”及第一交响曲两个前奏的“资源库”意义 张璟 《黄钟》 2002年第1期

与拉赫玛尼诺夫《音画练习曲》OP. 33有关的一些特点 胡杨 《黄钟》 2002年第1期

特殊和弦的诞生及其繁衍 胡向阳 《黄钟》 2002年第1期

三、五度结构与二度结构的和声方法——五声性调式和声研究之一 樊祖荫 《黄钟》 2002年第2期

梅西安的《蓝色鸫鸟》和鸟类题材作品 雅文 《黄钟》 2002年第3期

德彪西印象派作品风格的缩影——钢琴前奏曲《焰火》 老洪慧 《黄钟》 2002年第3期

谢德林现代复调音乐思维及其演奏风格——钢琴套曲《24首前奏曲与赋格》探讨 郑方 《黄钟》 2002年第4期

关于和弦名称的确定原则 朱玉璋 《黄钟》 2002年第4期

舒曼早期标题钢琴组曲的“聚合原则”分析 张炜 《黄钟》 2002年第4期

“调式交替”理论之比较研究 刘永福 《黄钟》 2002年第2期

乐谱的历史演变及其形态特征 邱丹红 《交响》 2002年第2期

《等程结构论》与调性思维模式 马东风 《交响》 2002年第3期

论西方宗教音乐中的情感表现 阎敏 《交响》 2002年第4期

试析格里埃尔三首钢琴曲的和声技法 魏小兰 《音乐探索》 2002年第1期

音乐与非音乐因素融合的产物——标题音乐 胡永丽 《音乐探索》 2002年第1期

科普兰“实用音乐”和戏剧音乐作品的节奏特点及其技术风格的总体特征 何平 《星海音乐学院学报》 2002年第3期

《纪念迪兰·托马斯》的音乐分析 高佳佳 《乐府新声》 2002年第3期

现代音乐中的复风格现象 郭鸣 《音乐生活》 2002年第4期

主题——动机理论的继承与发展 藏恒 《音乐与表演》 2002年第4期

作品评介

学院学报》　2002 年第 3 期

肖斯塔科维奇《二十四首前奏曲与赋格》的演奏技法分析　刘　奕　《中央音乐学院学报》　2002 年 4 期

许常惠先生对台湾当代音乐的贡献——简析其早期作品两部　简巧珍　《中国音乐》　2002 年第 1 期

我看朱践耳的交响诗《纳西一奇》——兼谈其中西音乐之交融观念在创作中的体现　陈大明　《中国音乐》　2002 年第 2 期

浅论胡天泉先生对笙的研究及其作品《草原骑兵》的演奏　王培伋　《中国音乐》　2002 年第 3 期

应尚能先生创作的基本倾向　张　畴　《中国音乐》　2002 年第 4 期

套曲化单章结构与套叠性回旋曲式——交响诗《百年沧桑》分析　蔡乔中　《黄钟》　2002 年第 3 期

同气连枝的回旋歌、回旋诗和回旋曲　钱仁康　《音乐艺术》　2002 年第 4 期

库谢维茨基和他的低音提琴协奏曲　马茂龙　张蓓荔　《黄钟》　2002 年第 3 期

黎英海《移宫变奏曲》的独奏性及其创作手法分析　郭和初　《黄钟》　2002 年第 4 期

肖邦钢琴作品抒情性旋律的演奏技能　刘进清　《黄钟》　2002 年第 4 期

门德尔松《e 小调小提琴奏鸣曲》的艺术价值　宋莉莉　《天津音乐学院学报》　2002 年第 1 期

莫扎特第十首钢琴奏鸣曲（k330）乐谱版本的比较　王　杭　蒋存梅　《天津音乐学院学报》　2002 年第 2 期

《浮士德》从文学到音乐的转换　王保华　李翠竹　《天津音乐学院学报》　2002 年第 2 期

黎锦晖儿童歌舞艺术的"人文主义"内涵　张清华　《天津音乐学院学报》　2002 年第 3 期

色彩斑斓的中国现代音乐　相西源　《天津音乐学院学报》　2002 年第 3 期

简析拉赫玛尼诺夫的浪漫曲　杨海燕　《天津音乐学院学报》　2002 年第 4 期

从唐诗《新婚别》到二胡曲《新婚别》　金　伟　《交响》　2002 年第 2 期

源自心灵的舞曲——论肖邦圆舞曲之美　张　凯　《交响》　2002 年第 3 期

舒伯特艺术歌曲钢琴伴奏浅析　徐励　《交响》　2002 年第 4 期

充满时代气息的艺术杰作——普罗科菲耶夫《第五交响曲》音乐学分析　王文澜　《交响》　2002 年第 4 期

舒伯特的钢琴音乐　沈秋鸿　《音乐探索》　2002 年第 1 期

阳 《乐器》 2002年第5期

赵松庭笛曲赏析(一) 蒋国基 《乐器》 2002年第5期

赵松庭笛曲赏析(二) 蒋国基 《乐器》 2002年第6期

谈二胡曲《葡萄熟了》的艺术处理(上、下) 秋 江 《乐器》 2002年第6、7期

赵松庭笛曲赏析(三) 蒋国基 《乐器》 2002年第7期

刘天华的《空山鸟语》 赵寒阳 《乐器》 2002年第8期

《b小调前奏曲》赏析 刘松林 《乐器》 2002年第8期

一曲感人肺腑的梁祝悲歌 李 静 《乐器》 2002年第8期

赵松庭笛曲赏析(四) 蒋国基 《乐器》 2002年第9期

刘天华的二胡名曲 赵寒阳 《乐器》 2002年第11期

百鸟喧春春更浓——任同祥演奏的《百鸟朝凤》赏析 陈家齐 《乐器》 2002年第11期

解读肖斯塔科维奇的弦乐四重奏 钱建明 《音乐与表演》 2002年第1期

理念·技术·音响——贾达群和他的《响趣》 钱仁平 《音乐爱好者》 2002年第2期

重温《砂器》 戴 丹 《音乐爱好者》 2002年第2期

从《培尔·金特》组曲看格里格对音乐形象的塑造 杨古侠 《音乐与表演》 2002年第2期

民族风格与浪漫技法的完美结合——谈勃拉姆斯的《吉普赛人之歌》 孙会玲 《音乐与表演》 2002年第2期

沃伊托维奇的《随想曲》 侯康为 《音乐与表演》 2002年第3期

贝多芬晚期弦乐四重奏的风格特征 张 楠 《音乐与表演》 2002年第3期

浅谈舒伯特三部声乐套曲中的调性布局与局部的调性变化 板俊荣 《音乐与表演》 2002年第3期

沃伊托维奇的《随想曲》 侯康为 《音乐与表演》 2002年第3期

国际视野都市气派——陈永华和他的《第五交响曲·三国志》 钱仁平 《音乐爱好者》 2002年第3期

肖翁教你听《指环》 董利娟 《音乐爱好者》 2002年第4期

现代音乐之我见 卞祖善 《音乐爱好者》 2002年第5期

权吉浩和他的钢琴曲《长短的组合》 钱仁平 《音乐爱好者》 2002年第5期

跟巴赫喝下午茶 马慧元 《音乐爱好者》 2002年第6期

电影中的古典音乐 戴 丹 《音乐爱好者》 2002年第7期

音乐教育

教育管理工作会议综述 《交响》 2002年第2期

音乐学系复调教学探索 黄洛华 《星海音乐学院学报》 2002年第1期

视唱练耳课音乐思维培育的探讨 任志琴 《星海音乐学院学报》 2002年第1期

音乐人才素质教育的"切入点"——在高等音乐院校开设"综合素质旷课"的设想 饶惠椿 《星海音乐学院学报》 2002年第1期

论钢琴教学中心理素质的培养 苗淼 《星海音乐学院学报》 2002年第1期

从音乐教育发展战略看教育科研——在2002年星海音乐学院科研工作会议上的发言 赵宋光 《星海音乐学院学报》 2002年第2期

我的音乐教育观(上) 桑海波 《音乐生活》 2002年第3期

我的音乐教育观(下) 桑海波 《音乐生活》 2002年第4期

音乐教育发展前景展望 房思园 《音乐生活》 2002年第4期

基本乐理学科建设的几点思考 丛龙 《音乐生活》 2002年第4期

乐感包括那些内容 吴崇贵 《音乐生活》 2002年第6期

将美育融入学校教育全过程 杨贵仁 《中国音乐教育》 2002年第1期

全日制义务教育音乐课程标准(实验稿) 教育部 2002年第1期

李岚清同志致全国高等学校交响音乐课教师培训班的信 《中国音乐教育》 2002年第2期

开拓高等学校美育工作的新局面 冯兰芳 《中国音乐教育》 2002年第2期

中国当代学校音乐教育大历史回顾 王懿颖 《中国音乐教育》 2002年第2期

国民音乐教育

器乐学习与儿童智力发展研究报告 周海宏 《中国音乐学》 2002年第2期

论音乐课的内容编制特点 王秀萍 《音乐研究》 2002年第4期

请关注青少年歌唱——参加全国青少年歌唱考级有感 王吉乐 《人民音乐》 2002年第6期

对北京市各区少年宫传统音乐教育活动的思考 关瑞红 《人民音乐》

《乐器》 2002年第11期

论音乐教育在素质教育中的功能 汪健 刘晓燕 《乐器》 2002年第11期

弹琴能提高孩子的智力能力吗？ 杨璟春 《乐器》 2002年第11期

怎样通过电子琴考级 王晓莲 《乐器》 2002年第11期

重视古筝作用 普及古筝教育 胡世红 《乐器》 2002年第12期

充分发挥钢琴在中小学音乐课教学中的作用 郑莉 《乐器》 2002年第11期

走出电子琴考级的误区(一) 王晓莲 《乐器》 2002年第12期

素质教育的极佳途径——简论童声合唱的意义和作用 滕缔弦 《音乐与表演》 2002年第3期

艺术教育与创新人才的培养 李晓峰 《音乐与表演》 2002年第3期

重视音乐教育操作行为的构建与表达 徐绪标 《中国音乐教育》 2002年第1期

新课程、新教材与新教学设计 金亚文 《中国音乐教育》 2002年第1期

让每个孩子都能自信的歌唱 陈玉萍 《中国音乐教育》 2002年第1期

先唱歌后识谱的教学尝试 王新学 《中国音乐教育》 2002年第1期

识谱教学要服从于素质教育的整体目标 杨立梅 《中国音乐教育》 2002年第1期

基于Internet的远程音乐教育模式的探索 唐小波 《中国音乐教育》 2002年第2期

新的展示新的展望——第三届全国中小学音乐录像课评比获奖名单 教育部体卫艺司 《中国音乐教育》 2002年第2期

师范音乐教法课不容忽视 石瑛 《中国音乐教育》 2002年第2期

高师和声课改革的建议 左玲玲 《中国音乐教育》 2002年第2期

搞好课程实验推动音乐教学改革 李同全 《中国音乐教育》 2002年第2期

《音乐课程标准》与高师音乐课程改革 吴跃跃 《中国音乐教育》 2002年第2期

击鼓传乐——第三届全国中小学音乐录像课评比获奖课例之一 王蓓 《中国音乐教育》 2002年第2期

试论整体性声乐教学法 车文芬 《中国音乐教育》 2002年第2期

音乐听力训练中的“十辩” 张青 高过义 《中国音乐教育》 2002年第2期

首调唱名法的学习心理基础 杨立梅 《中国音乐教育》 2002年第3期

雪绒花——音乐课程标准实验教材教案之二 孙莉 《中国音乐教

高师非钢琴专业学生学习钢琴的常见问题及其解决措施　蒋立中　国音乐教育　2002 年第 5 期

音乐欣赏教学应倡导人文精神　严肖红《中国音乐教育》2002 年第 5 期

音乐教学中的差异教育对发展学生个性的作用　李春红《中国音乐教育》2002 年第 5 期

创设实践环节　尽早体验教师角色　李嘉容《中国音乐教育》2002 年第 5 期

一堂别开生面的音乐课　刘学梅《中国音乐教育》2002 年第 5 期

经验与教训——20 世纪 50 至 70 年代我国幼儿音乐教育事业的曲折发展道路　王懿颖《中国音乐教育》2002 年第 5 期

成绩与进步——改革开放以来幼儿音乐教育事业的建设与发展　王懿颖《中国音乐教育》2002 年第 6 期

团结、务实、开拓、创新——中国教育学会音乐教育专业委员会第二次理事会议综合报道　本刊记者《中国音乐教育》2002 年第 6 期

美，来自心灵——谈《雪橇》的教学设计　周正忠　刘红梅《中国音乐教育》2002 年第 6 期

音乐课让学生动起来　杨晓梅《中国音乐教育》2002 年第 6 期

成功公开课四部曲　何秋瑜《中国音乐教育》2002 年第 6 期

现代教育理念与器乐教学　黄　鹰《中国音乐教育》2002 年第 6 期

对高师音乐专业学生应具备的知识结构的思考　高果宁《中国音乐教育》2002 年第 6 期

从高师音乐专业学生的学习心态谈起　吴顺章《中国音乐教育》2002 年第 6 期

音乐课程基本理念——义务教育音乐课程标准解读之三　吴　斌　金亚文《中国音乐教育》2002 年第 6 期

音的强弱——第三届全国中小学音乐录像课评比获奖课例之三　英瑾《中国音乐教育》2002 年第 6 期

评《体态率动课例》　王懿颖《中国音乐教育》2002 年第 7 期

农村学校艺术教育初现成果——“全国农村学校艺术教育实验县(市)实验项目中期总结工作会议”侧记　姜　群《中国音乐教育》2002 年第 7 期

音乐课程目标——义务教育音乐课程标准解读之四　金亚文《中国音乐教育》2002 年第 7 期

报春鸟——音乐课程标准实验教材教案之四　龙亚君《中国音乐教育》2002 年第 7 期

学习课程标准　指导音乐教学　孙超

金亚文 《中国音乐教育》 2002 年第9期

七子之歌——澳门——音乐课程标准实验教材教案之五 李小瑜 《中国音乐教育》 2002 年第9期

《音乐课程标准》应该成为高师音乐教学的重要内容 杨 华 《中国音乐教育》 2002 年第9期

关于音美学科新课程实施的若干探索与思考 谢祖良 《中国音乐教育》 2002 年第9期

音乐教学中学生资源的开发与利用 宋曼蕾 《中国音乐教育》 2002 年第9期

对高师歌曲分析与协作教学的几点思考 王大燕 《中国音乐教育》 2002 年第9期

回归声乐课的审美品格 孙来法 《中国音乐教育》 2002 年第9期

融心理健康教育于音乐教学之中 叶秋弟 《中国音乐教育》 2002 年第9期

我教学生"背唱"歌曲 李 娟 《中国音乐教育》 2002 年第9期

"悄悄声"唱法——变声期歌唱练习的一个好方法 刘洪刚 《中国音乐教育》 2002 年第9期

论音乐课程的目标编制特点 王秀萍 《中国音乐教育》 2002 年第9期

带给我欢乐带给我信心 崔学荣 《中国音乐教育》 2002 年第10期

音乐课程内容标准:表现——义务教育音乐课程标准解读之六 章连启 《中国音乐教育》 2002 年第11期

跳竹竿——第三届全国中小学音乐录像课评比获奖课例之六 韩 颖 《中国音乐教育》 2002 年第11期

新内容新方法 李晓燕 《中国音乐教育》 2002 年第11期

人人成才 各个发展 杨才裕 《中国音乐教育》 2002 年第11期

试探"鼓励音乐创造" 吴彩娟 《中国音乐教育》 2002 年第11期

高师音乐教育专业的声乐教学改革之我见 柳华方 《中国音乐教育》 2002 年第11期

音乐不言绝对 肖武雄 《中国音乐教育》 2002 年第11期

小学音乐教学中学习动机的培养与激发 付莉莉 《中国音乐教育》 2002 年第11期

图形谱在小学识谱教学中的应用 朱旭娟 《中国音乐教育》 2002 年第11期

小学双语教学(音乐、英语)的初步认识与体会 孙 宏 《中国音乐教育》 2002 年第11期

上好高中音乐欣赏课的"小处方" 许燕云 《中国音乐教育》 2002 年

《中小学音乐教育》 2002年第1期

环保意识寓于音乐教学中 卢爱凤 《中小学音乐教育》 2002年第1期

小羊和狼 陆华芬 《中小学音乐教育》 2002年第1期

小雨沙沙 许海英 《中小学音乐教育》 2002年第1期

浅谈儿童在钢琴学习中对松弛的把握 叶坚琳 《中小学音乐教育》 2002年第1期

怎样拥有优美的演唱 张承军 《中小学音乐教育》 2002年第1期

说古道今漫话民歌 周大风 《中小学音乐教育》 2002年第2期

说课案 李建宏 《中小学音乐教育》 2002年第2期

《拍皮球》教案 陈 莺 《中小学音乐教育》 2002年第2期

歌曲《小乌鸦爱妈妈》的教学设计简介 胡 静 《中小学音乐教育》 2002年第2期

种豆得豆,也得瓜 罗文新 《中小学音乐教育》 2002年第2期

变厌学到乐学 庄雪华 《中小学音乐教育》 2002年第2期

音乐教师:面对"新标准"的选择 邹 枫 《中小学音乐教育》 2002年第2期

谈艺术中专声乐教师的职责与修养 黄 琦 《中小学音乐教育》 2002年第2期

在音乐教学中培养学生的创造意识 张 丽 《中小学音乐教育》 2002年第2期

门槛效应与问题学生 丁玉梅 《中小学音乐教育》 2002年第2期

音乐课的即兴教学 范晓君 《中小学音乐教育》 2002年第2期

组织合唱教学的几点做法及体会 林 静 《中小学音乐教育》 2002年第2期

中小幼音乐教师嗓音保健不容忽视 李文军 《中小学音乐教育》 2002年第2期

以校园歌曲为载体,培养学生审美能力 陈传喜 《中小学音乐教育》 2002年第2期

灵活应用音乐教材和课外知识进行欣赏教学 潘朝霞 《中小学音乐教育》 2002年第2期

一年级新生学期初音乐课教学123 赵丽洪 《中小学音乐教育》 2002年第2期

巧设课"眼" 蓄"情"于学 吴 萍 钱中伟 《中小学音乐教育》 2002年第2期

视唱练耳的趣味教学 李 真 《中小学音乐教育》 2002年第2期

声乐训练的关键课题——"喉咙打开" 安宝慧 《中小学音乐教育》

互激互生 和谐共振 曾 鹏 《中小学音乐教育》 2002年第4期
转变教育学观念适应新课程教材改革 张 红 高 霞 《中小学音乐教育》 2002年第4期
畅游音乐之海 叶东瑛 《中小学音乐教育》 2002年第4期
一堂音乐创新教学课的启示 罗才军 《中小学音乐教育》 2002年第4期
刍议心理教育在音乐教学中的渗透 周碧云 《中小学音乐教育》 2002年第4期
情感——音乐欣赏教学的纽带 鲁晓虹《中小学音乐教育》 2002年第4期
听音乐课引出的话题 顾通达 《中小学音乐教育》 2002年第4期
浅议小学音乐课堂教学 于洪民 《中小学音乐教育》 2002年第4期
形式与内容——音乐欣赏听什么 陈辉 《中小学音乐教育》 2002年第4期
娱其心,动其情,方能收其效 邰 燕 《中小学音乐教育》 2002年第4期
寻找解决难点的突破口 周海燕 《中小学音乐教育》 2002年第4期
运用"尝试教学法"推动音乐教学 何花 《中小学音乐教育》 2002年第4期
谈小学歌曲教学中如何挖掘歌曲的内在美 姜金富 《中小学音乐教育》 2002年第4期
浅谈提高音乐教学趣味的实施途径 莫煜红 《中小学音乐教育》 2002年第4期
幼师声乐集体课教学有感 周 儿 《中小学音乐教育》 2002年第4期
音乐主题——音乐欣赏的切入口 徐全芳 《中小学音乐教育》 2002年第4期
节奏教学应附上旋律 耿 涛 《中小学音乐教育》 2002年第4期
《井冈山下种南瓜》教学设计 吕颖 《中小学音乐教育》 2002年第4期
《编钟》教案 张 娟 《中小学音乐教育》 2002年第4期
《小狗送信》教案 王小华 《中小学音乐教育》 2002年第4期
《只要妈妈露笑脸》教案 花阳阳 《中小学音乐教育》 2002年第4期
江南丝竹乐及其功能 叶熙熙 《中小学音乐教育》 2002年第4期
《二泉映月》既没有"泉"也没有"月"——浅议音乐欣赏中的误区 攻成国 《中小学音乐教育》

香　《中小学音乐教育》　2002年第6期
春天般的事业　黄红屏　《中小学音乐教育》　2002年第6期
音乐教学中的“一次性”做法不可取　郭　玮　《中小学音乐教育》　2002年第6期
音乐教师的“三要”“三不要”　杜钢　《中小学音乐教育》　2002年第6期
谈音乐教学中的电教技术应用　姚春晖　方玉丰　《中小学音乐教育》　2002年第6期
浅说音乐教学中的“为什么”？　李馨　《中小学音乐教育》　2002年第6期
在音乐欣赏教学中挖掘心理健康因素　陈　方　《中小学音乐教育》　2002年第6期
故事教学法　吴少玲《中小学音乐教育》　2002年第6期
变茫然为兴趣　魏列禄　杨言梅　《中小学音乐教育》　2002年第6期
在声乐教学中培养学生的音乐表现力　汪燕萍　《中小学音乐教育》　2002年第6期
不容忽视的音乐复习课　冼敏英　《中小学音乐教育》　2002年第6期
挖掘潜力突出“创”字　杜臻瑶　《中小学音乐教育》　2002年第6期
尽了心我们会有收获　陈震琴　《中小学音乐教育》　2002年第6期
怎样教学生用踏板　吴子杰　《中小学音乐教育》　2002年第6期
《可爱的动物》　谷惠平　《中小学音乐教育》　2002年第6期
《变——音乐的“加”法》教案　吴瑶香　《中小学音乐教育》　2002年第6期
浅谈“演唱风格”及其训练　安宝慧　《中小学音乐教育》　2002年第6期
你的手我的心　叶　健　《中小学音乐教育》　2002年第6期
漫谈大指　朱忠海　《中小学音乐教育》　2002年第6期
谈谈歌唱的颤音（Vibrato）　孙佩雯　《中小学音乐教育》　2002年第7期
浅析“即兴伴奏”的特征及其能力要素　瞿玉蓉　《中小学音乐教育》　2002年第7期
速度的对比和变化　廖娟秀　《中小学音乐教育》　2002年第7期
《数蛤蟆》教案　吴春燕　《中小学音乐教育》　2002年第7期
《狮王进行曲》欣赏教案　赵鸿雁　《中小学音乐教育》　2002年第7期
《我家住在大海边》教案　黄瑞芳

《中小学音乐教育》 2002年第7期
引人入胜的引子 意犹未尽的尾声 冒继光 罗春红 《中小学音乐教育》 2002年第7期
学生自主处理歌曲三部曲 王晓玲 《中小学音乐教育》 2002年第7期
浅谈手风琴教学中自信心的培养 应丽桦 《中小学音乐教育》 2002年第7期
钢琴教学应重视兴趣的培养 王学农 《中小学音乐教育》 2002年第7期
如何给初学竖笛的低年级学生选曲 徐向红 《中小学音乐教育》 2002年第7期
玩玩乐乐打击乐 刘春妹 《中小学音乐教育》 2002年第7期
巧用音乐处方矫正学生心理 倪玉莲 《中小学音乐教育》 2002年第7期
声乐教学要重视学生的心理研究 朱平生 《中小学音乐教育》 2002年第7期
让我们的学生不再为考试"头疼" 李敏 《中小学音乐教育》 2002年第7期
浅谈五年制中师音乐教学的"三新"改革 毕朝霞 宇华新 《中小学音乐教育》 2002年第7期
用音乐来培养音乐的耳朵 蒋忱中 小学音乐教育 2002年第7期
浅谈音乐教育论文的撰写 鲁长军 《中小学音乐教育》 2002年第7期
小学唱歌教学中双情渗透式教学的研究 李秀君 《中小学音乐教育》 2002年第7期
让校歌响遍校园 姚 余 《中小学音乐教育》 2002年第7期
音乐教育改革需要"走出自我" 许中伟 《中小学音乐教育》 2002年第7期
振叶寻根,微观索澜 孙成勋 《中小学音乐教育》 2002年第7期
略论师范教育中理论作曲的重要性 赵永葆 《中小学音乐教育》 2002年第8期
音乐教学应围绕学生的智力开发而进行 袁 伟 《中小学音乐教育》 2002年第8期
浅析音乐技能课教学随意性的成因 陈水生 关远见 《中小学音乐教育》 2002年第8期
我看德国的校园音乐 胡 军 《中小学音乐教育》 2002年第8期
小纸条的魅力 徐 瑛 《中小学音乐教育》 2002年第8期
"插嘴"√×? 黄 燕 《中小学音乐教育》 2002年第8期
谈如何引导高中学生开展研究性学习

杨世清 《中小学音乐教育》 2002年第8期

对音乐课教案设计的思考 马长芹 《中小学音乐教育》 2002年第8期

乱中求序,因势利导 雷 明 《中小学音乐教育》 2002年第8期

在歌曲的韵律中成长 于 志 《中小学音乐教育》 2002年第8期

自然、优美的音色是歌唱教学的灵魂 杨晓亮 《中小学音乐教育》 2002年第8期

刍议音高、音量中的共鸣 索玉英 《中小学音乐教育》 2002年第8期

职高幼师生歌唱情绪创造力的培养 周丽秋 《中小学音乐教育》 2002年第8期

浅谈识谱教学 顾飞梅 《中小学音乐教育》 2002年第8期

谈幼师生钢琴自弹自唱能力的培养 张晓斌 《中小学音乐教育》 2002年第8期

歌唱呼吸方法略谈 胡建兰 《中小学音乐教育》 2002年第8期

管乐队训练在素质教育中的作用 李明珠 《中小学音乐教育》 2002年第8期

《有只大雁在站岗》教法研讨课教案 周 雪 王艳侠 《中小学音乐教育》 2002年第8期

《蓝色的多瑙河》欣赏教案 高敏娟 《中小学音乐教育》 2002年第8期

音乐课《音乐与场景》课例设计及教案 李 山 《中小学音乐教育》 2002年第8期

原谱伴奏在声乐教学中的作用 陈声钢 《中小学音乐教育》 2002年第8期

音乐厅声学艺术 田光明 《中小学音乐教育》 2002年第8期

只知刘德华不知刘天华,行吗? 朱惠民 《中小学音乐教育》 2002年第9期

抓住民歌特点激活民族教学 张 静 《中小学音乐教育》 2002年第9期

京剧艺术进入小学课堂探析 朱 婕 《中小学音乐教育》 2002年第9期

让孩子高兴地步入戏曲殿堂 陈小慧 《中小学音乐教育》 2002年第9期

初学唢呐三部曲 丁于蓝 《中小学音乐教育》 2002年第9期

琵琶启蒙教学中的"七要" 范红玲 《中小学音乐教育》 2002年第9期

学生演唱怯场的原因及解决方法 邱一曼 《中小学音乐教育》 2002年第9期

10期

音乐课堂教学目标的反思 吴桢映 《中小学音乐教育》 2002年第10期

钢琴教学中手指弹奏动作的三种不同训练方法 童师柳 《中小学音乐教育》 2002年第10期

音乐,将耳朵唤醒 黄玲玲 《中小学音乐教育》 2002年第10期

唱歌课应该留给学生的几个空间 毕文健 《中小学音乐教育》 2002年第10期

如何提高学生的视唱兴趣 梁书丽 《中小学音乐教育》 2002年第10期

《摇篮曲》唱歌课教案 陈淑芝 《中小学音乐教育》 2002年第10期

《校园晨曲》场景创作教案 孙丹青 《中小学音乐教育》 2002年第10期

《广告音乐》教案设计 曾祥军 《中小学音乐教育》 2002年第10期

合唱的色调处理 曹通一 《中小学音乐教育》 2002年第10期

简述肖邦对钢琴音乐的贡献 邵晓勇 《中小学音乐教育》 2002年第10期

傣族乐器的历史与发展 王瑞芳《中小学音乐教育》 2002年第10期

莫扎特钢琴作品中的浪漫情怀 余小信 《中小学音乐教育》 2002年第11期

古希腊音乐文化 沈洁 《中小学音乐教育》 2002年第11期

欣赏教案《梁山伯与祝英台》 刘琼 《中小学音乐教育》 2002年第11期

《山谷回声真好听》教案 范美华 《中小学音乐教育》 2002年第11期

《生日蜡烛》教案设计 杨缨 《中小学音乐教育》 2002年第11期

浅谈艺术中专声乐基础教学 胡素银 《中小学音乐教育》 2002年第11期

谈声乐教学中母音的运用及训练 祝卫红 《中小学音乐教育》 2002年第11期

抓住学生的心理需要进行教学 任益波 《中小学音乐教育》 2002年第11期

音乐游戏——课堂的活力剂 王丰 《中小学音乐教育》 2002年第11期

识谱教学小巧门 刘利萍 《中小学音乐教育》 2002年第11期

乐中有画 画中有乐 黄晓星 《中小学音乐教育》 2002年第11期

万变不离其宗 王明月 《中小学音乐教育》 2002年第11期

刍议音乐教学的综合性原则 王家祥 《中小学音乐教育》 2002年第

乐教育》 2002 年第 12 期

浅谈民族声乐的科学性、民族性、艺术性及时代性 徐 宁 《中小学音乐教育》 2002 年第 12 期

柯达伊教学法的歌唱原则对《中小学音乐教育》的启发 段晓静 高萍萍 《中小学音乐教育》 2002 年第 12 期

迷人的圆号 于强瑞 《中小学音乐教育》 2002 年第 12 期

专业音乐教育

通俗唱法教学及相关问题的思考——兼对一种通俗歌曲演唱观念的质疑 郭克俭 《音乐研究》 2002 年第 2 期

音乐结构分析与教学随笔 黄辅棠 《人民音乐》 2002 年第 1 期

中国数字化音乐教育开始提速 韩新安 《人民音乐》 2002 年第 1 期

范唱在声乐教学中的运用 石 丽 《人民音乐》 2002 年第 3 期

浅谈高师声乐课中的教学特色和教学方法 郭娉婷 《人民音乐》 2002 年第 3 期

音乐教育改革的重大举措——中央音乐学院现代远程音乐教育学院成立 苗建华 《人民音乐》 2002 年第 5 期

聚焦基础教育，深化高师音乐教改——“21 世纪面向基础教育的高师音乐课程改革探讨会” 马达 《人民音乐》 2002 年第 5 期

高师音乐教育的发展与反思 蔡远鸿 《人民音乐》 2002 年第 5 期

二十世纪上半叶的哈尔滨音乐学校 刘欣欣 《人民音乐》 2002 年第 7 期

“以能力为基础的师范教育”理念在高师音乐教育中的理论与实践 代百生 《人民音乐》 2002 年第 7 期

从中学音乐教材看高师音乐欣赏教学改革 吴美华 《人民音乐》 2002 年第 7 期

将少数民族音乐内容纳入视唱练耳课 田 中 《人民音乐》 2002 年第 8 期

“高师”音乐专业课程之我见 钱正钧 《人民音乐》 2002 年第 9 期

扩大招生规模之后的高师音乐教育现状 王丽娜 《人民音乐》 2002 年第 10 期

高等师范音乐专业课程综合化改建的基本设想 韩勋国 《人民音乐》 2002 年第 12 期

四部和声听觉训练的意义与方法 张燕《黄钟》2002年第2期

谈高师钢琴教学中理性素质的培养 梁丽红《黄钟》2002年第4期

浅议格式塔及其有关原则与高师调式和声学习的关系 板俊荣《天津音乐学院学报》2002年第1期

练琴方法漫谈——教学札记 马茅龙《天津音乐学院学报》2002年第1期

平衡与协调——长号教学和演奏中的基本原则 于铭发《天津音乐学院学报》2002年第2期

音乐院校理论作曲专业钢琴共同课教学改革初探 李巍《天津音乐学院学报》2002年第2期

从人才的素质教育谈高校教材建设 诸葛瑞芬《天津音乐学院学报》2002年第2期

青年教师教学研究笔谈 本刊编辑部《天津音乐学院学报》2002年第2期

音乐教育的功能与效应 齐易《天津音乐学院学报》2002年第2期

琵琶教学中的四个环节 刘美丽《天津音乐学院学报》2002年第4期

和声听觉教学分析 姜秦丰《交响》2002年第1期

论音高听觉的形成及培养 朱玉璋《交响》2002年第1期

高师声乐教改绝不应停留在形式的表层 陶立新《交响》2002年第1期

谈乐理教学中的概念规范化 赵小平《交响》2002年第1期

21世纪音乐教育对乐理教学的新要求 施咏《交响》2002年第2期

中国传统音乐教育管窥 翟志荣《交响》2002年第3期

音乐教育中信息手段的建立与实践 韩兰魁 李宝杰 程宝华 刘小山《交响》2002年第3期

地方高师音乐专业教育目标及定位考察 王德君《交响》2002年第3期

论高师声乐小组课的优势整合与劣势化解 肖兵《交响》2002年第3期

音符高点的相距间隔在作曲教学中的作用 程宝华《交响》2002年第3期

小提琴教学中音准综合能力的培养 麻西水《交响》2002年第4期

声学学习过程简论 李小琴《交响》2002年第4期

“声情并重”是声乐教学的核心 吕小红《音乐探索》2002年第2期

浅谈声乐教师的素质 陈云娥《音乐探索》2002年第2期

在钢琴教学中如何培养学生表现音乐和创造音乐的能力　李　莉　《星海音乐学院学报》 2002 年第 3 期

课堂教学是培养学生创新思维的主渠道——论如何培养音乐预备生的创新思维　胡慧琪　《星海音乐学院学报》 2002 年第 3 期

愉悦、满足、轻松之源——基础教育音乐课程结构试析暨赵宋光先生有关音乐教育思想、实践浅谈　黄虹　《星海音乐学院学报》 2002 年第 4 期

小提琴教学中的心理因素探微　杨九华　《星海音乐学院学报》 2002 年第 4 期

如何在教学中克服小提琴演奏怯场心理　陈俊生　《星海音乐学院学报》 2002 年第 4 期

声乐课应营造融洽的课堂气氛　吴静　《星海音乐学院学报》 2002 年第 4 期

钢琴集体课教学的基本环节　张志可　《星海音乐学院学报》 2002 年第 4 期

高师音乐教育专业考试办法的思考　龙玉兰　吴华山　《星海音乐学院学报》 2002 年第 4 期

音乐院校试题库的设想略述　杨建伟　《星海音乐学院学报》 2002 年第 4 期

高等师范专科学校音乐教育专业"三段式"培养模式探究　马登峰　《乐府新声》 2002 年第 1 期

面向 21 世纪的高师钢琴教育　周奇迅　《乐府新声》 2002 年第 1 期

关于解决普通高师成人音乐教育"拓荒"阶段白声及换声问题　张文丽　《乐府新声》 2002 年第 1 期

谈琴法教学与歌曲伴奏　丁传杰　《乐府新声》 2002 年第 1 期

如何使学生掌握正确的发音方法　贺杨　《乐府新声》 2002 年第 1 期

浅谈艺术院校中专学生的钢琴集体课教学　尚　方　《乐府新声》 2002 年第 1 期

谈中幼师歌唱教学中的情感训练　吕迎春　《乐府新声》 2002 年第 2 期

浅谈计算机辅助教学手段对钢琴教学的益处　郝　光　《乐府新声》 2002 年第 2 期

舞蹈艺术教育与素质教育初探　杨喆　刘思展　《乐府新声》 2002 年第 2 期

论态势语言在声乐教学中的运用　王保华　《乐府新声》 2002 年第 2 期

论高师声乐教学中的心理训练　田丁　《乐府新声》 2002 年第 2 期

论声乐教学的意识能动性　邹长海　《乐府新声》 2002 年第 2 期

论钢琴教师应具备的基本素质 陈伦旺 《乐器》 2002年第7期
对小提琴基础教学的几点思考 黄鹰 《乐器》 2002年第7期
刘长福二胡教学系列 刘长福 《乐器》2002年第11期
杜银鲛萨克斯管教学系列(二) 杜银鲛 《乐器》 2002年第12期
刘长福二胡系列教学(二) 刘长福 《乐器》 2002年第12期
怎样教学生弹钢琴 杨璟春 《乐器》 2002年第12期
数码钢琴在教学中的应用 李 滕 《乐器》 2002年第12期
对提高高师《声乐理论》课教学质量的初探 王跃萍 《音乐与表演》 2002年第1期
钢琴教学中的乐感培养刍议 叶 波 《音乐与表演》 2002年第3期
关于高师钢琴分级教学的调查与构想 朗秋·璧春 《音乐与表演》 2002年第3期
音乐教学中学生潜能开发之随想 王雪敏 《音乐与表演》 2002年第4期
浅谈视唱练耳教学中音程模唱的深入练习法 蒋济宏 《音乐与表演》 2002年第4期
20世纪中国学校音乐教育发展概况(二十五) 马 达 《中国音乐教育》 2002年第1期
20世纪中国学校音乐教育发展概况(二十六) 马 达 《中国音乐教育》 2002年第2期
20世纪中国学校音乐教育发展概况(二十七) 马 达 《中国音乐教育》 2002年第3期
20世纪中国学校音乐教育发展概况(二十八) 马 达 《中国音乐教育》 2002年第4期

外国音乐教育

前苏联的儿童音乐学校 魏 煌 《中国音乐学》 2002年第1期
科尔曼儿童创造性音乐教学实验与我国儿童教学创新策略 张卫民 《中国音乐学》 2002年第1期
走向功能音乐教育 保罗·哈克 刘沛译 《人民音乐》 2002年第11期
漫谈德国钢琴启蒙教育的特点 冼劲松 《星海音乐学院学报》 2002年第2期
德国音乐教育漫谈 胡世红 崔学宝 《音乐生活》 2002年第1期
美国儿童钢琴教学的历史发展 范元

表演艺术与技法

练的某些方法在中国古典舞男班基训中的运用　赵志连　《乐府新声》 2002 年第 1 期
音乐家"技巧情结"形成的原因及其复杂性　邵桂兰　王建高　《音乐与表演》 2002 年第 4 期

器　乐

关于小提琴音乐的雅俗关系及由此引发的相关问题　王　珊　《中国音乐学》 2002 年第 2 期
李斯特钢琴语汇风格中的轮指技法研究　侯康为　《音乐研究》 2002 年第 2 期
钢琴考级应突破"中西关系思维格局"　唐　艺　《音乐研究》 2002 年第 4 期
论莫扎特钢琴奏鸣曲的声音与触键方式　郭兰兰　《人民音乐》 2002 年第 7 期
二胡技术训练的方法与目的　严洁敏　《人民音乐》 2002 年第 9 期
扬琴竹序浅论　郑培东　《中国音乐》 2002 年第 2 期
中国扬琴演奏技术发展的内在因素　赵艳芳　《中国音乐》 2002 年第 2 期
浅谈二胡曲"兰花花叙事曲"中的揉弦变化　何楚荣　《中国音乐》 2002 年第 2 期
器乐演奏中二度创造的理智因素与情感因素浅析　吴学禹　《中国音乐》 2002 年第 2 期
浅析扬琴曲《林冲夜奔》的演奏要求　赵艳芳　《中国音乐》 2002 年第 3 期
"二人台"音乐中的扬琴　邱怀生　韩晓莉　《中国音乐》 2002 年第 3 期
浅论大提琴的颤音　刘建华　《中国音乐》 2002 年第 3 期
论扬琴演奏中力的运筹、释放与流动　吴顺章　《中国音乐》 2002 年第 3 期
关于大提琴持弓的几个问题　刘建华　《中国音乐》 2002 年第 4 期
钢琴曲《梅花三弄》演奏之诠释　杨静　《中国音乐》 2002 年第 4 期
钢琴曲《平湖秋月》的民族特性及演奏艺术　彭基巨　《黄钟》 2002 年第 1 期
钢琴音乐和声起伏与力度设计的关联　李雪梅　《黄钟》 2002 年第 2 期
论扬琴演奏中的音色　解　骏　《黄钟》 2002 年第 3 期
解决唢呐吹奏中的"憋气"问题　张宁

演奏技能的科学训练方法 张 进 《音乐探索》 2002 年第 3 期

弹好钢琴即兴配奏的要领 郭焰妮 《音乐探索》 2002 年第 3 期

析新生入校后的二胡教学 李 铃 《音乐探索》 2002 年第 3 期

论古筝的"颤音" 李 柯 《音乐探索》 2002 年第 3 期

试析钢琴演奏技法的时代风格性变化 莫 铮 庞 莉 《音乐探索》 2002 年第 3 期

浅谈巴赫半音阶幻想赋格曲 许 兵 《音乐探索》 2002 年第 3 期

关于钢琴演奏中的重量弹法 闫大卫 《音乐探索》 2002 年第 4 期

人、诗、歌——谈肖邦夜曲 冯 磊 《音乐探索》 2002 年第 4 期

浅论手风琴的呼吸器官——风箱 李亚梅 《音乐探索》 2002 年第 4 期

论圆号的起吹 何 辉 《音乐探索》 2002 年第 4 期

肖邦钢琴《升 c 小调谐谑曲》研究——对作品体裁的学习兼及演奏心得 唐显慈 《星海音乐学院学报》 2002 年第 1 期

浅谈小提琴演奏中肢体组合关系的协调 黎颂扬 《星海音乐学院学报》 2002 年第 1 期

古代阮的指弹与拨弹两法刍议 廖宇宁 《星海音乐学院学报》 2002 年第 2 期

岭南扬琴音乐发展的赞歌——谈《南海渔歌》的音乐风格与特点 蒙美嫩 《星海音乐学院学报》 2002 年第 2 期

艾尔加《e 小调大提琴协奏曲》分析 李 甄 《星海音乐学院学报》 2002 年第 3 期

钢琴慢速练习初探 陈 思 《星海音乐学院学报》 2002 年第 3 期

如何做好声乐钢琴伴奏中的作品分析 李苹菁 《星海音乐学院学报》 2002 年第 3 期

大提琴演奏中拇指把位的运用 肖婷 《星海音乐学院学报》 2002 年第 3 期

小议广东音乐在钢琴上的演奏特点 朱晓蓓 《星海音乐学院学报》 2002 年第 3 期

谈竹笛循环换气及其训练 程玉彪 《星海音乐学院学报》 2002 年第 4 期

浅谈莫扎特 A 大调单簧管协奏曲的演奏 王方易 《星海音乐学院学报》 2002 年第 3 期

浅谈巴赫三部创意曲 冷 佳 《星海音乐学院学报》 2002 年第 4 期

关于钢琴演奏中的速度和力度问题 姜文子 《乐府新声》 2002 年第 1 期

第 12 期

小提琴演奏技巧新论 杨 健 《乐器》 2002 年第 1 期

《悲怆奏鸣曲》引子演奏诠释 张庆阳 《乐器》 2002 年第 1 期

TAZZ 吉他教程(一) 石 岩 《乐器》 2002 年第 2 期

TAZZ 吉他教程(二) 石 岩 《乐器》 2002 年第 3 期

长号"颗粒感"吐音的练习法 张继春 《乐器》 2002 年第 3 期

TAZZ 吉他教程(三) 石 岩 《乐器》 2002 年第 4 期

怎样演奏《万马奔腾》 陈耀星 《乐器》 2002 年第 4 期

在空燕麦盒上敲出的鼓手 张 准 《乐器》 2002 年第 5 期

浅谈古典吉他轮指技巧 何明生 《乐器》 2002 年第 5 期

TAZZ 吉他教程(四) 石 岩 《乐器》 2002 年第 5 期

扬琴基本运竹与发音 蒙美嫩 《乐器》 2002 年第 6 期

现代节奏律动在吉他演奏中的应用(一) 陈云强 《乐器》 2002 年第 8 期

浅析立式钢琴触感的"抖"或"噎"的现象(下) 平易 《乐器》 2002 年第 8 期

跟名家学打鼓(一) 黄 伟 《乐器》 2002 年第 8 期

古筝教学及演奏中应把握六个"度" 王荣伟 张苹苹 《乐器》 2002 年第 8 期

跟名家学打鼓(二) 黄 伟 《乐器》 2002 年第 9 期

现代节奏律动在吉他演奏中的应用(二) 陈云强 《乐器》 2002 年第 9 期

浅谈爵士萨克斯管的即兴演奏 张志可 《乐器》 2002 年第 9 期

跟名家学打鼓(三) 黄 伟 《乐器》 2002 年第 10 期

现代节奏律动在吉他演奏中的应用(三) 陈云强 《乐器》 2002 年第 10 期

现代节奏律动在吉他演奏中的应用(四) 陈云强 《乐器》 2002 年第 11 期

跟名家学打鼓(四) 黄 伟 《乐器》 2002 年第 11 期

杜银鲛萨克斯管教学系列 杜银鲛 《乐器》 2002 年第 11 期

现代小号教学与发展方向 戴宗辉 《乐器》 2002 年第 11 期

琵琶的轮指(上) 林石城 《乐器》 2002 年第 11 期

赋予低音以情感 斌 子《乐器》 2002 年第 11 期

跟名家学打鼓(五) 黄 伟 《乐器》 2002 年第 12 期

琵琶的轮指(下) 林石城 《乐器》

声 乐

《中国音乐》 2002年第1期
浅论科技对声乐艺术的影响　邓小英　《中国音乐》 2002年第1期
从中国古典声乐论著看民族唱法的特点　毕海燕　《中国音乐》 2002年第1期
发声理念及实践意义　张效中　《中国音乐》 2002年第1期
现代声乐实证研究的基本观念和方法　田　丁　《中国音乐》 2002年第2期
声乐训练中高声区变形母音的语音的学解释　李文军　《中国音乐》 2002年第2期
论声乐表演的艺术再创造　田　丁　《中国音乐》 2002年第3期
对民族声乐风格的哲学思考　乔新建　《中国音乐》 2002年第3期
论歌唱艺术的审美　赵淑云　《中国音乐》 2002年第3期
论合唱艺术中的共性与个性　韩德森　《中国音乐》 2002年第3期
浅论歌唱的心理调控　刘希里　王欣欣　《中国音乐》 2002年第3期
美声唱法与中国当代创作歌曲的演唱　董　毅　《中国音乐》 2002年第3期
浅谈声乐演唱艺术的个性化　赵　青　《中国音乐》 2002年第4期
从对“韵味”的追求，看民族声乐艺术的审美特征　郭建民　《中国音乐》 2002年第4期
言之乐与无言之乐——声乐与器乐之联系与转化的美学思想　黄汉华　《中国音乐》 2002年第4期
选择怎样的音乐欣赏方式　秋　阳　《中国音乐》 2002年第4期
民族声乐发声技术训练中的几个主要问题(上)　郭祥义　《中国音乐》 2002年第4期
关于“民族唱法”之我见　王　磊　《中国音乐》 2002年第4期
我对民族声乐创新发展的见解　张小妩　《中国音乐》 2002年第4期
歌唱中的汉意语音比较研究　郑茂平　《黄钟》 2002年第1期
论两首歌剧咏叹调演唱的呼吸应用　张　蓉　《黄钟》 2002年第2期
“分离”与和声音程听辨五法　莫祥章　《黄钟》 2002年第2期
民歌的浮与沉　王秀明　《黄钟》 2002年第3期
歌唱语言情感的夸张表达　夏美君　刘大巍　《黄钟》 2002年第4期
论歌唱语言发声技巧　夏美君　刘大巍　《天津音乐学院学报》 2002年第1期
关于歌唱发声高位置技术的建构　王翼亭　《天津音乐学院学报》 2002年第1期
从艺术歌曲《明晨》的演唱及教学谈外国艺术魅力的开掘　王　硌

“大牙读字法”演唱的质疑　邹长海　《星海音乐学院学报》2002年第2期

德国艺术歌曲的风格和演唱技巧　李琛　《星海音乐学院学报》2002年第2期

歌唱艺术中的情感表现　邓　雅《星海音乐学院学报》2002年第2期

歌唱发声中的三个点及其关系试析　袁东艳　《星海音乐学院学报》2002年第3期

演唱的“恐惧”心理和对策　林　吟　《星海音乐学院学报》2002年第3期

试论我国民族声乐风格形成的主要原因　李小亮　《星海音乐学院学报》2002年第3期

为“通俗唱法”正名　徐元勇　《星海音乐学院学报》2002年第4期

我对声乐的一点思考　王鸿立　《乐府新声》2002年第1期

歌唱发声的物理量　赵丽萍　《乐府新声》2002年第3期

歌唱的呼吸　王鸿立　《乐府新声》2002年第4期

试论演唱艺术的以情带声　王　时　《乐府新声》2002年第4期

歌曲演唱的艺术处理　邹长海　《音乐生活》2002年第2期

民族声乐的演唱训练　高　毅　《音乐生活》2002年第6期

论声乐表演的心理调节　严　峻　《乐器》2002年第7期

舒伯特《圣母颂》中的人性化因素　苗雨　《音乐与表演》2002年第1期

歌唱心理素质三要素探析　孙悦湄　《音乐与表演》2002年第2期

浅析意大利那坡里民歌及演唱特点　张志英　《音乐与表演》2002年第2期

论歌唱感觉与歌唱感觉体验　夏美君　《音乐与表演》2002年第3期

喉头的稳定——美声唱法的最佳状态之一　任超平　《音乐与表演》2002年第3期

浅议声乐艺术的科学性训练方法　黄丽珠　《音乐与表演》2002年第4期

浅议舒伯特歌曲的艺术特色　何佳培　《音乐与表演》2002年第4期

社会音乐文化生活

综合的“赏析”——认识音乐的合理方式　柳　良　《音乐探索》2002年第1期

音乐欣赏研究类型置疑　张　放

学术活动

听傅聪——文化、艺术、人生　《交响》　2002 年第 4 期

中国电子音乐学会成立筹备会在京召开　陈勇毅　《乐器》　2002 年第 4 期

中央音乐学院《音乐基础知识》测试范围有何变动　《音乐生活》　2002 年第 6 期

上海举办首届"中国现代音乐论坛"　本　刊　《音乐爱好者》　2002 年第 5 期

音乐文化交流

再赴贝藏松——第四十七届贝藏松国际青年指挥大赛纪实　张　弦　《人民音乐》　2002 年第 1 期

法国音乐节随笔　吴素华　《人民音乐》　2002 年第 8 期

俄罗斯钢琴艺术的精髓——写在穆里娜教授的首次访华之后　卞　萌　《中央音乐学院学报》　2002 年第 1 期

展示成果增进交流规划未来——记 2002 年北京奥尔夫活动周暨学术研讨会　张乐心　《中央音乐学院学报》　2002 年第 4 期

印度之旅——访印度新德里甘德哈瓦艺术大学　雷　达　《中国音乐》　2002 年第 2 期

参加 2001 年夏韩国朝鲜传统音乐研习班之我见　张伟华　《中国音乐》　2002 年第 3 期

简论古代中越音乐交流　李未醉　苏前忠　《交响》　2002 年第 4 期

赴美纪行　向　峻　《音乐探索》　2002 年第 4 期

中美文化的"交响"曲　王国伟　《音乐爱好者》　2002 年第 8 期

歌剧与音乐剧

歌剧《费黛利奥》四首序曲的分析　安　宁　《中国音乐学》　2002 年第 2 期

20 世纪 20 - 60 年代的中国歌剧表演艺术　郭建民　《音乐研究》　2002 年第 1 期

从斗争到胜利——歌剧《费黛利奥》述评　安　宁　《音乐研究》　2002

年第 4 期

歌剧的情绪结构与戏剧结构——由歌剧《悲伤的黎明》引发的思考　居其宏　《人民音乐》　2002 年第 2 期

作曲的阐释——由创作《悲伤的黎明》所引发的对中国歌剧创作问题的思考　关　峡　《人民音乐》　2002 年第 2 期

旧话重提——有感美国大都会歌剧院声乐教学小组的公开教学　王磊　《人民音乐》　2002 年第 5 期

呼唤抗日战争题材的大歌剧　刘诗嵘　《人民音乐》　2002 年第 7 期

来自西部的中国歌剧——《司马迁》及陕西歌剧现象　樊兆青　《人民音乐》　2002 年第 8 期

“四大名剧”与中国市场——音乐剧《悲惨世界》上海演出观后　居其宏　《人民音乐》　2002 年第 9 期

音乐剧的启示　林君恒　《人民音乐》　2002 年第 10 期

绽放在“哈尔滨之夏”的歌剧之花——第三届全国歌剧(音乐剧)观摩演出随感　于　平　《人民音乐》　2002 年第 11 期

音乐剧的灵魂是时代精神　刘诗嵘　《人民音乐》　2002 年第 11 期

音乐剧《悲惨世界》给我们带来了什么　王道诚　《人民音乐》　2002 年第 11 期

在“雷雨”中的精神洗礼——歌剧《雷雨》创作札记　莫　凡　《人民音乐》　2002 年第 12 期

巴罗克歌剧分析　[美]约翰·沃·希尔　余志刚　钟　玫译　《中央音乐学院学报》　2002 年第 2 期

音乐在歌剧与戏曲中的功能与表现特征之比较研究　孙允文　《中国音乐》　2002 年第 4 期

从话剧到歌剧——歌剧《奥赛罗》台本与莎剧《奥赛罗》的比较研究　董放　《音乐艺术》　2002 年第 1 期

浅析中国民族歌剧的题材特点和艺术特点　周传明　《天津音乐学院学报》　2002 年第 2 期

亚纳切克的歌剧《耶奴发》音乐分析　屠　艳　《天津音乐学院学报》　2002 年第 3 期

英雄的“藩篱”——歌剧《费黛利奥》咏叹调段落　安　宁　《乐府新声》　2002 年第 2 期

普契尼歌剧咏叹调的艺术风格和演唱处理　李冬兰　《乐府新声》　2002 年第 3 期

关于中国歌剧的生存与发展问题　郭建民　《乐府新声》　2002 年第 3 期

清唱剧《长恨歌》的旋律艺术　高　虹　《乐府新声》　2002 年第 4 期

建构一个五色斑斓的魔幻世界——话说音乐剧的舞台美术创作　居其

书评、乐评

词典》 景月亲 《音乐研究》 2002年第3期

《难忘的旋律编后》 钟立民 《人民音乐》 2002年第1期

江南二泉又"映月"——邓建栋和他的无锡二胡独奏音乐会 乐 风 《人民音乐》 2002年第1期

古谱新篇 生命绝唱——在叶栋遗作《唐乐古谱译读》首发式上的发言 金建民 《人民音乐》 2002年第1期

嬉戏于大森林中——聆听张敦智合唱作品音乐会 伦毅杰 《人民音乐》 2002年第1期

骑马挎枪走天下——贺"彦克作品音乐会" 戴鹏海 《人民音乐》 2002年第1期

新世纪的学堂乐歌——听中央音乐学院音乐教育系学生汇报音乐会杂感 俞人豪 《人民音乐》 2002年第2期

他的音乐永远属于中国——储望华"华夏情怀"钢琴作品独奏会侧记 潘一飞 《人民音乐》 2002年第2期

大器晚成 任重道远——刘光宇二胡独奏音乐会听后 于庆新 《人民音乐》 2002年第2期

介说《西方文明中的音乐》 相西源 《人民音乐》 2002年第2期

华夏乐声在金色大厅激荡——回顾中央民族乐团1997年维也纳新年音乐会 贾建新 《人民音乐》 2002年第2期

"他是诗人,他在作诗!"——重读《乐话》随笔 王宁一 《人民音乐》 2002年第2期

音乐素质教育的新篇章——关于《中国艺术特长培训·名师指点》系列丛书出版发行的思考 彭基巨 《人民音乐》 2002年第3期

《苏联音乐史》(上)读后 何振京 《人民音乐》 2002年第3期

人民的心声时代的强音——浅谈对吕骥同志歌曲艺术的体会和感受 晓 河 《人民音乐》 2002年第3期

"走向世界"来源于信心和实力——由"三高紫禁城演唱会引发的思考 王小宁 《人民音乐》 2002年第3期

听"龙音杯"中国民族乐器(古筝)国际比赛 三木稔 俞人豪译 《人民音乐》 2002年第4期

从一个省,一件乐器透见一个时代——"江苏——二胡之乡大型音乐会"随想 居其宏 《人民音乐》 2002年第4期

二胡之乡的盛会——浏览江苏人的作品 刘文金 《人民音乐》 2002年第4期

2002年第8期

音乐像中华精神魂牵西北大地——尚德义教授作品音乐会、学术研讨会综述　文　明　《人民音乐》2002年第8期

琴韵华章　新乐和鸣——第三届"上海——台北音乐荟萃"活动述评　王　瑞　《人民音乐》　2002年第9期

莺歌啭唱　自然天成——喜听迪里拜尔独唱音乐会　翟学京　《人民音乐》　2002年第9期

独特的视野　新颖的立意——评叶松荣《欧洲音乐文化史论稿——中国人视野中的欧洲音乐》　姚亚平　《人民音乐》　2002年第10期

感人至深的钢琴盛会——"九大名师"世纪钢琴音乐会述评　刘　悦　《人民音乐》　2002年第10期

第十二届国际柴可夫斯基大提琴比赛观后　曹　敏　《人民音乐》　2002年第10期

音乐专业大学生的一次盛会——2002年"民族之光"全国音乐专业大学生音乐节综述　宋学军　《人民音乐》　2002年第11期

南音古乐竞芬芳——第七届中国泉州国际南音大会唱暨中国古乐大会唱侧记　陈小蕙　陈瑞统　《人民音乐》　2002年第11期

不断完善　精益求精——读邹长海《声乐艺术心理学》　赵　勇　《人民音乐》　2002年第11期

苦度神收　别具新意——读刘荣德、李殿明《冀东民歌研究》有感　胡小满　《人民音乐》　2002年第12期

简评《古筝快速指序技法概论》——兼谈赵曼琴与王中山　朴东生　《人民音乐》　2002年第12期

理性与情感的碰撞　科学与音乐的对接——首都师范大学"音乐与科学高层论坛"述评　杜晓十　《人民音乐》　2002年第12期

丝弦竞奏　华乐争辉　徐　冬　《人民音乐》　2002年第12期

香港音乐的里程碑——为香港中乐团成立25周年作　梁茂春　《人民音乐》　2002年第12期

昨日"琴童"的今朝风采——聆听旅美青年双簧管演奏家崔彤音乐会有感　李斐岚　《人民音乐》　2002年第12期

朴实无华　用心歌唱——听于萍丽音乐会有感　田玉斌　《人民音乐》　2002年第12期

祖国给我荣誉和力量——柴可夫斯基国际钢琴比赛散忆　居　觐　《人民音乐》　2002年第12期

反馈教学促进交流——星海音乐学院"第二届作曲比赛"述评　蔡乔中

社会和文化的一个缩影》 修海林 《黄钟》 2002年第3期

美国的《大声唱!》杂志 徐康荣 《黄钟》 2002年第4期

关于参加"天津·国际现代音乐节暨全国中青年作曲家新作品交流会"的三点感想 王西麟 《天津音乐学院学报》 2002年第1期

展示成果 探索新路——"天津·国际现代音乐节暨全国中青年作曲家新作品交流会"述评 刘文平 《天津音乐学院学报》 2002年第1期

群英荟萃 高手云集——首届中国天津国际手风琴艺术节述评 王学庆 《天津音乐学院学报》 2002年第4期

读《民族音乐之根》 鲍元恺 《天津音乐学院学报》 2002年第4期

书序二种 乔建中 《交响》 2002年第1期

一场悄然兴起的音乐革新活动——国际乐坛的革新与我国的现状》读后 翟咏 《交响》 2002年第1期

《陕西筝曲》的艺术特色 相西源 《交响》 2002年第2期

文明的本质便是思想史——读保罗·亨利·朗《西方文明中的音乐》中译本有感 夏滟洲 《交响》 2002年第2期

婚礼歌曲研究的新视野——简·舒格曼著《性别化的歌曲:普莱斯帕地区阿尔巴尼亚人婚礼中的歌唱与主体性》评价 方建军 《交响》 2002年第4期

一台令人瞩目的二胡音乐会——周钰学生"二胡考级示范演奏会"评析 谭茗 《音乐探索》 2002年第3期

艺术感人 办学成功——评沈音成人教育学院建院三周年大型歌舞晚会 王霭林 《乐府新声》 2002年第1期

华夏情怀,亲切感人——储望华钢琴作品独奏音乐会观后感 崔国汉 《星海音乐学院学报》 2002年第1期

九野齐鸣 大地和焉——"星海音乐学院作曲系教师新作品音乐会"听后评 吴虞 《星海音乐学院学报》 2002年第4期

根植于民间沃土的参天大树——观北京舞蹈学院民间舞系汇演有感 鸿昀 《星海音乐学院学报》 2002年第4期

在《霍存慧教授交响乐作品音乐会》上的讲话 潘兆和 《乐府新声》 2002年第1期

听沈阳音乐学院作曲比赛音乐会有感 刘京 《乐府新声》 2002年第1期

坝:脑与手的创造——评陈秉义的《古坝艺术》　修海林　《乐府新声》　2002年第2期

当代中国合唱音响风格取向——第六届中国合唱节述评　韩德森　《音乐与表演》　2002年第4期

一部永不休止的流动经典——C·P·E巴赫与他的《钢琴弹奏艺术》　张　强　《音乐与表演》　2002年第4期

2002年梅纽因国际小提琴比赛见闻　吕秀兰　《音乐爱好者》　2002年第7期

平淡之震撼——《雪域神韵——西藏音乐及面具舞晚会》观后记　江海宁　《音乐爱好者》　2002年第12期

文献资料

林语堂英译的《乐记》　刘恩娜　《中国音乐》　2002年第3期

音乐文献信息资源建设初探　倪　军　《黄钟》　2002年第1期

从辽金元三史的编纂看其乐志的史料来源　王福利　《黄钟》　2002年第4期

浅谈音乐院校图书馆核心期刊馆藏之建立　俞绍莉　《天津音乐学院学报》　2002年第4期

网上音乐学术资源及评价方法　洪颖　《天津音乐学院学报》　2002年第3期

音乐外文期刊文献的资源运用　倪军　《音乐探索》　2002年第1期

数字音乐文献信息的获取　宋显彪　《音乐探索》　2002年第3期

世界最大的音响档案馆　余秉全　《音乐生活》　2002年第2期

其　他

艺术与企业——谈上海平安合唱团模式　於　菟　《人民音乐》　2002年第1期

波兰华沙国家大剧院　梁全炳　《人民音乐》　2002年第3期

二十世纪初的拉格泰姆音乐和音乐家　杨　镇　《人民音乐》　2002年第3期

中国音协全国音乐考级工作会议在北京举行　金兆钧　《人民音乐》

2002 年第 3 期
狮城亲历 MTV 首届亚洲音乐奖　舒彤　《人民音乐》 2002 年第 4 期
最早使用拼贴技术的作曲家——作曲家 B·A·德国齐默尔曼　魏启元　《人民音乐》 2002 年第 4 期
站在国际竖琴大赛金奖台上的中国女孩　霍长和　《人民音乐》 2002 年第 5 期
第二届中国音乐“金钟奖”获奖名单　《人民音乐》 2002 年第 7 期
名奖名手强强联合　共同演绎音乐盛典——第二届中国音乐“金钟奖”扫描　韩新安　《人民音乐》2002 年第 7 期
开篇拾零　王宁一　《人民音乐》 2002 年第 8 期
从“通俗唱法”谈电视大奖赛张子辉　《人民音乐》 2002 年第 9 期
关于音乐表演艺术评分问题的探讨　魏煌暴　《黄钟》 2002 年第 1 期
流行音乐与文化消费　王　黎　《交响》 2002 年第 3 期
现代生活中的环境音乐　崔　雄　《乐府新声》 2002 年第 3 期
《留声机》2001 年大奖　张　雄　《音乐爱好者》 2002 年第 1 期
博士园长桑海波　沈　莉　《音乐生活》 2002 年第 1 期
免费下载音乐仍很“火”　昭　闻　《音乐生活》 2002 年第 1 期
选择 DVD 兴头是关键　刘国信　《音乐生活》 2002 年第 1 期
音像城缘何走上不归路　陈　云　《音乐生活》 2002 年第 1 期
梅花开得好　宁　岗　《音乐生活》 2002 年第 1 期
春夜听歌　范敬宜　《音乐生活》 2002 年第 2 期
寄语歌坛大腕　耿　荣　《音乐生活》 2002 年第 1 期
茅草屋的女主人　李　翔　《音乐生活》 2002 年第 1 期
霍存慧交响作品音乐会成功举行　徐光荣　《音乐生活》 2002 年第 1 期
埃米纳姆现象　王晓峰　《音乐生活》 2002 年第 1 期
永远的朋友 ——任真　崔丽辉　《音乐生活》 2002 年第 1 期
音乐家读什么书　陈　辉　《音乐生活》 2002 年第 1 期
艺坛流行“多栖风”　范忠东　《音乐生活》 2002 年第 2 期
人体模型　肖复兴　《音乐生活》 2002 年 第 2 期
乐/宠物 VC 套餐　《音乐生活》 2002 年第 2 期
单光头成为 DVD 激光头技术的主流　银　项　《音乐生活》 2002 年第 2 期

岚 《音乐生活》 2002年第4期
多声道数字环绕声的扩展 罗仁宵 《音乐生活》 2002年第4期
MP3绝妙音乐发自科技 杨 洋 《音乐生活》 2002年第4期
贝尔格及其《抒情组曲》 王 虎 《音乐生活》 2002年第4期
叶凡、满文军《爱在七月》 邓 平 《音乐生活》 2002年第4期
殊途同归之路 曹家韵 《音乐生活》 2002年第4期
音乐影响人的生理 周奇迅 《音乐生活》 2002年第4期
这是"基因"音乐! 孙工编译 《音乐生活》 2002年第4期
沉思的花瓣 朱正义 《音乐生活》 2002年第4期
爱的真诚,善举和美意 何 以 《音乐生活》 2002年第4期
品味晶日 晓 丹 《音乐生活》 2002年第4期
音像业:抓住关键环节求"脱贫" 刘亚东 《音乐生活》 2002年第4期
谭盾、汤沐洱、王健获格莱美提名/盛宗亮美国获大奖/网络音乐有了"国家队"/袁雪芬怒斥劣质文化泛滥/蒙古歌唱家立传为前辈/聋人听音乐/背景音乐收不到几个钱/帕瓦罗蒂又说要退休了/小鸟唱歌也挑"舞台"/不愿做"奴隶"的歌星 《音乐生活》 2002年第4期
蒋大为想办学/简谱在我国/《天鹅湖》原为悲剧结局/赵季平谈《笑傲江湖》音乐/世界最重的乐队——大象乐队 《音乐生活》 2002年第5期
数字音响——精彩世界在掌中 宗宗 《音乐生活》 2002年第5期
用函数图像作曲 张连喜 《音乐生活》 2002年第5期
与乐队和衷共济 与听众心灵相通 殷 声 《音乐生活》 2002年第5期
我看国产音响 刘汉盛 《音乐生活》 2002年第5期
音乐,生命世界的共同语言 荒 石 《音乐生活》 2002年第5期
罗大佑是一种什么病 李 皖 《音乐生活》 2002年第5期
音乐名家"会诊"音乐创作 刘 镇 《音乐生活》 2002年第5期
超级音乐节上的生意经 一 丁 《音乐生活》 2002年第5期
"未来组合"之组合 汪天云 《音乐生活》 2002年第5期
学音乐使残疾人重铸辉煌 江汉声 《音乐生活》 2002年第5期
香港歌手水准暴跌 乡 文 《音乐生活》 2002年第5期
被姜酒葬送的音乐天才 韩 声

等弦绣年华 孟建军 《乐器》 2002 年第5期
昨天的音乐 今天的音乐 刘梅生 《乐器》 2002年第5期
用品质赢得客户——记台湾东洲 乐器工厂股份有限公司 《乐器》 2002年第5期
Bjork世界巡回演唱会音乐器材揭秘 红色气球 《乐器》 2002年第6期
渤海之滨的回声 《乐器》 2002年第6期
从伯利恒来的天使(上) 沈 辰 《乐器》2002年第6期
敲击跳动的音符,鼓动激情的节奏 费 斌 《乐器》 2002年第6期
魂牵梦绕琵琶情 孟建军 《乐器》 2002年第6期
春蕾绽放成绿荫——访刘月宁 孟建军 《乐器》 2002年第6期
常敦明的追求 林格尔 《乐器》 2002年第7期
从伯利恒来的天使(下) 沈 辰 《乐器》 2002年第7期
谈对贝多芬F大调浪漫曲的理解 李满尤 《乐器》 2002年第7期
李云迪演奏肖邦作品集等 铠 晖 尤静波 《乐器》 2002年第7期
假冒伪劣钢琴是如何卖出去的 王正 《乐器》 2002年第7期
Home Studio完全手册(四) 白 石 《乐器》 2002年第7期
乌篷小船弓做桨 孟建军 《乐器》 2002年第8期
Andy Timmons的北京之行 曹卫国 《乐器》 2002年第8期
莫扎特和他的A大调单簧管协奏曲 费 斌 《乐器》 2002年第9期
浪漫"情歌"源自生活 王次恒 《乐器》 2002年第9期
跳动的低音 黄 柯 《乐器》 2002年第9期
冷水浇头——杭天关于唱片《冷水浇头》的自诉 杭 天 《乐器》 2002年第9期
《百首金曲:布鲁斯经典回顾》等 《乐器》 2002年第9期
走进幕后的六弦世界 黄 伟 邵明 《乐器》 2002年第9期
浪漫"情歌"源自生活 王次恒 《乐器》 2002年第9期
规模最大、规格最高的比赛 张鸿玮 《乐器》 2002年第10期
琴恋 祝 捷 《乐器》 2002年第10期
在黑白琴键上奔跑 孟建军 《乐器》 2002年第10期
学乐锁记 孙继坤 《乐器》 2002年第10期
忧伤的唢呐永恒的旋律 陈家齐 《乐器》 2002年第10期
浅论流行音乐中的审美 尤静波

克莱斯勒偶记(3)——在巴黎　吴维忠　《音乐爱好者》　2002年第3期
音乐史上的非凡女性·女教师——布朗热　韩　斌　《音乐爱好者》　2002年第4期
音乐的火种——纪念蔡元培先生　林华　《音乐爱好者》　2002年第4期
米约夫人访谈录　康　荣编译　《音乐爱好者》　2002年第4期
我的拿索斯情结　邵奇青　《音乐爱好者》　2002年第4期
有关音乐的话——创作与灵感　王赛编译　《音乐爱好者》　2002年第4期
中文古典音乐俱乐部与论坛　甫　甫　《音乐爱好者》　2002年第4期
克莱斯勒偶记(4)——短裤少年巡演美利坚　吴维忠　《音乐爱好者》　2002年第4期
普罗科菲耶夫两首小提琴与钢琴奏鸣曲　王保华　《音乐爱好者》　2002年第4期
名人与小提琴的情缘　朱建中　编译　《音乐爱好者》　2002年第4期
80年代中国内地流行歌曲崛起的社会起因　钱　彤　《音乐爱好者》　2002年第4期
以琴动人的青春少女——张汉娜　张雄　《音乐爱好者》　2002年第4期
音乐史上的非凡女性·女教师——迪雷　韩　斌　《音乐爱好者》　2002年第5期
我思念……　叶思敏　《音乐爱好者》　2002年第5期
克莱斯勒偶记(5)——音乐人生中的休止　吴维忠　《音乐爱好者》　2002年第5期
俏皮的罗西尼　任海杰　《音乐爱好者》　2002年第5期
谁是弗雷尔　朱贤杰　《音乐爱好者》　2002年第5期
世纪之声卡鲁索　甫　甫　《音乐爱好者》　2002年第5期
古典音乐的唱片市场与出版　王　翔　《音乐爱好者》　2002年第5期
雅克劳西尔让巴赫与爵士乐共舞　刘伟　《音乐爱好者》　2002年第5期
马勒艺术歌曲赏析　钱仁康　《音乐爱好者》　2002年第5期
柏辽兹的《哈罗尔德在意大利》和《本韦努托·切利尼序曲》　陈伯庚　《音乐爱好者》　2002年第6期
法国制造　戴　丹　《音乐爱好者》　2002年第6期
《大地之歌》歌词解译研究的综述　毕明辉　《音乐爱好者》　2002年第6期
克莱斯勒偶记(6)——寻回音乐老家

《音乐爱好者》 2002年第10期

帕尔曼在北京　刘　伟　《音乐爱好者》 2002年第10期

克莱斯勒偶记(10)——家有“管教”　吴维忠　《音乐爱好者》 2002年第10期

京剧很像歌剧　任海杰　《音乐爱好者》 2002年第10期

科普兰论电影音乐　周起风编译　《音乐爱好者》 2002年第10期

莫扎特圆号协奏曲　丹　丹　《音乐爱好者》 2002年第11期

初识傅人长　任海杰　《音乐爱好者》 2002年第11期

大都会歌剧院的幕后故事　朱贤杰　《音乐爱好者》 2002年第11期

克莱斯勒偶记(11)——把一生献给音乐和不爱练琴的若干“理由”　吴维忠　《音乐爱好者》 2002年第11期

在尘世间流浪的手风琴　田艺苗　《音乐爱好者》 2002年第11期

当我们与世界音乐碰撞　本　刊　《音乐爱好者》 2002年第11期

琴弦声中故乡情——黄与《德沃夏克经典作品专辑》　孙国忠　《音乐爱好者》 2002年第11期

柏林爱乐的未来　唐若甫编译　《音乐爱好者》 2002年第12期

克莱斯勒偶记(12)——伦敦杂记　吴维忠　《音乐爱好者》 2002年第12期

听大师里昂·弗莱什谈琴　周　薇　孙韵　本　刊　《音乐爱好者》 2002年第12期

乔治·克拉姆带来的惊喜　田艺苗　《音乐爱好者》 2002年第12期

中国音乐在中国　王安忆　《音乐爱好者》 2002年第12期

走进西方交响世界　若　衡　《乐器》 2002年第12期

拉威尔与“评奖不公事件”　韩　斌　《音乐爱好者》 2002年第12期

音乐锥子　罗　薇　《音乐爱好者》 2002年第12期

献身教育,人生更具有意义　吉　人　《中国音乐教育》 2002年第1期

小荷才露尖尖角　吉　人　《中国音乐教育》 2002年第2期

数风流人物,还看今朝　吉　人　《中国音乐教育》 2002年第3期

研究型音乐学习的探索者　吉　人　《中国音乐教育》 2002年第4期

大山里的交响　张淑萍　《中国音乐教育》 2002年第4期

又见梁得灵　吉　人　《中国音乐教育》2002年第5期

他在创造美的境界　吉　人　《中国音乐教育》 2002年第6期

中国摇滚的伍德斯托克情结　严　明　《中国音乐教育》 2002年第6期

文化风格、教学风格、教师风格　吉人

《中国音乐教育》 2002年第8期

谁首创了谐谑曲这一独立的器乐曲形式？　冯智全　《中国音乐教育》 2002年第9期

THE ANNUAL OF CHINESE MUSIC/2003

Contents

Academic Studies

Abstracts of Doctoral Dissertations

Musical Performances (edited by Xie Xiaojing-Wang Yanhong-Li Mei-Xie Sui)

编后记

中国音乐年鉴编辑部自2000年以来，由于频繁的主编更换及经费等各方面原因，使年鉴正常的编务工作受到一定程度的影响。自本期始，工作基本恢复正常，在年鉴编辑部新成员及各栏目作者的通力合作下，2003年卷终于和读者见面了。

本卷虽依承旧制，但在参考文献部分，作了重大调整，并基本按照《中国音乐学》的参考文献格式进行修订。如以最简捷的语言对其特点加以概括，即在最大限度避免重复的基础上，最大限度地尊重作者的著作权，并著、编、译责任分明。出自书、刊的引语出处详尽至页码，出自报纸的引文标明版面及日期，出自电子网络的引文则注明登录的年月日。

其次，在本卷的编辑过程中，各基本、传统的栏目一个没减，而且各音乐表演、理论类别的年度研究论文、专著的资料汇编篇目数量有不断加多的趋势，这一方面是由于各专业的研究深度及广度的加深、加大，也由于电子期刊网络的发达，使这些论文的检索极为方便，这也使我们在编辑时，能够对音乐各类别的研究文献有所顾及。

第三，在编辑中，我们有使综述类文章不流于述而不论的意向，我们既要对音乐学、民族音乐学、作曲甚至表演各门类的研究有所归纳，也要有所总结，甚至提出建议，这是我们在保证综述类文章客观、如实地反映音乐各类别研究现状的同时，也希望作者表达出自己的是非判断。虽然在本卷中，还并不篇篇到位，但这是我们对作者的要求之一，也是我们在今后的编辑中所要遵循的原则。

总之我们已经做出了努力，虽不尽如人意，但我们承诺，在近期推出 2004 年卷，并争取在每年岁末，推出当年的新卷。其实这已经为期不远了，并希望各栏目的作者继续精诚与我们合作，为全国乃至全世界研究中国音乐的学者及音乐爱好者，提供一本最好、最全面的两岸三地音乐各类别的研究概况及资料汇编。

主　编

扬州天艺民族乐器厂

扬州天艺民族乐器厂创建于2000年，坐落在风景美丽的瘦西湖畔，占地面积达25000平方米，是扬州市最大的民族乐器厂家，也是扬州地区古筝产销量最大的厂家之一。主要生产“天艺”牌和“汉江韵”牌古筝、古琴、琵琶、二胡及其他民族乐器。在扬州市消费者协会的行业评比中，“天艺牌”民族乐器荣获2002-2003年“消费者满意商品”称号。

厂长汪健群从事民族器乐的教学和研制近20年，是扬州市民族乐器研制厂、扬州乐器厂和扬州正声民族乐器厂的创始人之一。

天艺厂现有专业技术人员近百人，聘请了国内外各大音乐院校的知名专家、教授、演奏家担任企业顾问，定期对企业产品予以指导和鉴定，已形成了年产12000台古筝、500面琵琶、600张古琴的生产能力。从2000年至2003年，天艺人以弘扬民族音乐文化为己任，提倡“创天艺名牌，造仁智之器”的企业精神，不断推陈出新，使企业发展迅猛，产销量呈跳跃式增长。

“天艺牌”、“汉江韵”牌古筝年产量达7000余台。除畅销国内市场外，远销欧美、新马等15个国家和我国港台地区，被国内外各大音乐院校、专业演出团体的众多专业人士所选用，全国各地的专业、业余培训班也分别选用了天艺牌各系列的古筝。

天艺乐器厂的古筝拥有两项国家专利，即大边框式的古筝外型专利和五拼面板独音梁的实用新型制作专利。产品无论在外观、内部结构、乐器的音色和个性上，都独树一帜，深具特色。

天艺古筝“以音为本，崇尚简洁”。其产品雅而不矜，丽而不俗，并借鉴中国古代乐器制作艺术之精华、综合运用民族乐器制作的传统技术和扬州漆器、玉器、书法篆刻、声学原理等，使产品达到了较高的标准。在选料和制作产品过程中，严格遵循材料按等级分类、技师制作水平分级并与装饰档次分类相匹配，严格检验调试的程序和原则，生产出普通演奏筝、装饰筝、专业等级筝和专业装饰筝、特制精品筝几大系列，使古筝的分类等级既以音质、音量为主要依据，又以工艺水平和工艺价值为辅助参考，使产品名副其实、物超所值。

天艺民族乐器厂在企业内部管理苦练内功、狠抓质量的同时，为了更好地建立企业形象、推广企业品牌，天艺人以弘扬民族文化为己任，始终坚持走文化经营的办厂理念，为中国民族音乐事业的发展添砖加瓦。

扬州天艺民族乐器厂

图书在版编目（CIP）数据

2003年中国音乐年鉴/中国艺术研究院音乐研究所编.
济南：山东文艺出版社，2006.2
ISBN 7-5329-2505-6

Ⅰ.2… Ⅱ.中… Ⅲ.音乐－文化事业－中国－2003
－年鉴 Ⅳ.J692－54

中国版本图书馆CIP数据核字（2005）第123885号

山东出版集团
www.sdpress.com.cn
山东文艺出版社出版
e-mail sdwy@sdpress.com.cn
（济南经九路胜利大街39号）
山东省新华书店发行
莱芜市圣龙印务书刊有限责任公司印刷
*
850×1168毫米 32开本 20.75印张 4插页 530千字
2006年2月第1版 2006年2月第1次印刷
印数：1－1000
定价：60.00元